입소문 난 사주 공부 책
읽기만 하면 초보에서 고수로

광암 선생의 오주학 오주십자

사주 풀이 통변 참고서

유종상 저

입소문 난 사주 공부책
읽기만하면 초보에서 고수로

광암 선생의

오주학 오주십자

五柱學 五柱十字

사주풀이 통변 참고서

유종상 저

도서출판 디자인21

머리말

우주는 끊임없이 움직입니다. 인간은 그 우주의 질서 안에서 태어나 살아가며, 스스로를 이해하고자 합니다. 우리가 살아가는 이 세계는 겉으로 보기엔 혼돈처럼 보이지만, 그 안에는 질서가 숨어 있으며, 그 질서는 때로는 수리적이고 논리적인 방식으로, 때로는 철학적 사유나 영적 직관을 통해 드러납니다.

동양에서 전해 내려온 사주명리학(四柱命理學)은 이러한 삶의 흐름과 질서를 해석하고자 한 위대한 지혜의 결정체입니다. 이는 단순한 길흉을 점치는 수단이 아니라, 인간 존재의 본성과 운명의 이치를 탐구하고자 한 깊은 철학적 학문입니다.

사주명리학은 인간이 태어난 연월일시를 네 개의 기둥, 즉 사주(四柱)로 나누고, 그 속에 담긴 여덟 글자(천간과 지지)를 바탕으로 운명을 해석합니다. 수천 년에 걸쳐 전승되어 온 이 체계는 음양오행(陰陽五行)의 원리를 기반으로 하여, 인간과 자연, 시간과 존재를 이해하려는 철학적 통찰이자 삶의 실천적 지혜로 기능해왔습니다.

그러나 오늘날의 세계는 과거보다 훨씬 더 빠르게 변화하며 복잡해졌고, 인간관계와 사회 구조 또한 날로 다양해지고 있습니다. 이제 인간의 삶을 구성하는 요소는 단순한 출생 시각이라는 정적인 조건만으로 해석하기 어려울 정도로 다면적이고 유동적입니다.

이러한 시대적 흐름 속에서, 본서는 오랜 실전 경험과 학문적 탐구를 바탕으로 기존의 사주 체계를 확장한 새로운 해석 틀, 즉 '오주학(五柱學)'과 '오주십자(五柱十字)'를 정립하게 되었습니다.

오주학은 전통 사주명리학의 기본 구조인 네 개의 기둥(사주)에 하나의 기둥을 더하여, 다섯 기둥으로 인간의 운명을 보다 정밀하고 입체적으로 통찰할 수 있도록 한 운명 해석 체계입니다. 이는 단순한 숫자의 확장이 아니라, 인간의 삶을 시간, 공간, 관계, 영성이라는 다양한 층위에서 보다 깊이 있게 이해할 수 있도록 설계된 체계입니다.

또한, 기존 팔자(八字)에 두 글자를 더한 '열 글자(十字)'는 삶의 흐름과 변화, 전환의 가능성을 더 세밀하게 조망할 수 있도록 구성되어 있습니다.

분주(分柱)는 인간 삶의 순간적 변화를 반영하는 기둥입니다. 정치, 외교, 금융, 사건, 사고, 재판 등과 같은 급변하는 사회 속에서 지금 이 순간의 기운이 무엇인지를 분석하며, 시시각각 변하는 시운(時運)을 포착하여 개인의 판단과 선택에 실용적인 통찰을 제공합니다.

운주(運柱, 인연주 因緣柱)는 인간의 인연을 중심으로 해석합니다. 부부, 연인, 친구, 동업자, 귀인, 악연 등 삶 속에서 맺어지는 다양한 인연의 흐름과 작용을 분석하며, 인간관계 속에서의 갈등과 화합, 상승과 하강의 원인을 밝혀냅니다. 이를 통해 인간이 타자와 맺는 모든 관계 속에서 자신의 운명을 어떻게 성숙시켜 나갈 수 있는지를 보여줍니다.

공간주(空間柱)는 현실 세계를 넘어선 보이지 않는 차원을 읽어내는 기둥입니다. 조상의 음덕, 기도와 명상, 영적 직관, 계시, 신령한 기연(奇緣) 등 물리적 현실 너머에서 작용하는 힘들을 오주해석의 영역으로 끌어들이며, 오주학이 영성적 차원과 결합할 수 있는 철학적 토대를 제공합니다. 이는 인간이 보다 깊은 자기 이해에 도달할 수 있도록 돕습니다.

이처럼 오주학과 오주십자는 전통 역학의 이론적 근간을 존중하면서도, 현대인의 복잡한 삶과 의식의 흐름에 대응할 수 있도록 확장된 신학문 체계입니다. 이는 동양철학과 현대 과학, 심리학, 문화인류학, 영성 연구 등을 아우르는 융합형 사유 체계로 자리매김하고자 합니다.

운명이란 단순히 받아들이는 것이 아니라, 그 흐름을 자각하고 조화롭게 살아가는 방식을 배우는 길입니다. 그것이 바로 '오주(五柱)'의 길입니다.

이 책은 필자의 오랜 연구와 실천 경험을 바탕으로 쓰여졌으나, 여전히 완전한 이론이라 할 수는 없습니다. 더 많은 연구와 깊은 실험, 넓은 논의가 필요합니다. 이에 이 책을 세상에 내놓으며, 사주학과 역학을 사랑하는 학자, 연구자, 실천가, 초학자 여러분께 애정 어린 조언과 비판, 그리고 지속적인 성찰과 나눔으로 이 체계를 함께 발전시켜 주시기를 간곡히 당부드립니다.

우리는 우주의 일부이며, 운명은 우리가 함께 만들어가는 흐름입니다.

『오주학』과 『오주십자』가 여러분의 삶 속에서 사유와 깊이를 더하고, 실천의 방향을 밝혀주는 하나의 지침이 되기를 진심으로 바랍니다.

갑진년, 저자

광암 유종상

추천사

수많은 운세 콘텐츠가 넘쳐나는 시대 속에서, 학문적 체계와 실전적 통찰을 동시에 담아낸 진정한 책은 좀처럼 찾기 어렵습니다.

『운세 담다』를 운영하며 수많은 상담과 사례를 접해오면서, 저는 늘 인간을 보다 정밀하고 실용적으로, 더 입체적이고 구체적으로 이해할 수 있는 틀에 대한 갈증을 느껴왔습니다. 오주십자는 이러한 갈증을 해소해주는 동시에, 실제 해석과 운세 적용에 있어 강력한 실전 프레임으로 연결되는 탁월한 도구입니다.

『오주학 오주십자』는 전통 사주학의 틀을 뛰어넘어, 인간 운명의 흐름을 보다 정밀하고 입체적으로 읽어내기 위한 새로운 해석 체계입니다.

광암 선생이 오랜 연구와 실전 경험을 통해 집대성한 오주학은 기존의 사주팔자에 분주, 운주, 공간주라는 개념을 더하여, 다섯 개의 기둥 — 즉 '오주(五柱)'를 통해 운명을 바라보는 새로운 시각을 제시합니다.

특히 이 책은 분주, 운주, 공간주와 같은 정교한 시간과 공간의 단위를 도입하여, 사주 해석을 더욱 세분화하고 체계화하였습니다. 이를 통해 인간의 삶과 운명의 흐름을 단순히 연도(띠 중심)별로 분석하는 것이 아니라, 시간과 공간, 심지어 내세까지 포괄하는 정밀한 작용 속에서 읽어낼 수 있도록 '오주십주'의 틀을 완성하였습니다.

『오주학 오주십자』는 단순한 이론서가 아닙니다. 전통 역학에 대한 깊은 존경심과 더불어, 현대인의 삶에 실질적으로 적용 가능한 실전적 해석 방법을 아우르고 있습니다.

사주명리학의 정수를 연구하는 학자나 실전 명리 전문가, 또는 동양철학의 본질을 깊이 이해하고자 하는 독자라면, 이 책을 통해 기존 사주학을 뛰어넘는 새로운 패러다임을 만날 수 있을 것입니다.

운명을 안다는 것은 단지 미래를 점치는 일이 아닙니다. 그것은 곧 자신을 이해하고 삶을 주도적으로 살아가기 위한 하나의 철학이기도 합니다.

이 책은 명리학에 처음 발을 들이는 입문자에게는 체계적인 길잡이가 되어주며, 이미 학문을 깊이 연구해온 전문가에게는 새로운 해석의 도구와 방향을 제시해주는 나침반과도 같은 역할을 할 것입니다. 깊이 있는 이론과 실전 분석이 조화를 이루는 이 책을, 사주에 관심 있는 모든 분들께 자신 있게 추천드립니다.

운세 담다 대표

권순수

추천사

지난 30년간 대학에서 강의를 하며, 저는 전략이란 변화하는 시장기회에 기업의 목표와 자원을 적응시켜 기업을 유지·성장·발전시키기 위한 관리과정이라고 강조해 왔습니다. 해외 유학과 기업 관리자 경험을 바탕으로 비교적 이른 시기에 대학 강단에 섰지만, 30대에는 개념으로만 이해하던 이론들이 시간이 흐르며 비로소 마음으로 이해되기 시작했습니다.

초기의 경영학이 주로 기업의 조직관리 측면을 다루었다면, 선진국에서는 자영업과 소매업의 비중이 높아지면서 오래전부터 셀프 매니지먼트와 셀프 리더십 등 개인 역량 강화의 중요성이 강조되어 왔습니다. 그런 점에서 명리학은 "모든 것은 변한다"는 역학의 기본 전제를 바탕으로, 변화하는 인생의 기회에 자신의 목표와 자원을 적용시켜 자신의 '명'을 유지·성장·발전시키기 위한 하나의 관리과정이며, 이는 기업전략과 유사한 '퍼스널 전략'이라고 정의해도 무방할 것입니다.

사주학은 오랜 세월 동안 사람들의 삶과 운명을 비추는 거울처럼 여겨져 왔습니다. 그러나 시대가 바뀌고 삶의 양상이 복잡해진 오늘날, 이제는 보다 섬세하고 깊이 있는 해석이 요구되는 시점입니다. 바로 이 시점에 광암 선생의 오주학과 오주십자론은 사주학의 새로운 길을 여는 시금석이 될 것이라 기대합니다.

전통적인 사주팔자는 네 개의 기둥, 여덟 글자를 중심으로 인간의 운명을 해석해왔지만, 저자는 여기에 공간주의 개념을 더해 다섯 개의 기둥, 즉 '오주(五柱)'로 운명을 바라보는 새로운 틀을 제시하였습니다. 또한 '분주', '운주', '공간주'와 같은 정밀한 시간과 공간의 단위를 도입하여, 인간의 삶을 더욱 세세하고 입체적으로 풀어내는 해석법이 바로 '오주십자'입니다.

이 책에서 소개하는 오주학은 단순히 기존 이론을 보완하는 데 그치지 않고, 인간의 삶의 흐름과 환경 속에서 그것을 다면적으로 이해하고자 한 깊은 고민과 통찰이 담겨 있습니다.

실제 사례에 적용하더라도 놀라울 만큼 정밀한 분석이 가능하다고 하니, 나 자신과 주변 사람들의 삶을 더 잘 이해하고자 하는 일반 독자부터 사주학을 연구하는 전문가에 이르기까지 모두에게 새로운 시야를 열어줄 수 있을 것으로 기대됩니다.

운명은 단지 정해진 것이 아니라, 이해하고 마주하며 나아갈 수 있는 하나의 삶의 설계도일지도 모릅니다. 깊이 있는 학문적 탐구와 오랜 실전 사례 경험을 바탕으로, 새로운 사주학의 패러다임을 제시한 이 책이 여러분의 인생 설계도를 구체화하는 데 있어, 때로는 망원경이 되고 때로는 돋보기가 되어줄 것이라 믿습니다. 미래에 대한 불안 속에서 위안을 찾고자 하는 현대인들에게, 이 책을 진심으로 추천드립니다.

수원대학교 교수

우경진

차례

제2편 오주십자/89

제3편 오주학 / 135

제4편 십이신살 / 159

제5편 흉살류 / 191

第6편 길신유/237

第7편 천간지지의 생사관계/269

제8편 지지/309

제9편 오주학 일주강약/357

제10편 일주론/373

제11편 생극제화의 희기(격국)/487

제12편 격국분류/501

제13편 육친활용편/537

제14편 분주, 운주, 공간주/621

제15편 36금수 12지의 배속/659

제1편
오주학 오주십자

1. 오주학(五柱學)의 학문적 정의와 개념

오주학(五柱學)은 유종상(柳宗床) 광암(廣巖)선생이 사주학을 기반으로 확장하여 체계화한 운명학의 한 진보한 학문으로, 사주팔자(四柱八字)에 새로운 기운인 분주(分柱), 운주 = 인연주(運柱, 因緣柱), 공간주(空間柱)를 추가하여 오주십자 · 열자(五柱十字) 더 완성도 되어 더욱더 세밀한 운명 해석을 가능하게 한 학문입니다.

2. 오주학의 탄생 배경

사주학은 년주(年柱), 월주(月柱), 일주(日柱), 사주(時柱), 네 개의 기둥으로 구성된 전통적인 운명학 체계입니다. 본 광암선생(廣巖先生)은 시간적 범위를 보다 정밀하게 분석할 필요성을 느껴, 기존 사주팔자에 분주(分柱)를 추가하여 다섯 기둥(五柱)으로 확장하였습니다. 이를 통해 한 사람의 운명을 더 세분화하고 시시각각 변하는 흐름을 분석하는 새로운 틀을 제시했습니다.

3. 오주학의 구성 요소

오주학은 사주팔자의 네 기둥에 분주(分柱)를 더해 보다 세밀한 분석을 가능하게 합니다.

가. 사주의 네 기둥(四柱)

1) 년주(年柱): 태어난 해를 기준으로 개인의 대운(大運) 및 뿌리의 기운 분석합니다.
2) 월주(月柱): 태어난 달을 기준으로 한 사회적 성격과 부모 및 환경 분석합니다.
3) 일주(日柱): 태어난 날의 기준으로 개인의 본질과 배우자 운을 분석합니다.
4) 시주(時柱): 태어난 시각을 기준으로 말년의 운과 자녀, 창의력 재능 등을 분석합니다.

나. 분주

분주(分柱)는 분(分)을 기준으로 세운 새로운 기둥으로 시간의 세부적 흐름과 세밀한 사건적 요소를 다룹니다. 이를 통해 하루 심지어 몇 분 단위로도 운세를 세분화하여 특정 시점의 흐름을 파악할 수 있습니다.

4. 오주학

오주학은 사주학에서 발전된 개념으로 전통적 사주팔자에 한 가지 축(柱)을 추가하여 운명을 분석하는 이론입니다.

가. 오주학 핵심 개념

1) 사주팔자 외에 개인의 삶에 영향을 미칠 수 있는 다섯 번째 기둥(柱)이 추가됩니다.
2) 이 기둥은 주로 개인의 지명, 국가, 현상, 이름, 태어난 장소 특별한 사건 내세 영적 구간 등이 반영된다고 알려져 있습니다.
3) 오주학은 사주학과 달리, 기존에 정형화된 틀을 넘어 개개인의 특별한 요소를 더 깊이 탐구하려는 시도를 담고 있습니다.

나. 오주학 주요 특성

1) 현대적 해석이나 추가 요소를 포함함으로써 보다 구체적이고 개인화된 해석을 제공합니다.
2) 주로 사주학의 보완적 역할을 수행하며 좀 더 깊은 차원의 운명 분석을 목표로 합니다.

다. 사주학과 오주학의 차이점

항목	핵심 원리	분석 요소	활용목적
사주학(四柱學)	사주팔자(연, 월, 일, 시) 중심	음양오행과 천간, 지지	전통적 운명 분석
오주학	사주팔자에 추가 기둥	이름, 장소, 사건 등 추가적인 요소 반영	현대적이고 개인화된 심화

라. 참고사항

1) 사주학과 오주학은 모든 개인의 삶을 조화롭게 이해하고 더 나은 방향으로 이끌기 위한 방법입니다.
2) 사주학은 전통적이고 체계적인 접근을 통해 운명을 해석하는 데 강점을 가지며 오주학은 현대적이고 개인화된 요소를 추가하여 심화된 분석을 제공합니다.
3) 두 학문을 적절히 활용하면 더 폭넓은 통찰을 얻을 수 있습니다.

5. 오주학(五柱學)의 학문적 정의(역학과 사주학의 융합적 발전)

오주학(五柱學)은 동양철학의 근본인 역학(易學)과 그 응용 분야인 사주학(四柱學)을 기반으로 새로운 분석 요소인 분주(分柱)를 추가하여 체계화된 학문입니다.

이는 전통적인 운명학의 틀을 확장하고 인간 삶의 흐름을 시간상으로 더욱 세밀하게 분석할 수 있도록 발전된 형태를 갖추고 있습니다.

가. 학문적 배경: 역학(易學)과 사주학(四柱學)

1) 역학(易學)

가) 정의: 역학은 음양오행(陰陽五行)을 근본 원리로 삼아 자연과 인간의 상호작용을 이해하고 예측하는 학문입니다.

나) 주요 개념

⑴ 음양(陰陽): 세상의 모든 변화와 균형의 원리

⑵ 오행(五行): 목(木), 화(火), 토(土), 금(金), 수(水)의 다섯 가지 요소와 그 상생·상극 관계를 파악합니다.

⑶ 변화(變化): 모든 현상은 끊임없이 변화하며 이 변화의 패턴을 읽어내는 것이 역학의 목표가 되는 것입니다.

다) 역할: 자연의 법칙과 인간의 운명을 연결 짓는 철학적 도구

2) 사주학(四柱學)

가) 정의: 역학을 바탕으로 태어난 시간(년, 월, 일, 시)의 네 기둥을 통해 개인의 운명을 해석하는 학문입니다.

나) 주요 구성 요소

⑴ 연주(年柱): 출생 시점의 환경과 조상운

⑵ 월주(月柱): 성격과 사회적 기반 부모운

⑶ 일주(日柱): 개인의 본질과 배우자운

⑷ 시주(時柱): 창의성 미래의 가능성 자녀운

다) 목적: 개인의 삶을 전반적으로 조명하여 조화로운 선택과 행동을 돕는 도구로 활용합니다.

나. 오주학(五柱學)의 핵심(분주의 도입과 정밀성 강화)

오주학은 사주학의 네 기둥(년, 월, 일, 시)에 분주(分柱)를 추가하여 보다 세밀한 시간적 정밀한 운명 해석을 가능하게 만든 학문입니다.

1) 분주(分柱)의 도입

가) 분주(分柱): 태어난 시간 중에서도 세부적인 "분(分)" 단위의 기둥으로 개인 운명의 세밀한 흐름을 해석하기 위해 새롭게 추가된 요소입니다.

나) 목적

⑴ 개인 운명에 나타나는 미세화 변화를 설명합니다

⑵ 같은 날, 같은 시간에 태어난 사람들 간의 차이를 해석합니다.

⑶ 현대 사회에서 중요해진 단기적 사건 투자 분석과 적응력 강화합니다.

⑷ 영적 내세의 우주 공간에 공간주를 추가하여 영인체가 어디에 머물고 있는지 분석합니다.

다) 정밀성 강화

⑴ 오주학은 분주를 통해 역학의 대원칙인 변화와 조화를 미시적 수준으로 확대하여 더욱더 구체적이고 실용적인 예측을 제공합니다.

6. 오주학의 주요 원리

가. 음양오행(陰陽五行)의 강화된 적용

1) 오주학은 음양오행의 상호작용을 시간적 공간적으로 더 세부적으로 해석됩니다.

2) 이를 통해 인간 운명과 자연의 흐름 사이의 미세한 조화와 불균형을 읽어냅니다.

나. 대운(大運)과 세운(歲運)의 통합적 해석

1) 대운(큰 흐름)과 세운(년 단위 흐름)에 분주를 더하여 하루 혹은 몇 분 단위의 미세한 일들 사건 투자 변화를 읽어 대책을 강구하고 통합적 분석합니다.

다. 역학적 변화를 중심으로 한 해석

1) 변화(變化): 분주는 짧은 시간 안에서 변화하는 운세를 나타냄으로써 고정된 운명론에서 벗어나 변화를 수용하는 사고방식을 장려하는 것입니다.

7. 오주학의 활용과 의의

가. 운명 분석

1) 기존 사주학보다 세밀한 분석을 통해 개인 맞춤형 운명 해석 제공하는 것입니다.

2) 현대적 문제 해결: 기업 경영, 금융분석, 긴급상황대처 등 다양한 현대적 상황에서 적용 가능한 학문입니다.
3) 자기 이해와 성찰: 짧은 시간 안에서 변화는 감정과 선택의 이해하고 자기 주도적인 삶을 설계하며 표방합니다.

나. 학문의 의의

1) 역학의 확장: 역학의 대원칙을 구체화하고 실질적 해석 도구 방법으로 다양하게 발전시킵니다.
2) 사주학의 보완: 사주학의 한계 극복하고 현대적 요구에 맞는 운명학 예측학으로 자리매김 할 수 있습니다.
3) 개인의 삶에 대한 심화된 통찰 제공: 오주학은 개인의 고유한 운명과 세밀한 변화의 패턴을 해석함으로써 삶에 대한 더 깊은 통찰과 이해를 가능하게 합니다.

다. 참고사항

1) 오주학의 학문적 가치

오주학은 역학과 사주학의 이론적 기반 위에 시간적 정밀성을 추가하여, 개인 운명의 해석과 적용 범위를 크게 확장한 학문입니다. 이는 단순히 전통을 계승한 데 그치지 않고 현대 사회의 복잡한 요구에 부응하여 동양철학의 새로운 발전 가능성을 열었습니다.
오주학은 단기적 변화 속에서도 개인의 삶을 조화롭게 유지하고, 미래의 흐름 운에 기운을 예측하여 균형 있는 순간순간 선택을 돕는 데 실질적 기여를 할 수 있습니다.

8. 사주학(四柱學), 추명학(推命學), 명리학(命理學), 오주학(五柱學)

가. 사주학(四柱學)

1) 정의

사주학은 음양오행(陰陽五行) 이론에 기반하여 개인의 태어난 시점(년, 월, 일, 시)을 분석하여 삶에 성격 운명 흐름 등을 해석하는 학문입니다. 사주팔자(四柱八字)를 통해 인간의 전생적 배경과 후천적 환경을 분석하여 운명을 예측하고 인생 전반의 조화로운 방향성을 모색합니다.

2) 학문적 특징

가) 구조적 분석: 년주(年柱), 월주(月柱), 일주(日柱) 시주(時柱)의 네 기둥과 각 기둥의 천간(天干) 과지지(地支)로 구성된 8글자를 중심으로 운명을 해석하는 것입니다.

나) 음양오행: 음양의 균형과 오행(목, 화, 토, 금, 수)의 상생·상극 관계를 분석하는 것입니다.
다) 적용성: 인간의 삶에서 건강, 재물, 적성, 인간관계 등을 예측하고 조언하는 것입니다.

3) 주요 활동

개인의 삶을 조화롭게 이해하고 삶의 흐름에 따라 적절한 선택을 돕는 실용적 방법으로 활용하는 것입니다.

나. 추명학(推命學)

1) 정의

추명학은 말 그대로 "운명을 추리한다"라는 뜻으로 출생 데이터를 바탕으로 개인의 성격, 성향, 운명을 해석하는 학문입니다. 이는 사주학의 확장 개념으로 삶의 정해진 요소와 후천적인 선택의 가능성을 분석합니다.

2) 학문적 특징

가) 사주학과의 차이점: 사주학이 음양오행에 기반한 이론적 해석에 중점을 둔다면 추명학은 해석 과정에서 사회적 환경과 후천적 변화 요소를 더 고려합니다.
나) 추리적 접근: 개인의 과거 현재 미래를 시간적 흐름으로 연결하여 분석합니다.
다) 융합적 시각: 전통 사주뿐 아니라 현대적 데이터와 상황을 조합하여 현실적인 해석을 분석하는 것입니다.

3) 주요 활동

가) 개인의 운명 이해와 함께 인생의 중요한 선택에서 적합한 조언을 제공합니다.
나) 사업, 결혼, 건강 등의 다양한 상황에서 조화로운 결정을 돕는 실용적 학문입니다.

다. 명리학(命理學)

1) 정의

명리학은 "운명(運命)을 이치(理致)를 연구한다"라는 뜻으로 인간의 운명적 요소와 그 원리를 분석하는 철학적이고 체계적인 학문입니다. 이는 사주학의 근본 이론이자 음양오행과 천간지지의 원리를 통해 인생의 원리를 탐구합니다.

2) 학문적 특징

가) 철학적 기반: 사주팔자를 분석하는 기술적 도 구인 동시에 인간과 자연의 관계를 이해하

는 철학적 틀이 되는 것입니다.

나) 변화의 원리: 명리학은 특정 시점의 운명을 고정된 것으로 보는 대신 음양과 오행의 상호작용에 따라 변화하는 운명적 흐름을 중시하는 것입니다.

다) 인과 관계: 과거, 현재, 미래의 연속적 흐름을 통해 인간 삶의 원인과 결과를 추적하는 것입니다.

3) 주요 활용

가) 인간의 본질적 이해와 운명적 흐름의 조화로운 방향 제시하는 것입니다.

나) 사주학과 추명학의 근본 철학으로 작용하며, 운명학 전반에 영향을 미칩니다.

라. 오주학(五柱學)

1) 정의

오주학은 사주학의 년주, 월주, 일주, 시주에 분주(分柱)를 추가하여 시간적 분석을 더욱 세밀하게 확장한 학문입니다. 광암선생에 의해 체계화되었으며 인간 운명을 미시적으로 해석할 수 있는 새로운 틀과 기준을 제공합니다.

2) 학문적 특징

가) 시간적 세분화: 분주를 도입함으로써 분 단위의 세밀한 운세를 분석할 수 있는 것입니다.

나) 현대적 해석: 빠르게 변화하는 현대 사회의 요구를 맞춰 짧은 시간 안에 발생하는 사건과 선택의 결과를 해석할 수 있는 것입니다.

다) 역학과 사주학의 융합: 역학의 변화 원리와 사주학의 분석 구조를 결합하여 운명학의 정밀성을 높여 금융 산업 등에 정밀성을 높여 시대적 성공을 유도합니다.

3) 주요 활용

가) 짧은 시간 동안 발생하는 중요한 사건(예: 금융거래, 의사결정, 사업화, 국가경영, 외교 등)의 흐름을 예측에 유리하게 활용할 수 있는 것입니다.

나) 사주학의 한계를 보완하여 더 세밀하고 개 인화된 운세 분석을 가능하게 하는 것입니다.

다) 인생의 미세한 변화까지 통찰하여 균형 잡힌 판단력으로 성공을 유도하는데 실질적 사용하는 방법이 되는 것입니다.

마. 학문적 비교

학문	기본 구성 요소	주요 특징	적용 범위
사주학	년주, 월주, 일주, 시주 (사주팔자)	전통적 운명 분석 음양오행 중심	전반적인 인생 흐름과 조화로운 선택분석
추명학	사주학+현대적 데이터	후천적 환경과 변화 요소	실질적이고 현실적인 인생 해석
명리학	음양오행 천간지지 변화 원리	운명의 철학적 원리 연구	사주학, 추명학의 근본 이론적 기반
오주학	년, 월, 일, 시, 분주 (다섯 기둥)	시간적 세분화 현대적 사건 분석	세밀한 운명 해석 및 현대적 응용

바. 참고사항

1) 네 가지 학문의 상호 관계

이 네 학문은 독립적으로 활용될 수 있지만 서로 긴밀하게 연결되어 있으며 통합적으로 접근할 때 더욱 깊은 통찰을 제공합니다.

가) 사주학: 운명학의 실용적 기초로 전통적 분석 도구로 활용합니다.

나) 추명학: 사주학의 확장으로 현대적 실용성을 상화한 실용 학문입니다.

다) 명리학: 이론적 근본과 철학적 통찰을 제공하는 기초학문입니다.

라) 오주학: 기존 학문을 기반으로 시간적 세밀성과 요구를 반영하여 발전된 운명학의 학문입니다.

9. 오주학(五柱學)의 시대정신

오주학(五柱學)은 전통적인 사주팔자(四柱八字)를 확장하여 오주십자(五柱十字) 또는 오주열자(五柱十字)라는 새로운 패러다임을 제시하는 학문입니다. 이는 사주학을 기반으로 하여 개인의 운명, 성향, 인연 등을 보다 세밀할 수 있는 틀을 제공합니다.

오주학은 사주팔자의 8글자(년주, 월주, 일주, 시주)에 분주(分柱)라는 추가적인 요소를 결합하여 10글자로 완성된 운명학적 분석 시스템입니다. 오주학은 사람의 운명뿐만 아니라 사회적 활동, 관계, 금융, 직업 등 다양한 분야에 대해 보다 심층적이고 종합적인 분석을 가능하게 하며 현대적인 변화와 흐름에 맞는 운명 분석을 추구합니다. 이를 통해 개인이 자신의 삶을 계획하고 변화하는 시대의 흐름에 맞춰 운을 개선하는 방법을 찾을 수 있게 됩니다.

가. 오주학의 핵심: 기존 사주학의 확장

기존의 사주팔자(4개의 기둥) 시스템에 분주(分柱)라는 5번째 기둥을 추가하여 사람의 운명을 보다 세밀하고 정확하게 분석할 수 있습니다.
이는 과거와 현재뿐만 아니라 미래의 흐름까지 고려하는 시스템입니다.

1) 사주팔자(4기둥)

가) 년주(年柱): 부모, 조상과의 인연 어린 시절의 환경과 기초적인 운을 나타냅니다.
나) 월주(月柱): 청년기 직업적 성향, 사회적 위치와 인연의 성격을 나타냅니다.
다) 일주(日柱): 본인의 성격 감정 그리고 주요한 인생의 방향을 나타냅니다.
라) 시주(時柱): 후세, 자녀, 사회적 활동의 성과 등을 나타냅니다.

2) 분주(5기둥)

가) 분주(分柱)는 오주학에서 추가된 요소로 사람의 세부적인 활동공간이나 운명의 좌표로 작용합니다
나) 분주는 기본적인 4기둥의 틀을 보완하여 사람의 사업적 진로 적성 배우자와 인연 금융과 재물 인간관계 등 모든 분야에 운과 연결된 보다 세밀한 분석을 제공합니다.
다) 분주는 미래의 방향성을 예측하고 개인이 그 흐름에 맞게 계획할 수 있도록 돕는 역할을 합니다.

나. 분주의 중요성: 모든 분야와 사회 활동의 필요한 기준점

분주는 단순히 사주팔자의 보충적 요소가 아닌 현재와 미래를 이어주는 중요한 기준점으로 작용합니다. 이를 통해 인생의 전반적인 흐름 인연 그리고 사회적 역할을 보다 명확하게 파악할 수 있습니다.

1) 사업과 진로

분주는 개인의 직업적 성향과 적성 그리고 사업적 성공 여부를 분석하는 중요한 도구입니다. 분주의 흐름을 통해 사업파트너 진로 적성 등을 정확히 파악하고 그에 맞는 선택을 할 수 있습니다. 이를 통해 자기 발전과 성공적인 경로를 계획할 수 있습니다.

2) 배우자와 인간관계

분주는 배우자와의 인연 친구와 관계 사회적 네트워크 등을 분석하는 데 유용합니다. 사람은 태어날 때부터 정해진 인연이 존재하지만, 분주를 통해 그 인연이 어떻게 변화하고 발전할지

에 대한 예측이 가능합니다.

3) 금융과 재물

분주는 금전적 흐름 재물의 축적 재정적 안정을 설명하는 데 중요한 역할을 합니다. 사주팔자는 본인의 금전 운을 어느 정도 나타낼 수 있지만, 분주는 더 구체적인 재정 계획을 세우는 데 도움을 줍니다.

4) 끌어당김의 법칙

분주는 끌어당김의 법칙에 해당하는 요소로 자신의 에너지와 맞춰 자신에게 필요한 인연이나 기회를 끌어당기는 역할을 합니다. 이는 자기 계발과 성공적인 사회 활동에 중요한 역할을 합니다.

다. 오주학의 독창성: 내세와 사후세계와의 연결

오주학은 사후세계와 내세에 대한 연관성을 고려하여 분주, 운주, 공간주를 통해 내세에 대한 흐름까지 분석합니다. 이는 운명의 연속성을 설명하며 사후세계와 연결된 인연이 어떻게 형성되고 그것이 내세에서도 지속되는지를 설명하는 중요한 관점을 제공합니다.

1) 내세의 운명

가) 오주학은 분주를 통해 내세에서의 운명을 예측하고 그 운명이 어떤 방향으로 전개될지를 결정합니다.

나) 분주는 현세에서 쌓은 업과 인연을 바탕으로 다음 생에서의 선택과 인연을 이끌어 내는 중요한 기준점으로 작용합니다.

2) 사후세계와의 연결

분주는 삶과 죽음의 경계를 넘어서는 흐름을 설명하며 영적 성장을 위한 중요한 역할을 합니다. 이는 종교적 철학적 관점에서 내세의 존재와 연관 지어 영적 진화를 설명하는 유용한 도구입니다.

라. 오주학의 사회적 활용

오주학은 단지 개인의 운명을 예측하는 데 그치지 않고 사회적 변화와 시대의 흐름을 분석하여 이를 방탕으로 사람들의 미래 계획과 사회적 역할을 제시합니다.
이를 통해 오주학은 현대 사회의 다양한 요구와 변화에 적응할 수 있도록 돕는 유용한 도구로 자리를 잡습니다.

1) 시대에 맞는 변화와 계획

가) 오주학은 시대적 흐름에 맞춰 과거의 관점에서 벗어나 현대적인 가치와 목표를 반영한 계획을 수립할 수 있도록 도와줍니다.

나) 시대적 변화 사회적 요구에 맞춰 다양한 인생의 경로를 선택할 수 있는 지도를 제공합니다.

2) 인간관계와 사회적 적용

분주는 개인 간의 관계와 사회적 활동에 대한 예측과 지침을 제공하여 사람들은 효율적인 사회적 상호 작용을 통해 자기 발전을 이룰 수 있습니다.

마. 결론: 오주학의 중요성

오주학은 사주팔자의 확장된 분석 시스템으로 인생의 중요한 선택과 방향성을 제시하는 도구로 자리 잡고 있습니다. 분주를 추가함으로써 인간의 진로 사회적 성공 인연 등 모든 분야에서 더 확장하고 세밀한 예측을 가능하게 합니다.

또한 내세와 사후세계까지 아우르는 흐름을 통해 개인의 진로를 정확히 설계하고 행복 성공을 추구할 수 있는 중요한 역할을 합니다. 오주학은 미래를 계획하고 시대적 변화에 맞는 방향으로 나아가며 자기 발전과 사회적 성공을 이루기 위한 강력한 도구로서 중요한 가치를 지닙니다.

10. 오주학(五柱學)의 학문적 정의: 오주십자(五柱十字) 체계와 시대적 진화

오주학은 사주학의 네 기둥(년주, 월주, 일주, 시주)과 8글자 체계를 확장하여 "분주(分柱)"를 추가한 오주십자(五柱十字) 체계를 통해 세밀하고 정확한 운명 해석을 제공하는 학문입니다.

이는 현대 사회와 미래사회로 진화하고 다변화된 요구를 반영하여 시간적 환경적 대변화에 유연하게 대처할 수 있는 신운명학의 새로운 틀을 제시하는 것입니다.

가. 오주학의 개념적 틀

1) 기본 구조: 오주십자(五柱十字)

가) 오주(五柱): 년주(年柱), 월주(月柱), 일주(日柱), 시주(時柱), 분주(分柱)로 구성된 다섯 기둥으로 구분합니다.

나) 십자(十字) 각 기둥마다 천간과 지지의 두 요소가 결합하여 총 10글자로 구성되어 있습니다.

(1) 기존 사주학의 팔자(八字)에서 두 글자(분주의 천간과 지지)를 추가하여 열자(十字)로

확장하여 정밀성을 요구하는 것입니다.

(2) 이를 통해 인간 삶의 시공간적 변화를 더욱 세밀하게 분석할 수 있고 예측력으로 준비성을 강화합니다.

2) 분주의 도입과 역할

가) 분주(分柱): 분 단위의 시간 정보를 분석하여 같은 날 같은 시간에 태어난 사람들 사이의 미세한 운명 차이를 설명 판별하는데 도움을 줍니다.

나) 역할: 운명에 정밀한 흐름 파악합니다. 단기적 사건의 변화를 예측을 예측합니다.

나. 오주학의 발전 배경

1) 사주팔자(四柱八字)의 한계 보완

가) 사주팔자는 년, 월, 일, 시를 기준으로 개인의 운명을 분석하지만, 현대의 복잡한 사건과 변화가 짧은 시간 단위의 변화에는 한계가 있습니다.

나) 오주학은 분주의 추가를 통해 이 한계를 보완하고 시대의 흐름에 맞춘 더 정교한 해석이 가능하게 추리 예측력을 높입니다.

2) 현대적 필요성 반영

가) 현대 사회는 정보와 사건이 빠르게 변화하는 환경에 놓여 있으며 이에 따라 개인 운명의 세밀한 이해와 예측이 중요한 과제가 되는 것입니다.

나) 오주학은 시대적 요구에 의해 탄생되고 그의 부응하여 운명 해석의 정밀도와 적응력을 강화하고 다 변화 다 사고의 대응하고 예측하고 방어하여 최대의 공약수를 만드는 것입니다.

다. 오주학의 학문적 특징

1) 정밀성 강화

가) 기존 사주팔자의 큰 흐름 분석에서 벗어나 오주십자를 통해 미세한 변화와 세부적인 변화와 일어난 그 시간에 일들을 사건적 시각으로 바라보고 해석합니다.

나). 년, 월, 일, 시, 분에 이르는 5단계 시간 축으로 운명 분석의 해상도를 높이는 것입니다.

2) 현대적 응용성

가) 짧은 시간 안에 이루어지는 현대적 사건들(예: 금융거래, 즉각적 의사결정, 긴급 상황대처, 기업산업화변화, 시시각각 변화 등)에서 적합한 해석과 판단과 조언 제공하고 현실적 합리성을 갖추는 것을 원칙적으로 추구하는 것입니다.

나) 개인 맞춤형 해석과 함께 조직적이고 집단적인 흐름까지 분석 가능합니다.

라. 오주학의 주요 원리와 접근법

1) 음양오행의 확장 적용

오주의 각기둥(년, 월, 일, 시, 분)이 음양오행의 속성을 포함하며 이를 통해 시간적 흐름에 따른 변화와 조화를 해석 및 분석합니다.

2) 대운, 세운, 일운의 통합적 분석

대운(10년 주기) 세운(1년 주기)과 더불어 분주의 도입으로 일운(하루 단위)가 분운(분 단위)까지 분석 범위 확장이 되는 것입니다.

3) 변화와 흐름의 원리

가) 천간(天干): 외부적, 사회적 흐름과 영향을 받는 것입니다.
나) 지지(地支): 내부적, 개인적 본질과 기질을 받는 것입니다.
다) 분주의 역할: 순간적 사건과 행동의 미세한 패턴 파악에 주안점을 두는 것입니다.

마. 오주학의 학문적 의의

1) 학문적 진화

가) 기존 사주학의 틀에 분주를 추가함으로써 운명 해석의 정확성과 운용 가능성을 크게 확장하는 것을 엄두 합니다.
나) 전통적인 운명학에서 현대적 융합 학문으로의 진화하고 변화에 능동적 대체하는 것을 원칙으로 합니다.

2) 개인화된 운명 분석

우주 십자는 한 사람의 고유한 운명을 더 세밀히 분석하며 같은 사주팔자라도 다른 결과를 도출할 수 있는 차별화된 해석을 제공하는 것이 큰 의미입니다.

3) 현대적 활용

가) 급변하는 현대 사회에서의 짧은 시간 단위 변화에 대한 적응력 제공할 수 있습니다.
나) 개인뿐만 아니라 조직, 국가 사회적, 금융거래 흐름을 이해하고 대비할 수 있는 체계화 신 도구로 활용하는 데 의의가 있습니다.

바. 사주학과 오주학 비교

항목	구성	분석단위	정확도	응용 범위	시대 적합성
사주학	년, 월, 일, 시의 네 기둥(8글자)	년 단위와 월, 일, 시 단위에 큰 흐름	포괄적 분석	개인 운명 해석 중심	전통적 운명 해석
오주학	년, 월, 일, 시, 분의 다섯 기둥(10글자)	년, 월, 일, 시, 분까지 세밀한 분석	미세한 차이와 단기적 변화까지 정밀 분석	개인 현대적 사건, 집단적 흐름 분석	현대적 요구에 부합하는 진화된 학문

사. 오주학의 가치와 비전

1) 오주학은 전통적 운명학의 틀을 넘어 현대 사회의 복잡성과 빠른 변화에 대응할 수 있는 정밀한 학문적 체계입니다. 우주 십자를 통해 개인의 운명을 더 세밀히 이해하고 삶의 변화 속에서 최선의 선택을 돕는 데 기여합니다.
2) 이 학문은 단순한 운명 해석을 넘어 개인과 조직 사회의 조화를 추구하는 실용적 도구로 자리 잡아갈 가능성이 큽니다. 이는 전통과 현대를 잇는 운명학의 새로운 지평을 열며 운명 해석의 실질적 가치와 철학적 깊이 동시에 추구합니다.

11. 분주의 역할: 개인 활동의 기준점과 끌어당김의 법칙

분주(分柱)는 오주학에서 핵심적 요소로 시간 단위를 더욱 세밀하게 분석하여 개인의 운명 활동공간 인연 그리고 삶의 좌표를 설정하는 역할을 합니다. 이는 특히 개인의 미래 지향적인 계획과 목표설정 그리고 끌어당김의 인연의 법칙을 실현하는 데 중요한 기준점으로 작용합니다.

가. 분주의 구성과 의의

1) 분주(分柱): 년주, 월주, 일주, 시주에 이어 분 단위 시간 정보를 포함하여 운명을 해석하는 기둥입니다.
2) 구성 요소: 천간(天干)과 지지(地支)의 결합으로 분 단위의 세부적 운명적 흐름 분석합니다.
3) 시간적 좌표: 개인의 특정 시간과 공간에서 어떻게 행동하고 어떤 선택을 하는지 구체적으로 이해할 수 있는 기준점이 됩니다.

나. 분주의 본질적 역할

1) 정밀한 좌표 제공

분주는 개인의 현재 위치와 활동 영역을 명확히 이해하고 앞으로 나아갈 방향을 설정하는 기준점 역할을 합니다.

2) 개인화된 해석

같은 사주팔자를 가진 사람들 사이에서도 분주(分柱)의 미세한 차이는 삶의 선택 활동의 결과 인간관계에서 결정적 차이를 만들어냅니다.

다. 분주의 역할과 기능

1) 삶의 활동공간과 좌표 설정

가) 분주는 개인이 어떤 환경에서 어떤 방식으로 활동해야 조화를 이루고 성공을 거둘 수 있는지를 제시합니다.

나) 예를 들어 특정 시간과 환경에서 개인의 적성과 재능을 최대로 발휘할 수 있는 기회를 포착하도록 돕습니다.

2) 끌어당김의 법칙과 연결

가) 끌어당김의 법칙인 개인에 적성 진로 성향이 운에 기운이 작용하면서 현실로 인연이나 자기 목표가 지향점으로 연결 나타난다는 개념입니다.

나) 분주는 개인의 천간, 지지 구성에 따라 긍정적 에너지를 극대화하고 이를 통해 원하는 결과를 현실로 끌어들이는 데 도움을 줍니다.

(1) 예로 적합한 사업 파트너나 배우자와의 만남을 알 수 있습니다.

(2) 재물 운과 금융 활동에서 적합한 타이밍 선택할 수 있습니다.

3) 인연과 사회 활동의 조화

분주는 개인의 삶에서 인연(因緣)과 사회적 활동의 방향성을 명확히 제시합니다.

가) 인연: 가족, 친구, 배우자, 사업 파트너 등과의 관계 형성에서 중심적 역할을 확보합니다.

나) 사회 활동: 개인의 재능과 역할을 발휘할 수 있는 영역과 기회를 분석하여 조언하며 대응하는 것입니다.

4) 미래를 만드는 기준점

분주는 개인의 삶에서 현재와 미래를 연결하는 좌표를 제시하며 이는 다음과 같은 방식으로 작용합니다.

가) 진로의 적성: 개인의 재능과 환경적 요소를 고려한 맞춤형 진로 설정을 합니다.

나) 사업과 재물: 적합한 투자 사업확장 재물 관리에서 정확한 방향 제시합니다.

다) 목표설정: 단기적 및 장기적 목표를 현실화하는 실질적 가이드 라인 제공합니다.

라. 분주와 끌어당김의 법칙: 학문적 해석

1) 에너지와 조화의 법칙

가) 분주는 개인의 내적 에너지(천간, 天干)와 외적 환경(지지, 地支)이 조화롭게 상호작용하여 의식적 목표와 현실을 일치시키는 데 기여합니다.

나) 이는 끌어당김의 법칙에서 말하는 의도적 창조(Intentional creation)의 원리를 반영합니다.

2) 시간적 흐름과 작용

가) 분주는 특정 시간대에 발생할 수 있는 최적의 결과를 예측하고 선택의 시점을 제시합니다.

나) 이는 개인의 현재 선택을 통해 미래를 설계하는 데 있어 끌어당김의 원리를 구현할 수 있도록 돕습니다.

3) 운명과 자유의 융합

가) 분주는 운명적 흐름을 고정된 것으로 해석하지 않고 개인의 선택과 행동에 따라 변화할 수 있는 유연한 좌표로 접근합니다.

나) 이는 운명학의 기본 원리인 운명(定)과 자유의지(變)의 조화를 반영하여 개인의 주체적 삶을 설계하는 기반이 됩니다.

4) 분주의 적용 분야

분야	분주의 역할
사업과 진로	- 적성과 환경을 분석하여 최적의 사업 분야와 경로를 제시 - 특정 시점에 사업확장이나 투자에 대한 적합한 시기를 판단
재물과 금융	- 재물 운의 흐름을 시간 단위로 분석하여 수익 창출에 적합한 기회를 포착 - 금융 활동에서 신중함이 요구되는 시점과 적극적인 행동이 필요한 시점을 구별
인간관계	- 가족 · 친구 · 배우자 등과의 관계에서 조화와 갈등의 흐름을 예측. - 특정 시점에서 새로운 인영(예: 사업파트너, 귀인)을 끌어당기는 에너지를 활성화
사회 활동	- 개인의 능력과 환경적 요소를 결합하여 사회적 활동에서 최적의 결과를 얻을 수 있는 방법 제시 - 단체 내에서 개인의 역할과 기여도를 명확히 이해하고 강화
목표설정	- 단기 및 장기 목표를 설정할 때 에너지와 조화의 원리를 기반으로 현실적이고 실행 가능한 전략 마련

5) 분주를 활용한 삶의 설계

가) 시간의 미세한 활용

(1) 분주의 분석을 통해 개인의 일상 속 미세한 시간 단위에서 최적의 선택을 도출합니다.

(2) 이는 삶의 전반적인 흐름을 실천하고 장기적인 목표 달성에 필수적인 요소로 작용합니다.

나) 개인화된 좌표

(1) 각 사람의 사주팔자와 분주는 고유하며 이를 바탕으로 개인의 목표와 활동공간을 명확히 설정하고 제시합니다.

(2) 이는 삶의 불확실성을 줄이고 구체적인 실행 계획 수립에 기여합니다.

다) 끌어당김의 법칙 구현

(1) 분주는 개인의 의식적 의도와 외부 세계의 상호작용을 통해 원하는 결과를 끌어당기는 데 필수적인 도구로 적용 가능합니다.

(2) 이는 단순히 운명을 예측하는 것을 운명을 능동적으로 창조하는 과정에 중요한 영향을 줍니다.

마) 분주의 학문적 가치: 분주는 오주학에서 삶의 정밀한 좌표를 제공하며 개인의 활용과 목표를 연결하는 중심적 역할을 합니다. 이를 통해 진로 적성 인간관계 사업 재물 성공 출세 등 모든 영역에서 개인의 삶을 세밀하게 설계하고 끌어당기므로 불러들이는 법칙을 통해 원하는 삶을 창조할 수 있는 기반을 마련합니다. 분주는 현대적 운명학에서 개인의 주체적 삶 설계와 실천 가능한 선택을 돕는 중요한 학문적 도구로 자리 잡고 있습니다.

12. 분주(分柱): 내세와 사후세계의 흐름을 연결하는 학문적 관점

분주(分柱)는 오주학의 다섯 번째 기둥으로 개인의 현재 삶과 내세(來世) 즉 사후세계의 흐름을 연결하는 중요한 매개체로 이해될 수 있습니다. 이는 삶과 죽음의 연속성 그리고 사후세계에서의 인연과 선택을 설명하는 학문적 기초로 작용하며 종교적 철학의 선(善) 추구와도 깊은 연관이 있습니다.

가. 분주의 철학적 본질

1) 생의 끝과 새로운 시작

가) 분주는 단순히 현세의 삶에 묵인되지 않고 생의 끝에서 새로운 세계로 시작점이 됩니다.

나) 사후세계에서의 운명적 흐름과 인연을 형성하는 데 영향을 미치며 이를 통해 개인의 영적 발전이 지속됩니다.

2) 삶과 내세를 잇는 다리

1) 분주는 시간과 공간의 경계를 초월하여 현세와 내세의 흐름을 연결하는 역할을 합니다.

2) 사주팔자가 삶의 큰 틀을 나타낸다면 분주는 그 틀 안에서 세부적이고 연속적인 흐름을 이끄는 미세한 조정자로 작용합니다.

나. 분주와 사후세계의 연결

1) 내세의 운명과 연결된 분주

가) 분주는 사후세계에서의 선택과 인연을 미리 설계하고 다음 생에서도 운명의 방향을 결정 짓는 중요한 기준점이 됩니다.

나) 사후에도 이어지는 인연(人緣)은 분주가 내포한 시간적 공간적 정보에 따라 형성됩니다.

2) 영적 진화와 선(善)의 추구

가) 분주는 현세에서 선(善)을 실천하고 내세에서 더 나은 운명적 흐름을 형성하는 영적 진화의 고리로 작용합니다.

나) 이는 종교적 가치관에서 선(善)을 실천함으로써 더 나은 내세를 설계하고 인연을 재구성하는 개념과 일맥상통합니다.

다. 분주의 역할: 인연을 불러옴과 선택

1) 끌어당김의 법칙과 내세의 인연

가) 분주는 사후에도 지속되는 인연과 흐름을 설명하며 개인의 원하는 인연을 불러오고 선택하는 데 영향을 미칩니다.

나) 예를 들면 현세에서 맺어진 중요한 관계가 사후세계에서도 이어지거나 새로운 인연이 끌어당김의 법칙에 따라 형성되는 것입니다.

다) 이는 종교적 개념에서 내세의 연속성을 설명하는 업(業)과 인연의 법칙과도 부합합니다.

2) 내세의 선택과 재설계

가) 분주는 내세에서 개인이 어떤 방향으로 나아가야 할지를 선택하는 데 기준점으로 작용하며 이는 다음 생에서의 삶을 재설계하는 데 중요한 역할을 합니다.

나) 삶과 죽음을 반복하는 윤회의 과정에서 분주는 새로운 시작의 설계도를 제공합니다.

라. 종교적 가치와 융합: 선(善)과 내세의 의미

1) 선(善)의 실천과 내세의 운명

가) 종교는 선(善)의 실천이 내세에서 더 나은 삶으로 이어진다고 강조합니다.

나) 분주는 이를 학문적으로 구조화하여 선한 행동이 개인의 운명적 흐름에 어떤 영향을 미치는지 구체적으로 설명합니다.

다) 현세에서의 선한 행동은 분주를 통해 내세에서 긍정적 에너지와 조화로운 인연을 불러옵니다.

2) 내세의 좌표와 종교적 이상

가) 종교적 이상인 평화와 선(善)의 삶은 분주가 제공하는 내세의 좌표와 긴밀히 연결됩니다.

나) 이는 현세와 내세의 경계가 흐려지는 철학적 관점을 통해 삶의 연속성과 종교적 가치를 통합적으로 이해할 수 있는 틀을 제공합니다.

마. 내세와 연결된 분주의 학문적 적용

분야	분주의 역할
삶과 죽음의 연결	1. 사후세계와 현세를 잇는 시간적 운명적 연결점 제공 2. 생의 끝을 새로운 시작으로 보는 관점 형성
내세의 인연	1. 사후세계에서도 이어지는 인연의 형성과 선택을 설명 2. 개인이 원하는 인연을 불러오고 선택하는 기준점 제공
윤회와 업(業)	1. 윤회의 과정에서 분주가 다음 생의 운명적 흐름을 조정 2. 현세의 업과 내세의 흐름을 연결하는 학문적 틀 제공
종교적 선(善)추구	1. 선한 행동이 내세에서 긍정적 운명을 형성하는 원리 설명 2. 종교적 가치를 운명학적 체계와 결합하여 실용적 해석 제공
삶의 재설계	1. 내세에서의 운명을 선택하고 재설계하는 도구로 작용 2. 새로운 시작과 삶의 방향성을 학문적으로 제시

바. 분주와 사후세계: 운명학과 종교적 통합적 접근

1) 운명과 영성의 조화

가) 분주는 전통적 운명학의 체계를 넘어 종교적 철학적 관점에서 영적 진화와 내세의 설계라는 새로운 해석을 제공합니다.

나) 이는 개인의 운명을 능동적으로 선택하고 다음 생에서도 긍정적인 흐름을 이어가는 데 중요한 역할을 합니다.

2) 끌어당김과 운명의 창조

가) 현세에서의 의식적 선택과 행동은 분주를 통해 내세와도 연결되며 개인의 삶의 목표를 영적인 차원까지 확장합니다.

나) 이는 운명학이 단순히 삶을 해석하는 도구를 넘어 삶과 죽음 그리고 내세를 통합적으로 설계하는 도구로 발전할 수 있음을 보여줍니다.

사. 분주의 사후세계적 의의

분주는 내세와의 연결 새로운 시작점의 형성 그리고 인연의 재구성을 통해 삶과 죽음을 아우르는 학문적 도구로 자리 잡습니다. 이는 사후세계에서의 선택과 인연 형성을 가능하게 종교적 선(善)의 실천적 영적 진화를 학문적 틀 안에서 설명하는 중요한 역할을 합니다.
궁극적으로 분주는 개인의 운명 설계뿐만 아니라 내세에서 방향성을 설정하고 더 나은 삶을 창조하는 데 필수적인 학문적 기틀을 제공합니다.

13. 오주학에서 생로병사망(生老病死亡)의 자연 순환 원리

가. 생로병사망의 기본 개념

1) 생(生, 탄생): 새로운 생명이 태어나는 단계로 모든 존재의 시작을 의미합니다. 이는 우주의 창조적 에너지와 관련이 있습니다.

2) 로(老, 노화): 성장이 멈추고 쇠퇴가 시작되는 단계로 자연의 모든 것은 시간이 지나면 변화와 쇠퇴를 겪습니다.

3) 병(病, 질병): 존재의 쇠락을 가속하는 요소로 우주적 관점에서는 불균형이나 외부 자극에 의한 변화로 해석됩니다.

4) 사(死, 죽음): 한 존재의 끝이자 또 다른 시작의 씨앗이 됩니다. 죽음은 우주의 순환 과정에서 중요한 역할을 합니다.

5) 망(亡, 소멸): 죽음을 넘어 존재의 흔적조차 사라지는 단계로 물질적 종말을 의미합니다. 그러나 에너지적으로 새로운 생성을 위한 전환점으로 해석됩니다.

나. 오주학에서의 생로병사망

오주학적 관점에서 생로병사망(生老病死亡)은 물질과 에너지의 순환 법칙과 밀접한 관련이 있습니다.

1) 생(生): 빅뱅(big bang)

우주의 탄생을 빅뱅과 함께 시작되었습니다. 이는 모든 물질과 에너지가 응축된 상태에서 폭발적으로 퍼져나가 새로운 생명을 창조한 단계입니다.

2) 로(老): 우주의 팽창과 성숙

우주는 계속해서 팽창하며 그 과정에서 별과 은하가 생성되고 나이가 들어감에 따라 변형됩니다. 이는 인간의 노화 과정과 유사합니다.

3) 병(病): 우주의 불균형

별의 에너지가 고갈되고 초신성 폭발 이 일어나는 등 우주의 구성 요소들 이 불안정해지는 단계를 병으로 해석 할 수 있습니다. 이는 불균형으로 인해 새로운 형태로 전환되기 위한 과정입니다.

4) 사(死): 소멸과 전환

블랙홀의 형상이나 별의 죽음처럼 우주 일부가 소멸하면서 에너지가 다른 형태로 전환됩니다. 이는 인간의 죽음이 또 다른 생명을 위한 준비가 되는 것과 같은 맥락입니다.

5) 망(亡): 에너지의 재활용

물질이 완전히 소멸한 것처럼 보이더라도 우주적 관점에서는 모든 에너지는 보존됩니다. 물리학의 에너지 보존법칙에 따라 이는 새로운 우주적 생성을 위한 밑바탕이 됩니다.

다. 오주학 생로병사망의 철학적 의미

오주학 및 우주적 관점에서 생로병사망은 단순한 소멸을 의미하지 않습니다. 이는 끊임없는 순환과 전환을 의미하며 동양 철학의 음양론 및 오행론과도 연결됩니다.

1) 음양론: 생로병사망은 음과 양의 교차에서 발생합니다. 탄생(양)과 죽음(음)이 교차하며 새로운 균형을 만들어냅니다.
2) 오행론: 생로병사망의 각 단계는 목(木), 화(火), 토(土), 금(金), 수(水)로 상징되는 오주학에 우주의 다섯 가지 에너지 흐름과 일치합니다.
   가) 생: 목(木)의 성장
   나) 로: 화(火)의 번성
   다) 병: 토(土)의 정체
   라) 사: 금(金)의 쇠퇴
   마) 망: 수(水)의 재생

라. 오주학적 활용

오주학에서 생로병사망의 개념을 개인의 운명 주기에 적용하여 삶의 흐름을 해석합니다.

1) 생(기운의 시작): 개인의 오주십자에서 탄생 시점의 기운은 상징하며 인생의 기반이 됩니다.
2) 로(성숙과 번영): 오주의 중년에 해당하며 사회적 성취와 개인적 방전이 이루어지는 시기입니다.
3) 병(변화와 도전): 새로운 국면을 맞이하며 환경적 변화와 건강관리가 중요한 시기입니다.
4) 사(인생의 마무리): 물질적 욕심을 버리고 정신적 풍요로움을 집중하는 단계입니다.
5) 망(후손과 유산): 자신의 흔적을 남기거나 새로운 세대의 기운으로 전환되는 시기입니다.

마. 결론

생로병사망은 인간뿐만 아니라 오주학은 우주와 자연의 보편적 원리를 담고 있습니다. 오주학과 오주학은 서로 연결되어 인간과 자연 그리고 우주의 본질을 통합적으로 이해할 수 있는 통찰을 제공합니다. 이를 통해 우리는 인생의 변화를 자연스럽게 받아들이고 더 깊은 깨달음에 이를 수 있습니다.

14. 음(陰)과 양(陽)의 학문적 이해(동양 철학과 자연의 이치)

음(陰)과 양(陽)은 동양 철학의 핵심 개념으로 자연과 우주의 모든 현상을 설명하는 이분법적 원리입니다. 음과 양은 상호 대립적이지만 동시에 상호 보완적인 관계를 이루며 이를 간의 조화가 세상의 본질적 흐름의 형성한다고 봅니다. 이러한 개념은 철학, 의학, 과학, 예술 등 다양한 분야에서 응용되어 학문적으로도 중요한 위치를 차지하고 있습니다.

가. 음양의 본질: 대립과 조화

1) 음과 양의 정의

가) 양(陽): 밝은 활동 외향적 에너지 상승하는 힘을 상징 주로 하늘, 태양, 낮 남성적 속성 등과 연관이 있습니다.

나) 음(陰): 어둠 정적 내향적 에너지 하강하는 힘을 상징 주로 땅, 달, 밤 여성적 속성 등과 연관되는 것입니다.

2) 음양의 상호 의존성

음과 양은 서로 대립하면서도 그 존재 자체가 서로에게 의존합니다. 한쪽이 존재하지 않으면 다른 쪽도 존재할 수 없습니다(예: 빛(양)이 없으면 어둠(음)을 정의할 수 없고 낮(양)이 없으면 밤(음)을 구별할 수 없습니다).

3) 음양의 순환

가) 음과 양은 고정되지 않고 끊임없이 변화하여 서로 진화합니다.
나) 낮(양)은 밤(음)으로 이어지고 여름(양)은 겨울(음)로 순환되는 원리입니다.
다) 강한 양이 극에 달하면 음으로 바뀌고 강 한 음은 다시 양으로 전환하는 원리입니다.

나. 음양의 학문적 적용

1) 자연의 우주의 이치

음양은 우주의 근본적인 동력으로 자연의 모든 변화와 현상을 설명하는 원리입니다.
가) 날씨: 맑은 날(양)과 흐린 날(음)의 반복되는 현상입니다.
나) 계절: 봄, 여름(양)의 성장과 가을 겨울(음)의 휴식을 의미합니다.
다) 생명: 출생(양)과 죽음(음)의 순환이 무한 반복하는 것이 음양 우주의 변화와 법칙에 해당합니다.

2) 철학과 인문학

음양은 동양 철학에서 세계관과 인간관을 이해하는 기본 틀로 사용됩니다.
가) 도교: 음양이 조화롭게 흐를 때 자연과 인간이 균형을 이루며 이를 도(道)라 부릅니다.
나) 유교: 음양의 조화가 인간의 도덕성과 사회적 질서를 유지하는 기반이 되는 학문입니다.

3) 동양 의학

음양오행설에 기반하여 인체를 분석합니다.
가) 양: 체온 활동 에너지 등 생명의 활력을 나타냅니다.
나) 음: 혈액 체액 영양 등 생명 유지의 기본 요소가 되는 것입니다.

4) 과학적 시각

현대 과학에서도 음양은 대립적 원리로 해석 가능합니다.
가) 전자와 양자: 음(陰)은 음전하(전자), 양(양성자)과 같은 이분법적 구조로 이해 가능합니다.
나) 에너지 보존: 양적 에너지(활동)가 증가하면 음적 에너지(휴식)가 필요성 균형을 맞추는 원리가 되는 것입니다.

5) 심리학과 인간관계

가) 심리적 균형: 활동적이고 외향적인 상태(양)와 휴식 및 내향적(휴식)으로 필요해 균형을 맞추는 원리가 됩니다

다. 음양의 철학적 원리

1) 상호 상생(相生)의 원리

음과 양은 서로를 생성하고 변화시키며 이로 인해 지속적인 생명력과 운동이 가능합니다(예: 물(음)은 태양(양)의 영으로 증발하여 구름을 만들고 다시 비를 내려 자연을 순환).

2) 상호 제약(相剋)의 원리

음과 양은 서로를 억제하며 균형을 유지합니다(예: 과도한 양(열)은 음(냉)에 의해 조절되고 과도한 음은 양에 의해 활성화됩니다).

3) 중용(中庸)의 원리

동양 철학에서 음양의 이상적인 상태는 극단에 치우치지 않고 조화와 균형을 이루는 것, 이를 중용(中庸)이라고 하며 인간과 사회의 이상적 상태로 간주합니다.

라. 음양의 실생활 적용

1) 건강관리

가) 활동적(양)일 때 충분한 휴식(음)을 취하는 것이 필요합니다.

나) 식단에서도 음양의 균형을 고려해 따뜻한 음식(양)과 차가운 음식(음)을 적절히 섭취하는 것이 좋습니다.

2) 일상생활

개인의 성향을 음양으로 분석하여 활동적(양)인 시간과 내향적(음)인 시간의 조화를 맞추어 스트레스 관리하셔야 합니다(예: 아침에 활발히 활동(양)하고 저녁에 명상이나 독서(음)로 안정과 안정감을 찾는 것이 매우 중요합니다).

3) 인간관계

상호 보완적인 관계를 추구: 적극적인 성격(양)과 차분한 성격(음)이 조화를 이루는 팀워크가 필요 필요합니다.

4) 경영과 리더십

기업 경영에서는 도전적이고 창의적인 양적 전략과 안정적이고 지속 가능한 음적 전략 균형의 성공 열쇠가 됩니다.

마. 음양의 현대적 의의

음과 양은 단순한 철학적 이론을 넘어 자연 인간 사회를 관통하는 보편적 원리입니다. 음양의 개념은 다음과 같은 현대적 시사점을 제공합니다.

1) 통합적 사고: 대립적 요소 간의 상호를 의존성을 통해 갈등을 해소하고 조화를 추구하는 것이 중요합니다.
2) 균형의 중요성: 모든 영역에서 극단이 아닌 조화를 중시하여 건강한 발전과 성장을 도모해야 합니다.
3) 순환적 관점: 변화와 흐름을 자연을 자연스럽게 받아들이며 삶의 연속성을 이해하고 심적 자세를 안정적으로 유지하는 것이 좋습니다.

*음과 양은 우주의 모든 현상과 삶을 해석하는 핵심 원리로서 이를 통해 우리는 더 깊이 있는 통찰과 조화로운 삶을 추구할 수 있습니다.

15. 음(陰)과 양(陽)의 구분

가. 음(陰)

1) 속성: 수동적, 안정적, 차가움, 어둠, 부드러운 기운입니다.
2) 상징: 달, 밤, 물, 땅, 여성적 에너지를 말합니다.
3) 특징

   가) 내향적 성질을 가지며 흡수하거나 받아들이는 힘이 상징합니다.

   나) 고요하고 정적인 상태를 나타냅니다.

   다) 차가운 기운 어두운 환경을 대표합니다.

   예시) 계절: 겨울 / 자연: 물, 그늘 / 시간: 밤 / 감정: 차분함, 침묵

나. 양(陽)

1) 속성: 능동적, 변화적, 따뜻한, 밝음, 강한 기운을 말합니다.
2) 상징: 태양, 낮, 불, 하늘, 남성적 에너지를 말합니다.
3) 특징

가) 외향적 성질을 가지며 발산하거나 확장하는 힘을 상징합니다.

나) 활발하고 동적인 상태를 나타냅니다.

다) 따뜻한 기운 밝은 환경을 대표합니다.

예시) 계절: 여름 / 자연: 불, 햇빛 / 시간: 낮 / 감정: 열정, 활기

다. 음과 양과 관계

1) 대립과 조화: 음과 양은 서로 반대되지만 하나가 없으며 다른 하나도 존재할 수 없습니다(예: 낮(양)이 있어야 밤(음)이 존재합니다).
2) 변화와 균형: 음이 너무 강하면 양이 너무 강하면 음이 부족합니다.
3) 상호의존: 음 속에는 양이 양 속에는 음이 있습니다(예: 가장 어두운 밤에도 달빛(양)이 있고 가장 밝은 낮에도 그림자(음)가 있습니다).

16. 양생음(陽生陰)과 음생양(陰生陽)

가. 양생음(楊生陰)

1) 양(陽)은 밝고 따듯하며 확장하는 성질을 가지고 있습니다.
2) 양의 에너지가 강해지면 그 에너지가 한계에 다다르며 음(陰)의 에너지가 새롭게 형성됩니다(예: 태양이 정오(양의 극점)에 이르면 서서히 기운이 음으로 전환되면서 저녁으로 이어지는 것).
3) 핵심: 강한 양의 기운은 스스로 음을 생성합니다.

나. 음생양(陰生陽)

1) 음(陰)은 어둡고 차갑고 수축하는 성질을 가집니다.
2) 음의 에너지가 극에 달하면 반대로 양의 에너지가 생성됩니다(예: 겨울(음의 극점)이 깊어질수록 봄(양의 시작)이 준비되는 자연의 순환).
3) 핵심: 강한 음의 기운은 스스로 양을 생성합니다.

17. 양변음(陽變陰)과 음변음(陰變陽)

가. 양변음(陽變陰)

1) 양이 음으로 변한다는 뜻으로 양의 기운이 다하면 자연스럽게 음으로 바뀌는 과정입니다(예: 한낮이 지나면서 해가 지고 밤(음)이 오는 것).
2) 핵심: 양은 극에 이르면 자연히 음으로 변화합니다.

나. 음변양(陰變陽)

1) 음이 양으로 변한다는 뜻으로 음의 기운이 다하면 자연스럽게 양으로 전환되는 과정입니다(예: 밤(음)이 지나 아침(양)이 오는 것).
2) 핵심: 음은 극에 이르면 자연히 양으로 변화한다.

다. 음양의 핵심 원리

1) 상호생성(相互生成): 음과 양은 서로를 생성하며 혼자서 존재할 수 없습니다.
2) 상호전환(相互轉換): 음과 양은 극에 이르면 서로로 바뀌며 이를 통해 균형을 이룹니다.
3) 조화와 균형: 음과 양은 늘 변화하면서도 조화를 이루어야 만물이 지속됩니다.

라. 적용 예시

1) 자연: 계절의 변화(봄에서 여름은 양이 강해지고 가을에서 음이 강해짐)
2) 건강: 몸의 체온 조절(양기 증가로 체온 상승-음기로 전환되어 체온 하강)
3) 사고방식: 지나친 순환 인간의 삶 우주의 법칙 등 여러 분야에서 응용될 수 있습니다.

18. 양생음사(陽生陰死)와 음생양사(陰生陽死)

가. 양생음사

1) 뜻: 양(陽)은 생명을 일으키고 음(陰)은 소멸을 가져온다는 뜻입니다.
   가) 양생: 태양과 같은 따뜻하고 밝은 기운은 생명을 성장시키고 유지합니다.
   나) 음사: 어둡고 차가운 기운은 생명을 쇠퇴시키고 죽음에 이르게 합니다.
2) 활용: 건강관리에서 양기를 유지해야 생명력이 강해진다고 해석할 수 있습니다. 이는 밝고 활기찬 환경이나 적절한 활동이 중요함을 시사합니다.

나. 음생양사(陰生陽死)

1) 뜻: 음(陰)이 생명을 낳고 양(陽)이 소멸을 가져올 수 있다는 뜻입니다.
   가) 음생: 음기는 깊고 안정적인 상태를 나타내며 생명의 뿌리를 키우는 역할을 합니다.
   나) 양사: 양기가 지나치면 생명이 소진될 수 있습니다. 과도한 활동이나 스트레스는 기운을 소모하는 요인이 됩니다.
2) 활용: 균형 잡힌 휴식과 안정이 중요함을 의미합니다.

19. 양봉음사(陽奉陰死)와 음봉양생(陰奉陽生)

가. 양봉음사(陽奉陰死)

1) 뜻: 겉으로는 양(陽)의 역할을 강조하면서도 내적으로는 음(陰)이 쇠퇴하거나 약화되는 상황을 뜻합니다.
   가) 양봉: 외적으로 밝고 긍정적인 모습(양)을 유지하려는 노력이 있습니다.
   나) 음사: 그러나 내부적으로는 음기가 쇠퇴하거나 소진되면서 균형이 깨지는 상태를 나타냅니다.
2) 활용: 과도하게 긍정적인 모습만을 유지하려고 하면 내적인 균형을 잃을 수 있으니 주의해야 한다는 경고로 해석할 수 있습니다.

나. 음봉양생(陰奉陽生)

1) 뜻:음(陰)을 받아들이고 이를 바탕으로 양(陽)이 생명을 지속하도록 돕는 상태를 뜻합니다.
   가) 음봉:내적으로 음의 안정과 조화가 이루어집니다.
   나) 양생:이를 기반으로 외적인 활발히 작용하면서 생명력이 유지됩니다.
2) 활용: 내면의 안정과 외적인 활동의 조화가 이루어진 상태를 추구해야 한다는 메시지를 담고 있습니다.

다. 종합적 해석

이 네 가지 표현은 음과 양이 조화롭게 상호작용할 때 생명이 유지되고 한쪽으로 치우치거나 균형을 잃으면 문제(쇠퇴나 소멸)가 발생한다는 음양오행의 원리를 담고 있습니다.

1) 양(활동, 긍정, 밝음), 과음(휴식, 안정, 어둠)의 균형이 필요하며 합니다.
2) 과도한 어느 한쪽의 기운은 문제를 초래할 수 있다는 것을 알려줍니다.

20. 다자병(多子病)과 쇠자병(衰子病)

가. 다자병(多子病)

1) 한 요소(五行)의 기운이 지나치게 많아 균형을 잃었을 때 발생합니다(예: 사주에 목(木)이 지나치게 많으면 다른 오행이 약화되어 목과 과다함으로 인해 조화가 깨질 수 있습니다).
2) 이 상황에서는 과다한 기운을 제어하거나 소멸시키는 방법을 찾아야 합니다(예: 토(土)를 통해 목의 기운을 억제하거나 금(金)으로 목을 제어하려는 노력이 필요합니다).

나. 쇠자병(衰子病)

1) 특정 오행이 지나치게 약해서 조화가 깨지는 경우입니다(예: 오주에서: 수(水)가 극도로 약하다면 수와 관련된 요소가 제대로 작용하지 못해 다른 오행과 균형이 무너질 수 있습니다).
2) 이 경우 약한 오행을 보강하기 위해 해당 오행을 도와주는 기운을 더해주는 것이 필요합니다(예: 목(木이 수(水)를 도와줌).

21. 음생음(陰生陰)과 양생양(陽生陽)

음양은 서로 대립적이면서도 조화를 이루는 기본 원리입니다. 그러나 음생음과 양생양은 음양 간의 불균형 또는 특수한 조합을 설명합니다.

가. 음생음(陰生陰)

음의 기운끼리 서로 도움을 주고 강화하는 현상을 뜻합니다(예: 을목(乙)이 음수(癸)에 의해 생조되는 경우 둘 다음의 기운이기 때 문에 조화로운 생조가 이루어지지 않을 가능성이 높습니다. 음의 기운이 지나치게 강화되면 오주 전체적으로 약하고 정체된 느낌을 줄 수 있습니다.

나. 양생양(楊生陽)

양의 기운끼리 서로 강화되는 현상입니다(예: 양목(甲)이 양수(壬)에 의해 생조되는 경우 양의 기운이 지나치게 강해지면 조화가 깨지고 과잉된 에너지가 문제를 일으킬 수 있습니다.

22. 양극 도달즉 음시생(陽極到達卽陰始陰), 음극 도달즉 양시생(陰極到達卽陽始生)

가. 양극 도달즉 음시생

양(陽)이 극에 도달하면 음(陰)이 시작된다. 이는 자연의 순환과 변화를 설명하는 개념입니다. 양이 극도로 강해지면 그 에너지가 더 이상 증가하지 않고 반대로 음으로 전환됩니다.

가) 한낮(정오)은 태양의 힘이 가장 강한 시간입니다. 하지만 정오 이후로는 태양의 기운이 줄어들고 음의 기운이 점차 시작됩니다.

나) 사계절로 보면 여름의 절정(하지)이 지나면 점차 가을(음의 계절)로 접어드는 것과 같습니다.

나. 음극 도달즉 양시생

음(陰)이 극에 도달하면 양(陽)이 시작된다. 음이 극에 달하면 더 이상 음의 기운이 강해지지 않고 양으로 전환됩니다.

가) 겨울의 절정(동지)이 지나면 낮이 조금씩 길어지며 양의 기운이 시작됩니다

나) 밤이 가장 긴 시점 이후로는 점차 낮이 길이지는 것처럼 음이 끝나면 양이 시작됩니다.

다. 중화지도(中和之道)

1) 중화(中和): 음과 양의 조화로운 균형 상태를 의미합니다. 음과 양이 극단으로 치우치지 않고 서로 균형을 이루어야 자연스럽고 조화로운 상태를 유지할 수 있습니다.

2) 설명: 중화는 음과 양의 상호작용에서 나타나는 최적의 상태입니다(예: 지나친 열(양)이 있으면 물(음)로 조절해야 하고 반대로 지나친 추위(음)에는 불(양)의 요소로 균형을 맞춰야 합니다).

라. 음양과 중화의 실생활 적용

1) 건강: 지나치게 활동적이거나 무리한 삶(양의 과잉)은 병을 초래합니다. 적절한 휴식(음)이 필요합니다. 반대로 지나친 정적(음의 과잉)은 활력을 잃게 하므로 활동(양)으로 균형을 잡아야 합니다.

2) 오주: 개인의 운세에서 음과 양이 극단적으로 치우친 경우(예: 불에 기운이 과하거나 부족할 때) 적절한 보완책을 통해 중화를 꾀합니다.

3) 환경: 계절이나 날씨에 따라 적절히 옷을 입거나 실내온도를 조정해 음양의 조화를 유지해야 합니다

23. 오행의 근본과 이해

오행(五行)은 동양 철학과 한의학 사주학 오주학 등에서 세계의 근본 원리를 설명하는 핵심 개념으로 우주 만물의 생성과 변화를 다섯 가지 요소로 것입니다. 오행의 각각 목(木), 화(火), 토(土), 금(金), 수(水)를 의미하며 자연계의 모든 현상과 인간의 삶을 조화롭게 설명하기 위해 사용됩니다.

가. 오행의 의미와 특성

오행의 각기 고유한 성질과 역할을 가지며 상호 작용을 통해 균형을 이룹니다.

1) 목(木)

가) 의미: 나무, 성장, 확장

나) 특성: 생명력을 상징하며 뻗어나가는 에너지를 대표 시작과 발전의 단계입니다.

다) 예: 봄의 새싹 발전적인 사고 성장하는 기운이 강해집니다.

2) 화(火)

가) 의미: 불, 열정, 상승

나) 특성: 밝고 따뜻한 에너지로 변화를 촉진하고 정점을 이루는 단계입니다.

다) 예: 여름의 뜨거운 태양 열정 창의력활동력이 강해지는 것입니다.

3) 토(土)

가) 의미: 땅, 안정, 중립

나) 특성: 중재와 균형의 역할을 하며 다른 모든 요소를 연결하는 중심축이 되는 것입니다.

다) 예: 비옥한 땅, 책임감, 안정적인 기반을 이룹니다.

4) 금(金)

가) 의미: 금속, 결실, 수렴

나) 특성: 단단하고 견고한 성질로 결실과 정리를 상징합니다.

다) 예: 가을의 수확, 결단력, 재물 결실인 성과를 나타냅니다.

5) 수(水)

가) 의미: 물, 유연함, 결단력, 생명

나) 특성: 생명력을 유지하고 아래로 흐르며 고요하지만 강한 에너지를 저장합니다.

다) 예: 겨울의 물, 지혜, 유연한 사고가 필요하고 인내가 필요합니다.

나. 오행의 상생(相生)과 상극(相剋)

오행의 단순히 독립적으로 존재하지 않고 서로 영향을 주고받아 조화를 이룹니다. 이를 설명하는 두 가지 주요 원리가 있습니다.

1) 상생(相生): 서로 돕고 조화를 이루는 관계

가) 목-화: 나무는 불을 붙여 활활 타오르게 합니다.

나) 화-토: 불은 재로 변해 흙을 만듭니다.

다) 토-금: 흙 속에서 금속이 생성됩니다.

라) 금-수: 금속은 수분을 응축시키는 역할을 합니다.

마) 수-목: 물은 나무를 자라게 합니다.

2) 상극(相剋): 서로 제어하고 균형을 잡는 관계

가) 목-토: 나무의 뿌리가 흙을 침투하여 파괴합니다.

나) 토-수: 흙은 물의 흐름을 막습니다.

다) 수-화: 물은 불을 끕니다.

라) 화-금: 불은 금속을 녹입니다.

바) 금-목: 금속은 나무를 자르거나 손상시킵니다.

다. 오행의 응용

오행의 단순한 이론이 아니라 인간과 자연의 조화를 이루기 위해 실생활에 활용됩니다.

1) 건강: 한의학에서는 오행을 통해 장기(臟器)와 계절의 관계를 설명하고 건강을 관리합니다(예: 간은 목(木), 심장은 화(火), 비장의 토(土), 폐는 금(金), 신장의 수(水)와 연결됩니다).
2) 사주: 개인의 사주에서 오행의 균형은 삶의 흐름과 성공 가능성을 분석하는 데 사용됩니다(예: 특정 오행이 지나치게 강하거나 약하면 이를 보완하는 방법을 제안합니다).
3) 풍수지리: 건축과 배치에서 오행의 조화를 고려해 공간의 에너지를 높이는 데 사용됩니다.
4) 재물과 운: 오행을 활용해 개인의 강점과 약점을 파악하고 이를 기반으로 성공 전략을 수립할 수 있습니다.

라. 오행의 조화와 균형

오행의 핵심은 각 요소가 이뤄 조화를 이루는 것입니다. 특정 오행이 과도하거나 부족하면 삶에 불균형이 생기고 이는 건강 재물 인간관계 등에서 문제로 나타날 수 있습니다.

예를 들어:

1) 과잉된 화(火): 지나친 열정과 충동, 소진 가능성이 있습니다.

2) 부족한 수(水): 유연함 부족, 고집스러운 태도가 있습니다.

* 이러한 불균형은 상생과 상극의 원리를 활용해 보완할 수 있습니다.

24. 오행 방위(五行 方位)

오행 방위은 목-화-토-금-수로 구성된 동양 철학의 기본 개념으로 우주와 자연의 운행 원리를 설명하는 데 사용됩니다. 이들은 방위와도 깊은 관련이 있으며 방향성과 에너지를 이해하고 응용하는 데 중요한 기초를 제공합니다.

가. 오행의 바위 소속

1) 오행은 각각 특정한 방향과 연결됩니다.

아래는 오행가 그 방위의 관계입니다.

오행	방위	의미
목(木)	동쪽(東)	생명과 성장의 방향으로 봄의 기운과 연결되어 시작과 발전을 상징합니다
화(火)	남쪽(南)	열정과 상승의 방향으로 여름의 기운과 연결되어 에너지와 활력을 나타냅니다
토(土)	중앙(中)	균형과 안정의 중심으로 계절의 전환기와 관련되어 조화를 상징합니다
금(金)	서쪽(西)	수확과 결실의 방향으로 가을의 기운과 연결되어 정리와 수렴을 의미합니다
수(水)	북쪽(北)	내림의 응축의 방향으로 겨울의 기운과 연결되어 지혜와 잠재력을 상징합니다

나. 오행 방위의 응용

오행과 방위의 관계는 여러 실용적인 영역에 활용됩니다. 특히 풍수학 명리학 추명학 오주학 한의학 일상생활에서 조화로운 삶을 위한 지침으로 쓰입니다.

1) 풍수학 응용

가) 목(木) 동쪽: 집이나 사업장의 동쪽은 생명력을 강화하는 식물을 두거나 초록색을 활용해 성장과 발전을 촉진할 수 있습니다.

나) 화(火) 남쪽: 남쪽은 밝고 따뜻한 색상(빨강 조명)을 사용하거나 태양광을 활용하여 명성

을 강화할 수 있습니다.

다) 토(土) 중앙: 중앙 공간은 정리 정돈을 통해 안정과 균형을 유지하는 데 중점을 둡니다.

라) 금(金) 서쪽: 서쪽은 메탈 소재나 흰색 계열을 사용하여 수확과 결실을 극대화할 수 있습니다.

마) 수(水) 북쪽: 북쪽은 물과 관련된 요소(어항 물결무늬)를 활용하여 지혜와 직관을 증진할 수 있습니다.

2) 개인의 사주, 오주와 맞춘 방위 활용

오주학에서 특정 오행이 부족하거나 과잉될 때 방위와 색깔 아이템 등을 통해 부족한 기운을 보완하거나 과잉된 기운을 중화 시킬 수 있습니다(예: 사주에 화(火)가 부족하다면 남쪽 방향에 불과 관련된 요소(양초, 빨간색 장식)를 배치).

3) 건강 및 심리적 응용

가) 오행과 바위는 건강 상태를 데도 유용합니다.

⑴ 목(木): 동쪽에서 새벽 산책을 하거나 식물과 함께 시간을 보내면 스트레스를 줄이는 데 도움

⑵ 수(水): 북쪽에서 명상이나 어두운 공간에서 휴식을 취하면 에너지 회복에 도움.

4) 사업 및 목표설정

목표 달성과 사업 성공을 위해 방위를 활용할 수 있습니다. 성장 단계에서 동쪽 에너지를 성과를 정리하는 단계에서는 서쪽 에너지를 활용하는 것입니다.

5) 정리

오행과 방위는 단순히 방향만을 지칭하는 것이 아니라 각각의 고유한 에너지와 성격을 내포합니다. 이를 일상에 적절히 활용하면 개인의 삶과 환경에서 조화를 이루는 데 큰 도움을 받을 수 있습니다.

25. 오행의 고유 성정 및 배속

오행(五行)은 목(木)-화(火)-토(土)-금(金)-수(水)의 다섯 가지 요소로 자연의 변화와 인간의 삶을 상징적으로 설명하는 데 사용됩니다. 각 오행은 고유한 성격(성정)과 배속된 특성이 있으며 서로 상생(相生)과 상극(相剋)의 관계를 맺으며 균형을 이룹니다. 아래는 오행과 성정과 배속에 대한 설명입니다.

가. 목(木)

1) 성정: 생장(生長)과 확장의 에너지를 지닙니다. 생명력 창조성 유연함. 그리고 융통성을 상징합니다. 목은 자라나는 나무처럼 위로 뻗어나가고 넓어지는 성격을 가집니다.

2) 배속

계절	색깔	방향	장부	감정	맛
봄	청색(녹색)	동쪽	간(肝), 담(膽)	분노(怒)	신맛(酸)

나. 화(火)

1) 성정: 따뜻함과 상승의 에너지를 상징합니다. 열정적이고 활발하며 밝음과 생기를 나타냅니다. 화는 불처럼 강력하고 빠르게 타오르는 특성을 가집니다.

2) 배속

계절	색깔	방향	장부	감정	맛
여름	적색(붉은색)	남쪽	심장(心), 소장(小腸)	기쁨(喜)	쓴맛(苦)

다. 토(土)

1) 성정: 균형과 안정 그리고 중립성을 나타냅니다. 토는 생성과 파괴를 연결하는 중 심적 역할을 하며 모든 것을 포용하는 성격을 가집니다.

2) 배속

계절	색깔	방향	장부	감정	맛
변화기(각 계절의 끝자락 환절기)	황색(노란색)	중앙	비(脾), 위(胃)	사려(思)	단맛(甘)

라. 금(金)

1) 성정: 수렴과 결실의 에너지를 상징합니다. 엄격함, 결단력 그리고 강인함을 나타냅니다. 금은 단단한 금속처럼 구조화되고 특성을 지닙니다.

2) 배속

계절	색깔	방향	장부	감정	맛
가을	백색(흰색)	서쪽	폐(肺), 대장(大腸)	슬픔(悲)	매운맛(辛)

마. 수(水)

1) 성정: 유연함과 내림의 에너지를 지니며 지혜와 깊이를 상징합니다. 수는 물처럼 흘러가며 적응하는 특성을 가집니다.

2) 배속

계절	색깔	방향	장부	감정	맛
겨울	흑색(검은색)	북쪽	신(腎), 방광(膀胱)	두려움(恐)	짠맛(鹹)

〈오주학의 오행 성정 및 배속표〉

오행	목(木)	화(火)	토(土)	금(金)	수(水)
오재(五材)	나무	불	흙	쇠	물
오색(五色)	청색(靑)	적색(赤)	황색(黃)	백색(金)	흑색(水)
오방(五方)	동(東)	남(南)	중(中)	서(西)	북(北)
오계(五季)	봄(春)	여름(夏)	사계(四季)	가을(秋)	겨울(冬)
오시(五時)	오전(平旦)	한낮(日中)	오후(日西)	저녁(日入)	밤(夜半)
오절(五節)	설날(新年)	상사(上巳)	단오(端午)	칠석(七夕)	중양절(重陽)
오성(五星)	목성(木星)	화성(火星)	토성(土星)	금성(金星)	수성(水星)
오성(五聲)	부름(呼)	웃음(笑)	가창(歌)	울음(哭)	읊조림(呻)
오음(五音)	각(角) 아음 ㄲㅋㄱ	치(徵) 설음ㄴㄷㅌㄸ	궁(宮) 순음ㅁㅂㅍㅃ	상(商 치음 ㅅㅆㅈㅉㅊ	우(羽) 후음 ㅇㅎ
오장(五臟)	간(肝)	심장(心)	비장(脾)	허파(肺	콩팥(腎)
오부(五腑)	쓸개(膽)	소장(小腸)	위(胃)	대장(大腸	방광(膀胱)
오체(五體)	힘줄(筋)	경맥(脈)	근육(肉)	피부(皮)	뼈(骨)
오지(五志)	노여움(怒)	기쁨(喜)	생각(思)	슬픔(悲)	공포(恐)
오지(五指)	집게손가락(食指)	가운데손가락 (中指)	엄지손가락 (大拇指)	약손가락 (無名指)	새끼손가락 (小指)
오관(五官)	눈(目)	혀(舌)	입(口)	코(鼻)	귀(耳)
오각(五覺)	시각(色)	촉각(觸)	미각(味)	후각(香)	청각(聲)
오액(五液)	눈물(泣)	땀(汗)	침(涎)	콧물(涕)	가래(唾)
오미(五味)	신맛(酸)	쓴맛(苦)	단맛(甘)	매운맛(辛	짠맛(鹹)
오취(五臭)	누린내(臊)	탄내(焦)	향기(香)	비린내(腥)	구린내(朽)
오기(五氣)	줄(筋)	혈액(血)	근육(肉)	숨(氣)	뼈(骨)
오영(五榮) 오화(五華)	손톱(爪)	얼굴(面)	입술(脣)	눈썹(毛)	털(髮)
오수(五獸)	청룡(靑龍)	주작(朱雀)	기린(黃麟) 등사(騰蛇) 구진(勾陳)	백호(白虎)	현무(玄武)
오축(五畜)	개(狗)	양(羊)	소(牛)	닭(鷄)	돼지(猪)
오충(五蟲)	인충(鱗蟲) 물고기/곤충/ 파충류	우충(羽蟲) 새	나충(裸蟲) 사람	모충(毛蟲) 포유류	개충(介蟲) 거북/갑각류/ 양서류
오곡(五穀)	모시풀	기장(黍)	쌀(稌)	옥수수	콩
오과(五果)	자두(李)	살구(杏)	대추(棗)	복숭아(桃)	밤(栗)
오상(五常)	인(仁)	예(禮)	신(信)	의(義)	지(智)
오경(五經)	시경	의례	춘추	서경	역경
오정(五政)	너그러움	밝음	공손함	힘	고요함

26. 오주학 기본 구조(分柱, 空間柱)

오주(五柱)란 다섯 기둥이라는 뜻으로 태어난 년, 월, 일, 시에 분주(分柱) 또는 공간주(空間柱) 등을 의미합니다. 각 기둥은 천간(天干)과 지지(地支)로 조합된 다섯 기둥은 총 10개의 글자로 구성되며 이를 오주십자(五柱十字)라고 합니다.

가. 천간과 지지의 역할

1) 천간(天干): 외적으로 드러나는 성질과 에너지를 나타냅니다.
2) 지지(地支): 내적인 특성과 기초를 나타냅니다.
   가) 천간과 지지는 서로 상호작용하며 음양(陰陽)과 오행(五行) 원리를 통해 사주의 전체적인 흐름을 형성합니다.

나. 음양(陰陽)

1) 모든 천간과 지지는 음(陰)과 양(陽)으로 나뉩니다.
가) 양(陽): 활발하고 외향적인 에너지(갑, 병. 무, 경, 임)에 해당합니다.
나) 음(陰): 차분하고 내향적인 에너지(을, 정, 기, 신, 계)에 해당합니다.

다. 오행(五行)

1) 천간과 지지는 각각 목-화-토-금-수의 오 행 속성을 가집니다.
   가) 목(木): 성장, 확장(甲, 乙, 寅, 卯)
   나) 화(火): 열정, 창의(丙, 丁, 巳, 午)
   다) 토(土): 안정, 중재(戊, 己, 辰, 未, 戌, 丑)
   라) 금(金): 결단, 수확(庚, 辛, 申, 酉)
   마) 수(水): 지혜, 유연(壬, 癸, 子, 亥)
2) 오행 간에는 생(相生)과 극(相克)의 관계가 있어 오주에서의 상호작용을 통해 개인의 기운 흐름과 조화를 판단합니다.

라. 오주의 구조

오주는 다음 다섯 기둥으로 구성됩니다.
1) 년주(년柱)
   가) 태어난 해의 간지로 기본적인 환경 조상 유년기 등을 나타냅니다.
   나) 사람의 근본적 뿌리와 시작을 상징합니다.

2) 월주(月柱)

가) 태어난 달의 간지로 부모와의 관계, 성장 환경, 성격 형성 등에 관련됩니다.

나) 개인의 근본적 뿌리와 시작이 상이합니다.

3) 일주(日柱)

가) 태어난 날의 간지로 자신과 본성을 상징합니다.

나) 특히 일간(日干)은 주체(나)를 의미하고 배우자와의 관계도 포함됩니다.

4) 시주(時柱)

가) 태어난 시간의 후천적인 성취 자녀와의 관계 목표 등을 나타냅니다.

나) 인생 후반기의 운명을 해석하는 데 중요한 요소입니다.

5) 분주(分柱), 공간주(空間柱)

가) 오주학의 핵심이 되는 요소로 공간적인 관점에서 에너지가 흐르는 방향을 분석합니다.

나) 일반적으로 개인의 영향을 받는 지역적 환경적 그리고 사회적 요소를 분석합니다(예: 특정 방향성(동, 서, 남, 북)과 해당 지역의 지리적 특성이 개인의 운명에 미치는 영향을 풀이합니다.

마. 오주학과 사주의 차이점

1) 사주: 시간의 흐름에 따른 운명을 주로 분석하여 개인의 생,년,월,시를 기반으로 합니다.

2) 오주: 여기로 공간적 요소를 포함해 특정 방향 환경 지역 등이 개인의 삶에 미치는 영향을 분석합니다.

바. 분주, 공간주(分柱, 空間柱)

분주, 공간주는 주로 풍수지리학과 명리학 사후세계, 금융, 외교 등에 관련된 원리를 차용합니다(예: 동쪽이 강한 에너지를 주는 사람이라면 동쪽 방향에 사무실을 두거나 해당 지역으로 이동하는 것이 유리합니다).

사. 오주학 활용의 실례

1) 재물운 강화: 분주=공간주 활용하여 특정 방향으로 사업을 확장하거나 공간배치를 조정해 재물운을 끌어올릴 수 있습니다.

2) 건강 운영: 분주, 공간주의 건강에 유리한 생활환경 설정할 수 있습니다.

3) 인간관계 조화: 특정 방향에서 유리한 만남과 협력을 만들어내는 전략을 수립합니다.

아. 일간(日干)의 중요성

사주 및 오주학 분석에,서 가장 중요한 것은 일간(日干)입니다. 이는 개인의 본질적 성격과 에너지를 나타냅니다.

1) 일간이 갑(甲)이라면 큰 나무와 같은 성질로 성장과 개척에 강한 성격을 지닐 수 있습니다.

2) 일간이 계(癸)라면 잔잔한 물처럼 유연하고 지혜로운 성향을 보일 수 있습니다.

자. 대운과 세운

오주에서 태어난 시점의 오주십자뿐만 아니라 오주에 따라 변화하는 운세인 대운과 세운도 고려합니다.

1) 대운: 10년 단월로 바뀌는 큰 흐름

2) 세운: 매년 바뀌는 에너지

차. 오주학의 해석

오주학은 단순히 미래를 예측하는 도구가 아니라 자신의 장단점을 이해하고 조화로운 삶을 설계하기 위한 지침으로 활용합니다.

1) 개인의 강점(용신)을 발견합니다.

2) 부족한 부분(기신)을 보완합니다.

3) 운의 흐름을 파악하여 기회를 극대화 시킵니다.

27. 천간(天干)과 지지(地支)

천간과 지지는 동양의 역학 체계에서 시간, 날짜, 계절, 성격 등을 위해 사용됩니다. 이를 통해 자연의 이치를 분석하고 사람의 운명을 해석하는 데 활용됩니다.

가. 천간(天干):십간

천간은 하늘(天)을 상징하며 다섯 가지 요소인 오행(목, 화, 토, 금, 수)의 음양으로 나뉘어 10개의 간지를 이룹니다. 십간의 각각 고유한 특성과 상징을 가지고 있습니다.

천간	오행	음/양	상징적인 의미
갑(甲)	목(木)	양(陽)	강한, 의지, 성장, 시작
을(乙)	목(木)	음(陰)	유연함, 조화, 세밀함

천간	오행	음/양	상징적인 의미
병(丙)	화(火)	양(陽)	밝음, 열정, 확장
정(丁)	화(火)	음(陰)	따스함, 부드러움, 내면의 불꽃
무(戊)	토(土)	양(陽)	중심, 안정감, 포용력
기(己)	토(土)	음(陰)	섬세함, 차분함, 현실성
경(庚)	금(金)	양(陽)	단단함, 개척, 변화
신(辛)	금(金)	음(陰)	세련됨, 정교함, 순수함
임(壬)	수(水)	양(陽)	깊음, 도전, 지혜
계(癸)	수(水)	음(陰)	부드러움, 치유, 생명력

*천간은 십이지(지지)와 결합해 갑자(甲子), 을축(乙丑)과 같이 60갑자를 형성합니다.

나. 지지(地支):십이지

지지는 땅(지)을 상징하며 12개의 동물(십이지)로 나타냅니다. 각 동물은 시간, 계절, 방향, 인가의 특성을 상징합니다.

지지	동물	오행	음/양	상징적인 의미
자(子)	쥐	수(水)	양(陽)	지혜, 민첩함, 번영
축(丑)	소	토(土)	음(陰)	성실함, 근면, 인내
인(寅)	호랑이	목(木)	양(陽)	용기, 지도자, 추진력
묘(卯)	토끼	목(木)	음(陰)	부드러움, 조화, 신중함
진(辰)	용	토(土)	양(陽)	권위, 독창성, 개척정신
사(巳)	뱀	화(火)	음(陰)	지혜로움, 신비로움, 매력
오(午)	말	화(火)	양(陽)	열정, 자유로움, 활동적
미(未)	양	토(土)	음(陰)	온화함, 섬세함, 창의력
신(申)	원숭이	금(金)	양(陽)	재치, 적용력, 호기심
유(酉)	닭	금(金)	음(陰)	정확함, 예리함, 책임감
술(戌)	개	토(土)	양(陽)	충성심, 의리, 보호본능
해(亥)	돼지	수(水)	음(陰)	풍요, 순수함, 인내력

*십이지는 각각 하루의 2시간을 관장하며 계절과 방향 오행에 깊은 연관성을 지닙니다.

28. 천간(天干)의 오주학 각 속성

천간은 오주학에서 매우 중요한 기본 요소로 자연의 기본 속성과 인간의 성향을 해석하는 데 사용됩니다. 갑목(甲木)부터 계수(癸水)까지의 천간은 각각 고유의 특성과 의미를 지니며 이를 통해 인간관계, 재물, 직업 등 다양한 방면에서 응용할 수 있습니다. 아래는 천간의 각 속성 해석 방법 그리고 실제 활용 방안을 종합적으로 설명한 내용입니다.

가. 갑목(甲木)

1) 속성

큰 나무 강한 생명력 성장과 확장에 상징합니다.

2) 특성

가) 직선적이고 정직하며 강인한 성격이 강합니다.

나) 개척정신이 강하고 목표를 향해 꾸준히 나아가는 리더십이 있습니다.

3) 활용

가) 직업: 경영자 창업가 개발자 개척 분야에 적합합니다.

나) 인간관계: 리더 역할을 맡아야 발전이 빠르며 고집이 강하므로 유연성을 길러야 조화를 이룰 수 있습니다.

다) 재물: 초반에는 투자가 많으나 장기적 관점에서 성장 가능성이 큽니다.

나. 을목(乙木)

1) 속성

작은 나무나 덩굴 유연성과 순응의 상징합니다.

2) 특성

가) 부드럽고 융통성이 뛰어납니다.

나) 사람들과 잘 어울리며 조화로운 협력관계를 중시합니다.

3) 활용

가) 직업: 디자이너 상담가 교육자처럼 창의력 협업이 필요한 분야에서 두각을 나타냅니다.

나) 인간관계: 섬세함과 배려심으로 인간관계를 원만하게 이끌 수 있습니다.

다) 재물: 네트워크를 통해 기회를 얻고 점진적으로 늘려가는 형식에 해당합니다.

다. 병화(丙火)

1) 속성

태양, 밝음과 활력, 큰 에너지에 해당합니다.

2) 특징

가) 강한 추진력과 열정 적극적이고 성격의 해당입니다.
나) 쉽게 포기하지 않으며 빛을 발하려는 성향입니다.

3) 활용

가) 직업: 연예인 정치인 강사처럼 대중 앞에서는 직업에 적합합니다.
나) 인간관계: 따뜻하고 관대하지만 지나친 자기중심을 경계해야 합니다.
다) 재물: 자기 능력을 활용해 단기적으로 수익을 창출해 단기적으로 수익을 창출하지만, 과도한 소비에 주의할 필요가 있습니다.

라. 정화(丁火)

1) 속성

촛불 섬세하고 따뜻한 에너지입니다.

2) 특징

가) 부드럽고 세심하며 내면의 열정을 지닙니다.
나) 지속성으로 자신의 가치를 드러냅니다.

3) 활용

가) 직업: 심리학자 작가 예술가처럼 섬세함과 감성을 요구하는 분야에 적합합니다.
나) 인간관계: 주위 사람들을 세심하게 보살피며 신뢰를 얻습니다.
다) 재물: 작지만, 꾸준히 쌓아가는 안정적 재테크를 선호합니다.

마. 무토(戊土)

1) 속성

큰 산 안정감과 견고함의 상징합니다.

2) 특징

가) 의지가 강하고 신뢰감이 있으며 고집스러운 면도 있습니다.

나) 장기적인 목표를 중시하며 천천히 발전합니다.

3) 활용

가) 직업: 건설업 농업 부동산 등 안정적이고 실 질적인 분야에 해당합니다.

나) 인간관계: 신뢰를 바탕으로 한 관계를 중시 하나 융통성을 기를 필요가 있습니다.

다) 재물: 장기투자가 적합하며 꾸준히 축적하는 방식이 유리합니다.

바. 기토(己土)

1) 속성

농토, 부드럽고 양육적인 속성을 상징합니다.

2) 특징

가) 사람을 키우고 돕는 성격입니다.

나) 융통성이 있으나 지나치면 우유부단해질 수 있습니다.

3) 활용

가) 직업: 교육 요리 치료와 관련된 분야에서 강점이 있습니다.

나) 인간관계: 친화력을 바탕으로 협력관계를 잘 형성합니다.

다) 재물: 다양한 소규모 투자를 통해 안정적 재테크가 가능합니다.

사. 경금(庚金)

1) 속성

강철 단단함과 결단력이 있는 기운입니다.

2) 특징

가) 개혁적이고 현실적이며 결단력이 강합니다.

나) 도전적인 성향이 있습니다.

3) 활용

가) 직업: 군인 법조인 기술자처럼 강인한 성격과 정밀성이 요구되는 분야에 좋습니다.

나) 인간관계: 직선적이라 갈등이 생기기 쉬우나 의리를 지키는 관계에 강점이 있습니다.
다) 재물: 한 번에 큰 재물을 얻는 투기성 사업에 강하지만 지나친 욕심을 경계해야 합니다.

아. 신금(辛金)

1) 속성

보석 아름다움과 정제된 에너지입니다.

2) 특징

가) 섬세하고 분석적이며 자기표현에 능합니다.
나) 완벽주의 성향이 있습니다.

3) 활용

가) 직업: 패션 보석 금융 등 정밀함과 고급스러움을 요구하는 분야에 잘 어울립니다.
나) 인간관계: 세심한 배려로 사람들에게 좋은 인상을 남기나 지나친 완벽주의는 갈등의 원인이 될 수도 있습니다.
다) 재물: 안정적이고 계획적인 재테크를 통해 자 산을 늘려갑니다.

자. 임수(壬水)

1) 속성

큰강 자유롭고 포용력 있는 에너지입니다.

2) 특징

가) 융통성이 있고 지혜로우며 도전정신이 강합니다.
나) 때로는 방황할 가능성도 있습니다.

3) 활용

가) 직업: 여행업 해운업 학문 연구처럼 유동적이고 탐험적인 분야와도 관련이 있습니다.
나) 인간관계: 자유롭고 관대한 성격으로 주변의 신뢰를 얻습니다.
다) 재물: 다양한 분야에서 자산은 축적하나 관리에 주의해야 합니다.

차. 계수(癸水)

1) 속성

이슬 섬세하고 은은한 에너지입니다.

2) 특징

가) 부드럽고 겸손하며 지혜로운 기운입니다.
나) 은밀히 자신의 모습을 이루는 성향입니다.

3) 활용

가) 직업: 연구 데이터 분석 서비스업처럼 섬세함을 요구하는 분야에 관심을 두어야 합니다.
나) 인간관계: 친절하고 온화하며 은근히 영향력을 발휘합니다.
다) 재물: 큰 욕심 없이 안정적 수익을 추구합니다.

카. 천간의 응용 방법

1) 상생과 상극의 원리 활용

예를 들어 갑목(甲木)은 병화(丙火)의 에너지를 받아야 성장합니다. 병화와 연관될 직업 사람 기회에 집중하면 운이 열립니다.

2) 대운과 조화

개인의 오주에서 대운에 해당 천간이 올 때 그 속성에 맞는 행동을 취하면 긍정적 결과를 얻을 가능성이 높습니다.

3) 재물 운용

각 천간의 속성을 기반으로 재테크 스타일을 파악하고 적합한 투자 방식을 선택합니다(예: 신금(辛金)은 안정적이고 고급스러운 자산을 임수(壬水)는 다양한 분야의 유동적 자산에 투자하는 것이 적합합니다).

29. 천간의 10가지 종류와 성정

천간은 오주학(목-화-토-금-수)을 방향으로 음양을 더해 10개의 오주십자(五柱十字) 기본 요소로 구분한다. 각각의 천간은 독특한 성질(성정, 性情)을 가지고 있으며 이를 이해하면 우주 해석의 기본 틀을 잡을 수 있습니다.

가. 갑목(甲木)

1) 의미: 큰 나무 울창한 숲을 상징합니다.
2) 강인하고 진취적이며 개척자적인 성격 리더십이 강하고 대담하지만, 융통성이 부족할 수 있습니다.
3) 특징: 목표지향적 성장 지향적인 면이 있습니다.

나. 을목(乙木)

1) 의미: 작은 나무 덩굴을 상집니다.
2) 성정: 섬세하고 유연하며 조화를 중시 꾸준히 노력하지만 우유부단할 수 있습니다.
3) 특징: 배려심 협력 지향적입니다.

다. 병화(丙火)

1) 의미: 태양 큰불에 해당합니다.
2) 성정: 열정적이고 강렬하며 따뜻한 성품 주도적이고 낙관적이지만 과도한 자신감으로 인해 무모해질 수 있습니다.
3) 특징:열정적 발산의 지향점

라. 정화(丁火)

1) 의미: 등불 작은 불에 해당합니다.
2) 성정: 섬세하고 따뜻한 성격으로 주변을 밝히는 역할 끈기가 강하지만 소심하고 예민할 수 있습니다.
3) 특징: 세심함, 내면의 열정이 있습니다.

마. 무토(戊土)

1) 의미: 큰 산 평원 황야에 해당합니다.
2) 성정: 안정적이고 묵직하며 신뢰를 주는 성격 체계적이고 든든한 존재이지만 변화에 둔감할 수 있습니다.
3) 특징: 신뢰 지조가 생명입니다.

바. 기토(己土)

1) 의미: 농토, 정원에 해당합니다.
2) 성정: 부드럽고 온화하며 실용적 친화력이 좋지만 지나치게 수동적일 수 있습니다.
3) 특징: 포용력 실용성이 좋습니다.

사. 경금(庚金)

1) 의미: 날카로운 금속 큰 칼에 해당합니다.
2) 성정: 강인하고 단호하며 결단력이 강함 정의로운 성격이나 융통성이 부족할 수 있습니다.
3) 특징: 의지력 혁신성이 크게 작용합니다.

아. 신금(辛金)

1) 의미: 보석 귀금속 주옥금에 해당합니다.
2) 성정: 섬세하고 세련된 성격 내면이 강인하고 완벽을 추구하지만 과민할 수 있습니다.
3) 특징: 고귀함 세밀함이 큰 장점입니다.

자. 임수(壬水)

1) 의미: 큰 강 바다에 해당합니다.
2) 성정: 유연하고 포용력이 넓으며 지혜롭고 추진력이 강함 그러나 산만하고 갈피를 못잡을 수 있습니다.
3) 특징: 포용력 창조성이 탁월합니다.

차. 계수(癸水)

1) 의미: 이슬, 비, 우로에 해당합니다.
2) 성정: 부드럽고 차분하며 신중한 내면이 깊고 지혜로우나 지나치게 조심스러울 수 있습니다.
3) 특징: 섬세함, 감수성이 있습니다.

30. 십이지와 방위 배속

십이지(十二支)는 동양의 음양오행 시상에서 비롯된 개념으로 방위와 시간 등을 나타내는 중요한 역할을 합니다. 십이지는 각각의 동물에 해당하며 360도를 기준으로 12개의 바위를 나타냅니다. 각 방위는 약 30도씩 나뉘어 있습니다.

아래는 십이지의 방위 배속에 대한 설명입니다.

십이지	동물	방위	정확한 각도
자(子)	쥐	정북(북)	345~15도
축(丑)	소	북북동	15~45도
인(寅)	호랑이	정동북	45~75도
묘(卯)	토끼	정동(동)	75~105도
진(辰)	용	동남동	105~135도
사(巳)	뱀	정남동	135~165도
오(午)	말	정남(남)	165~195도
미(未)	양	남남서	195~225도
신(申)	원숭이	정서남	225~225도
유(酉)	닭	정서(서)	225~285도
술(戌)	개	서북서	285~315도
해(亥)	돼지	정북서	315~345도

가. 방위의 활용

1) 풍수지리학

가) 십이지 방위는 집이나 건물의 방향을 잡거나 중요한 공간을 배치하는 데 활용됩니다.

나) 예를 들어 특정 십이지 방향이 오주의 강점과 연결될 경우 그 방향을 활용해 운세를 높일 수 있다고 봅니다.

2) 시간과 방위 연계

십이지는 하루의 시간과도 대응되므로 방위와 시간을 함께 고려해 활동이나 계획을 세우는 데 사용합니다.

3) 명리학 및 오주학

가) 개인의 오주에서 부족하거나 필요한 에너지를 보충하기 위해 십이지 방위를 활용하기도 합니다(예: 오주에서 인(寅, 동북쪽)이 부족한 경우 동 북쪽에 관련된 요소를 생활에 적용하면 조화로운 기운을 얻을 수 있다고 합니다).

나) 십이지 방위 배속은 동양 철학의 기본이 되는 개념으로 방위뿐만 아니라 오주와 환경 풍수 와 밀접하게 연결되어 있습니다. 이를 이해하면 일상에서 조화로운 기운을 활용하는 데 큰 도움을 받을 수 있습니다.

31. 십이지의 시간 배속

십이지는 중국 전통적인 시간 및 방향 체계로 하루를 12개의 시간 단위로 나누어 표현합니다. 각각의 시간 단위는 약 2시간씩을 나타내며 동물로 상징되는 12지지가 이를 대표합니다. 하나가 있고 한국에서는 동경 135도 기준으로 시간을 계산하므로 일본과 동일한 시간대를 사용합니다.

따라서 십이지의 시간 배속은 기본적으로 일본 동경시(표준시)기준으로 해석됩니다.

이를 바탕으로 현대 한국 시간에 맞게 십이지를 시간 배속을 재조명하면 다음과 같습니다.

가. 자시(子時): 23:30~00:00~01:30

자정과 새벽을 잇는 시각 쥐(鼠)가 새로운 시작을 준비하는 시간에 해당합니다.

나. 축시(丑時): 01:30~03:30

소(牛)가 상징 하루의 시작을 준비하는 고요한 시간대에 해당합니다.

다. 인시(寅時): 03:30~05:30

호랑이(虎)가 상징 동이 트기 전 새벽을 나타내는 시간입니다.

라. 묘시(卯時): 05:30~07:30

토끼(兔)가 상징 새벽의 끝과 아침의 시작을 알리는 시간입니다.

마. 진시(辰時): 07:30~09:30

용(龍)이 상징 아침 활동이 활발해지기 시작하는 시간입니다.

바. 사시(巳時): 09:30~11:30

뱀(蛇)이 상징 활력이 최고조로 올라가는 시간에 해당합니다.

사. 오시(午時): 11:30~13:30

말(馬)이 상징 정오와 오후의 시작을 잇는 시간입니다.

아. 미시(未時): 13:30~15:30

양(羊)가 상징 활동이 다소 안정되며 휴식이 필요한 시간입니다.

자. 신시(申時): 17:30~17:30

원숭이(猴)가 상징 하루의 마무리를 준비하는 유연한 시간입니다.

차. 유시(酉時): 17:30~19:30

닭(鷄)가 상징 해가 저물며 정리와 마무리가 필요한 시간입니다.

카. 술시(戌時): 19:30~21:30

개(犬)가 상징 밤을 맞이하며 보호와 안정을 상징합니다.

타. 해시(亥時): 21:30~23:30

돼지(猪)가 상징 하루를 완전히 마무리하고 휴식을 취하는 시간입니다.

※ 시간 배속의 조정 근거

1) 한국은 동경 135도를 기준으로 태양 시각과 맞춘 표준시를 사용합니다. 십이지의 기본 시간은 약 2시간씩으로 나뉘지만, 시간의 시작은 정각 기준이 아니라 30분 간격의 중심 시각으로 조정되기 때문에 각 시간대의 경계가 30분씩 앞뒤로 밀려납니다.
2) 활용 팁: 이 시간 배속은 사주학과 오주학과 전통적 시간에 활용에서 중요합니다(예: 자신이 태어난 시간이 오시(午時)라면 동경 기준으로 11:30~13:30에 해당하므로 태어난 시간의 기운과 관련된 해석이 이 시간대에 맞춰 분석됩니다).

32. 오주 명리학의 계절과 십이지지, 절기 배속

오주 명리학에서는 입춘(2월 4일)을 기준으로 새로운 해가 시작됩니다. 이때부터 각 계절이 어떻게 배속되는지 그리고 그에 해당하는 절기를 함께 설명합니다.

가. 봄(春)

1) 대체적인 시기

2월 4일~5월 5일(입춘~입하)

2) 십이지지

가) 인(寅): 음력 1월(정월)

(1) 절기: 입춘(2월 4일경), 우수(2월 19일경), 경칩(3월 5일 격)

(2) 특징: 봄의 시작 새 생명이 자라나는 시기입니다.

나) 묘(卯): 음력 2월

(1) 절기: 춘분(3월 21일경), 청명(4월 4일경)

(2) 특징: 봄이 한창 진행되는 시기 자연이 살아나는 시기입니다.

다) 진(辰): 음력 3월

(1) 절기: 곡우(4월 20일경), 입하(5월 5일경)

(2) 특징: 봄의 끝자락 새 생명이 활발하게 성장하는 시점에 해당합니다.

나. 여름(夏)

1) 대체적인 시기

5월 6일~8월 7일(입하~입추)

2) 십이지지

가) 사(巳): 음력 4월

(1) 절기: 소만(5월 21일경), 망종(6월 6일경)

(2) 특징: 한여름 기온이 최고조에 달하고 활동이 많아지는 지점입니다.

나) 오(午): 음력 5월

(1) 절기: 하지(6월 21일경), 소서(7월 7일경)

(2) 특징: 한여름 기온이 최고조에 달하고 활동이 많아지는 시점입니다.

다) 미(未): 음력 6월

(1) 절기: 대서(7월 23일경), 입추(8월 7일경)

(2) 특징: 여름의 끝 기온은 여전히 높지만, 점차 가을의 기운이 섞여드는 시점입니다.

다. 가을(秋)

1) 대체적인 시기

8월 8일~11월 7일(입추~입동)

2) 십이지지

가) 신(申) 음력 7월

(1) 절기: 처서(8월 23일경), 백로(9월 8일경)

(2) 특징: 여름의 끝자락 가을의 기운이 서서히 다가오는 시점입니다.

나) 유(酉) 음력 8월

(1) 절기: 추분(9월 23일경), 한로(10월 8일경)

(2) 특징: 가을의 중반 날씨가 서늘해지고 수확의 기운이 돌기 시작하는 시점입니다.

다) 술(戌) 음력 9월

(1) 절기: 상강(10월 23일경, 11월 7일경)

(2) 특징: 가을의 끝. 서서히 겨울의 기운이 느껴지는 시점입니다.

라. 겨울(冬)

1) 대체적인 시기

11월 8일~2월 3일(입동~입춘)

2) 십이지지

가) 해(亥): 음력 10월

(1) 절기: 소설(11월 22일경), 대설(12월 7일)

(2) 특징: 겨울의 시작 추위가 심해지고 밤이 길어지는 시점입니다.

나) 자(子): 음력 11월

(1) 절기: 소설(11월 22일경), 대설(12월 7일경)

(2) 특징: 겨울에 중반 차가운 기운이 절정에 달하는 시점입니다.

다) 축(丑): 음력 12월

(1) 절기: 대한(1월 20일경), 입춘(2월 4일)

(2) 특징: 겨울의 끝자락 봄을 맞이하기 직전의 시점입니다.

마. 정리

오주 명리학에서 각 계절은 12지지에 따라 배속되며 각 월은 해당 계절의 절기와 맞물려 자연의 흐름을 반영합니다. 2월 4일 입춘을 기준으로 봄이 시작되고 여름, 가을, 겨울이 차례로 다가옵니다.

각 계절의 변화는 사람의 운명에도 영향을 미친다고 해석되며 이를 통해 사주의 흐름과 조화를 이해할 수 있습니다.

33. 십이지지의 기본 성정

십이지지는 자(子), 축(丑), 인(寅), 묘(卯), 진(辰), 사(巳), 오(午), 미(未), 신(申), 유(酉), 술(戌), 해(亥)의 12가지로 구성됩니다. 각각 특정한 오행(五行)과 방위 시간 동물 등에 대응하며 고유에 성격적 특징을 가집니다.

가. 자(子)

1) 오행: 수(水)
2) 특징: 지혜로움, 재치, 계획적입니다.
3) 동물: 쥐
4) 성정: 민첩하고 총명하며 계획적으로 일을 추진합니다. 그러나 조급함이 단점이 될 수 있습니다.

나. 축(丑)

1) 오행: 토(土)
2) 특징: 성실함, 근면 안정적입니다.
3) 통물: 소
4) 성정: 성실하고 고집이 있으며 신중한 성격이 돋보입니다. 다만 융통성이 부족할 수 있습니다.

다. 인(寅)

1) 오행: 목(木)
2) 특징: 용맹 리더십 열정적입니다.
3) 동물: 호랑이
4) 성정: 자신감 넘치고 열정적이나 과도한 자신감이 문제를 일으킬 수 있습니다.

라. 묘(卯)

1) 오행: 목(木)
2) 특징: 예술적 감수성 부드러운 기운입니다.
3) 동물: 토끼
4) 성정: 유연하고 감각적이며 타인을 배려합니다. 하지만 지나치게 소극적일 수 있습니다.

마. 진(辰)

1) 오행: 토(土)
2) 특징: 권위 도전 안정적입니다.
3) 동물: 용
4) 성정: 리더십과 안정감을 갖췄으나 고집스러움이 단점이다.

바. 사(巳)

1) 오행: 화(火)
2) 특징: 통찰력 지혜 열정적입니다.
3) 동물: 뱀
4) 성정: 명석하고 직관적이며 목표를 향해 집요하게 나아갑니다. 그러나 내면의 불안이 있습니다.

사. 오(午)

1) 오행: 화(火)
2) 특징: 열정적 대담 사교적입니다.
3) 동물: 말
4) 성정: 적극적이고 사교적이나 충동적인 경향이 있습니다.

아. 미(未)

1) 오행: 토(土)
2) 특징: 따뜻함. 온화 예술적인 기운입니다.
3) 동물: 양
4) 성정: 감정이 풍부하고 섬세하며 안정감을 중요시합니다. 그러나 지나치게 예민할 수 있습니다.

자. 신(申)

1) 오행: 금(金)
2) 특징: 기민함, 지능, 다재다능합니다.
3) 동물: 원숭이
4) 성정: 영리하고 다재다능하며 재치가 있습니다. 과하면 실패로 이어진다.

차. 유(酉)

1) 오행: 금(金)
2) 특징: 세련됨, 질서, 정리 정돈 잘합니다.
3) 동물: 닭
4) 성정: 깔끔하고 체계적이지만 때로는 지나치게 예민할 수 있습니다.

카. 술(戌)

1) 오행: 토(土)
2) 특징: 충직함. 의리 정의로움이 있습니다.
3) 동물: 개
4) 성정: 의리 있고, 정직하며 타인의 신뢰를 얻습니다. 하지만 보수적일 수 있습니다.

타. 해(亥)

1) 오행: 수(水)
2) 특징: 온화함, 인내심, 관대함이 있습니다.
3) 동물: 돼지
4) 성정: 관대하고 평화로우며 낙천적입니다. 그러나 무기력함이 단점이 될 수 있습니다.

※ 십이지지의 응용

1) 성격 분석

지지는 개인의 성격적 특징을 나타내며 오 주에서 위치(연, 월, 일, 시, 분)에 따라 성격이 더욱 세부적으로 드러납니다(예: 연지에 위치한 지지는 대체로 가족 환경과 성장 배경을 나타내고 일지에 위치한 지지는 개인의 본성과 결혼 생활에 영향을 미칩니다).

2) 인간관계 및 궁합

가) 지지의 상생(相生), 상극(相剋) 관계를 통해 인간관계를 통해 인간관계의 조화나 갈등을 분석할 수 있습니다.
   ⑴ 상생 관계: 물(水)-목(木)-화(火)-토(土)-금(金)-물(水)
   ⑵ 상극 관계: 물(水)-화(火) 화(火)-금(金), 금(金)-목(木) 목(木)-토(土) 토(土)-물(水)

3) 운세 분석

지지가 오행과 방위를 나타내기 때문에 연도나 시기에 따라 영향을 미칩니다(예: 특정 지지가 용신(用神)과 일치하거나 조화를 이루면 좋은 운세가 찾아오고 반대로 기신(忌神)과 충돌하면 장애가 발생할 수 있습니다).

4) 직업 분석

지지가 지닌 특정에 따라 적합한 직업과 재물운의 흐름을 분석할 수 있습니다(예: 신(申) 지지를 가진 사람은 기민함과 다재다능함을 활용하는 직업(상업, 창작 등)에 적합합니다).

34. 십이지지의 성정 심화 분석

십이지지의 성정과 응용은 깊이 있는 학문적 내용을 포함하므로 추가 설명을 통해 좀 더 세부적으로 파악할 수 있습니다. 아래에서 십이지지의 성정과 응용을 보완하여 상세하게 설명하겠습니다.

가. 자(子)의 심화 특성

1) 긍정적 성향: 빠른 판단력 지혜로움 유머 감각이 있습니다.
2) 부정적 성향: 지나친 걱정 계획에 치우친 행동이 있을 수 있습니다.
3) 응용: 자수의 에너지는 생명의 씨앗으로 비유되며 새로운 아이디어나 시작에 강점을 보입니다.

나. 축(丑)의 심화 특성

1) 긍정적 성향: 안정감 끈기 믿음직스러움이 있습니다.
2) 부정적 성향: 우유부단함. 완고합니다.
3) 응용: 축토의 에너지를 생명의 기틀을 잡은 것으로 안정적인 프로젝트 관리와 장기적인 목표에 적합합니다.

다. 인(寅)의 심화 특성

1) 긍정적 성향: 대단함, 진취적 성향 목표 달성력이 강합니다.
2) 부정적 성향: 과도한 자신감 성급합니다.
3) 응용: 인목은 변화와 성장을 상징하므로 혁신적 아이디어 실행과 리더십 발휘에 적합합니다.

라. 묘(卯)의 심화 특성

1) 긍정적 성향: 창의성 타인과 조화롭습니다.
2) 부정적 성향: 과도한 내향성 감정 기복이 있습니다.
3) 응용: 묘목의 에너지는 감성과 예술성을 기반으로 하여 디자인 예술 상담 분야에서 빛을 발합니다.

마. 진(辰)의 심화 특성

1) 긍정적 성향: 내적 안정감 책임감이 있습니다.
2) 부정적 성향: 고집스러움. 자기중심적 태도가 있습니다.
3) 응용: 진토는 완성의 기운을 가지고 있어 조정자 역할과 프로젝트 마무리에 적합합니다.

바. 사(巳)의 심화 특성

1) 긍정적 성향: 집중력 통찰력 학문적 능력이 우수합니다.
2) 부정적 성향: 의심 내면 불안 조급한 면이 있습니다.
3) 응용: 사화는 분석적 사고가 뛰어나며 연구 금융 과학 분야에서 강점을 발휘합니다.

사. 오(午)의 심화 특성

1) 긍정적 성향: 열정 활동성 표현력이 좋습니다.
2) 부정적 성향: 충동적 행동 성급합니다.
3) 응용: 오화의 에너지는 사람들과의 소통과 협력에 유리하며 이벤트 기획이나 마케팅에서 탁월합니다.

아. 미(未)의 심화 특성

1) 긍정적 성향: 정서적 안정 배려심이 있습니다.
2) 부정적 성향: 지나친 걱정 과민합니다.
3) 응용: 미토는 섬세함과 감각이 돋보이는 직업 예를 들어 패션 요리 인테리어 분야에서 강점을 가집니다.

자. 신(申)의 심화 특성

1) 긍정적 성향: 적응력 기민합니다.
2) 부정적 성향: 산만함 지나친 계산적인 면이 있습니다.

3) 응용: 신금은 변화와 순발력의 에너지를 지니며 무역 및 창의적 분야에서 빛을 발합니다.

차. 유(酉)의 심화 특성

1) 긍정적 성향: 조직력, 세련미가 있습니다.
2) 부정적 성향: 지나친 완벽주의 비판적 성향이 있습니다.
3) 응용: 유금의 체계적 성격은 행정 법률 기획 분야에 적합합니다.

카. 술(戌)의 심화 특성

1) 긍정적 성향: 정의감 충직합니다.
2) 부정적 성향: 보수적 태도 변화 저항성이 있습니다.
3) 응용: 술토의 에너지는 사람들 간의 중재와 조정 역할에 유리하며 공공기관 정치 분야에서 적합합니다.

타. 해(亥)의 심화 특성

1) 긍정적 성향: 인내심 포용력 유연성이 있습니다.
2) 부정적 성향: 무기력함 지나친 낙관이 변수입니다.
3) 응용: 해수는 내적 안정과 지혜를 바탕으로 교육 종교 철학적 분야에서 강점을 발휘합니다.

35. 십이지지 특성 성정 및 응용 완성

가. 자수(子水)

1) 오행: 수(水)
2) 기운: 음수(陰水) 차갑고 깊은 물의 속성에 해당합니다.
3) 특징: 한랭지수(寒冷之水) 일양지생(一陽之生: 음속에 양이 태어남)에 해당합니다.
4) 주요 의미: 생명의 근원 지혜 유동성 융통성이 특출합니다.
5) 활수와 생수
   가) 생수(生水): 생명을 유지하는 물 정체되지 않고 흐름이 있는 물에 해당합니다.
   나) 활수(活水): 생동하는 물 변화와 적응의 상징성이 강합니다.
6) 절기: 동지(冬至): 밤이 가장 길고 양기가 새롭게 시작되는 시점입니다.
7) 색깔: 검은색(흑색), 푸른빛을 띤 검은색에 해당합니다.
8) 방위: 정북(正北)

9) 숫자: 1.6
10) 인체 부위: 신장(腎臟), 방광, 귀에 해당합니다.
11) 성정: 지혜로움, 계획적 유연성이 있습니다.
가) 장점: 직관적이고 영리하며 상황에 민첩하게 대처합니다.
나) 단점: 지나치게 계획적이거나 걱정이 많아 우유부단할 수 있습니다.

나. 축토(丑土)

1) 오행: 토(土)
2) 기운: 음토(陰土) 습하고 냉한 흙에 해당합니다.
3) 특징: 습토(濕土), 저장과 축적의 의미입니다.
4) 주요 의미: 안정감 축적의 의미를 상징합니다.
5) 절기: 소한(小寒)과 대한(大寒) 사이: 가장 추운 시기로 만물이 움츠려 있다가 발아 준비를 시작합니다.
6) 색깔: 황색(노란빛의 흙색)에 해당합니다.
7) 방위: 북동쪽(정북과 동쪽 사이)
8) 숫자: 5.0
9) 인체 부위: 비장(脾腸), 위장에 해당합니다.
10) 성정: 안정적 성실함 꾸준합니다.
가) 장점: 인내심이 강하고 책임감이 뛰어납니다.
나) 단점: 융통성이 부족하거나 고지식한 면이 있습니다.

다. 인목(寅木)

1) 오행: 목(木)
2) 기운: 양목(陽木) 생명력이 강하고 직립(곡직)하는 나무에 해당합니다.
3) 특징: 발아(發芽)와 성장의 의미합니다.
4) 주요 의미: 진취성 용기 강직합니다.
5) 절기: 입춘(立春): 봄의 시작으로 만물이 깨어나는 시기입니다.
6) 색깔: 청록색(푸르고 생동감 있는 색)에 해당합니다.
7) 방위: 정동(正東)
8) 숫자: 3.8
9) 인체 부위: 간장(肝腸) 손발에 해당합니다.
10) 성정: 강직함. 열정적 리더십이 있습니다.

가) 장점: 추진력과 도전정신이 강합니다.

나) 단점: 무리하거나 독단적일 수 있습니다.

라. 묘목(卯木)

1) 오행: 목(木)
2) 기운: 음목(陰木) 부드럽고 유연한 나무에 해당합니다.
3) 특징: 감성적 창의적 조화의 의미를 상징합니다.
4) 주요 의미: 배려 예술적 감각, 유연성이 있습니다.
5) 절기: 경칩(驚蟄): 봄기운이 충만하고 만물이 생동감이 충만합니다.
6) 색깔: 녹색(푸른 풀빛)에 해당합니다.
7) 방위: 정동(正東)
8) 숫자: 3.8
9) 인체 부위: 목(목구멍 후) 근육에 해당합니다.
10) 성정: 온화함, 조화로움이 있습니다.

가) 장점: 사교적이고 감각적입니다.

나) 단점: 소극적이거나 감정에 휘둘릴 수 있습니다.

마. 진토(辰土)

1) 오행: 토(土)
2) 기운: 양토(陽土) 강하고 단단한 흙에 해당합니다.
3) 산화된(燥土) 변화와 창조의 중심에 기운입니다.
4) 절기: 청명(淸明)과 곡우(穀雨) 사이: 봄의 끝자락으로 만물이 풍성해지는 시기입니다.
6) 색깔: 황갈색(건조한 흙빛)에 해당합니다.
7) 방위: 동남쪽(동과 남 사이)
8) 숫자: 5.0
9) 인체 부위: 비장(脾腸), 소화기에 해당합니다.
10) 성정: 견고함, 융통성, 추진력이 있습니다.

가) 장점: 신뢰를 주는 안정감과 끈기가 있습니다.

나) 단점: 고집스러운 면이 나타날 수 있습니다.

바. 사화(巳火)

1) 오행: 화(火)

2) 기운: 음화(陰火) 은은하고 지속되는 불에 해당합니다.

3) 특징: 열정과 빛의 상징 통찰력과 직관이 있습니다.

4) 주요 의미: 통찰력 탐구심 집중력이 강합니다.

5) 절기: 입하(立夏): 여름의 시작으로 기온이 높아지고 활동이 활발해집니다.

6) 색깔: 적색(붉은 불빛)에 해당합니다.

7) 방위: 동남쪽

8) 숫자: 2.7

9) 인체 부위: 눈, 심장, 신경계에 해당합니다.

10) 성정: 지혜 통찰력 열정적입니다.

가) 장점: 집중력과 문제 해결 능력이 뛰어납니다.

나) 단점: 내면 불안이나 지나친 집착이 있을 수 있습니다.

사. 오화(午火)

1) 오행: 화(火)

2) 기운: 양화(陽火) 강렬하고 밝은 불에 해당합니다.

3) 특징: 열정 에너지 사교성이 있습니다.

4) 주요 의미: 활기 적극성 표현력이 좋습니다.

5) 절기: 망종(芒種)과 하지(夏至) 사이: 태양이 가장 강력하고 만물이 절정에 달합니다.

6) 색깔: 주황색, 빨간색에 해당합니다.

7) 방위: 정남(正南)

8) 숫자: 2.7

9) 인체 부위: 심장, 혈액 순환계에 해당합니다.

10) 성정: 사교성, 낙관적, 대담성이 있습니다.

가) 장점: 활발하고 자신감이 넘칩니다.

나) 단점: 과도한 충동성과 성급합니다.

아. 미토(未土)

1) 오행: 토(土)

2) 기운: 음토(陰土) 부드럽고 따뜻한 흙에 해당합니다.

3) 특징: 양육과 보호의 속성이 있습니다.

4) 주요 의미: 안정감 배려 예술성이 훌륭합니다.

5) 절기: 소서(小暑)와 대서(大暑) 사이: 더위가 절정에 달하며 휴식과 준비의 시기입니다.

6) 색깔: 연갈색(부드러운 흙빛)에 해당합니다.

7) 방위: 남서쪽(남과 서 사이)

8) 숫자: 5.0

9) 인체 부위: 위장, 근육이 해당합니다.

10) 성정: 온화함, 감성적 책임감이 있습니다.

가) 장점: 섬세하고 타인을 배려합니다.

나) 단점: 예민하거나 걱정이 많습니다.

자. 신금(申金)

1) 오행: 금(金)

2) 기운: 양금(陽金)으로 변화하는 시기에 해당합니다.

3) 특징: 다재다능하고 적응력이 우수합니다.

4) 절기: 입추(立秋): 가을의 시작으로 수확의 준비가 시작됩니다.

6) 색깔: 백색(흰색, 은색)에 해당합니다.

7) 방위: 남서쪽(南西)

8) 숫자: 4.9

9) 인체 부위: 폐, 피부에 해당합니다.

10) 성정: 영리하고 판단력, 기민합니다.

가) 장점: 다재다능하고 창의력이 뛰어납니다.

나) 단점: 산만하거나 계산적인 면이 있습니다.

차. 유금(酉金)

1) 오행: 금(金)

2) 기운: 음금(陰金) 단단하지만 세밀한 금속에 해당합니다.

3) 특징: 질서와 정리 정돈의 상징합니다.

4) 주요 의미: 체계적 세련됨, 신중합니다.

5) 절기: 백로(白露)와 추분(秋分) 사이: 수확이 본격적으로 이루어지는 시기에 해당합니다.

6) 색깔: 은색, 흰색에 해당합니다.

7) 방위: 정서(正西)

8) 숫자: 4.9

9) 인체 부위: 폐, 대장

10) 성정: 질서 정연 세세한 정지합니다.

가) 장점: 깔끔하고 체계적입니다.

나) 단점: 비판적이고 완벽주의적인 면이 있습니다.

카. 술토(戌土)

1) 오행: 토(土)
2) 기운: 양토(陽土) 만물을 가두고 저장합니다.
3) 특징: 충직함과 정의로움의 상징합니다.
4) 주요 의미: 의리 책임감 충성심이 강합니다.
5) 절기: 한로(寒露)와 상강(霜降) 사이: 가을의 끝자락으로 겨울 준비가 시작됩니다.
6) 색깔: 황토색에 해당합니다.
7) 숫자: 5.0
8) 인체 부위: 위장, 피부에 해당합니다.
9) 성정: 신뢰감, 충직함, 정의롭습니다.

가) 장점: 의리가 있고 신뢰를 얻습니다.

나) 단점: 고집스럽거나 부수적인 면이 있습니다.

타. 해수(亥水)

1) 오행: 수(水)
2) 기운: 양수(陽水) 깊고 넓은 바다에 해당합니다.
3) 관대함, 포용력, 생명의 근원이 됩니다.
4) 주요 의미: 인내심 유연성 관대합니다.
5) 절기: 입동(立冬): 겨울의 시작으로 만물이 휴식하며 양기를 저장합니다.
6) 색깔: 짙은 검푸른색(심해)에 해당합니다.
7) 방위: 서북쪽(西北)
8) 숫자: 1.6
9) 인체 부위: 신장, 방광에 해당합니다.
10) 성정: 낙천적, 포용력 관대합니다.

가) 장점: 내적 안정과 유연성이 강합니다.

나) 단점: 무기력하거나 지나치게 느긋할 수 있습니다.

36. 이십사절기(二十四節氣)

이십사절기는 태양의 위치를 기준으로 한 중국 전통 역법의 24개의 구분으로 1년을 보다 세밀하게 나누어 계절의 변화를 반영합니다. 농사와 일상생활에 중요한 기준이 되었으며 태양 황도상의 15도 간격으로 나뉩니다. 각 절기는 다음과 같이 구분됩니다.

가. 봄(춘계 春季)

1) 입춘(立春): 봄이 시작 됨(태양이 황경 315도에 도달)
2) 우수(雨水): 비가 내리고 얼음이 녹음(330도)
3) 경칩(驚蟄): 동물이 동면에서 깨어남(345도)
4) 춘분(春分): 낮과 밤의 길이가 같아짐(0도)
5) 청명(淸明): 날씨가 맑고 밝아짐(15도)
6) 곡우(穀雨): 곡식이 자라기에 좋은 비가 내림(30도)

나. 여름(하계 夏季)

1) 입하(立夏): 여름이 시작됨(45도)
2) 소만(小滿): 만물이 점차 가득 참(60도)
3) 망종(芒種): 곡식을 심기에 적기(75도)
4) 하지(夏至): 낮이 가장 길고 밤이 가장 짧음(90도)
5) 소서(小暑): 더위가 시작됨(105도)
6) 대서(大暑): 더위가 가장 심함

다. 가을(추계 秋季)

1) 입추(立秋): 가을이 시작됨
2) 처서(處暑): 더위가 가고 시원해짐(150도)
3) 백로(白露): 이슬이 내리기 시작함(165도)
4) 추분(秋分): 낮과 밤의 길이가 같아짐(18도)
5) 한로(寒露): 차가운 이슬이 내림(195도)
6) 상강(霜降): 서리가 내리기 시작함(210도)

라. 겨울(동계 冬季)

1) 입동(立冬): 겨울이 시작됨(225도)

2) 소설(小雪): 눈이 조금씩 내리기 시작함(240도)
3) 대설(大雪): 많은 눈이 내림(225도)
4) 동지(冬至): 밤이 가장 길고 낮이 가장 짧음(270도)
5) 소한(小寒): 추위가 시작됨(285도)
6) 대한(大寒): 가장 추운 시기(300도)

마. 윤달(윤월, 閏月)의 개념

음력은 달의 주기를 기준으로 한 달력으로 태양력보다 약 11일 짧습니다. 이를 보완하기 위해 19년에 7번 윤달을 추가하여 태양력과의 차이를 맞춥니다. 윤달은 기존의 12개월 외에 추가로 들어가는 달로 특정 해에만 생기며 정해진 규칙에 따라 배치됩니다.

1) 윤달의 특징

가) 윤달의 위치: 특정 달이 두 번 반복되며 음력의 각 달 앞에 "윤"이 붙습니다(예: "윤사월").
나) 3년마다 등장: 약 2~3년 간격으로 음력에 윤달에 윤달이 추가됩니다.
다) 윤달의 의미와 활용: 윤달은 전통적으로 길흉과 관련하여 "평달(平月)"로 간주되었습니다. 이 기간에는 관혼상제나 이사 건축 등 여러 의례를 행사기에 좋다고 믿습니다.

바. 육십갑자(六十甲子)의 원리와 개념

육십갑자는 천간(天干) 10개와 지지(地支) 12개를 조합하여 만들어진 60개의 순환 주기를 의미합니다. 이는 동아시아 전통 달력과 철학에서 시간, 날짜, 연도를 표시하는 데 사용됩니다.

1) 천간(天干)

가) 갑(甲), 을(乙), 병(丙), 정(丁), 무(戊), 기(己), 경(庚), 신(辛), 임(壬), 계(癸)
나) 음양(陰陽)과 오행(五行)을 기반으로 구성합니다.

2) 지지(地支)

자(子), 축(丑), 인(寅), 묘(卯), 진(辰), 사(巳), 오(午), 미(未), 신(申), 유(酉), 술(戌), 해(亥) 총 12개입니다.

3) 육십갑자 조합원리

가) 천간과 지지를 순서대로 결합하여 60개의 조합을 만듭니다(예: 갑자(甲子) 을축(乙丑) 병인(丙寅)…. 진행).

나) 조호합이 한 바퀴(60주기)를 돌아가면 다시 시작합니다.

다) 60년을 기준으로 "환갑(還甲)"이라 부르기도 합니다.

甲子	甲戌	甲申	甲午	甲辰	甲寅
乙丑	乙亥	乙酉	乙未	乙巳	乙卯
丙寅	丙子	丙戌	丙申	丙午	丙辰
丁卯	丁丑	丁亥	丁酉	丁未	丁巳
戊辰	戊寅	戊子	戊戌	戊申	戊午
己巳	己卯	己丑	己亥	己酉	己未
庚午	庚辰	庚寅	庚子	庚戌	庚申
辛未	辛巳	辛卯	辛丑	辛亥	辛酉
壬申	壬午	壬辰	壬寅	壬子	壬戌
癸酉	癸未	癸巳	癸卯	癸丑	癸亥

사. 만세력(萬歲曆), 천세력(千歲歷), 백세력(百歲歷)의 개념과 유래

이들은 육십갑자를 사용하여 시간과 날짜를 체계적으로 계산하고 기록한 전통적 달력의 변형으로 각기 다르게 불리며 주로 다르게 불리며 주로 사용되었던 배경이 있습니다.

1) 만세력(萬歲曆)

가) "만년동안 쓸 수 있는 달력"이라는 뜻으로 육십갑자를 기반으로 하루, 한 달, 한해의 간지를 계산해 표시한 자료입니다.

나) 동양, 점술(사주명리학, 오주학, 풍수 등)에서 날짜를 확인하는 필수 도구로 사용합니다.

다) 오늘날 사주팔자, 오주십자를 풀이할 때 생년월일의 간지를 알아내는 데 활용됩니다.

2) 천세력(千歲歷)

가) 천 년 동안 적용할 수 있는 달력으로 불리며 주로 한 세기에 걸친 시기를 기록하는 데 중 점을 두는 것입니다.

나) 만세력의 간략화된 버전으로 특정 목적(영학, 역사적 기록)에서 사용됩니다.

3) 백세력(百歲歷)

가) 백 년 동안 사용할 수 있는 달력이라는 뜻으로 한 세기를 기준으로 시간과 간지를 계산한 것입니다.

나) 만세력의 축약판으로 간결하게 만든 달력 형태입니다.

다) 농업과 일상생활에서 주요 날짜를 계산하며 활용하는 데 중요합니다.

4) 유래

가) 육십갑자와 관련된 달력의 유래는 중국 고대 역법 체계에서 비롯되었습니다.

(1) 기원은 약 은나라(B.C.13세기) 시대로 거슬러 올라갑니다. 당시 갑골문에서 이미 육십갑자의 흔적이 발견됩니다.

(2) 이후 한나라 시대에 이르러 체계화되어 만세력의 형태로 발전된 형태입니다.

(3) 동아시아 각국(한국, 일본, 베트남)으로 전파되며 전통 점술 달력 체계 농사 등 여러 분야에서 광범위하게 쓰였습니다.

나) 이후 한나라 시대에 이르러 체계화되어 만세력의 형태로 발전해 온 것입니다.

5) 정리

가) 육십갑자: 천간 10개와 지지 12개를 조합한 60주기 체계를 말합니다.

나) 만세력: 육십갑자로 수천 년의 시간 흐름을 정리한 달력입니다.

다) 천세력: 천 년 기준으로 정리된 달력입니다.

라) 백세력: 백 년 기준으로 축약된 달력입니다.

37. 입춘(立春)과 동지(冬至)

가. 입춘을 기준으로 한 해의 시작

명리학, 오주학에서는 입춘을 한 해의 시작으로는 보는 절기와 태양력의 변화를 기반으로 합니다.

1) 태양의 위치와 절기의 의미

가) 입춘은 태양이 황경 315도에 위치하는 시점으로 동지 이후 점차 길어지던 낮의 길이가 본격적으로 느껴지며 봄의 기운이 시작되는 때입니다.

나) 24절기 중 첫 번째 절기로 생명의 씨앗이 움트기 시작하는 양(陽)의 기운이 강하게 발현됩니다.

2) 생명과 자연의 주기

가) 농경 사회에서 입춘은 봄 농사의 준비를 알리는 중요한 시기로 새로운 시작을 의미합니다.

나) 명리학은 인간과 자연의 리듬을 동일선상에서 바라보기 때문에 자연의 생장 주기인 입춘을 한 해의 시작으로 삼습니다.

3) 명리학적 체계와 연관성

가) 명리학에서는 천간과 지지를 결합하여 사주학, 오주학을 풀이하는 것입니다.

나) 입춘을 기준으로 새해가 시작되면서 천간과 지지의 기운이 교체됩니다. 이는 자연의 변화와 조화를 중시하는 동양 철학에 부합합니다.

나. 동지를 기준으로 한 변화

동지는 태양의 황경이 270도에 위치하는 시점으로 낮이 짧고 밤이 가장 긴 날입니다. 이는 음(陰)의 기운이 극에 달하고 양(陽)의 기운이 시작되는 전환점으로 간주됩니다.

1) 천문학적 근거

가) 동지는 태양이 남반구에서 가장 멀리 떨어지는 시점으로 이는 지구가 태양을 도는 궤도와 자전축의 기울기에서 비롯됩니다.

나) 동지를 기점으로 태양의 이동이 북쪽으로 향하며 낮이 점차 길어지기 시작합니다. 이는 양(陽)의 기운이 점차 증가함을 상징합니다.

2) 음양 이론과 연관성

가) 음양오행 이론에서 동지는 음이 극대화되고 양이 시작되는 "음극양생(陰極陽生)"의 시점으로 해석됩니다.

나) 이 전환점은 우주의 순환과 조화를 나타내며 명리학의 기본 원리인 기운의 순환과 일치합니다.

3) 실용적 관점

가) 동지는 농경 사회에서 계절의 분기점으로 사용되었습니다.

나) 명리학에서도 동지를 기점으로 새로운 계절의 기운을 고려하는 경우가 많으며 운세의 변화나 기운의 흐름을 읽는 데 참고됩니다.

다. 입춘과 동지의 차이점

1) 입춘은 한 해의 시작점으로 본격적인 자연의 생장 주기를 반영합니다. 명리학에서는 이를 기준으로 천간과 지지를 전환하여 새해를 정의합니다.

2) 동지는 음에서 양으로의 전환점으로 음양의 순환 구조에서 중요한 기준이 됩니다. 계절적 철학적으로 자연의 변화를 이해하는 데 활용됩니다.

라. 입춘과 동지 결론

명리학에서 입춘과 동지를 기준으로 사용하는 것은 각각 다른 관점에서 자연의 리듬과 조화를 읽어내기 위함입니다. 입춘은 인간의 삶과 자연의 생장 주기를 반영한 새해의 기준이고 동지는 음양오행의 철학적 전환점으로서 계절적 변화를 설명합니다. 이러한 기준은 동양 철학적 천문학적 관찰에서 비롯된 것으로 자연과 인간의 통합적 조화를 중시하는 명리학의 기본 원리를 잘 보여줍니다.

38. 오주학(五柱學) 및 오주십자(五柱十字)와 양권(陽權), 음권(陰權)

가. 오주십자의 구성

오주는 사주의 네 기둥(년주, 월주, 일주, 시주)에 추가로 운주를 더한 다섯 기둥을 의미합니다. 십자는 이 다섯 기둥에서 파생되는 천간 5개와 지지 5개로 총 10개의 글자를 뜻합니다.

1) 년주(年柱): 태어나면서 받는 본성의 기운을 나타냅니다.
2) 월주(月柱): 성장과 환경적 영향을 나타냅니다.
3) 일주(日柱): 명주 자신(본인)의 기운과 본질에 해당합니다.
4) 시주(時柱): 후천적 노력과 말년의 기운에 해당합니다.
5) 운주(運柱): 대운(大運)과 세운(歲運)의 흐름을 결합한 장기적인 우세의 축이 됩니다.

나. 양권(陽權)과 음권(陰權)의 개념

양권과 음권은 명주의 권력(혹은 영향력)의 성격을 구분한 개념입니다. 이는 천간과 지지의 조화와 충돌을 분석하여 구체화됩니다.

1) 양권(陽權): 외향적이고 강한 권력

가) 양권은 주로 “천간의 양기(陽氣)”에서 파생되며 명주가 세상에서 발휘하는 적극적이고 외향적인 영향력을 뜻합니다.

나) 양권이 강한 사람의 주도적이고 리더십이 강하며 타인의 통솔하거나 자신의 의지를 관찰시키는 능력이 뛰어납니다.

다) 예 천간의 양(갑, 병, 무, 경, 임)이 강하거나 지지가 양성으로 조화로울 때를 말합니다.

2) 음권(陰權): 내향적이고 부드러운 권력

가) 음권은 지지의 음기(陰氣)에서 파생되며 명주가 내면적으로 발휘하는 부드럽고 은밀한 영

향력을 뜻합니다.

나) 음권이 강한 사람은 지혜롭고 전략적이며 겉으로 드러나지 않지만, 사람들을 조화롭게 이끄는 능력을 가집니다(예: 천간의 음(을, 정, 기, 신, 계)이 강하거나 지지가 음성으로 조화로울 때를 말합니다).

3) 학문적 접근

오주십자와 양권, 음권은 다음과 같은 방식으로 분석합니다.

가) 오행의 균형 분석

(1) 오주의 천간과 지지가 생성(相生), 극(相剋) 투출 여부를 통해 오행의 조화를 평가합니다.

(2) 오행의 기운이 한쪽으로 치우쳐 있을 경우 양권/음권의 힘의 균형을 조정하여 길흉을 판단합니다.

나) 대운과 세운의 영향

(1) 오주의 운주에서 드러나는 기운이 양적(陽的)인지 음적(陰的)인지 파악합니다.

(2) 예를 들어 대운에서 양권이 강화되면 외적 활동의 성과가 커지지만, 음권이 강화되면 내적 성찰이나 관계 조정에 유리한 시기임을 나타냅니다.

다) 명주의 성향과 방향성

(1) 일주(命主)를 중심으로 다른 다섯 기둥의 영향을 비교하여 명주의 성격 재능 운명적 과제를 이해합니다.

(2) 양권과 음권의 균형은 명주의 인생 방향과 처신 방식을 결정하는 중요한 단서입니다.

라) 활용 방법

(1) 사업 및 재물 운 분석: 양권이 강한 사람은 대외적인 활동이나 리더십이 필요한 사업에서 성공할 가능성이 높습니다.

(2) 인간관계 및 사회적 영향: 음권이 강한 사람은 협상과 조율에 능하며 양권이 강한 사람은 적극적인 네트워킹을 통해 성공할 수 있습니다.

(3) 삶의 목표설정: 양권과 음권의 균형이 잘 맞으면 삶의 다양한 분야에서보다 효율적이고 조화롭게 목표를 이룰 수 있습니다

오주학의 오주십자와 양권/음권 개념은 전통적인 사주 해석을 넘어 보다 정밀하고 깊이 있는 운세 분석을 가능하게 합니다. 이를 통해 자신만의 강점과 약점을 이해하고 최적의 방향으로 나아가는 데 도움을 받을 수 있습니다.

39. 오주학의 핵심 분주(分柱), 공간주(空間柱), 운주(運柱)

가. 분주(分柱): 시시각각 변화하는 운세

분주는 시간적 정밀도를 높이기 위해 시주(時柱) 이후의 세부적인 시간 단위를 다룬 개념입니다.

1) 기본 의의

분주는 일상 속에서 짧은 시간의 흐름에 따라 변하는 기운을 분석합니다. 이는 특정 사건의 순간적인 흐름이나 급변하는 상황 속에서의 영향을 이해하려는데 사용됩니다.

2) 특징

분주를 통해 시시각각 변화하는 개인의 운세 흐름을 포착할 수 있으며 이를 통해 특정 순간에 의사결정을 내려거나 중요한 일정을 계획할 때 참고할 수 있습니다.

3) 활용사례

가) 급격히 변화하는 주식 시장에서의 의사결정이 필요합니다.
나) 중요한 시험 시간 동안의 심리적 상태나 운세 흐름 분석에 유용합니다.

4) 의미와 심화

분주는 "미시적 관점"에서 운세를 이해하는 데 적합하며 매 순간의 에너지를 섬세하게 해석하는데 도움을 줍니다.

나. 공간주(空間柱): 현세와 내세의 연결된 운세

공간주는 시간적인 해석을 넘어서 공간적 차원을 고려하여 현세와 내세 그리고 현재 상황과 초월적 세계의 연결성을 탐구하는 개념입니다.

1) 기본 정의

공간주는 개인의 삶이 위치한 물리적 환경 사회적 관계망 그리고 초자연적 영역(내세 또는 영적 세계)과의 상호작용을 다룹니다.

2) 특징

공간주는 사주의 해석에 물리적 장소나 영적 공간의 영향을 포함시키는 방식으로 운세의 더 깊은 층위를 설명합니다. 이를 통해 현생과 내세 현실과 초월의 관계성을 통합적으로 이해할 수 있습니다.

3) 활용사례

가) 이주(移住)와 관련된 좋은 시기 분석에 유용합니다.
나) 조상의 영적 영향이 현재의 운명에 미치는 역할 분석할 수 있습니다.

4) 의미와 심화

공간주는 “초월적 관점”에서 개인의 운명을 환경과 조상의 흐름 그리고 보이지 않는 차원의 힘이 개인의 삶에 어떻게 영향을 미치는지를 탐구합니다.

다. 운주(運柱): 대운, 세운 인연운의 흐름

운주는 기존 사주학과 오주학 역시 대운(大運) 세운(歲運) 그리고 인연운(因緣運)과 같은 시간적 운세 주기의 흐름을 통합적으로 분석하는 개념입니다.

1) 기본 정의

운주는 장기적인 주기(대운) 연 단위의 변화(세운) 그리고 특정한 인간관계나 사건과의 연관성(인연운)을 종합적으로 다룹니다.

2) 특징

운주는 개인의 삶의 나타나는 주요 흐름과 사건을 예측하는 데 초점을 맞춥니다. 이를 통해 삶의 큰 그림을 보고 미래에 대한 대비책을 세울 수 있습니다.

3) 활용사례

가) 10년 단위의 대운 분석으로 직업적 성공 시기 예측이 가능합니다.
나) 세운을 통해 특정해에 나타나는 중요한 사건을 분석할 수 있습니다.
다) 인연운을 활용해 중요한 인간관계나 결혼 시기를 예측하고 유용하게 활용이 가능합니다.

4) 의미의 심화

운주는 “거시적 관점”에서 운세를 이해하며 한 사람의 인생 여정에서 반복적으로 등장하는 패턴과 주요한 전환점을 찾아냅니다.

이러한 세 가지 개념은 오주학의 새로운 해석 틀을 제공하며 기존 사주학에 시간과 공간의 더 세밀한 차원을 추가하여 보다 종합적이고 정밀한 운세 해석을 가능하게 합니다. 이를 토대로 더욱 깊이 있는 분석 방법을 구축할 수 있을 것입니다.

제2편
오주십자

1. 암장법(暗藏法)과 지장간(地藏干)

“암장법”은 지지에 숨겨진 기운 즉 “지장간”을 분석하는 오주학의 핵심 이론 중 하나입니다. 이를 통해 천간과 지지의 상호작용 그리고 기운의 흐름을 깊이 있게 이해할 수 있습니다. 암장법은 각지지 안에 숨겨진 천간들을 파악하고 그 기운이 어떻게 드러나고 작용하는지를 보는 데 초점을 맞춥니다. 특히 절기의 변화와 함께 지장간의 기운이 어떻게 달라지는지를 파악하는 것이 매우 중요합니다.

가. 암장법의 기본 개념

1) 암장법은 각지지 안에 세 가지 지장간이 존재한다고 봅니다. 이들은 각각 다음과 같이 구분됩니다.
   가) 여기(餘氣):본래 지지의 기운 중 가장 미약한 부분 보조적인 역할을 합니다.
   나) 중기(中氣):여기보다 강하지만 본기가 아닌 숨겨진 보조 기운입니다.
   다) 정기(正氣):지지의 본래 기운으로 가장 강하게 작용하는 요소 지지의 주된 성격과 연관됩니다.
2) 예): 자(子)의 지장간
   가) 여기: 계(癸, 약한 수의 기운)
   나) 중기: 없음
   다) 정기: 임(壬, 강한 수의 기운)

나. 절기와 지장간의 변화

절기와 변화는 지장간의 기운의 드러나는 방식에 큰 영향을 미칩니다. 이는 사주의 세운 월운 일간 등과도 밀접하게 연결됩니다.

1) 절기의 변화 예시

다음은 “입춘(立春)”과 “우수(雨水)”를 중심으로 한 절기와 지장간의 작용 변화를 정리한 예입니다.

2) 입춘(立春, 양력 2월 4일)

가) 입춘은 봄의 시작을 알리며 목(木)의 기운이 처음으로 활성화됩니다.
나) 인(寅)의 지장간
   (1) 정기: 갑(甲, 양목)

(2) 중기: 병(丙, 양화)

(3) 여기: 무(戊, 양토)

다) 이 시기에 갑목(甲木, 정기)이 가장 강하게 드러나고 병화(丙火)와 무토(戊土)는 서서히 그 기운을 돕는 형태로 작용합니다.

3) 우수(雨水, 양력 2월 19일경)

가) 우수는 봄비가 내리기 시작하는 절기로 목(木)의 기운이 점점 강해집니다.

나) "인(寅)"의 지장간은 입춘과 동일하지만 정기인 갑목(甲木)의 기운이 절정에 달하게 됩니다.

다) 병화(丙火)는 본격적으로 화(火)의 기운을 준비하며 토(土)는 아직 약한 상태입니다.

다. 12지지와 지장간 정리

아래는 12지지의 지장간을 학문적으로 정리한 표입니다.

지지	정기	중기	여기
자(子)	임(壬)	없음	계(癸)
축(丑)	기(己)	계(癸)	신(辛)
인(寅)	갑(甲)	병(丙)	무(戊)
묘(卯)	을(乙)	없음	갑(甲)
진(辰)	무(戊)	을(乙)	계(癸)
사(巳)	병(丙)	무(戊)	경(庚)
오(午)	정(丁)	기(己)	병(丙)
미(未)	기(己)	을(乙)	정(丁)
신(申)	경(庚)	임(壬)	무(戊)
유(酉)	신(辛)	없음	경(庚)
술(戌)	무(戊)	신(辛)	정(丁)
해(亥)	무(戊)	임(壬)	갑(甲)

라. 암장법의 활용

암장법은 사주를 분석할 때 다음과 같은 방법으로 응용됩니다.

1) 절기별 에너지 흐름 파악: 사주에서 특정 지지가 어떤 시점에 가장 강하게 작용하는지 분석합니다.

2) 대운 및 세운 분석: 특정 시기에 정기 중기 여기가 각각 어떻게 영향을 미치는지 판단합니다.

3) 기운의 균형 조절: 강한 기운과 약한 기운의 조화를 통해 운명을 보완합니다.

마. 결론

암장법은 사주나 오주학에서 깊이 있는 이해를 필수적인 이론입니다. 특히 절기 변화에 따른 지장간의 작용을 체계적으로 분석하면 사주 해석의 정확성을 높이고 더 나은 활용법을 도출할 수 있습니다. 이 학문적 기초를 바탕으로 실제 오주 분석에 적용하면 더욱 효과적일 것입니다.

2. 오행의 생과 극

오행(五行)은 동아시아 전통사상에서 우주 만물의 기본 요소로 간주되는 다섯 가지 원소(목-화-토-금-수)를 의미하며 여기서 오주학이 합당하게 이 원소들 간의 관계는 상생(相生)과 상극(相剋)이라는 두 가지 원리를 통행 설명되며 자연의 순환과 조화를 해석하는 데 사용됩니다.

가. 오행의 생(生, 상생)

상생의 한 원소가 다른 원소를 돕고 키우는 관계를 의미합니다. 자연의 순환에서 조화를 이루는 원리로 발전적이고 긍정적인 영향을 미친다고 봅니다.

1) 상생의 순환 관계

가) 목생화(木生火): 나무(木)는 불(火)을 일으킵니다(목재가 불에 타서 에너지를 생성함).

나) 화생토(火生土): 불(火)은 재를 남겨 흙(土)을 생성합니다(화재 후 땅의 영양분증가).

다) 토생금(土生金): 흙(土)은 금속(金)을 생성합니다(광물이 땅에서 형성됨).

라) 금생수(金生水): 금속(金)은 물(水)을 응결시킵니다(차가운 금속 표면에서 수증기가 응결).

마) 수생목(水生木): 물(水)은 나무(木)를 키웁니다(수분이 식물의 성장을 도움).

나. 오행의 극(剋, 상극)

상극은 한 원소가 다른 원소를 제압하거나 억제하는 관계를 의미합니다. 이는 자연의 균형을 유지하기 위한 견제의 원리로 해석됩니다.

1) 상극의 순환 관계

가) 목극토(木剋土): 나무(木)의 뿌리는 흙(土)을 파헤칩니다(땅의 구조를 변화시킴).

나) 토극수(土剋水): 흙(土)은 물(水)을 흡수하거나 막아 흐름을 제어합니다.

다) 수극화(水剋火): 물(水)은 불(火)을 끕니다(물로 불을 소화).

라) 화극금(火剋金): 불(火)은 금속(金)을 녹입니다(열로 금속을 가공).

마) 금극목(金剋木): 금속(金)으로 도구를 만들어 나무(木)를 베거나 자릅니다.

다. 상생과 상극의 조화

1) 상생과 상극은 서로 대립적인 개념이지만 자연의 균형을 이루는 중요한 요소입니다.
   가) 상생은 창조와 발전의 에너지를 상징하며 협력과 조화를 보여줍니다.
   나) 상극은 파괴와 억제의 원리를 통해 균형을 유지하려는 힘을 나타냅니다.
2) 이 두 가지 원리가 자연 인간의 삶 그리고 오주십자에서 조화를 이루어야만 건강하고 성공적인 삶을 설계할 수 있다고 봅니다.

라. 학문적 응용

1) 자연과학적 해석: 오행의 생극 관계는 현대 생태학에서 볼 수 있는 먹이사슬 에너지 흐름 등과 유사합니다.
2) 인문학적 해석: 인간관계나 조직에서 협력(상생)과 갈등(상극)의 균형을 이해하는 데 도움을 줍니다.
3) 오주학적 활용: 개인의 오주십자를 분석할 때 오행의 상생과 상극 관계를 통해 부족하거나 과잉된 에너지를 조종하여 삶의 균형을 맞추는 데 사용합니다.

3. 오주학의 원(元), 형(亨), 이(利), 정(貞) 및 신(信)

동양 철학 성명학에서 자연의 조화와 인간의 삶을 통합적으로 이해하기 위해 사용되는 원, 형, 이, 정에 오주학에서 "신"을 추가하여 다섯 가지 핵심 개념입니다. 아래에서 각각 독립적이면서도 서로 연결되어 자연의 이치와 인간 행동의 방향을 설명합니다.

가. 원(元):시작과 근본

1) 의미: 모든 것의 기원이며 창조와 발달의 시작을 나타냅니다.
2) 철학적 관점: 원은 음양론과 오행의 기본 원리에 해당하며 만물의 생성을 주관하는 시작의 에너지를 상징합니다.
3) 실제 적용: 원은 새롭게 무엇을 시작할 때 필요한 근본적인 태도와 기초 작업을 의미합니다. 개인의 목표설정이나 장기적인 계획 수립에서 중요합니다

나. 형(亨):통달과 번영

1) 의미: 사물이 원활하게 흐르고 발전하는 상태를 나타냅니다.
2) 철학적 관점: 형은 통(通)과 연결되며 자연의 법칙에 따라 조화를 이루고 순리대로 발전하는 것을 의미합니다.
3) 실제 적용: 사람 사이의 협력 사회적 관계 그리고 기회의 확대를 나타냅니다. 무언가가 시작된 후 지속적으로 발전할 수 있도록 하는 단계입니다.

다. 이(利):이익과 실질적 효과

1) 의미: 결과적으로 얻는 유익함과 이익을 나타냅니다.
2) 철학적 관점: 이의 개념은 오행 중 금(金)의 속성과도 연관됩니다. 실질적이고 구체적인 이익을 추구하되 조화를 깨지 않는 것이 중요합니다.
3) 실제 적용: 성공적인 경영 투자 및 재물의 관리에서 "이익"과 "공정성"의 균형을 유지하는데 필요한 지침을 제공합니다.

라. 정(貞) 바름과 고결함

1) 의미: 변치 않는 올바름과 도덕적 기준을 상징합니다.
2) 철학적 관점: 정은 사람이 삶을 살아가면서 지켜야 할 도덕적 지침을 나타내며 흔들리지 않는 중심을 의미합니다.

마. 신(信): 신뢰와 진실

1) 의미: 믿음과 진실함을 나타내며 대인관계와 자아 성찰에서 중요한 덕목입니다.
2) 철학적 관점: 신은 상호 신뢰를 기반으로 한 관계와 자신의 내면에서 진실성을 갖추는 것을 강조합니다.
3) 실제 적용: 성공적인 비즈니스와 개인 관계를 유지하는 데 신뢰가 필수적이며 이를 통해 원활한 사회적 관계가 가능해 집니다.

바. 종합적으로 이해하기

오주학의 원, 형, 이, 정, 신의 각각 개별적으로도 중요하지만 상호 보완적인 관계를 가집니다.

1) 원(元)은 시작을 주도합니다.
2) 형(亨)은 흐름을 원활하게 합니다.
3) 이(利)은 실질적인 결실을 도출합니다.

4) 정(貞)은 그 과정에서 중심을 잡아줍니다.
5) 신(信)은 모든 과정을 신뢰와 진실로 연결합니다.

4. 오주학 근묘화실(根苗花實) 및 고(庫)

오주학은 일반적으로 오주십자에 연월일시(분주, 공간주, 운주)뿐 아니라 대운 또는 더 넓은 관점에서 운세의 흐름을 다루는 확장된 오주학입니다. 이는 전통적인 오주 명리학의 기초에 기반을 두고 더욱 구체적이고 체계적인 연구와 해석 방법을 제공합니다. 여기에 금묘실화고(根苗花實庫)라는 개념을 적용하여 학문적으로 정리해 보겠습니다.

가. 근묘화실고(根苗花實庫)의 정의

근묘화실고는 한 사람의 운세를 나무의 성장과 정에 빗대어 설명하는 개념입니다. 각 단계는 오주의 운의 작용을 통해 인간의 삶에서 일어나는 주요 흐름을 상징합니다.

1) 근(根), 뿌리: 개인의 근본 태어난 배경 유전적 요인 가족 환경 등을 의미한다. 오주의 연지와 월지를 통해 확인할 수 있는 생명력과 기초적 자원을 상징합니다.
2) 묘(苗), 싹: 초기 성장 단계로 개인의 성장 환경과 추기 성과를 나타냅니다. 연주와 월주의 천간과 지지가 조화롭게 작용하는지 살펴봅니다
3) 화(花), 꽃: 개화의 시기로 개인의 사회적 명성 재능의 발휘 성취를 상징합니다. 일반적으로 일주와 사주의 작용이 두드러지며 대운이나 세운에서 화려하게 드러나는 시기입니다.
4) 실(實), 열매: 삶의 성과 축적된 부와 명예 그리고 궁극적인 성취를 나타냅니다. 오주의 전체적 균형과 대운은 후반부에서 나타나는 결과입니다.
5) 고(庫), 창고: 노력의 결실을 보관되는 곳으로 자산의 안정을 상징합니다. 오주에서 창고에 해당하는 지지(辰, 戌, 丑, 未)의 작용을 통해 볼 수 있습니다. 이는 축적 된 재물, 경력, 인맥, 내세의 기운 등을 뜻합니다.

나. 근묘화실고의 오주학 해석

1) 근(根): 월간(月干)과 연지(年支)를 중심으로 개인의 태생적 기운과 기초를 분석합니다. 이 기운이 튼튼해야 이후 단계에서 성장 가능성이 높습니다.
2) 묘(苗): 일지(日支)와의 상생 관계를 살펴 싹이 튼튼하게 자라 수 있는지를 판단합니다. 이 시기에 주변 환경(십신 관계)과 조화를 이루는 것이 중요합니다
3) 화(花): 시주(時柱)와 대운(大運)의 작용을 통해 개화 시기를 확인합니다. 이 시기에 명예와

성과를 이루기 위해 사주의 균형이 중요합니다.

4) 실(實): 오주 내 재성(財星)과 관성(官星)의 상태를 중심으로 결과를 분석합니다. 이 시점에서는 노력의 성과가 구체적으로 드러납니다.

5) 고(庫): 오주에 창고 역할을 하는(辰, 戌, 丑, 未)가 조화를 이루는지 살펴봅니다. 창고가 열리거나 닫히는 시점은 운세에서 중요한 전환점을 의미합니다.

다. 학문적 적용 및 연구 방향

오주의 전체적 균형 분석: 근묘화실고를 중심으로 오주십자와 대운, 세운, 기운을 인정과 중지(정지)로 연결하여 실 질적인 조언을 제공합니다.

라. 결론

"금묘화실고"는 인간 삶의 흐름을 자연의 성장 과정과 연결하여 보다 직관적이고 종합적인 오주 해석을 가능하게 합니다. 특히 "고(庫)"의 개념을 적극적으로 활용하면 개인의 재물 운과 안정성은 더욱 체계적으로 분석할 수 있습니다. 이를 통해 오주학의 체계적 연구가 가능하며 오주학의 현대적 실용성을 높이는 데 기여할 수 있습니다.

5. 정운 요령 및 결정 기준

가. 대운의 방향(순행/역행) 결정 기준

1) 태어난 달의 월지

가) 오주의 12지 중 하나로 사람의 태어난 달을 나타냅니다.

나) 월지는 대운의 흐름을 결정짓는 핵심 요소입니다.

2) 성별과 음양

태어난 성별과 오주의 월간(주인공의 간지가 음 인지 양인지)에 따라 대운이 순행할지 여행할지가 정해집니다.

나. 순행과 역행의 법칙

1) 양남. 음녀--순행

가) 태어난 일간이 양인 남성과 일간 음인 여성은 대운이 순행합니다.

나) 순행은 월지 다음에 지지 순서로 10년씩 대운이 흘러갑니다(예: 子-丑-寅-卯-辰…).

2) 음남. 양녀--역행

가) 태어난 일간이 음인 남성과 일간이 양인 여성은 대운이 역행합니다.

나) 역행은 월지 인전에 지지 순서로 10년씩 대운이 흘러갑니다(예: 子-亥-戌-酉-申…).

6. 오주학과 사주학 상생상극

가. 상생(相生):생아자(生我者)와 아생자(我生者)

1) 생아자(나를 생하는 자): 인수(印綬)

의미: 나를 돕고 생해주는 기운 즉 나를 보호하고 성장시키는 에너지입니다(예시: 오주에서 나의 오행이 목(木)이라면 나를 생하는 오행은 수(水)입니다. 수(水)가 나를 키우고 지원하는 역할을 합니다).

2) 인수(正印/偏印)

가) 생아자(나를 생하는 자):인수(印綬)

(1) 의미: 나를 돕고 생해주는 기운 즉 나를 보호하고 성장시키는 에너지입니다.

(2) 예시): 사주에서 나의 오행이 목(木)이라면 나를 생하는 오행은 수(水)입니다. 수(水)가 나를 키우고 지원해주는 역할을 합니다.

나) 인수(正印)/편인(偏印)

(1) 정인은 온화하고 안정적으로 나를 돕는 에너지로 학문 지식 보호 등을 의미합니다.

(2) 편인은 독창적이고 예측 불가한 지원을 의미하며 때로는 변덕스럽거나 예민한 면을 드러내기도 합니다.

나. 아생자(내가 생하는 자): 상관(傷官)과 식신(食神)

1) 의미: 내가 무엇인가 낳거나 창조하는 에너지입니다.

2) 상관과 식신

가) 식신(食神): 내가 낳은 안정적이고 생산적인 기운 풍요 창의성 실리를 추구하는 에너지입니다.

나) 상관(傷官): 보다 개혁적이고 과감하게 나의 에너지를 발산하는 기운 때로는 도전적이고 반항적인 성격을 나타낼 수 있습니다.

3) 생아자는 나를 도와주는 요소(인수), 아생자는 내가 세상에 베푸는 요소(상관, 식신)로 볼 수 있습니다.

다. 상극(相剋): 아극자(我剋者)와 극아자(剋我者)

1) 아극자(내가 극하는 자): 재성(財星)

가) 의미: 내가 다스리고 지배를 수 있는 대상 즉 통제하거나 내 것으로 만들 수 있는 에너지입니다.

나) 재성

⑴ 정재(正財):성실하고 안정적인 방식으로 얻는 재물을 얻는 것을 말합니다.

⑵ 편재(偏財):감각적이고 빠르고 혹은 변칙적인 방법으로 얻는 큰 재물을 얻는 것을 의미합니다.

2) 극아자(나를 극하는 자): 관살(官殺)

가) 의미: 나를 통제하고 억제하는 에너지 즉 나에게 규율과 제약을 가하는 힘입니다.

나) 관살

⑴ 정관(正官): 나를 보호하고 지도하며 사회적 규범을 따르게 하는 안정적인 힘을 말합니다.

⑵ 편관/칠살(偏官/七殺): 더 강렬하고 도전적인 방식으로 나를 억제하거나 자극하는 힘을 합니다.

3) 아극자는 내가 극복할 수 있는 대상(재성), 극아자는 나를 다스리거나 시험하는 존재(관살)로 이해할 수 있습니다.

라. 비아자(比我者): 나와 같은 힘

1) 비견(比肩): 나와 같은 힘

가) 의미: 나와 동등한 위치에서 나와 함께 하거나 때로는 경쟁하는 존재입니다.

⑴ 의미: 나와 동등한 위치에서 나와 함께 하거나 때로는 경쟁하는 존재입니다.

⑵ 특징: 협동과 우정을 상징하기도 하지만 때로는 지나친 경쟁과 자존심의 충돌로 이어질 수 있습니다.

2) 비겁(劫財): 나와 같은 힘이 나의 재물을 빼앗는 경우

가) 의미: 나와 비슷한 에너지가 내 재산이나 기회를 위협하는 경우를 뜻합니다.

나) 특징: 협동보다는 갈등의 요소가 더 강하며 특히 재물을 놓고 다툴 가능성이 높습니다.

3) 비아자는 나와 같은 에너지를 가진 존재로 협력과 경쟁의 양면성을 가진다고 볼 수 있습니다.

마. 총정리

1) 상생: 생아자(나를 돕는 자)와 아생자(내가 돕는 자)

2) 아극자(내가 극하는 자)와 극아자(나를 극하는 자)

3) 비아자: 나와 같은 힘(비견)과 나를 위협할 수 있는 존재(비겁)입니다.

이런 구도를 통해 오주내에서 각각의 기운이 어떻게 상호작용하며 나의 운세와 삶에 영향을 미치는지 이해할 수 있습니다. 이를 기반으로 자신의 오주를 분석하거나 타인의 오주를 해석할 때 구체적인 방향성을 잡을 수 있습니다.

7. 오행의 십성 육친배속 관계

오행의 육친배속은 동양 철학에서 오행(목-화-토-금 -수)과 십성(十星, 육친)의 관계를 설명하는 중요한 이론입니다. 이 개념은 주로 오주 명리학에서 사용되며 한 개인의 오주십자(五柱十字) 내에서 오행 간의 관계를 통해 가족 친척 사회적 역할 등을 해석하는 데 활용됩니다.

가. 오행과 상생, 상극

오행은 목(木), 화(火), 토(土), 금(金), 수(水)의 다섯 가지 요소로 구성되며 자연의 인간 세상의 상호작용을 설명합니다. 오행은 상생(相生: 서로 돕는 관계)과 상극(相剋: 서로 제약하는 관계)으로 연결됩니다.

1) 상생: 목-화-토-금-수-목

2) 상극: 목-토-수-화-금-목

나. 십성과 육친의 정의

십성(十星)은 일간(日干, 오주에서 자신을 나타냄)과 다른 천간(天干)의 관계로 나타내며 육친(六親)은 십성을 통해 가족 및 인간관계를 상징적으로 나타냅니다.

육친	십성	관계
비견	같은 오행(음양동일)	형제, 동료 자신과 유사한 성향
겁재	같은 오행(음양반대)	경쟁자, 때로는 자신을 돕는 관계
식신	일간이 생하는 오행	자식 창조성 재능
상관	일간이 생하은 오행(음양반대)	반항심, 창의적 표현규범을 깨는 성향
편재	일간이 극하는 오행	움직이는 재물 사업 현실적인 성위
정재	일간이 극하는 오행	안전적인 재물 배우자(음양반대)
편관(칠살)	일간을 극하는 오행	압박 권위 도전
정관	일간을 극하는 오행(음양 반대)	질서 규칙 명예
편인	일간이 생하는 오행	어머니 직관 학문
정인	일간이 생하는 오행(음양 반대)	안정적지지 배움, 보호

다. 오행의 육친배속 원리

육친은 "일간(日干)"을 기준으로 다른 오행과의 관계로 배속됩니다. 오행과 십성의 상호작용을 통해 육친의 의미를 구체화 할 수 있습니다.

1) 목(木)기준 육친

가) 비견/겁재: 목(木, 동일한 목 오행)
나) 식신/상관: 화(火, 목이 화를 생함)
다) 편재/정재: 토(土, 목이 토를 극함)
라) 편관/정관: 금(金, 금이 목를 극함)
마) 편인/정인: 수(水, 수가 목를 극함)

2) 화(火)기준 육친

가) 비견/겁재: 화(火, 동일한 화 오행)
나) 식신/상관: 토(土, 화가 토를 생함)
다) 편재/정재: 금(金, 화가 금를 극함)
라) 편관/정관: 수(水, 수가 화를 극함)
마) 편인/정인: 목(木, 목이 화를 생함)

3) 토(土)기준 육친

가) 비견/겁재: 토(土, 동일한 토 오행)
나) 식신/상관: 금(金, 토가 금을 생함)
다) 편재/정재: 수(水, 토가 수를 극함)
라) 편관/정관: 목(木, 목이 토를 극함)
마) 편인/정인: 화(火, 화가 토를 생함)

4) 금(金)의 기준 육친

가) 비견/겁재: 금(金, 동일한 금 오행)
나) 식신/식상: 수(水, 금이 화를 생함)
다) 편재/정재: 목(木, 금이 목를 극함)
라) 편관/정관: 화(火, 화가 금를 극함)
마) 편인/정인: 토(土, 토가 금를 생함)

5) 수(水)의 기준 육친

가) 비견/겁재:수(水,동일한수오행

나) 식신/상관:목(木,수가목를생함)

다) 편재/정재:화(火,수가화를극함)

라) 편관/정관:토(土,토가수를극함)

마) 편인/정인:금(金,금이수를생함)

라. 학문적 해석과 응용

오행의 육친배속은 오주를 통해 해석할 때 한 개인이 성격 삶의 방향성 인간관계를 분석하는 데 활용됩니다.

1) 가족관계: 육친을 통해 부모 형제 배우자 자녀와의 관계를 유추합니다. 예를 들어 오주에 정관이 강하면 아버지와의 관계가 강조되며 식신이 강하면 자녀와 인연이 깊습니다.
2) 성격분석: 편재와 정재가 강한 사람은 재물 추구와 실용적인 면이 강하고 편인과 정인이 발달한 사람은 학문적이거나 내면적인 성향을 지닐 가능성이 높습니다.
3) 운세 예측: 특정 시기에 어떤 오행이 강조되는지를 통해 삶의 변화와 그 영향을 예측합니다. 예를 들어 편관(칠살)이 강해지는 운에서는 도전과 갈등 이 발생할 수 있습니다.

8. 생기(生氣), 천의(天醫), 절체(絶體), 유혼(遊魂), 화해(禍害), 복덕(伏德), 절명(絶命), 귀혼(歸魂) 및 길(吉), 흉(凶)

위 여덟은 풍수지리에 사주학과 오주학 역시 종종 언급되는 개념으로 특정 방향이나 기운의 상태를 나타냅니다. 이 개념들은 기본적으로 "길(吉)"과 "흉(凶)"의 성질로 분류되어 각기 다른 의미를 가지며 개인의 운명 건강 재물운 인간관계 등 다양한 측면에서 영향을 미친다고 여겨집니다. 다음은 각각의 개념의 간략한 설명과 길흉적 해석입니다.

가. 생기(生氣)

1) 의미: 생명력이 깃든 긍정적인 기운 성장과 발전을 돕는 에너지를 말합니다.
2) 길흉: 매우 길(吉), 생기 방향은 건강, 재물, 인간관계, 성장운 등 다양한 복을 가져온다고 여겨집니다.
3) 활용: 집터나 사무실 배치에서 생기 방향을 선택하면 삶의 활력이 증진된다고 합니다.

나. 천의(天醫)

1) 의미: 치료와 회복의 에너지 몸과 마음의 치유 돕는 기운입니다.
2) 길흉: 길(吉), 질병 회복과 건강 증진에 유리하며 문제를 해결하고 조화를 이룰 수 있는 기운으로 해석됩니다.
3) 활용: 건강운이 약한 경우 천의 방향을 활용해 병세를 완화하거나 심리적 안정을 도모합니다.

다. 절체(絶體)

1) 의미: 생명이 끊어진 상태 무기력하거나 활력이 소멸된 기운입니다.
2) 길흉: 흉(凶), 쇠락과 끝을 암시하며 발전이나 성장이 멈추는 상태입니다.
3) 주의점: 절체 방향을 장기적으로 활용하면 건강과 재물운이 약화될 수 있습니다.

라. 유혼(遊魂)

1) 의미: 떠돌아다니는 기운 불안정하고 결실을 맺지 못하는 상태입니다.
2) 길흉(凶): 집중적 부족 이별 방황 등을 의미하며 안정적인 생활을 방해할 수 있습니다.
3) 주의점: 안정감을 잃기 쉬운 위치로 이사를 고려하거나 중요한 결정을 내리는 데 부적합한 방향 이 되는 경우가 많습니다.

마. 화해(禍害)

1) 의미: 재앙이나 해로움을 초래하는 부정적인 에너지입니다.
2) 길흉: 흉(凶) 갈등 손실 사고 질병 등을 암시하며 삶의 문제를 초래할 수 있습니다.
3) 주의점: 화해 방향은 피하는 것이 좋으며 특히 가정이나 사업에 치명적일 수 있습니다.

바. 복덕(伏德)

1) 의미: 숨겨진 선한 기운 덕이 쌓여 나타나는 복을 상징 겉으로 드러나지 않지만 지속적으로 긍정적인 방향을 미치는 에너지입니다.
2) 길흉: 길(吉) 복덕은 재물, 인간관계, 건강 등에서 서서히 복을 가져오며 나쁜 상황을 덜어주고 좋게 바꿀 수 있는 기운으로 여겨집니다.
3) 활용
   가) 인간관계: 보덕 방향을 활용하면 주변 사람들과의 관계가 원만해지고 신뢰를 얻을 수 있습니다.
   나) 재물운: 직접적인 큰돈보다는 안정적이고 꾸준한 재물운을 가져옵니다.

다) 심리적 안정: 조화와 평화로운 에너지를 주어 마음의 안정을 도모합니다.

사. 절명(絶命)

1) 의미: 생명을 끊는 기운 극도의 부정적인 에너지입니다.
2) 길흉: 대흉(大凶), 죽음 극단적 실패 비극 등을 암시하며 어떤 면에서도 활용하기 부적합한 방향으로 흘러갑니다.
3) 주의점: 절명 방향을 사용하면 재앙을 불러올 수 있으므로 반드시 피해야 합니다.

아. 귀혼(歸魂)

1) 의미 돌아오는 영혼의 기운 과거를 상기시키는 에너지입니다.
2) 길흉: 약한 길(吉) 대로는 길흉 모두를 포함할 수 있으며 반성 회복을 도모하지만 경우에 따라 집착이나 과거의 문제로 이어질 수도 있습니다.
3) 활용: 귀혼 방향은 깊은 내면의 치유와 반성을 위해 활용되며 이를 통해 새로운 시작의 기반을 마련할 수 있습니다.

자. 요약

1) 길(吉): 생기, 천의
2) 중립적 또는 혼합: 귀혼, 복덕
3) 흉(凶): 유혼, 화해, 절체
4) 대흉(大凶): 절명

9. 태극(太極)과 사괘(四卦)

가. 태극(太極)의 도형

태극 도형은 동양 철학에서 우주의 근본 원리와 조화를 나타냅니다. 이를 좀 더 학문적으로 설명합니다.

1) 태극(太極)

가) "주역(周易)"에서 언급된 개념으로 태극은 무극이 동(動)하여 생성된 상태로 설명합니다. 이는 우주 만물의 시작점이며 궁극적인 조화와 균형을 상징합니다.

나) 태극은 모든 존재의 근본적이고 통합적인 원리를 의미하며 분열되지 않는 상태에서 두 개의 상반된 성질이 나뉘는 시작점으로 이해합니다.

2) 음(陰)과 양(陽)

가) 태극 도형에서 붉은 부분은 양(陽), 파란 부분은 음(陰)을 상징합니다. 이는 대립하면서도 상호 보완적인 관계를 나타냅니다.

나) 양은 빛, 하늘 남성적 성질 생성을 상징하며 음은 어둠 땅 여성적 성질 포용을 상징합니다.

다) 이 둘의 조화는 우주의 변화를 일으키는 원동력이 됩니다.

3) 원형의 순환성

태극 도형은 완전한 원형으로 구성되어 있는데 이는 끝없는 순환과 발전을 의미합니다. 음과 양은 독립적이지 않고 서로를 생성하며 무한히 순환합니다.

4) 사괘(四卦)의 상징성

태극기의 네 모서리에는 건괘, 곤괘, 감괘, 이괘가 배치되어 있습니다. "주역"에 기반한 사괘로 자연의 원리와 조화를 나타냅니다.

가) 건괘(☰): 하늘(천)을 상징하며 창조와 강건함 아버지의 역할을 나타냅니다.

나) 곤괘(☷): 땅(地)을 상징하며 포용과 순응 어머니의 역할을 상징합니다.

다) 감괘(☵): 물(水)을 상징하며 지혜와 어려움 속에서도 흘러가는 유연함을 나타냅니다.

라) 이괘(☲): 불(火)을 상징하며 빛과 번영 에너지의 본질을 나타냅니다.

사괘는 음과 양이 교차하며 만들어지는 상징체계로 우주의 기본 원리를 담고 있습니다.

나. 태극기의 철학적 의의

태극기는 전체는 동양 철학의 핵심인 조화와 균형을 상징합니다. 음과 양의 조화로 모든 변화와 생명을 설명하며 사괘는 우주의 인간 조화를 구체화한 상징체계입니다. 이로써 태극은 단순한 국가 상징이 아니라 동양적 세계관과 철학적 정수를 담고 있다고 볼 수 있습니다.

이러한 구조는 자연과 인간 그리고 우주의 순환과 통합을 통해 대한민국이 가치와 이념을 상식적으로 잘 표현하고 있습니다.

10. 오주학의 천간의 합(合)과 충(沖)

천간의 합(合)과 충(沖)은 사주(명리학)에서 중요한 개념으로 각각 두천간 간의 조화로운 결합과 갈등을 수렴합니다. 이를 학문적으로 설명하면 다음과 같습니다.

가. 천간의 합(합)

1) 정의

천간의 합은 두 천간이 서로 결합하여 새로운 기운을 생성하거나 상호 보완적인 관계를 이루는 것을 의미합니다. 이 과정에서 원래의 속성을 조화롭게 융합하거나 새로운 에너지로 변화하는 경향을 보입니다.

2) 합의 종류

천간의 합은 일반적으로 "오행(오행)"의 상생 관계와 음양(陰陽)의 조화에 기반합니다.

가) 갑(甲)+기(己)=토(土): 갑은 양목(陽木), 기는 음토(陰土)로 상호보완하며 토의 에너지를 생성합니다.

나) 을(乙)+경(庚)=금(金): 을은 음목(陰木), 경은 양금(陽金)으로 결합하여 금의 성질로 변환합니다.

다) 병(丙)+신(辛)=수(水): 병은 양화(陽火), 신은 음금(陰金)으로 상생하여 수를 생성합니다.

라) 정(丁)+임(壬)=목(木): 정은 음화(陰火), 임은 양수(陽水)로 상호 보완하며 목의 기운을 형성합니다.

마) 무(戊)+계(癸)=화(火): 무는 양토(陽土), 계는 음수(陰水)로 결합하여 화로 변환합니다.

3) 작용원리

천간의 합은 음양 조화와 오행 변화를 통해 원국(命局)의 흐름에 영향을 미칩니다. 예컨대, 특정 오행이 과다하거나 부족한 경우 천간 합은 이를 조율하여 균형을 맞추는 역할을 할 수 있습니다.

4) 해석의 중요성

합은 단순히 두 천간이 화합한다는 의미 외에도 실제 사주의 전체적인 구조와 흐름에 따라 결과가 달라질 수 있습니다. 예를 들어, 합이 완성되면 새로운 오행으로 작용하지만 "합화불성(合化不成)"의 경우에는 두 천간이 원래의 성질로 남아 충돌하거나 중립적인 영향을 미칠 수도 있습니다.

나. 천간의 충(沖)

1) 정의

천간의 충은 두 천간이 서로 대립하고 충돌하는 관계를 의미합니다. 이는 상극(相剋) 또는 음양의 불균형으로 인해 조화가 어려운 상황을 나타냅니다.

2) 충의 조합

천간 충은 천간 간의 육합(六合) 관계에 반대되는 관계로 주로 서로 대립하는 오행과 음양의 차이에 기초합니다.

가) 갑(甲)-沖-경(庚): 갑(양목)과 경(양금)은 목과 금의 상극 관계로 충돌합니다.
나) 을(乙)-沖-신(辛): 을(음목)과 신(음금)은 대립적 관계를 말합니다.
다) 병(丙)-沖-임(壬): 병(양화)과 임(양수)은 상극이며 화의 수의 충돌을 의미합니다.
라) 정(丁)-沖-계(癸): 정(음화)과 계(음수)는 대립적인 성질을 가집니다.
마) 무(戊)===기(己): 무(양토)와 기(음토)는 토(土)끼리의 충의 발생이 안됩니다.

다. 천간 합과 충의 상호작용

1) 오주에서는 합과 충이 동시에 발생하는 경우도 있으며 이는 다음과 같은 원리로 작용합니다.
   가) 합중유충(合中有沖): 천간이 합하려는 상황에서 다른 천간이 개입하여 충이 발생합니다.
   나) 충중유합(沖中有合): 충돌 관계에 있던 천간이 특정 조건에서 다시 합으로 전환합니다.
2) 이러한 경우 오주의 전체 흐름과 구성에 따라 결과가 달라지므로 단순히 합과 충만을 독립적으로 해석하기보다는 전체적인 맥락 속에서 고려해야 합니다.

라. 요약

1) 합은 조화와 융합을 통해 새로운 에너지를 생성하며 균형을 맞추는 역할을 합니다.
2) 충은 갈등과 대립을 통해 변화를 촉발하거나 기존 구조를 깨는 역할을 합니다.
3) 이 둘은 오주학에서 원국의 변화를 이해하고 해석하는 핵심 요소로 사용됩니다.

11. 천간충(天干沖)과 상극(相剋)

천간충과 상극은 모두 오주학에서 중요하게 다루는 개념으로 각각 다르게 작용하며 오주의 해석에 중요한 영향을 미칩니다. 아래에 두 가지를 비교하며 설명하겠습니다.

가. 천간충(天干沖)

1) 정의

가) 천간충은천간(갑, 을, 병, 정, 무, 기, 경, 신, 임, 계)중 특정한 관계에서 서로 충돌하는 조합을 말합니다.

나) 주로 정반대의 성질을 가진 천간이 마주치며 에너지를 충돌이 발생한다고 해석됩니다.

2) 천간충의 조합

가) 갑(甲)-沖-경(庚)

나) 을(乙)-沖-신(辛)

다) 병(丙)-沖-임(壬)

라) 정(丁)-沖-계(癸)

마) 무(戊)===기(己)

3) 천간충의 특징

가) 천간충은 역동적이고 변화의 성질을 나타냅니다. 예를 들어, 갑(甲)과 경(庚)은 서로 강한 양의 성질을 띠며 부딪히면서 변화를 유도합니다.

나) 충돌로 인해 환경적 변화 갈등 혹은 새로운 시작을 의미하기도 합니다.

다) 상황의 부정성으로만 해석하지 않고 충돌을 통해 새로운 길을 열 수도 있는 가능성을 나타냅니다.

나. 상극(相剋)

1) 정의

가) 상극의 오행(목, 화, 토, 금, 수)간의 서로 억제하거나 제어하는 관계를 말합니다.

나) 자연의 순환적 제약을 나타내며 지나친 성장을 방지하고 균형을 유지하는 역할을 합니다.

2) 상극의 관계

가) 목(木)-토(土): 목은 토를 뚫고 성장합니다.

나) 토(土)-수(水): 토가 물을 막습니다.

다) 수(水)-화(火): 물이 불을 끕니다.

라) 화(火)-금(金): 불이 금속을 녹입니다.

마) 금(金)-목(木): 금이 나무를 자름을 말합니다.

3) 상극의 특징

가) 상극은 서로 억누르는 작용을 의미하며 조화를 이루는 것이 목적입니다.

나) 불리한 상황으로만 보지 않고 오히려 특정한 오행의 과도한 성장한 성장을 막아 균형을 맞추는 역할을 합니다.

다) 상극은 천간과 지지 모두에 적용되며 특히 전체적인 조화와 균형을 중시하는 오주해석에 중요합니다.

다. 천간충 vs 상극: 주요 차이점

구분/적용/대상	천간충(天干沖) 천간(甲, 乙, 丙. 庚. 辛, 壬)	상극(相剋) 오행(목, 화, 토, 금, 수)
특성	충돌과 갈등을 통해 변화를 만들어냄	제어와 억제를 통해 조화와 균형을 유지
결과	새로운 시작 변화 긴장감을 조성	성장을 억제하거나 과도함을 막아 균형을 만듦
해석 방식	특정 천간의 성질과 관계에 따라 다르게 작용	전체 오주의 흐름과 조화 상태에서 의미를 파악
긍정/부정	충돌로 인한 변화의 기회와 위험 요소를 모두 포함	억제가 지나치면 부정적 균형을 이루면 긍정적.

라. 사례를 통해 이해하기

1) 천간충 사례

가) 갑(甲)과 경(庚)이 충돌한 경우 갑은 나무(목)처럼 자라고 싶어 하지만 경은 금속처럼 갑을 자르려는 성질을 가집니다.

나) 이는 새로운 환경에서 갈등을 통해 성장하거나 변화를 강제로 겪는 상황을 의미합니다.

2) 상극사례

가) 수(水)가 화(火)를 제어하는 상극의 경우 물이 불의 과도한 확산을 방지합니다.

나) 이는 긍정적으로는 조화를 의미하지만 지나치게 서로의 에너지를 소진해 부정적인 결과를 초래할 수 있습니다.

마. 정리

1) 천간충은 충돌과 변화를 중점을 두고 상극은 조화와 억제에 중점을 둡니다.

2) 두 개념은 오주의 다양한 해석에서 보완적으로 사용됩니다.

3) 천간충은 주로 개인의 내적/외적 환경의 변화와 관련이 깊고 상극은 사주의 전체적인 균

형을 다루는 데 주로 활용됩니다.

12. 천간충(天干沖), 유정지충(有情之沖), 무정지충(無情之沖), 탐합망충(貪合忘沖)

천간충(天干沖)은 오주학에서 천간끼리 서로 충돌하거나 부딪히는 관계를 의미합니다. 충(沖)은 대립과 반발을 상징하며 충돌이나 갈등을 일으킬 수 있지만 동시에 변화를 가져오는 중요한 요소로 작용합니다. 천간충은 유정지충(有情之沖)과 무정지충(無情之沖)과 탐합망충(貪合忘沖)으로 세분화되며 이 각각의 작용이 삶에 어떤 영향을 미치는지 이해하는 것이 중요합니다. 아래에서 세부적으로 설명하겠습니다.

가. 천간충의 기본 의미

1) 천간충은 기본적으로 천간의 대립으로 간지가 서로 반대되거나 상극의 관계에 있을 때 발생합니다.
   가) "갑(甲)"과 경(庚):목(木)과 금(金)의 충돌(대립적 에너지)이 있으며 갑목은 경금을 만나야 큰 재목이 됩니다. 그러나 경금은 을목을 좋아합니다.
   나) "을(乙)"과 신(辛):음목(陰木)과 음금(陰金)의 충돌
2) 이런 충돌은 강한 변화를 일으키며 주변 간지와의 상호작용에 따라 좋은 면으로 발전하거나 나쁜 결과를 초래할 수 있습니다.

나. 유정지충(有情之沖)과 무정지충(無情之沖)

천간충은 두 가지로 나뉩니다.

1) 유정지충(有情之沖)

가) 의미: 조화롭고 긍정적인 방향으로 에너지가 작용하여 충돌합니다.
나) 조건: 추돌을 일으키는 천간이 서로 "탐합(貪合)"의 요소를 포함하거나 주변 간지가 조화를 이루어 충돌의 에너지를 흡수할 때 발생합니다.
다) 특징
   (1) 긍정적 변화와 성장을 가져옵니다.
   (2) 삶에서 새로운 기회 전환점 성취를 만들 수 있습니다.
   (3) 갈등이 있어도 결과적으로 발전적인 방향으로 흘러갑니다.

라) 예: 갑(甲)과 경(庚) 충돌시, 주변에 화(火)가 있으면 목(木)과 금(金)의 대립이 화(火)로 중화되어 에너지가 순환되는 것입니다.

2) 무정지충(無情之沖)

가) 의미: 부조화롭고 부정적으로 작용하는 충돌

나) 조건: 충돌을 일으키는 천간이 서로 상극하며 주변 환경에서 이를 중화하거나 완화할 요소가 없을 때 발생합니다.

다) 특징

(1) 긍정적 변화와 성장을 가져옵니다.

(2) 삶에서 새로운 기회 전환점 성취를 만들 수 있습니다.

(3) 갈등이 있어도 결과적으로 발전적인 방향으로 흘러갑니다.

(4) 예): 을(乙)과 신(辛) 충돌 시 주변에 완화 요소가 없으면 목(木)과 금(金)의 대립이 그대로 손실로 이어집니다. 이때는 병(丙)이 약이 됩니다.

다. 탐합망충(貪合忘沖)

탐합망충 "탐합(貪合)"이 충(沖)의 에너지를 상쇄하거나 약화시키는 경우를 의미합니다.

1) 탐합(貪合):두 천간이 충돌하지 않고 서로 끌어당기는 관계로 전환되는 것입니다.

2) 예: 갑(甲)-경(庚)이 본래 충(沖)의 관계이지만 주변에 병(丙), 정(丁)이 있어 갑(甲)이 병(火)과 합(合)을 이루면 충(沖)의 효과가 사라집니다.

가) 충돌 에너지가 줄어들어 평화로운 결과를 만들어냅니다.

나) 문제 상황이 해결되거나 갈등이 무마됩니다.

다) 환경에 따라 충의 효과가 완전히 제거될 수도 있습니다.

라. 천간충의 좋은 작용과 나쁜 작용

천간충의 작용은 주변 환경과 개인의 사주에 따라 달라집니다.

1) 좋은 작용

가) 변화와 혁신: 정체된 상황에 새로운 계기를 마련합니다.

나) 적응력 강화: 갈등을 통해 성장하고 새로운 환경에 적용으로 순환되는 것입니다.

다) 문제 해결 능력 향상: 도전적인 상황을 통해 문제를 해결하거나 도약하는 계기가 됩니다.

라) 에너지를 방향 전환: 부정적인 에너지를 긍정적인 결과로 바꾸는 기회가 되니 호운이 되는 것입니다.

2) 나쁜 작용

가) 갈등과 스트레스: 과도한 충돌은 신체적 정신적 스트레스를 증가시킵니다.
나) 손실과 좌절: 재물 인간관계 건강 등 다양 한 면에서 손실을 초래합니다.
다) 극단적인 상황: 대립이 극심할 경우 상황이 파국으로 치달을 위험성을 가집니다.

마. 천간충에서 주의할 내용

천간충 다룰 때 다음 사항을 염두에 두는 것이 중요합니다.

1) 전체 오주 구조분석

충(沖)이 발생해도 주변 간지가 약이 있거나 돕거나 완화 요소를 제공하면 문제를 피할 수 있습니다(예: 갑(甲)-경(庚) 충돌 시 화(火)간지가 있으면 조화로 전환하는 것입니다).

2) 탐합망충의 활용

가) 탐합(貪合)을 통해 충의 부정적 영향을 제거하는 방법을 모색됩니다.
나) 충돌을 긍정적 방향으로 변화시킬 수 있습니다.

3) 개인의 대운과 세운 고려

대운(大運)과 세운(歲運)의 흐름이 충돌을 강화하거나 약화할 수 있습니다(예: 특정해에 천간충이 활성화되면 해당 시기에 중요한 결정을 내리는 것을 피하 는 것이 합당하다고 하겠습니다).

4) 인내와 준비

충돌은 반드시 나쁜 결과만을 의미하지 않으며, 변화의 계기임을 받아들이고 문제 해결을 위한 준비를 해야 합니다.

13. 지지합충법(地支合沖法) 및 천지음양지합(天地陰陽之合)

가. 지지합충법(地支合沖法)

십이지지(十二地支)는 오주의 근간을 이루는 요소이며 서로 간에 합(合)과 충(沖)의 관계를 형성하여 사주의 기운과 사건을 유발합니다.
1) 합(合): 지지 간에 조화를 이루는 관계로 기운이 상호 보완되거나 변화를 일으키는 것을

의미합니다.

가) 삼합(三合): 지지가 세 개의 특정한 관계로 모였을 때 강력한 조화를 이룹니다(예: 해(亥), 묘(卯), 미(未), 인(寅), 오(午), 술(戌) 등).

나) 육합(六合): 두 지지가 짝을 이루어 조화를 일으킵니다.

2) 충(沖): 두 지지가 서로 충돌하며 긴장과 변화를 일으킵니다(예: 자(子)-오(午), 묘(卯)-유(酉) 등 충은 갈등이나 변화의 원인이 될 수 있습니다).

나. 양의 순행, 음의 역행

1) 십이지지의 에너지 흐름의 음양의 원리를 따릅니다.

가) 양(陽)은 순행: 시계방향으로 에너지가 흐르며 창조적 인이고 발전적인 기운입니다.

나) 음(陰)은 역행: 반시계 방향으로 흐르며 내향적이고 수렴적인 기운입니다.

2) 남자와 여자의 순행/역행 차이

가) 남자: 일반적으로 양의 기운과 조화되어 순행하며 발전적 방향을 추구합니다.

나) 여자: 음의 기운과 조화되어 역행하며 내적인 안정과 성찰을 중시하는 것입니다.

다. 천지 음양지합(天地陰陽之合)

천간(天干)과 지지(地支)는 음양과 오행을 바탕으로 서로 상생 상극 관계를 형성하며 이를 통해 개인의 운명과 에너지를 분석합니다.

1) 천간의 합

가) 갑(甲)-기(己), 을(乙)-경(庚) 등 특정한 조합이 합을 형성합니다.

나) 이는 성격 직업적 특성 인간관계 등에서 큰 영향을 미칩니다.

2) 지지의 합: 앞서 언급한 육합과 삼합이 이에 해당합니다.

3) 천지 합: 천간과 지지의 조화로 개인의 조화로운 운명 형성을 돕습니다.

라. 사시순환과 춘하추동

오주에서는 시간의 흐름과 자연의 순환이 운명에 직접적인 영향을 미친다고 봅니다.

1) 사시(四時): 봄(목), 여름(화), 가을(金), 겨울(水)의 계절 흐름과 오행이 맞물려 에너지를 제공합니다.

2) 춘하추동

가) 춘하(봄, 여름): 양기가 왕성해지고 성장 발산의 기운입니다.

나) 추동(가을, 겨울): 음기가 강해지며 수렴, 정리 기운입니다.

마. 자전과 공전, 합치점

자연의 시간적 흐름은 오주(사주) 명리학에서도 중요한 개념입니다.

1) 자전: 하루(지지 12시간) 단위로 개인의 시간적 영향을 설명합니다.
2) 공전: 일년(24절기) 단위로 운세와 계절적 에너지를 설명하는 것입니다.
3) 합치점: 특정 시점에 음양과 오행의 조화가 이루어지는 시기 이는 중요한 사건이나 변화를 예측할 때 사용됩니다.

바. 태양과 태음

1) 태양: 양의 기운의 극치 성장 열정 창의성으로 발산합니다.
2) 태음: 음의 기운의 극치 안정 휴식, 내면적 통찰할 수 있습니다.
3) 이 둘의 균형이 오주에서 조화를 이루어야 하며 균형이 깨지면 다양한 문제를 일으킬 수 있습니다.

14. 생합(生合) 및 극합(剋合)

오주학에서 지지(地支)는 음양오행과 관련된 열두 개의지지(자-축-인-묘-진-사-오-미-양-신-유-술-해)를 말합니다. 여기서 생합(生合)과 극합(剋合)은 지지 간의 관계 중 하나로 두 지지가 서로 영향을 미치며 특별한 작용을 하는 경우를 뜻합니다. 이를 이해하면 오주십자 풀이에서 지지 간의 상호작용을 더욱 깊이 해석할 수 있습니다.

가. 생합(生合)

생합은 두 가지가 서로 조화를 이루며 좋은 에너지를 생성하는 관계를 말합니다. 생합 관계에 있는 지지는 보통 서로 돕고 상생하는 작용을 하여 긍정적인 결과를 가져오는 것으로 해석합니다.

1) 생합 관계의 지지

가) 子와 丑: 물(子)과 땅(丑)이 만나 조화를 이룹니다. 겨울의 완성 에너지를 나타냅니다.
나) 寅과 亥: 나무(寅)와 물(亥)이 만나 생기를 부여합니다. 봄의 시작을 암시합니다.
다) 卯와 戌: 나무(卯)와 흙(戌)이 만나 균형을 이룹니다. 변화의 기운을 나타냅니다.
라) 辰과 酉: 흙(辰)과 금(酉)이 만나 서로를 강화합니다.
마) 巳와 申: 불(巳)과 금(申)이 만나 강한 에너지를 만듭니다.

바) 午과 未: 불(午)과 흙(未)이 만나 안정감을 줍니다. 여름의 완성을 의미합니다.

2) 생합의 작용

가) 좋은 기운을 생성하여 전체 오주에서 조화로운 흐름을 돕습니다.

나) 특정 시기나 운에서 생합이 발생하면 긍정적인 기회나 도움을 받을 수 있다고 해석됩니다.

나. 극합(剋合)

극합은 두 지지가 본래는 상극 관계(剋)임에도 불구하고 합(合)을 이루며 갈등을 조화롭게 풀어내는 독특한 관계를 말합니다. 즉 극적인 대립에서 협력으로 변화하는 에너지를 상징합니다.

1) 극합 관계의 지지

가) 子와 午: 물(子)과 불(午)이 서로 충돌하지만, 극합을 통해 균형을 이룹니다.

나) 丑과 未: 흙(丑)과 흙(未)이 대립하면서도 극합으로 안정감을 찾습니다.

다) 寅과 申: 나무(寅)와 금(申)이 대립하다가 극합으로 균형을 만듭니다.

라) 卯와 酉: 나무(卯)와 금(酉)이 상극 관계에서 극합을 통해 협력합니다.

마) 辰과 戌: 흙(辰)과(흙(戌)이 본래는 대립하지만, 극합으로 조화를 이룹니다.

바) 巳와 亥: 불(巳)과 물(亥)이 극단적인 대립에서 극합으로 변환됩니다.

2) 극합의 작용

가) 본래의 갈등 에너지를 해소하거나 극복을 통해 새로운 가능성을 만듭니다.

나) 극합이 사주에서 작용하면 어려움 속에서 조화로운 해결을 이루거나 큰 변화를 겪을 수 있음을 나타냅니다.

다. 생합과 극합의 활용

1) 전체 사주 분석: 오주의 지지 간 생합 또는 극 합 관계를 통해 조화로운 부분과 갈등 요소를 분석합니다.

2) 운세 풀이: 특정 운에서 생합이 나타나면 기회가 생기고 극합이 나타나면 어려움을 해결하거나 도약의 기회를 맞을 수 있다고 봅니다.

3) 관계 분석: 인간관계에서 생합은 서로를 돕는 관계를 극합은 갈등을 해결하고 함께 성장할 수 있는 관계를 뜻합니다.

15. 지지삼합(地支三合) 구성 및 응용

지지 삼합은 오주학(五柱學)에서 매우 중요한 개념으로 서로 조화를 이루는 세 개의 지지(地支)가 모여 특정한 에너지나 기운을 강화하거나 조화를 이루는 관계를 의미합니다. 삼합은 생(生)의 원리를 기반으로 하여 특정 오행(五行)을 강화하며 이를 통해 개인의 사주나 오주로 운세를 해석하고 응용할 수 있습니다.

가. 지지삼합의 구성

1) 지지삼합은 12지지 중 특정한 조합으로 구성되며 이들은 주로 공통된 오행의 속성을 공유합니다. 아래는 대표적인 삼합 조합과 해당 오행입니다.

삼합조합	포함된 지지	강화되는 오행
해묘미(亥卯未)	해(亥), 묘(卯), 미(未)	목(木)
인오술(寅午戌)	인(寅), 오(午), 술(戌)	화(火)
사유축(巳酉丑	사(巳), 유(酉), 축(丑)	금(金)
신자진(申子辰)	신(申), 자(子), 진(辰)	수(水)

2) 삼합은 각 지지가 개별적으로 다른 성격을 가지더라도 모였을 때 특정 오행을 이루면서 조화를 만들어냅니다. 이는 오주 내 특정한 기운을 상화하거나 균형을 잡는 데 중요한 역할을 합니다.

나. 삼합의 학문적 풀이

삼합은 단순히 조합 이상의 깊은 의미를 지니며 사주 해석과 운세 분석 더 나아가 응용학문으로 확장할 수 있습니다. 다음은 삼합의 주요 응용 및 해석 방법입니다.

1) 사주 내의 기운 강화

삼합은 특정 오행을 강하게 만들기 때문에 개인의 오주에서 부족하거나 과잉된 기운을 조정하는 데 도움을 줄 수 있습니다. 예를 들어:

가) 오주 내 목(木) 기운이 부족하다면 해-묘- 미(亥卯未) 삼합을 통해 목(木) 기운을 보완할 수 있습니다.

나) 반대로 과잉된 기운이 있을 경우 다른 오행의 균형을 고려해 삼합의 영향을 조정합니다.

2) 운세 해석

삼합은 연일일시(분주, 공간주, 윤주) 지지뿐 아니라 대운(大運)과 세운(歲運)에서도 중요한 역

할을 합니다. 특정 시기나 운에서 삼합이 이루어지면:

가) 삼합의 오행이 개인에게 유리하게 작용할 경우 해당 시기를 기회로 볼 수 있습니다.

나) 삼합이 오주의 기운과 충돌한다면 도전이나 갈등으로 작용할 수 있습니다.

3) 인간관계와 삼합

삼합은 개인 간의 관계에서도 사용됩니다. 예를 들어 두 사람의 오주에서 각기 다른 지지가 삼합을 이룬다면:

가) 서로 협력하거나 조화를 이루는 관계로 발전할 가능성이 큽니다.

나) 삼합의 속성이 비즈니스나 감정적 관계의 핵심 요인으로 작용합니다.

다. 삼합의 응용

삼합을 오주(사주)학뿐만 아니라 다양한 분야에 응용할 수 있습니다.

1) 재물운 강화

삼합은 재물을 창출하는 기운을 활성화하는 데 사용할 수 있습니다.

가) 인-오-술(寅午戌) 삼합은 화(火) 기운을 강화하여 에너지를 극대화하고 활발한 활동으로 재물운을 이끄는 데 적합합니다.

나) 사업을 시작하거나 투자 시 삼합의 시기를 활용하면 에너지를 상승효과를 기대할 수 있습니다.

2) 풍수와 조화

삼합의 원리를 풍수에 응용하여 특정 방향이나 공간에서의 에너지를 조율할 수 있습니다. 예를 들어, 삼합의 지지가 포함된 방향에 중요한 물건을 배치하거나 해당 방향의 기운을 활성화하면 긍정적인 에너지를 유도할 수 있습니다.

3) 심리학적 해석

삼합을 개인의 심리적 기질과 연결 지어 분석할 수도 있습니다. 예를 들면:

가) 해, 묘, 미 삼합을 가진 사람은 창의적이고 유연하며 자연과의 조화를 중요시하는 성향을 지닐 수 있습니다.

나) 사-유-축 삼합은 철저하고 논리적이며 현실적 사고를 지향하는 특징을 가질 가능성이 높습니다.

라. 사주 상담 시 삼합 활용 팁

삼합을 오주상담에서 적극적으로 활용하기 위해 다음 사항을 고려합니다.

1) 삼합 완성 여부 확인: 오주 내에서 삼합이 완벽하게 이루어졌는지 아니면 부분적으로 형성되었는지 확인합니다. 대운이나 세운에서 이를 보완할 기회가 있는지 살핍니다.
2) 삼합의 균형 분석: 삼합으로 인해 특정 오행이 과잉되거나 부족하게 되는 경우 다른 요소로 이를 조정할 방법을 제시합니다.
3) 실생활 적용 방안 제안: 삼합의 기운을 활용한 구체적인 행동 계획(예:직업 선택 인간관계 개선 재물 관리 등)을 제안합니다.

마. 결론

지지삼합은 오주의 기운을 이해하고 조화롭게 활용하는 데 필수적인 개념입니다. 이를 통해 개인의 운세를 해석하거나 특정 목표를 향한 전략을 설계할 수 있습니다. 삼합을 단순한 이론적 지식으로만 여기지 않고 실제 삶의 응용할 수 있도록 학문적으로 체계화하고 창의적으로 활용하는 것이 중요합니다.

16. 지지방합(方合) 및 형제합과 계절합

지지방합, 형제합, 계절합은 오주학에서 천간과 지지의 배속과 상호작용을 이해하는 데 중요한 개념입니다. 각각의 합은 에너지가 조화롭게 결합하거나 특정 방향으로 흐르는 것을 상징하며 이를 통해 오주의 흐름과 관계성을 분석할 수 있습니다. 아래에서 이 세 가지 합과 계절적 배속 관계를 설명하겠습니다.

가. 지지 방합(方合)

1) 지지 방합은 네 개의 방위를 상징하는 지지들이 계절적 에너지를 공유하며 결합하는 것을 의미합니다. 방합은 지지끼리 조화를 이루며 특정 오행을 강화합니다.
   가) 목 방합(봄): 인(寅)+묘(卯)+진(辰)=목(木) 기운 형성합니다.
   나) 화 방합(여름): 사(巳)+오(午)+미(未)=화(火) 기운 형성합니다.
   다) 금 방합(가을): 신(申)+유(酉)+술(戌)=금(金) 기운 형성합니다.
   라) 수 방합(겨울): 해(亥)+자(子)+축(丑)=수(水) 기운 형성합니다.
2) 특징: 지지 방합은 계절 에너지가 강하게 작용합니다. 오주에 방합이 형성되면 해당 계절의 기운과 오행이 더 강하게 작용하거나 유세에서 특정한 방향성을 부여합니다.

나. 형제합

1) 형제합은 두 개의 지지가 짝을 이루며 특정 에너지를 생성하는 합입니다. 이는 인성적인 관계나 감 정적 연결을 나타낼 수 있습니다.
   가) 목 기운 형성: 해(亥)+인(寅)=목(木)
   나) 화 기운 형성: 묘(卯)+술(戌)=화(火)
   다) 금 기운 형성: 진(辰)+유(酉)=금(金)
   라) 수 기운 형성: 사(巳)+신(申)=수(水)
2) 특징: 형제합은 방합처럼 뚜렷한 계절적 배속은 없지만, 특정 오행을 강화하거나 천간과 연결될 때 명주가 처한 상황에 따라 큰 변화를 유도할 수 있습니다.

다. 계절합(三合)

1) 계절합은 오주에서 특정한 세 개의 지지가 만나 하나의 오행으로 통합되는 현상을 의미합니다. 삼합은 특정 계절의 에너지가 강하게 작용하며 해 당 오행의 기운이 크게 상승합니다.
   가) 목의 삼합(봄): 해(亥)+묘(卯)+미(未)=목(木)
   나) 화의 삼합(여름): 인(寅)+오(午)+술(戌)=화(火)
   다) 금의 삼합(가을): 사(巳)+유(酉)+축(丑)=금(金)
   라) 수의 삼합(겨울): 신(申)+자(子)+진(辰)=수(水)
2) 특징: 계절합은 방합보다 더 강한 에너지를 결합을 나타냅니다. 특히 삼합이 완전히 이루어지면 명주가 특정 계절에 강한 운의 흐름을 타거나 성격 행동 방식이 계절적 배속에 따라 결정됩니다.
3) 계절적 배속 관계 요약
   가) 목(木): 봄, 동쪽, 생(生)의 기운
   나) 화(火): 여름, 남쪽 성장(長)의 기운
   다) 금(金): 가을, 서쪽 수확(收)의 기운
   라) 수(水): 겨울 북쪽 저장(藏)의 기운
4) 지지 방합 형제합, 계절합은 모두 특정 계절과 오행의 관계를 강화하며 명조에서 이러한 합의 관계를 분석하면 해당 오주학의 기운 흐름과 운세를 구체적으로 이해할 수 있습니다. 어떤 합이 형성되었는지와 그 계절적 배속은 사주의 조화와 흐름을 파악하는 중요한 요소입니다.

17. 지지층의 기본 개념 인한 현상

가. 지지충의 기본 개념

지지는 12가지 동물로 상징화된 12지(子, 丑, 寅, 卯, 辰, 巳, 午, 未, 申, 酉, 戌, 亥)를 말합니다. 이 중 특정 지지끼리는 서로 충돌(沖)하는 관계를 가지며 이는 자연의 상극 원리에 기반합니다. 지지층은 오주(五柱)의 일간(日干) 도는 다른 요소들과의 조화를 깨뜨려 긴장과 변화를 불러옵니다.

1) 충의 유형

육충(六沖): 2지 중 서로 대립하는 6쌍을 지칭합니다.

가) 子(쥐)-충-午(말)

나) 丑(소)-충-未(양)

다) 寅(범)-충-申(원숭이)

라) 卯(토끼)-충-酉(닭)

마) 辰(용)-충-戌(개)

바) 巳(사)-충-亥(돼지)

2) 충의 의미

가) 육충은 지지 간의 에너지가 상반되어 조화를 이루지 못하고 긴장과 변화 갈등을 만들어 냅니다.

나) 예를 들어 자(子)와 오(午)는 각각 물(子)과 불(午)을 상징하며 물이 불을 꺼뜨리는 것처럼 서로 상극적인 영향을 미칩니다.

나. 지지충으로 인한 현상

지지층이 작용하면 다양한 현상이 발생합니다. 이는 오주 구조와 운세 주기에 따라 다르게 나타납니다.

1) 개인적 차원에서의 영향

가) 성격적 변화: 지지층이 강하게 작용하면 성격에서 갈등적 성향이나 불안정성이 나타날 수 있습니다. 예를 들어 자오(子午)층은 감정 기복이 크고 대인관계에서 충돌이 잦을 수 있습니다.

나) 삶의 변동: 지지층이 특정 유에서 활성화되면 직업 거주지 인간관계에서 큰 변화가 일어

날 가능성이 높습니다. 예컨대 진술(辰戌)충은 터전이나 기반이 흔들리는 상황을 암시합니다.

2) 사회적 환경적 차원에서의 영향

가) 조화의 붕괴: 지지충은 환경적인 불안정을 유발할 수 있습니다. 가령 진술(辰戌)충이 강한 시기에 조직 내 갈등이 심화되거나 공동체 내 분열이 생길 수 있습니다.

나) 운세의 극단적 변화: 큰 성공이나 큰 실패가 극단적으로 나타날 수 있습니다. 예를 들어 인신(寅申)충은 열정과 도전의 에너지가 과도하여 새로운 기회를 얻기도 하지만 실패의 리스크 가 커질 수도 있습니다.

다. 지지충의 학문적 해석:긍정과 부정의 양면성

지지층은 단순히 부정적인 현상만을 의미하지 않습니다. 적절히 활용하면 새로운 변화의 계기가 될 수 있습니다.

1) 긍정적 측면

가) 변화와 혁신: 기존의 구조가 깨지면서 새로운 가능성이 열립니다. 예를 들어 자오(子午)충은 극단적이지만 적절히 이루면 큰 도약을 만들 수 있습니다.

나) 에너지 해소: 충돌을 통해 에너지가 해소되어 새로운 균형을 찾을 수 있습니다.

2) 부정적 측면

가) 갈등과 혼란: 충이 강하게 작용하면 개인적 사회적 안정감이 깨지고 갈등이 지속될 수 있습니다.

나) 예상치 못한 변화: 특히 부정적인 운세가 결합되면 예기치 못한 사고나 손실을 겪을 위험이 있습니다.

라. 지지충의 해소 방법

지지충으로 인한 부정적 영향을 완화하거나 긍정적으로 전환하기 위해 다음과 같은 방안을 활용할 수 있습니다.

1) 용신(用神)을 활용한 해소: 오주 내 부족한 오행(五行)을 보충하여 충의 긴장을 완화합니다. 예를 들어 자오(子午)충으로 인해 물(子)과 불(午)의 대립이 심하면 이를 중화하는 토(土)를 활용해 균형을 잡을 수 있습니다.

2) 환경적 조정: 풍수지리나 명리학, 사주학 오주학적 조언을 통해 주변 환경을 조정하여 충

의 영향을 줄 입니다. 예컨대 진술(辰戌)충이 강할 경우 안정된 기반을 마련하거나 귀인의 도움을 받는 것이 중요합니다.

3) 행동적 지침: 지지충이 강한 시기에는 큰 변화를 피하고 차분히 준비하는 태도가 필요합니다. 또한 충돌과 갈등 상황에서 감정을 절제하고 전략적으로 대응해야 합니다.

마. 결론

지지충은 명리학에서 삶의 변동성과 갈등을 설명하는 핵심 개념 중 하나입니다. 이는 단 순히 부정적인 의미만 담고 있는 것이 아니라 적절히 이해하고 활용하면 삶의 도약과 새로운 가능성으로 연결될 수 있습니다. 오주학 분석과 운세의 흐름에 따라 지지층의 작용을 통찰하고 대응하는 것이 중요합니다.

18. 천간합화(天干合化) 및 지지합화(地支合化)

천간합화와 지지합화는 오주학에서 중요한 개념으로 각각 천간(天干)과 지지(地支)의 관계를 통해 에너지를 상호작용과 결과적인 변화를 설명합니다. 이를 통해 우주에서 특정한 조화나 변화를 해석할 수 있습니다. 아래에서 각각의 개념을 자세히 설명하겠습니다.

가. 천간 합화(天干合化)

천간합화는 오주에서 천간 간의 특정 조합이 서로 결합(合)하여 새로운 속성(化)으로 변화하는 것을 말합니다. 이 과정에서 합이 실제로 성립하기 위해서는 다양한 조건이 필요합니다.

1) 천간의 합 조합

천간 간의 합은 특정 속성을 중심으로 아래와 같이 이루어집니다.

가) 갑(甲)+기(己)=토(土)

나) 을(乙)+경(庚)=금(金)

다) 병(丙)+신(辛)=수(水)

라) 정(丁)+임(壬)=목(木)

마) 무(戊)+계(癸)=화(火)

2) 합화가 성립하는 조건

천간의 합이 성립하려면 주변 환경과 다른 요건들이 뒷받침되어야 합니다.

가) 오행의 기운: 합화된 결과물이 주변 오행에 의해 지지받아야 합니다(예: 갑(甲)과 기(己)가 합하여 토(土)로 변하려면 주변에 토의 기운이 강해야 합니다).
나) 오주 전체 흐름: 합화가 오주의 전체 맥락에서 자연스럽게 흘러야 합니다.
다) 충(沖)이나 방해 요소:합을 방해하는 충이나 다른 간섭이 있으면 합화가 성립되지 않습니다.

3) 천간합화의 의미

가) 에너지의 조화: 서로 상반된 성질을 가진 천간이 합을 통해 새로운 속성을 창출하여 균형을 이룹니다.
나) 변화와 결과: 오주에서 해당 천간이 원래 역할에서 벗어나 새로운 역할로 변화하는 것으로 해석됩니다.

나. 지지합화(地支合化)

지지합화는 지지 간의 특정 조합이 결합하여 새로운 오행의 속성으로 변하는 현상을 말합니다. 지지는 천간에 비해 더 복잡한 구조와 조합을 가집니다.

1) 지지의 합 조합

지지합에는 "삼합(三合)"과 "육합(六合)" 두 가지 주요 유형이 있습니다.

가) 삼합(三合)

⑴ 삼합은 세 개의 지지가 서로 조화롭게 연결되어 특정 오행으로 변화하는 것을 말합니다.

- 해(亥)+묘(卯)+미(未)=목(木)
- 인(寅)+오(午)+술(戌)=화(火)
- 사(巳)+유(酉)+축(丑)=금(金)
- 신(申)+자(子)+진(辰)=수(水)

⑵ 삼합의 조건

- 시간적 연결: 삼합에 포함된 세 가지 오주 내에서 적절한 위치에 있어야 합니다.
- 변화를 촉진하는 기운: 삼합된 오행이 주변에서 지지받아야 완전히 성립합니다.

나) 육합(六合)

⑴ 육합은 두 개의 지지가 서로 합하여 새로운 속성으로 변화하는 것을 말합니다.

- 자(子)+축(丑)=토(土)
- 인(寅)+해(亥)=목(木)

- 묘(卯)+술(戌)=화(火)
- 진(辰)+유(酉)=금(金)
- 사(巳)+신(申)=수(水)
- 오(午)+미(未)=화(火)

2) 육합의 조건

삼합과 유사하게 합이 성립하려면 오행의 흐름 충이나 방해 요소의 유무를 고려해야 합니다.

다. 천간합화와 지지합화의 차이점

구분	천간합화	지지합화
대상	천간(10개)	지지(12개)
합의 유형	단순 2개의	삼합, 육합 등 복잡한 조합구조
성립조건	주변 오행과 기운 의지지 필요	시간적 연결과 환경적 지지 필요
의미	에너지 변화와 새로운 역할 창출	구체적인 사건 변화 관계 조화

라. 오주에서 합화를 해석하는 방법

1) 합화 성립 여부 확인: 오주 내에서 합이 성립할 수 있는 조건이 충족되었는지 확인합니다.
2) 합화의 방향성: 합화로 인해 생성된 새로운 오행이 오주에 미치는 영향을 파악합니다.
3) 전체 흐름 반영: 합화된 결과가 오주 전체에서 어떤 역할을 하는지 해석합니다.

19. 태원오주와 입태오주

태원오주(사주)와 입태오주(사주)는 오주학에서 매우 심오한 인간의 탄생과 우주의 운행 간의 관계를 연구하는 데 사용됩니다. 또한 신생아의 분만일과 십이지지 삼백육십도 원리를 통해 개별적인 시간과 우주의 조화로운 관계를 계산합니다. 아래에 각 개념을 간단히 설명하겠습니다.

가. 태원오주와 입태오주

1) 태원오주: 태어난 순간의 오주십자를 말합니다. 이는 출생 당시의 하늘(천간)과 땅(지지)의 기운 이 아이의 삶에 영향을 미친다고 봅니다. 흔히 사주팔자로 불리는 년, 월, 일, 시 네 기둥을 구성하고 오주십자(五柱十字)는 분주, 공간주, 운주를 적용합니다.

2) 입태오주: 태아가 어머니의 뱃속에서 잉태된 순간의 오주를 뜻합니다. 일반적으로 입태오주는 출생일로부터 280일(10개월)을 역산하여 추정합니다. 입태 순간의 기운은 아이의 근본적인 성격이나 운명에 영향을 준다고 해석합니다.

나. 신생아 분만일수 계산과 십이지지

인간의 잉태와 출생은 자연의 주기에 따라 진행되며 이를 십이지와 연관 지어 설명합니다.

1) 십이지는 12가지 동물(자, 축, 인, 묘, 진, 사, 오, 미, 신, 유, 술, 해)의 기운을 나타냅니다. 태아가 자궁에서 머무는 280일은 천간지지의 순환과 연계됩니다.
2) 예를 들어 특정 달(月)의 기운이 강한 날에 분만이 이루어진다면 그날의 기운이 아이의 명운에 영향을 끼친다고 봅니다.

다. 삼백육십도 원리와 계산

"삼백육십도(360도)"는 하늘과 땅의 전체 주기를 나타냅니다. 이는 천문학적 계산과도 연결되며 오주에서는 주로 태양과 지구의 위치를 통해 음양오행의 흐름을 분석합니다.

1) 예를 들어 하루는 24시간이고 이를 360도로 나누면 15도마다 하나의 지지가 배정됩니다.
2) 하루의 특정 시간이 어떤지(시간 기운)와 연관되는지 계산하는 데 사용됩니다.

라. 계산 원리 간단 예시

1) 입태일 계산

가) 출생일로부터 280일 (또는 10개월)을 역산합니다.

나) 입태일 천간과 지지를 구하고 당시 오행의 기운을 분석합니다.

단, 입태일을 계산하는 데는 여러 변수가 작용할 수 있으므로 위 계산은 대략적인 가이드로 사용됩니다. 더욱 세부적으로 알고 싶다면 의학적 또는 오주학적(사주)전문 상담을 병행하는 것이 좋습니다.

20. 오주학 삼형살(三刑殺) 및 상형살(相形殺)

오주학에서 삼형살과 상형살은 오주의 형살(刑殺)에 해당하는 개념으로 인간의 삶에서 발생할 수 있는 장애물이나 갈등을 상징합니다. 이와 연계된 무은지형(無恩之刑) 지세지형(肢勢之刑) 무례지형(無禮之刑)은 오주학에서 매우 깊이 있는 학문적 요소로 각기 다른 의미와 영향을 지니고 있습니다. 이를 하나씩 자세히 설명하겠습니다.

가. 삼형살(三刑殺)

삼형살은 특징지지(地支) 간의 형(刑 형벌 또는 충돌)을 나타냅니다. 이는 오주에서 특정한 조합이 형성될 때 발생하며 사람의 운명에서 갈등 고난 또는 극복해야 할 어려움을 상징합니다. 삼형살은 크게 아래 세 가지로 나뉩니다.

1) 자형(自刑)

가) 의미: 스스로 자신을 얽매는 형벌을 의미합니다.

나) 조합: 같은 지지가 반복될 때(예: 辰辰, 午午, 酉酉, 亥亥)를 말합니다.

다) 특징: 자신의 성격적 결함이나 내부적 갈등으로 인해 어려움이 발생합니다(예: 지나친 완벽주의는 스스로를 몰아세우는 태도가 본인에게 불리하게 작용할 수 있습니다).

2) 상형(相刑)

가) 의미: 서로가 부딪히며 갈등을 일으키는 형벌을 의미합니다.

나) 조합: 특정 지지가 충돌할 때(예: 寅巳申, 丑戌未, 子卯)를 말합니다.

다) 특징: 외부적 갈등 인간관계에서의 문제 환경적 제약으로 인해 어려움에 처할 수 있습니다.

3) 충형(沖刑)

가) 의미: 대립적 관계에서 발생하는 강한 충돌을 의미합니다.

나) 조합: 정반대 지지가 만날 때(예: 子午, 卯酉, 寅申, 巳亥)를 말합니다.

다) 특징: 급격한 변화나 예상치 못한 사건을 초래하여 여러 가지 문제가 발생합니다.

나. 무은지형(無恩之刑)

1) 의미: "은혜가 없는 형"으로 번역되며 인간관계에서 은혜나 배반하거나 감사의 마음이 부족한 상황을 나타냅니다.

2) 조합: 자형(子酉卯午) 등으로 나타나며 네 가지 지지의 상호 충돌로 형성됩니다.

3) 특징

가) 인간관계: 신뢰의 상실 배신 또는 냉담합니다.

나) 운명적 해석: 자신의 공로가 인정받지 못하거나 타인으로부터 도움을 받기 어렵게 느껴지는 운세입니다.

다) 극복 방법: 인내심을 가지고 타인의 시각을 이해하며 자신도 베푸는 삶을 살아야 형의 영향을 줄일 수 있습니다.

다. 지세지형(肢勢之刑)

1) 의미: "사지의 형"으로 육체적 또는 환경적인 제약을 상징합니다. 이는 물리적 어려움 사고 또는 신체적 손상을 암시할 수 있습니다.
2) 조합: 인사신(寅巳申)가 충돌할 때 발생합니다.
3) 특징
   가) 신체적 의미: 사고 질병 또는 불편함을 암시합니다.
   나) 환경적 의미: 자신의 의지와 상관없이 제한받는 상황 이동이나 선택의 자유가 제한됩니다.
   다) 해석: 자신의 욕심이나 불필요한 경쟁을 피하고 신중한 행동이 필요합니다.

라. 상형살(相刑殺)과 무례지형(無禮之刑)

1) 상형살(相刑殺)

가) 의미: 상호 형벌 즉 인간관계에서 발생하는 다툼과 갈등을 상징하고 고립을 자초합니다.
나) 조합: 예를 들어 인사신(寅巳申)이 만나면 서로 견제하거나 이익 충돌로 문제가 생깁니다.
다) 특징
   (1) 주변 사람들과의 갈등 오해가 주된 원인이 되는 것입니다.
   (2) 타인에 대한 배려와 소통이 부족할 때 발생합니다.

2) 무례지형(無禮之刑)

가) 의미: "예의 없는 형"으로 타인에 대한 존중이 결여되어 발생하는 문제를 상징합니다.
나) 극복 방법: 예의를 중시하며 상대방의 입장에서 이해하고 존중하는 태도를 기르는 것이 매우 중요합니다.

마. 실제적인 해석과 활용

이 형살의 조합은 사람마다 다르게 나타나므로 이를 해석하려면 오주 원국 전체를 면밀히 살펴야 합니다. 단순히 삼형살이나 형살의 조합만으로 결론을 내리는 것은 적합하지 않습니다. 하지만 대체로 형살은 다음의 방법으로 완화할 수 있습니다.

1) 대운(大運)과 세운(歲運): 대운이나 세운에서 적합한 조합이 들어오면 형살이 완화될 수 있습니다.
2) 인성(印星)과 관성(官星)의 활용: 올바른 판단과 안정적인 관계를 유지하도록 돕는 요소를 강화합니다.
3) 풍수와 조화: 환경적 기운을 조율하여 형살의 부정적 영향을 줄입니다.

21. 육파살(六破殺)과 육해살(六害殺)

육파살과 육해살은 오주학(五柱學)에서 자주 언급되는 "살(煞)"의 한 종류로 특정한 관계에서 불길하거나 좋지 않은 작용을 미친다고 해석합니다. 그러나 반드시 나쁜 점만 있는 것은 아니며 이를 잘 이해하고 해결하면 긍정적인 방향으로 전환할 수도 있습니다.

이제 육파살과 육해살의 정의 작용 좋은 점과 나쁜 점 그리고 이를 해결하는 방법에 대해 "오행(五行)"과 "주역(周易)"을 포함한 오주학적(五柱學的) 논리로 자세히 설명하겠습니다.

가. 육파살(六破殺)

1) 정의

육파살은 지지(地支)간에 서로 "충(沖)"하는 관계 중에서도 "파(破)"의 형태로 나타나는 살(煞)입니다. 특정 지지들이 "깨어진다"라는 의미에서 "파(破)"라고 하며 파손 분열 실망 갈등 등의 의미를 담고 있습니다.

2) 육파 관계

가) 자오파: 子(쥐)-午(오)
나) 축미파: 丑(축)-未(양)
다) 인신파: 寅(인)-申(원숭이)
라) 묘유파: 卯(묘)-酉(닭)
마) 진술파: 辰(용)-戌(개)
바) 사해파: 巳(뱀)-亥(돼지)

3) 작용

가) 육파살은 주로 관계의 불화 재물손실 분열과 갈등입니다.
나) 인간관계에 있어서 서로 다투거나 깨어지는 일이 생길 수 있습니다.
다) 재물 면에서도 손실이나 중도에 막히는 일이 발생할 수 있습니다.

4) 좋은점

가) 변화의 계기: 파(破)는 때로 기존 관념이나 답답한 상황을 깨뜨리는 계기가 될 수 있습니다(예: 예를 들어 부정적인 관계가 끝남으로써 새로운 인연을 만날 수 있습니다).
나) 개혁과 발전: 육파살은 고정된 것을 깨뜨리기 때문에 새로운 변화와 개혁의 기회로 작용할 수 있습니다.

5) 나쁜점

가) 인간관계의 단절: 신뢰가 깨지거나 다툼이 심화될 수 있습니다.
나) 재물손실: 사업이나 투자에서 예상치 못한 손해를 볼 수 있습니다.
다) 건강악화: 스트레스와 충돌로 인해 건강에도 나쁜 영향을 끼칠 수 있습니다.

나. 육해살(六害殺)

1) 정의

육해살은 지지(地支) 간에 서로 "해(害)"를 이루는 관계를 의미합니다. "해(害)"란 해로웁니다. 방해 불편함 등을 의미하며 서로 화합하지 못하는 기운을 나타냅니다.

2) 육해관계

가) 자미해: 子(쥐)-未(양)
나) 축오해: 丑(소)-午(오)
다) 인사해: 寅(인)-巳(뱀)
라) 신해해: 申(원숭이)-亥(돼지)
마) 유술해: 酉(닭)-戌(개)

3) 작용

가) 육해살은 주로 방해 불편함 인내심의 소모를 의미합니다.
나) 뜻대로 일이 풀리지 않고 지연되거나 불화가 생기기 쉽습니다.

4) 좋은점

가) 자기성찰의 기회: 육해살은 고난과 방해 속에서 자기 자신을 돌아보고 성찰하는 계기를 제공합니다.
나) 인내와 내면 강화: 육해살을 잘 극복하면 더 큰 인내력과 정신력을 키울 수 있습니다.

5) 나쁜점

가) 방해와 실패: 추진하던 일이 타인의 방해나 환경적 요인으로 인해 실패할 수 있습니다.
나) 감정 소모: 인간관계에서 사소한 오해와 갈등이 발생하기 쉽습니다.
다) 지연과 정체: 일이 막히거나 진행이 느려져 답답함을 느낄 수 있습니다.

다. 해결책: 오행과 주역을 통한 해소 방법

육파살과 육해살은 그 자체로 나쁜 의미가 있기도 하지만 이를 해소하고 긍정적인 방향으로 전환하는 방법이 있습니다.

1) 오행(五行)의 원리

가) 상생(相生)의 원리: 오행의 흐름에서 상생의 기운을 활용해 육파살의 부정적인 기운을 약화시킬 수 있습니다(예: 토(土)가 부족하여 문제가 발생한다면 토의 기운을 보강하는 방법(황색, 활용)을 검토해야 합니다).

나) 상극(相剋)의 제어: 오행의 상극을 이용해 과도한 기운을 제어하면 갈등이나 불화가 완화될 수 있습니다(예: 화(火)가 너무 강하면 수(水)를 활용해 균형을 맞춥니다).

라. 실천적 해결책

1) 풍수 활용

가) 집이나 사무실에 풍수적인 요소를 도입해 기운의 흐름을 조화롭게 만듭니다.

나) 나쁜 기운이 머무는 곳에 소금이나 식물을 두어 화기를 막습니다.

2) 명상과 자기 수양

마음의 평화를 유지하고 감정을 다스리면 육파살 육해살의 부정적 작용을 줄일 수 있습니다.

3) 인연과 협력 강화

육파살과 육해살은 주로 관계에서 문제가 생기므로 믿음과 소통을 통해 관계를 개선하는 것이 중요합니다.

4) 행운의 색상과 보석 사용

부족한 오행을 보완하는 색상(예: 청색, 녹색, 황색)을 사용하거나 기운을 보완하는 보석을 착용합니다.

마. 결론

육파살과 육해살은 오주에서 부정적인 요소로 작용하지만 이를 이해하고 적절하게 대응하면 오히려 변화와 발전의 계기로 삼을 수 있습니다. 오행의 원리를 잘 활용하고 자기 수양과 관계 개선을 통해 해결하면 더욱 긍정적인 방향으로 나아갈 수 있습니다.

"파(破)"와 "해(害)"의 시련 속에서도 지혜를 발휘하면 성공과 풍요를 이룰 수 있습니다.

22. 원진살(怨嗔煞) 1편

"원진살"은 오주학 명리학 사주학에서 대표적인 궁합과 인관계의 문제를 나타내는 살 중 하나입니다. 원진살의 원(怨)은 원망을 진(嗔)은 성냄을 의미하므로 원진살이 작용하면 관계 속에서 오해, 원망, 불화, 심한 경우엔 배신이나 갈등이 생길 수 있다고 해석됩니다.

가. 원진살의 의미와 특성

1) 인연의 어긋남: 원진살의 작용하면 연인 부부 친구 동료에게서 서운함. 불만 다툼이 잦아질 수 있습니다.
2) 감정에 문제: 특별한 이유가 없더라도 상대에게 미운 감정이 생기거나 반대로 상대방에게 원망을 받을 수 있습니다.
3) 무의식적 갈등: 상대방과의 관계가 어딘가 모르게 불편하고 이유를 모르는 상황에서 감정적으로 상처를 받게 되는 경우가 많습니다.

나. 원진살의 형성

1) 원진살은 12지지의 관계에서 형성됩니다. 12지지 중 서로 원진 관계에 해당하는 지지가 만나면 원진살이 생깁니다.
   가) 자(子)-미(未)=원진
   나) 축(丑)-오(午)=원진
   다) 인(寅)-사(巳)=원진
   라) 묘(卯)-진(辰)=원진
   마) 신(申)-해(亥)=원진
   바) 유(酉)-술(戌)=원진
2) 예를 들어 오주에서 "자(子)"가 있는 사람 "미(未)"와 원진 관계이기 때문에 상대방이 미의 기운을 타고나거나 미의 특징이 강한 오주를 갖고 있다면 원진살이 작용될 수 있습니다.

다. 원진살의 영향

1) 연인 관계: 애정 관계에서 원진살이 작용하면 서로 사랑하면서도 감정적인 불화가 발생할 수 있습니다.

2) 부부 관계: 결혼 후에도 작은 일로 갈등이 지속되거나 한쪽이 지나치게 감정적으로 상대방을 대할 수 있습니다.
3) 사업 관계: 비즈니스 파트너십에서도 서로에 대한 불신이나 의견 충돌이 심해질 수 있습니다.

라. 원진살을 해결하는 방법

원진살은 모든 관계에서 나쁜 영향을 주는 것은 아니며 이를 극복하고 좋은 관계로 발전할 수 있습니다.

1) 서로의 성향 이해: 원진 관계를 미리 알고 서로의 단점과 성향을 이해하며 배려하려는 노력이 중요합니다.
2) 화해의 기운 활용: 오주에서 화(火)나 목(木) 기운이 부족하면 감정 조절이 힘들어질 수 있으므로 해당 오행을 보완하는 방법을 찾습니다.
3) 상생하는 관계 맺기: 원진살이 있더라도 서로의 부족한 부분을 채워주면 오히려 더 깊은 인연으로 발전할 수 있습니다.
4) 제사나 기도: 전통적으로 원진살이 강한 경우 조상에게 제사를 올리거나 마음의 평화를 얻기 위해 기도를 드리기도 합니다.

마. 원진살은 반드시 나쁜가?

원진살은 감정적 불편함을 가져올 수 있지만 이를 극복하면 오히려 강한 애착이나 깊은 관계로 발전할 수도 있습니다. 많은 부부와 연인 친구 사이에서도 원진살이 있지만, 서로를 더 잘 이해 하려는 노력으로 성공적인 관계를 유지하는 경우가 많습니다.

23. 원진살(怨嗔煞) 2편

원진살은 오주학에서 대인관계와 감정적 갈등을 주로 나타내는 기운입니다. 이 살은 인간관계나 부부궁 합, 연애운에서 중요한 작용을 하는데 양면성이 있어 단점뿐만 아니라 장점으로도 활용할 수 있습니다. 또한 오주학 풀이를 통해 실생활에 원진살을 더 효과적으로 활용할 수 있습니다.

가. 원진살이란?

원진살은 "서로 미워하고 원망할 인연"이라는 뜻으로 풀이됩니다. 주로 감정의 얽힘 오해 그리고 갈등을 불러올 수 있는 기운입니다. 특히 부부 연인 사이에 원진살이 작용하면 감정적 갈등과 다툼이 자주 일어나기도 하지만 이러한 살을 잘 활용하면 끈끈한 애증 관계로 발전할 수 있습니다(예시: 원진살 관계: 자미 궁합에서 "쥐(子)와 양(未)"이 원진 관계에 해당합니다. 이들의 관계는 이끌리지만, 갈등도 많습니다).

나. 원진살의 단점과 작용

원진살이 작용하면 주로 다음과 같은 부정적 영향이 나타날 수 있습니다.

1) 감정적 불안정

가) 상대방과 자주 다투거나 오해를 사게 됩니다.
나) 사소한 문제도 크게 확대되어 감정이 상할 수 있습니다.

2) 관계의 소원함

가) 부정적인 감정이 누적되면 점점 서로를 꺼리게 됩니다.
나) 믿음이 흔들리고 냉담한 관계로 변할 수 있습니다

3) 경제적 손실

가) 사람과의 원만하지 못한 관계가 사업이나 재물운에도 악영향을 미칠 수 있습니다.
나) 인간관계에서 오는 스트레스로 큰 결정을 그르칠 수도 있습니다.

다. 원진살의 장점과 활용법

원진살은 반드시 나쁜 것만은 아닙니다. 적절히 다스리고 활용하면 독특한 관계와 성장을 가져올 수 있습니다.

1) 강한 인연과 성장

가) 원진살이 있는 관계는 강한 끌림이 존재합니다.
나) 갈등을 해결하는 과정에서 서로에게 더욱 의지하고 싶은 유대감을 형성할 수 있습니다.

2) 자기성찰과 발전

가) 원진살이 작용하면 감정의 갈등이 많으므로 스스로를 돌아보며 성장할 기회를 제공합니다.

나) 특히 자존감 인내심 포용력을 키우는 데 좋은 도구로 작용할 수 있습니다.

3) 사업과 계약활용

가) 원진살이 있는 관계는 강한 끌림과 동시에 다툼도 많지만 이를 해결하면 강력한 파트너십으로 이어질 수 있습니다.

라. 오주학 풀이를 통한 원진살 활용법

오주학은 사주명리학을 활용해 실생활의 문제를 해소하는 기법입니다. 원진살을 다스리는 실질적인 방법은 다음과 같습니다.

1) 상대방과의 긍정 조정

가) 원진살은 상호 보완되는 다른 기운(예: 삼합, 합충)을 통해 해소할 수 있습니다.

나) 예를 들어 원진살이 있는 커플이나 파트너라면 상생의 기운을 지닌 인물이나 환경을 추가하면 원만한 관계를 변환됩니다.

2) 감정 다스리기

가) 원진살은 감정 기복을 크게 만들므로 인내심과 절제력을 키우는 것이 중요합니다.

나) 명상 기도 또는 감정을 표현하는 창의력 활동(예: 예술, 글쓰기)을 활용하면 원진의 기운을 순화시킬 수 있습니다.

3) 풍수와 색상 활용

가) 원진살의 기운을 누그러뜨리기 위한 화합의 에너지(목, 수)를 상징하는 색상이나 사물을 주변에 배치합니다.

나) 나무나 물이 있는 공간은 원진살의 갈등을 완화하는 데 도움이 됩니다.

4) 시기와 방향 조정

원진살이 작용하는 시기나 방향을 피하고 좋은 기운이 드는 날짜와 방위를 선택합니다(예: 중요한 계약이나 결정은 원진살이 강하게 작용하는 날을 피하는 것이 좋습니다).

마. 원진살과 재물운 활용

원진살을 사업이나 재물운에 활용하려면 다음과 같은 전략이 필요합니다.

1) 경쟁 구도를 활용

가) 원진 관계에 있는 사람과의 협력이나 경쟁을 통해 새로운 아이디어와 비즈니스 기회를 창출할 수 있습니다.

나) 예를 들어 라이벌 관계를 인정하고 서로 발전하는 도구로 삼습니다.

2) 감정적 관리를 통해 안정된 선택

감정 기복을 다스리면서 냉정하게 결정을 내리면 큰 재물을 얻을 수 있습니다.

3) 파트너십 검토

원진살이 있는 파트너와 일을 하게 될 경우 명확한 계약과 역할 분담을 통해 갈등의 여지를 줄입니다.

바. 결론

원진살은 단순히 나쁜 인연이 아니라 성장과 변화를 위한 특별한 기운입니다. 감정을 다스리고 관계를 조율하며 적절한 환경과 시기를 활용하면 오히려 강력한 관계나 새로운 기회를 만들어낼 수 있습니다. 원진살의 기운을 두려워하기보다는 이를 긍정적으로 활용하는 지혜를 발휘해 봅니다.

제3편
오주학

1. 육친(六親)과 육신(六神)

사주, 오주학에서 육친과 육신은 서로 다른 개념이지 만 혼용되어 사용되어 사용되기도 합니다. 각각의 의미를 정확히 정리해 드리겠습니다.

가. 육친(六親)

육친은 오주에서 개인과 관계된 가족 주변 인연의 관계를 의미하며 오행의 상생(相生)과 상극(相剋) 원리에 따라 나타납니다.

육친	설명	대표 관계
비견	나와 같은 존재 동등한 존재	형제, 친구, 동료
겁재	나와 같은 존재지만 나를 견제함	경쟁자 동업자
식신	내가 생해주는 존재 나의 표현	자식 후배 나의 창조물
상관	식신보다 더 자유롭고 강한 표현	자유분방한 자식 표현
편재	내가 극복하고 활용하는 재물	외부 재물 비공식적인 재물
정재	안정적으로 관리하는 재물	정식적인 재물아
편관	나를 통제하거나 다스리는 존재	사회적 규율 직장 상사 아들
정관	규칙적이고 공식적인 통제	안정된 권위자공적 기회
편인	나를 도와주는 비공식적 존재	비공식 학문 어머니
정인	나를 돕고 안정시켜 주는 존재	공식적 학문 부모 스승

나. 육신(六神)

1) 육신은 일반적으로 기문둔갑이나 택일법에서 사용되는 개념입니다. 기문둔갑에서의 육신은 특정한 신(神)의 움직임과 상징을 뜻합니다.
   가) 직부(直符): 순리대로 처리하는 에너지 중심이 됩니다.
   나) 등사(螣蛇): 혼란스럽거나 감춰진 상황을 설명합니다.
   다) 태음(太陰): 은밀하고 잠재적인 흐름을 살핍니다.
   라) 천심(天心): 마음의 평화와 순리의 조화를 따릅니다.
   마) 백호(白虎): 급격하고 강렬한 에너지 위험 또는 추진력이 강합니다.
   바) 현무(玄武): 속임수 비밀 은밀함을 말합니다.
2) 육신은 길흉을 판단하는 요소로 활용되며 주로 기문둔갑법이나 특별한 점술에서 사용됩니다.

다. 결론

1) 육친: 오주(사주) 명리학에서 개인과 주변 인연, 재물, 권력 등 관계를 나타내는 용어입니다.
2) 육신: 기문둔갑이나 점술에서 특정한 신(神)의 작용을 나타내는 용어입니다.

2. 천간 육신

오주학에서 "일간"은 사주학의 중심축이 되는 요소로 사람의 성향 행동 방식 그리고 인생에서의 주체성을 결정짓는 중요한 기준입니다. 이를 기준으로 천간 육신(정관, 편관, 정재, 편재, 식신, 상관, 비견, 겁재, 정인, 편인)을 분석하면 개인의 삶의 영향을 미치는 다양한 에너지의 흐름을 이해할 수 있습니다. 아래에 일간을 기준으로 천간 육신이 표출되는 방식과 이를 이해하기 위한 설명을 하겠습니다.

가. 천간 육신이란

천간 육신은 오주에서 각 천간 간의 오행 관계를 기반으로 형성되는 열 가지 에너지 유형입니다. 이는 특정 오행 간의 상생, 상극 관계에서 비롯되며 각 육신은 인생의 다양한 역할과 환경을 상징합니다.

1) 천간 육신과 역할

가) 정관(正官): 규율 책임 명예 사회적 질서

나) 편관(偏官): 권위 도전 경쟁 위험 감수

다) 정재(正財): 재물 소유 현실적 이득

라) 편재(偏財): 투자 모험 외부자산

마) 식신(食神): 창의력 생명력 안정

바) 상관(傷官): 개성, 표현력, 반항

사) 비견(比肩): 독립 경쟁 동료애

아) 겁재(劫財): 협력 손실 공유

사) 정인(正印): 학문 보호직관

자) 편인(偏印): 연구 창조 고립

2) 천간 육신의 표출기준:일간과 오행 관계

육신은 "일간(본인의 천간)"과 다른 천간의 오행 관계에 따라 결정됩니다. 예를 들어 일간이 갑목(甲 木)일 경우 다른 천간과의 오행 관계에 따라 아래와 같이 육신이 배정됩니다.

일간	비견	겁재	식신	상관	편재	정재	편관	정관	편인	정인
甲	甲 木	乙 木	丙 火	丁 火	戊 土	己 土	庚 金	辛 金	壬 水	癸 水
乙	乙 木	甲 木	丁 火	丙 火	己 土	戊 土	辛 金	庚 金	癸 水	壬 水

일간	비견	겁재	식신	상관	편재	정재	편관	정관	편인	정인
丙	丙 火	丁 火	戊 土	己 土	庚 金	辛 金	壬 水	癸 水	甲 木	乙 木
丁	丁 火	丙 火	己 土	戊 土	辛 金	庚 金	癸 水	壬 水	乙 木	甲 木
戊	戊 土	己 土	庚 金	辛 金	壬 水	癸 水	甲 木	乙 木	丙 火	丁 火
己	己 土	戊 土	辛 金	庚 金	癸 水	壬 水	乙 木	甲 木	丁 火	丙 火
庚	庚 金	辛 金	壬 水	癸 水	甲 木	乙 木	丙 火	丁 火	戊 土	己 土
辛	辛 金	庚 金	癸 水	壬 水	乙 木	甲 木	丁 火	丙 火	己 土	戊 土
壬	壬 水	癸 水	甲 木	乙 木	丙 火	丁 火	戊 土	己 土	庚 金	辛 金
癸	癸 水	壬 水	乙 木	甲 木	丁 火	丙 火	己 土	戊 土	辛 金	庚 金

3) 육신의 의미와 작용방식

가) 비견(比肩)과 겁재(劫財): 같은 오행

⑴ 비견: 같은 오행의 양(陽) 성질 자신과 비슷한 성향을 지닌 경쟁자나 동료를 상징합니다.

⑵ 겁재: 같은 오행의 음(陰) 성질 협력보다는 자신의 것을 나눌 때 발생하는 손실을 상징합니다.

나) 식신(食神)과 상관(傷官): 일간이 생하는 오행

⑴ 식신: 일간이 생성하는 양(陽) 오행 성취 창조력 안정된 행복을 의미합니다.

⑵ 상관: 일간이 생성하는 음(陰) 오행 자유로운 표현과 반항적 성향을 상징합니다.

다) 편재(偏財)와 정재(正財):일간이 극하는 오행

⑴ 편재: 일간이 극하는 양(陽)오행 외부자산 활동적이고 모험적인 재물입니다.

⑵ 정재: 일간이 극하는 음(陰)오행 안정된 재물 현실적 소유의 자산입니다.

라) 편관(偏官)과 정관(正官): 일간이 극복 당하는 오행

⑴ 편관: 일간을 극복하는 양(陽)오행 도전과 위기 권위적인 에너지입니다.

⑵ 정관: 일간을 극복하는 음(陰)오행 질서와 책임을 상징합니다.

마) 편인(偏印)과 정인(正印): 일간을 생하는 오행

⑴ 편인: 일간을 생하는 양(陽)오행 창의적이지만 고립된 성향이 될 수 있습니다.

⑵ 정인: 일간을 생하는 음(陰)오행 학문적이고 보호적 성향을 나타냅니다.

3. 육친(六親)과 십성(十星) 천간(天干)과 지지(地支)

육친별 십성을 천간과 지지에 대입하여 각 장, 단점을 분석하고 오주학 풀이로 해석하는 방법에 대해 설명하겠습니다. 이 접근법은 오주십자(五柱十字)에 등장하는 "육친(식상, 재성, 관성, 인성, 비겁)"을 기반으로 십성을 천간과 지지에 대입해 해석하는 방식입니다.

먼저 육친과 십성의 개념을 간략히 정리하고 천간과 지지의 특성 그리고 이를 어떻게 해석하는지 예를 들어 살펴보겠습니다.

가. 육친과 십성의 기본 개념

오주십자의 십성은 나(日干)와 다른 오행 간의 관계를 통해 나의 주변 환경 인간관계 성향 등을 보여줍니다.

1) 비겁: 나와 같은 오행>>나, 자신, 형제, 친구 등을 의미합니다.

2) 식신/상관: 내가 생하는 오행>>나의 재능, 표현력, 여자는 자식을 의미합니다.

3) 재성: 내가 극하는 오행>>돈, 재물, 배우자, 남자시 어머니, 여성시 아버지 등에 해당합니다.

3) 관성: 나를 극하는 오행>>사회적 규율, 직장, 관직, 남자는 자식에 해당합니다.

4) 인성: 나를 생하는 오행>>학문, 부모, 정신적 안정, 후원자를 의미합니다.

나. 천간과 지지의 특성 및 장, 단점

천간과 지지에 따라 십성의 힘이 달라집니다.

1) 천간(天干)의 십성 특성: 천간은 표면적이고 외적인 에너지로 작용합니다. 십성이 천간에 위치하면 그 의미가 더욱 뚜렷하고 외적으로 드러납니다.
   가) 장점: 명확한 방향성 외부 표출이 쉬우며 즉각적 효과가 나타납니다.
   나) 단점: 내면이 부족할 수 있고 지속력이 약합니다.

2) 지지(地支)의 십성 특성: 지지는 내면적이고 잠재적인 에너지를 의미합니다. 십성이 지지에 있으면 그 영향력이 깊고 내면에 축적됩니다.
   가) 장점: 안정적이고 지속력 있음. 내면의 성숙합니다.
   나) 단점: 표면적으로 드러나지 않아 인식하기 어려움이 있습니다.

다. 십성을 천간과 지지에 대입한 해석법

1) 비겁(비견, 겁재)

가) 천간에 있을 때: 나의 의지와 주관이 강하게 드러납니다. 경쟁심 리더십이 두드러지지만, 독단저이 될 수 있습니다.

나) 지지에 있을 때: 내면적으로 자기중심적이지만 외부에 크게 드러나지 않아 충돌이 적습니다.

다) 오주(사주)학 풀이: 비겁이 강하면 나를 돋보이게 하는 힘이 커지지만, 재성을 약하게 만듭니다. 비겁이 균형을 잃으면 재물손실이나 대인관계에서의 갈등이 발생할 수 있습니다.

2) 식신/상관

가) 천간에 있을 때: 재능과 창의력이 눈에 띕니다. 표현력이 뛰어나고 활동적입니다. 하지만 지나치면 방종과 과소비로 이어질 수 있습니다.

나) 지지에 있을 때: 실속 있는 재능을 가집니다. 내면의 창조력이 깊어지지만 드러나지 않을 경우 답답할 수 있습니다.

다) 오주(사주)학 풀이: 식상은 재성을 생하는 역할을 하므로 재물을 창출하는 힘입니다. 식상이 강한 사람은 사업적 재능이 뛰어나지만, 관성을 극하기 때문에 명예에 도전할 수 있습니다.

3) 재성(편재/정재)

가) 천간에 있을 때: 재물이 외적으로 잘 드러납니다. 돈을 잘 버는 능력이 있다면 불안정할 수 있습니다(편재).

나) 지지에 있을 때: 안정된 재물과 축적을 의미합니다. 내실(정재)이 탄탄하지만 드러나지 않아 활동성이 약할 수 있습니다.

다) 오주(사주)학 풀이: 재성이 강하면 재물운이 좋지만 비겁함이나 식상의 힘이 균형을 이뤄야만 재물을 지킬 수 있습니다.

4) 관성(편관/정관)

가) 천간에 있을 때: 외적으로 책임감과 리더 십이 강하게 드러납니다. 사회적 명예와 권위를 갖지만, 스트레스가 따릅니다.

나) 지지에 있을 때: 내면적으로 성실하며 자 기관리가 철저합니다. 직업적 안정감이 있지만 숨겨진 부담이 클 수 있습니다.

다) 오주학 풀이: 관성은 나를 다스리는 힘으로 명예와 직장운을 나타냅니다. 하지만 관성이 너무 강하면 스트레스와 제약이 많아질 수 있습니다.

5) 인성(편인/정인)

가) 천간에 있을 때: 학문적 정신적 성향이 외적으로 드러납니다. 도움이 되는 귀인이 나타나

지만 지나치면 의존적일 수 있습니다.

나) 지지에 있을 때: 정신적 안정감이 깊습니다. 학문적으로 성공할 가능성이 높지만 표현이 부족해 보일 수 있습니다.

다) 오주(사주)학 풀이: 인성은 나를 후원하는 힘으로 지혜와 학문 후원자를 나타냅니다. 하지만 인성이 과하면 소극적이고 의존적으로 될 수 있습니다.

라. 활용법 요약

천간과 지지에 있는 십성을 균형 있게 해석하는 것이 중요합니다.

1) 천간: 외적으로 표현되는 에너지를 활용해 사회적 관계나 직업적 성취를 도모합니다.
2) 지지: 내면의 에너지를 기반으로 안정적 성장을 꾀합니다.
3) 예를 들면, 일간이 甲목(나, 본인)이라면 식상이 丙火로 천간에 드러난 경우 표현력 덕분에 사람들에게 인정받을 수 있습니다. 하지만 지지에 "未토(정재)"가 있으면 실속 있는 재물을 만들어 장기적으로 부를 축적할 수 있습니다.

4. 오주(사주)학 육친 정(正)과 편(偏)

오주학(사주학)에서 "육친 자신(일간)"을 기준으로 다른 간지를 분석하여 가족이나 인간관계를 나타냅니다. 육친은 정(正)과 편(偏)으로 나뉘며 이는 간명(정확한 판단)을 위해 세부적으로 관계를 분석하는 데 유용합니다. 아래에서 육친을 정과 편으로 나누어 설명하겠습니다.

가. 비견(比肩)과 겁재(劫財)

1) 비견(正): 자신과 같은 오행 음양이 동일한 경우를 말합니다.
   가) 특징: 동료나 형제와 같은 수평적 관계를 나타냅니다.
   나) 의미: 협력 또는 경쟁 관계를 나타냅니다.
   다) 예를 들면, 일간이 갑목(甲木)일 때 다른 갑목(甲木)
2) 겁재(偏): 자신과 같은 오행이지만 음양이 반대인 경우를 말합니다.
   가) 특징: 다소 적대적 재물손실의 가능성도 암시합니다.
   나) 의미: 위기 또는 견제 관계를 말합니다.
   다) 예를 들면, 일간이 갑목(甲木)일 때 을목(乙木)

나. 정인(正印)과 편인(偏印)

1) 정인(正): 자신을 생(生)하는 오행 중 음양이 반대인 경우를 말합니다.

가) 특징: 부모 스승처럼 안정적 보호를 주는 관계입니다.

나) 의미: 배움과 안정 큰 도움을 설명합니다.

다) 예를 들면, 일간이 갑목(甲木)일 때 계수(癸)

2) 편인(偏): 자신을 생(生)하는 오행 중 음양이 동일한 경우를 말합니다.

가) 특징: 보호보다는 새로운 도전과 혁신의 관계를 말합니다.

나) 의미: 비정통적 도움과 직관적 창조성을 말합니다.

다) 예를 들면, 일간이 갑목(甲木)일 때 임수(壬水)

다. 정관(正官)과 편관(偏官)

1) 정관(正): 자신을 극(剋)하는 오행 중 음양이 반대인 경우를 말합니다.

가) 특징: 법과 규율 직업적 책임을 상징합니다.

나) 의미: 안정적 리더십 사회적 인정을 추구합니다.

다) 예를 들면, 일간이 갑목(甲木)일 때 경금(庚金)

2) 편관(偏): 자신을 극(剋)하는 오행 중 음양이 동일한 경우를 말합니다.

가) 특징: 다소 강압적이거나 변동성이 큽니다.

나) 의미: 도전 위험스러운 경쟁의 구도를 말합니다.

다) 예를 들면, 일간이 갑목(甲木)일 때 신금(辛金)

라. 정재(正財)와 편재(偏財)

1) 정재(正): 자신이 극(剋)하는 오행 중 음양이 반대인 경우를 말합니다.

가) 특징: 안정적인 재물 가족(특히 배우자)이 중요합니다.

나) 의미: 꾸준한 노력으로 얻는 행위를 의미합니다.

다) 예를 들면, 일간이 갑목(甲木)일 때 무토(戊土)

2) 편재(偏): 자신이 극(剋)하는 오행 중 음양이 동일한 경우를 말합니다.

가) 특징: 큰 규모의 재물 변동성이 큽니다.

나) 의미: 외부적 기회와 대담한 투자를 합니다.

다) 예를 들면, 일간이 갑목(甲木)일 때 기토(己)

마. 식신(食神)과 상관(傷官) = 여성은 자녀 해당

1) 식신(正): 자신이 생(生)하는 오행 중 음양이 반대인 경우를 말합니다.

가) 특징: 자손, 창의적인 결과물을 말합니다.

나) 의미: 풍요로움과 안정적 창의성이 있습니다.

다) 예를 들면, 일간이 갑목(甲木)일 때 병화(丙火)

2) 상관(偏): 자신이 생(生)하는 오행 중 음양이 동일한 경우를 말합니다.

가) 특징: 창의적이지만 다소 돌발적이고 반항적인 면도 있습니다.

나) 의미: 자유로움. 혁신 위험 감수를 해야 합니다.

다) 예를 들면, 일간이 갑목(甲木)일 때 정화(丁火)

바. 육친의 정(正)과 편(偏)의 의미 요약

육친	정(正)	편(偏)
비견/겁재	협력 동료 형제 관계	경쟁 견제 재물손실 가능성
정인/편인	안정적 도움, 보호	직관적 혁신적 도움
정관/편관	사회적 안정법과 규율	강압적 경쟁 위험한 도전
정재/편재	안정적 재물 꾸준한 노력	대규모 재물, 외부적 기회
식신/상관	안정적 창조 자손	도전적 창조 반항적 태도

사. 육친소속(六親所屬表) 남자 기준

육친	적 용
정인(正印)	정모 이모 백모 숙모 외숙 장인 외손녀 증손녀 등
편인(偏印)	편모 서모 조부 백모 숙모 이모 외숙 증손자 외손자 등
비견(比肩)	형제·자매 자부 처남 처남의 자손 친구 동업자 직장동료 경쟁 관계 등
비겁(比劫)	형제·자매 자부 처남 처남의 자손 친구 직장동료 동업자 경쟁 관계 겁탈자 등
상관(傷官)	조모 손자 손녀 장모 사위 등
식신(食神)	조모 손자 손녀 장모 사위 등
정재(正財)	처 처남 처제 백부 숙부 고모 형제 수 등
편재(偏財)	부친 백부 숙부 고모 처남 처제 첩 여자 애인 등
정관(正官)	자손(자식) 매부 조카 등
편관(偏官)	자손(자식) 외조모 조카 등

아. 육친 소속표(六親所屬表) 여자 기준

육친	적 용
정인(正印)	정모 조부 외숙 손자 손녀 등
편인(偏印)	편모 조부 외숙 사위 등
비견(比肩)	형제 지부 시백부 시숙부 동서 남편의 애인 등
비겁(比劫)	형제 시부 시백부 시숙부 동서 남편의 애인 등
상관(傷官)	자손 조모 시누이 위의 남편 등
시신(食神)	자손 조모 시누이 위의 남편 등

육친	적 용
정재(正財)	편시모 백부 숙부 외손자 오빠의 첩 등
편재(偏財)	부친 시모 백부 숙부 외손자 오빠의 첩 등
정관(正官)	부군 정부 시형제 자부 아들의 첩 등
편관(偏官)	편부 시형제 자부 아들의 첩 애인 등

오주학에서 실제 풀이에서 정인이 없다면 그때는 편인을 정모 정인으로 대신 추명하기 바라며 또 편재가 부친 아버지라면 편재가 없으면 정재를 부친 아버지로 또 형제가 양이 없으면 음으로 자손 역시 양을 음으로 음을 양으로 추명하시면 됩니다.

5. 십이운성(十二運星)

십이운성은 사주명리학에서 간지(干支)의 흐름에 따라 개인의 인생 전반을 이해하고 특정 시기와 운세를 해석하는 도움을 주는 중요한 이론입니다. 이를 바탕으로 오주학(五柱學)적으로 년주, 월주, 일주, 시주, 분주(공간주, 운주)에 적용하고 "십이운성의 성격 사회생활, 부모, 이성, 육친(六親), 십성(十神)"을 통합하여 오주십자(五柱十字) 통해 설명하는 방식에 활용하기 위해 아래에 정리하겠습니다.

가. 십이운성의 기본 이해

십이운성은 개인의 우주 내에 위치한 지지(地支)와 천간(天干)의 관계를 통해 사람의 생애 과정(생로병사)을 열두 단계로 나눈 개념입니다. 각 운성은 성장과 쇠퇴의 흐름을 나타내며 이를 통해 개인의 성격 능력 대인관계 가정사 등을 유추할 수 있습니다.

인생의 흐름과 기운의 변화를 12단계로 나누어 생명체가 잉태되는 순간부터 성장 성숙 쇠퇴 소멸에 이르기까지의 과정을 비유적으로 표현한 것입니다.

십이운성의 단계는 다음과 같습니다.

1) 장생(長生): 생명이 처음 시작되는 단계(에너지 탄생)
2) 목욕(沐浴): 정화의 성장 유혹 방황 미숙함 불안정하지만, 활력이 있는 단계(순수한 기운)
3) 관대(冠帶): 성숙과 책임 성취욕 기운이 안정되기 시작하는 단계
4) 건록(建祿), 임관(臨官): 가장 왕성하고 임이 강한 상태 성공 자립 안정
5) 제왕(帝旺): 기운이 최고조에 도달한 단계 절정 강력한 주도구권 권력(절정기)
6) 쇠(衰): 기운이 서서히 약화되기 시작하는 단계 점진적 쇠퇴 피로 반성 내면 탐구
7) 병(病): 양화와 질병 스트레스 반성 기운이 약해지고 쇠약해지는 단계

8) 사(死): 종료와 변화 정리 새로운 준비 기운이 소멸되는 단계
9) 묘(墓): 매장과 지장 성찰 과거 회상 에너지가 땅에 묻히는 단계(휴식과 재정비)
10) 절(絶): 완전한 단절 새로운 시작을 위한 종료 (완전 소멸직전)
11) 태(胎): 태동과 시작 생명이 잉태되는 단계(새로운 탄생의 준비)
12) 양(養): 새로운 시작을 위한 양육과 휴식 보호받는 안정기

나. 오주학적 적용: 년주, 월주, 일주, 시주, 분주 분석

오주학은 년, 주, 월주, 일주, 시주, 분주를 모두 종합적으로 분석하는 학문입니다. 각주(柱)의 역할과 십이운성을 적용하면 다음과 같이 해석합니다.

1) 년주: 조상과 출생 배경(환경적 기반)

가) 십이운성: 년주의 십이운성은 개인의 조상 태어난 환경 성장 초기에 영향을 미칩니다.
- ⑴ 예: 년주가 장생이면 조상 덕이 강하고 풍족한 환경에서 태어날 가능성이 높습니다.
- ⑵ 절(絶)이면 가문이 쇠락하거나 가족과의 연결성이 약할 수 있습니다.

나) 육친: 부모와의 관계를 이해
- ⑴ 장생, 관대: 부모의 도움을 잘 받습니다.
- ⑵ 절, 사: 부모와의 정서적 단절 가능성이 있습니다.

2) 월주: 사회적 능력과 청년기(직업적, 사회적 발달)

가) 십이운성: 월주는 사회생활과 청년기의 활동성을 결정합니다.
- ⑴ 건록: 강한 사회적 능력 주도적인 성격입니다.
- ⑵ 제왕: 성공의 정점 책임감이 큽니다.
- ⑶ 쇠,병: 직업적 어려움 실패의 경험이 있습니다.

나) 십성: 월주는 직업과 재물을 나타냅니다.
- ⑴ 예: 월간(月干)으로 나타난 십성이 정관이라면 안정적이고 명예로운 직업 선호를 합니다.
- ⑵ 월지에 십이운성이 제왕이라면 직업적으로 높은 성취 가능합니다.

3) 일주: 자신과 배우자(주체와 이성 관계)

가) 십이운성: 일주의 십이운성은 본인의 성격과 이성 관계에 큰 영향을 미칩니다.
- ⑴ 관대, 건록: 결혼 후 배우자와의 관계가 조화롭고 안정적입니다.
- ⑵ 병, 사: 결혼 생활에서 갈등이나 혼란 가능성이 높습니다.

(3) 묘, 절: 배우자와의 인연이 약하거나 결혼이 어려움이 발생할 수 있습니다.

나) 육친: 배우자나 자신의 관계를 결정(예: 정재가 배우자를 나타낸다면 십이운성의 흐름이 배우자의 성격이나 결혼 시기를 알려줍니다).

4) 시주: 말년과 자녀운

가) 십이운성: 시주는 노후와 자녀와의 관계를 나타냅니다.

(1) 장생, 건록: 자녀운이 강하고 노년기에 풍요로움을 상징합니다.

(2) 절, 사: 자녀와 인연이 약하거나 노후의 고독 가능할 가능성이 높습니다.

나) 육친: 자녀와의 관계

(1) 시주의 십성에서 편재가 자녀를 나타낼 경우 장생이면 자녀가 번창하며 묘이면 자녀와 거리감이 있습니다.

5) 분주: 세밀한 운세 해석(구체적 시점)

가) 분주는 개인의 순간적인 선택과 행동을 다룹니다.

나) 십이운성: 예를 들어 특정 시간에 제왕이 있다면 강력한 추진력과 리더십이 요구되는 시점일 수 있습니다.

다) 특히 분주는 금융 주식 코인 결정 또 중요한 판단력이 짧은 시간에 요할 때 사용합니다.

라) 십성: 이 시점에서(재물운 연애운(편재/정재)이나 권력운(정관/편관)의 성취 가능성 확인할 수 있습니다.

다. 십이운성과 육친의 상관계

십이운성은 육친 해석에서도 중요합니다. 아래는 각 십이운성 단계별 육친 관계의 해석 예시합니다.

1) 장생, 관대: 부모나 자녀와의 관계가 안정적 추구합니다.
2) 건록, 제왕: 배우자와의 관계에서 리더십 발휘합니다.
3) 쇠, 병: 배우자 부모와의 갈등 가능의 소지가 있습니다.
4) 묘, 절: 부모나 자녀와 인연이 약할 수 있습니다.

라. 십이운성과 사회생활 및 성격

1) 장생, 제왕: 활발하고 에너지가 넘치며 사회적 성공 가능성 높습니다.
2) 쇠, 묘: 내향적 성찰력 성격 과거를 돌아보거나 정리를 잘합니다.
3) 절, 태, 양: 새로운 시작을 준비하며 창의력인 성격이 두드러집니다.

마. 종합해석

전체적으로 년주-월주-일주-시주-분주를 십이운성의 흐름으로 연결해 인생의 흐름을 종합적으로 분석합니다. 각 십성(비견, 겁재, 식신, 상관 등)을 활용해 재물 관직 배우자 자녀와의 관계를 상세히 설명할 수 있습니다.

6. 십이운성(十二運星)의 12단계

십이운성은 인간의 삶을 열두 단계로 나누어 성장, 쇠퇴, 변화를 묘사하며 이는 우주의 법칙과도 연관이 있습니다. 각각의 단계는 음양(陰陽)의 순환과 자연의 질서를 반영하며 우주 삼라만상의 법칙을 설명하는 도구로 활용됩니다.

가. 십이운성의 12단계와 의미

1) 절(絶)

가) 의미; 단절 끝 생명이 단절되어 새로운 시작을 준비하는 상태입니다.
나) 자연적 비유: 씨앗이 땅속에서 사라져 새롭게 준비하는 단계입니다.
다) 인생사: 모든 것이 끝난 것처럼 보이지만 새로운 가능성을 위한 정리의 시점입니다.

2) 태(胎)

가) 의미: 태동 새롭게 생명이 싹트는 시작
나) 자연적 비유: 씨앗이 땅속에서 새싹을 준비하는 단계입니다.
다) 인생사: 기획이나 아이디어가 처음으로 만들어지는 시점입니다.

3) 양(養)

가) 의미: 양육 생명이 보호받으며 점차 힘을 기르는 단계입니다.
나) 자연적 비유: 씨앗이 뿌리를 내리고 영양분을 흡수하는 시기입니다.
다) 인생사: 학습과 준비를 통해 성장의 기반을 마련합니다.

4) 생(生)

가) 의미: 탄생 생명이 외부로 드러나 성장하기 시작하는 상태입니다.
나) 자연적 비유: 새싹이 땅 위로 나오기 시작하는 단계입니다.
다) 인생사: 새로운 시작 도전과 희망이 싹트는 시기입니다.

5) 욕(浴)

가) 의미: 목욕 외부 세계와의 접촉이 시작되며 감각을 배우는 시기입니다.

나) 자연적 비유: 새싹이 햇빛과 바람을 처음으로 맞이하는 단계입니다.

다) 인생사: 욕망과 탐구심이 강해지며 새로운 세계를 경험하고 즐거움을 찾습니다.

6) 대(帶)

가) 의미: 성장의 단계로 성숙을 준비하는 시기입니다.

나) 자연적 비유: 새싹이 줄기와 잎을 키우며 자라나는 시기입니다.

다) 인생사: 책임과 역할이 늘어나며 기반을 다져가는 시점이 되는 것입니다.

7) 관(冠)

가) 의미: 성숙 외부적으로 드러나는 명성과 역할이 확립되는 시기입니다.

나) 자연적 비유: 꽃봉오리가 맺히며 성숙으로 나아가는 단계입니다.

다) 인생사: 성공이나 명예를 얻으며 사회적 지위를 확립하고 주체성이 강해집니다.

8) 왕(旺)

가) 의미: 절정 생명이 가장 왕성하며 모든 것이 최고조에 흐르는 상태입니다.

나) 자연적 비유: 꽃이 만개하여 가장 아름다운 시점입니다.

다) 인생사: 최고의 성취와 번영을 누리는 순간입니다.

9) 쇠(衰)

가) 의미: 쇠퇴 절정에서 점차 하강하며 힘이 줄어드는 시기입니다.

나) 자연적 비유: 꽃이 시들기 시작하며 결실을 준비하는 단계입니다.

다) 인생사: 성취 후 새로운 전환점을 모색하거나 방향을 바꾸는 시기입니다.

10) 병(病)

가) 의미: 병약 에너지가 약해지고 쇠락이 드러나는 상태입니다.

나) 자연적 비유: 나뭇잎이 떨어지고 식물이 약해지는 시기입니다.

다) 인생사: 건강과 에너지에 주의를 기울여야 하는 시점이 되는 것입니다.

11) 사(死)

가) 의미:사멸 완전히 마무리되어 새로운 시작을 준비하는 단계입니다.

나) 자연적 비유:나무가 완전히 시들고 시작을 위한 과정입니다.

12) 장(藏)

가) 의미: 저장 모든 것이 땅속으로 돌아가며 에너지를 내면에 응축하는 시기입니다.

나) 자연적 비유: 씨앗이 땅속에 저장되어 다시 순환을 준비하는 단계입니다.

다) 인생사: 내면을 성찰하며 미래를 준비하는 시기가 되는 것입니다.

나. 십이운성과 우주 법칙

십이운성은 우주의 순환 법칙을 반영합니다. 이는 음양의 변화 사계절의 흐름 생로병사의 과전 등 자연의 이치를 보여줍니다.

1) 음양(陰陽): 절에서 시작해 왕으로 올라가고 다시 쇠로 내려가는 과정은 음(陰)과 양(陽)의 끊임없이 변화와 조화를 상징합니다.

2) 오행(五行): 십이운성의 흐름은 어행의 생극(生剋)과 조화를 통해 각 단계의 성격을 강화합니다.

3) 삼라만상: 모든 생명체와 우주 만물은 이 법칙 속에서 순환하며 이는 인간의 삶뿐만 아니라 사회적 자연적 현상에도 동일하게 적용됩니다.

7. 십이운성(十二運星) 오주(五柱)학 (사주, 四柱)

가. 십이운성(十二運星)의 개념과 활용

십이운성은 오주학(사주)에서 특정 기운을 나타내는 12개의 요소로 개인의 삶에서의 흐름과 변화 특히 운의 상승과 하강을 이해하는 데 도움을 줍니다. 각 운성은 특정한 특성과 성격을 가지고 있으므로 이를 통해 개인의 능력 성격 직업적 경로 운의 흐름 등을 파악할 수 있습니다.

1) 십이운성의 각 운성 의미

가) 태(胎): 새로운 시작 성장의 잠재력을 의미합니다. 초기 단계에서의 가능성과 시작의 기회를 나타냅니다.

나) 양(養): 성 양육의 뜻으로 발전하고 성장하는 과정에서 필요한 자원과 도움을 받을 수 있음을 의미합니다.

다) 망(亡): 위기나 어려움을 나타내며 이 운성이 나타나면 힘든 시기가 올 수 있음을 경고합니다.

라) 휴(休): 휴식 회복의 시기입니다. 잠시 숨을 고르고 재충전이 필요한 시점을 알려줍니다.

마) 제(制): 제어 통제를 의미합니다. 자아 통제와 외부 환경을 다루는 법을 배워야 하는 시기입니다.

바) 상(傷): 상처나 피해를 나타내며 이 시기는 외부와의 충돌이나 불안정한 상태를 의미합니다.

사) 병(病): 건강이나 정신적 육체적 문제를 나타냅니다. 자신의 한계를 인식하고 해결하려는 노력이 필요한 시기입니다.

아) 귀(貴): 귀인의 도움을 받을 수 있는 시기로 중요한 인물과의 만남이나 기회를 얻는 운입니다.

자) 명(命): 자신의 본성과 목표를 나타내며 인생의 방향성을 찾는 데 중요한 운성입니다.

차) 창(昌): 번창 발전의 시기로 성장과 성공을 이루는 시기입니다.

카) 봉(逢): 만남 기회의 시기로 새로운 가능성과 연결이 이루어집니다.

타) 겁(劫): 어려운 시험을 나타내며 위기를 겪고 이를 극복하는 과정을 나타냅니다.

2) 현대적 시각에서의 활용

십이운성을 현대적인 삶에 적용하면 특정 시점에서 자신의 에너지 흐름을 파악하고 그것에 맞는 대처를 할 수 있게 됩니다. 예를 들어 "비운"의 시기라면 건강을 더욱 신경 쓰고 "봉운"이라면 새로운 기회를 찾는 것이 적절합니다. 이는 자기 계발과 위기관리 전략으로 이어질 수 있습니다.

나. 오주학(五主學)의 개념과 활용

오주학은 기존 사주에서 다섯 가지 중요한 오행(목-화-토-금-수)과 각 요소가 가지는 특성을 통해 사람의 성격과 운명을 분석하는 방법입니다. 오주학은 특히 개인의 성향 직업적 경향 대인관계 등을 분석하는 데 유용합니다.

1) 오주학의 각 오행 특성

가) 목(木): 창의성 혁신적인 사고 확장성 등을 나타냅니다. 목의 기운이 강한 사람은 리더십과 변화에 능력이 뛰어나며 사회적 관계에서 적극적입니다.

나) 화(火): 열정 추진력 에너지를 상징합니다. 화의 기운이 강한 사람은 활동적이고 도전적인 성향을 보입니다. 직업적으로도 모험적이고 활발한 분야에서 성공할 가능성이 큽니다.

다) 토(土): 안정성 실용성 기초를 중요시하는 성향을 보입니다. 토의 기운이 강한 사람은 신뢰를 얻고 안정적인 삶을 추구하며 사업이나 재정적인 안정이 중요한 분야에서 두각을 나타냅니다.

라) 금(金): 조직적 효율성 분석적 사고로 나타냅니다. 금의 기운이 강한 사람은 정확하고 체계적인 일을 잘 처리하며 관리직이나 분석 직종에서 뛰어난 성과를 보일 수 있습니다.

마) 수(水): 지혜 유연성 적응력을 나타냅니다. 구의 기운이 강한 사람은 변화에 잘 적응하고 지적이고 분석적인 능력을 발휘할 수 있습니다. 연구나 상담 교육 분야에서 성과를 보일 수 있습니다.

2) 현대적 시각에서 활용

오주학을 통해 자신의 오행의 특성을 파악하고 직업적인 경로를 설정하거나 개인의 성격을 이해하는 데 활용할 수 있습니다. 예를 들어 “화” 기운이 강한 사람은 마케팅 세일즈 연예 분야에서 두각을 나타낼 가능성이 큽니다. 반면 “금” 기운이 강한 사람은 기술 분석 금융 등의 직종에서 성공할 수 있습니다.

8. 십이운성(十二運星) 기포법(起胞法)

십이운성 기포법에서 양과 음 순행과 역행에 따른 정리입니다. 이는 각 천간(갑--을-병-정-무-기-경- 신-인-계)과 지지를 기준으로 절(絶)의 순서를 설명한 것입니다.

아래는 양(陽)과 음(陰) 순행 및 역행에 따른 정리입니다.

천간(십이운성)	갑	을	병	정	무	기	경	신	임	계
절(絶)	申	酉	亥	子	亥	子	寅	卯	巳	午
태(胎)	酉	申	子	亥	子	亥	卯	寅	午	巳
양(養)	戌	未	丑	戌	丑	戌	辰	丑	未	辰
생(生)	亥	午	寅	酉	寅	酉	巳	子	申	卯
욕(浴)	子	巳	卯	申	卯	申	午	亥	酉	寅
대(帶)	丑	辰	辰	未	辰	未	未	戌	戌	丑
관(冠)	寅	卯	巳	午	巳	午	申	酉	亥	子
왕(旺)	卯	寅	午	巳	午	巳	酉	申	子	亥
쇠(衰)	辰	丑	未	辰	未	辰	戌	未	丑	戌
병(病)	巳	子	申	卯	申	卯	亥	午	寅	酉
사(死)	午	未	酉	寅	酉	寅	子	巳	卯	申
장(藏)	未	戌	戌	丑	戌	丑	丑	辰	辰	未

9. 선천수(先天數)과 후천수(後天數)

가. 선천수(先天數)

오주학(사주)에서 선천수는 각각 오행과 구체적인 값을 나타내고 해당 값을 각 이루 (天干 地支)면 특성을 분석할 수 있습니다. 아래에서 숫자를 포함하여 설명하겠습니다.

1) 갑기(甲己)자오(子午) = 九, 9

갑기자오는 천간에서 갑과 기가 지지에 자와 오가 조합된 것입니다. 여기서 "九"는 전체적인 숫자 배열에서 9를 나타냅니다. 갑(甲)은 나무를 기(己)는 토를 대표하며 자(子)는 물 오(午)는 불을 나타냅니다. 이런 조합은 각기 다른 오행의 성질을 포함하고 있어 균형을 맞추려는 특성이 강합니다.

2) 을경(乙庚)축미(丑未) = 八, 8

을경축미에서 을(乙)은 나무 경(庚)은 금 축(丑)은 토 미(未)는 토를 나타냅니다. 여기서 "팔"은 8은 흙과 금 목의 상호작용에 의해 안정감과 강한 고집과 승부를 나타낼 수 있습니다.

3) 병신(丙辛)인신(寅申) = 七, 7

병신인신은 병(丙), 신(辛), 인(寅), 신(申)이 조합된 것입니다. 여기서 병은 불신은 금 인은 나무를 의미합니다. "칠"은 7을 나타내며 숫자 7은 상대적인 변화와 상충의 에너지를 나타내는데 여러 가지 갈등과 전환을 동반하는 성향을 보입니다.

4) 정임(丁壬)묘유(卯酉) = 六, 6

정임묘유에서 정(丁)은 불 임(壬)은 물 묘(卯)는 나무 유(酉)는 금입니다. 여기서 "육"은 6을 나타내며 6은 다양한 원소들이 상호작용하며 불균형을 조정하려는 성격을 가질 수 있습니다. 불과 물의 상호작용은 고유의 에너지 흐름을 만들어냅니다.

5) 무계(戊癸)진술(辰戌) = 五, 5

무계진술에서 무(戊)는 토 계(癸)는 물 진(辰)은 토 술(戌)은 토를 나타냅니다. "오"는 5를 의미하며 숫자 5는 기본적으로 강력한 안정과 에너지를 바탕으로 한 중립적인 특성을 가집니다. 또한 토는 다른 오행의 영향을 중화시키는 역할을 합니다.

6) 사해(巳亥) = 四, 4

사해에서 사(巳)는 불을 의미하며 해(亥)는 물을 나타냅니다. 여기서 "사"는 4를 의미하며 불

(火)과 물(水)의 상호작용은 갈등을 만들어낼 수 있습니다. 4는 대체로 변화와 과제 해결을 의미하는 숫자입니다.

나. 후천수(後天數)

후천수의 서차(1~10)와 천일(하늘 수), 지이(땅 의수), 인삼(사람의 수)에 대한 원리를 학문적으로 설명하면 다음과 같습니다.

1) 후천수의 서차와 개념

후천수란 주로 동양철학과 음양오행 그리고 주역(易經)의 원리에서 유래된 것으로 천문과 지리 인간 삶의 조화를 나타내는 수리 체계입니다. 이는 후천적 변화나 인간의 노력에 따라 이루어지는 운명적 조화와 연관됩니다. 후천수는 1~10의 서차로 구분되며 각각 특징 간지(干支)와 연결되어 있습니다.

2) 후천수의 서차와 배속 간지

가) 임자(壬子) = 1
나) 정사(丁巳) = 2
다) 갑인(甲寅) = 3
라) 신유(辛酉) = 4
마) 무진(戊辰) 술(戌) = 5
바) 계해(癸亥) = 6
사) 병오(丙午) = 7
아) 을묘(乙卯) = 8
자) 경신(庚申) = 9
차) 축(丑) 미(未) = 10
*여기서 "기(己)"는 100으로 설정되어 있는데 이는 중심을 이루는 균형적 요소(대지의 중심)를 상징합니다.

3) 천일(天一)

천일은 하늘의 원리를 상징하며 우주의 기본적인 생성 원리와도 관련이 있습니다.

1) 수리적 기원: 천일은 "1"로 시작하여 만물이 시작되는 근원적 수로 해석합니다. 이는"북방(북극성, 임자(壬子) 방향)"과 관련되며 생명의 기운(물水)을 상징합니다.
2) 음양오행적 해석: 천일은 양(陽)의 기운으로 출발하며 만물이 생성되는 생명력의 근본적인

기원을 나타냅니다.

4) 지이(地二)

지이는 땅의 원리를 나타냅니다. 이는 천일에서 시작된 생명력과 조화를 이루며 구체적이고 현실적인 땅의 에너지를 상징합니다.

1) 수리적 기원: "2"는 "남방(남쪽방향 병오(丙午) 방향)"과 연결되며 빛과 열이 생명을 키우며 구체화하는 과정의 시작을 의미합니다.
2) 음양오행(陰陽五行)적 해석: 지이는 음(陰)의 기운으로 땅이 생명을 받아들이고 현실화하는 과정을 설명합니다.

5) 인삼(人三)

인삼은 사람의 원리로 천일(하늘)과 지 이(땅)가 조화를 이루어 생성된 "조화의 수(3)"을 나타냅니다.

1) 수리적 기원: "3"은 "동방(동쪽방향 갑인(甲寅)방향)"과 관련이 있으며 사람의 활동과 생명력의 성장과 교육을 상징합니다.
2) 음양오행(陰陽五行)적 해석: 이는 음양(陰陽)이 조화를 이루어 탄생한 생명체(인간)의 의지와 창조적 에너지를 나타내며 후천적 노력을 통해 운명을 변화시킬 수 있음을 상징합니다.

다. 후천수 서차와 천일, 지이, 인삼의 연계 원리

후천수의 서차는 천일, 지이, 인삼의 조화를 기반으로 동양 철학적 세계관을 나타냅니다.

1) 임자(壬子) = 1: 천일의 기운이 시작되는 자리 생명의 권원인 물을 나타냅니다.
2) 정사(丁巳) = 2: 지이의 기운이 본격적으로 땅에 열기를 스며드는 단계입니다.
3) 갑인(甲寅) = 3: 인삼의 조화가 사람의 활동으로 나타나는 시작점이 되는 것입니다.
4) 이후 각 수의 천(天), 지(地), 인(人)의 균형을 바탕으로 상호작용하며 운명(運命)을 변화시키는 과정을 설명합니다.

라. 후천수(後天數)와 음양오행(陰陽五行)

후천수의 원리는 음양오행의 주기적 순환 과도 밀접한 연관이 있습니다.

1) "하늘(천일)"은 양(陽)적 기운으로 시작하는 시기입니다.
2) "땅(지이)"은 음(陰)적 기운으로 받아들이는 시기입니다.
3) "사람(인삼)"은 이 두 기운을 조화롭게 활용하여 삶을 창조합니다.
4) 이러한 원리는 후천수의 순서를 이해하고 인간이 자연과 조화를 이루며 성장할 수 있는

길을 모색하는 데 활용됩니다.

10. 화육십갑자 및 화육십간지

화육십갑자(六十干支)와 선천수 후천시 동방의 만정자(동방삭), 오성, 오악, 오상, 인체, 오장, 오행, 서차와 원리 그리고 오주학에 대한 설명을 요청합니다.

이 주제들은 주역 사주학 음양오행학 그리고 다양한 동양 전통 철학적 이론들을 포함합니다. 이를 차례대로 풀어보겠습니다.

가. 화육십갑자(六十干支)

화육십갑자(六十干支)는 천간(天干)과 지지(地支)가 결합된 60개의 조합을 말합니다.
이 조합은 각기 다른 성질을 가지고 있으며 60년을 하나의 주기로 반복됩니다. 천간은 10개 지지는 12개로 이루어져 있습니다. 천간과 지지가 각각 1:1로 결합하여 60가지의 변화를 이룹니다. 주로 사주학, 오주학에서 인생의 흐름과 운명을 분석하는 데 활용됩니다.

나. 선천수(先天數)와 후천수(後天數)

선천수는 선천(先天)의 원리와 관련된 물을 뜻합니다.
이는 우주의 원초적이고 본질적인 물의 성질을 의미를 음(陰)의 성질을 가지고 있다고 볼 수 있습니다. 후천수(後天數)는 후천적이며 인간의 수명이나 환경에 영향을 미치는 물의 특성을 설명합니다. 후천적으로 나타나는 수는 인간의 운명 건강 등 외부 환경과 맞물려 있습니다.

다. 동방의 만정자(동방삭)

동방삭(東方朔)은 중국의 고대 명장으로 주로 점술과 철학에 대한 깊은 이해를 가진 인물로 알려져 있습니다. 그는 동방의 지혜를 상징하는 인물로서 "동방"은 건강과 삶의 성장을 나타내는 방향으로 연결되기도 합니다.

라. 오성(五星)

오성은 다섯 개의 별을 의미하는데 이는 일반적으로 목성(木星), 화성(火星), 토성(土星), 금성(金星), 수성(水星)을 나타냅니다. 이들 각의별은 오행(오목, 오화, 오토, 오금, 오수)를 포함 대응되며 인체와 우주의 여러 측면을 조화롭게 설명하는 데 사용됩니다.

마. 오악(五岳)

오악(五岳)은 중국의 다섯 큰 산을 뜻합니다. 이 산들은 각각 동, 서, 동, 북, 중앙을 대표하며 각 산은 다른 성질을 가진다고 알려져 있습니다. 오악은 각기 다른 방향에 따른 기운을 상징하는데 이는 음양오행의 조화와 밀접하게 연결됩니다.

바. 오상(五常)

오상은 인간의 도덕적 성품을 나타내는 다섯 가지로 인(仁), 의(義), 예(禮), 지(智), 신(信)을 의미합니다. 이는 유교의 중요한 윤리적 가치들로 인간이 가야 할 도덕적 길을 제시합니다.

사. 인체 오장(五臟)

인체 오장은 인체의 주요 장기를 말하며 각각은 오행과 밀접한 관계를 맺습니다. 오장은 다음과 같습니다.

1) 목(木): 간

2) 화(火): 심장

3) 토(토): 비장

4) 금(金): 폐

5) 수(水): 신장

각 장기는 오행의 특성을 반영하며 이들 간의 균형이 중요합니다.

아. 오행(五行)

오행은 자연의 다섯 가지 원소(목-화-토-금-수)를 의미합니다. 이들은 상호작용과 상생(相生) 상극(相克) 관계에 있습니다.

자. 서차와 원리

서차(徐差)는 원리를 흐름이나 일정한 방향성에 대한 이해를 포함합니다. 이는 차(差)가 차이 또는 차별을 의미하며 사물의 그들 간의 상호작용을 이해하는 것을 말합니다.

차. 오술학(五術學)

오술학(五術學)은 다섯 가지 전통적인 학문 분야를 의미합니다.

1) 주역(周易): 점술 철학

2) 음양학(陰陽學): 음양의 이론과 조화

3) 사주학(四柱學): 운명과 인간의 생애 분석

4) 풍수학(風水學): 환경과 조화를 이루는 법

5) 명리학(命理學), 오주학(五主學): 운명과 인생의 길을 예측하는 학문

이 다섯 가지 분야는 서로 연결되어 인간과 우주의 관계를 깊이 있게 탐구하며 개인의 운명과 생애를 이해하는 데 중요한 역할을 합니다.

카. 결론

화육십갑자와 오행 오장 오주학은 전통적인 동양 철학과 학문에서 중요한 역할을 하며 이는 사람의 삶과 운명을 이해하는 데 깊은 통찰을 제공합니다. 이 모든 원리는 상호 연관되어 있으며 인간과 자연 우주의 조화로운 균형을 추구하는 지혜를 담고 있습니다.

제4편
십이신살

1. 십이신살(十二神殺)

십이신살은 오주학에서 운세와 생활 속 사건 특징 등을 해석하는 데 활용되는 개념으로 사람의 성격 행동 사건을 이해하는 데 중요한 역할을 합니다.

십이신살은 각 항목을 오주십자(五柱十字) 풀이에 맞게 설명한 내용입니다.

가. 겁살(劫殺)

1) 의미: 손실 방해 갈등의 기운 겁탈을 의미하며 재물이나 사람을 잃는 상황과 연관됩니다.
2) 풀이 활용: 금전 손실이나 인간관계에서의 다툼 가능성을 경고하며 특수 투자나 금전거래에 신중해야 함을 암시합니다.

나. 재살(災殺)

1) 의미: 재난이나 어려움의 기운 사건 사고 병고 등을 상징합니다.
2) 풀이 활용: 건강과 안전에 주의하고 새로운 일을 시작하기보다는 현재 상황을 유지하는 것이 좋습니다.

다. 천살(天殺)

1) 의미: 하늘의 재앙을 상징하며 예상치 못한 상황에서 생기는 문제입니다.
2) 풀이 활용: 갑작스러운 변화에 대비하고 낙관적 계획보다는 현실적 준비를 중시합니다.

라. 지살(地殺)

1) 이동 이사 변화의 기운 땅이나 환경의 변화를 암시합니다.
2) 풀이 활용: 새로운 환경으로의 이동이 긍정적일 수 있으므로 이사나 여행에 길운을 기대할 수 있습니다.

마. 년살(年殺)

1) 의미: 일 년 단위로 다가오는 외부적 문제나 장애를 나타냅니다.
2) 풀이 활용: 해당 해에는 과도한 욕심보다는 내실에 기하는 것이 필요 새로운 일을 시작하기보다는 안정적인 기반을 다집니다.

바. 월살(月殺)

1) 의미: 한 달 단위의 작은 변화나 불안정 주로 가족과의 관계에 영향을 미칩니다.

2) 풀이 활용: 가까운 사람들과의 소통에 신경 쓰고 작은 갈등을 방지하는 것이 중요합니다.

사. 망신살(亡身殺)

1) 의미: 체면 손상 실수 부끄러운 사건을 암시합니다.
2) 풀이 활용: 자존심보다는 겸손한 태도를 유지하고 말과 행동에 신중을 기할 필요가 있습니다.

아. 장성살(將星殺)

1) 의미: 권위 명예 발전의 기운 리더십과 성장 가능성을 상징합니다.
2) 풀이 활용: 큰일을 주도하거나 리더십을 발휘할 수 있는 기회로 적극적인 태도가 유리합니다.

자. 반안살(攀鞍殺)

1) 안정, 평화, 기회를 상징합니다.
2) 풀이 활용: 노력이 성과를 맺는 시기로 꾸준히 노력하면 좋은 결과를 기대할 수 있습니다.

차. 역마살(驛馬殺)

1) 의미: 이동 변화 바쁜 일정을 상징합니다.
2) 풀이 활용: 여행이나 이사 직업적 이동이 긍정적으로 작용하지만 지나친 변화는 스트레스를 유발할 수 있으니 조율이 필요합니다.

카. 육해살(六害殺)

1) 의미: 인간관계의 불화 손실을 암시 가까운 사람들과의 갈등 가능성이 높습니다.
2) 풀이 활용: 사람들과의 관계에서 신중함과 관용을 가지며 불필요한 논쟁을 피하는 것이 중요합니다.

타. 화개살(華蓋殺)

1) 의미: 고독 예술적 재능 내면세계를 상징 종교적이거나 철학적 성향과 연결됩니다.
2) 풀이 활용: 혼자만의 시간을 가지며 자기 계발이나 예술 활동에 몰두하기에 적합 지나친 고립감은 피하는 것이 좋습니다.

2. 신살 삼합의 구성법

삼합은 같은 오행을 공유하며 서로 생(生)하거나 조화를 이루는 세 개의 지지를 말합니다. 신살에서 삼합의 첫째는 지살, 주, 두 번째는 장성살, 세 번째는 화개살로 배치됩니다.

삼합과 신살의 관계

삼합	지살(1)	장성살(2)	화개살(3)
해-묘-미	해(亥)	묘(卯)	미(未)
인-오-술	인(寅)	오(午)	술(戌)
사-유-축	사(巳)	유(酉)	축(丑)
신-자-진	신(申)	자(子)	진(辰)

가. 각 신살의 의미

1) 지살(地殺): 변화를 이동 새로운 환경에 대한 경험을 나타냅니다. 특히 이사하거나 직장을 바꾸는 등 물리적 이동이 예상될 때 이 신살이 작용합니다.
2) 장성살(將星殺): 강한 추진력과 리더십 권력이나 명예와 관련된 힘을 나타냅니다. 자신의 위치를 높이고 사회적 성위를 이루는 데 중요한 역할을 합니다.
3) 화개살(華蓋殺): 내면의 고독과 예술적 감수성을 나타냅니다. 주로 정신적 탐구나 종교 철학적 관심이 커질 때 이 신살이 발현됩니다.

나. 신살 삼합의 실전 활용법

1) 지살을 활용한 이동운 분석

가) 지살은 변화의 시기를 나타냅니다. 예를 들어 삼합 구조에서 지살이 충(沖)을 받으면 갑작스러운 이동이나 변화를 암시합니다.
나) 실전 활용: 이사를 해야 할지 직장을 옮길지 고민하는 사람에게 지살의 작용 여부를 판단하여 적절한 시간을 추천할 수 있습니다.

2) 장성살로 사회적 성취와 리더십 평가

가) 장성살은 사회적 성공과 리더십의 발휘를 의미합니다. 삼합에서 장성살의 강한 기운은 직업적 성공이나 권력을 얻을 가능성을 암시합니다.
나) 실전 활용:고객의 직업적 성공 가능성을 평가하거나 중요한 프로젝트를 추진해야 할 시

기를 조언할 때 유용합니다.

3) 화개살로 내면의 안정과 예술성 이해

가) 화개살은 고독이나 내면 탐구를 강조하는 신살입니다. 삼합에서 화개살이 강하게 작용하면 예술적 성향이 발달하거나 종교적 철학적 관심이 깊어질 가능성이 큽니다.

나) 실전 활용: 예술적 직업을 가진 고객에게 창작의 시기를 추천하거나 명상을 통해 내면의 평화를 찾는 방법을 제안할 수 있습니다.

다. 사례로 보는 신살 삼합 활용

1) 사례 1: 새로운 직업 선택

오주(사주)에 지지가 인-오-술 삼합으로 구성되어 있고 현재 지살이 충을 받는 시기라면 새로운 직업을 선택하거나 이직을 고려하는 것이 적절합니다. 이때 장성살의 기운으로 인해 리더십을 발휘할 수 있는 직업을 추천할 수 있습니다.

2) 사례 2: 예술적 재능 계발

오주(사주)의 지지가 해-묘-미 삼합이고 화개살 이 강하게 작용한다면 예술적 재능을 계발하거나 정신적 탐구에 몰입하는 것이 좋습니다. 특히 이 시기를 고독을 긍정적으로 활용하여 창작에 집중하는 시기를 조언할 수 있습니다.

3) 사례 3: 이동과 변화를 고민하는 상황

오주(사주)의 삼합 중 지살이 현재 운에서 작용하고 있다면 이동운이 강한 시기입니다. 고객에게 새로운 환경으로 이동하는 것이 좋다고 조언하거나 이 시기에 적합한 장소를 추천할 수 있습니다.

라. 주의할 점

1) 신살은 단독으로 판단하지 않고 반드시 오주(사주) 전체 맥락과 현재 운세 흐름과 함께 분석해야 합니다.

2) 삼합 내 신살의 작용이 모두 균형을 이루는 경우 긍정적인 결과를 가져오지만, 특정 신살이 과하게 작용하면 부정적인 영향을 미칠 수 있습니다.

3. 신살 구성법의 개념

신살(神殺)은 오주(사주)의 12운성과 더불어 다양한 운세와 변화를 설명하는 기법의 하나입니다. 이는 특정 조건에 의해 운명에서 독특한 기운을 나타내며 삼합구조 안에서 각 글자의 위치와 충(沖) 관계에 따라 해석됩니다.

1) 삼합: 지지의 결합 관계를 통해 이루어지는 세글자의 구조입니다. 예를 들어 목국(木局)은 "해(亥)-묘(卯)-미(未)"와 같이 구성됩니다.
2) 충: 특정 지지가 서로 대립하여 강한 변화를 유발하는 관계를 뜻합니다. 예를 들어 "자(子)-오(午)"는 충(沖) 관계입니다.

가. 신살의 주요 정의

1) 역마(驛馬)

삼합의 첫 글자(충. 沖)가 포함되었을 때 역마살로 판별됩니다.

가) 역마살은 활동적이고 이동을 동반하는 기운을 해석합니다.

나) 오주(사주)에서 역마살이 강하게 작용하면 잦은 이사 영행 직업 변경 등의 경향이 나타납니다.

2) 재살(災殺)

삼합의 중간 글자가 충을 받는 경우 해당 지지는 재살로 간주됩니다.

가) 재살은 재난과 방해가 따르는 기운으로 이는 외부의 방해나 큰 변동을 나타냅니다.

나) 재살이 있으면 계획에 돌발 상황이 생길 수 있으나 신중한 판단이 요구됩니다.

3) 월살(月殺)

삼합의 마지막 글자가 충(沖)을 받는 경우 월살로 해석됩니다.

가) 월살은 정서적 불안과 고독감을 유발하는 기운으로 해석합니다.

나) 월살이 작용하면 대인관계에서 충돌이 잦고 정서적 안정이 어려울 수 있습니다.

4) 실전 예시로 활용하기

가) 예시 1: 삼합의 구성과 신살

예를 들어 오주(사주)의 지지가 "신(申)-자(子)-진(辰)"으로 구성된 경우

⑴ 첫 글자인 "신(申)"은 역마가 됩니다.

⑵ 중간 글자인 "자(子)"가 충을 받는다면 재살입니다.

⑶ 끝 글자인 "진(辰)"이 충을 받는다면 월살로 해석합니다.

나) 예시 2: 오주(사주) 해석에 적용

역마살이 강한 경우

(1) 직업적으로 이동이 잦은 분야(예:영업 무역 프리랜서)에서 성공 가능성이 큽니다.

(2) 정착보다는 유동적 환경에서 발전합니다.

재살이 강한 경우

(1) 재난이나 방해를 예방하기 위해 안정적인 계획과 대비가 필요합니다.

(2) 매사에 신중하고 조급함을 피해야 합니다.

다) 월살이 강한 경우

(1) 정신적 안정과 대인관계에서의 균형이 중요합니다.

(2) 마음 수양과 명상을 통해 정서적 안정을 도모할 필요가 있습니다.

5) 활용 팁

가) 오주(사주)의 흐름을 먼저 파악하고 신살의 작용을 보조적으로 해석합니다.

나) 역마, 재살, 월살은 오주(사주)의 전체적인 기운과 합쳐 해석해야 정확도가 높아집니다.

다) 특정 신살이 너무 강하게 작용하면 이를 보완하기 위해 기운의 균형을 맞추는 방법(예: 색상, 풍수 활용 등)을 고려할 수 있습니다.

나. 신살의 삼합 구성

1) 첫 글자 다음: 년살(年殺)

년살은 외부 환경과의 관계를 나타내며 이사 이동 변화 등을 상징합니다. 특히 장거리 이동이나 큰 변화를 암시할 수 있습니다.

2) 중간 글자 다음: 반안살(攀鞍殺)

반안살은 안정과 성취의 의미를 담고 있으며 명예와 승진 발전과 같은 긍정적인 변화를 상징합니다. 이는 노력과 끈기를 통해 이루어질 수 있는 결과를 암시합니다.

3) 끝 글자 다음: 겁살(劫殺)

겁살은 손실 위험 갈등 등을 나타내는 신살로 재물을 손실이나 예상치 못한 어려움을 의미합니다. 조심하고 대비해야 할 필요성을 강조합니다.

4) 삼합의 의미

삼합은 오주(사주)학에서 특정한 관계를 형성하며 사람의 성격 행동 운세에 큰 영향을 미칩니다. 이 삼합 구성안에서 각각이 신살이 가진 의미를 잘 이해하고 활용하면 자신의 운세를 효과적으로 관리하고 대비할 수 있습니다.

가) 활용 방법

(1) 년살 활용: 큰 이동이나 변화를 계획할 때 년살의 영향을 고려하여 타이밍을 조정하거나 방향을 설정하면 좋습니다.

(2) 반안살 활용: 기회를 포착하여 명예나 성위를 이루는 데 집중합니다. 특히 이 시기는 새로운 도전과 목표 달성을 위해 적합한 시기로 볼 수 있습니다.

(3) 겁살 활용: 재정적 정서적 손실을 예방하기 위해 신중히 계획하고 위험 요소를 미리 제거하는 것이 중요합니다.

다. 삼합을 기반으로 한 신살 구성법

1) 첫자 앞자는 천살(天殺)

가) 삼합의 첫 번째 글자가 "천살(天殺)"로 해석됩니다.

나) 천살은 오주(사주)에서 불안정한 에너지를 상징하며 예상치 못한 상황이나 장애물로 해석되기도 합니다.

2) 중간자 앞자는 망신살(亡身殺)

가) 삼합의 두 번째 글자가 "망신살(亡身殺)"로 연결됩니다.

나) 망신살은 체면 자존심 또는 명예와 관련된 사건을 나타내며 때로는 사람들에게 주목받는 상황이나 체면을 잃을 가능성을 암시하기도 합니다.

3) 끝자 앞자는 육해살(六害殺)로 설명됩니다

가) 육해살 불화 갈등 손실을 의미할 수 있는 신살입니다.

나) 주로 인간관계나 물질적 손실에 영향을 미친다고 보며 이를 통해 조심해야 할 부분을 암시합니다.

4. 십이신살(十二神殺) 종합

가. 겁살(劫殺)

1) 겁살(劫殺)의 기본 의미

가) 겁살은 본래 "겁탈하다"라는 뜻을 가진 글자로 재물 권력 혹은 관계에서의 손실과 관련

된 갈등을 상징합니다.

나) 충돌 손해 경쟁 강한 집착 또는 파괴적인 행동이 나타날 수 있는 신호로 해석됩니다.

다) 겁살은 일간(日干)과 지지(地支)의 관계에서 특정 한가지가 나타날 때 해당됩니다.

2) 사주의 각 주에서 겁살의 작용

가) 년주(年柱)의 겁살

(1) 의미:조상 가문 집안 전반의 문제를 반영하며 과거의 업보나 조상의 영향을 받을 가능성 암시합니다.

(2) 활용: 가족 간의 분쟁 유산 문제 전통에서 오는 부담 등을 예측합니다.

나) 월주(月柱)의 겁살

(1) 의미: 부모나 직업적 환경과 관련된 충동이 나타날 수 있습니다.

(2) 활용: 직장 내 경쟁 부모와의 강등 또는 사회적 지위의 변화를 고려합니다.

다) 일주(日柱)의 겁살

(1) 의미: 본인(자신) 또는 배우자와의 관계에서 갈등의 요인이 될 수 있습니다.

(2) 활용: 자신 내면의 불안정성 배우자와 경쟁 구도 또는 부부간의 불화를 예측합니다.

라) 시주(時柱)의 겁살

(1) 의미: 자식 미래 계획 또는 노후 장기적인 목표에서의 갈등과 손실 예방에 중점을 둡니다.

(2) 활용: 자녀의 문제 투자 실패 혹은 장기적인 목표에서의 갈등과 손실 예방이 중요합니다.

마) 분주(分柱)의 겁살

(1) 의미: 세부적이고 미세한 시점에서의 결정적 사건과 관련됩니다.

(2) 활용: 특정 순간에 발생하는 중요한 선택과 행동의 오류 방지하는 조심성이 필요합니다.

3) 육친(六親)을 활용한 겁살 해석

가) 부모궁(印星 관련)

(1) 겁살이 인성(正印, 偏印)과 연관될 경우 부모와의 관계와의 부당한 기대나 억압이 나타날 수 있습니다.

(2) 대책: 부모와의 거리 조정 현실적이고 상호 존중하는 관계 구축하는 곳이 매우 중요합니다.

나) 형제궁(比肩, 劫財 관련)

(1) 겁살이 비견이나 겁재에 나타나면 형제나 친구와의 경쟁과 갈등이 심화될 수 있습니다.

(2) 대책: 갈등을 피하고 상호이익을 도모하는 협력적 태도 유지가 중요합니다.

다) 배우자궁(여성(官星), 남성(正財) 관련)

(1) 겁살이 정관이나 편관 정재나 편재에 나타날 경우 부부간 신뢰 문제 혹은 외부 간섭의 가능성이 증가합니다.

(2) 대책: 의사소통 강화와 공동의 목표설정이 필요합니다.

라) 자녀궁(食神, 傷官 관련)

(1) 겁살이 식신 또는 상관에 작용할 경우 자녀 문제나 창의적 프로젝트에서의 난관이 암시합니다.

(2) 대책: 자녀의 독립성과 자율성을 존중하고 자립적 태도가 중요합니다.

마) 재물궁(정재 正財, 편재 偏財 관련)

(1) 겁살이 재성에 나타날 경우 재물손실 투자 실패 또는 지나친 욕심으로 인한 문제 발생합니다.

(2) 대책: 현실적인 재정 관리와 신중한 투자전략이 필요합니다.

4) 십성을 활용한 겁살 해석

십성은 오주의 일간(日干)과 겁살 지지의 오행 관계를 통해 추가적인 의미를 부여합니다.

가) 겁살과 십성 관계

(1) 겁살과 정재/편재: 재물손실 가능성〉〉 신중한 관리 필요합니다.

(2) 겁살과 정관/편관: 권력 다툼 가능성〉〉 명확한 기준 설명이 꼭 필요합니다.

(3) 겁살과 비견/겁재: 동료와의 경쟁〉〉 협력적 태도로 전환이 중요합니다.

(4) 겁살과 식신/상관: 창의적 프로젝트의 좌절〉〉 실행 계획 강화하는 것이 좋습니다.

5) 실제 응용 방법

가) 겁살이 강하게 작용하는 지점에서 사건을 사전에 분석하여 방어 전략을 마련해야 합니다.

나) 유리한 운(운세 대운 세운 등) 활용해 겁살의 부정적인 영향을 최소화하는 것이 중요합니다.

다) 겁살이 작용하는 영역에서 감정을 다스리고 현실적이고 합리적인 대응법 모색해야 합니다.

나. 재살(災殺=수옥살(囚獄殺)

1) 재살(災殺)과 일명 수옥살(囚獄殺)의 의미

가) 재살(災殺): 재난 어려움 사고 등 외부 환경에서 발생하는 시련과 관련이 높습니다.

나) 수옥살(囚獄殺): 구속 억압 감정적 물리적 억제 상황과 연결 특히 사회적 법적 정신적 압박감을 의미합니다.

2) 재살과 수옥살의 위치별 작용

가) 년주(年柱)에서 재살, 수옥살: 년주는 조상 가문 환경을 뜻합니다.

(1) 육친해석: 조상으로부터의 재정적 부담 또는 가문과 관련된 억압적 환경을 의미합니다.

(2) 십성해석

㈎ 정재/편재: 가문에서의 재정 문제로 인해 갈등 발생 가능성 높습니다.

㈏ 정관/편관: 가문이나 사회적 환경에서 오는 구속적 요구가 발생하여 관제구설 송사가 발생하나 때론 명예와 관운이 상승할 수 있습니다.

나) 월주(月柱)에서 재살, 수옥살: 월주는 부모 성장 환경 직업적 토대를 뜻합니다.

(1) 육친해석: 부모의 강압적 태도나 성장 환경에서의 제약으로 나타날 가능성이 있습니다.

(2) 십성해석

㈎ 비견/겁재: 직장 내 경쟁 또는 동료와의 갈등이 발생합니다.

㈏ 식신/상관: 직업적 억압감 창의력 발휘 제한됩니다.

다) 일주(日柱)에서 재살, 수옥살: 일주는 본인과 배우자를 뜻합니다.

(1) 육친해석: 본인의 심리적 불안정감 또 는 배우자와의 관계에서 구속감이 생겨납니다.

(2) 십성해석

㈎ 정재: 배우자의 재정 문제로 인한 스트레스 발생이 할 수 있습니다.

㈏ 편관: 배우자의 강압적 성향 또는 본인의 사회적 구속 및 관재구설 발생할 수 있습니다.

라) 시주(時柱)에서 재살, 수옥살: 시주는 자녀, 노년기 내면의 열망을 뜻합니다.

(1) 육친해석: 자녀의 문제로 인해 스트레스 또는 자신의 내면적 욕구의 억압하거나 자녀에 해를 당할 수 있습니다.

(2) 십성해석

㈎ 식신: 자녀와의 의사소통 단절됩니다.

㈏ 상관: 자녀 교육 문제 또는 노년기의 내면적 갈등 요소 발생합니다.

마) 분주(分柱)에서 재살, 수옥살

(1) 육친해석: 세부적인 상황 짧은 시간의 문제를 뜻합니다.

(2) 분주에서 나타난다면 하루하루 반복되는 사소한 문제로 인한 스트레스 또는 구속감을 의미합니다.

3) 재살과 수옥살의 실용적 활용 방법

가) 재살과 긍정적 전환: 재살은 극복해야 할 시련을 통해 성장을 유도합니다.

(1) 정재/편재와 함께 나타나면 재정적 위험을 관리하는 방법을 배워야 합니다.

(2) 정관/편관과 함께 나타나면 사회적 규율을 따르면서도 자율성을 확보해야 합니다.

나) 수옥살의 긍정적 활용: 수옥살은 자기 억제와 규율로 연결될 수 있습니다.

(1) 식신/상관과 함께 나타나면 창의력을 억제하는 상황을 인내하여 큰 도약의 기회를 얻을 수 있습니다.

(2) 겁재와 함께 나타나면 주변의 갈등을 지혜롭게 다스릴 필요 있습니다.

다) 육친 관계에서의 대처

(1) 부모(년주, 월주): 불화가 예상되면 대화와 이해를 통해 중재를 시도함이 합당합니다.

(2) 배우자(일주): 구속감을 해결하기 위해 서로의 공간을 존중하고 영역을 인정해야 합니다.

(3) 자녀(시주, 분주): 교육적 스트레스가 있다면 자녀의 독립성을 존중하고 인격을 독립된 개체로 인정해주어야 합니다.

4) 실전 풀이 사례

예시: 甲子年, 丙子月, 戊辰日, 丙辰時

가) 재살, 수옥살 위치: 丙子

나) 해석: 월주는 부모와 성장 환경 직업적 기반을 의미 수옥살은 부모와 관계에서 구속감을 느끼거나 직업적 억압이 있을 수 있음을 나타냅니다.

다) 십성분석

(1) 월간에 편재가 존재한다면 부모 또는 직장 내 금전 문제로 인한 스트레스 가능성이 높습니다.

(2) 편관이 함께 존재한다면 직장 상사의 과도한 압력에 굴복하게나 자주 변동운이 생길 수 있습니다.

5) 요약

재살과 수옥살은 부정적으로 보일 수 있지만 이를 긍정적으로 전환하면 삶에서 중요한 성장을 도모할 수 있습니다.

다. 천살(天殺)

1) 천살의 기본 개념

가) 천살은 신살 중에서도 하늘의 기운과 연관되어 급작스럽고 불안정한 변화를 암시합니다.

나) 주로 이동수 이직 이민 영행 혹은 새로운 환경에 대한 적응과 관련이 있습니다.

다) 동시에 정신적 고뇌와 내면적 성찰을 요구하기도 하며 타인에게 보이지 않는 변화로 작용하기도 합니다.

2) 천살의 육친(六親)과 십성(十星)을 통한 활용

육친은 부모, 형제, 배우자, 자녀 등 인간관계 속에서 천살이 미치는 영향을 나타내며 십성은 오주(사주)의 기운을 해석하는 핵심 도구입니다. 천살이 어떤 육친 및 십성과 연결되는지에 따라 해석이 달라집니다.

가) 년주와 천살

(1) 특징: 주로 조상 부모와의 관계 가문의 흐름에서 나타나는 큰 변화가 일어납니다.

(2) 육친 활용: 부모와의 이동 이별 혹은 부모로부터의 독립성 강화하는 기운입니다.

(3) 특징: 주로 조상 부모와의 관계 가문의 흐름에서 나타나는 큰 변화 생기거나 이동하는 기운이 발생합니다.

(4) 육친 활용: 부모와의 이동 이별 혹은 부모로부터의 독립성 강화 됩니다.

(5) 십성작용

㈎ 편재: 부모의 재산이나 가업에서 멀어지거나 이민 등으로 인해 재산 분리가 발생할 수 있습니다.

㈏ 정인: 부모의 보호에서 벗어나 스스로의 길을 개척하게 되는 계기가 됩니다.

나) 월주와 천살

(1) 특징: 사회적 관계 직업 형제 및 동료들과 관련된 변화가 생깁니다.

(2) 육친활동: 형제간 거리감 혹은 동료와의 분쟁 및 협력 문제로 영역을 확보하려는 기운입니다.

(3) 십성적용

㈎ 편관: 직장에서의 갑작스러운 변화나 조직 내 큰 이동 가능성 및 변동성으로 승진이나 파면 규제가 발생할 수 있습니다.

㈏ 식신: 창의성을 발휘하거나 새로운 프로젝트를 시작하게 되는 동기부여가 중요합니다.

다) 일주와 천살

(1) 특징: 자신과 배우자의 관계에 대한 변화가 중점적으로 필요합니다.

(2) 육친활용: 배우자와의 이별 갈등 혹은 결혼 생활에서의 큰 전환점이 될 수 있습니다.

(3) 십성적용

㈎ 정관: 배우자와의 관계 안정성을 흔드는 요소 새로운 환경에서 관계 재정립이 필요합니다.

㈏ 비견: 자기 자신을 돌아보고 독립적인 삶을 준비할 가능성 큽니다.

라) 시사주와 천살

(1) 특징: 자녀 미래의 계획 노후 생활에서의 변화가 일어납니다.

(2) 육친 활용: 자녀의 독립 교육환경 변화 혹은 미래에 대한 재설계 필요합니다.

(3) 십성적용

㈎ 상관: 자녀의 독립적 행동이나 예상치 못한 진로가 결정됩니다.

㈏ 정재: 미래의 경제적 계획적 계획이 바뀌거나 노후를 위한 재정 이동 및 축적해야 합니다.

마) 분주와 천살

(1) 특징: 세부적 일상적 변화와 행동 패턴에 미치는 영향에 맞추어 재정 확립 필요합니다.

(2) 육친 활용: 구체적이고 일시적인 변화 예를 들어 짧은 이사나 출장이 일어납니다.

(3) 십성적용

㈎ 편인: 새로운 공부나 기술 습득 혹은 계획 수정이 필요합니다.

㈏ 겁재: 인간관계에서의 경쟁심 강화 단기적 분쟁 및 경쟁이 발생합니다.

3) 천살의 실질적 응용 방법

가) 이동수 분석: 천살이 강하게 작용하면 이동 이직 이민 등의 상황이 발생할 가능성이 큽니다. 이를 긍정적으로 활용하려면 변화에 적응할 수 있는 준비가 필요합니다.

나) 오주(사주) 전체 흐름 파악: 천살은 단독으로 강력한 힘을 발휘하기보다 다른 신살 및 명식의 흐름에 따라 유동적으로 작용합니다. 이를 통해 장기적 변화에 대비할 수 있습니다.

다) 육친과의 거리 재조정: 천살이 있는 자리는 해당 육친과의 거리가 멀어지거나 독립적인 상황이 될 가능성이 될 가능성이 큽니다. 이를 이용해 독립적 관계를 구축하는 데 활용할 수 있습니다.

라) 십성의 강화와 보완: 천살의 부정적 작용을 막기 위해 십성을 활용하여 긍정적인 기운을 강화하는 것이 중요합니다.

4) 실생활에의 활용 예시

가) 천살이 년주 편관이 있다면 조상이나 부모와의 인연이 약하거나 물리적으로 멀어질 수 있습니다. 이를 긍정적으로 활용하여 독립적인 기업을 시작하거나 새로운 직업을 모색할 기회로 삼을 수 있습니다.

나) 천살이 월주 정재에 있다면 직장에서 재정적 기회를 잡을 수 있으나 동시에 이동이나 자리 변경이 예상됩니다. 이에 대비해 유연한 태도를 유지해야 합니다.

라. 지살(地殺)

1) 지살의 기본 개념

가) “지살(地殺)”은 이동 변화 환경의 변화를 나타냅니다. 이 신살이 특정 주지(柱支)와 조합

되면 그 사람의 삶에서 변화가 두드러지는 시기나 장소 또는 관련된 육친(부모, 배우자, 자녀 등)에게 영향을 미친다고 봅니다.

나) 특히 지살은 이민 해외 이사 이동 직업변화 출장 또는 재물과 관련된 이동운을 확인할 때 중요하게 사용됩니다.

2) 지살의 위치별 특징과 응용

지살이 위치한 년주 월주 일주 시주 분주에서 그 역할과 영향을 육친 및 십성과 연계하여 분석할 수 있습니다.

가) 년주의 지살이 있을 때

(1) 의미: 가문 조상 고향 어린 시절의 이동과 관련된 변화를 나타냅니다.

(2) 육친 및 십성 응용

(가) 비견/겁재: 형제·자매나 동료와의 관계에서 이동과 관련된 사건이 발생할 수 있습니다.

(나) 재성: 가문 또는 조상의 재산과 관련된 이동입니다(예: 유산 처리 고향에서의 사업 등).

(다) 편인: 조상이나 부모의 보호에서 벗어나 독립적인 변화를 겪을 가능성이 있습니다.

나) 월주에 지살이 있을 때

(1) 의미: 직업 부모 가정환경에서의 이동이나 변화가 있습니다.

(2) 육친 및 십성 응용

(가) 정재/편재: 직업상의 이동 사업확장 또는 재물과 관련된 지역 이동 가능성이 있습니다.

(나) 관성: 부모와 관련된 이사나 환경 변화가 있고, 발생합니다.

(다) 식신: 직장에서의 환경 변화 또는 새로운 직업 기회가 발생합니다.

다) 시주에 지살이 있을 때

(1) 의미: 자녀 노년기 미래 계획과 관련된 이동과 변화를 나타냅니다.

(2) 육친 및 십성 응용

(가) 식신: 자녀와 관련된 환경(유학, 이사 등) 변합니다.

(나) 재성: 노년기 재물과 관련된 지역 이동도 일어납니다.

(다) 인성: 노후를 위해 지리적 환경을 변경하는 상황이 옵니다.

라) 분주(分柱)로 세밀한 분석: 분주를 활용한 특정 시점이나 시기에서 지살의 영향을 세밀히 분석할 수 있습니다.

(1) 예를 들어 분주에서 재성이 강한 지살이 나타난다면 재물과 계약 사업 이동 또는 중요한 투자 기회가 있을 수 있습니다.

(2) 관성과 연관된다면 공적 이동(예: 승진 전근)이나 권위적 역할의 변화를 고려해야 합니다.

3) 지살과 육친 십성의 조합 활용법

가) 실제 활용 사례

(1) 지살+편재: 해외 사업 또는 타지역에서 기회를 나타냄. 투자나 이주를 고려할 시점으로 분석합니다.

(2) 지살+정관: 직업적 안정성보다는 새로운 환경에서 권위를 쌓을 가능성 공무원 또는 공적인 역할의 지역 이동이 일어납니다.

(3) 지살+상관: 자유로운 활동이나 창의적 사업 특히 다양한 지역을 이동하며 직업을 확장하는 모습이 발생합니다.

나) 구체적 분석 포인트

(1) 육친별로 해석 시 지살의 영향을 받는 주지와 해당 육친(부모, 배우자, 자녀 등) 간의 변화 요인을 연결하여 상담 가능합니다.

(2) 십성에 따라 개인적 삶의 중점(재물, 직업, 인간관계 등)이 어디로 이동하는지 정리가 가능합니다.

4) 지살을 활용한 실전 상담 팁

가) 이동과 재물운의 관계 확인: 지살의 위치와 재성/편재의 연결성을 분석해 이동시 재물적 기회를 강조합니다.

나) 직업적 변화 타이밍 조언: 월주와 관성/식상의 상관성을 확인하여 직업 이동 시기 조언이 필요합니다.

다) 가족과의 연계 상담: 년주나 시주의 지살과 육친의 연결로 가족 중심 이동 계획 점검 및 확인이 필요합니다.

마. 년살(年殺. 도화살(桃花殺))

1) 도화살의 의미

기본 개념: 도화살은 매력을 상징하며 이성과의 관계 사회적 인기 혹은 감정적인 연결성을 나타냅니다.

가) 장점: 끌리는 힘 예술적 재능 대인관계 능력이 강합니다.

나) 단점: 지나친 감정적 유혹 관계에서의 혼란 혹 은 도덕적 문제를 초래할 수 있습니다.

2) 년살(年殺)과 사주 기둥별 작용

도화살이 위치한 기둥(년주, 월주, 일주, 시주, 분주)에 따라 그 작용과 영향이 달라집니다.

가) 년주(年柱)의 도화살

⑴ 특징:가족관계 어린 시절의 환경 조상과의 인연에 영향을 미칩니다.

⑵ 응용

㈎ 육친으로 해석 시 조부모(祖父母)년살=비견/겁재 도는 집안 전통의 매력과 조화로운 관계를 나타냅니다.

㈏ 사회적 명성과 대외적인 이미지를 살펴볼 때 활용합니다.

나) 월주(月柱)의 도화살

⑴ 특징: 직업 가정생활 주변 환경과의 연결을 뜻합니다.

⑵ 응용

㈎ 십성으로 해석 시 편인 정인이 나타나면 도화살이 예술적 재능으로 발휘되거나 직업적 매력을 강화합니다.

㈏ 월주는 현실적 기반이므로 고화가 강하면 직장 내 대인관계에서 유리하지만 지나치면 갈등을 유발할 수 있습니다.

다) 일주(日柱)의 도화살

⑴ 특징: 본인(日干)과 배우자의 관계에 영향을 미칩니다.

⑵ 응용

㈎ 정관이나 편관이 도화살에 위치하면 배우자에게 매력을 느끼거나 결혼에서의 끌림을 강조합니다.

㈏ 하지만 도화가 과다하면 관계에서 복잡성을 야기할 수 있어 주의가 필요합니다.

라) 시주(時柱)의 도화살

⑴ 특징: 자녀 노년기 운세 꿈과 미래 계획 밖에서 일어나는 일들입니다.

⑵ 응용

㈎ 육친 중 자식과 관계에서 애정과 매력이 강하게 작용합니다.

㈏ 오주(사주)의 도화살은 늦은 나이에 창조적 활동이나 예술적 성취로 연결될 가능성을 암시합니다.

마) 분주(分柱)의 도화살

⑴ 특징: 세부적인 생활 순간적인 기회나 유혹을 나타냅니다.

⑵ 응용: 분주는 개인의 세부적인 선택과 하루하루의 흐름에서 도화살이 어떻게 드러나는지를 분석합니다.

3) 육친과 도화살의 십성 응용

가) 비견/겁재: 친구나 형제와의 관계에서 강력한 연결성 협업과 경쟁 관계를 통해 개인의 매력을 드러냅니다.

나) 식신/상관: 예술적 표현력과 창조적 활동 특히 상관과 도화살이 결합되면 카리스마가 강해집니다.

다) 정재/편재: 경제적 매력을 끌어당기는 힘 연애와 재물 운이 밀접하게 연결됩니다.

라) 정관/편관: 리더십과 권위 속에서 인간적 매력을 발휘 이성과의 관계에서 강한 영향을 끼칩니다.

마) 정인/편인: 정신적 예술적 성향을 강화도 화살과 인성의 조합은 사색적이고 감상적인 활동에서 빛을 발합니다.

4) 도화살의 긍정적 활용법

가) 대인관계에서 강점 활용: 도화살이 가진 매력을 긍정적인 방향으로 사용하면 리더십과 인적 네트워크를 강화할 수 있습니다.

나) 예술적 재능개발: 십성과 도화살의 조합에 따라 자신의 재능을 파악하고 관련된 직업적 성취를 도모합니다.

다) 이성 관계의 조화: 도화살이 너무 강하거나 약한 경우 이를 균형 있게 유지하도록 오주(사주)학에 명리적 조언을 활용합니다.

5) 주의점

가) 도화살이 과다할 경우 지나친 욕망이나 유혹을 자제하고 관계의 균형을 유지하는 것이 중요합니다.

나) 오주(사주) 전체의 구성과 운세를 함께 분석하여 년살, 도화살의 작용이 삶에 긍정적으로 작용하도록 유도해야 합니다.

바. 월살(月殺. 고초살(枯焦殺)

1) 월살의 위치와 의미

월살은 네 가지 주(년주, 월주, 일주, 시주)와 추가적인 분주(分柱)에 따라 다른 양상으로 작용합니다. 각 주에서 월살이 미치는 영향과 육친(六親) 및 십성(十星)과 연결하여 해석하면 다음과 같습니다.

가) 년주에 월살이 있을 경우

(1) 의미: 조상이나 가족과 관련된 고난을 암시합니다. 가정환경에서 외로움이나 단절감을

느낄 수 있습니다.

(2) 육친: 부모나 조상과 관계에서 문제가 생길 가능성이 높습니다.

(3) 십성 활용: 정관(正官), 편관(偏官) 등 권위적 인물과 관련된 십성이 있다면 그들과의 관계를 제정비 하는 것이 중요합니다.

나) 월주에 월살이 있을 경우

(1) 의미: 사회적 관계나 직업 환경에서 어려움을 겪을 수 있습니다.

(2) 육친: 형제 동료 상사와의 관계에서 갈등이 있을 수 있습니다.

(3) 십성 활용: 편재(偏財)나 정재(正財)가 있다면 금전 문제를 신중히 관리해야 합니다.

다) 일주에 월살이 있을 경우

(1) 의미: 개인적인 삶 특히 결혼 생활에서 어려움을 겪을 가능성이 있습니다.

(2) 육친: 배우자와의 관계에서 고독이나 소통의 문제가 나타날 수 있습니다.

(3) 십성 활용: 비견(比肩)이나 겁재(劫財) 가 있다면 지나친 경쟁심을 자제하고 협력의 태도를 유지하는 것이 중요합니다.

라) 사주에 월살이 있을 경우

(1) 의미: 자녀와 후세대와의 관계에서 문제를 암시합니다. 또한 노년기 삶의 고독과 연결되기도 합니다.

(2) 육친: 자녀와의 소통 및 교육 방식에 주의가 필요합니다.

(3) 십성 활용: 식신(食神)이나 상관(傷 官)이 있다면 창의성을 통해 어려움을 극복할 방법을 찾을 수 있습니다.

마) 분주에 월살이 있을 경우

(1) 의미: 특정한 시간대에 집중적으로 발생하는 어려움과 관련됩니다.

(2) 육친: 세부적인 삶의 영역에서 나타나는 문제를 다룹니다.

(3) 십성 활용: 분주에 맞는 십성을 분석하여 구체적인 대처 방안을 마련할 수 있습니다.

2) 월살의 극복 및 활용법

월살은 단순히 부정적인 의미로만 해석되지 않습니다. 이를 적극적으로 활용하거나 극복하기 위한 방법을 오주학 오주십자(五柱十字)적으로 탐구할 수 있습니다.

가) 양면성 이해

(1) 월살은 고난을 상징하지만 이러한 역경은 개인의 성장과 깨달음을 가져올 수 있는 기회로 작용합니다.

(2) 예를 들어 월살의 영향을 받는 사람은 내적 성장을 통해 더욱 강한 자신감을 얻을 수 있습니다.

나) 육친과의 관계 개선

(1) 월살의 영향을 받는 육친과의 관계를 개선하려면 소통과 화해의 노력이 필요합니다.

(2) 예를 들어 년주에 월살이 있는 경우 조상이나 부모와의 유대를 회복하는 노력을 기울일 필요가 있습니다.

다) 십성과의 조화 활용

(1) 월살이 특정 십성과 만나는 경우 그 십성의 긍정적인 속성을 강화하여 문제를 해결할 수 있습니다.

(2) 예를 들어 월살과 정재(正財)가 연결되면 재물 문제를 극복하기 위해 계획적이고 신중한 재정 관리가 필요합니다.

라) 명궁(命宮)과 대운(大運)의 분석

(1) 월살의 작용은 대운이나 명궁과의 관계에 따라 강화되거나 약화됩니다. 이를 종합적으로 분석하여 인생의 전환점을 찾는 것이 중요합니다.

3) 활용 예시

오주(사주)에서 월살을 특정 육친과 연결하여 활용하면 다음과 같은 응용이 가능합니다.

가) 재물운과 월살: 월살이 월주에 있고 편재나 정재와 연관된다면 금전 문제에서 신중하게 대처하며 장기적인 계획을 세워야 합니다.

나) 인간관계와 월살: 일주에 월살이 있고 겁재와 연결되며 불필요한 경쟁을 피하고 협력적인 자세를 취해야 관계에서 문제가 발생하지 않습니다.

사. 망신살(亡身殺)

1) 망신살의 위치와 의미

망신살은 오주(사주)의 년주, 월주, 일주, 시주 또는 분주에 위치함에 따라 그 의미가 작용이 다르게 해석됩니다.

가) 망신살이 년주에 있을 때

(1) 의미: 조상, 부모, 집안의 이미지에 영향을 줄 가능성이 큽니다.

(2) 작용: 집안의 명예가 훼손되거나 집안 내 구설수가 생길 수 있습니다.

(3) 응용: 부모와의 관계를 신중히 유지하며 가문과 관련된 일에서 신중한 태도를 유지하는 것이 중요합니다.

나) 망신살이 월주에 있을 때

(1) 의미: 직장 사회적 지위 대인관계와 밀접한 연관이 있습니다.

(2) 작용: 직장에서의 구설이나 대인관계에서의 오해로 인해 명예가 손상될 위험에 처합

니다.

(3) 직장 내 정직함과 대인관계에서의 언행에 주의하여 신뢰를 쌓는 것이 필요합니다.

다) 망신살이 일주에 있을 때

(1) 의미: 본인의 성향 결혼 생활 배우자와 관련된 문제가 생겨납니다.

(2) 작용: 자신이 의도치 않게 구설에 휘말리거나 배우자와의 관계에서 오해 발생합니다.

(3) 응용: 배우자와의 신뢰를 강화하고 자신의 언행을 점검하여 신뢰를 쌓는 것이 필요합니다.

라) 망신살이 시주에 있을 때

(1) 의미: 자녀 노년기 미래절의 삶과 연결됩니다.

(2) 작용: 자녀 문제로 인해 구설수나 명예 손상의 가능성이 있습니다.

(3) 응용: 단기적 결정에 신중하고 즉흥적인 행동을 자제해야 합니다.

마) 망신살이 분주에 있을 때

(1) 의미: 일시적인 상황에서의 명예와 관련이 있습니다.

(2) 작용: 순간적인 실수로 인해 구설이 생기거나 사회적 이미지에 영향이 있습니다.

(3) 응용: 단기적 결정에 신중하고 즉흥적인 행동을 자제해야 합니다.

2) 망신살의 육친십성(六親十星)과의 소합

망신살이 육친십성과 결합할 때 그 의미와 작용이 더욱 구체적으로 드러납니다.

가) 정재/편재와 망신살

(1) 의미: 금전 문제에서의 구설수나 명예 손상이 발생합니다.

(2) 응용: 재물 관리에 신중하고 불필요한 과시나 사치를 피해야 합니다.

나) 정관/편관

(1) 의미: 직장 관직 사회적 지위와 관련된 명예 손상이 발생합니다.

(2) 응용: 직장에서의 언행을 조심하고 법적 문제를 예방해야 합니다.

다) 비견/겁재와 망신살

(1) 의미: 동료 친구 형제와의 관계에서 구설수 발생 가능성이 있습니다.

(2) 응용: 인간관계에서 지나친 경쟁을 피하고 협력적인 자세를 유지해야 합니다.

라) 식신/상관과 망신살

(1) 의미: 본인의 창의력 표현 말 행동이 문제를 일으킬 수 있습니다.

(2) 응용: 말과 행동을 신중히 하고 공개석상에서의 표현에 주의가 필요합니다.

마) 정인/편인과 망신살

(1) 의미: 학문 지식 문서 관련 문제에서 구설수가 생깁니다.

(2) 응용: 문서 작업이나 학문적 행위에서 실수를 방지하고 저작권과 관련된 문제를 예방해야 합니다.

3) 망신살 활용법과 방어법

망신살의 부정적 작용을 줄이고 긍정적 요소로 활용하는 방안은 다음과 같습니다.

가) 망신살의 긍정적 해석

(1) 망신살은 부정적 명예 손상의 위험을 내포하지만 이를 극복하면 타인에게 더 큰 신뢰와 존경을 받을 수 있는 계기가 될 수 있습니다.

나) 현명한 대처법

(1) 명예와 구설수가 두드러질 수 있는 시기에 신중함과 겸손함을 유지해야 합니다.

(2) 자신의 약점을 보완하고 긍정적 이미지를 구축해야 합니다.

(3) 육친과의 관계를 강화하여 어려움이 발생했을 때 도움을 받을 수 있는 기반을 마련해야 합니다.

다) 생활 속 실천

(1) 언행을 점검하고 감정적인 대응을 피해야 합니다.

(2) 대인관계에서 적절한 거리감을 유지하며 과도한 노출을 피해야 합니다.

(3) 망신살은 잘못 다루면 문제가 될 수 있지만 이를 바르게 이해하고 대처하면 오히려 삶이 풍요롭게 만드는 계기가 될 수 있습니다.

아. 장성살(將星殺)

1) 장성살의 기본 의미

장성살은 장군의 별(將星)이라는 이름처럼 강력한 권위와 리더십 도전정신을 상징합니다. 따라서 오주 (사주)에서 장성살이 작용하면 강한 추진력 책임감 명예 리더심이 강조됩니다. 다만 그 강한 기운이 조화를 이루지 못할 경우 과도한 독단 고집 대립을 초래할 수도 있습니다.

가) 긍정적 작용: 명예 승진 권위 추진력 강한 의지가 있습니다.

나) 부정적 작용: 고집, 독단 과도한 야심, 대립이 커집니다.

2) 장성살의 위치에 따른 해석

오주(사주)의 각 주(柱)에 장성살이 위치하면 작용방식이 달라집니다.

가) 년주에 장성살: 년주는 조상 가문 부모를 상징합니다. 장성살이 년주에 있으면 조상 대대로 권위와 명예를 이어받거나 가문의 명성이 높을 가능성이 있습니다. 가문을 기반으로 큰일을 도모할 수도 있습니다.

(1) 긍정적 해석: 조상으로부터 좋은 유산(물질적/정신적)을 물려받음. 가문에 대한 자부가 대단합니다.

(2) 부정적 해석: 가족 간 갈등 부모와의 강한 의견 대립이 형성합니다.

나) 월주에 장성살: 월주는 직업 사회적 활동 부모와의 관계를 나타냅니다. 장성살이 월주에 위치하면 사회적으로 리더십을 발휘하거나 직업적으로 두 각을 나타낼 가능성이 큽니다.

(1) 긍정적 해석: 직장에서 승진 강한 리더십 명예로운 직업군이 좋습니다.

(2) 부정적 해석: 직업적 스트레스 상사와의 갈등의 소지가 발생합니다.

다) 일주에 장성살: 일주는 본인의 성격과 배우자를 나타냅니다. 장성살이 일주에 있으면 본인이 권위적이고 리더십이 강하며 배우자도 주도적인 성격일 가능성이 높습니다.

(1) 긍정적 해석: 추진력 있는 배우자 부부간 권위적인 협력을 합니다.

(2) 부정적 해석: 배우자와의 힘겨루기 의견 충돌 성향이 큽니다.

라) 시주에 장성살: 사주는 자식 노후 미래를 나타냅니다. 장성 살이 시주에 있으면 자식이 성공하거나 노년에 사회적 명예를 누릴 가능성이 큽니다.

마) 분주에 장성살: 분주는 일상 세부적인 부분이나 세밀한 행동을 나타냅니다. 분주에 장성살이 있으면 일상에서의 리더십이 발휘되며 세세한 일에 강한 추진력을 가질 수 있습니다.

(1) 긍정적 해석: 디테일한 문제 해결 능력의 소유자입니다.

(2) 부정적 해석: 세부적인 것에 너무 집착하여 피로감 초래합니다.

3) 육친십성과의 결합

육친십성(六親十星)은 장성살의 작용을 더 구체적으로 분석할 수 있습니다. 장성살이 특정 육친에 연결되면 그 육친과 관련된 사건이 기운이 강화합니다.

가) 정관과 결합

(1) 해석: 정관은 명예와 권위를 나타내므로 장성살과 정관이 결합하면 직업적으로 큰 성위를 이루거나 리더로서 인정받을 가능성이 큽니다.

(2) 응용: 관직 명예를 추구할 때 유리합니다.

나) 편관과 결합

(1) 해석: 편관은 도전과 변화를 상징하므로 장성살이 편관과 결합하면 강한 추진력과 도전정신이 발휘됩니다. 다만 지나치면 대립과 고난을 초래할 수 있습니다.

(2) 응용: 위험을 감수하며 새로운 길을 개척할 때 유리합니다.

다) 편재와 결합

(1) 해석: 편재는 물질적 성공을 의미하므로 장성 살과 결합하면 재물적 기회가 많아집니다.

(2) 사업 투자에 활용

라) 정재와 결합

(1) 해석: 정재는 안정된 재물을 의미하므로 장성살과 결합하면 꾸준히 재물을 축적할 가능성이 큽니다.

(2) 응용: 안정적 직업에서 성과를 낼 때 유리합니다.

마) 식신과 결합

(1) 해석: 식신은 창조와 생산을 나타내므로 장성살과 결합하면 창의적인 분야에서 리더로 자리 잡습니다.

(2) 응용: 창의적 직업 예술 활동이 좋습니다.

4) 응용과 활용법

장성살을 활용하려면 그 강한 기운을 긍정적으로 조화시키는 것이 중요합니다.

가) 리더십 발휘: 장성살의 기운은 리더십과 관련이 있으므로 사회적 또는 직업적 환경에서 이를 적극적으로 활용하는 것이 좋습니다.

나) 강점 강화: 장성살이 위치한 육친과 주의 강점을 분석해 이를 기반으로 전략을 세워야 합니다.

다) 조화 유지: 과도한 독단과 대립을 피하기 위해 주변 사람들과의 조화를 항상 염두에 두어야 합니다.

자. 반안살(攀鞍殺)

1) 반안살(攀鞍殺)의 의미

반안살은 오주(사주)에서 한 사람이 사회적으로 성공하고 명성을 얻거나 지위를 상승시키는데 영향을 미치는 신살 중 하나로 간주됩니다. "반안(攀鞍)"은 말안장을 잡고 올라가는 행위를 뜻하며 이는 승진 출세 지위 향상 명예 등을 암시합니다.

가) 반안살이 작용하는 사람은 진취적이고 목표를 성취하려는 의지가 강합니다.

나) 상황에 따라 긍정적인 상승 작용을 하지만 지나치게 과욕을 부릴 경우 과도한 스트레스나 경쟁 속에서 갈등을 초래할 수 있습니다.

2) 반안살의 작용 위치에 따른 해석

오주(사주) 명식에서 반안살이 위치한 기둥에 따라 그 작용이 달라지며 육친과 십성을 활용해도 구체적인 해석을 할 수 있습니다.

가) 년주에 반안살

(1) 의미: 가문의 도움 조상의 덕으로 인해 지위와 명예를 얻는 운을 암시합니다.

(2) 육친 해석: 년주는 부모와 조상(근본)과 관련되므로 부모덕으로 사회적 기반을 다지는 경우가 많습니다.

(3) 응용: 부모로부터 물질적 정신적 지원을 받으며 성장했을 가능성이 크므로 부모를 존중하는 태도를 강조합니다.

나) 월주에 반안살

(1) 의미: 본인의 직업적 성공 사회적 지위 상승을 암시합니다.

(2) 육친 해석: 월주는 형제나 사회적 활동과 관련되므로 동료나 주변 환경으로 인해 성공하는 경우가 많습니다.

(3) 응용: 직업적 관계를 중시하고 협력 속에서 자신을 전략이 필요합니다.

다) 일주에 반안살

(1) 의미: 본인의 노력과 재능으로 출세하고 성공하는 경향이 많습니다.

(2) 육친 해석: 일주는 본인과 배우자를 나타내므로 결혼 후 배우자로 인해 지위가 상승할 수 있습니다.

(3) 응용: 배우자의 지지를 받으며 균형 잡힌 개인적 노력을 강조합니다.

라) 시주에 반안살

(1) 의미: 말년의 지위 상승 후손의 성공을 암시합니다.

(2) 육친해석: 자식이나 후손으로 인해 명예를 얻는 경우가 많습니다.

(3) 응용: 후대 교육과 가문 전통의 계승에 힘쓸 필요가 있습니다.

마) 분주(分柱)에 반안살

(1) 의미: 세부적인 상황이나 특정 시기의 지위 상승과 연결이 됩니다.

(2) 응용: 특정 연도나 월에 반안살의 작용이 강하게 나타나므로 그 시기를 활용한 계획이 필요합니다.

3) 반안살과 십성(十星)의 응용

반안살의 육친과 연결된 십성을 통해 더욱 구체적인 해석이 가능합니다.

가) 정관(正官): 사회적 명예와 직업적 성공을 의미하며 반안살과 정관이 만난다면 사회적으로 주목받는 위치에 서게 됩니다.

나) 편재(偏財): 재물운과 연결되며 반안살과 만나면 사업이나 투자를 통해 재산이 크게 늘어날 수 있습니다.

다) 비견(比肩): 주변 사람들과 협력관계에서 성공 가능성이 커집니다.

4) 활용 방법과 주의점

가) 활용법

(1) 목표설정: 반안살의 위치와 육친의 특성을 활용해 지위 상승의 적기를 파악해야 합니다.

(2) 관계강화: 반안살의 작용 위치에 따라 중요한 육친 관계를 강화하는 것이 중요합니다.

나) 주의점

(1) 과욕금물: 반안살의 에너지를 지나치게 활용하면 주변과의 마찰을 초래할 수 있습니다.

(2) 균형유지: 물질적 성공과 정신적 안정 간 균형을 이루는 것이 중요합니다.

5) 반안살과 다른 신살의 조화

반안살과 단독으로만 작용하는 것이 아니라 다른 신살과 함께 해석하면 더욱 풍부한 결과를 도출할 수 있습니다.

가) "홍염살(紅艶殺)"과 만나면 사회적 성공뿐 아니라 인기도 얻게 됩니다.

나) "겁살(劫殺)"과 만나면 경쟁 속에서 성공하지만, 도전과 시련도 따를 수 있습니다.

차. 역마살(驛馬殺)

역마살은 오주(사주)학과 명리학에서 이동 변화 이주 이동성 등을 나타내는 중요한 신살 중 하나입니다. 이를 활용하면 개인의 이동 관련 운세나 변화의 흐름을 분석하는 데 유용합니다.

1) 역마살의 기본 개념

가) 역마살은 "이동"과 "변화"의 에너지를 가진 신살로 사람이 정착하지 않고 이동하거나 새로운 환경으로 변화를 겪게 되는 상황을 예고합니다.

나) 생성법칙: 사주의 지지와 해당 오주(사주)의 자(子), 오(午), 묘(卯), 유(酉) 지지의 관계로 판단합니다.

(1) 예) 인성(寅申巳亥)의 사람: 역마살은 신(申), 진(辰)

(2) 묘성(卯酉子午)의 사람: 역마살은 나역면복서도(사방팔방 움직이나 성과가 미미함)다.

다) 역마살의 생성법칙

(1) 역마살은 특징 오주십자(五柱十字), 사주팔자(四柱八字)의 지지와 변화의 에너지를 나타내는 "해(亥), 자(子), 묘(卯), 유(酉), 오(午)"와 관련이 있습니다. 개인의 오주(사주) 속에서 지지 속에서 지지의 삼합과 육합 관계를 통해 특정 지지가 역마살로 작용합니다.

(2) 생성법

㈎ 인(寅)-오(午)-술(戌): 신(申)

(나) 신(申)-자(子)-진(辰): 인(寅)

(다) 해(亥)-묘(卯)-미(未): 사(巳)

(라) 사(巳)-유(酉)-축(丑): 해(亥)

예를 들어 오주십자의 지지가 寅을 포함하고 있다면 그 사람의 역마살은 신(申)입니다.

2) 역마살의 두(柱)에 따른 해석

오주(사주)에서 각 주(년주, 월주, 일주, 시주, 분주)에 위치한 역마살은 삶의 어느 영역에서 이동과 변화의 기운이 발현되는지를 보여줍니다.

가) 년주의 역마살

(1) 의미: 조상 대대로 내려오는 가족적 흐름이나 어린 시절의 환경에서 변화와 이동이 많음을 나타냅니다.

(2) 활용: 해외 유학 이민 조상과 연관된 부동산 변화 등에 적용합니다.

나) 월주의 역마살

(1) 의미: 청년기(20~30대) 시기의 진로 직업 사회적 위치에서의 변화가 두드러집니다.

(2) 활용: 직업적 전환, 회사 이동, 창업 시기를 분석합니다.

다) 일주의 역마살

(1) 의미: 개인의 본성 배우자와의 관계 결혼 생활에서 이동이나 변화 가능성이 큽니나.

(2) 활용: 배우자와의 이주 여부 주거환경의 이동, 결혼으로 인한 생활 변화가 옵니다.

라) 시주의 역마살

(1) 의미: 말년의 생활 자녀와의 관계 노후에 이동과 변화가 생길 가능성 있습니다.

(2) 활용: 노년기 이민 자녀와의 거리 이동 재산 분배 관련 변화가 일어납니다.

마) 분주의 역마살

(1) 의미: 세부적인 시점에서의 흐름으로 특정한 해, 월에 짧은 주기로 발생하는 이동성을 파악합니다.

(2) 활용: 이사 출장 단기적 프로젝트와 관련된 분석이 중요합니다.

3) 육친십성(六親十星)을 활용한 응용

육친십성은 오주(사주) 내에서 가족관계와 역할(육친) 및 십성(정관, 편관, 식신 등)을 기반으로 역마살의 작용을 더욱 세밀히 해석하는 방법입니다.

가) 육친에 따른 해석

(1) 비견, 겁재: 형제나 동료와의 관계에서 이동 경쟁적 상황 발생합니다.

(2) 식신, 상관: 창의적 활동, 사업적 이동, 이직 발생합니다.

(3) 정재, 편재: 금전적 변화, 사업확장 해외 거래 가능성이 있습니다.

(4) 인정(편인, 정인): 학업 문서 관련 이주나 환경적 변화가 일어납니다.

나) 십성과 역마살의 조합

(1) 편관+역마살: 위험성이 따르지만 큰 변화로 인한 성장 가능성이 있습니다.

(2) 정재+역마살: 재물과 관련된 이동 부동산 거래나 재테크 이동이 할 수 있습니다.

(3) 식신+역마살: 창의적 직업 예술적 활동의 기획 및 확장이 발생합니다.

4) 응용 방법

역마살은 오주(사주) 전체의 맥락 속에서 해석해야 하며 다음과 같은 응용 사례가 있습니다.

가) 이사와 주거 변화: 역마살이 활성화되는 시기를 통해 이사 운이나 적합한 주거지 환경 예측합니다.

나) 직업적 변화: 특정 시기에 직장 이동이나 해외 파견 가능성을 판단합니다.

다) 여행 및 해외운: 역마살이 강하게 작용하는 해(年)에는 장거리 여행 해외운 발생합니다.

라) 사업적 확장: 역마살이 재성이나 관성에 영향을 줄 경우 사업확장이나 투자 가능성이 발생합니다.

카. 육해살(六害殺)

1) 육해살의 기본 정의

육해살은 천간과 지지의 충(沖)과 해(害)를 기반으로 형성되며 인간관계에서 신뢰의 결여나 어려움 손실 오해 등을 상징합니다. 주로 오주십자(五柱十字), 사주팔자(四柱八字)의 특정 지지와 충돌할 때 발생하며 이를 통해 인생에서 발생할 수 있는 장애와 이를 극복하는 방법을 찾습니다.

2) 육해살의 주별 풀이 및 작용

육해살은 년주, 월주, 일주, 시주 그리고 분주(세운, 대운, 세세운)에 따라 다르게 해석됩니다. 각 주에서의 작용은 다음과 같습니다.

가) 년주에서의 육해살

(1) 의미: 조상 대가족 사회적 배경과의 충돌을 나타냄. 조상 덕이 약하거나 집안 문제로 어려움을 겪을 수 있습니다.

(2) 십성 및 육친 해석

㈎ 십성: 정관(正官)과 겁재(劫財)로 나타나면 권위자와 갈등을 의미합니다.

㈏ 육친: 부모(특히 부친)와의 관계에서 어려움이 있을 수 있습니다.

나) 월주에서의 육해살

(1) 의미: 직업 사회적 위치 동료나 직장 환경에서 갈등을 암시합니다.

(2) 십성 및 육친 해석

(가) 십성(식신(食神)과 상관(傷官)이 월주에 육해살로 작용하면 일의 성과를 빼앗기거나 경쟁에 밀리는 상황이 일어납니다.

(나) 육친: 형제 동료와의 신뢰 부족으로 문제가 발생합니다.

다) 일주에서의 육해살

(1) 의미: 본인의 성격 배우자와의 갈등 자신이 주도하는 일에서의 어려움을 겪습니다.

(2) 십성 및 육친 해석

(가) 십성: 편재(偏財)와 정재(正財)가 일주에서 육해살로 작용하면 재물 관리 실패나 배우자와의 경제적 갈등을 초래합니다.

(나) 육친: 배우자와의 관계에서 갈등이 나타날 수 있습니다.

라) 시주에서의 육해살

(1) 의미: 자녀, 후손 노후 계획과 관련된 장애물을 암시합니다.

(2) 십성 및 육친 해석

(가) 십성(偏印)과 정인(正印)이 오주(사주)에 육해살이 작용하면 교육 학업 후손과의 갈등 발생합니다.

(나) 육친: 자녀나 후손과의 관계에 문제가 생길 수 있습니다.

마) 분주에서의 육해살(대운 및 세운)

(1) 의미: 해당 시기 동안 인간관계 재물 건강 등에서의 장애가 발생합니다.

(2) 십성 및 육친 해석

(가) 십성: 대운에서 비견(比肩)이나 겁재(劫財)가 육해살로 작용하면 동료나 동업자와의 갈등으로 손실이 일어납니다.

(나) 육친: 시기별로 형제나 주변 사람과의 신뢰 문제가 생깁니다.

3) 육친과 십성을 통한 구체적 응용

육해살을 육친 및 십성과 결합하여 구체적인 해석으로 다음과 같습니다.

가) 육친에 따른 해석

(1) 부모: 조상덕 부족 부모와의 신뢰 문제로 인해 손실이나 원망이 발생합니다.

(2) 형제: 경쟁과 갈등으로 인한 손실이 생깁니다.

(3) 배우자: 관계의 어려움 신뢰 문제가 발생합니다.

(4) 자녀: 자와의 의견 충돌 교육 문제로 근심이 생깁니다.

나) 십성에 따른 응용: 십성은 육해살의 작용을 구체화하는 데 도움을 줍니다.

(1) 편재/정재: 재물손실 투자를 실패할 수 있습니다.

(2) 비견/겁재: 인간관계에서 갈등이 증폭됩니다.

(3) 정관/편관: 권위와 신뢰의 결핍 직업적 장애가 발생합니다.

(4) 식신/상관: 자녀와의 의견 충돌 교육 문제로 근심이 발생합니다.

4) 육해살의 해소 방법

육해살은 부정적인 영향을 가진 신살이지만 올바르게 활용하면 장애를 극복하고 발전의 기회로 삼을 수 있습니다.

가) 운세활용: 대운과 세운에서 육해살의 영향을 피하거나 보완할 수 있는 행운 선택합니다.

나) 음양조화: 오주(사주)의 오행 균형을 맞추는 방향으로 보완해야 합니다.

나) 풍수 및 생활환경: 풍수지리를 통해 부정적인 기운을 중화을 실천해야 합니다.

다) 인간관계 개선: 신뢰를 회복하고 갈등을 줄이는 방향으로 노력을 해야 합니다.

타. 화개살(華蓋殺)

화개살은 전통 오주학(사주학)에서 깊이 있는 사색 예술적 재능 영적 성향과 연관되는 신살 중 하나로 간주됩니다. 이를 활용하면 개인의 내면세계와 잠재력 재능을 탐구하는 데 도움이 됩니다.

1) 화개살의 기본 개념

가) 화개(華蓋)는 말 그대로 "화려한 덮개"를 뜻하며 전통적으로 정신적 추구 고독 그리고 예술적 철학적 재능을 상징합니다.

나) 화개살은 주로 영적 성향 내면적 성격 혹은 독립적이고 고독한 성격을 지닌 사람과 연관이 있습니다.

2) 육친(六親)과 화개살

육친은 개인과의 관계를 나타내며 각 주(柱)에서 나타날 때 해석이 다릅니다.

가) 년주에 화개살

(1) 육친해석: 조상이나 가문과 관련된 화개살은 조상이 영적 재능이 뛰어나거나 종교적 예술적 배경을 가졌을 가능성을 나타냅니다.

(2) 작용: 전통적인 가치관을 중시하거나 자신의 뿌리를 탐구하려는 경향을 보일 수 있습니다.

(3) 십성연관

(가) 비견/겁재: 형제나 친구와의 관계에서 정신적 교류를 중시합니다.

(나) 정관/편관: 가문의 명예를 유지하거나 종교적 권위에 의지하는 것도 한 방법입니다.

나) 월주에서의 화개살

(1) 육친 해석: 부모나 가정환경과 관련이 있으며 가정이 예술적 또는 학문적 분위기를 띠는 경우가 많습니다.

(2) 작용: 어린 시절부터 내면적 성찰과 사색의 분위기에서 자랄 가능성이 큽니다.

(3) 십성연관

(가) 정재/편재: 부모로부터 물질적 지원보다는 정신적 유산을 더 물려받습니다.

(나) 정인/편인: 학문 예술적 영향이 강조됩니다.

다) 일주에서의 화개살

(1) 육친 해석: 자신과 직접적으로 관련되며 내면세계와 자아 탐구가 중요한 주체입니다.

(2) 작용: 독립적이고 고독한 성향이 강하며 때로는 사람들과 거리를 두고 싶어 합니다.

(3) 십성연관

(가) 식신/상관: 자신의 창의성을 통해 내면을 표현합니다.

(나) 비견/겁재: 자기 자신과 깊은 대화를 나누는 스타일이 필요합니다.

라) 시주에서의 화개살

(1) 육친해석: 자식이나 후손과 관련 있으며 후대가 학문적 철학적 종교적 분야에서 두각을 나타낼 가능성이 있습니다.

(2) 작용: 노년기에 영적인 삶을 지향하거나 후대와 함께 심오한 가치를 추구할 수 있습니다.

(3) 십성연관

(가) 정재/편재: 후대와의 관계에서 물질보다는 정신적 교류 중시합니다.

(나) 식상/상관: 자식의 예술적 재능과 창의성을 강조합니다.

마) 분주에서의 화개살

분주(分柱)는 특징 시점의 상세 흐름을 나타내며 화개살이 분주에 나타나면 해당 시간대에 심오한 통찰이나 깨달음을 경험할 수 있습니다.

3) 화개살 응용 방법

가) 자신의 예술적 영적 재능개발: 화개살이 나타나는 위치를 통해 어떤 분야에서 창의력을 발휘할지 알 수 있습니다.

나) 대인관계 분석: 육친과의 관계를 통해 가까운 사람들과 정신적 교류와 이해도를 높일 수 있습니다.
다) 심리 상담 및 내면치유: 화개살은 고독한 성향은 심리적 안정과 성찰을 통해 치유될 수 있습니다.

4) 예시

가) 일주에서 정관 화개살: 자신이 도덕적이고 정신적인 가치를 중시하며 직장에서 신뢰받는 인물이 될 가능성이 큽니다.
나) 오주(사주)에서 식신 화개살: 자녀가 창의적이며 학문적 또는 예술적 성공을 거둘 가능성이 있습니다.

5) 마무리

화개살은 단순히 고독이나 예술적 성향만을 의미하는 것이 아니라 개인의 내면세계와 관련된 잠재력을 탐구하는 열쇠가 됩니다. 육친과 십성을 결합하여 깊이 있는 해석을 더 한다면 한층 풍부한 오주(사주)풀이가 가능할 것입니다.

제5편
흉살류

1. 급각살(急脚殺)

급각살은 오주(사주)학에서 사용하는 신살(神殺)의 하나로 급작스러운 변화나 빠르게 진행되는 사건 예기치 못한 상황을 상징합니다. 주로 사람이 성급하게 행동하거나 사건이 갑작스럽게 일어나는 경우를 해석할 때 참고합니다. 급각살은 오주(사주)학에 있는 지지의 조합에 따라 형성되며 특정 지지의 관계 속에서 발생합니다.

가. 급각살의 작용과 해석

급각살이 사주에서 작용하는 경우는 주로 다음과 같은 상황으로 해석됩니다.

1) 긍정적 작용

가) 신속한 결정과 실행

(1) 급각살이 강하게 작용하는 사람은 빠른 판단과 신속한 실행력을 지닐 가능성이 높습니다.

(2) 이러한 성향은 비즈니스나 프로젝트를 빠르게 진행할 때 유리합니다.

나) 위기 대처 능력

(1) 급박한 상황에서도 순발력 있게 대응할 수 있는 능력을 갖출 수 있습니다.

2) 부정적 작용

가) 성급함과 실수: 급각살의 영향이 과도하면 조급한 성격으로 인해 섣부른 판단을 내리거나 실수를 범할 수 있습니다.

나) 불안정성: 갑작스러운 사건이나 환경 변화로 인해 스트레스가 높아질 수 있습니다.

3) 직업적 방향

급각살을 가진 사람의 변화가 많고 빠른 속도로 진행되는 분야에서 두각을 나타낼 수 있습니다. 예를 들면 기술개발, 응급구조, 무역, 스포츠, 언론 등과 같은 직업이 적합할 수 있습니다.

나. 급각살의 활용과 처방

1) 급각살을 조화롭게 활용하기

급각살이 성급함으로 작용하지 않도록 침착함을 유지하고 결정을 내릴 때 깊이 있는 판단을 기르는 것이 중요합니다. 명상 계획 수립 등의 활동이 도움이 될 수 있습니다.

2) 화해를 돕는 기운 보완

가) 오주(사주) 전체의 오행 균형을 통해 급각살의 부정적인 영향을 완화할 수 있습니다. 예

를 들어 목(木)의 기운이 필요하다면 자연과의 접촉을 늘리거나 교육과 관련된 일을 병행하는 방법이 있습니다.

나) 급각살은 단순히 불운으로만 해석되지 않습니다. 빠르게 변화하는 현대 사회에서는 오히려 장점으로 작용할 수 있는 요소이므로 이를 긍정적으로 활용하려는 노력이 중요합니다.

2. 단교관살(斷橋關殺)

단교관살은 오주(사주)학에서 사용되는 특수 신살(神煞) 중 하나로 특정한 조건이 충족되었을 때 나타나는 신살입니다. 이는 오주(사주) 구성에 따라 인생의 특정 측면에서 장애물이나 어려움을 나타내는 것으로 해석됩니다.

가. 단교관살의 주(柱)별 작용

단교관살은 오주(사주)의 특정 위치(년주, 월주, 일주, 시주, 분주)에 따라 그 의미와 작용이 달라집니다. 아래는 주(柱)별 작용을 정리한 내용입니다.

1) 년주에서의 단교관살

가) 의미: 조상이나 집안의 영향을 나타냅니다. 단교관살이 년주에 있을 경우 조상 덕이 부족하거나 조상으로 인해 인생의 장애물이 있을 수 있습니다.

나) 작용: 집안의 가풍이 단절되거나 조상과의 관계에서 갈등이 생길 가능성을 암시합니다. 전통이나 가업이 이어지지 않는 경우도 있을 수 있습니다.

2) 월주에서의 단교관살

가) 의미: 부모와의 관계 성장 환경 직업 및 사회적 위치를 나타냅니다. 월주에서 단교관살이 있으면 부모와의 정서적 단절이나 성장 과정에서 어려움이 있을 수 있습니다.

나) 작용: 직장 생활이나 사회적 관계에서 장애물 이 발생할 가능성을 시사합니다. 가족 간의 소통 부족도 포함됩니다.

3) 일주에서의 단교관살

가) 의미: 본인의 성격 배우자 운 결혼 생활에 영향을 미칩니다. 일주에 단교관살이 있으면 결혼 생활에서 갈등이나 단절이 있을 수 있습니다.

나) 작용: 본인이 고립감을 느끼거나 배우자와의 관계에서 지속적인 어려움을 겪을 가능성이 있습니나.

4) 시주에서의 단교관살

의미: 자녀운 노년운 미래 계획을 나타냅니다. 시주에 단교관살이 있으면 자녀와의 관계나 노년의 안정성이 부족할 가능성이 있습니다.

5) 분주에서의 단교관살

의미: 구체적인 시점에서의 변화를 나타냅니다. 단교관살이 분주에 있을 경우 단기적인 프로젝트나 계획이 갑작스럽게 중단될 가능성을 암시합니다.

나. 단교관살의 해석과 활용

1) 긍정적인 관점

가) 단교관살이 있다고 해서 반드시 부정적인 결과만 초래하는 것은 아닙니다.

나) 장애물을 극복함으로써 더욱 강해지거나 새로운 기회를 찾을 수 있습니다.

2) 해결방안

가) 오주(사주)에서 단교관살의 영향을 최소화하기 위해서는 주변 환경과 인간관계를 적극적으로 개선하는 것이 중요합니다.

나) 신살의 해제(解除)를 위해 보완적인 대운(大運)이나 세운(歲運)을 분석하여 대처 방안을 마련할 수 있습니다.

3) 특정 작용의 강화

단교관살의 위치에 따라 특정 주제를 더 깊게 살펴보아야 합니다. 예를 들어 월주에서의 작용이 강하다면 직업적 관계를 개선하려는 노력이 필요할 수 있습니다.

3. 귀문관살(鬼門關殺)

자유(子酉)	축오(丑午)	인미(寅未)	묘신(卯申)	진해(辰亥)	사술(巳戌)

귀문관살은 오주(사주)학에서 매우 중요한 살성 중 하나로 한자의 의미에서 알 수 있듯이 "귀문(鬼門)" "살(殺)"이라는 상징적 의미를 가집니다. 이는 보통 직관력 신비한 통찰력 또는 사주 내에서 특정 장애와 기운을 드러내는 지표로 해석됩니다.

가. 귀문관살의 기본 이해

1) 귀문관살은 천간과 지지의 조합에서 특정한 조건이 충족될 때 성립합니다. 이는 오주(사주)의 다섯 기둥(년주, 월주, 일주, 시주, 분주)에 따라 영향을 주며 사람의 운명에 강한 영향을 미칠 수 있습니다.
2) 귀문관살이 작용하는 오주(사주)에선 흔히 다음과 같은 특징이 나타날 수 있습니다.
   가) 뛰어난 직관력과 영감
   나) 신비롭고 초자연적인 일에 관심
   다) 외로움이나 고독한 성격
   라) 신비로운 경험을 할 가능성
   마) 과거에 얽매이거나 감정적으로 힘든 상황에 부닥칠 가능성

나. 귀문관살의 작용 해석

귀문관살의 영향은 오주(사주) 내 위치에 따라 다르게 작용합니다. 각각의 위치에서 어떻게 작용하는지 살펴보겠습니다.

1) 년주(祖業, 祖上의 자리)

가) 조상으로부터 받는 영향이 크며 조상과의 인연이나 업보에 연관될 수 있습니다.
나) 가문의 전통이나 무속적인 기운과 관련된 일이 많을 수 있습니다.
다) 귀문관살이 긍정적으로 작용하면 조상덕을 크게 받습니다.

2) 월주(부모와 사회의 자리)

가) 부모의 영향력이나 어린 시절의 환경에서 신비로운 경험이나 감정적 영향을 받을 가능성이 있습니다.
나) 직업과 사회적 환경에서 독특한 재능이 발휘될 수 있습니다.
다) 월주에서 귀문관살은 강한 의지력과 신비한 매력으로 작용할 수 있지만, 고독감을 느낄 수도 있습니다.

3) 일주(본인과 배우자의 자리)

가) 본인의 성격에 직관적이고 예민한 특성이 강하게 나타납니다.
나) 배우자와의 관계에서 신비로운 인연이 나타날 가능성이 있습니다.
다) 부정적으로 작용하면 내면의 불안감이나 혼란을 느낄 수도 있습니다.

4) 시주(자녀와 노년의 자리)

가) 자녀나 후손에게 신비로운 성향이 나타날 수 있습니다.

나) 노년기에 초자연적이거나 영적인 활동에 관심을 가질 가능성이 높습니다.

다) 시주에서 귀문관살은 영감과 창의성을 발휘할 기회를 제공합니다.

5) 분주(세부적인 시간 작용)

가) 분주는 주로 시간 단위로 오주(사주)를 상세를 해석할 때 고려됩니다.

나) 귀문관살이 분주에 작용하면 특정 시간대에 강렬한 직감이나 기운을 느끼는 일이 생길 수 있습니다.

다) 이 위치는 특별히 신비한 사건이나 결정적인 순간과 연관이 깊습니다.

다. 귀문살의 긍정적/부정적 작용

1) 긍정적 작용

가) 뛰어난 직감과 창의성이 좋습니다.

나) 무속 예술 심리학 등에 분야에서 큰 성취를 이룹니다.

다) 신비로운 일에 대한 통찰력이 있습니다.

2) 부정적 작용

가) 고독감과 외로움이 있을 수 있습니다.

나) 현실과 이상 간의 갈등적 요소가 있습니다.

다) 감정적으로 불안정할 가능성이 높습니다.

라. 귀문관살을 활용하는 방법

귀문관살은 강력한 에너지를 지닌 살성이기 때문에 이를 어떻게 다루느냐에 따라 인생의 흐름이 달라질 수 있습니다. 이를 활용하기 위한 팁은 다음과 같습니다.

4. 백호대살(白虎大殺)

무진(戊辰)	정축(丁丑)	병술(丙戌)	을미(乙未)	갑진(甲辰)	계축(癸丑)	임술(壬戌)

백호대살은 오주(사주)학 및 명리학에서 중요한 신살(神殺)중 하나로 강력한 힘과 작용력을

상징합니다. 이 개념은 고대 중국에서 형성된 역경(易經)의 원리와 구궁법(九宮法)과도 연결되며 청룡(青龍), 주작(朱雀), 현무(玄武), 백호(白虎)의 사상(四象)을 포함한 음양오행 이론과 깊이 연관되어 있습니다.

가. 백호대살의 기본 개념

1) "백호(白虎)"는 사방신 중 서쪽을 상징하며 금(金)의 기운을 대표합니다. 강력하고 단호한 성격 재앙이나 큰 변화를 의미하기도 합니다.
2) "대살(大殺)"이라는 표현은 그 힘이 매우 강대하여 긍정적/부정적 작용을 모두 포함한다는 점을 강조합니다.
3) 오주(사주) 내 특정지지(地支)에 의해 백호대살이 형성되면 그 사람의 삶에서 큰 도전과 변화를 겪거나 강력한 에너지를 발휘할 수 있는 기회를 얻는다고 봅니다.

나. 구궁법(九宮法)과 백호대살

구궁법은 주역과 연결되어 있으며 특정한 별과 관련된 기운이 각각의 궁에 배치됩니다.

1) 6궁(六白): 금(金)의 기운을 가지며 백호와 가장 가까운 궁입니다. 재물 권력 이동과 관련된 강력한 작용을 나타냅니다.
2) 백호대살이 특징 궁과 연결될 경우 이 궁의 기운이 활성화되어 운명에서 강력한 작용을 합니다.
3) 예를 들어 5황궁에서 백호대살이 작용하면 중심에서 일어나는 강력한 변혁을 의미할 수 있습니다.

다. 청룡(青龍), 주작(朱雀), 백호(白虎), 현무(玄武)

사방신은 자연과 인간의 에너지를 상징하며 각각의 사신이 명리학에서 특정한 역할을 합니다.

1) 청룡(青龍)

가) 동쪽(목의 기운)을 상징하며 백호와 대칭 관계를 이룹니다.
나) 성장 발전 희망의 기운을 나타내며 백호대 살과 만나면 균형과 조화를 이루거나 강력한 충돌이 발생할 수 있습니다.

2) 주작(朱雀)

가) 남쪽(화의 기운)을 상징하며 의사소통과 명예를 나타냅니다.
나) 백호대살과 결합하면 강력한 표현력이나 과도한 갈등이 발생할 가능성이 있습니다.

3) 백호(白虎)

가) 서쪽(금의 기운)을 상징하며 단호함. 결단력 종종 위험성을 나타냅니다.

나) 강력한 에너지를 통해 큰 변화를 불러올 수 있습니다.

4) 현무(玄武)

가) 북쪽(수의 기운)을 상징하며 지혜와 신비로움을 나타냅니다.

나) 백호대살과 만날 경우 전략적 변화와 내면적 성장이 나타날 수 있습니다.

라. 년주, 월주, 일주, 시주, 분주에서 백호대살의 작용

1) 년주(年柱)

가) 백호대살이 년주에 있으면 조상의 유산 큰 사회적 영향력 또는 어린 시절의 극적인 경험을 의미할 수 있습니다.

나) 강력한 카리스마를 지니며 외부 환경의 급격한 변화가 많을 수 있습니다.

2) 월주(月柱)

가) 월주에서 작용할 경우 가정이나 직업에서 강력한 변화를 경험할 수 있습니다.

나) 조직 내에서 리더십을 발휘하거나 극단적인 상황 속에서도 중심을 잡을 가능성이 큽니다.

3) 일주(日柱)

가) 개인의 성격 배우자와의 관계에 영향을 미칩니다.

나) 백호대살이 일주에 있으면 결단력이 강하고 도전적이며 삶에서 극적인 기복을 겪을 가능성이 있습니다.

4) 시주(時柱)

가) 미래의 성과 자녀와 관련된 영향을 나타냅니다.

나) 백호대살이 시주에 있으면 후반부 인생에서 큰 성공이나 강력한 장애를 극복하는 힘을 얻게 됩니다.

5) 분주(分柱)

가) 백호대살이 분주에 있다면 특정 시점에서의 짧은 변화나 강렬한 사건을 의미합니다.

나) 특정 결정의 시기나 프로젝트의 성공 여부 중요한 영향을 미칠 수 있습니다.

마. 백호대살을 활용하는 방법

1) 균형유지: 백호대살은 강력한 에너지를 가지므로 다른 사신(청룡, 주작, 백호, 현무)과의 균형을 유지하는 것이 중요합니다.
2) 강점을 극대화: 백호의 기운은 결단력과 추진력을 의미하므로 이를 활용해 어려운 상황에서도 극복해내는 능력을 키워야 합니다.
3) 주의 사항: 지나친 고집이나 무리한 행동은 부정적인 결과를 초래할 수 있으므로 신중한 판단이 필요합니다.

5. 순중공망(旬中空亡)

가. 순중공망 및 왕(旺)자와 쇠(衰)자의 차이

1) 기본원리

가) 왕자(旺者)는 물공(勿空)

⑴ 기운이 왕성한 글자는 공망의 영향을 덜 받습니다.

⑵ 예를 들어 해당 글자가 월령(月令)과 합하여 왕성한 힘을 발휘할 경우 공망의 영향을 무시하거나 크게 약화시킵니다.

나) 쇠자(衰者)는 진공(眞空)

⑴ 쇠약한 글자는 공망의 영향을 강하게 받습니다.

⑵ 이 경우 해당 글자의 작용이 거의 사라지거나 극단적으로 약화됩니다.

2) 생극제화의 원리와 공망의 역할

가) 생(生): 공망이라도 다른 글자에 생을 주는 경우 약하지만, 그 작용은 유지됩니다.

나) 극(剋): 공망 상태에서 극의 작용은 약화되거나 실패할 수 있습니다.

다) 제화(制化): 공망일지라도 제화의 작용은 그 상황에 따라 유지될 수 있으나 불완전할 가능성이 높습니다.

나. 휴, 수, 사, 묘, 절과 공망의 관계

1) 휴(休): 휴지 상태의 글자는 공망일 경우 더욱 힘을 잃고 무력해집니다.
2) 수(囚): 감금된 글자는 공망일 경우 거의 완전히 작용을 상실합니다.
3) 사(死): 사지(死地)에 해당하는 글자는 공망이면 존재 자체가 무효화될 수 있습니다.
4) 묘(墓): 묘시에 해당하는 글자는 공망일 경우 잠재된 에너지조차 사라질 수 있습니다

5) 절(絶): 절지 상태에서 공망이면 그 글자는 완전히 소멸된 상태로 봅니다.

다. 년주, 월주, 일주, 시주, 분주에서의 작용과 해석

1) 년주(年柱): 조상의 영향과 대운의 기초

가) 년주는 조상 뿌리 초기 환경을 나타냅니다.

나) 공망일 경우

(1) 조상이나 초기 환경의 도움을 받기 어렵거나 그 영향이 약화됩니다.

(2) 왕성한 글자라면 이 영향을 극복할 가능성이 있습니다.

2) 월주(月柱): 월령과 현실적 환경

가) 월주는 사회적 지위와 가정환경 부모와의 관계를 나타냅니다.

나) 공망일 경우

(1) 직업 가정환경이 불안정하거나 기대한 만큼의 성과를 얻기 어려울 수 있습니다.

(2) 그러나 월령과 합(合) 또는 생(生)이 이루어진다면 공망의 영향을 일부 회복합니다.

3) 일주(日柱): 자신과 배우자의 운세

가) 일주는 자신과 배우자의 기운을 나타냅니다.

나) 공망일 경우

(1) 배우자 운이 불안정하거나 결혼 생활에서 어려움을 겪을 수 있습니다.

(2) 일간(日干)이 왕성하다면 이를 극복하거나 다른 기운으로 보완할 수 있습니다.

4) 시주(時柱): 후손과 말년운

가) 시주는 후손 창조적인 일 말년의 운세를 나타냅니다.

나) 공망일 경우

(1) 후손과의 인연이 약하거나 말년에 안정된 결과를 얻기 어려울 수 있습니다.

(2) 그러나 시주 글자가 강하면 공망을 극복할 가능성이 있습니다.

5) 분주(分柱): 세부적인 운과 순간적 흐름

가) 분주는 순간의 결정과 세부적인 운세를 나타냅니다.

나) 공망일 경우

(1) 특정한 순간의 선택이나 기회가 효과를 발휘하지 못할 가능성이 큽니다.

(2) 분주는 대운이나 세운에 흐름과 함께 보아야 합니다.

라. 해석 시 주의점

1) 전체적인 오주(사주)의 구조와의 연계성을 반드시 고려해야 합니다. 공망이 단독으로 결정적인 영향을 미치는 것은 다른 요소와의 상호작용에 따라 해석이 달라질 수 있습니다.
2) 대운과 세운에서 공망이 발생하는 시기는 해당 글자의 역할이 약화될 수 있으므로 주의가 필요합니다.
3) 특정 글자의 강약 여부를 분석하여 공망의 실질적 영향을 판단해야 합니다.

6. 절로공망(截路空亡)

절로공망은 오주(사주)에서 매우 독특한 공망의 개념으로 주로 특정한 일주에 대해 적용됩니다. 여기서는 절로공망의 정의와 의미 그리고 생극제화의 원리를 중심으로 설명해 드립니다.

가. 절로공망의 정의와 일주

1) 절로공망은 기본적인 공망(空亡)의 이론에서 발전한 개념으로 특정한 갑기합, 을경합, 병신합, 정임합, 무계합, 관계에 따라 일주 자체가 공망의 영향을 받는 경우를 말합니다.
   가) 갑기합(甲己)=신유(申酉) 공망
   나) 을경합(乙庚)=오미(午未) 공망
   다) 병신합(丙辛)=진사(辰巳) 공망
   라) 정임합(丁壬)=인묘(寅卯) 공망
   마) 무계합(戊癸)=자축(子丑) 공망
2) 이 절로공망은 오주십자(사주팔자) 내에서 특정한 기운의 작용이 결핍되거나 무력화되는 형태로 나타납니다.

나. 절로공망의 작용원리

1) 길신작용(吉神作用)

가) 공망이 길신으로 작용할 경우 오히려 공망을 통해 오주(사주)의 균형이 잡히고 긍정적인 결과를 가져올 수 있습니다. 이는 주로 공망 이 과도한 기운(과다한 오행이나 기운의 편중)을 조절할 때 발생합니다.

나) 예:

(1) 공망된 신유(申酉) 지역에서 재다신약(財 多身弱)한 구조일 경우 재물을 소모시키는 작용을 줄여 안정감을 제공합니다.

(2) 과도한 관성이 공망 됨으로써 억압된 상황에서 벗어나 자유로움을 느낄 수 있습니다.

2) 흉신작용(凶神作用)

가) 반대로 공망이 흉신으로 작용하면 오주(사 주)의 원활한 흐름을 방해하거나 필요한 기운이 결핍되어 곤란한 상황이 발생할 수 있습니다.

나) 예:

(1) 병신(丙辛)합에서 진사(辰巳)가 공망될 경우 화(火)와 금(金)간의 균형이 깨져 재성과 관성이 제대로 작용하지 않습니다..

(2) 무계(戊癸)합에서 자축(子丑)이 공망 되면 토(土)와 수(水)의 상호작용이 약화되어 재물의 흐름이 막힙니다.

다. 생극제화 원리와 절로공망

1) 생극제화(生剋制化)는 오행의 기본 원리로 절로공망에서도 이 원리가 중요하게 작용합니다.

가) 생(生): 공망된 기운이 필요한 오행의 생조 역할을 방해.

나) 극(剋): 공망된 오행의 부족으로 인해 과도한 극이 발생하거나 필요한 극이 부족.

다) 제(制): 과도한 기운을 공망이 흡수하여 완화

라) 화(化): 공망된 오행이 극복되거나 합화될 경우 새로운 조화로운 기운이 형성.

2) 예:

가) 오주(사주)에서 土(土)가 과다한 경우 자축 공망(子丑)이 생기면 과다한 토를 흡수하여 균형을 맞춥니다.

나) 반대로 필요한 오행이 공망되면 이를 보충하지 못해 특정 측면에서 어려움이 나타날 수 있습니다.

라. 절로공망의 실제 활용

1) 공망된 지역의 오행 보충: 공망된 지지가 포함하는 오행을 대운 세운 합충으로 보완하거나 환경적으로 강화됩니다.

2) 과도한 기운 제어: 공망이 길신으로 작용하는 경우 이를 이용해 오주(사주)의 균형을 맞추는 전략이 필요합니다.

3) 적극적 활용: 공망된 부분에 얽매이지 않고 부족한 부분을 외부적 요인(예: 가족, 배우자, 직업)을 통해 보충해야 합니다.

마. 결론

절로공망은 오주(사주)의 흐름과 균형을 이해하는데 중요한 요소입니다. 길신과 흉신 작용을 잘 구분하고 생극제화 원리를 통해 공망의 영향력을 분석하면 오주(사주)에서 공망이 주는 긍정적/부정적 요소를 더욱 명확히 파악할 수 있습니다.

7. 탕화살(湯火殺): 인(寅), 오(午), 축(丑)

탕화살은 오주학, 사주학, 명리학에서 불(火)과 물(湯)의 에너지 충돌로 인해 사고 화상 화재 중독 부상을 초래할 수 있는 위험 요소를 지칭합니다. 이는 특히 "축丑(토)와 오午(화)"의 조합이 강하게 작용할 때 그 영향력이 두드러지며 오주(사주)에서 특정 조합으로 드러날 경우 이에 따른 다양한 현상과 사건이 일어날 수 있습니다. 여기에 "원진살(怨嗔殺), 육해살(六害殺), 귀문관살(鬼門關殺)"까지 겹치면 상황이 더욱 복잡하고 강한 영향을 미칩니다.

가. 탕화살(湯火殺)의 작용과 발생 가능성

1) 축丑-오午 충의 영향

축(丑)은 냉한 기운의 땅의 에너지(토)이며 오(午)는 뜨거운 불의 에너지로 두 기운이 충돌할 경우 탕화살이 형성됩니다. 이 조합은 물리적 충돌 화재 사고 혹인 정신적 스트레스 약물 상황 등을 초래할 가능성이 있습니다.

2) 탕화살의 실제 영향

가) 화재/화상: 특히 여름철에 강한 에너지로 폭발하거나 발화 가능성이 큽니다.
나) 중독: 식중독 약물 과다복용 등이 일어납니다.
다) 비관/자해: 정신적인 스트레스와 과도한 감정충돌로 인해 우울한 결과를 초래합니다.
라) 파편상: 폭발이나 사고로 인한 물리적 부상을 당할 수 있습니다.

나. 원진살(怨嗔殺), 육해살(六害殺), 귀문관살(鬼門關殺)

1) 원진살: 관계에서 갈등 오해 원한 등이 발생 특히 대인관계 문제나 파트너와의 충돌이 발생합니다.
2) 육해살: 구설수, 배신 금전적 손실 등이 포함 사업에서의 실패 가능성이 있습니다.
3) 귀문관살: 초자연적 요소나 정신적인 혼란 우울감 혹은 신경쇠약이 발생합니다.

다. 주(柱)별 해석

1) 년주(年柱): 가족 조상의 영향을 통해 탕화살 및 기타 살들의 작용

가) 탕화살: 조상 관련 문제(화재로 인한 유산 손실 등)가 발생합니다.
나) 원진살: 조부모와의 갈등 혹은 가족 전통과의 불화할 일이 있습니다.
다) 귀문관살: 집안의 정신적 문제나 초자연적인 사건이 발생합니다.

2) 월주(月柱): 직업 경제활동 사회적 관계를 통해 발생

가) 탕화살: 직장에서의 사고 금전적 손실 가능성이 있습니다.
나) 육해살: 동료와의 배신 사업 실패를 초래합니다.
다) 귀문관살: 상사나 동료와의 갈등으로 인한 정신적 고통이 심합니다.

3) 일주(日柱): 본인의 성격 배우자 관계에 미치는 영향

가) 탕화살: 개인의 부주의로 인한 사고나 부상이 생길 수 있습니다.
나) 원진살: 배우자와의 다툼 혹은 이혼 가능성이 높습니다.
다) 귀문관살: 자신의 내면적인 혼란이나 고독감이 생겨납니다.

4) 시주(時柱): 자녀, 노후운 혹은 미래에 대한 영향

가) 탕화살: 자녀의 사고 혹은 자신이 노년기에 겪는 문제가 발생합니다.
나) 육해살: 자녀와 경제적 갈등 교육 문제 유산 갈등이 일어납니다.
다) 귀문관살: 자녀의 정신적 문제나 건강 문제가 발생합니다.

5) 분주(分柱): 하루 중 특정 순간이나 단기적인 사건 사고의 흐름을 파악

가) 탕화살: 짧은 시간 내의 불의에 사고(교통사고 화재 등)를 예방해야 합니다.
나) 원진살: 순간적인 갈등이나 다툼이 일어납니다.
다) 귀문관살: 단기간의 깊은 고통 정신적 육체적 혼란이나 불안감이 생깁니다.

라. 축(丑)과 오(午)이 겹치는 경우

1) 특징: 축오(丑午)층은 여기에 포함된 기타 살들(원진살, 육해살 등)의 작용을 증폭시킴. 특히 축은 냉정하고 무거운 에너지인데 오(午)와 충돌하면서 강한 폭발력을 지니게 됩니다.
2) 결과: 크고 작은 사건 사고가 동시에 발생할 가능성이 높습니다.
3) 예시: 화재가 발생하면서 동시에 경제적 손실과 대인관계 문제가 겹치는 복합적인 문제 상황이 발생합니다.

마. 예방과 대응 방법

1) 풍수활용: 탕화살과 귀문관살은 특히 주변 환경의 영향을 많이 받으므로 집안의 화기(火氣)를 낮추고 냉정한 기운(토/수)을 적절히 배치해서 중화로 소통이 필요합니다.
2) 의식적인 주의: 물리적 사고에 대비해 보험 가입이나 안전 규정을 엄격히 준수하는 것이 좋습니다.
3) 심리적 안정: 명상을 통해 원진살이나 귀문관 살의 심리적 혼란을 줄임이 필요합니다.
4) 타이밍 조절: 육해살의 영향을 받는 시기에 중요한 계약이나 거래를 피해야 합니다.

8. 양인살(羊刃殺)

일간	甲	乙	丙	丁	戊	己	庚	辛	壬	癸
지지	卯	辰	午	未	午	未	酉	戌	子	丑

양인살은 오주(사주)학에서 강렬하고 날카로운 기운을 가진 별로 특히 일주를 기준으로 강한 기운을 지니면 그 작용은 오주(사주)의 전체 구성에 따라 길흉(吉凶)이 크게 달라집니다. 양인살은 주로 재능 결단력 추진력과 같은 강점을 주지만 동시에 과도한 자존심 고집 충돌 등의 흉한 면으로 나타날 수도 있습니다.

가. 양인살의 정의와 특징

1) 정의

양인살은 일간(日干)의 음양과 지지의 관계로 인해 형성됩니다. 예를 들어 갑(甲)일 간의 양인살은 묘(卯), 병(丙)일 간의 양인살은 오(午)등으로 정해지며 일간과 천간, 지지의 충돌로 강렬한 에너지를 방출합니다.

2) 주요 특징

가) 길(吉): 강인한 의지 결단력 용기 빠른 행동
나) 흉(凶): 과도한 고집 충돌 다툼 조급함 건강 문제

나. 양인살의 작용 위치별 길흉

1) 년주(年柱)의 양인살

가) 길(吉): 가족의 기운을 통해 강한 후원과 리더십을 발휘합니다. 조상이나 혈통에서 강한

유산을 받거나 가족 내에서 리더 역할을 맡는 경우가 많습니다.

나) 흉(凶): 부모와의 관계에서 갈등이 있거나 어릴 적부터 가족 간의 의견 충돌로 어려움을 겪을 수 있습니다. 지나친 자립심이 문제로 작용할 가능성도 있습니다.

2) 월주(月柱)의 양인살

가) 길(吉): 직업적 성공이나 사회적 리더십을 나타냅니다. 특히 월주는 현실적인 문제와 직결되기 때문에 재물 운이나 사업운이 강해지는 경우가 많습니다.

나) 흉(凶): 직장에서 상사나 동료와 갈등을 겪을 수 있습니다. 지나친 독단적 행동이 문제를 일으키거나 스트레스가 건강 문제로 이어질 가능성도 있습니다.

3) 일주(日柱)의 양인살

가) 길(吉): 스스로의 의지와 결단력으로 개인적인 성공을 이루는 경우가 많습니다. 배우자와의 관계에서도 강한 주도권을 가지며 자신의 능력을 믿고 도전합니다.

나) 흉(凶): 배우자와의 의견 충돌이나 지나친 자존심으로 인해 가정 내 불화가 발생할 수 있습니다. 결혼 생활에서 지나치게 독립적인 태도가 문제가 될 가능성이 있습니다.

4) 시주(時柱)의 양인살

가) 길(吉): 후손이나 미래 계획에서 강력한 실행력과 성공을 나타냅니다. 특히 말년 운에서 자신의 의지를 통해 원하는 것을 얻는 경우가 많습니다.

나) 흉(凶): 자녀와의 갈등이나 지나친 통제가 문제로 작용할 수 있습니다. 자신의 계획이 지나치게 강경하게 적용될 경우 주변 사람들과의 관계가 손상될 가능성이 있습니다.

5) 분주(分柱) 부분적 작용

양인살의 작용은 오주(사주)의 전체적인 구성에 따라 부분적으로 나타날 수 있습니다. 예를 들어 재성이 강한 오주(사주)에서는 재물에 대한 결단력이 길로 작용할 수 있지만 관성이 강한 오주(사주)에서는 상사나 권위와의 충돌로 나타날 수 있습니다.

다. 인마(人馬)와의 관계

인마(人馬)는 인간과 말의 조화를 상징하며 이동 변화 활동성을 나타내는 별입니다. 양인살은 기본적으로 강렬한 추진력을 가지고 있기 때문에 인마의 기운과 결합하면 다음과 같은 특징이 나타냅니다.

1) 긍정적 작용

양인살과 인마가 조화를 이루면 새로운 도전을 성공적으로 이끌어가는 강력한 에너지를 발휘합니다. 특히 이동 이직 사업확장 등과 같은 변화에서 큰 성과를 거둘 가능성이 높습니다.

2) 부정적 작용

인마의 인동성과 양인살의 급한 성격이 결합되면 지나치게 서두르거나 준비 없이 행동하여 실패를 초래할 수 있습니다. 충동적인 결정으로 인해 재물이나 인간관계에서 손해를 볼 가능성이 있습니다.

라. 양인살 활용법과 조언

1) 양인살이 길한 작용할 경우

가) 결단력과 추진력을 활용하여 목표를 달성하세요.

나) 조화를 중요시하며 타인의 의견을 경청하는 태도를 유지하면 흉한 작용을 줄일 수 있습니다.

2) 양인살이 흉으로 작용할 경우

나) 감정적인 행동을 자제하고 신중한 결정을 내리도록 노력하세요

다) 특히 건강 관리(혈압, 스트레스 등)와 인간관계의 균형이 중요합니다.

9. 괴강살(魁罡殺)

경진(庚辰)	경술(庚戌)	임진(壬辰)	임술(壬戌)	무진(戊辰)	무술(戊戌)

가. 괴강살의 기본 개념

1) 괴강살은 오주십자(五柱十字), 사주팔자(四柱八字)에서 "경진(庚辰)과 무토(戊)"가 특정 지지(地支)에 배치될 때 발생합니다.
   가) 경금: 인(寅), 오(午), 술(戌)
   나) 무토: 신(申), 자(子), 진(辰)

2) 괴강살은 강한 주도력 리더십 독립성 극단적 성향을 나타내며 인생의 부침(浮沈)이 클 수 있음을 상징합니다.

3) 기본적으로 흉성에 해당하지만 이를 제대로 다스리면 "귀격(貴格)"으로 전환되어 큰 성공을 가져올 수 있습니다.

나. 괴강살의 긍정적/부정적 작용

1) 긍정적 작용

가) 결단력과 강한 추진력: 주도적이고 카리스마 있는 리더십을 발휘할 수 있습니다.

나) 역경 극복 능력: 힘든 상황에서도 도전과 혁신을 통해 성공을 이룰 수 있습니다.

다) 귀격으로 전환 가능성: 적절한 환경과 성격의 균형이 이루어진다면 높은 사회적 지위를 얻을 수 있습니다.

2) 부정적 작용

가) 고립과 독단: 지나친 독립성과 고집으로 인해 타인과의 조화가 어려울 수 있습니다.

나) 극단적 성향: 감정 기복이 심하거나 무리한 행동으로 실패를 초래할 위험이 있습니다.

다) 재앙과 파괴: 오주(사주) 내흉성이 강하거나 괴강살을 다룰 여건이 부족하면 파멸적 결과를 초래할 수 있습니다.

다. 괴강살의 각 주에서의 작용

1) 년주(年柱)

가) 작용: 조상의 영향 가문의 힘 어린 시절의 운명에 큰 영향을 미칩니다.

⑴ 조상 대대로 강한 리더십이나 독립성을 가진 가문에서 태어난 경우가 많습니다.

⑵ 어린 시절부터 도전과 경쟁에 노출되며 부모와의 관계가 긴장될 가능성도 있습니다.

나) 활용: 조상의 뜻을 따르되 자신의 독창성을 유지하며 성장하도록 노력해야 합니다.

2) 월주(月柱)

가) 작용: 사회적 성공과 직업적인 성취에 영향을 미칩니다.

⑴ 강한 의지와 추진력으로 전문 분야에서 두각을 나타낼 수 있습니다.

⑵ 직업적 성취가 클 수 있지만 지나친 독단은 조직 내 갈등을 유발할 수 있습니다.

나) 활용: 팀워크와 타인과의 협력을 중시하면서 자신의 능력을 발휘해야 합니다.

3) 일주(日柱)

가) 작용:개인의 본질적 성격과 결혼 생활에 영향을 미칩니다.

(1) 독립적이고 강한 성격으로 배우자와의 관계에서 갈등이 생길 수 있습니다.

(2) 강한 자기 확신이 개인적인 성공으로 이어질 수 있지만, 가정 내 조화를 이루는데 어려움이 따를 수 있습니다.

나) 활용: 배우자와의 신뢰와 이해를 바탕으로 관계를 조화롭게 만들어야 합니다.

4) 시주(時柱)

가) 작용: 말년운 자녀와의 관계 후손의 운명에 영향을 미칩니다.

(1) 자녀에 강한 영향력을 미치며 성공적인 말년을 보낼 가능성이 높습니다.

(2) 지나친 통제력은 자녀와의 갈등을 초래할 수 있습니다.

나) 활용: 자녀에게 지나친 통제를 삼가고 말년에 인간관계를 통해 있는 삶을 살도록 노력해야 합니다.

5) 분주(分柱)

가) 분주는 세분화된 운명 분석에 사용되며 시간 단위로 작용하는 괴강살의 영향력을 봅니다.

(1) 특정 시간대에 강한 추진력과 리더십을 발휘하지만, 감정적 판단에 의한 실수도 생길 수 있습니다.

나) 활용: 시간별로 자신의 에너지와 판단력을 잘 조절해야 하며 감정에 휘둘리지 않도록 주의해야 합니다.

라. 괴강살 활용법

1) 균형감각 유지: 강한 독립성과 고집을 부드럽게 조율하여 협력과 융통성을 갖춰야 합니다.

2) 적절한 환경 조성: 도전적인 환경에서 자신의 능력을 발휘하되 지나친 경쟁을 피합니다.

3) 흉성을 억제하는 방법: 괴강살은 길성과 함께 있을 때 더 긍정적으로 작용합니다. "정관(正官)"이나 "편관(偏官)"과 함께 조화를 이루는 오주(사주) 구성이 도움이 됩니다.

4) 인내심과 협력의 중요성:타인과의 조화를 이루는 것이 성공적인 삶으로 이어질 수 있습니다.

5) 괴강살은 그 강력한 힘으로 인해 잘 다루면 큰 성공을 가져오고 반대로 다루지 못하면 재앙이 될 수 있는 양날의 칼과 같습니다. 자신의 오주(사주) 내 괴강살의 위치와 작용을 정확히 이해하고 이를 바탕으로 삶을 설계해 나가는 것이 중요합니다.

10. 낙정관살(落井關殺)

일간	甲己日	乙庚日	丙辛日	丁壬日	戊癸日
지지	巳	子	申	戌	卯

낙정관살은 오주(사주)명리학에서 중요한 신살(神殺) 중 하나로 특정한 작용과 의미를 지닙니다. 이를 활용 하기 위해서는 낙정관살의 본질 해석 방법 그리고 적용 사례를 이해하는 것이 필요합니다.

가. 낙정관살의 기본 개념

1) 뜻

낙정관살은 문자 그대로 “우물에 빠지는 것과 같은 장애와 어려움”을 의미합니다. 이는 명조에서 특정한 조건에 의해 나타나는 신살로 인생의 길흉화복 특히 직업이나 업종과 관련하여 해석됩니다.

2) 위치에 따른 작용

가) 년주: 사회적 환경 초기 삶의 어려움과 관련이 있습니다.

나) 월주: 직업 중년 시기의 직업적 도전의식에 해당합니다.

다) 일주: 개인의 삶과 대인관계에서의 변화을 추구합니다.

라) 시주: 말년의 재물과 자손 운에 작용의 영을 줍니다.

마) 분주: 세밀한 타이밍이나 특정 사건에서의 길흉 판단을 할 수 있습니다.

나. 낙정관살의 길흉 작용

1) 길(吉)

가) 낙정관살이 용신(用神)과 조화를 이룬다면 어려움을 극복한 뒤 큰 성과를 이룰 수 있음을 나타냅니다.

나) 특히 물과 관련된 업종(수산업 음료업 환경관리 등)이나 상담 치유 관련 직업에서 성공 가능성을 암시합니다.

2) 흉(凶)

가) 낙정관살이 기신(忌神)으로 작용하면 예상치 못한 장애물 재물손실 혹은 건강 문제를 유

발할 수 있습니다.

나) 주기적으로 환경이 급변하거나 계획이 좌절되는 경우가 많습니다.

다. 직업 및 업종과의 중요성

낙정관살은 "물(水)"과 관련된 이미지와 연결됩니다. 이에 따라 다음과 같은 업종에서 중요한 영향을 끼칩니다.

1) 물과 관련된 직업: 수산업 음료 제조업 환경 관련 직업(정수, 오폐수관리) 등에 적합합니다.

2) 위험관리: 보험 구조활동 안전관리 등에 적합합니다.

3) 치유와 상담: 심리 상담 힐링 관련 직업 등에 적합합니다.

4) 교육 및 연구: 깊이 있는 연구 특히 철학적 심리학적 주제를 다루는 학문기관도 좋습니다.

5) 예술 및 창작: 감정적으로 깊은 울림을 주는 문학, 음악, 그림 등의 창작 분야에 탁월합니다.

라. 활용 방법

1) 오주(사주)분석에서 낙정관살 활용

가) 오주(사주)의 전체적인 균형과 대조를 확인하여 낙정관살의 역할을 판단합니다.

나) 용신과 희신으로 활용 가능한지 확인하고 불리한 경우 보완책을 마련합니다.

2) 운세 주기 활용

가) 낙정관살이 활성화되는 시기(대운, 세운)에는 새로운 사업이나 투자에 주의가 필요합니다.

나) 이 시기에 변화를 피하고 기존의 틀 안에서 안정감을 추구하는 것이 중요합니다.

3) 직업 및 업종 선택

가) 낙정관살의 영향을 받는 오주는 도전적이고 위험을 수반하는 직업에서 성과를 낼 수 있습니다.

나) 흉으로 작용할 경우 신중함을 강조하고 안정적인 업종을 선택하는 것이 바람직합니다.

4) 풍수나 생활 습관 보완

가) 물과 관련된 장소(강, 바다 우물 등)에서 정기적으로 명상하거나 휴식을 취하여 기운을 보충할 수 있습니다.

나) 집안 환경에서 물을 다스리는 풍수 인테리어(어항, 수공예품)를 활용합니다.

마. 활용 사례

1) 사업가 사례: 한 사업가의 월주에 낙정관살이 위치한 경우 초기 사업에서 많은 실패를 겪었으나 물과 관련된 업종(예: 생수 제조업 정수기)으로 전환하면서 큰 성공을 거두었습니다.
2) 예술가 사례: 일주에 낙정관살이 있는 한 예술가는 감정적 기복이 심했으나 이를 예술적 창작으로 승화시켜 독창적인 작품을 발표하며 성공을 거두었습니다.

11. 수액살(水厄殺)

생월(生月)	임묘진	사오미	신유술	해자축
생시(生時)	인	진	유	축

수액살은 오주(사주)학에서 특정한 흉살(凶殺)중 하나로 물(水)과 관련된 재앙이나 고난 혹은 운세의 방해 요소를 의미합니다. 수액살은 천간과 지지의 조합이나 오주(사주) 내 특정 조건에 의해 나타나며 특히 물과 관련된 재난 금전적인 손실 건강 문제 또는 심리적인 불안정을 암시하는 경우가 많습니다. 이 흉살은 특히 오주(사주)가 물의 기운(수水)과 과잉되거나 충돌하는 경우 더 강하게 작용할 수 있습니다.

가. 수액살의 작용

1) 재난이나 손실과 관련

수액살은 종종 물과 관련된 사고(홍수, 침수 등)나 금전적인 손실을 가져올 가능성을 상징합니다. 물(水)이 재물(財)을 상징하는 경우 수액살은 재물의 유실이나 재정적 어려움을 예고할 수 있습니다.

2) 심리적 정신적 문제

수액살은 정신적인 불안정 우울감 심리적 압박 등 내면적인 갈등으로도 나타날 수 있습니다. 특히 오주(사주)에서 수(水)가 왕하거나 과잉될 경우 이런 성향이 더욱 두드러질 수 있습니다.

3) 건강문제

물과 관련된 질병 예컨대 신장, 방광, 소변기 계통의 문제나 수분 대사와 관련된 질환(부종, 탈수 등)과 연관될 가능성도 있습니다.

나. 수재 낙전관살과의 병행 효과

"수재 낙전관살(水災落錢官殺)"은 물(水)과 관련된 재난이 관(官)과 살(殺)에 영향을 미쳐 금전적 손실이나 명예와 관련된 문제를 가져오는 상황을 나타냅니다. 특히 수액살이 수재 낙전관살과 함께 작용하면 흉살의 영향력이 더욱 강해져 다음과 같은 효과가 발생할 가능성이 있습니다.

1) 금전적 손실이 현실화됨

"낙전(落錢)"이란 말 그대로 금전적인 손실을 뜻합니다. 수액살과 결합하면 돈을 모으거나 유지하기 어려운 상황이 만들어질 수 있습니다. 투자 실패 사업 부진 또는 재정적 어려움이 클 수 있습니다.

2) 관살의 부정적 작용 강화

관살(官殺)은 명예나 직업적 위치를 나타내는 요소입니다. 관살에 영향을 미치는 수재와 수액살이 병행하면 사회적 지위의 흔들림 직업적 곤란 또는 권력의 상실 등이 있을 수 있습니다.

3) 재난의 피할 수 없음

"만무일실(萬無一失)"이라는 표현은 흉살의 작용이 매우 확실하게 발동한다는 것을 뜻합니다. 특히 오주(사주) 내 수(水)의 기운이 과다하거나 오주(사주)의 운세가 흉살에 민감한 구조라면 이 조합은 큰 재난이나 손실을 초래할 가능성이 큽니다.

다. 해결책 및 대응법

수액살과 수재 낙전관살의 병행으로 인한 부정적 작용을 완화하거나 피하기 위해서는 다음과 같은 방법을 고려할 수 있습니다.

1) 운세 흐름 조정

오주(사주)에서 수(水)가 과다하거나 흉 살이 강하게 작용할 경우 화(火)나 토(土)로 조화를 맞추는 것이 중요합니다. 예를 들어 화(火)는 물은 기운을 증발시키고 토(土)는 물을 흡수하여 균형을 맞출 수 있습니다.

2) 적극적인 예방책

물과 관련된 재난이나 손실을 방지하기 위해 보험 가입 재무 관리 강화 또는 물과 관련된 활동(수상 레저 여행 등)을 피하는 등의 예방적 조치를 사용하는 방법도 효과적인 수 있습니다.

12. 효신살(梟神殺)

甲子일	乙亥일	丙寅일	丁卯일	戊午일	己巳일
庚辰일	庚戌일	辛丑일	辛未일	戊申일	癸丑일

“인성(印星)”과 관련이 깊습니다. 인성은 흔히 자식 보호 정신적 안정 어머니와의 관계 등을 상징합니다. 그러나 효신살이 작용하면 인성이 오히려 부정적인 방향으로 작용하거나 약화될 수 있다고 해석됩니다.

가. 효신살의 정의

1) 효신(梟神)의 문자적 의미

“효(梟)”는 올빼미이나 부엉이를 뜻하며 고대 중국에서는 효조(梟鳥)를 불길한 새로 간주했습니다. 특히 효조가 어미 새를 잡아먹는다고 여겨졌기 때문에 “효신살”은 어머니와의 갈등 또는 어머니의 부정적 영향을 상징한다고 보았습니다.

2) 살(殺)의 개념

효신살은 살성(殺星) 중 하나로 부정적 영향력을 뜻합니다. 이는 오주(사주)의 인성(印)이 과하거나 또는 인성이 약화되면서 나타날 수 있는 특징을 포괄합니다.

나. 효신살의 구성과 조건

효신살은 “인성(정인/편인)”과 일간의 관계에서 비롯되며 특히 “일지(日支)”에서 나타나면 그 영향이 더욱 두드러집니다. 이를 구성하는 주요 조건은 다음과 같습니다.

1) 인성의 과다

인성이 과도하게 강하면 그 에너지가 일간(본인)을 억누르거나 의존적인 성향으로 나타날 수 있습니다.

가) 어머니와의 지나친 유착 관계(마마보이 성향) 유지합니다.

나) 자신의 독립성과 주체성을 방해받는 경우가 많습니다.

2) 인성의 부재 또는 약화

인성이 약하거나 없는 경우 효신살의 영향이 달라질 수 있습니다. 이 경우 어머니와의 관계에서 감정적 단절이나 갈등을 겪는 경우가 많습니다.

다. 효신살의 구체적 작용

1) 어머니와의 관계

효신살은 오주(사주) 내에서 어머니와의 관계를 암시합니다. 다음과 같은 상황으로 나타날 수 있습니다.

가) 어머니로부터 지나친 간섭을 받거나 기대치에 억눌리는 경우가 많습니다.

나) 어머니와 갈등 불화 또는 감정적 거리감이 생깁니다.

다) 어머니가 오주(사주) 주인의 삶에서 지나치게 부정적인 영향을 미치는 경우가 있습니다.

2) 자신의 정신적 감정적 상태

효신살의 영향을 받으면 다음과 같은 특징이 나타날 수 있습니다.

가) 정서적으로 의존적이거나 비판적 성향이 있습니다.

나) 독립심 부족 또는 과도한 고립이 발생합니다.

다) 지나친 의심 불안정성이 발생할 수 있습니다.

3) 사회적 관계와 방향

효신살이 작용하는 경우 오주(사주) 주인이 사회적 관계에서 다음과 같은 양상을 보일 수 있습니다.

가) 주변 사람들과 갈등이나 소외감이 듭니다.

나) 타인의 도움을 지나치게 기대하거나 반대로 독립적 성향을 강조하며 타인을 배척합니다.

라. 효신살과의 균형 및 극복

효신살은 반드시 부정적인 작용만 있는 것이 아닙니다. 오주(사주)의 전체적인 조화와 균형에 따라 달라질 수 있으며 효신살의 긍정적인 측면을 활용할 수도 있습니다.

1) 긍정적 측면

효신살이 조화를 이룬다면:

가) 깊은 지혜와 통찰력을 발휘할 수 있습니다.

나) 어머니와의 관계를 통해 배운 교훈을 성장의 발판으로 삼을 수 있습니다.
다) 스스로를 보호하는 능력이나 내면의 안정감을 키울 수 있습니다.

2) 극복 방법

효신살의 부정적 영향을 극복하려면:
가) 자립심을 키우는 것이 중요합니다. 지나친 의존성을 줄이고 자신만의 영역을 구축하세요.
나) 어머니와의 관계를 지나치게 집착하거나 회피하지 말고 성숙한 방식으로 조율하세요.
다) 자신의 오주(사주)에서 인성의 과다/부족을 조정하기 위해 "용신(用神)"을 활용할 수 있습니다.

마. 결론

효신살은 오주(사주)학적으로 어머니와의 관계 정신적 독립성 그리고 삶에서의 균형과 직결되는 중요한 요소입니다. 단순히 부정적인 "흉조"로 해석하기보다는 오주(사주)의 사주의 전체적인 흐름에서 그 의미를 파악하고 긍정적인 방향으로 전환할 방법을 모색해야 합니다.

13. 상부살(喪夫殺)과 상처살(喪妻殺)

生年	寅卯辰生	巳午未生	申酉戌生	亥子丑生
地支	巳丑	申辰	亥未	寅戌

상부살, 상처살, 고진살, 과숙살은 모두 오주(사주)학에서 흉살(凶煞)로 분류되는 요소로 개인의 삶에서 고독, 외로움, 배우자와 인연 부족 등을 암시한다고 여겨집니다.

가. 상부살 및 상처살의 작용

1) 의미

가) 상부살은 여성이 남편과의 인연이 약하거나 이별, 사별 가능성을 암시합니다.
나) 상처살은 남성이 아내와의 인영이 부족하거나 이별, 사별 가능성을 암시합니다.

2) 오주(사주)에서의 위치별 영향

가) 년주: 조상의 덕이나 집안 내력에 따라 배우자와의 인연이 부족할 가능성을 시사합니다.

나) 월주: 부모나 형제와의 관계에서 영향을 받아 배우자와의 조화가 어려울 가능성이 있습니다.

다) 일주: 본인의 인생에서 직접 배우자운과 연결되며 가장 강하게 나타날 수 있습니다.

라) 시주: 자녀와 노년기에 배우자와의 인연 부족 가능성이 있습니다.

나. 고진살(孤辰殺)과 과숙살(寡宿殺)

1) 의미

가) 고진살은 주로 남성에게 과숙살은 여성에게 작용하며 고독과 배우자와의 연이 약한 운을 뜻합니다.

나) 배우자가 있어도 심리적으로 외로움을 느끼거나 서로 의지가 부족할 가능성이 있습니다.

2) 오주(사주)에서의 위치별 영향

가) 년주: 어릴 적부터 외로움이 강하게 느껴지고 가정적 외로움이 있습니다.

나) 월주: 청년기와 성년기의 사회적 관계와 연관된 고독함이 있습니다.

다) 일주: 배우자와의 직접적인 운세를 좌우하며 부부간 불화 또는 이별 가능성이 있습니다.

라) 시주: 노년기에 배우자와 사별하거나 혼자남게 될 가능성이 있습니다.

다. 화개살과 동주했을 때 독수공방 가능성

1) 화개살은 내면의 고독과 예술적 성향 또는 영적인 고립감을 뜻합니다.

2) 화개살과 상부살 상처살 고진살 과숙살이 동주하면 고독의 기운이 더 강해져 배우자와의 인연이 더욱 약화될 수 있습니다.

가) 결혼 후에도 배우자와의 관계가 원활하지 않거나 심리적 거리가 생길 가능성이 높습니다.

나) 혹은 결혼 자체가 지연되거나 어려움을 겪을 수 있습니다.

라. 흉살의 방지와 완화 방법

1) 명리학적 조언

가) 오주(사주)의 균형 맞추기: 흉살의 강한 기운을 약화시키는 오행을 보완하는 것이 중요합니다. 예를 들어 오주(사주)에 목(木)이 부족하다면 목의 기운을 강화하는 활동(식물 가꾸기, 자연과 접촉 등)을 늘릴 수 있습니다.

나) 혼인을 신중히 결정: 결혼 시기를 오주(사주)의 운세 흐름과 조화롭게 맞추어야 합니다. 오주(사주) 진문가와 상의하여 길일을 선택하는 것도 좋습니다.

2) 심리적 대처

가) 배우자와의 소통을 강화하고 신뢰 관계를 쌓아 흉살이 유발할 수 있는 갈등을 줄입니다.

나) 자신에게 고독이 깃든 기운을 예술 활동 등으로 전환하여 긍정적 에너지를 만듭니다.

3) 풍수나 기운 조절

가) 집안에 배우자와의 인연을 강화하는 풍수를 적용합니다. 예를 들어 침실은 부부가 함께 쉴 수 있도록 따뜻하고 잘 화합하는 분위기를 조성합니다.

나) 남서쪽(배우자의 방위)을 밝고 깨끗하게 유지해 배우자 운을 활용화 시킵니다.

4) 화개살의 활용

화개살의 고독한 기운을 긍정적으로 전환할 수 있는 잠재력을 가진 살입니다. 예술 명상, 종교적 활용 등을 통해 내면의 평화를 찾고 배우자와의 관계에 여유를 가질 수 있습니다.

마. 결론

흉살이 강한 오주(사주)는 반드시 부정적인 결과를 초래하는 것은 아닙니다. 흉살을 잘 이해하고 자기 삶에 맞는 조화로운 선택을 한다면 오히려 인생의 깊이를 더할 수 있는 계기로 삼을 수 있습니다. 흉살이 주는 교훈은 사람의 인연과 삶을 소중히 여기고 내면을 강화를 데 있습니다.

14. 생이별살(生離別殺)

甲寅日	乙卯日	乙未日	丙午日	戊辰日	戊申日
戊戌日	庚申日	辛酉日	壬子日	己丑日	

생이별살은 오주(사주)학에서 종종 언급되는 용어로 부부의 이별이나 떨어짐을 나타내는 형국을 뜻합니다. 그러나 생이별살이 있다고 해서 무조건 부부의 이별이나 불행한 일이 생긴다고 속단하는 것은 적절하지 않습니다.

가. 생이별살의 기본 개념

1) 생이별의 의미

가) “생이별”이라는 단어 자체는 살아있는 상태에서 헤어짐을 뜻하며 주로 정서적이거나 물리적인 거리감을 나타냅니다.

나) 이는 실제로 부부의 갈등 별거 혹은 환경적인 요인에 의한 물리적 거리감 등 다양한 상황으로 나타날 수 있습니다.

2) 오주(사주)에서의 생이별살

생이별살은 특정한 조합(천간지지 혹은 대운/세운에서의 충과 형)을 통해 형성됩니다. 예를 들어 부부궁(일지나 배우자 궁)에 충(沖)이나 형(刑)이 발생하거나 상극의 기운이 강할 때 이러한 이별의 에너지가 작용할 수 있습니다.

나. 생이별살 해석 시 주의 사항

1) 사주 전체를 종합적으로 분석해야 함

가) 생이별살만으로 이별을 단정하는 것은 금물입니다.

나) 오주(사주)에서 충, 형, 파 등의 작용이 있더라도 용신과의 관계 전체적인 균형 또는 운에서의 보완이 중요합니다.

다) 부부궁(일지)만이 아니라 년주, 월주 그리고 대운과 세운을 함께 살펴야 보다 정확한 판단이 가능합니다.

2) 이별이 꼭 부정적인 의미는 아님

가) 생이별살이 있다고 해서 반드시 이혼이나 관계의 단절을 의미하는 것은 아닙니다.

나) 때로는 부부가 서로 떨어져 있어야 하는 직업적 상황(예: 해외 근무 잦은 출장 등)을 나타낼 수도 있습니다.

다) 부부가 관계의 질을 높이기 위해 새로운 환경에서의 도전을 시사하는 경우도 있습니다.

3) 보완과 조화의 가능성

가) 충이나 형이 있어도 "합(合)"이나 화해의 기운이 강하다면 갈등은 조화롭게 해결될 수 있습니다.

나) 특정 대운이나 세운에서만 일시적으로 나타나는 경우라면 그 시기를 지나면 평온한 관계로 돌아갈 수도 있습니다.

다. 생이별살을 완화하는 방법

1) 관계의 질을 높이기 위한 노력

가) 생이별살이 오주(사주)에 있다면 부부가 서로를 이해하고 배려하는 마음이 더욱 중요합니다.

나) 특히 오주(사주)에서 서로의 성향과 기질을 이해하는 것이 갈등 예방에 도움이 됩니다.

2) 풍수와 조화로운 환경 조성

가) 부부가 함께 지내는 공간에서 풍수적으로 안정을 추구하는 것도 효과적입니다.

나) 예를 들어 침실의 위치 방향 등을 조정해 부부의 기운을 조화롭게 만드는 방법이 있습니다.

3) 대운과 세운의 흐름을 활용

가) 운에서 충이나 형이 나타날 때는 중요한 결정을 미루거나 감정적인 판단을 피하는 것이 좋습니다.

나) 특히 운에서 보완되는 시기가 온다면 부부 관계는 더욱 깊어질 수 있습니다.

라. 결론

생이별살은 오주(사주)에서 부부 관계와 관련된 중요한 신호일 수 있지만, 이것만으로 모든 상황을 단정하는 것은 위험합니다. 오주(사주)의 전체적인 흐름과 운의 작용을 종합적으로 분석한 뒤 판단해야 하며 부정적인 작용이 있더라도 노력과 환경적 조화를 통해 얼마든지 극복할 수 있습니다.

15. 맹인살(盲人殺)

生日	寅卯辰月生	巳午未月生	申酉戌月生	亥子丑月生
日時	酉日酉時	辰日辰時	未日未時	亥日亥時

맹인살은 오주(사주)에서 논의되는 흉살 중 하나로 보통 삶에서 혼란이나 장애를 겪는 상황과 연결된다고 여겨집니다. 이름에서도 알 수 있듯이 맹인살은 "눈이 멀게 한다"라는 상징적인 의미를 지니며 직관력 판단력 혹은 정신적 명료성이 약화되는 것을 암시합니다.

가. 맹인살의 흉살 작용

맹인살은 다음과 같은 방식으로 흉작용을 할 수 있습니다.

1) 결정력 약화: 중요한 선택에서 잘못된 결정을 하거나 판단력이 흐려질 가능성을 암시합니다.

2) 관계 문제: 대인관계에서 오해와 갈등이 쉽게 발생할 수 있습니다.

3) 정신적 혼란: 내적 갈등이나 방향성을 잃은 상황에 빠질 수 있습니다.

4) 금전적 손실: 투자나 금전 관련 의사결정에서 실수를 유발할 수 있습니다.

나. 맹인살이 강하게 작용하는 사주 구성

맹인살은 아래의 경우에서 더 큰 영향을 미칠 수 있습니다.

1) 오주(사주)에 인성(印星)이 과다하거나 부족한 경우

인성은 명리학에서 사고력과 판단력을 상징하는데 이 균형이 무너질 경우 맹인살의 작용이 강화될 수 있습니다.

2) 관성과 재성이 충돌하는 경우

재성(財星)과 관성(官星)이 상극 관계에 있을 때 맹인살은 대외적 문제와 금전적 어려움을 확대시킬 가능성이 있습니다.

3) 흉살이 중첩된 오주(사주)

오주에 다른 흉살(예: 천라지망, 백호살 등) 함께 있을 경우 맹인살의 영향을 더 증폭시킬 수 있습니다.

4) 대운과 세운에서 흉작용이 겹치는 경우

대운(10년 주기)이나 세운(1년 주기)에서 맹인살과 충돌하는 요소가 나타날 때 흉작용이 구체적으로 드러날 가능성이 높습니다.

다. 맹인살의 예방책

맹인살의 작용을 줄이기 위해 다음과 같은 점에 주의할 필요가 있습니다.

1) 내면의 균형 유지

가) 명상 자기성찰 심리적 안정을 통해 내면의 혼란을 줄이고 직관력을 강화하십시오.

나) 판단이 흐려질 가능성이 있는 시기에는 중요한 결정을 미루거나 주변의 조언을 적극적으로 수렴하십시오

2) 학문적 영적 활동

인성(寅星)의 부족으로 맹인살이 활성화된 경우 지적 활동(공부 독서)이나 종교적/영적 활동을 통해 마음을 다스릴 필요가 있습니다.

3) 인맥과 소통 관리

가) 대인관계에서 발생할 수 있는 오해와 갈등을 줄이기 위해 신뢰를 기반으로 한 소통을 강조하십시오.

나) 맹인살의 영향으로 판단이 흐려질 가능성이 있으므로 중요한 관계에서는 신중함을 유지하세요.

4) 재물 관리

금전적 손실 가능성을 줄이기 위해 투자나 금전 관리에 있어 신중함을 기하십시오. 특히 투기성 투자는 피하는 것이 좋습니다.

5) 풍수와 화복법 활용

오주(사주)의 부족한 오행(五行)을 채워주는 풍수적 환경 조정이나 관련된 행운의 색깔 숫자 등을 활용해 균형을 맞추는 것도 도움이 될 수 있습니다.

16. 농아살(聾兒殺)

生年	寅午戌生	申子辰生	亥卯未生	巳酉丑生
生時	卯時	酉時	子時	午時

농아살은 오주(사주) 명리학에서 특정한 오주(사주) 조합이나 오행의 불균형으로 인해 귀의 문제 특히 청각 장애나 관련 질환이 발생할 가능성을 상징적으로 나타내는 개념입니다. 전통적으로 농아살은 육신(十神)이나 지지 또는 특정 조합에서 추출된 살성(殺星) 중 하나로 분류되며 오주(사주)에서 음양오행의 불균형과 관계가 깊습니다.

가. 농아살의 작용

1) 농아살이 오주(사주)에 있으면 본인이나 가까운 가족(특히 자녀)의 청각 또는 언어 기능에 문제가 있을 가능성을 암시한다고 전해집니다.

2) 농아살의 해석은 현대 의학적 원인과 결합하여 더욱 현실적으로 설명되기도 하는데 이는 유전적 요소 환경적 요인 또는 질병으로 인한 영향을 반영합니다.

나. 어릴 적 고열과 관련된 청각 문제

1) 어린 시절 고열은 중이염 뇌수막염 도는 기타 감염성 질환을 유발할 수 있으며 이로 인해 청각 장애가 발생하는 경우가 있습니다.
2) 이러한 문제는 오주(오주)에서 농아살의 영향과 연결되어 상징적으로 해석되기도 합니다. 특히 오주(사주)에서 수(水)가 약하거나 불(火)이 과한 경우 열성질환으로 이어질 가능성이 높다고 보기도 합니다.

다. 유전적 원인과 농아살

1) 농아살은 유전적 요인과도 연결될 수 있습니다. 예를 들어 오주(사주)에서 특정한 조합이 반복적으로 나타난다면 가족 간 유전적 질병의 징후로 볼 수 있다는 관점도 있습니다.
2) 실제로 현대 의학에서는 난청이나 청각 장애의 약 50%가 유전적 요인에 의해 발생한다고 알려져 있습니다.

라. 귀와 소리의 의미

1) 전통적으로 귀는 소통과 정보를 받아들이는 중요한 감각기관으로 여겨졌으며 농살이 나타나는 경우 이와 관련된 무제를 상징적으로 예측합니다.
2) 또한 오주(사주)에서 귀는 수(水)와 연결되며 수가 부족하거나 지나치게 강하면 귀 질환 특히 청각 문제로 이어질 수 있다고 해석됩니다.

마. 현대적 해석과 조언

1) 농아살이 오주(사주)에 있다 하더라도 이는 단 지 가능성을 암시할 뿐 반드시 현실로 이어지는 것은 아닙니다.
2) 청각 문제의 원인의 유전적이라면 조기 진단과 적절한 치료를 통해 문제를 최소화할 수 있습니다.

17. 고란살(孤鸞殺)

甲寅日	乙巳日	丁巳日	戊申日	辛亥日

고란살은 전통 명리학에서 배우자와의 관계 결혼 생활 혹은 연애 운에 있어 불리하거나 고립된 상황을 의미하는 특수 신살 중 하나입니다.

가. 고란살(孤鸞殺)의 기본 의미

1) 고(孤): 외롭다, 홀로 있다.
2) 란(鸞): 전설 속의 상서로운 새(란조), 사랑과 결혼 상징합니다.
3) 살(殺): 부정적 영향 제약을 받습니다.
4) 고란살은 이름 그대로 배우자 복이 부족하거나 결혼에서 어려움을 겪는 것을 뜻합니다. 오주(사주)에 고란살이 있는 경우 결혼이 늦어지거나 배우자와 금슬이 좋지 않을 가능성을 암시한다고 봅니다. 고란살은 오주십자(五柱十字, 四柱八字)에서 일지(日支)와 지장간 또는 특정한 조합의 오행과 충돌을 통해 발생하며 연애나 결혼과 관련된 특정한 문제를 예고한다고 해석합니다.

나. 고란살의 이론적 해석

1) 배우자궁의 고립

고란살은 보통 일지(日支)나 배우자궁(일지에서 배우자를 상징하는 지점)에 영향을 미치는 신살로 다음과 같은 상황을 암시할 수 있습니다.

가) 배우자가 결혼 전후로 원거리에서 따로 생활할 가능성이 있습니다.
나) 결혼 후 배우자와의 갈증이나 소통 부족이 발생할 우려가 있습니다.
다) 배우자복(配偶者福)이 부족하여 좋은 배우자를 만나기 어렵거나 결혼이 지연될 가능성이 있습니다.

2) 정신적 고립

고란살은 배우자와의 물리적 문제뿐만 아니라 정신적 외로움과 소통 단절을 나타내기도 합니다. 이는 사랑을 주고받는 과정에서의 어려움을 강조합니다.

다. 부군작첩(夫君作妾), 신음살(呻吟殺), 공망살(空亡殺)

고란살과 함께 언급되는 신살들은 주로 인간관계 특히 연애와 결혼에서 부정적 영향을 끼치는 요소들입니다.

1) 부군작첩

가) 의미: "남편이 첩으로 전락하다"라는 뜻으로 배우자 관계에서 주도권을 잃거나 수동적 관계를 암시합니다.
나) 학문적 분석 부부 관계의 불균형 혹은 외부의 개입(삼각관계, 첩관계)을 나타냅니다.

2) 신음살

가) 의미: 육체적 욕망이나 외도 등으로 인한 부부간의 문제가 생깁니다.

나) 학문적 분석: 배우자의 정조 문제 또는 개인의 도덕적 기준과 관련이 있습니다.

3) 공망살

가) 의미: 공허하고 모자란 상태를 나타내며 특정 운에서 중요한 작용이 결여된 상황이 발생합니다.

나) 학문적 분석: 배우자 궁이나 관련 운에서 공망이 발생하면 결혼이 지연되거나 실패할 가능성이 암시됩니다.

라. 란조(鸞鳥) 잉꼬, 기러기, 원앙새의 상징적 의미

오주학에서는 전통적으로 원앙새, 잉꼬, 기러기 같은 동물들이 부부간의 금슬과 화합을 상징합니다.

1) 란조(鸞鳥): 전설 속의 상서로운 새로 결혼과 사랑의 상징입니다. 오주에서 란조의 의미는 주로 결혼운과 관련되며 란조의 기운이 충돌하거나 고립될 경우 고란살로 해석합니다.
2) 잉꼬(鸚鵡, 앵무): 금술 좋은 부부의 상징 잉꼬처럼 사랑이 넘치는 관계를 의미합니다.
3) 기러기(雁): 전통적으로 기러기는 평생 짝을 바꾸지 않는 동물로 정조와 헌신의 상징합니다.
4) 원앙새(鴛鴦, 원앙): 부부의 화합과 행복을 상징하며 원앙새의 조화로운 관계가 깨어질 경우 부부간의 갈등을 나타냅니다.

마. 합(合)처지는 특성

오주에서 고란살이나 기타 신살의 영향은 항상 절대적이지 않습니다. 특히 오주의 전체 구성에서 "합(合)"이 강하게 작용하면 이런 부정적인 신살이 어느 정도 중화될 수 있습니다.

1) 천간합(天干合), 지지합(地支合): 오주(사주) 내에서 천간과 지지가 결합하는 경우 고란살이 완화되거나 긍정적인 방향으로 변화될 가능성이 있습니다.
2) 충(沖): 반대로 충이 강하게 발생하면 고란살의 영향이 더욱더 강하게 나타날 수 있습니다.

바. 학문적 요약

1) 고란살은 배우자와의 관계 및 결혼 운에 있어 장애를 예고하는 신살로 정신적 고립과 연애의 어려움을 상징합니다.
2) 부군작첩, 신음살 공망살 등과의 상호작용은 더 세부적인 결혼 생활의 양상을 설명합니다.

3) 전통적 상징(란조, 잉꼬, 기러기, 원앙새)과의 비교를 통해 부부 관계의 조화와 갈등을 분석합니다.

18. 상문(喪門)과 조객살(弔客殺)

年支	子	丑	寅	卯	辰	巳	午	未	申	酉	戌	亥
喪門	寅	卯	辰	巳	午	未	申	酉	戌	亥	子	丑
弔客	戌	亥	子	丑	寅	卯	辰	巳	午	未	申	酉

상문과 조객살은 오주(사주)학에서 흉살(凶煞)의 일종으로 여겨집니다. 이러한 흉살이 오주에 포함되면 일방적으로 가정이나 자손과 관련된 부정적인 영향을 끼친다고 해석됩니다. 다만 이러한 해석은 모든 상황에서 동일하게 적용되지 않으며 전체 오주(사주)의 구성을 종합적으로 검토해야 합니다.

가. 상문(喪門)

1) 의미: 상문은 한자 그대로 해석하면 "상가의문"을 의미하며 죽음이나 애도의 기운과 관련이 있습니다. 오주(사주)에 상문이 있으면 집안에 근심이나 상을 당할 일이 생길 수 있다는 해석이 있습니다. 특히 자손과 관련된 어려움을 암시하기도 합니다.
2) 영향: 자손의 문제 건강 문제 혹은 가족 내의 갈등으로 이어질 수 있다고 해석되지만, 반드시 실질적인 손해로 연결되는 것은 아닙니다.
3) 예방책: 가정에 화목을 도모하고 자손에게 더욱 세심한 관심을 기울이는 것이 중요합니다. 또한 적절한 방법으로 제사를 지내거나 조상을 공경하는 행위가 도움이 된다고 여겨집니다.

나. 조객살(弔客殺)

1) 의미: 조객살은 장례식에 참여하거나 조문객의 역할을 암시하는 흉살입니다. 이를 오주(사주)에서 발견되면 자손이나 대인관계에서 어려움이 생길 가능성을 나타냅니다.
2) 영향: 자손의 성공 여부나 건강 문제에 악영향을 미칠 수 있으며 자손의 손실(실패나 결핍)을 암시한다고 해석됩니다.
3) 예방법: 긍정적인 에너지를 강화하기 위해 조상과의 관계를 중시하거나 종교적인 의식을 통해 흉살을 해소하려는 노력이 권장됩니다.

다. 전삼위 후삼위 해석

"전삼위"와 "후삼위"라는 표현은 상문과 조객살의 시간적 영향을 나타내는 것으로 보입니다.

1) 전삼위: 과거의 세대를 뜻하며 조상의 문제로 인해 가정이나 자손에게 부정적인 기운이 미칠 가능성을 시사합니다.
2) 후삼위: 미래의 세대를 뜻하며 자손에게 이러한 흉살의 영향이 지속될 수 있음을 암시합니다.

라. 종합적인 해석

상문과 조객살이 오주(사주)에 있더라도 이를 단순히 불운으로만 여길 필요는 없습니다. 오주는 전체적인 조화를 보고 해석해야 하며 기운을 조화롭게 조정하면 흉살의 영향을 최소화할 수 있습니다. 또한 아래와 같은 실천이 도움이 될 수 있습니다.

1) 해결책 및 조화 방안

가) 조상공경: 제사를 성실히 지내거나 조상을 추모하는 마음을 가지면 상문과 조객살의 부정적 기운이 줄 어들 수 있다고 여겨집니다.

나) 심리적 안정과 화목: 가족 간의 관계를 화목하게 유지하며 자손에게 관심을 기울이고 올바른 교육과 지지를 제공하는 것이 중요합니다.

다) 운세조화: 오주(사주)의 부족한 오행을 보완하거나 특정 시기에 조심스러운 행동을 통해 흉살의 영향을 줄일 수 있습니다. 예를 들어 부족한 오행이 있다면 그와 관련된 활동을 늘려 기운을 균형 있게 유지합니다.

라) 기도와 종교적 의식: 불교, 도교, 그리스도, 교회, 사찰 혹은 다른 신앙의 의식으로 흉살의 영향을 해소하려는 시도가 권장되기도 합니다.

19. 오귀살(五鬼殺)

生年	亥卯未生	寅午戌生	巳酉丑生	申子辰生
地支	子丑	卯辰	午未	酉戌

오귀살은 오주(사주)학에서 다소 까다롭고 불운을 초래할 가능성이 있는 운세로 여겨지는 요소입니다. 이를 통해 풀이되는 내용은 일생에 풍파 우환(憂患)과 질고(疾苦) 구설수 손재수 그리고 독수공방(혼자 남는 고독함)을 겪을 가능성을 암시합니다.

가. 오귀살의 주요 특징

1) 일생풍파: 오귀살이 작용하면 인생 전반에 걸쳐 변동이 많고 평탄하지 못한 상황이 자주 발생할 수 있습니다. 이는 환경의 변화나 사람과의 관계도는 사업과 재정 문제에서 예기치 못한 문제로 이어질 가능성을 뜻합니다.
2) 우환질고(憂患疾苦): 개인적으로는 신체적 건강 문제나 마음의 고통 혹은 가족 간의 문제를 통해 고생할 가능성이 있습니다. 정서적 안정이 흔들릴 수 있기 때문에 건강 관리와 심리적 안정이 중요합니다.
3) 구설수: 주변 사람들로부터 오해나 비난을 받거나 뜻하지 않게 다툼에 휘말릴 수 있습니다. 언행에 신중해야 하며 불필요한 논쟁을 피하는 것이 좋습니다.
4) 손재수: 금전적인 손실이나 재산의 유출이 발생할 가능성이 높습니다. 이는 충동적인 투자나 금전 문제로 인한 다툼으로도 이어질 수 있습니다.
5) 독수공방: 이는 인간관계에서의 고립이나 배우자와의 문제로 인해 혼자 남는 상황을 나타낼 수 있습니다. 이러한 고립감은 때로는 스스로 가져온 결과일 수 있으므로 대인관계를 잘 다듬는 것이 중요합니다.

나. 오귀살을 긍정적으로 활용하는 방법

오귀살의 에너지가 무조건 부정적인 것은 아닙니다. 이를 잘 다스리면 역경을 극복하고 더욱 단단 해질 수 있는 기회로 삼을 수 있습니다.

1) 내실 다지기: 불안정한 운세 속에서도 스스로를 돌보고 내면의 힘을 키우는 것이 중요합니다. 자기 계발과 학습을 통해 새로운 기회를 만들어 갈 수 있습니다.
2) 인내와 신중함: 어려움이 예방되는 시기에 무리한 결정이나 충동적인 행동을 피하고 신중함과 인내로 대처하면 손실을 최소화할 수 있습니다.
3) 공덕쌓기: 타인을 돕고 베푸는 삶을 실천하면 부정적인 에너지를 긍정적으로 전환할 수 있습니다. 좋은 인연을 만들고 사회적 활동을 통해 고립감을 줄이는 데도 효과적입니다.
4) 철저한 계획과 대비: 금전적인 손실을 방지하기 위해 투자나 소비 계획을 철저히 세우고 법적 제도적 위험성을 사전에 점검해야 합니다.

다. 오귀살 활용

오귀살이 있다고 해서 무조건 불행한 운명을 타고난 것은 아닙니다. 이를 알고 대비한다면 오히려 역경을 극복하고 강한 삶의 태도를 만들어 가는데 초점을 맞추는 것이 중요합니다.

20. 홍염살(紅艷殺)

日干	甲	丙	丁	戊	庚	辛	壬
地支	午	寅	未	辰	申, 戌	酉	子

홍염살은 오주(사주)학에서 매우 특이한 살 중 하나로 사람의 매력을 극대하거나 관계를 풍성하게 만드는 작용을 한다고 여겨집니다. 이는 사람의 외모적 매력뿐 아니라, 말과 행동에서 나오는 카리스마와도 연결됩니다.

가. 홍염살의 정의와 특징

홍염살은 오주십자(五柱十字, 四柱八字)에서 매력 풍류 인간관계의 확장을 상징하며 특정 천간이나 지지를 기준으로 발현됩니다.

1) 긍정적인 측면: 사람들에게 매력을 느끼게 하며 예술적 재능 사회적 성공 가능성을 높입니다.
2) 부정적인 측면: 과도한 관계 욕구나 이성 문제 감정적 혼란을 초래할 수 있습니다.

나. 홍염살의 오주별 작용

홍염살의 위치에 따라 작용하는 방식이 달라집니다.

1) 년주에 위치한 경우

가) 작용: 조상 가문 혹은 대중적 이미지와 관련된 매력을 발휘합니다.
나) 의미: 외모나 재능으로 인해 어릴 때부터 주목받거나 가문의 배경이 본인의 사회적 위치에 큰 영향을 끼칠 수 있습니다.
다) 풍류지객: 사회적 관계에서 화려하고 인기 있는 사람으로 비춰지며 여러 방면에서 인정받을 가능성이 높습니다.

2) 월주에 위치한 경우

가) 작용: 직업 사회적 관계에서의 매력 발산과 연결됩니다.
나) 의미: 직장에서 이성과의 인연이 많거나 팀이나 조직에서 리더십이 돋보이는 경우가 많습니다.
다) 남명착첩, 여명정부: 월주에 홍염살이 있을 경우 남성은 연애 혹은 부인 외에 다른 여성을 가까이 둘 가능성이 크고 여성은 남편 외에 다른 연애 감정을 품을 가능성이 있습니다.

3) 일주에 위치한 경우

가) 작용: 개인의 본질적 성격과 가장 가까운 작용을 합니다.

나) 의미: 본인의 매력과 풍류적 성격이 강하게 나타나며 감정적으로도 매우 적극적입니다. 이성에게 인기가 많아 끊임없이 사람들과 연결되는 삶을 살아갈 가능성이 높습니다.

4) 시주에 위치한 경우

가) 작용: 자녀 혹은 말년의 삶과 관련된 영향을 줍니다.

나) 의미: 나이가 들수록 사람들에게 매력을 발휘하거나 자녀가 예술적 재능이나 사회적 매력을 가진 인물이 될 가능성이 있습니다.

다) 풍류지객: 말년의 삶에 풍요로움과 예술적 성취를 가져올 수 있습니다.

5) 분주(分柱)에 따른 작용

분주는 좀 더 세부적으로 홍염살이 특정 시간대에 어떻게 영향을 미치는지를 나타냅니다. 이는 특정 사건의 발생 시점이나 주변 사람과의 관계를 더욱 세밀하게 분석하는 데 사용됩니다. 예를 들어 특정 시간대에 중요한 인연을 만나거나 사건이 발현되는 경우를 예측할 수 있습니다.

다. 홍염살의 남명/여명에 따른 역할

1) 남명(남성): 홍염살을 가진 남성은 이성에 대해 적극적이며 관계를 맺는 데 탁월한 능력을 가집니다. 하지만 지나친 관계 욕구는 복잡한 연애 문제를 초래할 수 있습니다. 특히 "착첩"이라 하여 결혼 외의 관계로 이어질 가능성도 존재합니다.

2) 여명(여성): 여성의 경우 "정부(情夫)"를 두는 경우로 해석되기도 하며 감정적으로 깊은 관계를 여러 사람과 맺을 가능성이 높습니다. 예술적 매력을 크게 발휘하여 사람들에게 큰 인상을 남깁니다.

라. 홍염살의 활용 방안

홍염살은 개인의 오주(사주)에서 반드시 부정적으로 작용하지 않습니다. 이를 잘 활용하면 인생의 중요한 기회를 잡고 풍요로운 삶을 살 수 있습니다.

1) 예술적 재능개발: 홍염살은 예술적 감각을 타고난 경우가 많아 창작 활동이나 공연 등에서 두각을 나타낼 수 있습니다.

2) 사회적 매력 극대화: 인간관계와 대중적인 활동에서 성공할 수 있는 길을 모색하면 긍정적인 결과를 얻을 수 있습니다.

3) 이성 문제 조절: 지나치게 얽힌 감정 문제를 객관적으로 바라보면 충동적인 결정을 피하

는 것이 중요합니다.

21. 음양차착살(陰陽差錯殺)

陽錯殺	丙子	丙午	戊寅	戊申	壬辰	壬戌
陰錯殺	丁丑	丁未	辛卯	辛酉	癸巳	癸亥

"음양차착살"은 오주(사주)에서 음과 양의 기운이 서로 뒤섞이면서 충돌하거나 어긋나는 상태를 말합니다. 이는 주로 가족 간의 관계나 인간관계에서의 갈등을 나타내며 특히 형제나 가까운 친척들 사이에서 복잡한 상황이 생길 가능성을 암시한다고 해석됩니다. 음양차착살이 있으면 다음과 같은 측면에서 해석할 수 있습니다.

가. 외삼촌(外三寸)

1) 의미: 외가의 "삼촌"이라는 뜻으로 어머니 쪽 형제(외삼촌)를 가리킵니다.
2) 음양차착살과 관련된 해석: 외가 쪽의 형제들과의 관계에서 갈등이 생길 수 있거나 도움을 받을 상황에서 오히려 복잡한 일이 발생할 가능성을 암시합니다.
3) 포인트: 외가 쪽 형제간의 유대감을 강화하고 혹시 오해가 생길 여지를 줄이는 노력이 필요합니다.

나. 시댁

1) 의미: 결혼 후 배우자의 가족이 되는 집안(주로 남편의 집안)을 말합니다.
2) 음양차착살과 관련된 해석: 시댁 관계에서 의견 충돌이나 불화가 생길 가능성 있습니다. 특히 음과 양의 조화가 맞지 않기 때문에 시댁과의 관계에서 무리하게 맞추려고 하기보다는 서로의 차이를 인정하는 태도가 중요합니다.
3) 포인트: 시댁과 소통할 때 지나치게 감정적이기 보다는 논리적으로 대화하며 균형을 유지하는 것이 좋습니다.

다. 형제

1) 의미: 자신의 형제자매를 뜻합니다.
2) 음양차착살과 관련된 해석: 형제들 사이에서 시기심 경쟁 또는 의견 충돌과 같은 문제가 발생할 가능성을 암시합니다. 이는 물질적인 문제(재산 분배)나 가족 내부의 책임 분담과

같은 실질적인 갈등으로 나타날 수 있습니다.

3) 포인트: 형제간의 관계에서 지나친 경쟁심을 피하고 공동의 목표를 설정하며 협력하는 자세가 중요합니다.

라. 외가

1) 의미: 어머니의 가족(외조부모, 외삼촌, 외숙모 등)을 포함한 외가 쪽의 친족을 뜻합니다.
2) 음양차착살과 관련된 해석: 외가 쪽에서 기대하거나 도움을 바라는 일이 어긋나거나 예상치 못한 장애가 생길 수 있습니다. 외가와의 관계가 원활하지 않을 경우 가족 내부에서 오해가 쌓일 수도 있습니다.
3) 포인트: 외가와의 관계를 지속적으로 관리하 고 작은 문제라도 미리 해결해 나가는 것이 중요합니다.

마. 음양차착살과 관련된 실천 방법

1) 조화와 균형 추구: 음양의 에너지가 상충하지 않도록 항상 균형을 유지하려고 노력합니다. 이는 가족관계뿐만 아니라 개인의 심리적 균형에서도 중요합니다.
2) 소통 강화: 가족이나 친족 간에 갈등이 생길 수 있으므로 적극적으로 대화하고 문제를 해결하려는 태도가 필요합니다.
3) 매듭해소: 과거에 쌓인 감정적인 응어리나 오해를 풀어 관계를 개선하려는 노력이 중요합니다.

22. 부벽살(釜劈殺)

子午卯酉月生	寅申巳亥月生	辰戌丑未月生
亥	酉	酉

가. 부벽살

1) 의미

부벽살은 "도끼로 솥을 찍는다"라는 뜻으로 오주(사주)에서 흉살로 간주됩니다. 이는 자기 재물을 유지하기 어려운 상황을 의미하며 특히 낭비나 분재(재산분할)로 인해 재물이 흩어지는 경우를 나타냅니다.

2) 특징

가) 재물을 소모하는 사건이나 재정적으로 큰 손해를 입는 경우에 해당합니다.

나) 오주(사주) 내 재성(財星)이나 재물 관련 궁에 영향을 미칠 경우 더욱 두드러집니다.

3) 극복법

가) 재물의 관리를 철저히 하고 투자나 지출을 신중하게 하는 것이 중요합니다.

나) 부벽살이 강하게 작용하면 이를 완화시키는 기운(예: 관성이나 인성)을 활용하는 것이 도움이 됩니다.

나. 사왕지국(四旺之局)

1) 의미

사왕지국은 "자(子), 묘(卯), 오(午), 유(酉)"라는 네 가지 왕성한 지지를 포함한 구조를 말합니다. 이들은 각각의 오행에서 왕성한 기운을 나타냅니다.

2) 특징

가) 에너지가 강렬하게 발산되며 활동성과 역동성을 강조

나) 사왕지국이 조화를 이루면 성공과 발전을 이루기 쉽지만 지나친 발산으로 인해 갈등이나 소모가 발생할 수 있습니다.

3) 활용법

가) 왕성한 기운을 적절히 활용하여 목표를 이루는 데 집중해야 합니다.

나) 과도한 에너지는 억제하거나 조화를 이루도록 배치하여 균형을 유지해야 합니다.

다. 사고지국(四庫之局)

1) 의미

사고지국은 오주에서 "축(丑), 진(辰), 미(未), 술(戌)"이라는 네 가지 "고(庫)"를 포함한 구조를 말합니다. 여기서 "고(庫)"는 창고를 의미하며 재물과 관련이 깊습니다.

2) 특징

가) 재물이나 에너지가 축적되어 있지만, 내부적으로 고여 있거나 막혀 있는 상태를 상징합니다.

나) 고의 기운이 조화롭게 작용하면 재물이 모이고 안정되지만 지나치게 강하거나 약하면 재물이 흩어질 수 있습니다.

3) 활용법

가) 오주 내에서 고의 기운을 잘 풀어주는 목적으로 통관(通關)을 활용

나) 재성(財星)이 강하다면 이를 안정적으로 유지하는 관리 능력이 중요합니다.

라. 파재와 낭비에 대한 조언

1) 파재(破財): 부벽살의 영향을 받는 오주(사주)는 재물을 잃을 수 있는 환경에 처하기 쉽습니다. 이때는 투기적 행동을 피하고 재정적인 안정성을 우선시해야 합니다.

2) 낭비방지: 사왕지국의 왕성한 기운이 과도하게 발휘되면 불필요한 낭비로 이어질 가능성이 있습니다. 구체적인 목표를 세우고 효율적으로 에너지를 분배하는 것이 중요합니다.

마. 결론

1) 부벽살 사고지국 사왕지국은 각각 재물 관리 및 삶의 안정성에 영향을 미치는 요소들입니다.

2) 이들을 잘 이해하고 오주(사주)의 전체적인 균형을 고려한 해결책을 모색하면 재물을 모으고 유지하는 데 큰 도움이 됩니다.

23. 천전살(天轉殺)

生月	寅卯辰月	巳午未月	申酉戌月	亥子丑月
生日	乙卯	丙午	辛酉	壬子

"천전살"은 전통적인 동양철학 명리학에서 사용되는 특수한 살(煞)의 하나로 주로 운명의 큰 변동이나 갑작스러운 변화 또는 자연적인 요인으로 인해 개인의 방해를 받을 수 있는 상황을 상징합니다.

가. 천전살의 주요 개념

1) 자연방해 요소

천전살은 주로 자연적인 방해나 외부 환경의 요인으로 인해 개인의 계획했던 일이 막히거나 흐름이 바뀌는 것을 상징합니다.

가) 날씨 변화

나) 자연재해

다) 외부 환경적 요인

2) 동서남북의 구성 요소

천전살의 동서남북 구성은 오주(사주)에서 "방위(方位)"와 "오행(五行)"의 조합과 관련이 깊습니다. 천간(天干)과 지지(地支)가 특징 방위와 결합하여 천전살을 구성하게 됩니다.

가) 동쪽: 나무(木)의 에너지 성장과 새 출발의 변동 수가 발생합니다.

나) 서쪽: 금(金)의 에너지 수확과 종결에서의 방해가 일어납니다.

다) 남쪽: 불(火)의 에너지 열정이나 명예의 변화 일어납니다.

라) 북쪽: 물(水)의 에너지 감정적이거나 재물 흐름에서의 차질이 일어납니다.

3) 오주(사주)에서의 적용

천전살이 나타나는 조건은 주로 오주(사주)의 연간 월간 일간 시간에 따라 달라지며 특정 조합에서만 발생합니다.

가) 개인의 운세에서 변화가 필요한 시기를 파악하거나 운에 흐름을 살핍니다.

나) 특정 방향이나 시간대에 피해야 할 때를 분석할 수 있습니다.

나. 천전살을 활용한 방해 극복 방법

1) 방위조정: 천전살이 발생하는 방향을 피하거나 해당 방향의 기운을 보완하는 오행 아이템을 배치합니다(예: 동쪽에서의 방해가 있으면 金(金) 아이템으로 나무(木)를 억제합니다).

2) 일정조정: 천전살이 작용하는 시기를 분석해 그 시기를 피하거나 다른 활동으로 대체합니다.

3) 풍수활용: 천전살이 발생하는 공간의 기운을 정화하거나 균형을 맞추기 위해 풍수적인 접근을 사용합니다.

24. 지전살(地轉殺)

生月	寅卯辰月	巳午未月	申酉戌月	亥子丑月
生日	辛卯	戊午	癸酉	丙子

지전살과 조성묘파(朝成墓破)는 오주(사주)명리학에서 특정한 기운이나 상황을 활용하는 전문용어로 각각 인생의 혼란과 재정적/직업적 어려움을 나타냅니다.

가. 지전살의 개념

1) 의미

지전살은 말 그대로 "땅이 뒤집히는 기운"을 뜻하며 인생에서 혼란과 변화가 잦은 시기를 나타냅니다. 사사건건 일이 꼬이거나 제대로 풀리지 않는 상황을 상징합니다.

2) 특징

가) 중요한 일을 추진할 때 장애물이 생기기 쉽습니다.
나) 감정적 혼란이나 우유부단함으로 인해 기회가 지나가는 경우가 있습니다.
다) 환경 변화가 자주 일어나며 안정감을 느끼기 어렵습니다.

3) 대처법

가) 변화를 받아들이고 유연하게 대처하는 자세가 필요합니다.
나) 중요한 결정을 내릴 때 신중히 분석하고 주변 조언을 참고하세요.
다) 차분하게 계획을 세우고 한 번에 많은 것을 이루려고 하지 말고 단계적으로 진행하세요.

나. 조성묘파(朝成墓破)

1) 의미

"아침에 이루어진 것이 저녁에 무너진다"라는 쉽게 성공한 것이 금방 실패로 이어지는 상황을 나타냅니다. 재물의 낭비 계획의 좌초 잦은 직업변화 등으로 해석됩니다.

2) 특징

가) 쉽게 얻은 돈이 금방 나가는 소비 패턴이 있습니다.
나) 계획이나 프로젝트가 중간에 깨지는 경우가 있습니다.
다) 직업이나 환경의 변동이 잦아 안정적인 기반을 구축하기 어려운 때도 있습니다.

다. 통합적인 조언

1) 명리학적 관점에서의 활용

이런 기운을 가진 사람은 스스로를 돌아보고 내면의 균형을 잡는 노력이 중요합니다. 자신의 약점을 파악하고 이를 보완하기 위한 지혜를 찾아야 합니다.

2) 현실적인 접근법

가) 지속적으로 자기 관리를 하며 감정적 재정적 균형을 유지하려는 태도가 필요합니다.
나) 실패는 새로운 기회의 발판으로 삼고 끈기 있게 자신만의 길을 찾아가세요.

제6편

길신유

1. 정록(正錄)

日干	甲	乙	丙.戊	丁.己	庚	辛	壬	癸
正錄	寅	卯	巳	午	申	酉	亥	子

정록은 오주(사주)학에서 특정한 천간(十天干)이 자신의 "록(祿)"의 위치를 갖게 되는 곳을 말합니다. 이는 각 천간에 따라 특정 지지가 정해져 있으며 이러한 지지에 해당 천간에 에너지와 깊은 연관을 가지고 있습니다. 정록은 길흉을 판단하고 재물 권위 건강 등에 미치는 영향을 이해하는데 중요한 개념으로 주로 길한 작용으로 여겨집니다.

가. 정록(正錄)의 기본적인 이해

1) 정록의 위치와 십이운성 관궁(冠宮)
   가) 갑목(甲):인(寅)=관궁
   나) 을목(乙):묘(卯)=관궁
   다) 병화(丙):사(巳)=관궁
   라) 정화(丁):오(午)=관궁
   마) 무토(戊):오(午)=관궁
   바) 기토(己):미(未)=관궁
   사) 경금(庚):신(申)=관궁
   아) 신금(辛):유(酉)=관궁
   자) 임수(壬):해(亥)=관궁
   차) 계수(癸):자(子)=관궁
2) 십이운성에서 "관궁"은 천간이 세상에 처음으로 태어나 새싹이 자라나는 단계와 같으며 기운이 왕성해지기 시작하는 상태를 의미합니다. 정록이 관궁에 있으면 힘찬 에너지를 갖추고 자신감을 바탕으로 성장과 발전을 도모하는 기운을 상징합니다.
3) 육친과의 관계
   가) 정록은 육친상 비견(比肩)으로 봅니다. 비견은 자신과 같은 성향의 사람으로 협력이나 경쟁의 관계를 나타냅니다.
   나) 비견으로 작용할 경우 동료나 친구와의 협력 관계에서 유리한 결과를 가져올 수 있으며 재물과 자원의 공유를 통해 발전을 도모합니다.

나. 정록(正錄)의 길흉 작용

정록은 주로 길한 작용으로 평가되며 다음과 같은 의미를 가집니다.

1) 길(吉)한 작용

가) 재물운 강화: 정록은 재물과 직결되는 의미로 재물의 축적이나 안정된 재정 상태를 상징합니다(예: 갑목의 정록(寅)은 새로운 기회를 창출하고 이를 통해 안정된 재물운을 가져옵니다).

나) 자립과 성장: 정록이 강하게 작용하면 개인의 자립심과 성장 가능성이 높아지며 사회적 성취를 이루는 데 유리합니다.

다) 건강과 안정:정록은 육신(육체적 안정)과 정신적 안정의 근간이 되므로 오주(사주)에서 정록이 강한 사람은 건강하고 안정적인 삶을 살 가능성이 높습니다.

2) 흉(凶)한 작용

가) 비견으로 인한 충돌: 정록이 과도하게 작용하면 비견의 부정적 면인 경쟁이나 갈등이 생길 수 있습니다(예: 지나치게 재물에 집착하거나 동료나 형제와의 갈등이 재정적 손실로 이어질 수 있습니다).

나) 정록이 쇠약하거나 충파(衝破)를 당할 경우: 정록의 지지가 형충(刑沖) 되면 재물운이 약화되거나 삶의 안정성 이 흔들릴 수 있습니다(예: 갑목의 정록인 寅이 충(申) 또는 형(巳)을 받을 경우 계획했던 일이 어그러지거나 재물손실이 발생할 가능성이 있습니다).

다. 오주(五柱)에서의 정록의 작용

오주(사주)를 구성하는 다섯 개의 축(연주, 월주, 일주, 시주, 분주)에서 정록의 위치는 다르게 작용합니다.

1) 년주(年柱): 조상의 복덕과 가문으로부터의 지원을 나타냅니다. 정록이 연주에 있으면 조상의 도움으로 재물운이 강화되고 가문의 명성을 얻기 쉽습니다.
2) 월주(月柱): 개인의 활동 영역과 직업적 성공을 나타냅니다. 정록이 월주에 있으면 직업적 안정과 재정적 성공이 가능하며 부모나 상사의 도움을 받을 가능성이 큽니다.
3) 일주(日柱): 본인과 배우자의 관계를 나타냅니다. 정록이 일주에 있으면 개인의 재능과 자립 능력이 뛰어나며 배우자와의 관계도 안정적일 가능성이 높습니다.
4) 시주(時柱): 후손과 미래의 계획을 나타냅니다. 정록이 오주(사주)에 있으면 자녀와의 관계가 좋고 미래의 재정적 안정을 도모할 수 있습니다.

5) 분주(分柱): 세부적인 행동과 순간의 선택을 나타냅니다. 분주에서의 정록은 순간의 기회 포착과 빠른 재정적 이익과 연관이 있습니다.

라. 정록과 관련된 특별한 조합

1) 건록(建綠): 정록과 비슷한 의미로 사용되지만, 건록은 정록보다 더 강한 자립식과 주도성을 의미합니다.
2) 녹근(綠根): 정록이 해당 지지의 뿌리를 얻는 경우로 이는 더욱 안정적인 재물운과 기반을 상징합니다.

2. 암록(暗綠)

日干	甲日	乙日	丙戊日	丁己日	庚日	辛日	壬日	癸日
暗綠	亥	戌	申	午	巳	辰	寅	丑

암록은 오주(사주)학에서 은밀히 숨어있는 재물의 기운을 의미하며 이는 겉으로 드러나지 않는 도움이나 지원으로 금전운과 재물운을 상승시키는 역할을 합니다. 암록은 정록과 비교했을 때 겉으로 나타나는 재물이나 명예보다는 보이지 않는 도움과 숨겨진 이익에 관련이 깊습니다. 암록은 특히 육합 부부합 오주학과 관련하여 그 영향이 강조됩니다. 다음은 암록에 대한 주요 특징과 주의점입니다.

가. 암록의 특징

1) 보이지 않는 재물운

암록이 강하게 작용하는 사람은 어려운 상황에서도 예상치 못한 도움을 받거나 숨겨진 재물의 기운이 강해 금전적으로 유리한 상황에 부닥칠 가능성이 높습니다.

2) 궁합과 제약이 없음

암록은 특별히 궁합의 영향을 크게 받지 않는다는 특징이 있으며 이는 상대방의 오주에 따라 그 기운이 크게 흔들리지 않는다는 의미로 해석됩니다.

나. 암록의 주의점

1) 형충파(刑沖破) 상충 공망과의 충돌

암록이 형충파(형살, 충살, 파살)나 공망(空亡)과 만나게 되면 그 기운이 약해지거나 반대로 재물운과 금전운이 불리한 방향으로 흘러갈 수 있습니다. 이는 암록이 가진 숨겨진 힘이 깨지거나 예상치 못한 방해를 받을 가능성을 의미합니다.

2) 역경 속에서도 도움

암록이 있는 사람은 역경에 처해도 처해도 보이지 않는 힘이 작용하여 기회를 얻거나 어려움을 극복하는 힘을 발휘할 수 있습니다. 그러나 이러한 도움은 눈에 잘 띄지 않기 때문에 스스로 깨닫기 어려울 수 있습니다.

3. 교록(交綠)

甲申日逢庚寅	乙酉日逢辛卯	庚寅日逢甲申	辛卯日逢乙酉
丙戊子逢癸巳	丁己亥逢壬午	癸巳日逢丙戊子	壬午日奉丁己亥

"교록(交綠)"과 "식록(食祿)"은 부(富)와 연관이 깊으며 특히 상업 무역 교역 등과 재화의 흐름에서 중요한 역할을 합니다. 이를 심도 있게 분석하면 해당 개념은 오주(사주)의 재물운과 직결되며 상업적 활동에서 성공할 수 있는 기본 자질을 제공합니다.

가. 교록(交綠)의 의미와 특징

교록은 문자 그대로 "서로 교환되는 재물과 녹(綠)"을 의미합니다. 이는 재물의 유통과 관련된 오주(사주)적인 요소를 말하며 교역 상법 무역에 대한 재능과 능력을 암시합니다. 교록이 강하게 작용하면 다음과 같은 특징이 있습니다.

1) 활발한 재화의 흐름

교록이 풍부한 사람은 자산이 계속 유동하며 한곳에 머무르지 않고 다양한 곳으로 재화가 흐릅니다(예: 투자 무역 상업 등에서 재능 발휘).

2) 사회적 네트워크와 인간관계의 중요성

교록은 대인관계를 통해 부를 창출하는 특징이 있습니다. 사람들과의 교류에서 거래가 성사

되며 인맥을 통해 재물이 증식됩니다.

3) 상업적 센스

물건의 가치 시장의 흐름을 읽는 능력이 뛰어나며 소비자와의 연결고리를 잘 활용합니다. 이러한 특성은 유통업 무역업 국제 상거래에서 빛을 발합니다.

나. 식록(食祿)의 의미와 특징

식록은 "먹고 사는 문제와 관련된 재물을 뜻하며 생계와 직결된 재물을 상징합니다. 이는 개인의 기본적인 경제력을 넘어 풍요로운 물질적 안정과 관련됩니다. 식록이 풍부할 경우 다음과 같은 장점이 있습니다.

1) 풍족한 생활

식록이 강한 오주(사주)는 기본적인 경제적 안정이 보장되며 특히 식복(食福)과 관련하여 풍족한 생활을 누릴 가능성이 높습니다.

2) 근면과 노력

식록은 노력한 만큼 재물이 쌓이는 특징이 있습니다. 따라서 자신의 분야에서 꾸준히 성과를 내는 능력이 강합니다.

3) 안정적 사업 기반

식록은 안정된 기반을 통해 꾸준히 수익을 내는 사업(예: 부동산 임대 안정적 소매업)과 잘 맞습니다.

다. 교록과 식록의 조합:상업 및 무역에서의 활용

교록과 식록이 조화를 이룬다면 이는 무역 물물교환에 있어 최상의 조건을 만듭니다. 이 조합의 특성은 다음과 같습니다.

1) 재물 유통 능력

교록은 재물이 멈추지 않고 계속해서 순환하게 만드는 힘을 제공합니다. 식록은 이 순환 과정에서 재물이 유실되지 않고 안정적으로 쌓이게 합니다.
가) 교록의 힘: 새로운 시장 개척 거래 성사 능력이 탁월합니다.
나) 식록의 힘: 지속적인 이익 창출 손실 최소화을 합니다.

2) 글로벌 무역과 상업적 성공

가) 교록은 특히 국경을 넘나드는 무역에 강하며 글로벌 비즈니스에서 성공할 가능성을 높여 줍니다(예: 수출입업, 물류사업, 국제무역).

나) 식록은 이 과정에서 꾸준한 수익을 만들어 사업의 안정성을 보장합니다.

3) 물물교환과 상호 이익구조

교록이 강조된 오주(사주)는 물물교환과 같은 상호 교환적 비즈니스 모델에서 성공할 가능성이 높습니다. 특히 적절한 교환 구조를 설계하여 양쪽 모두가 만족할 수 있는 거래를 성사하는 데 능숙합니다.

4) 적합한 업종

가) 무역업 수출입, 중개무역 등에 해당합니다.

나) 유통업 대규모 도매 및 소매도 적합합니다.

다) 금융업 투자 자산관리도 유용합니다.

라) 전자상거래 글로벌 마켓플레이스를 활용 온라인 비즈니스업 등도 좋습니다.

라. 교록과 식록이 약할 경우의 보완 방법

오주(사주)에서 교록과 식록이 약하면 재물의 순환이나 안정성이 부족할 수 있습니다. 이를 보완하기 위해 다음과 같은 방법을 활용할 수 있습니다.

1) 적합한 대운 활용

가) 교록의 대운: 새로운 사업 기회와 네트워크를 확대됩니다.

나) 식록의 대운: 안정적인 자산 축적에 집중됩니다.

2) 직업 선택과 방향성

교록과 식록이 부족하다면 재물을 흐르게 할 수 있는 직업(예: 판매, 유통)과 안정적인 소득원이 보장된 직업(예: 공기업 장기적 계약직)을 선택하는 것이 중요합니다.

3) 풍수 및 색채 활용

가) 교록강화: 활발한 에너지의 색(빨강, 주황)과 공간(활동적인 북쪽 방위)활용도 필요합니다.

나) 식록강화: 안정감을 주는 색(녹색, 흙색)과 공간(안정적인 동쪽 방위)활용도 필요합니다.

마. 결론

교록과 식록은 오주(사주)에서 상업적 성공과 안정적 재물운을 상징하는 중요한 요소입니다. 이를 적절히 활용하면 무역 상업 교역 물물교환과 같은 분야에서 큰 성공을 거둘 수 있습니다. 특히 교록은 대인관계와 네트워크를 통한 유통과 확장을 강조하며 식록은 안정적인 기반을 마련하여 꾸준히 수익을 유지하게 합니다.

4. 천을귀인(天乙貴人)

日干	甲戊庚日	乙己日	丙丁日	辛日	壬癸日
貴人	丑未	子申	亥酉	寅午	巳卯

천을귀인과 옥당천을 귀인은 오주(사주)에서 매우 중요한 귀인의 별로 개인의 삶에 긍정적인 영향을 주는 요소로 여겨집니다. 천을귀인은 귀인의 기운을 상징하며 도움을 받거나 어려움을 해결할 수 있는 귀인을 만나게 되는 운세를 나타냅니다.

가. 천을귀인

1) 천을귀인은 오주십자(五柱十字, 四柱八字)에서 길성을 의미하며 사람의 귀한 덕성을 상징합니다.
2) 이는 개인의 품격 명예 덕행을 돕는 별로 작용하며 귀인을 만나거나 도움을 받을 가능성을 높여줍니다.
3) 천을귀인이 강하게 작용할 경우 학문 명예 사회적 위치에서 두각을 나타내는 경우가 많습니다.

나. 옥당천을귀인

1) 옥당은 문예와 학문을 뜻하며 천을귀인이 옥당과 결합하면 문예적 재능과 학문적 성취를 이루는 경우가 많습니다.
2) 특히 이러한 조합은 정교한 판단력과 사회적 성공을 돕는다고 해석됩니다.

다. 갑무경, 甲戊庚(천상삼기), 임계신, 壬癸辛(인중삼기), 을병정, 乙丙丁(지하삼귀)

1) 천상삼기: 甲, 戊, 庚은 천상에서 하늘의 기운을 받는다는 의미로 권위와 명성을 상징합니다.
2) 인중삼기: 壬, 癸, 辛은 인중에서 중재와 유동적 성격을 나타냅니다. 감각적이고 지혜로운

판단을 통해 관계를 조화롭게 이끌어갑니다.

3) 지하삼귀: 乙, 丙, 丁은 지하에서 강한 추진력과 창조적 에너지를 상징합니다. 이를 통해 실질적인 성과를 이루는 경우가 많습니다.

라. 생극제화

1) 생극제화는 오행의 상생과 상극을 조화롭게 다스리는 원리를 뜻합니다.
2) 오행의 흐름을 분석해 자신의 운을 극복하거나 조율하는 데 도움을 줄 수 있습니다.

마. 오주학

1) 년주: 태어난 해를 나타내며 조상의 덕과 유산을 상징합니다.
2) 월주: 태어난 달로 부모의 초기 환경을 나타냅니다.
3) 일주: 태어난 날로 본인의 성격과 본질적 운명을 설명합니다.
4) 시주: 태어난 시간으로 말년운과 자손운을 나타냅니다.
5) 분주: 노후에 삶이 안락하게 풀립니다.
6) 천을귀인이 특정주에 위치한다면 해당주(柱)의 영역에서 귀인의 도움과 기회를 받기 쉽습니다.

바. 천을귀인과 괴강살

1) 괴강살은 강한 카리스마와 리더십을 상징하며 때로는 고립감을 느끼게 만들 수도 있습니다.
2) 천을귀인과 함께 있다면 이 괴강살의 강한 에너지가 긍정적으로 발현되어 목표를 이루는 데 큰 도움을 줄 수 있습니다.

사. 천을귀인 기신(忌神)

기신은 오주(사주)에서 나쁜 영향을 주는 오행입니다. 천을귀인이 기신으로 작용하면 귀인의 역할이 약화되거나 도움이 아닌 장애로 나타날 수 있습니다.

아. 충(沖), 형(刑), 공망(空亡)

천을귀인이 충, 형 공망의 영향을 받을 경우 그 기운이 방해받아 귀인으로서의 역할이 줄어듭니다.

1) 충: 천을귀인과 상충하는 지지가 있으면 귀인의 기운이 깨질 수 있습니다.
2) 형: 천을귀인이 형의 영향을 받으면 갈등이나 어려움이 생길 수 있습니다.

3) 공망: 천을귀인이 공망에 속하면 실질적인 도움을 기대하기 어려워집니다.

자. 일귀(日貴)와 야귀(夜貴)

1) 계사(癸巳), 계묘(癸卯): 이 경우 천을귀인을 일귀 또는 "주귀(晝貴)"라고 합니다. 낮에 그 귀인의 기운이 강하게 작용합니다.
2) 정유(丁酉), 정해(丁亥): 이 경우 천을귀인을 "야귀(夜貴)"라고 하며 밤에 그 기운이 강하게 작용합니다.
3) 천을귀인의 위치와 역할 확인: 자신의 오주(사주)에서 천을귀인이 어디에 위치하며 어떤 기운을 발산하는지 이해해야 합니다.
4) 기신해소: 천을귀인이 기신으로 작용할 경우 그 기운을 상쇄하거나 조화롭게 만드는 대운이나 세운의 흐름을 분석합니다.
5) 충, 해, 공마의 완화: 상충이나 공망의 영향을 최소화할 수 있는 환경을 선택하고 조화를 추구해야 합니다.

5. 천덕귀인(天德貴人)과 월덕귀인(月德貴人)

천덕귀인

生月	寅	卯	辰	巳	午	未	申	酉	戌	亥	子	丑
天德貴人	丁	申	壬	辛	亥	甲	癸	寅	丙	乙	巳	庚

월덕귀인

生月	寅午戌	亥卯未	申子辰	巳酉丑
月德貴人	丙	甲	壬	庚

천덕귀인과 월덕귀인은 오주(사주)에서 길성이자 매우 긍정적인 작용을 하는 신성으로 알려져 있습니다. 하지만 이러한 길성들이 특정한 흉신이나 형(刑), 충(沖), 파(破), 해(害) 공망 그리고 쇠(衰), 병(病), 사(死), 묘(墓), 절(絶) 등과 조합될 때는 그 길한 효과가 감소하거나 무력화될 가능성이 있습니다.

가. 천덕귀인과 월덕귀인의 길성작용

1) 천덕귀인: 천간의 긍정적인 힘을 지원하며 어려움을 해결하고 귀인의 도움을 불러오는 신

성입니다. 안정과 조화를 이루는 역할을 합니다.

2) 월덕귀인: 월간(月干)의 에너지를 강화하고 주변 환경의 협조를 이끌어 내며 원활한 대인 관계를 돕는 신성입니다. 사업적 성공과 재물운에 도움을 줍니다.

가) 길성의 일반적인 작용

⑴ 주변 사람 등의 도움을 받기 쉬운(귀인의 등장) 경우가 많습니다.

⑵ 힘든 상황에서도 문제 해결이 쉬워집니다.

⑶ 재물 건강 관계 등 다양한 방면에서 긍정적인 에너지를 제공합니다.

나. 흉신 작용과의 관계

1) 길성이라 하더라도 흉신(凶神)과 동주하거나 충돌하면 그 긍정적인 효과가 약화됩니다.

가) 흉신작용: 칠살 상관 겁재 등의 흉신과 동주할 경우 길성이 제기능을 발휘하지 못하거나 오히려 문제를 더 복잡하게 만들 수 있습니다.

2) 예시

가) 천덕귀인이 칠살과 동주하면 귀인의 도움을 받기 어렵거나 반대로 도움을 받았지만, 부작용을 초래할 수 있습니다.

나) 월덕귀인이 상관과 동주하면 좋은 인연이 단절되거나 갈등이 생길 수 있습니다.

다. 형(刑), 충(沖), 파(破), 해(害), 공망과의 조합

1) 형(刑): 천덕귀인 또는 월덕귀인이 다른 글자와 형을 이루면 도움받기 어려운 환경이 만들어질 수 있습니다(예: 천덕귀인이 인형(寅刑) 또는 자형(子刑)을 만나면 긍정적 작용이 약화됩니다).

2) 충(沖): 길성이 충을 받을 경우 조화로운 에너지가 깨지거나 도움의 지속성이 사라질 수 있습니다(예: 월덕귀인이 충을 만나면 귀인의 도움을 받더라도 일시적이고 불안정할 수 있습니다).

3) 파(破): 파와 만나면 긍정적 효과가 급격히 감소합니다(예: 천덕귀인이 파와 동주하면 길성 역할이 약화되어 불리한 상황에 놓입니다).

4) 해(害): 해를 만나면 길성의 작용이 방해받고 흉신의 기운이 강해질 가능성이 높습니다.

5) 공망(空亡): 천덕귀인이나 월덕귀인이 공망에 위치하면 작용이 무기력해져 제기능을 발휘하지 못합니다.

라. 쇠, 병, 사, 묘, 절의 상태와 길성

1) 천덕귀인과 월덕귀인의 작용은 오주(사주)의 흐름에 따라 쇠, 병, 사, 묘, 절의 에너지 지

에 상호작용합니다.

2) 쇠, 병, 사: 에너지가 약해지는 상태에서는 길 성이 무력화될 가능성이 큽니다.

3) 묘, 절: 에너지가 극도로 약하거나 끝나는 시 점에서는 긍정적 작용이 거의 발휘되지 않습니다.

4) 왕(旺), 건록(建綠), 양(養) 등의 상태에서는 길성이 오히려 더 강력한 힘을 발휘할 수 있습니다.

마. 무기력 사태의 원인과 극복

1) 천덕귀인과 월덕귀인이 무기력해지는 주요 원인은 다음과 같습니다.
   가) 흉신과의 조합(칠살, 상관 등)
   나) 형, 충, 파, 해, 공망의 영향
   다) 쇠약한 기운의 대운이나 세운

2) 극복 방법
   가) 조화로운 대운 선택: 길성이 위치한 오행과 조화를 이루는 대운에서 길성의 작용을 회복합니다.
   나) 귀인활용: 실제 주변의 귀인이나 조력자를 찾아 도움을 적극적으로 구합니다.
   다) 의식적 노력: 흉신의 작용을 최소화하기 위해 스스로의 판단력과 대처 능력을 키웁니다.

바. 천덕귀인과 월덕귀인을 활용한 택일법

천덕귀인과 월덕귀인이 작용하는 날은 평소보다 더 긍정적인 기운을 받을 수 있으므로 다음과 같은 상황에 적합합니다.

1) 중요한 시작

결혼 개업, 이사 등 장기적인 영향을 미치는 일을 시작할 때 천덕귀인과 월덕귀인이 작용하는 날을 선택하면 좋은 결과를 기대할 수 있습니다.

2) 협력과 조화가 필요한 일

계약 체결 동업 시작 가족 간 화합 등에서 월덕귀인의 날은 조화와 화합을 증진시켜줍니다.

사. 택일 시 주의 사항

1) 천덕귀인과 월덕귀인의 날이 항상 모든 상황에서 최선의 날은 아닙니다. 다른 오주(사주)적 요소(예: 흉신, 충, 형 등)와 함께 종합적으로 고려해야 합니다.

2) 개인의 오주십자(사주팔자)와의 조화를 반드시 확인해야 합니다. 예를 들어 천덕귀인이나 월덕귀인이 해당 날짜에 개인의 운세와 충돌할 경우 오히려 부정적인 영향을 받을 수 있습니다.

6. 문창귀인(文昌貴人)

日干	甲	乙	丙	丁	戊	己	庚	辛	壬	癸
吉星	巳	午	申	酉	申	酉	亥	子	寅	卯

문창귀인(文昌貴人)은 오주학이나 사주에서 실신(吉神)으로 분류되며 학문적 재능 문장력 창의성 그리고 지혜로운 판단력을 상징합니다. 이는 주로 학문 문학 예술 분야에서 뛰어난 역량을 발휘하게 만드는 요소로 알려져 있습니다.

가. 문창귀인의 일반적 특징

1) 지혜와 문장력: 문창귀인을 가진 사람은 높은 지혜와 탁월한 언어적 표현력을 지니며 학문적 성과를 이루기 쉽습니다.
2) 문학적/예술적 재능: 특히 문학 서예 화가 작가 등의 분야에서 두각을 나타낼 수 있습니다.
3) 교육과 학계 인연: 교육에 관심이 많거나 학계에서 활동하는 경우가 많습니다. 이는 교육자로 활동하거나 연구자로 자리 잡는 모습과 연결됩니다.
4) 여성의 경우(坤命): 여명에서 문창귀인은 특히 가정 교육 가사에 능하며 동시에 집필 창작 등에서 재능을 발휘합니다. 이는 여성의 섬세함과 문창귀인의 창조적 에너지가 결합된 결과입니다.

나. 육친(六親)에 따른 문창귀인 역할

문창귀인이 육친에 따라 다르게 작용하며 각각의 의미는 다음과 같습니다.

1) 식신(食神):문창귀인이 식신과 함께 있으면 온화하고 창의적인 표현으로 인해 학문적 성취나 안정된 직업을 가질 가능성이 높습니다.
2) 상관(傷官):상관과 결합하면 더 강한 창의성과 개성이 나타나며 비범한 문학적 재능이나 독창적 아이디어를 발휘합니다. 그러나 지나치게 개성이 강하면 오히려 불화를 초래할 수 있습니다.

다. 문창귀인의 형충파, 공망 작용

1) 형(刑): 문창귀인이 형을 만나면 재능이 발휘되지 못하고 억눌리거나 방해받는 상황이 발생할 수 있습니다. 예를 들어 가정 내 불화나 학업/직업의 중단이 있을 수 있습니다.
2) 충(沖): 문창귀인이 충을 받으면 환경적 변화가 잦아 안정적이지 못할 가능성이 있습니다. 이를 극복하려면 꾸준한 자기 계발과 인내심이 필요합니다.
3) 파(破): 문창귀인이 파를 만나면 자신의 능력을 제대로 발휘하지 못하거나 타인의 방해를 받을 가능성이 큽니다.
4) 공망(空亡): 문창귀인이 공망에 빠지면 원래의 능력과 재능이 공허하게 느껴질 수 있습니다. 실질적인 성취보다는 이상과 현실의 괴리감을 느끼기 쉽습니다.

라. 문창귀인의 위치별 분석

1) 년주: 어린 시절부터 학문적 재능이 두드러지며 가정의 도움으로 교육을 잘 받을 가능성이 큽니다.
2) 월주: 직업적 성취나 학문적 성공을 암시합니다. 특히 교육, 문학, 예술 분야에서 두각을 나타낼 수 있습니다.
3) 일주: 자신이 가진 재능을 스스로 발현할 수 있는 위치로 집필 창작 연구에서 성취를 얻을 수 있습니다.
4) 사주: 만년의 성취나 노후의 학문적 예술적 성공을 나타냅니다. 이는 후학 양성이나 저서 출판과 같은 형태로 나타날 수 있습니다.

마. 오주학(五柱學)과의 관계

1) 오주학에서 문창귀인은 각각의 기둥(년, 월, 일, 시, 분)에서 작용하는 에너지를 분석하여 학문적 성향 및 개인의 창의성을 더 세밀히 해석합니다.
2) 분주(分柱): 시간 단위로 세분화된 기운의 흐름 속에서 문창귀인의 작용력을 구체화하여 개인의 재능 발휘 시점이나 환경적 조건을 더욱 명확히 해석할 수 있습니다.

바. 조언

문창귀인을 가진 분들은 자신의 재능을 발휘하기 위해서는 끊임없는 자기 계발과 환경의 안정이 필요합니다. 형충파나 공망의 작용이 있다면 이를 해결하기 위해 조화로운 삶을 유지하려는 노력이 중요합니다. 특히 학문 예술 문학의 길에서 성취를 꿈꾼다면 인내심과 꾸준함이 동반되어야 합니다.

7. 문곡귀인(文曲貴人)

日干	甲	乙	丙	丁	戊	己	庚	辛	壬	癸
吉星	亥	子	寅	卯	寅	卯	巳	午	申	酉

문곡귀인은 오주학(사주)에서 매우 중요한 역할을 하는 귀인 중 하나로 특히 학문적 능력과 문장력 암기력을 돋보이게 만드는 길신으로 알려져 있습니다. 이러한 특징은 학문적 분야나 문예 활동 연구직 등에서 두각을 나타내기에 문곡귀인이 육친(부모, 형제, 자매 등)으로 나타날 경우 다음과 같은 긍정적 영향을 기대할 수 있습니다.

가. 학업과 인연

문곡귀인은 학업운으로 돕는 힘이 강합니다. 인수가 강하게 작용하며 암기력과 지구력이 탁월하여 학문적으로 깊이 있는 연구를 할 수 있는 기반을 제공합니다. 특히 교육 연구 학술적인 환경에서 두각을 나타낼 가능성이 높습니다.

나. 문장력과 창작력

글을 쓰거나 발표하는 능력이 뛰어나며 문학, 예술, 창작과 관련된 분야에서 우수한 성과를 낼 수 있습니다. 이는 학계에서 논문 발표나 책 출판 등의 활동과도 연결될 수 있습니다.

다. 학계와의 인연

문곡귀인을 가진 사람들은 학문적 인맥이나 스승 후원자를 만날 가능성이 높습니다. 이는 학계에서 인정받거나 연구 프로젝트를 통해 자신의 이름을 알리는 데 도움을 줄 수 있습니다.

라. 길신의 역할

문곡귀인은 단순히 학문적인 재능뿐만 아니라 어려운 상황에서도 길운을 가져다주는 역할을 합니다. 따라서 학업이나 연구 과정에서 연구 과정에서 어려움을 겪더라도 이를 극복하고 성공으로 이어질 가능성이 높습니다.

마. 활용 방안

1) 교육과 연구에 투자: 학문적 성향이 강한 만큼 지속적으로 학습하고 자신의 지식을 발전시키는 데 시간을 투자하는 것이 중요합니다.

2) 문장력 항상 훈련: 글쓰기와 발표력을 더욱 발전시키면 더 큰 성공을 거둘 수 있습니다.
3) 학문적 네트워크 확장: 학계와의 인연을 활용하여 스승이나 멘토를 만나고 협력 기회를 넓히는 것이 길신의 힘을 극대화하는 방법입니다.
4) 문곡귀인의 에너지를 최대한 활용하려면 자신의 재능을 끊임없이 계발하고 학문적 정진을 이어가는 자세가 필요합니다.

8. 학당귀인(學堂貴人)

日干	甲	乙	丙	丁	戊	己	庚	辛	壬	癸
吉星	亥	午	寅	酉	寅	酉	巳	子	申	卯

오주학(사주)에서 학당귀인 장생궁 문곡과 문창의 조합은 매우 흥미롭고 특히 학문적이고 양성적인 기운을 강조하는 특징이 있습니다.

가. 학당귀인

학당귀인은 지적이고 학문적인 능력을 강조하는 오주(사주)학의 특별한 신살입니다.
1) 학당귀인은 보통 오주에 배치될 때 학문 연구 교육 등의 재능을 부각시키며 특히 후배 양성이나 지식을 전달하는 데에 뛰어난 기운을 제공합니다.
2) 이런 기운이 강한 사람은 교육자 학자 멘토로서 해야 할 역할에 적합하며 남을 가르치는 과정에서 자신도 성장하는 특징이 있습니다.

나. 일주의 장생궁

장생궁은 오주(사주)학에서 에너지의 시작과 성장을 나타내며 특히 생명력과 발전의 의미를 가집니다.
1) 일지에 장생이 위치한 경우 자신의 삶에 강한 성장 동력을 부여받으며 이 에너지가 학당귀인과 결합하면 자식의 성장과 후배 양성에서 큰 효과를 발휘합니다.
2) 특히 후배나 제자를 양성하는 데에 자연스럽게 헌신하게 되며 타인의 성장을 돕는 데에서 기쁨을 느끼는 성격이 나타날 가능성이 높습니다.

다. 인수(印綬)와 식신(食神)의 조화

1) 인수

가) 인수는 지식을 흡수하고 이를 바탕으로 가르치는 능력을 상징합니다.

나) 오주(사주)에서 인수가 강하면 학문적이고 철학적인 면이 두드러지며 지식을 축적하고 이를 체계적으로 전달하는 데에 능숙합니다.

다) 특히 학당귀인과 결합하면 교육자로서의 능력 지식을 유산처럼 전달하는 역할이 강조됩니다.

2) 식신

가) 식신은 창조력과 표현력을 의미하며 먹고 살 수 있는 기반을 제공하는 역할을 합니다.

나) 인수와 식신이 함께 작용하면 지식을 단순히 머릿속에 축적하는 것을 넘어 이를 실용적으로 표현하거나 후배들에게 창의적으로 전달할 수 있는 기운을 형성합니다.

라. 문곡과 문창의 작용

1) 문곡성

가) 문곡은 학문적 재능과 지혜를 상징하는 별입니다.

나) 특히 글을 잘 쓰거나 연구에 탁월한 능력을 발휘하며 학문적 성취나 교육적인 역할에서 두각을 나타냅니다.

다) 후배 양성에서는 체계적인 사고와 글이나 언어로 지식을 전달하는 능력이 강조됩니다.

2) 문창성

가) 문창은 예술적 감각과 더불어 지식을 아름답게 정리하고 전달하는 별로 문곡과 함께 있을 때 더욱 강한 힘을 발휘합니다.

나) 후배들에서 단순히 정보를 전달하는 것을 넘어 그들이 쉽게 이해하고 받아들일 수 있도록 소통하는 능력이 뛰어납니다.

다) 문창과 문곡의 조합은 연구와 학문의 깊이를 다지는 동시에 이를 효과적으로 전파하는 데에 이상적인 환경을 제공합니다.

마. 후배(제자) 양성에 대한 역할과 방향성

위의 요소들이 모두 합쳐졌을 때 오주(사주)학에서는 학문적인 성장과 후배 양성이라는 큰 축을 형성합니다.

1) 멘토링 능력: 후배(제자)들에게 단순히 지식을 전달하는 것이 아니라 그들이 독립적으로 성장하도록 돕는 능력이 있습니다.
2) 체계적인 교육 방식: 인수와 장생궁의 작용으로 학문을 기초부터 가르치며 문곡과 문창의 도움으로 이를 명확하게 전달합니다.
3) 미래 세대의 양성: 자신의 경험과 지식을 실용적이고 창의적으로 가공하여 다음 세대에 물려주는 데 주력합니다.

바. 결론

오주(사주)학에서 학당귀인 장생궁 인수와 식신 문곡과 문창의 조합은 학문적 재능 후배 양성 지식 전달의 능력이 강하게 드러나는 구조입니다. 이 조합은 특히 교육자나 멘토 역할을 수행하며 후배(제자)들에게 체계적이고 창의적인 학습 환경을 제공하는 데 적합합니다. 이러한 기운은 단순히 가르치는 데 그치지 않고 제자나 후배들이 독립적으로 성장하여 스스로 새로운 지식을 창출할 수 있는 기반을 마련해 줍니다.

9. 진신(進神)

生月	寅卯辰月	巳午未月	申酉戌月	亥子丑月
日柱	甲子日	甲午日	己卯日	己酉日

가. 진신(進神)의 개념

진신은 명리학에서 길신(吉神) 중 하나로 사람이 매사에 적극적으로 나아가고 발전할 수 있는 힘을 상징합니다. 이는 일이 순조롭게 진행되도록 돕는 신(神)으로 간주됩니다. 진신의 영향 아래에 있는 날이나 시기에 사람들은 더 큰 성공을 거두거나 운이 좋아진다고 여겨집니다.

나. 육십갑자와 진신의 관계

육십갑자는 천간(天干) 10개와 지지(地支) 12개의 조합으로 이루어져 60개의 주기를 형성합니다. 이 60개의 갑자를 활용하여 진신의 위치를 설정하는 방법이 있습니다.

1) 진신의 순환 원리

가) 육십갑자를 15로 나눔:

(1) 육십갑자(60)를 15로 나누면 정확히 4등분이 됩니다. 이는 60년 주기 내에서 춘하추

동으로 나누는 방식과 관련이 있습니다.

(2) 각각의 구간은 15갑자씩 할당됩니다.

나) 진신의 사등분(춘, 하, 추, 동)

(1) 육십갑자를 네 등분하여 계절별 진신을 배정합니다.

(2) 각 등분의 시작은 아래와 같이 설정됩니다.

(가) 1신:진신 갑자(甲子)==춘(春)〉〉1.2.3월 생인(生人)

(나) 2신:진신 기묘(己卯)==추(秋)〉〉7.8.9월 생인(生人)

(다) 3신:진신 갑오(甲午)==하(夏)〉〉4.5.6월 생인(生人)

(라) 4신:진신 기유(己酉)==동(冬)〉〉10.11.12월 생인(生人)

다. 진신의 작용과 의미

1) 1신: 진신 갑자(甲子)

가) 진신이 갑자에 위치할 경우 새로운 시작과 계획을 실행하는 데 매우 유리한 시기입니다.

나) 봄의 기운처럼 발전과 생명력이 강한 에너지가 작용합니다.

2) 2신: 진신 기묘(己卯)

가) 기묘는 하늘과 땅의 균형을 상징하며 안정적인 성장과 번영을 뜻합니다.

나) 여름의 기운과 연결되어 노력의 결실을 보는 단계입니다.

3) 3신:진신 갑오(甲午)

갑오는 큰 움직임과 활동력을 상징합니다. 이는 가을과 연결되어 성과를 수확하는 시기로 간주됩니다.

4) 4신: 진신 기유(己酉)

기유는 완성과 마무리를 의미합니다. 겨울의 기운처럼 내적 성찰과 준비의 에너지를 발산합니다.

라. 진신 활용법

1) 진신의 에너지를 활용하려면 자신의 오주(사주)나 특정 날짜에 포함된 진신의 위치를 분석하는 것이 중요합니다.

2) 각 진신에 따른 계절적 특성과 조화를 이루는 활동(계획 사업 학업 등)을 진행하면 성공 가능성을 높일 수 있습니다.

10. 천사성(天赦盛)

生月	寅卯辰月	巳午未月	申酉戌月	亥子丑月
日柱	戊寅日	甲午日	戊申日	甲子日

천사성은 오주(사주)학에서 매우 특별한 길성으로 간주됩니다. 이 천사성은 글자 그대로 "하늘이(赦. 사면) 한다"라는 뜻으로 오주에서 이별을 가지고 태어난 사람은 특별히 재난이나 병난을 당하더라도 하늘의 도움으로 쉽게 벗어날 수 있는 은총을 받는다고 여겨집니다. 특히 그 사람의 삶이 원만하고 화목하며 중요한 순간마다 고비를 넘기고 복귀(福貴)의 운을 얻는 특징이 있습니다.

가. 천사성의 구체적 의미와 작용

1) 천사성의 조건

가) 천사성은 춘하추동 각각 특정한 일주(日柱)에 해당하는 사람에게 나타납니다.

(1) 춘월(봄):무인일(戊寅日)

(2) 하월(여름):갑오일(甲午日)

(3) 추월(가을):무신일(戊申日)

(4) 동월(겨울):갑자일(甲子日)

나) 이 특정 일주에 태어난 사람은 오주(사주)에서 천사성이 있는 것으로 보며 그들의 인생에 특별한 축복과 보호의 힘이 작용한다고 해석합니다.

2) 천사성의 길작용

천사성이 작용할 때는 그 사람의 삶에 다음과 같은 긍정적인 영향을 줍니다.

가) 큰 어려움 속에서도 신기하게 위기를 모면하거나 병이 회복되는 경향이 있습니다.

나) 뜻밖의 도움과 은혜를 받아 일이 순조롭게 풀리며 귀인(貴人)의 도움을 받을 가능성이 큽니다.

다) 원만한 대인관계와 화목한 삶을 유지하기 쉽습니다.

3) 흉작용의 경우

하지만 천사성이 반드시 항상 좋은 것만을 의미하지는 않습니다. 대운이나 세운에서 천사성이 흉운으로 변하거나 오주의 다른 구성과 충돌하게 되면 일어나는 현상입니다.

가) 천사성의 보호 작용이 사라져 위기나 재난이 다가올 수 있습니다.

나) 지나친 자만이나 과도한 기대감으로 인해 운을 낭비하거나 길한 기회를 놓칠 위험이 있습니다.

다) 특히 오주(사주)에 다른 흉성(凶星)이 강하게 작용할 경우 천사성이 약화되거나 무력화될 수 있습니다.

4) 천사성의 활용과 보완

천사성을 가진 사람은 자신의 강점과 약점을 이해하고 적극적으로 활용할 필요가 있습니다.

가) 자신의 운에서 천사성이 길운으로 작용하는 시기를 잘 활용해야 합니다

나) 내면의 겸손과 균형을 유지하고 지나친 기대나 자만심은 피해야 합니다.

다) 다른 구성 요소와 충돌하지 않도록 조화로운 삶을 추구하는 것이 중요합니다.

나. 결론

천사성은 강력한 보호와 은총을 나타내는 별이지만 모든 오주(사주) 구성과 운의 흐름을 종합적으로 고려해야 제대로 된 해석이 가능합니다. 흉으로 작용할 가능성을 줄이고 천사성의 길한 기운을 극대화하기 위해 자신의 삶을 균형 있게 설계하는 것이 핵심입니다.

11. 금여성(金與星)

日干	甲	乙	丙	丁	戊	己	庚	辛	壬	癸
金輿	辰	巳	未	申	未	申	戌	亥	丑	寅

금여성에 대한 설명과 해석은 매우 흥미로운 주제입니다. 특히 오주(사주)학에서 금여성이 지닌 긍정적 특징과 더불어 흉성이 결합될 때의 영향을 잘 나타낸 문장인데요. 이를 더 구체적으로 풀어보면 다음과 같습니다.

가. 금여성(金輿星)의 특징과 긍정적 의미

1) 성품온순: 금여성을 가진 사람은 타인에게 부드럽고 친절하며 온화한 성격을 가지고 있습니다.

2) 화애(和愛): 사람들과 잘 어울리고 조화를 이루는 능력이 뛰어나 사회적 관계에서 인정받는 경향이 있습니다.

3) 용모단정: 외적으로도 깔끔하고 단정한 이미지를 지니며 타인에게 좋은 인상을 남깁니다.

4) 영리 총면(聰明): 지적 능력이 뛰어나며 재능을 잘 발휘할 수 있는 자질을 지닙니다.

5) 출세 대길(出世大吉): 금여성이 잘 작용하면 출세와 성공을 가져오며 관록(官祿)을 통해 높은 지위와 명예를 얻을 가능성이 높습니다.

6) 미인과의 인연 처가덕: 배우자 복이 좋고 처가의 지원을 받는 경우도 흔합니다.
7) 주위 사람들로부터 존경받음: 주변 사람들과의 관계에서 신뢰를 얻으며 존경받는 인물로 성장합니다.

나. 흉성(凶星)의 작용

형(刑), 충(沖), 파(破), 해(亥), 공망(空亡): 금여성은 긍정적인 길신(吉神)으로 소의 역할이 크지만 이와 동시에 흉성이 발생하거나 충돌할 경우 그 긍정적 에너지가 발휘되지 못합니다.
1) 형(刑): 법적 문제 심리적 압박을 나타낼 수 있습니다.
2) 충(沖): 대립과 갈등으로 인해 평화로운 상황이 흔들릴 가능성이 있습니다.
3) 파(破) 관계나 계획이 손상되거나 깨지는 상황을 의미합니다.

다. 결론과 조언

금여성은 타고난 성품과 능력 그리고 외적인 매력을 가진 별이지만 흉성이 개입될 경우 잠재력 재능이 제한될 가능성이 있습니다. 따라서 오주(사주)에서 금여성을 길하게 유지하려면 다음과 같은 조언이 도움 이 될 수 있습니다.

1) 흉성을 피하거나 완화하는 방안

가) 조화로운 기운을 유지할 수 있는 방책을 세웁니다.
나) 나쁜 기운(충, 파, 해 등)을 상쇄할 수 있는 생활 습관이나 방향성 찾습니다.

2) 자신의 강점 활용

금여성이 가진 특성을 바탕으로 사회적 관계를 구축하고 능력을 최대한 발휘합니다.

12. 천주귀인(天廚貴人)

천주귀인은 오주(사주)학에서 중요한 길신(吉神) 중 하나로 오주에서 특히 재복과 행복을 약속하는 길조로 알려져 있습니다. 천구귀인은 이름에서 도 알 수 있듯이 천상 천주(天廚)라는 의미가 있으며 풍요롭고 충만한 삶을 상징합니다.

가. 천주귀인의 기본 의미와 특징

1) 구성조건: 천주귀인은 일주 천간이 월지와 대조적으로 상생하거나 조화를 이루는 경우에

나타납니다. 이 조합이 형성되면 개인의 삶에 재물과 복이 따르고 행복한 삶을 영위할 수 있습니다.

2) 식신생재의 법칙과 연관: 천주귀인은 식신(食神)의 기운과 밀접한 관련되어 있습니다. 식신은 재물을 만드는 근원이 되는 기운을 뜻하는데 천주귀인의 에너지가 더해지면 식신의 생재(生財) 작용이 강화되어 재물을 모으고 유지하는 능력이 더욱 좋아집니다.

3) 재복과 행복: 천주귀인이 강하게 작용하는 사람은 일생동안 물질적으로 부족함을 느끼지 않으며 심리적으로도 안정된 삶을 누리는 경향이 있습니다.

나. 천주귀인이 주는 삶의 선택

1) 풍요로운 재물운: 재물운이 강한 만큼 재산을 축적하거나 강제적으로 안정된 상태를 유지하기 쉽습니다.

2) 원활한 대인관계: 천주귀인은 주변 사람들과의 유대감을 높여 협력과 조화를 통해 기회를 만들도록 돕습니다.

3) 심리적 안정감: 물질적인 풍요와 더불어 정신적 심리적으로도 여유롭고 안정된 삶을 추구합니다.

다. 천주귀인을 활용한 오주(사주)해석법

천주귀인의 작용은 오주(사주)의 전체 구성과 유기적으로 연결되기 때문에 식신과 재성의 흐름을 분석하며 해당 기운을 극대화하는 방향으로 오주를 활용해야 합니다. 다음은 천주귀인을 더욱 활성화하는 방법들입니다.

1) 식신과 재성 강화

천주귀인이 식신의 기운과 상호작용하므로 식신이 약한 경우 이를 보완해 줄 수 있는 환경을 조성해야 합니다. 예를 들어 금전운을 도와주는 사업이나 투자에 적극적으로 참여할 수 있습니다.

2) 행운의 시기 활용

천주귀인은 특히 운세의 흐름 중 식신과 재성이 강하게 드러나는 시기에 더욱 빛을 발합니다. 대운이나 세운을 분석하여 재복을 극대화할 시점을 파악하는 것이 중요합니다.

3) 선한 에너지와 기운 축적

천주귀인은 단순히 물질적 풍요뿐만 아니라 행복과 선한 기운과도 관련이 있습니다. 따라서 긍정적인 마음가짐과 선행 타인과 조화로운 관계를 유지하는 것이 중요합니다

13. 관귀학관(官貴學館)

日干	甲乙	丙丁	戊己	庚辛	壬癸
地支	巳	申	亥	寅	寅

관귀학인(官貴學館)과 관련된 내용을 이해하기 위해 오주(사주)학의 기본 개념을 살펴보면 일주 기준으로 관성(官星)의 위치와 상태는 개인의 사회적 성공과 관련된 중요한 요소로 간주됩니다. 특히 관성이 장생궁(長生宮)에 위치한 경우 이는 승진이나 출세가 빠르고 사회적 지위가 상승할 가능성이 높음을 암시합니다.

가. 관성(官星)의 정의

관성: 오주(사주)에서 관성은 사회적 책임 명예 권위 직업적 성취를 나타냅니다.

1) 정관(正官): 정직하고 규칙을 따르는 사회적 책임을 상징합니다.
2) 편관(偏官) "칠살" 강한 통솔력과 도전정신을 나타냅니다.

나. 장생궁과 관성의 관계

장생궁(長生宮): 십신(十神)이 왕성하게 발달하는 초기 단계를 상징하며 새로운 에너지를 시작되고 생기가 넘치는 위치입니다.

1) 관성이 장생궁에 있으면 개인이 젊은 나이에 사회적 성공을 이루거나 자연스럽게 권위를 얻는 경우가 많습니다.
2) 이는 관성이 안정적이고 강력하게 작용함을 의미하며 사회적 위치에서 발돋움하기 쉬운 환경을 제공합니다.

다. 신왕과 관왕의 조화

1) 신왕(身旺): 오주(사주)의 일간(日干)이 강한 상태를 의미하며 자신의 능력을 효과적으로 발휘할 수 있음을 나타냅니다.
2) 관왕(官旺): 관성이 강한 상태를 의미하며 사회적 영향력과 책임이 강력히 부여되는 시기를 나타냅니다.
   가) 신왕 + 관왕의 조화: 개인의 능력이 관성을 잘 통제할 수 있는 상태로 자연스럽게 승진과 출세로 이어질 가능성이 높습니다.
   나) 반대로 신약(身弱) 상태에서 관성이 과도하면 부담이 될 수 있어 조정이 필요합니다.

라. 추명(推命)의 해석

관성을 통해 사회적 성공 여부를 추명할 때는 다음과 고려합니다.

1) 관성의 강약: 관성이 강할수록 직업적 성공 가능성이 높습니다.
2) 격국: 관성을 중심으로 한 격국의 성립 여부(예: 관격, 살격 등) 확인이 필요합니다.
3) 운의 흐름: 대운(大運)과 세운(歲運)에서 관성이 강화되거나 장생궁으로 들어오는 시기에 출세의 기회가 많아집니다.

마. 실제 적용:승진 출세가 빠른 이유

관성이 장생궁에 위치할 때 이는 다음과 같은 긍정적인 요소를 제공합니다.

1) 능동적이고 발전적 에너지: 사회적 책임을 자연스럽게 받아들이고 성장 가능성이 높습니다.
2) 젊은 나이에 성공 가능성: 특히 신왕의 구조에서 관성이 장생궁에 있으면 승진 속도가 빨라집니다.
3) 운의 흐름과 상관관계: 장생궁의 관성이 대운과 조화를 이룰 때 직업적 성공의 시기를 앞당깁니다.

바. 마무리

관성이 장생궁에 위치한 오주(사주)는 일반적으로 사회적 지위 상승과 출세의 속도가 빠르며 특히 신왕의 조건이 충족된다면 능력을 발휘해 권위와 명성을 쉽게 얻는 구조입니다. 하지만 개인마다 오주의 전체적인 균형을 살펴보아야 하므로 이를 바탕으로 구체적인 추며 이루어져야 합니다.

14. 황은대사(皇恩大赦)

生月	寅	卯	辰	巳	午	未	申	酉	戌	亥	子	丑
地支	戌	丑	亥	巳	酉	卯	子	午	亥	辰	申	未

황은대사와 주중지지(柱中地支)는 오주(사주)학에서 명리학적으로 특정 맥락을 지칭하며 특히 오주에서 사면(赦免)과 같은 개념을 상징적으로 풀이할 수 있습니다.

가. 황은대사 풀이

1) 황은대사

이는 문자 그대로 "황제의 은혜로 큰 사면을 받는다" 오주(사주)에서 주로 대운 세운 또는 특정한 합(合)이나 조화가 이루어질 때 어려움을 벗어나거나 갑작스러운 구 원을 받는 상황으로 해석됩니다. 다만 이는 어디까지나 오주(사주) 내에서 긍정적인 작용을 전제로 합니다.

2) 주중지지

여기서 주(柱)는 연주, 월주, 일주, 시주, 분주를 의미하며 지지(地支)는 오주십자(五柱十字, 四柱八字)에서의 다섯기둥 중지지(子.丑.寅...亥)를 지칭합니다. 황은대사가 이루어지는 환경은 오주(사주)에서 특정한 지지가 합(合), 충(沖), 형(刑), 파(破), 해(害) 등의 작용을 받았는지 또는 신살(神殺)과 같은 특별한 요소가 포함되는지에 따라 결정됩니다.

3) 일간에 기신 작용

"일간에 기신 작용하면 기대할 수 없다"라는 내용은 매우 중요합니다.

가) "기신(忌神)"은 오주(사주)의 균형을 방해하는 부정적인 역할을 하는 요소로 만약 황은대사의 조건이 성립된다고 해도 기신이 강하게 작용하면 그 효과를 기대하기 어렵습니다.

나) 따라서 오주(사주)의 전체적인 맥락에서 용신(用神)과 기신의 관계를 종합적으로 고려해야 합니다.

4) 일론(一論)에만 의존하지 말 것

이는 특정한 해석에 고착되지 말고 전체 오주(사주)를 종합적으로 해석하라는 중요한 조언입니다. 단편적인 규칙에 의존하기보다는 운의 흐름 운의 작용 주변의 환경과 함께 분석해야만 올바른 결론에 이를 수 있습니다.

나. 정리

황은대사를 단순히 "중죄에서 사면받는다"라는 표면적인 해석으로 접근하기보다는 오주(사주) 전체의 운에 흐름과 균형을 살피고 용신과 기신의 작용 여부를 명확히 파악한 후에 종합적인 해석을 통해 활용해야 합니다.

15. 태극귀인(太極貴人)

日干	甲乙	丙丁	戊己	庚辛	壬癸
年支	子午	酉寅	辰戌丑未	寅卯	巳申

태극귀인은 오주(사주)학에서 매우 중요한 길신(吉神) 중 하나로 높은 귀격과 특별한 행운을 상징합니다. 이를 특히 일주의 천간을 기준으로 살펴볼 때 연주의 지지와 조화를 이루는 경우 태극귀인의 영향력은 극대화됩니다. 이는 갑작스러운 횡재나 복이 찾아오는 것뿐만 아니라 그 행운이 길게 이어지는 특징을 보입니다. 더 나아가 이런 운의 흐름 속에서 운의 많은 사람들을 거느리며 리더의 위치에 오를 가능성도 있습니다.

가. 태극귀인의 작용 조건

1) 조화로운 조합

태극귀인은 오주(사주)의 다른 구성 요소와 조화를 이루어야 그 길신의 힘이 발휘됩니다. 특히 연 주의 지지와 일주의 천간이 서로 상생하거나 조화를 이루는 경우 태극귀인의 긍정적인 작용이 활용화됩니다.

2) 형충파해(刑沖破害)의 방지

오주(사주)내에서 형, 충, 파, 해 등의 부정적인 작용이 발생하면 태극귀인의 길신적 효과가 약화되거나 작용하지 않을 수 있습니다. 예를 들어 오주내에서 태극귀인을 파하는 충(沖)이 발생하면 행운이 단절되거나 그 작용이 왜곡될 가능성이 높습니다.

나. 태극귀인의 실제 효과

1) 횡재운: 예상치 못한 재물이나 복이 들어오며 사업이나 투자에서 큰 성과를 거두는 경우가 많습니다.
2) 장기적 안정: 한번 얻은 행운은 단기적으로 끝나지 않고 길게 이어지며 지속적으로 발전합니다.
3) 리더십: 많은 부하나 동료를 이끄는 위치에 서게 되며 귀격(貴格)을 인정받아 사회적으로도 높은 지위에 오를 가능성이 큽니다.

다. 주의 사항

1) 태극귀인이 오주(사주)에 있더라도 형충파해가 발생하면 길신의 효과가 나타나지 않으므로 이를 방지하기 위한 대비책이 필요합니다.
2) 특정 대운이나 세운에서 형충이나 해(害)가 발생할 경우 관련된 문제를 미리 예측하고 대응하는 것이 중요합니다.
3) 이를 바탕으로 태극귀인의 긍정적인 영향을 그 대화하려면 오주의 전반적인 조화를 유지하고 부정적인 요인을 미리 제거하거나 완화하는 방법을 고민해야 합니다. 이를 통해 태극귀인의 힘을 온전히 활용하여 재물과 귀격의 상승을 도모할 수 있습니다.

16. 천희신(天喜神)

生月	寅	卯	辰	巳	午	未	申	酉	戌	亥	子	丑
地支	未	午	巳	辰	卯	寅	丑	子	亥	戌	酉	申

천희신은 오주(사주)학에서 중요한 길신(吉神)으로 특히 흉한 상황을 반전시켜 길하게 만드는 운으로 알려져 있습니다. 하지만 천희신이 항상 좋은 영향을 미치는 것은 아닙니다. 오주(사주)의 전체적인 구조와 천희신의 작용이 조화를 이루지 못할 경우 천희신조차 그 본래의 기한 역할을 다하지 못할 수 있습니다.

가. 주요 내용 정리

1) 천희신의 본질: 천희신은 "기쁨"과 "희망"을 상징하며 오주에서 긍정적인 변화를 일으키는 길신으로 작용합니다. 일반적으로 흉한 기운이 있는 곳에서 이를 누그러뜨리고 상황을 긍정적으로 변화시키는 역할을 합니다.
2) 흉사(凶事)가 길로 변하는 조건: 천희신 흉한 상황에서 길하게 작용하려면 오주의 전체적인 구조가 천희신의 역할을 뒷받침해야 합니다. 이를 태면 천희신이 강하게 작용할 수 있는 운이나 환경이 조성되어야 합니다.
3) 천희신의 역효과 가능성: 천희신이 오주(사주) 구조나 일주의 흐름과 상반되거나 충돌할 경우 본래의 길신으로서의 역할을 수행하지 못하고 오히려 흉하게 작용할 가능성도 존재합니다. 예컨대 일주가 지나치게 강하거나 천희신이 충돌하는 다른 신살(神殺)이나 오행의 방해를 받을 때 이러한 현상이 나타날 수 있습니다.

나. 활용과 주의

천희신이 오주(사주)에 있을 때 이를 제대로 활용하려면:

1) 전체적인 오주 구조를 먼저 파악하고 천희신의 위치와 역할을 분석해야 합니다.
2) 천희신이 유리하게 작용할 수 있는 시기(운세)를 확인하여 적절한 행동을 계획해야 합니다.
3) 천희신은 단순히 오주에 존재한다고 해서 무조건 긍정적인 변화를 가져오지는 않습니다. 이를 올바르게 이해하고 자신의 운에 맞는 전략을 세워 실행하는 것이 좋습니다.

17. 홍란성(紅鸞星)

生月	寅	卯	辰	巳	午	未	申	酉	戌	亥	子	丑
地支	丑	子	亥	戌	酉	申	未	午	巳	辰	卯	寅

홍란성은 오주(사주)학에서 매우 중요한 길신 중 하나로 주로 사랑 결혼 인간관계 그리고 기쁨과 같은 긍정적인 운을 상징합니다. 홍란성은 개인의 오주십자(五柱十字, 四柱八字)에서 특정한 년주, 월주, 일주, 시주 혹은 분주에 나타날 수 있으며 그 위치와 작용에 따라 해석이 달라집니다.

가. 홍란성의 의미와 특성

1) 사랑과 연애: 홍란성은 사랑과 연애를 상징하며 사람과 결혼 운이나 감정적 교류에서 강하게 작용합니다.
2) 인간관계의 발전: 대인관계에서 원만함을 부여하고 새로운 만남이나 교류를 촉진합니다.
3) 기쁨과 행복: 홍란성은 긍정적이고 밝은 에너지를 상징하기 때문에 삶의 즐거움을 더해줍니다.

나. 다른 길신과의 조합

홍란성은 단독으로도 긍정적인 영향을 미치지만 다른 길신과의 조합에 따라 작용이 더욱 강해집니다.

1) 천월덕(天月德): 인덕과 화합의 기운을 더해주며 홍란성과 함께 있을 때 큰 행운과 기쁨을 가져옵니다.

2) 황은대사(皇恩大使): 재물과 명예를 부여하며 홍란성과 조합시 안정적인 생활 기반을 제공합니다.

3) 천희신(天喜神): 기쁨과 희망의 에너지를 강화하며 홍란성과 함께 사랑과 결혼 운을 극대화합니다.

다. 홍란성의 오주학(五柱學) 적용

오주학은 (사주)를 해석할 때 년주, 월주, 일주, 시주에 더해 분주까지 세밀히 분석하는 방식입니다. 홍란성이 각 주(柱)에 있을 때의 의미는 다음과 같습니다.

1) 년주에 훌란성이 있을 때

가) 가족과 혈연적 인연에서 사랑과 행복을 경험할 가능성이 높습니다.
나) 조상의 덕이나 가족의 도움을 받을 가능성이 큽니다.
다) 인간관계가 전반적으로 원활하며 사회적 명성을 얻을 수 있습니다.

2) 월주에 홍란성이 있을 때

가) 사회생활과 직장에서 긍정적인 영향력을 발휘합니다.
나) 업무적 파트너십이 좋으며 결혼과 관련된 인연이 직장이나 사회적 환경에서 이루어질 가능성이 있습니다.
다) 경제적 안정과 번영의 기운이 강합니다.

3) 일주에 홍란성이 있을 때

가) 결혼운이 매우 좋고 배우자와의 관계에서 큰 행복을 누릴 가능성이 큽니다.
나) 스스로 사랑과 감정을 잘 표현하며 주변 사람들과 조화로운 관계를 형성합니다.
다) 일주에 홍란성이 있다면 배우자가 큰 행운의 상징이 될 수 있습니다.

4) 시주에 홍란성이 있을 때

가) 후손이나 자녀와의 관계가 행복하며 이로 인해 삶의 기쁨이 커질 수 있습니다.
나) 만년운(노년운)이 평온하고 행복할 가능성이 높습니다.
다) 창의성과 자아실현의 기운이 강해지며 새로운 도전에서도 좋은 결과를 얻을 수 있습니다.

5) 분주에 홍란성이 있을 때

가) 매우 세밀하고 인적인 인연과 감정적 흐름에 영향을 줍니다.

나) 일상 속에서 작은 즐거움과 감동을 자주 느낄 가능성이 큽니다.

다) 분주에서의 홍란성은 순간적인 행운이나 감정적 고양과 연관합니다.

라. 홍란성의 응용 방법

홍란성 같은 길신은 오주(사주) 풀이에 그치지 않고 실제로 삶에서 활용할 수 있습니다.

1) 연애와 결혼 운 관리: 홍란성이 강하게 작용하는 시기를 활용해 연애나 결혼에 집중하는 것이 좋습니다.

2) 인간관계의 확장: 인간관계가 원활한 시기를 활용해 중요한 만남이나 네트워킹을 시도합니다.

3) 기쁨을 극대화: 긍정적인 에너지가 많은 시기에 자신이 좋아하는 일을 시도하거나 새로운 프로젝트를 시작하면 큰 성과를 얻을 수 있습니다.

마. 해석의 포인트

홍란성의 오주(사주)의 전체적인 흐름과 조화를 이룰 때 가장 큰 효과를 발휘합니다.

1) 원국 내 다른 신살과의 조화를 확인해야 합니다.

2) 대운(大運)과 세운(歲運)의 흐름에 따라 길흉이 달라질 수 있으므로 전체적인 운세와 함께 분석해야 합니다.

제7편
천간지지의 생사관계

1. 천간(天干)과 지지(地支)의 생사(生死)관계

천간과 지지는 음양과 오행의 흐름 속에서 상생(相生), 상극(相剋), 생(生), 왕(旺), 사(死), 고(庫), 절(絶), 쇠(衰)와 같은 다양한 관계로 연결됩니다. 이들은 인간의 성장 변화 쇠퇴 등 생애 주기를 나타내며 특정 기운이 강하거나 약한지를 판단하는 데 도움을 줍니다.

가. 천간(天干)

천간은 갑(甲), 을(乙), 병(丙), 정(丁), 무(戊), 기(己), 경(庚), 신(辛), 임(壬), 계(癸)의 10가지로 구성되어 있습니다. 각각은 오행과 음양에 속하며 자연 속에서의 생성과 소멸을 표현합니다.

*갑(甲): 목(陽)
*을(乙): 목(陰)
*병(丙): 화(陽)
*정(丁): 화(陰)
*무(戊): 土(陽)
*기(己): 土(陰)
*경(庚): 금(陽)
*신(辛): 금(陰)
*임(壬): 수(陽)
*계(癸): 수(陰)

나. 지지(地支)

자(子), 축(丑), 인(寅), 묘(卯), 진(辰), 사(巳), 오(午), 미(未), 신(申), 유(酉), 술(戌), 해(亥)의 12가지로 구성되어 있으며 이는 오행과 계절적 순환 시간의 흐름을 상징합니다.

다. 생사(生死)관계

생사 관계는 천간과 지지가 상호 작용하여 각자의 기운을 어떻게 주고받는지 그리고 그 기운의 상태를 설명합니다. 이는 대체로 다음과 같은 흐름으로 이해됩니다.

1) 생(生): 에너지 생성

천간과 지지 간에 상생(相生)의 관계가 있을 경우 서로의 기운을 북돋우는 역할을 합니다. 목(木)이 화(火)를 생(生):갑(甲)이나 을(乙)이 지지의 사(巳) 또는 오(午)과 만나면 목(木)의 기운이 화(火)로 이어져 에너지를 생성합니다.

2) 왕(旺): 에너지의 절정

천간이 자신이 계절적 기운을 만났을 때 왕성해지는 시점입니다. 갑목(甲木)은 봄(寅, 卯, 辰) 지지에 왕성해집니다.

3) 쇠(衰): 에너지 감소

왕성했던 기운이 감소하며 쇠퇴하는 단계입니다. 이는 오주학에서 천간이 자신의 기운을 잃는 위치에 해당합니다.

4) 사(死): 에너지 소멸

천간이 지지에 자신의 기운을 전부 소모하고 완전히 소멸하는 단계입니다. 화(火)는 수(水)의 기운 속에서 죽음의 상태입니다.

라. 천간과 지지의 생사 주기(12운성 체계)

12운성 체계는 천간과 지지가 상호작용하며 생(生), 왕(旺), 쇠(衰), 사(死)로 순환하는 과정을 설명합니다. 이는 인간의 일생과도 비슷하게 여겨지며 다음과 같은 단계로 나뉩니다.

*장생(長生): 생명의 시작
*목욕(沐浴): 기운이 서서히 자라는 시기
*관대(冠帶): 성장 단계
*건록(建綠): 최고의 왕성함
*제왕(帝旺): 기운의 절정
*쇠(衰): 에너지 감소
*병(病): 쇠약해지는 시기
*사(死): 에너지의 완전 소멸
*묘(墓): 저장된 상태
*절(絶): 새로운 기운의 탄생 준비
*태(胎): 새로운 기운을 품는 시기
*양(養): 기운이 서서히 자라남

마. 실제 오주학 해석에서의 활용

천간과 지지의 생사 관계는 다음과 같은 방식으로 오주를 해석할 때 사용합니다.

1) 특정 천간의 강약을 파악합니다.

2) 지지가 천간에 미치는 영향을 분석하여 개인의 성격 운세 직업 적성 등을 평가합니다.
3) 대운(大運)과 세운(歲運)의 흐름에 따른 길흉 예측합니다.

2. 오주학(五柱學)의 천간(天干): 갑목(甲木)

"갑목"은 오주학과 사주명리학에서 천간(天干)중 첫 번째로 양목(陽木)을 상징합니다. 갑목은 큰 나무 즉 하늘을 향해 뻗어가는 장엄한 나무를 연상케 하며 강한 생명력과 성장력을 지닌 특성을 가지고 있습니다. 갑목의 성향과 특징 그리고 이를 재물운과 연결 짓는 방법을 간단히 설명해 드립니다.

가. 갑목의 기본 성격과 특징

1) 강한 추진력과 생명력

가) 갑목은 큰 나무처럼 강한 의지와 끈기를 가지고 있으며 목표를 향해 흔들림 없이 나아가는 성향을 지닙니다.
나) 어려운 환경에서도 생존하며 성장할 수 있는 회복력을 가지고 있습니다.

2) 정직함과 원칙주의

가) 갑목은 올곧은 성품을 상징하며 정의롭고 공정한 태도를 추구합니다.
나) 자신의 원칙과 가치를 중시하며 쉽게 타협하지 않는 고집스러운 면이 있을 수 있습니다.

3) 외유내강(外柔內剛)

외적으로는 부드럽고 유연해 보이지만 내적으로는 강인한 힘과 의지를 숨기고 있습니다.

나. 갑목과 재물운의 상관관계

갑목이 재물을 이루기 위해서는 자신의 장점을 극대화하고 부족한 부분을 보완해야 합니다.

1) 갑목과 재성(財星)

가) 재성은 재물과 관련된 별로 갑목에게 있어 "무토(戊土)"와 "기토(己土)"가 재성이 됩니다.
나) 갑목은 토(土)를 통해 자신의 성장을 지탱하고 안정적인 기반을 마련할 수 있습니다.
다) 따라서 토, 기운이 조화롭게 자리 잡으면 재물운이 상승할 가능성이 높습니다.

2) 환경에 따른 갑목의 성향

가) 갑목은 자양분이 되는 물(壬水, 癸水)과 따뜻한 태양(丙火)을 통해 더 크게 성장할 수 있습니다.

나) 반대로 갑목이 지나치게 강하거나 자양분이 부족하면 고집이 세지고 유연성이 떨어질 수 있어 재물운이 약해질 수 있습니다.

3) 갑목의 재물운 강화전략

가) 인내와 장기적 안목: 갑목은 단기적인 성공보다는 장기적인 계획이 적합합니다.

나) 팀워크 강화: 혼자 모든 것을 해결하려는 고집을 버리고 주변 사람들과 협력하는 태도가 필요합니다.

다) 유연한 사고: 원칙도 중요하지만 변화하는 적응 하며 유연하게 대처하는 능력이 재물운을 강화합니다.

다. 갑목의 직업과 재물운 활용법

갑목의 성향과 에너지는 다음과 같은 직업에서 재물운과 연결될 가능성이 높습니다.

1) 교육과 상담 분야

정직하고 원칙적인 성격을 활용하여 사람들을 돕는 직업에서 두각을 나타낼 수 있습니다.

2) 농업, 환경 관련 사업

갑묵은 자연과 관련된 분야에서 안정적인 기반을 다질 수 있습니다.

3) 창업과 리더십

추진력과 리더십을 활용하여 스스로 사업을 시작하거나 팀을 이끄는 것이 유리합니다.

4) 갑목의 물상(形象)과 자연의 이치

가) 물상(형상)

⑴ 갑목은 큰 나무 즉 하늘을 향해 뻗어 오르는 활엽수나 거목으로 표현합니다.

⑵ 곧고 단단한 모습으로 튼튼한 뿌리를 가진 나무를 연상하면 됩니다.

⑶ 사계절을 통해 자라나는 나무는 지속적인 성장과 생명력을 상징합니다.

⑷ 동쪽 산소 연료 생기 활력 시작 천둥 우레 바람 농업 문구 서적 디자인 아이디어 교

육업 부동산 목공 산신령 단군왕검 건축자재 나무 씨앗 새순 화훼 가구 출판업 인쇄업 인문학 저술업 광고 홍보 종이 도배 지도자 기둥 불교인연 문필 도배 건축 아파트 철탑 안테나 롯데월드 건물 등 해당합니다.

나) 자연의 이치

⑴ 나무는 천지간에서 생명을 이어주는 중요한 존재로 균형과 조화를 추구합니다.

⑵ 땅에서 영양분을 흡수하고 하늘로 성장하는 모습은 성장과 확장의 원리를 나타냅니다.

⑶ "갑목"은 씨앗에서부터 시작해 꾸준히 노력과 환경의 도움으로 자라는 과정에 비유됩니다.

⑷ 자연의 순리를 따르는 모습은 "시간과 환경에 따라 발전한다"라는 원리와 닮아 있습니다.

라. 갑목(甲木)과 신체 부위 및 건강

1) 신체 부위

가) 갑목은 인체에서 간(肝) 손과 팔 손톱 등을 상징합니다.

나) 간은 해독과 조화를 주관하며 체내의 에너지를 순환시키는 중요한 역할을 합니다.

다) 손과 팔은 물건을 잡고 행동으로 옮기는 활동성을 상징합니다.

2) 건강

가) 갑목의 에너지가 균형을 이루면 간 기능이 건강하고 피로회복이 잘 됩니다.

나) 그러나 갑목이 약하거나 과도하면 간에 무리가 오거나 스트레스와 같은 문제로 인해 신경과민 우울증 눈의 피로 등이 나타날 수 있습니다.

다) 갑목의 건강 관리는 적절한 휴식과 해독(디톡스)이 중요합니다.

마. 갑목의 성격과 적합한 특징

1) 성격적 특성

가) 갑목은 곧고 의지가 강한 성격을 가집니다.

나) 정의롭고 도덕적이며 목표를 위해 노력하는 모습이 강합니다.

다) 외유내강의 성격으로 겉으로는 부드러워 보일 수 있지만, 내면에는 굳센 의지가 있습니다.

라) 융통성보다는 원칙과 규율을 중시하는 경향이 있어 고집스러워 보일 수도 있습니다.

2) 적합한 성격

가) 공정성과 리더십을 발휘하는 역할에 잘 어울립니다.

나) 장기적인 목표를 이루기 위해 꾸준히 노력하는 성향으로 성장과 발전을 추구하는 일을 선호 합니다.

바. 갑목과 사회적 역할과 직업적 특성

1) 갑목은 조직 내에서 중심이 되는 역할 즉 리더나 책임자로서의 역할이 어울립니다.
2) 나무처럼 지속적인 성장을 상징하기 때문에 장기적인 발전이 중요한 직업에 잘 맞습니다.
3) 또한 정의감과 책임감이 강하기 때문에 사람에게 신뢰를 주는 일을 잘 수행합니다.

사. 요약

갑목은 자연의 나무처럼 강인함과 성장성을 상징하며 간과 머리 같은 신체 부위와 관련된 건강 정의롭고 단단한 성격 그리고 리더십이 필요한 사회적 역할에서 중요한 의미를 가집니다. 갑 목의 특징을 삶과 직업에서 잘 활용 하면 균형 잡힌 삶을 이끌어갈 수 있습니다.

3. 오주학(五柱學)의 천간(天干): 을목(乙木)

을목은 오주십자(五柱十字, 四柱八字)에서 천간 중 하나로 자연을 상징하는 나무에 에너지를 대표합니다. 을목은 초목(草木), 즉 부드럽고 유연한 나무나 식물처럼 유순하고 섬세하지만, 생명력이 강한 특성을 가지고 있습니다. 이는 갑목(甲木)과 대조되며 큰 나무를 상징한다면 을목은 덩굴 식물 풀꽃처럼 부드럽게 자라는 생명력을 표현합니다.

가. 을목의 주요 성격 및 특징

1) 유연성과 적응력: 을목은 부드럽고 유연한 성질을 가져 타인과 잘 어울리며 변화에 쉽게 적응합니다. 주변 환경에 따라 자신의 위치를 조정하고 관계를 맺는 능력이 뛰어납니다.
2) 섬세함과 창의성: 섬세한 감각과 창의력을 바탕으로 아이디어를 내고 무언가를 꾸미는 데 뛰어난 재능이 있습니다.
3) 끈기와 생명력: 을목은 겉보기엔 연약해 보일 수 있으나 덩굴처럼 끝없이 뻗어나가는 끈기와 강인함을 가지고 있습니다. 목표를 위해 꾸준히 노력하는 스타일이라 할 수 있습니다.
4) 대인관계에서의 매력: 부드럽고 친근한 성격 덕분에 대인관계에서 타인을 편안하게 하고 사람들의 마음을 끌어당기는 매력을 발휘합니다.

나. 을목의 약점

1) 지나치게 유순하고 타인의 요구를 많이 받아들이다 보면 자기 주관을 잃거나 우유부단해질 수 있습니다.
2) 외부 환경에 크게 영향을 받기 때문에 독립적이지 못하거나 의존적인 성향을 보일 수도 있습니다.

다. 오주에서 을목의 활용

1) 재물운과의 과제

가) 을목은 "수(水)"를 통해 생명을 얻으며 이를 바탕으로 재물운을 늘릴 수 있습니다. 특히 "수(水)"가 충분하면 을목의 생명력이 강해져 활동성과 성장 가능성이 커지므로 재물 운용에 도움이 됩니다.
나) "화(火)"는 을목에게 빛과 방향성을 제공하여 에너지를 효율적으로 쓸 수 있게 해줍니다. 이는 재물의 쓰임새를 제대로 파악하고 운용하는 능력과 연결됩니다.

2) 직업적 방향

가) 예술 디자인 교육 상담 농업 등 섬세한 창의력이 필요한 분야에서 두각을 나타냅니다.
나) 팀워크를 요구하는 분야에서도 협력자나 후원자로서 능력을 발휘합니다.

3) 운세 강화 팁

가) "물(水)"의 에너지를 보충하기 위해 주변에 강 호수 바다 같은 물과 가까운 환경에서 활동하면 좋습니다.
나) "목(木)"과 "화(火)"의 조화를 이루는 라이프 스타일(예: 나무로 된 가구 활용 따뜻한 조명 사용)을 통해 에너지를 극대화할 수 있습니다.

라. 을목의 물상(形象)

1) 소나무의 가지 덩굴 작은 꽃나무 등 유연하고 섬세한 식물로 상징됩니다.
2) 자연 속에서 을목은 다른 나무나 물체에 기대어 자라는 모습이 특정적이며 이는 의존성과 협력의 중요성을 암시합니다.
3) 물상적 특징: 가늘고 섬세한 이미지로 유연하지만 강한 생명력을 지닙니다.
4) 문구 종이 화훼 섬유 풀 구불구불 넝쿨 언어 소리 말 음향 채소 칡넝쿨 습지식 물 부드러운 나무 곡식 곡물 등나무 화사함 아름다움 동안 머리카락 음향기기 선 풍기 음반 녹음

성우 화초 잔디 담쟁이 넝쿨 묘목 공예품 섬유 의류 옷 새 여행 어린이 유치원 긴줄 이별 국화 초상 수다…. 등에 해당합니다.

마. 자연의 이치와 원리

1) 을목은 음지에서 자라면서도 빛을 향해 끊임없이 성장하는 순응과 적응의 원리를 보여줍니다.
2) 변화와 융통성: 을목은 스스로 변화하며 조화롭게 환경과 어울리는 특성을 지녔습니다.
3) 을목은 자라기 위해 외부의 도움(예: 태양, 물, 바람, 지지대 등)을 필요로 하며 이는 협력과 의존의 원리를 설명합니다.

바. 신체 부위와 건강

을목은 인체에 대해 아래와 같은 신체 부위 및 건강의 특성과 연관됩니다.

1) 신체 부위

가) 손가락 머리카락 손톱과 같은 가늘고 섬세한 부분을 말합니다.
나) 간(肝): 을목은 오행 중 목(木) 기운에 속하며 간은 해독과 정화를 담당하는 중요한 역할을 합니다.

2) 건강특징

가) 간 건강이 약하거나 스트레스 해소가 필요한 경우가 많습니다.
나) 순환과 해독 작용이 잘 이루어지지 않으면 쉽게 피로하거나 두통과 같은 증상이 나타날 수 있습니다.
다) 유연한 신체 구조를 강조하기 때문에 관절 인대 건강 유지가 중요합니다.

사. 적합한 성격

을목은 성격은 그 유연성과 성장성에서 기인합니다.

1) 장점

가) 유연하고 적응력이 뛰어납니다.
나) 친절하고 타인을 배려하는 성향이 있습니다.
다) 창의적이고 섬세한 사고방식을 가집니다.

2) 단점

가) 지나치게 의존적일 수 있습니다.
나) 주변 환경이나 타인의 영향을 쉽게 받습니다.
다) 우유부단함으로 인해 결단력이 부족할 수 있습니다.

아. 사회적 역할

을목은 협력과 조화를 중시하기 때문에 아래와 같은 역할과 잘 맞습니다.

1) 조직 내 역할

가) 중간관리자 조력자 협업 전문가로 적합합니다.
나) 섬세함과 창의력을 요구하는 디자인 예술 의류 상담 교육 분야에서 두각을 나타냅니다.

2) 사회적 기여

가) 주변 사람들과 잘 어울리며 공동체를 위한 기여를 열심히 합니다.
나) 타인을 도와 함께 성장하는 것을 중요하게 여깁니다.

자. 을목의 균형점

을목은 균형을 유지하는 것이 핵심입니다.

1) 지나치게 의존적으로 되면 스스로의 성장을 저해할 수 있으므로 독립성을 키워야 합니다.
2) 건강 측면에서는 간을 중심으로 하는 목(木)의 기운을 잘 보충하고 순환을 원활하게 유지하는 것이 중요합니다.
3) 을목의 본질은 타인과의 협력 속에서 빛을 발하고 동시에 스스로 유연성을 통해 성장과 변화를 이루는 데 있습니다. 이는 개인적인 삶과 사회적 역할 양쪽에서 모두 중요한 가치를 담고 있습니다.

4. 오주학(五柱學)의 천간(天干): 병화(丙火)

병화는 오주학에서 천간 중 하나로 태양에 비유됩니다. 뜨겁고 밝은 에너지를 가지고 있으며 생명과 활기를 불어넣는 역할을 합니다. 병화의 성질을 이해하면 사람의 성향 에너지 흐름을 분석하는 데 유용합니다. 아래는 병화의 주요 특성과 활용법에 대한 요약입니다.

가. 병화(丙火)의 주요 특성

1) 밝음과 열정

병화는 태양처럼 밝고 따뜻한 에너지를 나타냅니다. 이는 열정적이고 활동적인 성향을 상징하며 주변을 비추고 활기를 북돋우는 역할을 합니다.

2) 끊임없는 에너지

태양은 항상 빛나듯 병화의 에너지는 지속적이고 꾸준합니다. 이는 병화가 강한 추진력과 열정으로 목표를 추구하는 특징을 나타냅니다.

3) 이타심과 리더십

태양은 모두에게 빛을 나누듯 병화는 넓은 마음으로 주변 사람들에게 도움을 주고 리더십을 발휘하는 성향이 있습니다.

4) 감정표현

감정을 숨기지 않고 솔직하게 드러내는 특징이 있습니다. 이는 병화가 개방적이고 다소 직설적인 면을 가질 수 있음을 의미합니다.

나. 병화의 장점과 단점

1) 장점

가) 강력한 추진력과 자신감이 있습니다.
나) 따뜻한 사교적인 성격이 좋습니다.
다) 목표를 향한 꾸준한 노력을 합니다.

2) 단점

가) 지나치게 강렬할 경우 피로감 유발합니다.
나) 과도한 직설로 인해 오해를 살 가능성이 있습니다.
다) 균형을 잃으면 자기중심적으로 보일 수 있습니다.

다. 병화를 활용한 재물운 상승법

1) 자신을 열정을 활용하라

병화의 열정과 추진력을 활용해 자신이 좋아하는 분야에서 전문성을 키우는 것이 중요합니다.

특히 사람들에게 도움을 줄 수 있는 직업이나 사업에 뛰어들면 큰 성공을 거둘 수 있습니다.

2) 균형잡기

병화의 에너지는 강렬하지만, 균형이 중요합니다. 과도한 에너지 소모는 오히려 재물운을 방해할 수 있으니 스스로 재충전의 시간을 가지는 것이 필요합니다.

3) 타인과의 협력

병화는 태양처럼 혼자 빛날 수 있지만 구름이나 땅과 함께할 때도 큰 효과를 발휘합니다. 즉 주변 사람들과 협력과 네트워킹이 재물운을 키우는 핵심이 됩니다.

4) 명확한 목표설정

태양이 매일 떠오른 병화는 꾸준한 목표 추구가 중요합니다. 자신의 목표를 명확히 하고 이를 이루기 위한 구체적인 계획을 세워 실행하세요.

라. 병화의 물상과 형상

1) 물상(物象): 병화는 태양을 상징합니다. 밝고 강렬하며 생명체에 활력을 제공하는 존재입니다.
2) 문명 과학 방송 전파 연예인 역마 태양 빛 장수 왕 광선 방화선 조명기구 화공약품 비디오 간판 네온사인 남쪽 인기 초능력 투시력 영체 연설 소식 눈썹미 밝음 화력발전소 화려한 장식 발열체 영상 문화 사치 허세 정신 전열기구 전기 전자 유튜브 전선 큰불 연료 화학 폭발물 인화물질 안경 카메라 엑스선 제왕 권력 정신문명 정신 명성 연예계통 광체 색책빛 전자파 자외선 적외선 방사선 번개 건축자 큰뜻(이상) 밖에서 인기 피시방 라이트 클럽 등에 해당합니다.

다. 형상(形象)

1) 태양과 같은 원형으로 뜨겁고 강렬한 에너지를 지닌 형상에 해당합니다.
2) 빛과 열을 발산하며 무엇인가를 비추고 밝히는 역할을 합니다.
3) 상승하고 확산하는 특성을 지니며 전진적이고 역동적인 이미지를 가집니다.

마. 자연과 이치와 원리

1) 병화는 태양의 순환과도 같습니다. 태양은 낮에는 모든 것을 비추며 활기를 불어넣지만, 과

도한 갈증과 과열을 초래하기도 합니다. 따라서 병화는 조화를 이루는 것이 중요합니다.
2) 이 원리는 활력과 생명력을 유지하면서도 지나치지 않는 균형을 상징합니다.
3) 창조와 소멸의 순환: 병화는 만물의 성장을 돕는 한편 불로 인해 사라지기도 하며 새로운 작을 의미합니다.

바. 신체 부위와 건강

병화는 인간의 몸에서 열과 에너지의 흐름과 연관됩니다.

1) 신체 부위: 심장 혈관 눈

가) 심장은 병화의 중심 부위로 뜨겁고 활력이 넘치는 에너지를 상징합니다.
나) 눈은 태양처럼 세상을 비추는 역할을 합니다.

2) 건강

가) 긍정적인 영향: 병화가 조화로울 때 심혈관 건강이 좋고 에너지가 넘치며 적극적인 삶을 살아갑니다.
나) 부정적인 영향: 병화가 지나치게 강할 경우 과로 고혈압 심장질환 등이 나타날 수 있습니다. 반대로 병화가 약하면 무기력 냉증 에너지 부족 등의 증상이 나타날 수 있습니다.

사. 적합한 성격과 특징

병화의 성격은 그 특유의 태양적 속성을 통해 나타납니다.
1) 적극적이고 열정적: 뜨거운 에너지를 발산하며 주변을 밝게 비추는 긍정적인 성격입니다.
2) 솔직하고 직설적: 숨기지 않고 자신의 생각을 분명히 표현하는 특징이 있습니다.
3) 리더십과 영향력: 태양처럼 중심에서 사람들을 이끄는 능력이 뛰어납니다.
4) 결점: 감정이 과도하거나 자신의 열정을 제어하지 못할 경우 충돌을 유발하거나 쉽게 지칠 수 있습니다.

아. 사회적 역할과 기여

병화는 사람들에게 희망과 영감을 주는 역할을 담당합니다.
1) 리더와 지도자: 빛과 열로 사람들을 이끄는 힘을 지니고 있어 조직이나 사회에서 자연스럽게 중심 역할을 맡습니다.
2) 교육자 상담가 예술가: 병화는 지식과 에너지를 전달하며 사람들에게 창의적인 영감을 불

어넣습니다.

3) 위기관리와 도전: 위기에 강하며 문제를 밝히고 해결로 나아가는 역할을 잘 수행합니다.

자. 병화의 조화로운 활용

병화의 에너지는 균형과 조화가 중요합니다.

1) 조화로운 관계: 변화는 갑목(甲木)과의 상생 관계에서 더욱 빛을 발합니다. 갑목은 병화의 열기로 성장하며 병화는 갑목 덕분에 그 에너지를 조절할 수 있습니다.
2) 에너지 분산: 병화가 지나치게 강할 때는 습토(濕土)로 안정시키고 약할 때는 을목(乙木)으로 생기를 더해줄 필요가 있습니다.

차. 결론

병화는 밝고 강렬한 에너지를 가진 천간으로 열정과 꾸준함을 기반으로 한 성공의 잠재력이 큽니다. 자신의 강점을 활용하고 균형을 유지하며 사람들과의 협력을 통해 재물운을 상승시킬 수 있습니다. 병화의 에너지를 최대한 긍정적으로 활용한다면 지속적인 성장과 풍요로운 삶을 이룰 수 있을 것입니다.

5. 오주학(五柱學)의 천간(天干): 정화(丁火)

정화는 오행에서 불(火)의 기운을 가진 십간 중 하나로 작은 촛불이나 은은하게 빛나는 불꽃으로 비유됩니다. 정화는 밝고 따뜻하며 부드럽지만, 지속적으로 빛을 발하는 특성이 있습니다. 이런 특성 때문에 정화는 세상을 밝히고 온기를 전하는 존재로 묘사됩니다.

가. 정화의 성격적 특성

1) 따뜻함과 섬세함

가) 정화는 섬세하고 감성적인 에너지를 상징합니다. 주변 사람들을 따뜻하게 만들고 부드럽고 사려 깊은 성품을 가지고 있습니다.

나) 은은하지만, 끊임없이 타오르는 불꽃처럼 인내심과 꾸준함이 특징입니다.

2) 창의성 통찰력

가) 정화는 어둠 속에서 빛을 발하듯 어려운 상황에서도 희망을 찾는 창의성과 통찰력을 지닙니다.

나) 예술적 감각과 독창적인 아이디어를 통해 주변에 영감을 줄 수 있습니다.

3) 의존성과 민감함

정화는 작은 촛불처럼 바람이나 환경에 민감하게 반응합니다. 이는 외부 환경에 따라 영향을 많이 받을 수 있음을 받을 수 있음으로 나타냅니다.

나. 정화의 재물운 관리

정화는 붕의 속성이지만 그 크기가 크지 않아 지속적이고 꾸준한 노력이 재물 형성에 중요합니다. 정화의 재물 운을 높이기 위한 방법은 다음과 같습니다.

1) 꾸준함을 바탕으로 안정적인 기반 다지기

가) 정화는 큰불이 아니기 때문에 단기적인 성과보다는 지속적이고 안정적인 노력이 중요합니다.

나) 투기보다는 장기적인 투자나 착실한 재테크 방법을 선택하는 것이 유리합니다.

2) 협력과 네트워크 활용

가) 정화는 스스로 타오르는 성질을 가졌지만, 주변 환경과의 조화가 중요합니다.

나) 협업과 네트워크를 통해 더 큰 기회를 만들고 주변 사람들과 신뢰 관계를 쌓는 것이 중요합니다.

3) 변화에 유연하게 대처하기

가) 정화는 환경에 민감하기 때문에 변화하는 경제나 시장 흐름에 민감하게 반응할 수 있습니다.

나) 최신 트렌드나 정보를 꾸준히 업데이트하고 필요할 경우 방향을 수정하는 유연성이 필요합니다.

4) 목(木)과의 조화로 에너지 강화

오행상 목(木)은 정화의 에너지를 강화해 주는 원동력입니다. 이는 교육 자기 계발 그리고 지속적인 배움으로 연결됩니다.

다. 정화의 직업 및 사업추진

1) 창의적 분야: 디자인 예술 미디어 문학 등에 재능이 있습니다.

2) 교육 및 상담: 사람들과 영감을 주고 따뜻함을 전 할 수 있는 직업과 관련이 있습니다.
3) IT 및 기술 관련분야: 트렌드에 민감하고 창의력을 발휘할 수 있는 업종이 좋습니다.

라. 정화(丁火)의 물상과 형상

1) 형상: 작은 불꽃 촛불 등잔불 별빛처럼 부드럽고 은은한 불의 이미지
2) 물상: 정화는 큰 태양이나 화로의 불과는 달리 은은하지만, 지속적인 에너지를 표현합니다. 밤하늘의 별빛처럼 어둠 속에서 빛나는 존재감과 촛불처럼 섬세하고 소중한 에너지를 상징합니다.
3) 온기 열기 등대 전기 달빛 별빛 촛불 종교인 상담 가스레인지 전열기구 전화 텔레비전 오디오 컴퓨터 오락기 은하수 보일러 에어컨 교육 예술 방송 화롯불 호롱불 작은 빛 작은 열 날로 용광로 장정 전기 전자 플래시 기도 무당 봉사 안내자 드라이 모닥불 구들 찜질 물리치료 용접 십자가 구도자 비구니 수녀…. 등에 해당합니다.

마. 정화의 자연 이치와 원리

1) 음(陰)의 불: 정화는 천간에서 음(火)의 에너지로 강렬함보다는 부드럽고 은은한 성격을 가지고 있습니다.
2) 빛과 열: 정화는 세상을 밝히고 따뜻하게 하는 역할을 합니다. 이 불은 조용히 타오르며 주변의 환경을 세심하게 관찰하고 조율합니다.
3) 조화의 상징: 정화는 주변과의 균형과 조화를 중시하며 강한 것보다는 부드럽게 변화시키는 힘을 지닙니다.

바. 정화와 신체 부위

1) 눈: 정화는 신체적으로 빛과 관련이 깊어 눈을 상징합니다.
2) 심장: 불의 에너지로 따뜻한 혈액순환과 심장의 작용을 의미합니다.
3) 피부: 촉감과 온기를 전달하는 피부와도 관련이 있습니다.

사. 정화의 건강

1) 긍정적 측면: 정화는 심장과 혈액순환이 원활할 때 안정적이고 건강한 상태를 나타냅니다. 밝고 낙천적인 성향은 정신 건강에도 도움을 줍니다.
2) 취약한 부분: 지나치게 약하거나 강할 경우 심장질환 시력 저하 또는 피부 민감성 문제가 생길 수 있습니다.

아. 정화의 적합한 성격

1) 부드럽고 배려심이 많음: 정화는 조화를 중시하는 성격으로 주변 사람들에게 따뜻한 에너지를 전달합니다.
2) 창의적이고 감수성이 풍부함: 정화는 예술 문학 창작 등 창의적인 분야에서 빛을 발합니다.
3) 끈기와 지속성: 정화는 작은 촛불처럼 약해 보일 수 있지만, 꾸준히 타오르며 끝까지 버티는 강한 내면의 힘을 지닙니다.

자. 정화의 사회적 역할

1) 인도자와 치료자: 정화는 어두운 곳에 빛을 비추고 따뜻한 에너지를 제공하는 역할을 합니다. 상담가 치유사 심리치료사 등 타인의 문제를 해결하고 위로하는 역할에 잘 맞습니다.
2) 예술적인 창작자: 정화는 자신의 감정을 표현하고 빛을 나누는 예술가 작가 디자이너 연기자 등 창조적인 역할에서 빛을 발합니다.
3) 중재자와 조정자: 정화는 부드러운 성격으로 갈등을 중재하고 사람들 사이의 조화를 이끄는 능력을 가지고 있습니다.

차. 정화의 이상적인 방향

정화는 항상 조화와 균형을 유지하며 다른 사람들에게 긍정적인 영향을 미칠 수 있는 에너지를 가진 천간입니다. 따라서 자신만의 내면의 빛을 키워 타인을 밝히는 존재로 성장하는 것이 이상적입니다.

6. 오주학(五柱學)의 천간(天干): 무토(戊土)

무토는 오주십자(五柱十字, 四柱八字)에서 오행의 "토(土)"에 해당하며 양의 속성을 가진 흙을 의미합니다. 이 흙은 단단하고 크며 산이나 대지처럼 견고하고 안정적인 성격을 지니고 있습니다. 무토는 생명과 성장을 품고 있는 동시에 만물의 뿌리가 되는 역할을 합니다. 오주(사주)해석에서 무토는 성격 특징 인생의 방향성 재물과의 관계 등을 이해하는 데 중요한 요소입니다.

가. 무토의 성격적 특징

1) 견고함과 안정성

무토는 대지를 상징하기 때문에 견고하고 묵직하며 흔들림이 없는 성격을 가집니다. 사람으로 비유하자면 신뢰감 있고 든든한 존재로 느껴지는 경우가 많습니다.

2) 인내심과 책임감

무토는 환경을 품고 보호하는 대지처럼 책임감이 강하고 인내심이 많습니다. 어려운 상황에서도 쉽게 흔들리지 않고 묵묵히 자신의 길을 갑니다.

3) 완고함과 보수성

반면 지나치게 고집스러울 수 있고 변화에 대한 두려움이나 유연성이 부족할 때도 있습니다. 이는 상황에 따라 단점이 될 수 있습니다.

나. 무토의 재물운

무토는 재물운 안정과 지속 가능성을 중요시합니다.

1) 성실함과 계획성으로 재물을 쌓는 타입

무토는 급격하게 부를 쌓기보다는 꾸준히 저축하고 관리하여 부를 늘려가는 경향이 있습니다. 부를 지킬 줄 아는 특성이 강하며 사업보다는 부동산이나 장기적인 투자가 적합할 수 있습니다.

2) 자신의 터를 지키는 힘

무토는 본래 자신의 기반을 튼튼히 하는 것을 잘합니다. 따라서 부동산 건설 토지와 관련된 사업에서 큰 성과를 낼 가능성이 높습니다.

다. 무토의 인간관계와 협력

1) 주변을 품어주는 리더

무토는 포용력과 신뢰감을 바탕으로 주변 사람을 끌어들이고 사람들과 함께 큰 그림을 그리는 데 능숙합니다.

2) 고집을 낮추고 유연성 키우기

그러나 고집스러운 면이 지나치면 타인과 갈등이 생길 수 있습니다. 자신의 생각만 고집하기보다 유연성을 키우는 것이 관계를 더 원활하게 만들 수 있습니다.

라. 무토의 성장 방향

1) 변화와 우연성 수용하기

무토는 변화에 적응하는 능력을 키울 필요가 있습니다. 안정적인 성향이 장점이지만 급변하는 현대 사회에서는 때로는 변화에 대한 유연한 대응이 필요합니다.

2) 자신만의 기반을 활용한 창조성 발휘

무토는 그 자체로 강력한 기반을 제공합니다. 이를 활용하여 새로운 기회를 발굴하고 자신만의 독창적인 영역을 개척하는 것이 중요합니다.

3) 무토는 대지처럼 모든 것을 품고 꾸준히 성장

그 속에 풍요로움을 담을 수 있는 잠재력을 가진 존재입니다. 자신의 강점을 잘 이해하고 단점을 보완한다면 재물뿐 아니라 인생 전반에 걸쳐 큰 성공을 거둘 수 있는 힘을 가지고 있습니다.

마. 무토의 물상(形象)과 형상(形狀)

1) 물상

가) 무토는 산이나 대지처럼 크고 안정된 이 미지를 상징합니다. 이는 크고 단단하며 흔들리지 않는 특징을 지니고 있습니다.

나) 비즈니스 중재자 지붕 보호자 신용 높고 큰산 언덕 육지 바위산 댐 광장 황야 큰 건물 경기장 시장 야적장 농장 흙 종교 건물 파벌싸움 중립 보수적 비밀 침묵 미인 비사교적 태산 노을 넓은 들판 평야 제방 운동장 성벽 축대 안개 광야 사막 돌산 둑 상업지구 문화거리 시멘트 반 죽 대립 담장 울타리 도전자 안개 산신 제방토 고산 과묵 고집…. 등 해당합니다.

2) 형상

무토는 강한 중량감과 안정성을 갖춘 고용한 형상으로 표현됩니다. 그러나 지나치게 단단하면 배수와 유동성이 부족해 답답하거나 폐쇄적인 느낌을 줄 수 있습니다.

바. 무토와 자연의 이치와 원리

1) 이치

무토는 모든 생명의 기반 생명의 기반이 되는 흙과 같은 존재로 만물을 받아들이고 품는 포용성을 상징합니다. 대지는 뿌리를 내리고 생명을 키우며 한편으로는 너무 강하면 땅이 갈라지거나 물이 고일 수 없다는 이치도 포함됩니다.

2) 원리

자연적으로 균형이 중요합니다. 무토는 물(水)의 조화를 통해 유연성을 얻고 나무(木)의 도움으로 생명력을 더합니다. 이와 같이 상생(相生)의 원리가 무토의 조화로운 성장을 돕습니다.

사. 무토와 신체 부위 및 건강

1) 이치

무토는 모든 생명의 기반이 되는 흙과 같은 존재로 만물을 받아들이고 품는 포용성을 상징합니다. 대지는 뿌리를 내리고 생명을 키우며 한편으로는 너무 강하면 땅이 갈라지거나 물이 고일 수 없다는 이치도 포함됩니다.

2) 원리

자연적으로 균형이 중요합니다. 무토는 물(水)의 조화를 통해 유연성을 얻고 나무(木)의 도움으로 생명력을 더합니다. 이와 같이 상생(相生)의 원리가 무토의 조화로운 성장을 돕습니다.

아. 무토와 신체 부위 및 건강

1) 신체 부위: 무토는 비장(지라), 위장과 관련이 깊습니다. 이는 음식물을 받아들여 소화시키고 저장하는 기능을 의미합니다. 또한 대지처럼 몸의 중심을 지탱하는 근육과 살에도 영향을 미칩니다.
2) 건강: 무토가 균형을 이루면 소화기 계통이 건강하고 영양을 잘 흡수합니다. 그러나 무토가 지나치게 강하거나 약하면 다음과 같은 문제를 겪을 수 있습니다.
   가) 과잉 무토: 소화불량 위염 장의 정체감
   나) 부족 무토: 소화력 저하 근육 약화 피로감
   다) 따라서 적절한 운동과 규칙적인 식사로 소화기와 근육 건강을 유지하는 것이 중요합니다.

자. 무토의 적합한 성격

1) 긍정적인 성격: 무토는 믿음직하고 포용력 있으며 안정적입니다. 산처럼 묵직한 무게감을 가지며 인내심이 강하고 책임감이 뛰어납니다.
2) 성격적 단점: 지나치게 고집이 세고 변화에 둔감할 수 있습니다. 종종 자신의 방식만을 고수하거나 답답함을 줄 수 있습니다.

차. 무토와 사회적 역할

보호자 역할: 무토는 사람들을 안전하게 보호하는 역할을 잘합니다. 대지처럼 넉넉하고 안정감을 주는 존재로 조직의 중심에서 조화를 이룰 수 있습니다.

7. 오주학(五柱學)의 천간(天干): 기토(己土)

기토는 오행 중 "토(土)"의 속성을 가지며 음(陰)의 기운을 지닌 요소입니다. 기토는 마치 부드러운 농토 나 옥토와 같은 성격을 띠며 생명을 길러내는 기반을 제공하고 다른 에너지를 흡수하여 조화롭게 만드는 특성을 가지고 있습니다.

가. 기토의 주요 특징

1) 포용력

기토는 다른 오행을 받아들이고 조화시키는 역할을 합니다. 부드럽고 유연한 성격으로 인해 사람들과 잘 어울리고 조화를 이루는 경향이 있습니다.

2) 양육과 지원

기토는 생명을 키우는 땅의 속성을 가지고 있어 돌봄과 배려의 마음이 강합니다. 누군가를 돕거나 그들의 성장을 지원하는 데에서 만족감을 느낍니다.

3) 안정성과 균형

기토는 급격한 변화보다는 안정된 상태를 선호합니다. 이러한 성향은 신뢰와 안정감을 주며 기토의 에너지가 발달한 사람들은 대체로 믿음직스럽고 현실적입니다.

4) 보수적 경향

새로운 변화나 도전을 두려워하는 면이 있을 수 있습니다. 기토는 정착을 중시하기 때문에 지나치게 보수적으로 보일 수도 있지만, 이는 신중한 태도로 해석될 수 있습니다.

나. 기토를 활용하여 재물을 키우는 방법

오주십자에서 기토의 특성을 활용해 재물을 증대시키는 데는 다음과 같은 전략이 필요합니다.

1) 기반을 다지는 투자

기토는 안정적이고 지속적인 성장이 강점입니다. 따라서 부동산 장기 투자 또는 안정적인 사업 아이템에 집중하는 것이 좋습니다.

2) 협력과 네트워크 활용

기토는 다른 사람들과 협력에서 시너지를 발휘합니다. 신뢰를 바탕으로 한 협업 공동 투자 또는 안정적인 네트워크를 구축하는 것이 중요합니다.

3) 지속적인 자기 계발

기토는 다른 사람들과 가치를 키워나가는 것을 통해 더욱 강한 기반을 만들 수 있습니다. 끊임없이 이 새로운 지식과 기술을 쌓아 현실적인 능력을 키우는 것이 재물 운에 긍정적인 영향을 미칩니다.

4) 균형 잡힌 관리

기토는 가끔 과도하게 신중해질 수 있으므로 자신에게 필요한 적절한 리스크 관리와 실행력을 통해 재물운을 최적화할 필요가 있습니다.

다. 기토의 물상(物象)

1) 형상과 비유

기토는 포근한 흙을 상징합니다. 잘 경작된 들판이나 농토처럼 생명을 키우고 보호하는 역할을 합니다.

가) 비옥한 땅: 생명을 키우고 영양을 공급하는 역할을 합니다.

나) 안정된 평지: 변동보다는 안정감을 추구합니다.

다) 보호막: 나무의 뿌리를 감싸고 건물을 지지하는 역할을 합니다.

라) 혈관 근육 씨앗 논밭 전원토 회계 백운(흰, 뭉게구름) 소로 법전 대소서 행정사 기자 메모 가계부 꼼꼼 집터 대지 작은무대 작은공 간분할토지 구획정리 습토 교육 기록 고소 고발 과수원 농원 꽃밭 비탈길 비옥한 땅 텃밭 길 들 바둑 부동산 액체 어머니(정인의 특성) 정확 먼지 미인 약속 인장 부동산중개 벽돌 도자기 살림 묘지 주차장 지구 학교 교과서 기억 옥토 소통 운동장 평야 중개인 무역 구름 영행 화전…. 등에 해당합니다.

라. 자연의 이치와 원리

1) 기토는 자연에서 만물을 받아들이고 키우는 모성적 역할을 합니다.

2) 부드럽지만 강한 생명력을 가지고 있으며 균형을 유지하는 중심적인 역할을 합니다.
3) 지나치게 많으면 질식시키거나 갇히게 하고 부족하면 영양 공급이 어려워지는 특성을 가집니다.

마. 신체 부위와 건강

기토는 오주에서 위장과 관련이 깊습니다.

1) 신체 부위

가) 위장, 비장 소화기관과 관련이 깊습니다.
나) 근육이나 살이 많은 신체 부위와도 연결됩니다.

2) 건강 문제

가) 기토가 강하면 소화불량 위산 과다 체중 증가 문제가 나타날 수 있습니다.
나) 기토가 약하면 소화 흡수력 저하 만성 피로 등이 발생할 가능성이 있습니다.

3) 건강 유지법

가) 따듯한 음식 섭취 및 규칙적인 식사가 보약입니다.
나) 흙과 관련된 활용(예: 도자기 공예 텃밭 가꾸기)을 통해 안정감을 찾습니다.

바. 적합한 성격

기토의 사람들은 부드러우면서도 책임감이 강하고 포용력이 뛰어납니다.

1) 장점

가) 신뢰감 있고 성실하며 타인을 돌보는 데 능숙합니다.
나) 현실적이며 실용적인 성향이 있습니다.
다) 문제를 천천히 풀어가는 인내심이 있습니다.

2) 단점

가) 지나치게 안정만 추구하여 변화에 소극적일 수 있습니다.
나) 의존적이거나 자기주장이 약해질 가능성이 있습니다.

사. 사회적 역할

기토는 오주학적으로 중재자 조종자 양육자의 역할을 합니다.

1) 직업적 성향

가) 교육자 상담가 심리치료사처럼 타인을 돌보고 조언하는 역할에 적합합니다.
나) 농업 환경 부동산 등 흙과 관련된 직업에서 성공 가능성이 있습니다.
다) 안정적인 조직의 중심 역할(관리지 중간 간부)을 합니다.

2) 사회적 영향력

가) 타인을 보호하고 안정시키는 능력으로 가정과 사회에서 신뢰받는 인물이 됩니다.
나) 공동체 내에서 조화를 이루며 문제를 해결하는 리더십이 필요합니다.

아. 마무리

기토는 세상을 안정시키고 생명을 키우는 중심축 같은 존재로 그 역할이 크고 중요합니다. 오주내에서 기토의 성향을 잘 이해 하고 활용하면 건강과 균형을 맞추는 데 큰 도움을 받을 수 있습니다.

8. 오주학(五柱學)의 천간(天干): 경금(庚金)

경금은 오주학에서 천간 중 일곱번째로 금(金) 오행에 속합니다. 경금은 단단한 금속 특히 강철처럼 강하고 단단한 성질을 상징합니다. 이는 경금의 특징이 힘과 결단력 추진력을 나타낸다는 점에서 잘 드러납니다. 경금은 의지가 강하고 목표를 달성하기 위해 고군분투하며 때로는 날카롭고 거친 면모를 보이기도 합니다.

가. 경금의 주요 성격

1) 강인함과 결단력

경금은 외부의 어려움이나 장애물을 뚫고 나가는 강한 힘을 지니고 있습니다. 마치 쇠붙이를 단련하여 강철로 만드는 것처럼 경금은 역경을 통해 더 단단해지는 특징을 가집니다.

2) 정의감과 솔직함

경금은 올바른 것을 추구하며 거짓이나 부정에 대해 강한 반감을 가질 수 있습니다. 솔직한 성격으로 인해 주변 사람들에게 신뢰받기도 하지만 때로는 지나치게 직설적이거나 거친 태도를 보일 수 있습니다.

3) 도전정신과 추진력

경금은 새로운 도전을 두려워하지 않고 목표를 향해 나아가는 추진력을 상징합니다. 이로 인해 경금은 조직의 리더 역할을 잘 수행할 수 있습니다.

나. 경금의 기운 강화 및 활용법

재물을 만들고 성공을 이루기 위해 경금의 강한 에너지를 효과적으로 사용하는 방법은 아래와 같습니다.

1) 균형잡기

경금은 강한 기운은 때로는 지나치게 강경하거나 고집스럽게 작용할 수 있습니다. 목(木) 오행과 함께 조화를 이루면 지나친 강함을 부드럽게 다듬을 수 있습니다. 예를 들어 창의성이나 유연성을 키우는 활동에 시간을 투자하는 것이 좋습니다.

2) 팀워크와 협력

경금은 단독으로 강한 성격을 보이지만 협업을 통해 더 큰 성과를 낼 수 있습니다. 주변 사람들과 신뢰를 쌓고 공동의 목표를 향해 나아가는 것이 중요합니다.

3) 목표에 집중

경금의 결단력과 추진력은 목표를 이루기 위한 강력한 도구입니다. 명확한 계획과 실행 전략을 세우고 끈기를 발휘하면 큰 성과를 이룰 수 있습니다.

다. 경금과 재물운

재물운과 관련하여 경금은 자신의 강점을 발휘하는 분야에서 꾸준히 노력할 때 성공 가능성이 높습니다. 특히 아래와 같은 분야에서 재물운이 열릴 가능성이 있습니다.

1) 금속과 제조업 관련 직업

경금은 금속 기계 공학 등과 관련된 산업에서 강한 에너지를 발휘합니다.

2) 리더십이 요구되는 분야

조직의 리더 관리자 혹은 결단력과 추진력 이 필요한 직업에서 성공 가능성이 높습니다.

3) 위험을 감수하는 투자

경금은 대담한 결단을 내릴 수 있는 성격으로 적절한 리스크를 감수하며 큰 재물을 얻을 가능성이 있습니다. 단 지나친 무리수는 피하는 것이 중요합니다.

라. 물상(物象)과 형상(形象)

1) 물상: 경금은 단단한 금속으로 쇠붙이 도구 무기 기계 등을 연상시킵니다. 날카롭고 실용적인 기질을 나타냅니다.
2) 경찰 군인 카리스마 숙살지기 과일 열매 뼈 쇠 돌 방위 철강 중장비 광물 제조 금융 군대 무기 수술 강직 권세 우둔함 스포츠맨 군인 의사 교도관 철 물점 정형외과 정단기 방파제 무관 원석 큰돌 광산 제련소석물 돌산 무기공장 달 금속 고집 폭력 독립운동 노조위원 큰소리 큰칼 도끼 기계톱 쇤소리 쇠소리 투쟁 구름 우박 얼음 투쟁성 서리 깡패 철강석 의리 매운맛 강철…. 등에 해당합니다.
3) 형상: 육체적으로는 단단하고 뚜렷한 체격을 가지며 강인한 느낌을 주는 외모로 표현됩니다. 체질적으로는 근육질이거나 뼈가 단단하고 구조적인 형태를 띠는 경우가 많습니다.

마. 자연의 이치와 원리

1) 경금은 가을에 기운을 대변합니다.
   가) 가을은 추수와 결실의 시기로 모든 것을 정리하고 마무리하는 계절입니다.
   나) 경금은 이러한 과정에서 필요 없는 것을 잘라내고 중요한 것을 남기는 "정화(精化)"와 "변화"의 원리를 지닙니다.
2) 경금은 단단하고 차가운 기운을 가지고 있어 정의롭고 단호하며 변화에 강한 성향을 드러냅니다.

바. 신체 부위와 건강

경금은 신체적으로 다음 부위와 연관됩니다.

1) 폐와 대장:경금은 오행에서 폐와 대장을 주관합니다.

가) 폐는 호흡을 통해 생명을 유지하고 대장은 몸의 불필요한 노폐물을 배출합니다.

나) 경금은 기운이 약하면 폐와 관련된 질환(호흡기 문제 천식 감기 등)이 나타냅니다.

다) 경금이 너무 강하거나 약한 경우 대장의 기능 이상(변비 설사 등)으로 이어질 수 있습니다.

2) 건강 관리

가) 경금은 차가운 성질이 있으므로 몸을 따뜻하게 유지하고 호흡기 건강을 신경 써야 합니다.

나) 스트레스와 지나친 완벽주의는 폐 기능과 대장 기능을 약화시킬 수 있으므로 적절한 휴식과 마음의 안정을 유지하는 것이 중요합니다.

사. 적합한 성격

1) 장점

가) 정의롭고 원칙주의자입니다.

나) 강한 의지와 결단력을 가지고 있으며 목표를 향해 끊임없이 노력하는 성향이 강합니다.

다) 타인의 신뢰를 받으며 냉철한 판단력을 통해 문제를 해결합니다.

2) 단점

가) 지나치게 고집스럽거나 완벽주의에 치우칠 수 있습니다.

나) 다른 사람에게 엄격하거나 융통성이 부족한 모습을 보일 수 있습니다.

3) 추천 성격 개발

가) 부드럽고 유연한 태도를 길러 타인과의 조화를 이루는 것이 중요합니다.

나) 자신의 엄격함을 스스로 완화하고 자신과 타인에게 관용을 베푸는 연습이 필요합니다.

아. 사회적 역할과 적합한 직업

경금은 강인함. 규율의 조직력 그리고 단호한 성향으로 사회에서 중요한 역할을 담당합니다.

1) 적합한 사회적 역할

가) 리더 조직의 관리자 변호사 판사 군인 경찰 등 질서를 세우는 직업에 적합합니다.

나) 엔지니어 건축가 정밀 기계나 도구와 관련된 분야에서도 두각을 나타낼 수 있습니다.

2) 창업가 기질

가) 경금은 결단력과 실행력은 사업가로서도 뛰어난 자질을 발휘하게 합니다.

자. 결론

경금은 세상에 질서와 정의를 부여하며 변화를 통해 발전을 이끄는 역할을 합니다. 강인하고 단호한 성격은 조직과 사회적에서 중요한 역할을 맡도록 하며 자기 관리와 타인과의 균형을 유지한다면 더욱 빛나는 삶을 살 수 있습니다.

9. 오주학(五柱學)의 천간(天干): 신금(辛金)

신금은 오주학 오주십자(五柱十字, 四柱八字)에서 오행의 금(金)에 해당하며 특히 그중에서도 “작은 금 속”이나 “보석”과 “씨앗”에 비유됩니다. 신금은 단단하고 예리하지만 동시에 세련되고 섬세한 에너지를 가지고 있습니다. 이를 통해 신금은 본래 성격과 사람의 방향성을 파악하는 데 중요한 역할을 합니다.

가. 신금의 특징

1) 섬세함과 예민함

신금은 보석처럼 정교하고 세련된 성질을 가지고 있어 외적으로는 깔끔하고 고급스러운 이미지를 지니는 경우가 많습니다. 내적으로는 예민한 감각과 세심한 관찰력을 바탕으로 상황을 빠르게 파악하는 능력을 보입니다.

2) 자기완성의 욕구

신금은 거친 원석이 다듬어져야 가치가 빛나듯 자기 계발과 완성을 통해 진정한 잠재력을 발휘합니다. 따라서 신금의 사람들은 끊임없이 자신을 개선하고 가치를 높이는 데 관심이 많습니다.

3) 냉철함과 판단력

신금은 본질적으로 금속처럼 차갑고 이성적입니다. 이는 논리적이고 분석적인 사고를 가능하게 하며 복잡한 문제를 해결할 때 효과적으로 작용합니다. 그러나 때로는 감정적 연결이 부족하다는 평을 받을 수도 있습니다.

4) 도덕성과 정의감

신금은 강한 내적 도덕성과 정의감을 지니며 옳고 그름에 대한 명확한 기준을 가지고 있습니다. 이는 신금이 공정성과 원칙을 중시하는 삶의 태도를 가지게 합니다.

나. 신금과 오행의 조화

신금은 주변 환경에 따라 크게 영향을 받습니다. 특히 다른 오행과의 조화를 통해 그 본질적인 성향이 강화되거나 억제될 수 있습니다.

1) 목(목): 금은 목을 자른다. 상극의 관계로 목의 에너지를 스트레스를 유발할 수 있습니다. 그러나 적절히 조율되면 신금의 예리함을 다듬는 계기가 됩니다.
2) 화(火): 화는 금을 녹이는 관계로 신금에게는 성장과 변화를 강요하는 에너지를 제공합니다. 신금이 강하면 화가 적절히 이를 다듬고 빛나게 할 수 있습니다.
3) 토(土): 토는 금을 생성하는 에너지로 신금에게 지지력을 제공합니다. 특히 건강한 토의 기운은 신금이 제 잠재력을 발휘할 수 있도록 돕습니다.
4) 금(金): 금은 신금을 강화시키는 동질적 에너지입니다. 그러나 지나치면 지나친 경쟁심이나 고립감으로 이어질 수 있으므로 균형이 중요합니다.
5) 수(水): 수는 금을 윤택하게 하고 신금의 에너지를 더욱 유연하고 빛나게 만듭니다. 신금에게 수의 기운은 창의성과 성장의 원동력이 됩니다.

다. 신금의 성공 비결

신금의 잠재력을 극대화하기 위해 다음과 같은 방향을 고려할 수 있습니다.

1) 자기 계발

신금은 자신을 다듬고 세련되게 만들어 빛을 발합니다. 학문 기술 예술 등에서 꾸준히 실력을 갈고닦는 것이 중요합니다.

2) 균형 잡힌 관계

신금을 냉철한 성향은 타인과의 유연한 소통을 어렵게 만들 수 있습니다. 주변 사람들과 따뜻한 관계를 형성하며 감정을 소통하는 연습이 필요합니다.

3) 명확한 목표설정

신금은 본래 목표 지향적입니다. 따라서 단기적 장기적 목표를 세우고 그 목표를 위해 구체적인 계획을 실행하는 것이 성공의 열쇠입니다.

4) 환경 조성

신금은 외부 환경의 영향을 많이 받습니다. 특히 자신에게 이로운 사람 직업 장소를 선택해 긍정적인 영향을 끌어내야 합니다.

라. 신금의 물상(形象)과 자연의 이치

1) 물상

가) 신금은 날카로운 칼 바늘 보석과 같이 잘 다듬어진 금속으로 비유됩니다. 이는 정밀한 깔끔한 세련된 모습을 상징합니다. 예를 들어 잘 연마된 칼은 실용적이고 강력한 도구가 되는 것처럼 신금은 정제와 단련을 통해 자신의 가치를 드러냅니다.

나) 씨앗 씨종자 서리 악기 눈 산호 골수 딱딱 한완제품 가죽 생명체근원 보석 귀금속 금 백금 주옥 유리그릇 관 트로피 반도체 비싼 물건 명품 금융 은행 주식 재무 법률 의약 그릇 용기 타일시계 결백증 보증실수 지출 과다 역술 도술 침술 안마 경락 한의사 치과 뼈접골 정자 난자 핵 모레 자갈 현침 칼 가위 주사기 미싱 꽃가게 핀셋 검도 미용 뷰티제품 장식품 술잔 파이프 면도칼 민첩 치밀 체면중시 정밀가공 장신구 귀고리 목걸이 팔찌 사종 종 괘종시계 성당종소리 풍 경소리 치과 치아 스트레스…. 등에 해당합니다.

2) 자연의 이치

신금은 가을 특히 백로(白露)와 추분(秋分)에 해당하며 이 시기는 열매가 익고 수확이 이루어지는 시점입니다. 신금의 특징은 "완결성"과 "결실"을 추구한다는 점입니다. 단련되지 않은 금속은 무용하지만, 단련과 연마를 통해 그 진가를 발휘하듯 끊임없는 자기 계발을 통해 완성에 이릅니다.

마. 신금과 신체 부위 및 건강

1) 신체 부위

신금은 신체의 폐(肺) 피부 머리카락과 관련이 깊습니다. 또한 금은 기(氣)의 순환과 연결되므로 호흡기 계통과도 연관됩니다.

2) 건강

신금이 조화를 이루지 못하면 다음과 같은 건강 문제로 이어질 수 있습니다.

가) 과다할 때: 폐 질환(천식 기관지염) 피부염 알레르기로 호흡기가 약할 수 있습니다.

나) 약할 때: 체력 저하 면역력 약화 피부의 탄력 부족 신금의 건강 관리는 깨끗한 공기를 마시고 폐와 피부를 보호하는 데 주의를 기울이는 것이 중요합니다.

바. 신금에게 적합한 성격

1) 주요 성격 특징

신금의 본질은 정제되고 예리한 특성에서 비롯됩니다. 따라서 신금의 성격은 다음과 같은 경향이 있습니다.

2) 장점

가) 분석적 이성적 세련미를 갖춘 철저함 책임감 강합니다.
나) 신금은 어려운 상황에서도 자신을 단련하며 목표를 달성하려는 강한 의지를 가집니다.

3) 단점

지나치게 냉철하거나 예민한 면이 있을 수 있으며 타인에게 엄격하게 대할 가능성이 있습니다. 때로는 지나친 완벽주의가 걸림돌이 될 수 있습니다.

사. 사회적 역할과 직업

1) 사회적 역할

신금은 다듬어진 보석처럼 자신의 가치를 발휘할 수 있는 환경에서 빛납니다. 따라서 사회적 역할에서도 정밀함과 세련미를 요구하는 자리를 선호합니다.
가) 타인에게 명확한 기준을 제시하거나 방향성을 잡아주는 리더십을 발휘할 수 있습니다.
나) 협동보다는 독립적인 위치에서 더 좋은 성과를 내는 경우가 많습니다.

2) 추천직업

신금의 특성상 다음과 같은 직업군에서 성공할 가능성이 높습니다.
가) 금속 공예 관련 작품: 보석 디자이너 금속 세공사에 해당합니다.
나) 정밀성 요구 직종: 의사 변호사 엔지니어에 해당합니다.
다) 세련된 이미지의 직종: 패션 디자이너 미용 관련 직업에 적합합니다.
라) 논리적 사고를 요구하는 직종: 데이터 분석 가 회계사 연구원에 적합합니다.

아. 신금이 사회에서 이루어야 할 원리

1) 신금은 정밀하고 완벽한 성향으로 인해 조직이나 사회에서 높은 신뢰를 얻을 수 있습니다. 그러나 지나치게 날카롭고 엄격하면 인간관계에서 갈등을 초래할 수 있으므로 신금은 본래의 단단함을 유지하되 부드러움을 배워야 합니다. 이를 통해 조화로운 리더와 협력자로 성장할 수 있습니다.
2) 신금은 자신을 끊임없이 다변화하며 성장해야 비로소 자신의 가치를 발휘할 수 있습니다. 이를 통해 건강과 성격 사회적 역할을 조화롭게 발전시킨다면 신금의 진정한 힘을 발견할 수 있을 것입니다.

10. 오주학(五柱學)의 천간(天干): 임수(壬水)

"임수"는 오주학(사주)에서 천간 중 하나로 물(水)의 에너지를 대표합니다. 임수는 강물 바다와 같은 큰물로 비유되며 유동적이고 역동적이며 광활한 에너지를 상징합니다. 이를 통해 임수는 강한 생명력과 잠재력을 가진 동시에 변화와 적응력이 뛰어난 성격으로 해석합니다.

가. 임수의 특징

1) 역동성과 유동성

임수는 바다와 강처럼 끊임없이 움직이는 성질을 지닙니다. 이는 임수의 사람들에게 활동적이 고 변화에 유연하게 대처하는 힘을 부여합니다. 새로운 환경에 적응하는 능력이 뛰어나며 창의력과 실행력이 조화를 이루는 경우가 많습니다.

2) 포용력과 대범함

바다처럼 넓은 마음과 포용력을 상징합니다. 임수의 사람은 대인관계에서 유연하고 다양한 사람들을 수용하는 관용을 가지고 있습니다. 하지만 때로는 이 포용력이 지나쳐 방향성을 잃는 경우도 있을 수 있습니다.

3) 풍부한 감성과 지혜

물은 생명과 지혜를 상징합니다. 임수는 지적 호기심이 강하고 감상적 직관이 뛰어나며 깊은 사고를 통해 새로운 아이디어를 만들어내는 경향이 있습니다.

4) 변화와 도전의 에너지

큰물은 자유로움을 추구하며 경계를 두지 않는 성질이 있습니다. 이는 임수가 안정적인 환경보다는 변화를 추구하거나 새로운 가능성을 찾아 끊임없이 도전하는 경향을 나타냅니다.

나. 임수와 재물운

임수의 재물운을 해석할 때는 오주학에서 오주(사주) 전체의 구성에 따라 달라지지만, 기본적으로 다음과 같은 특징이 관찰됩니다.

1) 유동적인 재물 흐름

임수의 성징처럼 재물도 고정적이지 않고 유동적으로 움직이는 경우가 많습니다. 큰 기회를 포착하면 풍요로운 재물을 얻을 수 있지만, 재물을 관리하지 못하면 쉽게 흘러가 버릴 위험도 있습니다.

2) 창의적인 재물 창출 능력

임수의 사람들은 새로운 기회와 아이디어를 통해 재물을 창출하는 능력이 뛰어납니다. 창업 투자 아이디어 기반 상법 등에서 두각을 나타낼 수 있습니다.

3) 흐름을 읽는 지혜

임수는 물처럼 흐름을 잘 읽어야 합니다. 경제의 흐름 사회적 변화에 민감하게 반응하고 올바른 방향으로 움직이는 것이 중요합니다.

다. 임수의 강점 활용법

1) 변화를 즐기는 직업 선택

임수는 단조로운 일을 피하고 창의적이며 변화가 많은 직업에서 빛을 발합니다. 예술, IT, 무역 물류 컨설팅 등 유동적인 분야가 적합합니다.

2) 재물 관리의 균형

흐르는 물은 방향성이 중요합니다. 자신의 재물 흐름을 점검하고 관리 능력을 키우는 것이 필요합니다. 특히 장기적인 계획과 현실적인 재무 관리가 필요합니다.

3) 네트워크 확장

임수는 사람들과의 교류를 통해 더 큰 성장을 이룰 수 있습니다. 대인관계를 잘 유지 하고 신뢰를 창출하는 것이 재물운을 극대화하는 방법입니다.

라. 임수의 약점 보완

1) 목표설정의 중요성

임수는 너무 자유로워 방향성을 잃기 쉬운 성질이 있습니다. 명확한 목표를 설정하고 장기적으로 이를 추진하는 노력이 필요합니다.

2) 균형 잡힌 실행력

아이디어는 많지만, 실행에 옮기지 못하는 경우가 있습니다. 작은 것부터 실현하는 습관을 들이는 것이 중요합니다.

3) 충동적인 소비억제

물이 쉽게 흘러가는 성질처럼 충동적인 소비를 조심해야 합니다. 지출을 통제하고 저축 습관을 기르는 것이 안정적인 재물운을 위해 필수적입니다.

마. 임수의 물상과 형상

1) 물상

임수는 큰물의 에너지를 상징하므로 넓은 바다, 강 혹은 호수나 홍수와 같은 큰 규모의 물을 나타냅니다. 끊임없이 흐르고 주변 환경에 따라 그 모양을 자유롭게 바꾸는 특성이 있습니다.

가) 큰물의 포용력과 유연함을 가진 동시에 필요할 때는 모든 것을 휩쓸어 버릴 수 있는 강력함을 지닙니다.

나) 한계를 두지 않고 끝없이 나아가는 모습이 임수의 본질입니다.

다) 물감 먹 운해 대해 항운 호수 강 바다 회 계사 무규칙 음료수 어류 액체 잉크 담 필 묵 감옥 바닷물 도적 큰비 풍수 수평선 재물 해상 은하수 선박 해변가 여관 자궁 바람기 먹구름 저기압 수초 총명 지혜 자궁 임신 대뇌 명상 저수지 댐 수평선 운수 무역 수산물 계산 지모 지혜와 계략 임의적 이성 방광 도살장 목욕탕 북방 흑색 외국 언어 향로 도학 향수 술통 총명 활인 도주자 이탈자 화끈한 성격 밤일 야반도주…. 등에 해당합니다.

2) 형상

임수는 물방울처럼 작게 시작해 바다처럼 거대해질 수 있는 에너지로 변화와 순환의 상징입니다. 자연 속에서 끊임없이 움직이고 새로움을 창조하는 역할을 합니다.

바. 자연의 이치와 원리

임수는 자연의 순환 원리와 깊은 연관이 있습니다.

1) 물은 모든 생명을 키우고 순환을 유지하는 중요한 요소입니다.

2) 임수는 포용력과 적응력을 상징하며 어디든 스며들고 고정된 흐름을 거부하며 자유로움을 추구합니다.

3) 흐르는 물처럼 임수는 흐름에 따라 움직이며 조화를 이루는 삶의 방식을 강조합니다.

사. 임수와 관련된 신체 부위와 건강

1) 신체 부위

임수는 물과 관련된 장기와 체계를 지배합니다.

가) 신장(콩팥): 신장은 체내 수분 대사를 담당하며 임수의 근본적인 에너지를 상징합니다.
나) 방광: 물의 배출과 관련된 기관으로 임수의 흐름을 나타냅니다.
다) 혈액순환 및 체액: 물처럼 끊임없이 순환하며 몸의 균형을 유지합니다.

2) 건강

가) 수분 섭취 부족이나 과잉으로 인한 건강 문제가 발생할 수 있습니다.
나) 감정적으로 억눌리거나 지나치게 유연할 경우 신장과 방광 계통에 문제가 생기기 쉽습니다.
다) 차가운 기운에 약할 수 있으니 몸을 따뜻하게 유지하고 체온 조절에 신경 써야 합니다.

아. 적합적 성격

임수의 에너지는 다음과 같은 성격적 특징으로 나타납니다.
가) 우연성: 상황에 맞게 빠르게 적응하고 변화할 줄 아는 능력을 가집니다.
나) 창의력과 지혜: 끊임없이 흐르는 물처럼 새로운 아이디어를 만들어내고 다양한 가능성을 탐구합니다.
다) 포용력: 다양한 사람과 상황을 받아들이고 협력과 조화를 추구합니다.
라) 끈기와 강인함: 외적으로는 부드러워 보이지만 내적으로는 큰 의지와 결단력을 가진 성격입니다.

자. 사회적 역할

임수의 성격과 에너지를 기반으로 사회적 역할에서 다음과 같은 특징을 보일 수 있습니다.
가) 리더십과 중재자 역할: 임수는 포용력이 크기 때문에 다양한 사람을 하나로 묶는 리더십을 발휘할 수 있습니다.
나) 탐구와 창조적 역할: 새로운 영역을 탐구하고 창의적인 아이디어로 새로운 길을 여는 역할을 합니다.
다) 적응력 조직가: 환경에 따라 빠르게 변화하고 유동적인 전략을 세워 조직을 이끌 수 있습니다.
라) 치유자와 상담가: 사람들의 감정을 이해하고 상처를 어루만지는 치유자 역할에 적합합니다.

차. 결론

임수는 유연성과 강인함을 동시에 갖춘 상징으로 그 자체로 자연의 순환을 이루며 균형을 추구합니다. 신체적 건강과 성격적 특징 사회적 역할 모든 임수의 물리적 정신적 특성을 반영합니다. 이를 기반으로 자신만의 장점을 극대화하고 단점을 보완한다면 조화로운 삶을 살아갈 수 있을 것입니다.

11. 오주학(五柱學)의 천간(天干): 계수(癸水)

계수는 오주(사주)학에서 오행 중 물(水)을 나타내며 그중에서도 부드럽고 유연한 특징을 가진 비와 이슬과 같은 물에 비유됩니다. 계수는 육십갑자에서 음의 성질을 가진 음수(陰水)로 분류됩니다.

가. 성격적 특징

1) 유연함과 적응력: 계수는 상황에 따라 변화하고 적응하는 능력이 뛰어납니다. 비나 이슬처럼 고정된 형태보다는 흘러가며 다양한 환경에서 조화를 이루는 성격입니다.
2) 감수성과 내면의 깊이: 계수는 다른 오행보다 내면적이며 감정이 풍부하고 예민합니다. 이러한 성향은 창의력이나 영감을 주는 역할을 하기도 합니다.
3) 지혜로움: 부드러움 속에서도 강한 생존 본능과 지혜를 가지고 있습니다. 위기의 상황에서도 묵묵히 문제를 해결하려는 의지가 강합니다.

나. 긍정적 측면

1) 사람을 보살피는 에너지: 계수는 주변 사람들에게 따뜻한 위로와 도움을 줄 수 있는 성향이 강합니다. 이런 성격은 타인의 신뢰를 얻게 만듭니다.
2) 끝없이 학습과 성장: 계수는 배움을 통해 자신을 끊임없이 변화시키는 특성을 가지고 있습니다. 지식이나 정보를 흡수하고 이를 활용하는 데 능숙합니다.

다. 부정적 측면

1) 결단력 부족: 지나치게 신중하다 보면 중요한 결정을 내리는 데 어려움을 겪을 수 있습니다.
2) 감정 기복: 감수성이 풍부한 만큼 감정의 기복이 크거나 외부 환경에 의해 쉽게 영향을 받을 수 있습니다.
3) 우유부단함: 다양한 가능성을 고려하는 성향 때문에 결정을 미루거나 주저할 수 있습니다.

라. 계수의 재물운

1) 비와 같아야 한다: 계수는 꾸준한 축적을 통해 재물을 키우는 것이 중요합니다. 갑작스러

운 큰 성과보다는 작은 물방울이 모여 큰 강이 되는 과장처럼 천천히 그러나 확실하게 목표를 이루는 방향이 좋습니다.

2) 흐름을 만들어라: 계수는 물처럼 흘러야 재물이 따릅니다. 즉 소통과 네트워크를 적극적으로 활용하여 기회를 만들고 이를 통해 재물을 증식시킬 수 있습니다.

3) 다양한 분야에 투자: 계수는 고정된 한곳에 머물기보다는 여러 곳에 관심을 두고 기회를 탐색하는 것이 유리합니다. 특히 자신의 관심 있는 분야에서 시작해 점진적으로 확장하는 것이 좋습니다.

마. 계수의 성공전략

1) 인내와 끈기: 계수는 비처럼 서서히 적시고 땅을 기름지게 만드는 에너지를 가지고 있습니다. 순간의 성과보다는 장기적인 관점에서 꾸준함을 유지하세요

2) 소통의 힘 활용: 계수의 부드럽고 유연한 성향은 타인과의 협력 기회를 만들어야 합니다.

3) 영감과 창의력: 계수는 예술 교육 상담 등 감성과 창의력을 필요로 하는 분야에서 두각을 나타낼 수 있습니다. 자신만의 독창성을 무기로 삼으세요.

바. 계수의 물상과 형상

1) 물상

가) 계수는 바닷물 이슬 빗방울 안개 등 부드럽고 잔잔한 물의 형태를 상징합니다. 큰 강이나 폭포처럼 거친 물이 아니라 유연하게 흐르며 스며드는 성질을 지닙니다.

나) 수증기 이슬 옹달샘 산소 공기 허공의 습도 가습기 안개 보슬비 구름 운무 서리와 눈 진눈깨비 수분 눈물 먹물 우로 봄비 비 시냇물 가는비 도 인격수양 샤워기 질투 신앙 자선사업 변화무쌍 무지개 생수 시냇물 눈 안개 작은물 음용수 김 입김 고독감 슬픔 외로움 폭군 마지막 죽음 비밀 무형의기운 무기명우원자 속내알수없음 실속형 식물생육 분수 물축제 분무기…. 등에 해당합니다.

2) 형상

계수는 어둠 속에서 빛을 반사하는 물방울처럼 섬세하고 은은한 이미지를 줍니다. 또한 촉촉하게 대지를 적시고 생명을 유지시키는 역할을 합니다.

사. 자연의 이치와 원리

가) 계수는 만물을 적시고 생장을 돕는 역할을 하며 부드럽게 변화하고 순응하는 성질을 상징합니다.

나) 물이 땅속으로 스며들 듯 계수는 어떤 환경에 서도 조용히 자신의 역할을 하며 천천히 변화를 만들어냅니다.
다) 밤이나 겨울의 물(눈)로 표현되며 새로운 시작을 준비하는 단계 또는 재충전의 시기를 의미합니다.

아. 신체 부위의 건강

1) 신체 부위

계수는 인체의 체액과 관련이 있으며 혈액 땀 소변과 같은 신체 내의 유체를 상징합니다. 또한 신장(腎臟)과 방광에 영향을 미칩니다.

2) 건강

계수의 균형이 깨질 경우 신장 기능 저하 요로계 질환 탈수 증상 혈액순환 문제 등이 발생할 수 있습니다. 또한 피로감이나 면역력 저하가 나타날 수 있으니 충분한 수 분 섭취와 휴식이 필요합니다.

자. 계수에 적합한 성격

1) 유연함과 순응력

계수는 환경에 따라 형태를 바꾸는 물처럼 유연하고 상황에 순응하는 성격을 지닙니다.

2) 섬세함과 감수성

다른 사람의 감정을 잘 이해하며 직관적이고 섬세한 사고를 가집니다.

3) 조용하고 내성적

계수는 소리 없이 스며드는 물처럼 조용하고 차분한 성격을 가지고 있습니다.

4) 신중함

행동에 신중하며 중요한 결정을 내릴 때 깊이 고민하는 경향이 있습니다.

차. 계수의 사회적 역할

1) 조화와 중재

계수는 부드럽게 갈등을 해소하고 균형을 맞추는 역할을 합니다. 타인과의 관계에서 중재자 역할을 잘 수행합니다.

2) 창조와 치유

예술 상담 치유 분야에서 두각을 나타낼 수 있으며 특히 사람의 감정을 이해하고 도울 수 있는 직업에 적합합니다.

3) 연구와 탐구

조용히 연구하고 깊이 탐구하는 학문적 성향을 지니고 있어 학자 나 과학자 예술가로서의 잠재력이 높습니다.

4) 지원과 배려

리더보다 팀원이나 보조자의 역할에서 더 큰 성위를 이루는 경우가 많으며 남을 돕고 배려하는 데 행복을 느낍니다.

카. 요약

계수는 작은 물방울처럼 부드럽고 섬세한 에너지를 가진 존재로 유연함과 순응력을 통해 자신과 타인의 삶에 깊은 영향을 미칩니다. 건강관리에서는 신체의 체액과 관련된 부분을 신경써야 하며 사회적으로 조화를 이루는 중재자와 창조적 직업에서 빛을 발합니다.

제8편

지지

1. 천간(天干)과 지지(地支)의 생사(生死)관계

지지(地支)의 생사관계와 오주학과 오주십자(五柱十字, 四柱八字)에서 매우 중요한 기초 개념으로 천간(天干)과 지지의 상호작용과 개인의 운명을 해석하는 데 매우 중요한 기본이 되는 것입니다. 12지지의 자연의 변화와 주기성을 상징하며 각 동물과 계절적 의미를 포함하고 있습니다.

가. 지지의 그 상징

1) 자(子): 쥐

가) 시간: 23시 30분~24시 00분 : 24시 00분~01시 30분

나) 계절: 겨울 시작(자정)

다) 의미: 번식 생명의 시작

2) 축(丑): 소

가) 시간: 01시 30분~03시 30분

나) 계절: 겨울 끝(환절기)

다) 의미: 인내 준비

3) 인(寅): 범, 호랑이

가) 시간: 03시 30분~05시 30분

나) 계절: 봄의 시작

다) 의미: 용기 활력

4) 묘(卯): 토끼

가) 시간: 05시 30분~07시 30분

나) 계절: 봄의 진행

다) 의미: 생장 조화

5) 진(辰): 용

가) 시간: 07시 30분~09시 30분

나) 계절: 봄의 끝(환절기)

다) 의미: 전환(변화) 상승

6) 사(巳): 뱀

가) 시간: 09시 30분~11시 30분
나) 계절: 여름 시작
다) 의미: 지혜 열정

7) 오(午): 말

가) 시간: 11시 30분~13시 30분
나) 계절: 여름의 진행(정오)
다) 의미: 에너지(더위) 열정

8) 미(未): 양

가) 시간: 13시 30분~15시 30분
나) 계절: 여름의 끝(환절기)
다) 의미: 평원 균형

9) 신(申): 원숭이

가) 시간: 15시 30분~17시 30분
나) 계절: 가을 시작
다) 의미: 묘방 창의성

10) 유(酉): 닭

가) 시간: 17시 30분~19시 30분
나) 계절: 가을의 진행
다) 의미: 수확 결실 완성

11) 술(戌): 개

가) 시간: 19시 30분~21시 30분
나) 계절: 가을 끝(환절기)
다) 의미: 충성 보호

12) 해(亥): 돼지

가) 시간: 21시 30분~23시 30분
나) 계절: 겨울 시작
다) 의미: 지혜, 슬기로움

참고: 표준시(UTC+9) 한국과 일본은 지리적 동경 135도 근처에 위치합니다. 한국은 1908년 처음으로 동경 135도를 기준을 표준시 채택합니다. 일제강점기와 해방 1954년 표준시 복원과정을 거쳐 현재까지 사용합니다.

나. 12지지의 활용

1) 오주십자(사주팔자): 사람의 태어난 시간과 연관 지어 인생의 흐름과 특징을 분석활용 합니다.
2) 풍수지리: 방향성과 시간에 따라 집터나 인테리어 가구 배치의 길흉을 판단합니다.
3) 철학적 의미: 자연과 인간의 조화를 이해하고 생활 리듬을 맞추기 위한 지침이 됩니다.

다. 12운성 체계

"12운성(十二運星) 천간과 지지가 결합하면서 만들어지는 에너지의 생로병사(生老病死) 주기를 나타냅니다. 이는 인간의 삶을 비유하여 에너지를 강약과 상태를 해석하는 기준으로 사용됩니다.

1) 12운성 단계

가) 장생(長生): 생명의 시작 발달의 단계 강한 생명력을 상징합니다.
나) 목욕(沐浴): 성장 중 불안정한 단계 경험 부족과 혼란을 상징합니다.
다) 관대(冠帶): 점차 성숙해지는 단계 책임감과 인정받음을 상징합니다.
라) 건록(建祿): 에너지가 가장 왕성한 단계 성공과 번영을 상징합니다.
마) 제왕(帝旺): 최고조에 달한 상태 권력과 성위의 결정권입니다.
바) 쇠(衰): 에너지가 감소하기 시작하는 단계 성숙과 내적 변화의 시기입니다.
사) 병(病): 쇠퇴의 단계 어려움과 도전의 시기입니다.
아) 사(死): 끝맺음의 단계 새로운 시작을 위한 종료를 의미합니다.
자) 묘(墓): 에너지가 저장되는 단계 숨은 잠재력과 축적의 시기입니다.
차) 절(絶): 완전히 끊어짐. 새로운 사이클로 진입하기 위한 단절을 의미합니다.
카) 태(胎): 새로운 생명을 잉태하는 단계 준비와 가능성이 있습니다.
타) 양(養): 양육과 보호를 받는 단계 성장 가능성을 상징합니다.

라. 12운성 체계에서 지지의 생사관계

1) 12운성은 천간(天干)과 지지(地支)의 결합에 따라 특정한 운성으로 나타납니다. 이를 통해 천간에 에너지가 지지를 통해 어떻게 생(生)하고 왕성(旺盛)하며 쇠퇴(衰退)하는지 파악합니다(예시: 갑목이 지지에서 "해(亥)"를 만나면 장생(長生)이 되고 "묘(卯)"를 만나면 제왕(帝旺)이 됩니다. 이는 갑목의 에너지가 해에 서 태어나고 묘에서 최고조에 달함을 의미합니다).
2) 생사관계의 활용
   가) 강약 판단: 12운성을 통해 천간의 힘이 강한지를 판단합니다.
   나) 운의 흐름해석: 오주(사주)의 대운(大運)이나 세운(歲運)에서 천간과 지지가 만나 강약을 살피고 운에 상승 하락을 이해가 중요합니다.
   다) 적합한 시기 예측: 인생의 기회와 위험 요소를 예측하고 대비를 해야 합니다.

마. 오주학에서 활용

오주학(五柱學)은 명리학의 연장선에서 오주십자, 사주팔자에 오행의 상생상극과 운성 주기를 더욱 세밀하게 해석합니다. 12운성 체계는 오주학에서 아래와 같은 방식으로 활용됩니다.

1) 오행의 균형 파악

각 지지가 위치한 12운성 상태를 통해 오행이 강한지 약한지 분석합니다(예: 어떤 오주(사주)에서 목(木)이 "제왕" 상태이고 금(金)이 "절" 상태라면 목이 금을 압도하며 강한 영향을 미친다는 것을 알 수 있습니다).

2) 운의 변화 분석

대운과 세운에서 12운성을 결합하여 개인의 운세가 상승기인지 하락기인지 파악합니다(예: 대운에서 "건록"이나 "제왕"이 온다면 이는 강한 에너지로 인생의 전환점이나 기회의 시기가 될 수 있습니다).

3) 적합한 행동 전략

가) 12운성에 따라 개인의 삶에서 중요한 결정을 내리는 데 도움을 줍니다.
나) "병(病)"이나 "사(死)" 단계에서는 무리한 확장이 아닌 내적 정비와 휴식이 중요합니다.

바. 실생활에서의 적용 방안

1) 오주(사주) 상담: 개인의 운은 천간과 지지의 12운성을 해석하여 현재의 상태와 미래의

방향을 제안합니다.

2) 사업과 투자: 12운성을 활용해 시작(장생, 목욕)과 확장(건록 제왕) 정지, 끝(쇠, 병)의 타이밍을 잡습니다.

3) 인간관계: 특정 시기에 강한 운성을 가진 사람과 협력하거나 도움받는 전략 수립을 해야 합니다.

2. 오주학(五柱學)의 지지(地支): 자수(子水)-쥐띠

자(子) 즉 쥐는 12(十二支)중 첫 번째에 해당하며 동양 철학과 오주(사주)학에서 매우 중요한 의미를 지닙니다. 쥐는 지혜와 생존력을 상징하며 풍요로움과 번영을 가져오는 동물로 여겨집니다.

가. 자(水)의 기본적인 속성

1) 오행: 수(水)

자는 물의 기운을 가지고 생명력과 유동성을 상징합니다. 물은 감정 지혜 유연성을 나타내며 자의 사람들은 이러한 특성을 타고난 경우가 많습니다.

2) 방위: 북쪽

자는 북쪽을 상징하며 이 방향은 겨울과 관련되어 생명을 위한 준비와 시작을 의미합니다.

3) 시간: 23시 30분~24시 00분 : 24시 00분~01시 30분

하루 중 가장 어두운 시간으로 내적인 에너지로 충전과 새로운 시작을 준비하는 시기를 상징합니다.

나. 쥐의 상징적 의미

1) 번식과 풍요

쥐는 번식력이 강한 동물로 알려져 있어 자(子)는 풍요와 성장의 기운을 상징합니다. 사업적 번영이나 재물의 증대를 꿈꾸는 사람들에게 좋은 기운을 준다고 여겨집니다.

2) 지혜와 임기응변

쥐는 매우 영리하고 적응력이 뛰어난 동물로 자의 기운은 문제 해결 능력과 지혜를 뜻하기도

합니다.

다. 오주(사주)에서 자(子)의 의미

1) 자가 오주에 있을 경우 특히 정관이나 재성과 연결되면 좋은 재물운과 계획적인 성향을 암시할 수 있습니다.
2) 반대로 과다할 경우 물의 기운이 지나치게 강 해져 감정과 불안정이나 현실 도피적인 성향을 보일 수 있으므로 균형이 중요합니다.

라. 자(子)의 재물적 활용법

1) 수(水)의 기운 활용하기

물은 흐르는 특성이 있으므로 자의 사람들과 유동적인 투자(주식 부동산)나 변화에 유연하게 대처하는 사업을 통해 재물을 모으는 것이 유리합니다.

2) 북쪽 방향 강화

북쪽을 자신의 공간에서 강조하거나 물과 관련된 아이템(예: 수족관 분수대)을 배치하면 기운을 더 좋게 만들 수 있습니다.

3) 시간대 활용

밤 23시 30분에서 새벽 1시 30분 사이에 중요한 계획이나 명상 기도 등을 하는 것이 자의 기운을 충전하는 데 도움을 줄 수 있습니다.

마. 물상(物象)과 형상

1) 자수는 맑고 흐르는 물을 상징합니다. 이는 겨울의 찬 기운과 함께 수(水)의 응축된 에너지를 담고 있습니다.
2) 물의 특성인 유연성 적응성 지혜 그리고 "침잠(깊게 가라앉은 성질)"이 두드러지게 나타납니다.
3) 자연의 이치로는 밤, 어둠 그리고 겨울철의 시작과 관련됩니다.
4) 대표적 물상: 북방 순수한 물 깨끗한 물 정자 난자 섹스 땀 정액 찬물 눈 이슬 시냇물 계곡물 지하수 의심 비밀 우울 부정적 지혜 생각 총명 저장 재능 끼 인기 눈치 침착성 감정 기복 밤 야반 도자 물 바다 강 하천 얼음 비 자궁 종양 바늘침 정보 숙박 모텔 호텔 고시원 로비스트 심부름센터 탐사 밤장사 물장사 잠복근무 우체국 대형선박 냉장고 좁은

장소 밀폐된 곳 내 근직 종교교육 술장사 목욕탕 어름창고 생명 생명잉태 정신 우울 변화 시작 바닥 감성적 예민 희망 성병 비뇨기…. 등에 해당합니다.

바. 자연의 이치와 원리

1) 자(子水)는 만물이 고요히 쉬며 새로운 생명을 준비하는 시기를 의미합니다.
2) 계절적으로 겨울을 상징하며 한 해를 마무리하고 새로운 시작을 준비하는 단계입니다.
3) 물처럼 흐름을 중요시하고 막힘이 있으면 돌아가며 해결하는 방식으로 자연의 법칙을 따릅니다.

사. 신체 부위와 건강

1) 신체적으로는 신장(콩팥) 방광 생식기 귀와 관련이 있습니다.
2) 건강 면에서는 혈액순환이나 비뇨기계 문제를 주의해야 합니다.
3) 물의 속성인 자수는 몸속의 "진액(수분)"과 깊은 연관이 있으며 수분 부족이나 과잉으로 인한 건강 문제에 취약할 수 있습니다.

아. 성정(性情)과 적합한 성격

1) 자수(子水)의 성격은 매우 지혜롭고 유연하며 침착합니다.
2) 감정적으로는 차분함과 깊은 내면적 사고를 선호합니다.
3) 때로는 지나치게 내성적이거나 소극적 우유부단한 면을 보이기도 합니다.
4) 선천적으로 문제 해결 능력이 뛰어나며 상황을 종합적으로 판단하는 힘이 강합니다.

자. 사회적 적성과 대인관계

1) 자수는 소통과 연결의 힘이 강하며 사람들과 협력하여 결과를 만들어내는 데 능숙합니다.
2) 유연한 사고와 깊은 분석력으로 컨설팅 조언자 중재자 역할을 잘 수행합니다.
3) 다만 지나치게 조용하거나 소극적으로 보일 수 있어 자기표현을 더 강화할 필요가 있습니다.

차. 진로와 적성

1) 자수는 지혜 창의력 계획성을 발휘할 수 있는 직업에 적합합니다.
2) 학문 연구 교육 문학 상담가 철학자 등의 직업군이 적합합니다.
3) 또한 자수는 타인의 말을 잘 듣고 깊이 분석하는 능력이 뛰어나 심리상담사나 전문 코치로도 두각을 나타낼 수 있습니다.

카. 주요 성격과 생활 팁

1) 자수는 지혜로운 삶을 살아가는 것이 중요합니다. 이를 위해 적응성과 침착함을 자신의 강점으로 삼아야 합니다.
2) 내면의 성찰을 통해 목표를 설정하고 긴 호흡으로 실행해 나가는 삶을 태도가 유리합니다.
3) 결단력과 표현력을 키우면 내재된 잠재력을 더욱 극대화할 수 있습니다.
4) 자수의 에너지는 깊이 묵직하지만, 물처럼 부드럽고 적응성이 뛰어나므로 물처럼 부드럽고 적응성이 뛰어나므로 자신만의 길을 끈기 있게 개척해 나가는 것이 성공의 열쇠가 됩니다.

3. 오주학(五柱學)의 지지(地支): 축토(丑土)-소띠

축(丑)은 십이지 중 두 번째 지지로 소를 상징하며 오주(사주)와 명리학에서 중요한 의미를 갖습니다. 축 은 음의 땅(음토 陰土)에 속하며 겨울의 한가운데이자 겨울 끝에 절기입니다. 이는 추운 겨울의 대지처럼 차분하고 안정적이지만 내면에 에너지를 품고 있는 성질을 나타냅니다.

가. 축(丑)의 주요 특징

1) 속성: 음토(陰土)

축은 음토로 분류되며 이는 부드럽고 유연한 땅의 성질을 의미합니다. 음토는 양토(陽土)에 비해 더 포용력이고 감추는 성질이 강합니다.

2) 오행의 관계

가) 생: 축은 금(金)을 생성합니다. 이는 축이 내면의 금의 기운을 품고 있다는 뜻으로 금의 형성과 저장에 관여합니다.
나) 극: 축은 목(木)을 억제합니다. 이는 축이 대지를 상징하기 때문에 나무의 뿌리를 단단히 붙잡고 성장 속도를 조절한다는 의미를 가집니다.

3) 특징적인 성격

가) 차분하고 신중하며 실용적이고 안정적인 기질을 가집니다.
나) 겉으로 느긋해 보이지만 내면에는 책임감과 근면함과 자리하고 있습니다.
다) 목표를 향해 꾸준히 나아가는 경향이 강하며 특히 장기적인 계획에서 강점을 보입니다.

4) 축의 상징적 의미

가) 소로 표현되는 축은 성실함과 끈기를 나타냅니다.

나) 옛 농경 사회에서 소는 풍요와 근면의 상징으로 여겨졌으며 이는 축의 성향과도 연결됩니다.

나. 오주(사주)에서 축(丑)의 활용

1) 축이 강한 오주(사주)

축의 기운이 강한 사람은 차분하고 현실적인 성격을 가지며 책임감과 근면함으로 주어진 일을 끝까지 완수하는 능력이 뛰어납니다. 다만 지나치게 신중할 경우 기회를 놓칠 수 있으므로 유연한 사고방식이 필요합니다.

2) 축의 조화

축은 소띠(丑年) 축월. 축일. 축시. 축분에 나타나며 특정 오행의 균형을 맞추는 데 중요한 역할을 합니다. 특히 금(金)과 수(水)의 기운을 돕는 역할을 하기 때문에 재물과 관련된 흐름을 안정화시키는 데 유리합니다.

다. 축과 재물운

축은 금(金)을 생성하는 특성이 있어 재물운과 밀접한 관계를 가집니다. 특히 오주(사주)에서 축의 기운이 조화롭게 배치되면 안정적인 재물 운과 함께 꾸준히 재산을 축적하는 능력을 발휘할 수 있습니다.

1) 근면함과 책임감: 축은 노력과 성실함을 통해 점진적으로 재물을 쌓아가는 성향이 강합니다.
2) 현실적인 계획: 장기적이고 구체적인 목표를 설정하면 축의 성향에 더욱 부합합니다.
3) 조화로운 환경: 금(金)과 수(水)의 기운을 보완하여 재물운을 활성화시키는 것이 중요합니다.

라. 물상과 형상

1) 축토는 소(牛)의 물상으로 표현됩니다. 이는 근면하고 끈기 있는 특성을 상징합니다.
2) 땅으로서는 차갑고 습한 흙이며 깊고 단단하지만 동시에 적절히 배수되지 않은 상태로 비옥함을 내포합니다.
3) 자연에서 경작지 논밭 낮은 지형 또는 축축한 계곡 같은 환경과 비슷합니다.
4) 대표적 물상: 습지 노밭 묘지 하수구 지하실 굴 터널 화장품 우유 잇몸 기운이 꽉 찬 상태 습토 냉토 기억력 뭉침 억울 우울 저축 내성적 인내심 보수적 저장 억 암기 기다림

충전할시기 지하실 금속 은행 군영 수전노 구두쇠 쓰레기 오물 무기 교회 언덕 농장 채소 산소 자물쇠 열쇠 방앗간 철근 유리 시기그릇 부동산 석탄 암석 탄광 석유 부동산중개 결혼상담소 범쇠의온상 맹인 화장실 감옥 수갑 범죄조직 하수도 알콜중독 오점 흠집 벌레먹은곳 숨김음란성 중독성 관정염 췌장 피부병 맹장 위냉증 횡경막 정보능력 체계적정리 보관 정직 우직 고집 저축 각종아이디어 기획력 근면성실 끈기 노력 명예 연수실 골방 공방 냉장고 고철통 수렴 멈춤 기다림 학문적깊이 블랙홀 미지의것 진흙 개펄 늪 암흑기 창고 세무서 견우와 직녀 정류장 주방 창고 차고 마루 절 광산 주차장 창고 고궁 증권사 보험 군부대 건재 골재 결혼상담소 전당포 계와돈놀이 사채업 과수원 맹지 고물상 점 점집 오폐수관 여성생식기 은폐된곳 여자의성(직업여성) 폐농 종양 배 비장 위장 근육 신장 자궁 성기 암덩어리 허리 수도터짐 쪼개짐 준비…. 등에 해당합니다.

마. 자연의 이치와 원리

1) 축토는 생명력이 잠들어 있는 겨울의 토(土)로 "비축(祕蓄)"의 의미를 가지고 있습니다.
2) 이는 새로운 시작을 준비하며 에너지를 축적하고 휴식과 재충전 의미로 비유됩니다.
3) 자연적으로 볼 때 축토는 조화를 유지하며 급격한 변화보다는 점진적이고 안정적인 진행을 선호합니다.

바. 신체 부위와 건강

축토가 관장하는 신체 부위와 건강은 다음과 같습니다.

1) 소화기 계통: 특히 비장과 위장이 포함됩니다.
2) 뼈와 관절: 축토는 단단한 속성을 가지고 있어 뼈와 관절 건강과도 연결됩니다.
3) 건강 주의점: 차갑고 습한 특성으로 인해 위장 장애 관절염 또는 만성 피로와 같은 질환에 취약할 수 있습니다. 체온 유지와 습기 제거에 주의가 필요합니다.

사. 성정(性情)

축토의 성정은 그 차갑고 묵직한 성격에서 비롯됩니다.

1) 긍정적 측면

가) 근면 성실하며 신뢰를 받는 성격입니다.
나) 책임감 강하고 말보다 행동으로 보여줍니다.
다) 내적 에너지를 잘 축적하고 안정적이며 차분합니다.

2) 부정적 측면

가) 고집이 세고 변화에 둔감할 수 있습니다.
나) 지나치게 신중하여 결정을 늦추는 경향이 있습니다.
다) 자신의 속마음을 잘 드러내지 않습니다.

아. 적합한 성격

축토는 현실적이고 안정적인 성격의 소유자로 다음과 같은 성격과 잘 맞습니다.
1) 실용적이고 현실적인 사람: 목표를 이루기 위해 꾸준히 노력합니다.
2) 참을성 있고 인내심이 강한 성격: 긴 여정에도 흔들리지 않습니다.
3) 내면의 안정감을 중시하는 사람: 감정적 기복이 적습니다.

자. 사회적 적성과 진로

축토의 성격과 속성에 적합한 진로는 다음과 같습니다.
1) 농업 및 환경 분야: 축토는 땅과 관련된 모든 일에서 뛰어난 적성을 보입니다.
2) 부동산 건설 토목 공학: 땅과 안정성을 상징하므로 건설 및 토지 개방과 관련된 분야에 적합합니다.
3) 의료 및 간호직: 차분하고 책임감 있는 성격으로 타인을 보살피는 역할에 잘 어울립니다.
4) 교육 및 연구 분야: 꾸준한 탐구와 끈기가 필요한 분야에도 적합합니다.

차. 결론

축토의 에너지는 안정성과 책임감을 기반으로 한 성공을 가능케 합니다. 다만 지나친 신중함이 발목을 잡지 않도록 균형을 유지하며 몸의 습기를 제거하고 건강 관리를 소홀히 하지 않는 것이 중요합니다.

4. 오주학(五柱學)의 지지(地支): 인목(寅木)-범. 호랑이

인(寅)은 십이지 중 세 번째로 범, 호랑이를 상징합니다. 이는 동양철학 특히 오주(사주)와 명리학에서 매우 중요한 역할을 하며 호랑이가 자진 강력하고 역동적인 에너지를 대표합니다.

가. 인(寅)의 본질적 의미

1) 시간: 새벽 3시 30분에서 5시 30분까지 하루가 막 시작되며 에너지가 서서히 강해지는

시간대입니다.

2) 계절: 음력으로 봄의 시작 1월(양력 2월경) 생명이 다시 태어나고 활기가 넘치는 시기입니다.

3) 오행: 목(木)에 속하며 성장 발전 생명력을 상징합니다.

4) 동물: 범, 호랑이(용맹 勇猛) 자신감과 추진력 그리고 강한 카리스마를 의미합니다.

나. 오주(사주)학에서 인의 역할

인(寅)은 오주십자(사주팔자)에서 성장과 발전 개척의 에너지를 나타냅니다.

1) 긍정적 측면

가) 리더십이 강하고 목표지향적입니다.

나) 도전정신과 개척력이 뛰어나 새로운 길을 만드는 데 능숙합니다.

다) 자신감과 용맹함으로 어려운 상황을 돌파하는 힘이 있습니다.

2) 부정적 측면

가) 때로는 성급함과 무모함으로 실패를 초래할 수 있습니다.

나) 자신의 주장이 강해 타인의 의견을 무시할 위험이 있습니다.

다) 조급증이 생길 수 있으므로 인내심을 기르는 것이 중요합니다.

다. 재물과 관련된 인(寅)의 활용법

가) 개척정신 활용: 인(寅)의 특징은 스스로 길을 만들어 나가는 것입니다. 특히 새로운 사업이나 프로젝트를 시작할 때 좋은 운으로 작용할 가능성이 높습니다.

나) 목(木)의 에너지 강화: 목(木)은 성장과 확장을 의미합니다. 따라서 학문 창업 투자 등의 장기적인 성장과 관련된 분야에서 성공 가능성이 큽니다.

다) 협력과 유연함 추가: 리더십이 강한 만큼 주변과 협력과 조화를 이루는 것이 중요합니다. 이는 재물운을 더욱 견고히 하는 데 도움이 됩니다.

라. 오주학에서 다른 지지와 관계

1) 호합(合)

인(寅)과 해(亥)는 합을 이루어 조화를 만듭니다. 이는 좋은 인간관계와 재물 운을 강화하는 신호입니다.

2) 충(衝)

인(寅)과 신(申)은 충돌 관계입니다. 이로 인해 갈등이나 변화가 생길 수 있으나 이를 잘 극복하면 큰 성장을 이룰 수 있습니다.

마. 범, 호랑이의 정신으로 재물 운을 상승시키는 방법

1) 대담한 도전: 호랑이처럼 대담함을 바탕으로 새로운 기회를 잡되 전략적으로 접근하세요.
2) 목표설정: 명확한 목표와 장기적인 플랜을 세우는 것이 중요합니다.
3) 균형감각 유지: 강렬한 추진력만큼 자제와 균형도 필요합니다.

바. 물상(物象):인목의 형상과 상징

1) 호랑이의 기상: 인목은 강하고 기백이 넘치는 호랑이를 상징하며 용맹하고 결단력 있는 에너지를 나타냅니다.
2) 새벽녘의 기운: 인목은 하루 중 새벽 시간대(인시 03:30~05:30)를 의미하며 새로운 시작과 성장을 상징합니다.
3) 키 큰 나무: 나무 중에서도 하늘로 뻗어나가는 키 나무를 상징 확장성과 성장 가능성을 내포합니다.
4) 대표적 물상: 정치 언론 문화예술 발명 교육 산악인 학원 서점 전주 가로수 고층건물 나루터 의복 서적 신문 목기 책상 탑 프로그램 창작 제작 기획 설계 건축 설계토목 엘리베이터 중장비 유치원 교육 나무 식물 채소 금융 법조인 의료계 금융언론 목재 가구 지물 섬유 문구 가옥 기와집 의류 버스 법원 화력 폭거 사원 절 산신 방송 안테나 금융 수술 포악 고독술 순수우직 전화 수목 가구 전신주 빌딩 전원주택 외진집 고독 관청 포상 게임 오락 머리와뇌 심장 지체 간 다리 손발 경락 혈맥 신경계 신경통 편두통 기관지 폐질환 혈변 치질 의류업 제지업 농장 도로관리 발전기 피아노 목재 새벽빛 일출 전기 스크린 방송 그래픽 미디어 부동산 무역 기차역 공항 버스터미널 생명 육성 보육 공유 권력 채소 요리사 요식업 피자 신통력 공직 지도자 높은누각 서당 무대 동상 산신당 흥신소 신문사 국회 병기 통신수단 터널 야전군사령부 전투기 사찰 학교 의상 섬유질 양복점 우체국 택배 화로 교습소 인대 척추 중풍 뇌출혈 머리질환 뇌 간담 생이별 시작 우레 개혁 초기 자립심 매화 변화가 시끄러운 장소 노래방 큰목소리 산신 불교 용서의신 수술수…. 등에 해당합니다.

사. 자연의 이치와 원리

1) 봄의 기운: 인목은 봄의 초입 즉 자연이 깨어나 성장하는 시기를 나타냅니다. 이는 "시작"

과 "성장"이라는 원리와 맞닿아 있습니다.

2) 양기(陽氣)의 발현: 겨울의 음기(陰氣)를 벗어나 양기가 시작되는 단계로 새롭게 태어나는 에너지를 도전정신을 상징합니다.

3) 변화와 추진력: 자연적으로 강한 추진력과 변화를 만들어내는 기운으로 역동적이고 진취적인 특성을 보입니다.

아. 신체 부위와 건강

1) 신체 부위

가) 간(肝) 손발 근육 관절을 주관합니다.

나) 인목이 강하면 체력이 좋고 활동적이며 근육이 발달합니다.

2) 건강 관련

가) 간 기능이 약하거나 균형을 잃을 경우 피로감과 분노 조절이 어려울 수 있습니다.

나) 관절과 근육 질환(예: 관절염 근육 긴장)에 유의해야 합니다.

다) 스트레스를 적절히 관리하여 과도한 에너지를 소모하지 않도록 하는 것이 중요합니다.

자. 성정(性情):인목의 성격

1) 긍정적인 특징

가) 진취적이고 활동적인 성격으로 목표를 향해 끊임없이 나아가는 추진력을 가집니다.

나) 리더십과 독립성이 강하며 도전과 변화에 대한 두려움이 없습니다.

다) 정의역이고 논리적 사고를 통해 문제 해결 능력이 뛰어납니다.

2) 부정적인 특징

가) 고집이 강하고 자존심이 세며 충동적인 수 있습니다.

나) 성급함으로 인해 계획의 세부 사항을 간과하는 경향이 있을 수 있습니다.

차. 사회적 적성과 인간관계

1) 적합한 성격

가) 적극적이고 리더십을 발휘하는 성격으로 조직 내에서 핵심 역할을 맡기 좋습니다.

나) 사람들과 경쟁을 두려워하지 않으며 상대적으로 강한 카리스마를 통해 주목받는 성향이 있습니다.

2) 인간관계

가) 활발한 사교성으로 사람들과 잘 어울리지만 강한 자존심으로 인해 갈등을 빚을 수도 있습니다.

나) 자신을 잘 표현하지만, 타인의 의견을 경청하는 자세도 필요합니다.

카. 진로와 사회적 적성

1) 적합한 진로

가) 리더십이 필요한 직업: 경영 리더십이 필요한 직책 공공기관의 지도자에 적합합니다.

나) 창의력과 활동성을 살릴 수 있는 직업: 예술가 건축가 디자이너 작가 등 창의력 분야에도 좋습니다.

다) 도전정신과 추진력을 활용할 수 있는 직업: 스포츠 선수 무역 기획 및 마케팅에 적합합니다.

라) 자연 및 성장 관련 직업: 농업 조경 환경 관련분야에도 관련이 있습니다.

2) 사회적 기여

인목은 성장과 발전의 기운을 상징하므로 조직이나 사회에서 새로운 변화를 이끌어내고 혁신을 주도하는 역할을 맡기에 적합합니다.

타. 요약

인목은 강인한 의지와 추진력을 가진 리더형 기질을 나타내며 창의력과 도전정신으로 다양한 분야에서 활약할 수 있는 가능성을 지닙니다. 다만 과도한 고집과 성급함을 관리하며 균형 에너지를 유지하는 것이 중요합니다.

5. 오주학(五柱學)의 지지(地支): 묘목(卯木)-토끼

묘(卯) 또는 토끼는 12지지 중 네 번째에 해당합니다. 음양오행에서는 "목(木)"에 속합니다. 묘월은 음력을 뜻하며 봄의 초입으로 만물이 생동하는 시기입니다. 토끼는 온화하고 민첩하며 조화와 균형을 중요시하는 상징으로 해석됩니다.

가. 묘(卯)의 특징

1) 오행: 목(木) 생장(生長)의 에너지를 의미하며 성장 발전 조화와 관련됩니다.

2) 시간대: 오전 5시 30분~07시 30분

3) 방위: 동쪽
4) 계절: 봄(만물이 생동하는 시기)
5) 특성: 묘는 부드러우면서도 내면의 강한 추진력을 가진 성향을 나타냅니다. 유연하지만 목표를 위해 끈기를 발휘하는 모습이 특징적입니다.

나. 오주(사주)에서 묘(卯)의 역할

묘를 오주(사주)에서 분석할 때는 전체적인 조화를 고려해야 하지만 묘의 특성상 아래의 특징들이 나타날 수 있습니다.

1) 긍정적인 성격: 온화하고 사교적인 성향이 강하며 주변 사람들과의 관계에서 유연성을 발휘합니다.
2) 도전정신: 기본적으로 환경에 잘 적응합니다.
3) 때로는 지나치게 유약하거나 우유부단한 면이 있을 수 있습니다.

다. 묘와 부(富)의 관계

1) 묘는 목(木)으로 연결되므로 나무가 자라나는 환경이 중요합니다. 즉 재물(금, 金)을 키워줄 수 있는 토(土)의 조화가 필수적입니다.
2) 천간에서 갑(甲)을(乙)과의 관계나 오주(사주)에서 묘와충(沖, 刑)이 되는 요소를 살피는 것이 중요합니다.
3) 재물을 부르는 방법: 묘는 유(酉 금(金)와 충(衝)을 이루며 이러한 관계 속에서 균형을 잘 맞추면 재물을 얻는 데 유리한 구조를 만들 수 있습니다.

라. 물상(物象)과 형상

1) 묘목의 상징: 묘목은 봄의 초입에 해당하며 생동감 넘치는 나무나 새싹을 상징합니다. 이는 한창 자라는 나무가 가지를 뻗으며 성장하는 모습을 떠올리게 합니다.
2) 형상: 묘목은 부드럽고 유연하며 생명력이 강한 형상입니다. 키가 크거나 가늘고 섬세한 느낌을 주는 외형을 가질 수 있습니다.
3) 대표적 물상: 초목 화폐 어류 곡물 과일 꽃 새싹 선풍기 건축업자 신경성환자 부채 대청소 부지런함 야채 신문 입술 성기(여성) 다리불편 고환 화초 곡물 초목 어류 어린이교육 모텔 실내자식 수집가 평론가 기자 배우 변호사 면 면종류 상처 손기술 인정 꾀 초원 잔디 골프장 의류 섬유 호랑이새끼 치밀 고집 승부욕 등라계갑 풀 넝쿨 묘목 묘판 부드러운 나무 부평초 이별 새 여행 머리 미용 화훼…. 등에 해당합니다.

마. 자연의 이치와 원리

1) 묘목은 음양오행에서 "목(木)"의 기운을 담고 있으며 만물이 성장하고 확장되는 시기인 춘분과도 관련됩니다.
2) 자연의 순환에서 발아와 성장을 상징하며 끊임없이 앞으로 나아가고자 하는 움직임을 보여줍니다.

바. 체 부위와 건강

1) 신체 부위

간(肝) 머리 근육 손발과 연관이 깊습니다. 특히 묘목은 신체의 유연성과 관련되므로 관절과 근육의 움직임이 중요한 역할을 합니다.

2) 건강특징

가) 묘목이 조화롭다면 건강하며 스트레스에 대한 회복력이 좋습니다.
나) 과다하면 간이 과로하거나 근육 경직 혹은 관절통이 발생할 수 있습니다.
다) 부족하면 성장과 활력이 저하되어 피로감과 무기력함을 느낄 수 있습니다.

사. 성정(性情)과 성격

묘(卯)목은 성격을 부드럽고 융통성이 있으며 타인과의 관계에서 협동적 기질을 보입니다.

1) 장점

가) 친절하고 배려심이 깊으며 끊임없이 배우고 성장하려는 욕구가 강합니다.
나) 대인관계가 원만하고 주변 사람들과 잘 어울립니다.

2) 단점

가) 의존적이거나 지나치게 타인의 평가에 민감할 수 있습니다.
나) 목표가 명확하지 않으면 우유부단해질 가능성이 있습니다.

아. 사회적 적성과 진로

묘목의 사람은 성장과 발전이 중요한 분야에서 두각을 나타냅니다.

1) 적합한 성격

가) 창의력과 감수성이 뛰어나며 변화와 도전을 두려워하지 않습니다.

나) 다른 사람들과 협력하는 데 탁월하며 협동적인 환경에서 성과를 냅니다.

2) 추천 직업군

가) 교육 연구 상담 등 성장과 배움을 기반으로 한 적합합니다.

나) 예술 디자인 문학 등 창의성이 요구되는 분야에도 적합합니다.

다) 환경 농업 식물 관련 직업도 적합합니다.

라) 타인의 성장을 돕는 코칭 리더십 분야에 관심을 가져도 좋습니다.

자. 묘목의 사회적 역할

묘목의 사람은 주로 조직 내에서 조화를 이루고 성장의 기틀을 마련하는 역할을 맡습니다. 조직의 분위기를 부드럽게 만들고 갈등 상황에서도 중재자로 나서는 경우가 많습니다.

차. 결론 정리

묘목의 특징을 기반으로 본인의 성향과 직업 사회적 역할을 고민해 본다면 더 나은 삶의 방향을 찾는 데 큰 도움이 될 것입니다. 이를 통해 자연과 조화된 삶을 살아가는 길을 발견 할 수 있습니다.

6. 오주학(五柱學)의 지지(地支): 진토(辰土)-용

진(辰)즉 용(龍)은 오주(사주)학에서 12지지 중 다섯 번째에 해당하며 지지의 "양(土)"에너지를 가지고 있습니다. 용은 매우 특별한 존재로 여겨지며 상징적으로 하늘과 땅을 잇는 존재이자 꿈과 잠재력을 나타냅니다.

가. 진(辰)의 기본 성향

1) 오행(五行): 토(土)

가) 진토는 토의 에너지를 품고 있지만, 물(水)의 기운도 함께 담고 있어 대지 위에 강물처럼 생명력과 유연함을 가지고 있습니다.

나) 시기: 음력 3월(봄의 마지막 달 목(木)의 계절이 끝나고 여름(土)이 시작되기 전)

다) 특징: 용은 힘과 가능성을 상징하며 풍요로움과 성장의 기운을 품고 있습니다.

나. 진(辰)의 상징과 의미

1) 용(龍)으로의 상징: 전통적으로 용은 행운과 번영을 상징합니다. 진(辰)을 가진 사람은 큰 비전을 가지고 있으며 인생에서 중요한 순간에 강력한 도약을 할 수 있는 잠재력을 지닙니다.
2) 잠재된 힘: 진은 물(水)과 토(土)가 함께 어우러져 있어 다양한 가능성과 잠재력을 나타냅니다. 단 이 에너지를 발휘되려면 적절한 환경과 기회가 필요합니다.

다. 진(辰)의 재물운

1) 진은 안정적인 토(土) 에너지 덕분에 재물과 부의 축적에 강한 성향을 가질 수 있습니다. 특히 물(水), 기운이 들어오면 재물 흐름이 활발해지며 적절히 활용할 경우 재산 증식에 유리합니다.
2) 진의 재물운은 천간과 다른 지지와의 조합에 따라 크게 좌우됩니다. 예를 들어 금(金)이나 물(水)과의 조화가 잘 이루어지면 더욱 강한 재물운이 생길 수 있습니다.

라. 진(辰)을 활용한 재물운 강화법

1) 토(土)를 보강: 토의 기운을 강화하는 것은 진의 안정적이고 풍요로운 에너지를 발현시키는 데 도움을 줍니다. 예를 들어 황토색 아이템 자연 친화적인 환경 조성 등이 효과적입니다.
2) 물(水)기운 조화: 물의 기운은 진의 내부에 숨어있는 가능성을 끌어냅니다. 수(水)를 상징하는 검은색 파란색을 활용하거나 물가에서 휴식을 취하며 직관력을 키우는 것이 유익합니다.
3) 강한 비전 설정: 진을 가진 사람은 스스로 큰 목표를 설정하고 그것을 실행할 때 에너지가 극대화됩니다. 구체적인 계획과 함께 끈기를 발휘하세요.

마. 다른 지지와의 관계

1) 조화: 신(申, 원숭이). 자(子, 쥐)와 삼합(수 水局)을 이루며 협력 시 큰 성과를 거둘 수 있습니다.
2) 충돌: 술(戌)과 충(沖) 관계로 균형을 잃을 가능성이 있으니 조심해야 합니다. 특히 안정성이 흔들리지 않도록 주의가 필요합니다.
3) 형성: 진-진(辰辰)자형(自刑)은 자기 자신과의 내적 갈등이나 완벽주의로 인한 어려움을 나타낼 수 있으므로 유연함을 기르는 것이 중요합니다.

바. 물상(物象)과 형상

진토는 다음과 같은 물상을 지니고 있습니다.

1) 형상: 늪지 습지 넓고 평평하면서도 습윤한 땅 또는 안개로 뒤덮은 자연에도 해당합니다.
2) 특징: 다소 무겁고 습한 기운을 가지며 물과 흙이 만나는 곳을 상징합니다.
3) 대표적 물상: 농지 대지 모래톱 잔잔한 호수 거름 히트 똥통 변화 욕심 지저분 욕심 구설수 투기심 특허 위조 관제 상표도용 거짓말 박리다매 짝사랑 망각증 종합상품 다이소 외국 외국무역 외국인상대업 외국인채용 물탱크 강 냇가 미장공 국수 어묵 진.용(사슴뿔=낙타머 리=토끼눈=뱀목=조개배=잉어비늘=독수리발 톱=호랑이발바닦=암소의귀)예술가 건축가 제 조업자 변호사 변리사 의사 피부과 비뇨기 항문 무좀 털제거 슈퍼 철물점 여러품목취급 실험실 습진 사타구니 논밭 파충류 지렁이 굼벵이 웅덩이 펄 땅 매립지 예언가 갱 대통령 녹용 진흙 습지 방수 곰팡이 성직자 물고기 낙지잡이 조개잡이 폐기물처리 하수구 변기청소 화장 실용품 특허 전기차 밧데리 시궁창 오물차 다른 형태로 변화 보양식 추어탕 닭발…. 등에 해당합니다.

사. 자연의 이치와 원리

진토는 음양오행에서 “토(土)”의 에너지를 가지며 습한 기운을 띠는 양토로 분류됩니다.

1) 전환의 역할: 계절적으로 봄이 끝나고 여름으로 넘어가는 시기(5월)를 상징하여 생명이 성장하는 과도기를 나타냅니다.
2) 중재와 수용의 성질: 진토는 만물을 포용하고 연결하는 성질을 가지며 물(水)과 불(火)을 조화롭게 이어줍니다.
3) 내적 원리: 안정과 융화를 추구하며 무엇인가를 다듬고 성장시키는 역할을 담당합니다.

아. 신체 부위와 건강

1) 신체 부위: 비장(脾臟) 위장 소화기 계통에 해당합니다.
2) 건강 상태: 진토의 기운이 강한 사람은 소화력이 좋으나 기운이 지나치거나 부족한 경우 소화불량 비만 혹은 위장병에 시달릴 수 있습니다.

자. 성정(性情)과 성격

1) 긍정적 면

가) 참을성 있고 인내심이 강합니다.

나) 중재자 역할을 잘하며 조화와 균형을 추구합니다.

나) 책임감과 의무감을 중시합니다.

2) 부정적 면

가) 고집스러울 수 있고 지나치게 느리고 무겁게 행동할 가능성이 있습니다.

나) 환경 변화에 민감하며 우유부단한 면을 보일 수 있습니다.

카. 사회적 적성과 인간관계

진토는 협동과 포용의 성질을 바탕으로 사회적 적성에서 다음과 같은 특징을 보입니다.

1) 협업 능력: 다른 사람과의 조화를 중요시하며 중재자 역할에 적합합니다.

2) 신뢰감: 믿음직스럽고 신뢰를 얻는 스타일로 조직의 중심 역할을 맡을 수 있습니다.

3) 도전정신 부족: 새로운 환경에 적용하기 어려워하거나 보수적인 성향이 있을 수 있습니다.

타. 적합한 진로와 직업

진토의 특성을 고려할 때 적합한 진로와 직업은 다음과 같습니다.

1) 추천직업

가) 부동산 건축 농업 등 흙과 관련된 산업에 좋습니다.

나) 중개업 상담사 협상 전문가와 같이 사람을 연결하거나 중재하는 직업도 좋습니다.

다) 식품산업 조리사 또는 요식업 등 소화기와 관련된 직업에 관련이 있습니다.

2) 직업특징: 안정적이고 꾸준히 성장할 수 있는 분야를 선호하며 장기적으로 성과를 내는 일이 적합합니다.

3) 진토는 대지처럼 안정적이면서도 생명을 품고 키우는 에너지를 가진 중요한 오행입니다.

7. 오주학(五柱學)의 지지(地支): 사화(巳火)–뱀

사(巳)는 십이지(十二支)중 여섯 번째에 해당하며 "뱀"을 상징합니다. 오주(사주)는 음양오행과 십이지를 통해 개인의 운명과 특징을 분석하는데 사(巳)는 다음과 같은 특징을 가집니다.

가. 오행적 속성

1) 사(巳)의 오행은 "화(火)"에 속합니다.

2) 뜨거운 에너지와 활력을 상징하며 강한 추진력과 열정적인 성향을 나타냅니다.

나. 시간과 계절

1) 사(巳)는 오전 9시 30분에서 11시 30분을 뜻하며 이 시간에 태양이 점점 강해지는 시간

대로 활동성과 에너지를 강조합니다.

2) 계절적으로는 여름 초입(음력 4월)에 해당하여 성장과 번영의 기운을 품고 있습니다.

다. 성격과 특징

사(巳)를 가진 사람들은 다음과 같은 성격적 경향을 보입니다.

1) 지혜로움과 직관: 뱀처럼 예리한 판단력과 문제 해결 능력을 가집니다. 상황을 관찰하고 분석하는 데 탁월합니다.
2) 변화에 대한 민감성: 변화에 유연하게 대처하며 적응력이 뛰어난 편입니다.
3) 열정과 야망: 목표를 위해 끊임없이 노력하는 끈기와 열정을 갖추고 있습니다.

라. 인간관계와 행동 패턴

1) 겉으로는 침착해 보이지만 내면의 뜨거운 열정으로 가득 차 있습니다.
2) 사교성이지만 자신의 이익과 목표를 명확히 알고 움직이는 전략적인 면이 있습니다.

마. 인간관계와 행동 패턴

1) 겉으로는 침착해 보이지만 내면의 뜨거운 열정으로 가득 차 있습니다.
2) 사교적이지만 자신의 이익과 목표를 명확히 알고 움직이는 전략적인 면이 있습니다.

바. 사(巳)와 오주(사주)

1) 사(巳)가 일주(출생일의지지)에 있는 경우 본인의 운명에서 중요한 역할을 합니다.
2) 사와 충돌하거나 조화를 이루는 다른 지지가 있는지에 따라 인생의 흐름이 크게 달라질 수 있습니다.
   가) 충(沖): 해(亥)와 충돌 해(亥)가 강하면 사(巳)의 기운이 약해질 수 있습니다.
   나) 삼합: 사(巳), 유(酉). 축(丑)이 함께 모이면 금(金)의 기운을 형성하여 강력한 조화를 이룹니다.

사. 활용 팁

사(巳)의 기운을 활용하려면 다음을 염두에 두세요.

1) 열정을 다스릴 것: 지나치게 앞서가지 않도록 균형을 유지하세요.
2) 지혜로운 선택: 장기적인 관점에서 상황을 분석하고 결정을 내리는 것이 중요합니다.
3) 명상과 내면 수련: 내면의 평정을 유지하면 더 큰 성취를 이룰 수 있습니다.

아. 물상(物象):형상과 자연의 이치

1) 형상:사화는 뱀의 형상을 나타내며 뱀의 유연 함과 조용한 기운 때로는 은밀하고 신비로운 특성을 드러냅니다.

2) 대표적 물상: 정류장 종점 치아 대형차량 비행기 조급증 전화 단체업무시작 단결 단체 충효 부양의무 근면 정찰제 스트레스 직장이동불가 성급하면 손해 사상 여자 효녀 문명 문화 두꺼운책 연구 영상 색채 번화가역 역근처 아름다움 스크린 영상 극장 골프장 사진 그림 형광등 전등 네온사인 화공 석유화학 보일러 공업지대 철강 고무 주유소 영색 백화점 시장 환상 토론 변화 도교 사원 인터넷 이동통신망 동전 태양 광선 아지랑이 레이저 엑스선 방사선 가스연료 관제탑 레이다 미장원 화로 폭발물 외국인 배우자 작은열매 기다림 장기계획 끝집 막다른 집…. 등에 해당합니다.

3) 자연의 이치

가) 사화는 봄에서 여름으로 넘어가는 초여름(5월)에 해당하며 따뜻함이 점점 강해지는 시기입니다.

나) 이 시기는 변화와 성숙의 에너지를 담고 있어 무언가 새롭게 시작하거나 성장하는 데 유리한 시기입니다.

다) 또한 사화(巳火)는 지혜와 지략을 상징하며 자연의 흐름 속에서 숨겨진 본질을 파악하는 능력을 지닙니다.

자. 신체 부위 및 건강

1) 신체 부위

가) 사화는 신체적으로 심장 혈액 순환계 그리고 소장에 해당합니다.

나) 이는 불의 에너지가 활발히 작용하는 곳으로 열정과 추진력이 강한 사람들에게 두드러지게 나타냅니다.

2) 건강 측면

가) 사화가 강할 경우 심혈관계 질환이나 과로로 인한 소화기 문제에 유의해야 합니다.

나) 반대로 사화가 약할 경우 혈액순환 저하로 인한 피로감 무기력 등이 나타날 수 있습니다.

다) 따라서 적절한 운동과 균형 잡힌 식습관이 중요합니다.

차. 성정(性情)과 성격

1) 긍정적인 성격

가) 지혜로움: 사화는 뱀의 지혜와 직관력을 상징합니다. 사화를 가진 사람들은 깊이 있는 사

고와 전략적 사고를 잘합니다.

나) 창의력: 독창적이며 새로운 아이디어를 구체화하는 능력이 뛰어납니다.

다) 유연함: 변화에 유연하게 적응하며 상황을 조화롭게 풀어가는 능력이 있습니다.

2) 부정적인 면

가) 지나치게 신중하거나 은밀하게 행동하여 사람들에게 신뢰를 얻기 어려울 수 있습니다.

나) 과도한 경쟁심이나 고집으로 인해 주변과 충돌할 가능성도 있습니다.

카. 사회적 적성과 진로

1) 사회적 적성

가) 사화를 가진 사람은 전략가 기획자의 자질을 가지고 있어 문제를 해결하고 계획을 세우는 일을 잘합니다.

나) 사람들과 관계에서 침착함과 직관을 활용해 조화롭게 어울릴 수 있습니다.

2) 추천진로

가) 교육 및 연구 분야: 지혜를 기반으로 깊이 있는 탐구를 좋아하기에 적합합니다.

나) 예술 및 창작 활동: 창의적이고 섬세한 감각을 발휘할 수 있습니다.

다) 사업 및 기획 분야: 전략적 사고와 실행력으로 사업 성공 가능성이 높습니다.

라) 상담가 심리학자: 사람의 심리를 잘 파악 하고 통찰력을 발휘할 수 있습니다.

마) 외교 및 협상 관련 직업: 유연함과 설득력이 강한 성격 덕분에 유리합니다.

타. 요약

사화(巳火)는 따뜻하고 변화하는 에너지로 지혜롭고 직관적인 성향을 가지며 다양한 가지며 다양한 창조적 전략적 분야에서 두각을 나타낼 수 있습니다. 다만 지나친 고집이나 과로를 조심해야 하며 균형 잡힌 생활 습관과 명확한 목표설정이 중요합니다.

8. 오주학(五柱學)의 지지(地支): 오화(午火)-말

오(午)는 십이지지 중 다섯 번째에 해당하며 "말"을 상징합니다. 오의 특성과 의미는 오주(사주)학에서 매우 중요하며 특히 음양오행과 관계 계절 시간대 방향 등을 통해 다양한 해석이 가능합니다.

가. 오(午)의 기본 정보

1) 오행: 화(火)
2) 음양: 양(陽)
3) 시간대: 오전 11시 30분에서 13시 30분
4) 방향: 정남(南)
5) 계절: 여름(특히 한여름)
6) 동물상징: 말

나. 오(午)의 특성

1) 화(火)의 에너지

가) 오(午)는 화(火)에 속하며 밝고 뜨거운 에너지를 의미합니다.
나) 강한 추진력 열정 생동감 목표지향적인 성격을 나타냅니다.

2) 양(陽)의 성격

가) 오(午)는 양(陽)의 속성을 가지며 외향적이고 활동적입니다.
나) 사회적이고 활발한 에너지를 지니며 대인관계에서 두각을 나타냅니다.

3) 말의 상징성

가) 말은 자유로움 빠른 행동력 독립성을 상징합니다.
나) 오(午)의 사람들은 독립적이고 자유로운 사고를 중시하는 경향이 있습니다.

다. 오(午)의 오주(사주)

1) 오(午)의 천간과 지지의 조합
가) 병오(丙午): 강렬한 화(火) 기운으로 리더십과 야망이 강합니다.
나) 정오(丁午): 부드러운 화(火) 기운으로 예술적 감각과 섬세함을 나타냅니다.

2) 오(午)와 다른 지지의 관계

가) 삼합: 인(寅), 오(午), 술(戌)=(화, 火) - 열정과 에너지를 극대화되는 조합입니다.
나) 육충: 자(子)-오(午) - 물(水)과 불(火)의 충돌로 인해 갈등이나 긴장이 발생할 수 있습니다.

3) 오(午)의 용신 활용

가) 화(火)가 강하면 토(土)로 균형을 잡거나 수(水)로 조절합니다.

나) 화(火)가 약하면 목(木)으로 기운을 보강합니다.

라. 오(午)의 활용 방안

1) 운의 흐름에 따른 적용

오(午)의 해 달 날에 태어난 사람은 화(火)의 기운을 적극적으로 활용하여 자신감을 키우고 리더십을 발휘하는 직업이나 활용에서 성공할 가능성이 큽니다.

2) 재물운 직업적 조화

가) 오(午)의 기운은 열정적이고 창의적인 분야에 빛을 발합니다.

나) 예술 리더십이 필요한 직책 대중과의 소통이 중요한 직업에서 유리합니다.

마. 오화(午火)의 물상과 형상

1) 물상(物象)

가) 오화는 태양이 하늘 꼭대기에 떠오르는 정오의 시간대를 상징합니다. 이는 가장 강력하고 뜨거운 에너지 그리고 빛과 열을 나타냅니다.

나) 대표적 물상: 화살 부도 현금애로 정신 해수병 본인이 직접 확인 인내심 오락물 유원지 유흥장소 마사지 박테리아 오염물질 못 봉화대 새소식 새출발 타협불가 소통불가 전파와 색체 무기동력 벼슬정직 고관 광명 별빛 달빛 정오 음권시작 문화관 경마장 백화점 학교 예식장 서화점 간판 정육점 간판 염색 언론인 전자 광고 문학 언어 통신수단 태양열 빛 여름 현관 열 열 열정 이별 서재 번화한거리 출판 보도기관 화장품 안경 사진 엑스선 방사선 볼펜 전화 티브 액세서리 화로 모자 학용품 무용용품 레이저 무기 연료공급 안과 전신과 양품점 명함 휘장 필름 이혼장 혈액 정력…. 등에 해당합니다.

2) 형상(形象)

밝고 눈부신 이미지 붉고 색상 활기 넘치는 분위기 등이 연상됩니다. 자연적으로는 여름철의 태양과 정오의 풍경을 떠올리면 됩니다.

바. 자연의 이치와 원리

오화는 생장과 절정을 의미하며 모든 생명체가 활발히 성장하고 생동감이 넘치는 시기를 나타냅니다.

1) 이치

가) 불(火)은 에너지를 방출하며 빛을 퍼뜨리고 어둠을 몰아냅니다.
나) 성장과 번영의 원리로 작용하며 만물이 정점을 이루는 단계입니다.

2) 원리

오화는 에너지를 빠르게 소모하기 때문에 과도한 열로 인해 균형이 깨질 수 있음을 경고하기도 합니다(예: 들어온 화의 기운이 지나치면 과열 스트레스 과도한 욕심 등이 문제로 드러날 수 있습니다).

사. 신체 부위와 건강

1) 신체 부위

가) 오화는 심장과 순환계와 관련이 깊습니다.
나) 심장혈관 혈액순환에 영향을 미치며 땀이 많이 나는 것과도 연결됩니다.

2) 건강

가) 긍정적인 경우: 오화의 기운이 조화를 이루면 활력 넘치고 체력이 좋습니다.
나) 부정적인 경우: 과도한 오화는 심장질환 고혈압 스트레스 탈수와 같은 건강 문제를 유발할 수 있습니다.

아. 성격과 성정

1) 성격 특징

가) 활달하고 외향적이며 열정적입니다.
나) 리더십이 강하고 카리스마가 있어 주변 사람들에게 영향을 미칩니다.
다) 솔직하고 정직하며 정의감이 강하지만 급한 성격으로 인해 때로는 실수할 수 있습니다.

2) 성정

가) 따뜻하고 타인을 배려하지만, 감정 기복이 심할 수 있습니다.
나) 열정적이며 자신의 목표를 위해 최선을 다합니다.

자. 적합한 성격과 적성

1) 적합한 성격

가) 도전적이고 역동적인 활동을 좋아하는 사람입니다.

나) 사람들과의 소통을 즐기며 주도적으로 문제를 해결하려는 성향이 있습니다.

다) 성취욕과 자신감이 높은 유형입니다.

2) 적성

가) 창의력이 필요한 분야에서 두각을 나타냅니다.

나) 사람들과 협업을 잘하며 주도적인 역할에 적합합니다.

차. 진로 및 직업

오화의 기운을 가진 사람은 에너지와 열정을 필요로 하는 직업에서 두각을 나타냅니다.

1) 추천 직업군

가) 경영 리더십 정치 외교 등에 적합합니다.

나) 스포츠 연예 이벤트 기획 쪽도 좋습니다.

다) 디자인 광고 마케팅 엔터테인먼트도 무방합니다.

라) 요리사(특히 불을 다루는 분야) 에너지 산업 등에도 관련이 있습니다.

2) 주의할 점

오화가 과하면 집중력이 흩어지거나 과도한 욕심으로 인해 실패를 경험할 수 있으니 균형을 유지하는 것이 중요합니다.

9. 오주학(五柱學)의 지지(地支): 미토(未土)-양

미 "未"는 십이지지(十二地支)중 하나로 양(羊)을 상징합니다. 미는 음양오행에서 "음토(陰土)"에 해당하며 시간상으로 한여름(7월)과 관련이 있습니다. 지리적으로는 낮은 산이나 들판 혹은 전적인 공간을 나타냅니다. 성격적으로 부드럽고 온화하며 협력과 화합을 중요시하는 특성이 있습니다.

가. 미(未)의 주요 특징

1) 오행적 의미: 음토(陰土)로 안정성과 포용력을 상징합니다. 주변을 보호하고 지탱하는 역

할을 하며 내면적으로는 깊은 사색과 평화를 추구합니다.

2) 양(羊)의 상징성: 양은 온순하고 겸손한 이미지를 가지고 있습니다. 다른 사람들과의 관계에서 배려심이 강하고 협력적인 태도를 보입니다.

3) 시간적 의미: 미(未)는 하루 중 오후 13시 30분에서 15시 30분 사이 그리고 계절적으로는 여름이 끝나가는 시기(7월)를 나타냅니다. 성장과 성숙을 상징하며 완성으로 가는 과정에 해당합니다.

나. 미(未)가 오주(사주)에서 미치는 영향

1) 사람의 성격: 미(未)가 많은 사람은 내성적이지만 따뜻하고 친화력이 좋습니다. 그러나 지나치게 걱정을 많이 하거나 우유부단한 면이 나타날 수 있습니다.

2) 재물운: 미(未)는 토(土)의 기운으로 재물의 안정성을 나타냅니다. 꾸준히 노력하며 기반을 다지는 데 강점이 있지만 급격한 변화를 추구하는 것보다는 안정적인 성장에 더 적합합니다.

3) 대인관계: 미(未)의 사람은 주변 사람들과의 조화를 잘 이룰 수 있으며 협력적인 환경에서 더욱 빛을 발합니다.

다. 미(未)를 활용한 재물운 강화

1) 안정적 기반 다지기: 미(未)는 천천히 그리고 꾸준히 쌓아가는 에너지를 가지고 있으므로 투자나 사업에서도 급격한 성장을 축하기보다는 안정적이고 지속적인 기반을 만드는 것이 중요합니다.

2) 화(火)의 기운 활용: 미(未)는 화(火)의 기운을 통해 더 활발하게 움직입니다. 따라서 열정과 동기부여를 지속적으로 유지하며 자신감을 키우는 환경을 만드는 것이 재물운 상승에 도움이 됩니다.

라. 물상적 특징(형상과 자연의 이치)

1) 형상과 물상

미토는 농작물이 풍성하게 자라는 농경지나 기름진 대지에 비유됩니다. 이는 생명력을 받아들이고 변화시키는 토양의 역할을 상징합니다.

가) 미토는 온화하고 생산적이며 수확을 준비하는 시기의 흙으로 다른 요소들과 조화를 이루며 생명력을 키워냅니다.

나) 하지만 과도하면 습기나 불필요한 영양분 이 과잉의 문제를 초래할 수 있습니다.

다) 대표적 물상: 조미료 양념 물감 비료 어음수표 미결 중 풍 마비상태 저당 바람 가정소홀 친구 재 산묶임 신규사업 음식 휴일 모텔 정원 건축자재 조립 주방 장독대 찬장 사막 공장 양복점 회합 회식 전진보다안정 살롱 아리송함 과일 주류 빌딩 술 주점 높은담 감옥 미각 음식업종 전원 농장 요정 연회장 혼수품 과수원 인삼밭 전답 석회석 방직 장류 포목 매실주 털실 농산물 쉬는곳 휴가 건축 토목 언덕 공덕 묘지 토건 토기 식품점 식품회사 식품납품 맛 미식가 방직공장 제방 청과시장 꽃가게 화원 선인장 사우나 불쾌지수 예민함…. 등에 해당합니다.

2) 자연의 이치와 원리:

미토는 시간의 변화(여름에서 가을로)와 성장과 정리를 상징합니다.

가) 자연에서 결실의 준비 단계로서의 역할을 가지고 완숙과 미완성 사이의 과도기적 속성을 나타냅니다.

마. 신체 부위와 건강

1) 신체 부위

가) 미토는 비장 위장과 같은 소화기 계통과 관련이 깊습니다.

나) 땅처럼 영양을 흡수하고 저장하는 역할을 하므로 위장 건강이 중요한 요소가 됩니다.

2) 건강상 유의점

가) 소화불량 위장기능 저하 등 소화기 계통 질환에 취약할 수 있습니다.

나) 습기가 많거나 환경 변화가 많을 때 몸이 쉽게 영향을 받을 수 있으니 적절한 균형을 유지하는 것이 중요합니다.

다) 정신적으로는 과도한 걱정과 연결되어 위장 문제를 악화시킬 수 있으므로 스트레스 관리가 필요합니다.

바. 성정과 성격

1) 성정

미토는 부드럽고 온화하며 포용력과 배려심이 뛰어난 성향을 가집니다.

1) 자신을 희생하여 주변을 도우며 모든 것을 조화롭게 정리하려는 경향이 있습니다.

2) 그러나 때로는 우유부단함이나 지나친 배려심으로 인해 자신의 의견을 강하게 주장하지 못할 수 있습니다.

2) 긍정적 특징

가) 책임감이 강하며 신뢰를 받는 성격입니다.

나) 온정적이고 안정감을 제공하는 사람으로 자신을 소진할 가능성이 있습니다.

3) 부정적 특징

가) 지나친 걱정과 완벽주의 성향으로 자신을 소진할 가능성이 있습니다.

나) 느긋함이 강해 즉각적인 결단을 요구하는 상황에서 어려움을 겪을 수 있습니다.

사. 적합한 적성과 진로

1) 적성

미토는 타인과 조화를 이루는 능력과 안정감을 기반으로 하는 역할에 적합합니다.

가) 세밀한 계획과 조율 능력이 필요한 일을 잘 수행합니다.

나) 이와 동시에 생산성과 관련된 분야에서 두각을 나타냅니다.

2) 추천경로

가) 농업 환경 부동산 토목 공학: 땅과 관련된 직업도 관련이 있습니다.

나) 교육 상담 중재 역할: 안정감과 중재 능력을 요구하는 직업도 무난합니다.

다) 요리 식품 영양학 제약업: 영양과 소화 균형과 관련된 분야도 해당합니다.

라) 예술 디자인: 느긋하고 섬세한 창의력을 발휘할 수 있는 분야도 무난합니다.

아. 미(未)의 조화와 균형

미토는 다른 오주(사주) 요소들과의 조화가 매우 중요합니다.

1) "화(火)"와의 관계: 불의 에너지들과의 조화가 매우 중요합니다.

2) "수(水)"와의 관계: 적당한 물이 미토의 영양을 공급하지만 지나치면 과도한 습기로 균형이 깨질 수 있습니다.

3) "목(木)"과의 관계: 목의 뿌리 내림을 돕지만 과하면 미토의 자원을 소모시킬 수 있습니다.

10. 오주학(五柱學)의 지지(地支): 신금(申金)-원숭이

신(申)은 동학 오주(사주)학에서 십이지 중 하나로 원숭이에 해당합니다. 신은 오행 중 금(金)에 속하며 계절로는 가을을 나타냅니다.

가. 신(申)의 특징과 상징성

1) 오행속성

가) 신의 금(金)의 기운을 대표하며 강하고 단단한 성질을 가지고 있습니다.

나) 금의 속성은 결단력 명확함 규율과 관련되며 변화를 두려워하지 않고 새로운 상황에 적응하는 힘을 나타냅니다.

2) 동물적 상징

가) 신은 원숭이를 상징하며 이는 영리함 민첩함. 그리고 창의적인 사고를 의미합니다.

나) 원숭이는 새로운 아이디어를 찾고 문제를 해결하는 능력을 가진 동물로 호기심이 많고 활발한 에너지를 가진 존재로 여겨집니다.

3) 계절과 시간

가) 신월(申月)은 음력 7월 즉 초가을에 해당하며 금 기운이 강해지는 시기입니다.

나) 신시는 오후 15시 30분에서 17시 30분으로 하루 중 금 기운이 가장 강한 시간입니다.

4) 성격적 특징

가) 신을 포함한 사람들이 보통 지적 호기심이 많고 상황 판단이 빠르며 유머 감각이 뛰어난 경우가 많습니다.

나) 때로는 너무 많은 것을 시도하려다가 집중력이 분산되거나 변덕스러운 면을 보일 수도 있습니다.

5) 신의 역할과 조화

신(申)은 자축인묘(子丑寅卯)와 같은 다른 지지와 상호작용하여 다양한 에너지를 형성합니다. 특히 신자진(申子辰)과 삼합(三合)을 이루거나 해자축(亥子丑)과 충(沖)하는 등의 관계에서 독특한 영향을 발휘합니다.

나. 신금의 물상(物象)

1) 형상 및 상징: 신(申)금을 자연에서 원석, 보석 단단한 금속과 정교하고 빛나는 금속의 기운을 상징합니다. 세공된 아름다운 장신구나 공예품과 비슷한 이미지를 가집니다.

2) 특성: 섬세하고 깔끔하며 단단하지만 부드러운 면을 가지고 있습니다. 날카로운 금속보다는 아름다운 세련미를 갖춘 금속을 상징합니다.

3) 자연적 형상: 서늘한 금속의 기운으로 늦여름(가을로 넘어가는 시기)의 차분하고 정리된 에너지를 나타냅니다.

4) 대표적 물상: 낙과 동전모양 사거리 교차로 공격기구 큰칼 투창 돈꾸러미 4등분 4분배 4명동업 4가지사업 기만성양심 풋열매 금융인연 사채놀이 펜스와 상선 가스 냉매선 샘 운동장 큰도시 중앙지 로터리 중개인 사업가 기계점미소 선박 바퀴 기차 케이티엑스 가슴 갈비뼈 대장 피부 운수업 무역철 금속류 가죽 울타리 경계선 가죽 방앗간 기계부품 재주 외로움 작가 쌀집주인 외교관 감독 암표상 금속기구 총포도검 정비업 군경검 경비 항공 부두 선박 철도 물차 탱크로리 레미콘 가스통 에어컨 가스 냉매 등구부정 가스운반, 펜스…. 등에 해당합니다.

다. 자연의 이치와 원리

1) 신금은 오행 중 금(金)에 속하며 가을의 기운(수확의 시기)을 나타냅니다. 금은 수(水)를 생(生)하고 목(木)을 극(剋)합니다.

2) 변화와 정리가 중요한 시기를 상황에서 작용하며 질서를 세우고 결정을 내리는 기운이 강합니다.

3) 세련됨과 완성도를 중요시하며 조화롭고 균형 잡힌 환경을 추구합니다.

라. 신금과 신체 부위

1) 관련 신체 부위

신(申)은 주로 "폐(肺)"와 "대장(大腸)"에 해당합니다.

가) 폐는 금의 기운에 속하며 호흡기 계통의 건 강과 관련이 있습니다.

나) 피부와 관련된 문제도 신금의 영향으로 볼 수 있습니다.

2) 건강 주의점

가) 폐와 대장 기능을 강화하는 생활 습관이 중요합니다.

나) 감기 천식 기관지염 등 호흡기 질환에 유의해야 합니다.

마. 신금의 성정(性情)

1) 긍정적 성향

가) 세련되고 우아한 성격입니다.

나) 명료하고 결단력이 있으며 주변을 정리하는 능력이 뛰어납니다.

다) 정직하며 신뢰를 중요시합니다.
라) 내적 안정감을 바탕으로 타인의 존경을 받습니다.

2) 부정적 성향

가) 지나치게 완벽주의적일 때 자칫 경직되고 냉정해 보일 수 있습니다.
나) 자기 기준이 높아 타인에게 엄격하게 대할 가능성이 있습니다.

바. 적합한 성격

가) 차분하고 지적인 사람입니다.
나) 세부적인 계획을 세우는 데 능숙하며 섬세함을 발휘하는 일을 좋아합니다.
다) 깔끔하고 정리 정돈을 중요시하는 성격입니다.
라) 타인의 의견을 잘 듣고 조율하려는 마음가짐을 가짐이 있습니다.

사. 사회적 적성과 진로

1) 사회적 적성

가) 신금은 질서를 세우고 아름다움을 창조하는 역할에 적합합니다.
나) 세련되고 정교한 작업을 수행하는 데 탁월한 능력을 발휘합니다.
다) 대인관계에서는 공정성을 중시하며 신뢰받는 리더로서의 역할을 수행할 수 있습니다.

2) 추천경로

가) 예술 및 디자인 분야: 보석 디자이너 패션 공예가 적합합니다.
나) 정리 및 체계화 직업: 행정 전무가 기획자 컨설턴트도 관련이 있습니다.
다) 의료 및 건강 관련 직업: 호흡기 치료사 대체의학 전문가에도 적합합니다.
라) 교육 및 연구: 세부적인 분석과 연구를 요하는 학문적 직업도 무난합니다.
마) 기술 직업: 엔지니어 프로그래머 기관사 선원(정밀성을 요구하는 직업)도 아주 적합합니다.

아. 요약

신금(申金)은 세련미와 정교함을 상징하며 섬세하고 질서 있는 삶의 방식을 추구합니다. 이들은 건강 관리에서 폐와 대장에 특히 신경 써야 하며 전문성과 창의성을 발휘할 수 있는 직업에서 빛을 발할 수 있습니다.

11. 오주학(五柱學)의 지지(地支): 유금(酉金)-닭

유(酉)는 십이지 중 하나로 닭을 상징합니다. 음양오행으로 보면 유(酉)는 "음금(陰金)"에 해당하며 시간으로는 오후 17시 30분에서 19시 30분에 해당하며 방위는 서쪽을 의미합니다.

가. 유(酉)의 성격적 특성

1) 지혜와 재치: 유(酉)는 금(金)의 기운을 가지고 있어 단단함과 지혜를 상징합니다. 주변 상황을 파악하는 능력이 뛰어나고 효율적으로 일을 처리하려 는 성향이 있습니다.
2) 완벽주의 경향: 꼼꼼하고 섬세하며 자신이 맡은 일을 완벽히 해내려는 경향이 있습니다.
3) 매력적이고 예술적: 외모나 말투 행동에서 매력적인 부분이 드러나며 예술적 재능을 보이는 경우도 많습니다.

나. 유(酉)의 오주(사주)적 역할

1) 재물: 금(金)의 기운은 재물과 관련이 깊습니다. 유(酉)가 오주(사주)에 강하게 자리 잡고 있다면 재물운이 상승할 가능성이 높으며 특히 금 속 사업이나 금융업에서 성공 가능성이 큽니다.
2) 인연: 유(酉)는 아름다움과 화합을 상징하므로 인간관계에서 매력적인 성향이 돋보입니다. 특히 사교성이 뛰어나 비즈니스나 대인관계에서 유리합니다.

다. 유(酉)와 다른 지지와의 관계

1) 합(合)

가) 유(酉)와 사(巳) 축(丑)은 삼합(三合)으로 강력한 금(金)의 기운을 형성합니다.

나) 유(酉)와 진(辰)은 반합(半合) 관계로 금(金)의 힘을 더욱 보강합니다.

2) 충(沖)

유(酉)와 묘(卯)는 충(沖)의 관계에 있어 서로 상반된 에너지를 지닙니다. 이 조합이 오주(사주)에 있으면 갈등이 생길 가능성이 있으니 조화로운 에너지를 찾는 것이 중요합니다.

라. 유(酉)를 활용한 재물운 상승 팁

1) 금(金)을 활성화: 금속 관련 물건을 가까이 두거나 서쪽 방향을 활용하는 것이 도움이 됩니다. 금속 장신구 금색 아이템을 등을 활용하세요.

2) 풍수 활용: 집이나 사무실의 서쪽을 정리하고 밝게 유지하면 금(金)의 기운을 강화할 수 있습니다.
3) 인연과 조화 중시: 사람들과의 관계를 통해 재물을 얻는 기회가 많으니 대인관계에서 신뢰를 쌓는 것이 중요합니다.

마. 물상(形象)

1) 형상: 닭은 정돈되고 깔끔한 이미지를 연상케 합니다. 유금은 작은 금속이나 보석과 같은 섬세하고 정교한 물체로 비유됩니다.
2) 특징: 예리하고 반짝이며 정교하고 세밀한 면모를 갖춥니다.
3) 대표적 물상: 놀고먹기 좋은결과 보석 부도 미인 음향기기 금방 보석상 금 은 사종 광고물 그릇 용기 마이크 첫닭소리 선전 악기 막걸리 술 스트레스 시계 금전 카페주인 여행가 미용네일 뼈경락 마시지 치과 정형외과 의사 구인 반도체 의료 종교 장류업 귀금속 침구사 금융 주식 은행 향신료 할인업 제조 종 종소리 언론 패물 벼슬 출세 재단기 금형 기계부품 정밀성 낚시 재봉틀 바늘 불상 명품 숙성와인 매실주 된장 곳감 대추…. 등에 해당합니다.

바. 자연의 이치와 원리

1) 유금은 가을철의 기운을 대표하며 만물이 결실을 보고 정리가 되는 시기를 상징합니다.
2) 날카롭고 단단한 속성을 지녔으나 동시에 연마와 다듬음을 통해 아름답게 빛나는 잠재력을 지닙니다.
3) 질서를 중시하고 정리와 마무리 세밀한 계획을 요구하는 자연의 이치를 따릅니다.

사. 신체 부위

1) 관련 부위

폐 기관지 피부 손톱 치아

2) 건강특징

가) 폐와 호흡기 건강이 중요하며 가을철의 건조한 기운에 민감할 수 있습니다.
나) 피부와 손톱이 약하거나 건조증에 취약할 수 있습니다.
다) 금은 날카로움과 관련되므로 외상이나 절상에도 주의해야 합니다.

아. 성정(性情)

1) 긍정적인 면

가) 세밀하고 정교하며 섬세한 관찰력과 판단력을 가집니다.
나) 논리적이고 체계적이며 문제 해결 능력이 뛰어납니다.
다) 책임감이 강하고 자신의 역할을 충실히 이행합니다.

2) 부정적인 면

가) 지나치게 완벽주의적일 수 있고 까다로운 성향을 보이기도 합니다.
나) 감정표현이 부족하거나 냉정하다는 인상을 줄 수 있습니다.

자. 적합한 성격

1) 결단력이 있으며 주변을 관리하고 정리하는데 능합니다.
2) 꼼꼼하고 세밀한 업무를 좋아하며 조직 내에서 리더십을 발휘할 수 있습니다.
3) 지적이고 분석적인 성격으로 일을 흐름을 파악하고 문제를 해결하는 데 탁월합니다.

차. 사회적 적성

1) 정리와 체계가 요구되는 분야에서 두각을 나타냅니다.
2) 타인을 지도하거나 지식을 전달하는 역할 혹은 규율과 질서를 중시하는 환경에서 적응력이 뛰어납니다.
3) 빠르게 변화하는 환경에서도 중심을 잡고 균형을 유지하는 능력이 있습니다.

카. 진로

1) 추천 직업군

가) 전문직: 회계사 법률가 컨설턴트 분석가 등 논리적 사고와 세밀함이 필요한 직업에 잘 어울립니다.
나) 공예 및 디자인 분야: 보석 디자이너 시계 제 작자 금속 공예가 등 정교한 기술을 요구하는 직업도 좋습니다.
다) 의료 및 건강 분야: 치과의사 약사 피부과 전문의 등 세심한 진단과 치료가 필요한 직업도 좋습니다.
라) 교육 및 지식 전달 분야: 교사 강사 작가 등 체계적 사고를 바탕으로 가르치거나 안내하는 직업도 무난합니다.

마) 사회적 역할: 질서를 유지하고 주변 환경을 정리하며 지도자나 조언자의 역할을 수행할 가능성이 높습니다.

12. 오주학(五柱學)의 지지(地支): 술토(戌土)-개

술(戌)은 십이지 중 열한 번째로 개를 상징합니다. 술은 오주(사주)와 명리학에서 중요한 요소 중 하나로 계절적으로 가을에 끝자락인 "늦가을(양력 10월)"을 나타냅니다.

가. 천간 및 오행 속성

1) 천간과의 조화: 술은 오행(五行)에서 "토(土)" 속합니다. 이는 안정적이고 든든한 성질을 가지며 흡수하고 받아들이는 에너지를 나타냅니다.
2) 술은 "건조한 토(土)"로 불(火)의 기운이 많이 남아 있어 따뜻하면서도 약간 메마른 특징을 가집니다.

나. 술의 상징과 특성

1) 동물상징

개는 충성심과 믿음직함을 상징합니다. 술일주는 보통 믿음직하고 의리가 있는 성격을 가졌다고 평가받습니다.

2) 인성적 특성

가) 신뢰와 의리가 강하며 타인을 배려하는 마음을 갖춘 경우가 많습니다.
나) 책임감이 강하고 정직한 성향을 보입니다.
다) 하지만 지나치게 보수적이거나 고집스러운 면도 있을 수 있습니다.

다. 술의 배치에 따른 영향

1) 일지(日支)가 술인 경우

가) 배우자와의 관계에서 의리와 신뢰를 중시하며 헌신적입니다.
나) 말년에 안정감을 찾고자 노력하는 경향이 있습니다.

2) 시지(時支)가 술인 경우

가) 자녀에게 의지하거나 말년의 복이 있다고 보기도 합니다.

나) 명예나 물질적으로 안정된 말년을 추구합니다.

라. 술의 충(衝)과 합(合)

1) 술(戌)과 충(衝)

가) 술과 진(辰)은 서로 충(衝)합니다. 이를 "진술(辰戌沖)"이라고 하며 (土)끼리의 충돌로 인해 갈등이나 변화를 의미합니다.

나) 충이 있으면 환경이나 상황에 큰 변화가 올 수 있으므로 오주(사주)에서 이를 유의 해야 합니다.

2) 술(戌)과 합(合)

술은 오(午, 말) 및 인(寅, 호랑이)과 함께 삼합(三合)을 이루고 화(火)의 기운을 강하게 만듭니다. 이는 열정적이고 활발한 에너지를 생성하는 좋은 조합으로 보기도 합니다.

마. 술의 운세적 활용

1) 술은 토(土)로 재물과 관련된 성질을 가지므로 땅 부동산 건설 등과 관련된 분야에서 재능을 발휘할 가능성이 큽니다.

2) 술(戌)이 오주(사주)에 많으면 고집과 보수성이 강해질 수 있으므로 균형을 이루는 것이 중요합니다. 예를 들어 물(水)이나 나무(木)의 기운을 활용하면 조화로운 에너지를 유지합니다.

바. 술토의 물상과 자연의 이치

1) 물상: 술토는 개와 관련된 상징을 가지고 있습니다. 이는 충성심 경계심 보호본능 등을 의미합니다.

2) 자연의 이치: 술토는 가을에 끝자락을 상징하며 자연적으로는 건조한 흙과도 같습니다. 이는 땅이 단단해지고 모든 것이 겨울을 준비하는 시기로 해석됩니다. 따라서 술토는 정리와 보호의 에너지를 내포하고 있습니다.

3) 대표적 물상: 창고 공장 공터 재개발 야적장 주차장 골키퍼 보완 등 밀회자 사기꾼 부수입 아르바이트 마음병 공포증 갈빗대 건축 인테리어 예술성 옛날 것 기와집 전원주택 자연인 열토 용접기 보초 경비원 땅굴 무덤 기술 역술인 조인 경영자 도덕론자 학자 무녀 승려 공사감독 비평가 성직자 판사 탐정 정치가 가옥 부동산 공터 고물상 언덕 창고 난방 위장건축물 언덕 윗집 외로움 부동산 건축물 창고 돌산 건축자재 사찰 안방 동굴 언덕위 교회 예술성 차고지 고궁 도자기 도공 타일공 사극 전통의상 무형, 유형문화재 옛 사고방식 의심 의처증 의부증 오래된 집 역술인 골동품 도공…. 등에 해당합니다.

사. 신체 부위와 건강

1) 관련 신체 부위

가) 비장(脾臟) 및 소화기관에 해당합니다.
나) 허리나 다리의 뼈 구조와 연결될 수 있습니다.

2) 건강

술토가 강하거나 약한 경우 소화불량 비만 혹은 위장 질환이 나타날 수 있습니다. 또한 술토는 건조한 기운과 연관되기 때문에 피부 건조증이나 관절 문제에도 유의해야 합니다.

아. 성정(性情)과 적합한 성격

1) 성정

가) 충성심이 강하며 신뢰를 중요시합니다.
나) 주변을 보호하려는 책임감이 있으며 타인의 고통에 공감하는 따뜻한 마음을 가집니다.
다) 다만 완벽주의 성향으로 인해 스스로를 지나치게 몰아붙이거나 타인을 지나치게 보호하려는 경향이 있을 수 있습니다.

2) 적합한 성격

술토는 정직함과 현실감각이 뛰어나며 세부적인 일 처리에 강점을 보입니다.

자. 사회적 적성 진로

1) 사회적 적성

가) 보호와 관리가 필요한 분야에서 두각을 나타냅니다.
나) 팀워크를 중요시하며 사람들 간의 조화를 유지하는 데 능숙합니다.

2) 추천경로

가) 관리자 지도자: 조직을 보호하고 이끄는 역할에 적합합니다.
나) 법조인 상담가: 정의로운 성향과 공감 능력을 활용할 수 있는 직업군이 좋습니다.
다) 부동산 건축: 흙과 땅을 다루는 직업과 연관성이 있습니다.
라) 동물 관련 직업: 술토가 상징하는 개와 관련된 직업 예를 들어 반려동물 훈련사 동물보호 관련 활동에도 관련성이 있습니다.
마) 보건/의료분야: 타인을 보호하고 돕는 활동에 적합합니다.

13. 오주학(五柱學)의 지지(地支): 해수(亥水)-돼지

해(亥)는 12지지(地支) 중 하나로 돼지에 해당합니다. 오주(사주)학에서 해는 음수(陰水)에 속하며 겨울 시간에는 밤 21시 30분에서 23시 30분 해시(亥時)에 해당합니다.

가. 속성과 상징

1) 오행(五行):해수 수(水)의 기운을 가지며 특히 음 수(陰水)에 해당합니다. 이는 물의 깊고 차분한 성격을 상징합니다.
2) 돼지(猪)는 해를 상징하며 풍요로움 관대함 자비로움과 관련이 있습니다.
3) 계절: 해는 겨울의 시작을 의미하며 만물이 쉬는 시기인 만큼 잠재력과 내적 성찰을 나타냅니다.

나. 오주(사주)에서의 의미

1) 긍정적 측면: 해는 물의 흐름처럼 부드럽고 유연한 성격을 상징합니다. 또한 돼지가 풍요를 상징하듯 물질적 안정감과 복을 가져오는 기운을 지닙니다.
2) 부정적 측면: 지나치게 유연하거나 의존적인 성격이 나타날 수 있고 감정적으로는 우울함이나 고립감을 느낄 수 있습니다.
3) 사람의 성격: 해를 오주(사주)에 가진 사람들은 대개 부드럽고 친화력이 있으며 내면적으로 깊은 통찰력을 지닌 경우가 많습니다.

다. 재물운과의 관계

1) 돼지는 전통적으로 "복과 재물"을 상징하기 때문에 해를 오주(사주)에서 잘 활용하면 재물운을 키우는 데 유리합니다.
2) 물의 기운은 생명력을 키우고 성장시키는 역할을 하므로 지속적인 재물의 흐름을 가져오는 잠재력을 내포하고 있습니다.
3) 다만 지나치게 소극적이거나 계획 없이 움직이는 경우 재물이 흩어질 가능성도 있으니 주의해야 합니다.

라. 해(亥)를 활용한 풍수 팁

1) 돼지 모양의 장식품이나 그림을 집 안에 배치하면 재물복운과 복을 끌어오는 데 도움이 된다고 합니다.
2) 특히 해년(亥年)이나 해월(亥月)에 새로운 사업이나 재물 관련 계획을 시작하면 긍정적인

기운을 받을 가능성이 높습니다.

마. 물상(物象)과 형상

1) 물상

가) 해수는 강이나 바다 같은 큰물을 상징하며 물의 깊이와 너비가 넓고 유연한 특성이 있습니다.

나) 돼지는 대지에서 편안하게 살아가는 동물로 풍요와 너그러움을 나타냅니다.

다) 대표적 물상: 후견인 뒷배경 바다 강 호수 해독 연못 우물 술 과학기술 수학 숫자 수산물 생선 물 하천 하수구 신끼 창작 술가게 공업용수 밤일 욕심 낙천 비 약수 유류 주류 용수 빙하 배설 다복 복 다산 야간배송 불면증 화재 조심 화재보험 무계획 나태 밤길조심 웅덩이 물조심 발기부전 당뇨 해수병 정력감퇴 살어름 조심성 해양 등대 외딴섬 고독 우울 원한 앙심 경제관리 무당 촉 철학관 밤운전…. 등에 해당합니다.

2) 형상

해수의 이미지는 부드럽지만 강력한 흐름을 가진 물입니다. 이는 유연성과 끈기를 표현합니다. 돼지의 형상은 살찐 몸과 느긋함을 연상시키는 안정감을 줍니다.

바. 자연의 이치와 원리

1) 자연의 이치

해수는 음의 물로써 차가움을 상징하며 모든 생명을 감싸 안고 영양을 공급합니다. 물이 아래로 흐르듯 겸손하고 낮은 곳에서부터 시작하는 자세를 강조합니다.

2) 원리

물은 다양한 형태로 변화하며 환경에 따라 적응합니다. 이는 유연성과 개방성을 의미합니다. 동시에 물은 차갑고 깊은 성격으로 내 면의 깊이를 탐구하는 성향을 내포합니다.

사. 신체 부위와 건강

1) 신체 부위

해수는 신장 방광 귀와 관련이 깊습니다. 이는 신체 내 수분의 흐름과 해독 작용을 담당하는 기관과 연관됩니다.

2) 건강

해수의 기운이 약하면 신장 기능 저하 요로 질환 허리 통증 등이 생길 수 있습니다. 반대로 해수의 기운이 지나치면 체내 냉증 피로감 등이 나타날 수 있습니다.

아. 성격과 성정

1) 적합한 성격

가) 유연하고 순응적인 태도가 좋습니다.
나) 깊은 사고와 통찰력이 필요합니다.
다) 배려심이 많고 포용력 있습니다.
라) 조용하지만, 내면에 강인합니다.

2) 단점

가) 우유부단합니다.
나) 지나친 내향성으로 고립될 가능성이 있습니다.

자. 사회적 적성과 진로

1) 사회적 적성

해수는 사람들을 조화롭게 아우르는 능력이 있어 타인을 도와주는 역할에서 강점을 보입니다. 또한 창의적인 사고와 분석력이 뛰어나 조직 내에서 안정적인 조언자 역할을 할 수 있습니다.

2) 적합한 진로

가) 자연과학 분야: 물 환영해야 관련 연구에 좋습니다.
나) 예술과 창작: 음악 문학 영화 등 감성을 표현하는 일도 적합합니다.
다) 상담 및 치유: 심리 상담 명상 지도 등 내면을 다루는 직업군도 좋습니다.
라) 교육: 타인의 성장을 돕는 스승 역할을 할 수 있습니다.
마) 사업: 물류 유통 수산업 등 물과 관련된 사업에 적합합니다.
바) 해수(亥水)는 차가운 물의 기운을 가진 돼 지로서 삶에서 유연성과 안정감을 중시합니다. 적응력이 뛰어나면서도 내면의 깊이를 탐구하는 이들에게 적합한 성격과 진로 방향을 제시할 수 있습니다.

14. 오주학 10천간 12지지 건강론

가. 10천간(十天干)

1) 갑을(甲乙): 머리 쓸개 간 목(인후)

간담계질환 만성 피로 신경통 골통 근육통 정신 수족장애 신경쇠약 이노증 소화불량 어지럼증 불면증 창자 염증…. 등 해당합니다.

가) 갑(甲): 간 쓸개 부위 팔 다리 머리 뇌 머리카락 손톱 발톱 신경계 인후…. 등에 해당합니다.

나) 을(乙): 간 쓸개 간부위 등뼈(척추) 목 손가락 손목 발목 신경계(말초신경) 혈관 창자…. 등에 해당합니다.

2) 병정(丙丁): 소장 어깨 심장

심장질환 고혈압 임파선 안질 가슴 두근거림 심신불안 패혈증 수족냉증 구강건조…. 등에 해당합니다.

가) 병(丙): 심장 소장부위 혈압 체온 눈 혀 이마 어깨…. 등에 해당합니다.

나) 정(丁): 심장 소장 심장 부위 심혈관 눈 시력 턱…. 등에 해당합니다.

3) 무기(戊己): 위장 비장 배 갈비

비장 위장 질환 소화불량 장 팽창(복부 팽만감) 구토 장내가스 권태 피부과민 당뇨 결석 요통…. 등에 해당합니다.

가) 무(戊): 비위 위장 콧살 지방 허리 옆구리…. 등에 해당합니다.

나) 기(己): 비위 비장 배 복강 피부 췌장…. 등에 해당합니다.

4) 경신(庚辛): 대장 폐 배꼽 다리

대장질환 뼈(골격 대, 소)골수계통 신경계 질환 변비 치질 설사 치아질환 폐 기관지 호흡기계…. 등에 해당합니다.

가) 경(庚): 폐 대장 뼈 골격 치아 골수 배꼽…. 등에 해당합니다.

나) 신(辛): 폐 대장 소골격 인후 성대 콧구멍…. 등에 해당합니다.

5) 임계(壬癸): 방광 신장 발 정강이

비뇨기질환 신장질환 당뇨 잦은 코피 성욕 감퇴 허리 통증 우울증 통증 만성 피로 빈혈…. 등에 해당합니다.

가) 임(壬): 신장 방광 입 혈액 순환계통…. 등에 해당합니다.

나) 계(癸): 신장 방광 뇌수 골수 정액 오줌 월경 눈동자 땀 침…. 등에 해당합니다.

나. 12지(十二支)

1) 자(子): 방광 생식기 귀

순수한 물 섹스 땀 정액 신장 방광 입 혈액 순환계통 비뇨기질환 신장질환 당뇨 잦은 코피 성욕 감퇴 허리 통증 만성 피로 우울증 어지럼증…. 등에 해당합니다.

2) 축(丑): 위장 비장 다리 허리 병 양발

비위 비장 배 복강 피부 췌장 비, 위장질환 식욕부진 소화불량 장팽창 구토 장내가스 권태 피부과민 당뇨 결석 요통 피부감염…. 등에 해당합니다.

3) 인(寅): 쓸개 머리카락 두손(간 쓸개 부위 팔다리)

머리 뇌 머리카락 손톱 발톱 신경계 인후 간담 질환 만성 피로 신경통 골통 근육통 정신 수족 이상 신경쇠약 소화불량 어지럼증 불면증 대머리 탈모…. 등에 해당합니다.

4) 묘(卯): 간 눈 십지(열손가락, 발가락)

간 쓸개 간부위 등뼈(척추)목 손가락 손목 발목 신경계(말초신경) 혈관 창자 간담계질환 만성 피로 신계통 골통 근육통 정신 수족장애 신경쇠약 소화불량 어지럼증 불면증)에 해당합니다.

5) 진(辰): 피부 어깨 가슴 망각 항문

비위 위장 콧살 지방 허리 옆구리 비위장질환 식욕부진 소화불량 장팽창 구토 장내가스 권태 피부 과민 당뇨 결석 요통…. 등에 해당합니다.

6) 사(巳): 얼굴 치아 목구멍 냉병(배앓이) 요통

심장 소장 심장부위 심혈관 눈 시력 신경 턱 심장질환 고혈압 림프샘 안질 가슴두근거림 심신불안 패혈증 수족냉증 구강건조…. 등에 해당합니다.

7) 오(午): 눈 정신 말더듬 해수 인후 편도선 수액

심장 소장 소장부위 혈압 체온 눈 혀 이마 어깨 심장질환 고혈압 임파선 안질 가슴두근거림 심신불안 패혈증 수족냉증 구강건조…. 등에 해당합니다.

8) 미(未): 위장 등뼈

비위 비장 배 복강 피부 췌장 비위장질환 식욕부진 소화불량 장팽창 구토 장내가스 권태 피부과민 당뇨 결석 요통 피부염증…. 등에 해당합니다.

9) 신(申): 대장 폐

폐 대장 뼈 골격 목소리 치아 골수 배꼽 대장질환 대골격 골수계통 신경계질환 변비 치질 설사 치아질환 폐 기관지 호흡기계통…. 등에 해당합니다.

10) 유(酉): 소장 폐결핵 허리병(여성) 스트레스

폐 대장 소골격 인후 성대 콧구멍 대장질환 뼈 골수계통 질환 신경계질환 변비 치질 설사 치아질환 폐 기관지 호흡기 계통 질환…. 등에 해당합니다.

11) 술(戌): 넓적다리 복숭아뼈 공포증 마음병 가슴 갈빗대

비위 위장 콧살 지방 허리 옆구리 비위장질환 식욕부진 소화불량 장팽창 구토 장내가스 권태 피부과민 당뇨 결석 요통…. 등에 해당합니다.

12) 해(亥): 머리 음낭 다리

신장 방관 신장 뇌수 골수 정액 땀 오줌 월경 눈동자 침 비뇨기질환 신장질환 당뇨 잦은 코피 성욕 감퇴 허리통증 만성피로…. 등에 해당합니다.

제9편
오주학 일주강약

1. 오주학 일주강약(日柱强弱)

일주강약 판단은 오주(사주)명리학에서 중심인 일주(日柱)의 강함과 약함을 평가하여 개인의 성격 운세 적합한 직업 등을 분석하는 중요한 과정입니다.

가. 일주(日柱)의 의미

1) 일주는 오주(사주)에서 본인의 성격과 기본적인 기질을 나타내는 가장 중요한 기둥입니다.
2) 일간(日干)은 오주(사주)의 중심이 되는 "자아"를 나타내며 일지(日支)는 그 자아를 둘러싼 환경 또는 내면의 기반을 상징합니다.

나. 강약 판단의 필요성

1) 강한 일주는 스스로의 힘으로 일을 추진할 수 있는 경향이 있으며 외부의 도움보다는 자립적인 성격이 강합니다.
2) 약한 일주는 주변의 도움과 환경의 뒷받침이 중요하며 조화를 통해 성장을 추구합니다.
3) 이를 통해 오주(사주)의 용신(用神)과 기신(忌神)을 선택하는데 중요한 단서를 제공합니다.

다. 일주의 강약을 판단하는 요소

1) 월령(月令)

월령은 오주(사주)에서 가장 큰 영향을 미치는 요소로 태어난 달의 에너지(절기, 계절)를 말합니다.

가) 일간이 월령의 기운을 얻으면 강한 일주로 판단합니다.
나) 반대로 월령과 일간이 충돌하거나 상극 관계에 있으면 약한 일주로 봅니다.

2) 일간의 생조(生助)와 극제(剋制)

가) 생조: 일간을 도와주는 오행(생해 주는 천간, 지지)
(예: 일간이 갑목(甲木)일 경우 목(木)과 수(水)는 생조 요소입니다.
나) 극제:일간을 억누르는 오행(상극 관계)
(예: 일간이 갑목(甲木)일 경우 금(金)은 극제 요소입니다.)

3) 오주(사주)의 전체적인 균형

가) 오주(사주) 내 일간을 도와주는 오행이 많다면 강한 일주로 판단합니다.
나) 반대로 일간을 억누르거나 힘을 빼는 오행이 많다면 약한 일주로 판단합니다.

4) 비견(比肩)과 겁재(劫財)의 존재

비견과 겁재는 같은 오행으로서 일간의 강약을 증폭시키는 요소입니다.
가) 강한 일주에 비견 겁재가 많으면 오히려 과도한 강함이 문제를 일으킬 수 있습니다.
나) 약한 일주에 비견 겁재가 있으면 자립심과 추진력을 보강합니다.

5) 조후(調候)

조후는 오주(사주)에서 오행의 균형을 맞추는 개념으로 일간의 강약 과도 밀접한 연관이 있습니다(예: 일간이 강한 경우 조후를 위해 억제하는 오행이 필요할 수 있습니다). 반대로 약한 일주는 생조해 주는 오행을 보충해야 합니다.

라. 강한 일주의 특징

1) 일간이 월령의 도움을 받고 생조 오행이 풍부하며 극제 오행이 약합니다.
2) 스스로 문제를 해결하고 추진력이 강하며 독립적인 성격을 가집니다.
3) 다만 과도한 강함은 고집이나 독단적 행동으로 나타날 수 있습니다.

마. 약한 일주의 특성

1) 일간이 월령과의 관계에서 힘을 받지 못하며 극제 오행이 많고 생조 오행이 부족합니다.
2) 타인의 도움과 조화로운 환경에서 성장할 가능성이 높습니다.
3) 단 약한 일주가 보완되지 않으면 의존적이거나 결단력이 부족할 수 있습니다.

바. 강약 판단 후의 활용

1) 용신(用神): 오주(사주)를 조화롭게 하는 데 필요한 오행을 선택해야 합니다.
   가) 강한 일주는 억제와 조화를 위한 용신 선택이 필요합니다.
   나) 약한 일주는 생조와 보강을 위한 용신 선택해야 합니다.
2) 대운과 세운:강약에 따라 흐름의 유리함과 불리함을 판단이 중요합니다.

2. 오주학 육합(六合)

육합은 오주(사주)학에서 중요한 개념 중 하나로 특정한 관계와 조화를 상징합니다. 특히 부부합(夫婦合)은 부부나 연인 사인의 관계에서 조화를 이루는 것을 나타냅니다.

가. 육합(六合)의 기본 개념

1) 육합은 지지(地支)간의 조화로운 결합을 의미하며 열두 지지 중 특정한 쌍이 만나 서로 도와주고 보완하는 관계를 형성합니다. 이는 서로 다른 두 에너지가 만나 조화를 이루어 긍정적인 작용을 일으키는 것을 상징합니다.
   가) 자(子)=축(丑)
   나) 인(寅)=해(亥)
   다) 묘(卯)=술(戌)
   라) 진(辰)=유(酉)
   마) 사(巳)=신(申)
   바) 오(午)=미(未)
2) 이 관계는 서로 간의 부족한 에너지를 채워주고 조화와 협력을 이루게 합니다.

나. 부부합(夫婦合)의 의미

부부합은 오주(사주)에서 남녀 간의 궁합을 볼 때 육합 관계를 통해 부부의 조화를 예측하는 방법입니다. 부부합이 이루어진다면 다음과 같은 긍정적인 결과를 기대할 수 있습니다.

1) 조화로운 결혼 생활: 서로의 장점과 단점을 보완하며 안정적인 관계를 형성합니다.
2) 서로의 발전을 도모: 부부가 서로의 성장을 도와주며 함께 번영을 누리는 관계를 나타냅니다.
3) 인연의 강한 끌림: 육합의 기운은 두 사람 간의 끌림을 강화하고 관계를 단단히 묶어 줍니다.

다. 육합과 부부합의 실제 활용

부부합을 통해 다음과 같은 실질적인 분석이 가능합니다.

1) 궁합분석: 상대방과의 육합 관계를 통해 결혼이나 연애의 가능성을 검토할 수 있습니다.
2) 문제해결: 부부 간 갈등이 있을 경우 서로의 육합 관계를 이해하고 이를 활용해 문제를 해결할 방안을 찾을 수 있습니다.
3) 운세 조율: 육합 관계를 활용해 부부 운세의 흐름을 조화롭게 만들어주는 데 도움을 줍니다.

라. 육합과 부부합의 한계

하지만 육합이 있다고 해서 반드시 관계가 이상적이거나 완벽하다고 볼 수는 없습니다. 육합은 조화를 이끌어낼 가능성을 높여줄 뿐 개인의 행동과 노력 그리고 상호 신뢰가 관계의 성공에 필수적입니다.

마. 결론

육합(六合) 특히 부부합(夫婦合)은 오주(사주)를 통해 부부 관계를 분석하고 조화를 이룰 수 있는 중요한 지표입니다. 이를 잘 활용 하면 단계의 장점을 극대화하고 단점을 보완하는 데 도움을 줄 수 있습니다.

3. 오주학의 삼합(三合)

삼합은 부모(父母), 본인(本人), 자손(子孫)이 모여 합(合)이라는 표현은 삼합이라는 개념을 가정 내에서의 조화를 의미하는 관점으로 해석한 것으로 보입니다. 오주(사주)학에서 삼합은 특정 지지(地支) 간의 관계를 나타내며 에너지가 결합되어 강력한 조화를 이루는 것을 뜻합니다.

가. 삼합의 상징적 의미

삼합은 단순히 세가지 요소가 합쳐진다는 의미를 넘어서 조화와 균형을 상징합니다. 부모는 가정의 근본이자 기반을 제공하며 본인은 현재의 중심적 역할을 수행하고 자손은 미래의 가능성과 희망을 의미합니다.

나. 삼합이 가정에 미치는 영향

삼합이 이루어졌을 때 가정은 더욱 단단해지고 어려운 상황에서도 서로를 지지하며 극복할 수 있는 힘을 얻게 됩니다. 가족 간의 상호 이해와 지원은 개인의 성장뿐만 아니라 전체 가족의 발전에도 중요한 역할을 합니다.

다. 삼합의 실제적 실현 방안

1) 부모: 자녀와 소통과 본인 스스로의 성장을 통해 긍정적인 본보기를 보입니다.
2) 본인: 부모의 가르침을 존중하면서도 자손에게 자신의 가치관과 책임감을 전달합니다.
3) 자손: 부모와 조부모의 노고를 이해하고 자신이 앞으로 이어나가야 할 역할을 깨닫습니다.

라. 오주(사주)학적 관점에서 삼합을 활용 방법

오주십자, 사주팔자에서 삼합의 기운을 확인하고 가족 간의 조화를 극대화할 수 있는 방향을 제시합니다. 예를 들어 특정한 방향으로의 이사나 풍수적인 요소를 활용하는 방법도 고려해야 할 것입니다.

마. 삼합(三合) 및 육합(六合)과 충(沖)

1) 삼합: 특정지지 세 개가 모여 강한 에너지를 형성합니다. 예를 들어 해-묘-미=목(木) 기운의 삼합이고 인-오-술은 화(火) 기운의 강합니다.
2) 육합: 특정 지지가 짝을 이루어 조화를 이루는 관계입니다. 예를 들어 亥=寅 卯=戌 등이 육합 관계입니다.
3) 충(沖): 서로 상극이 되는 지지 관계입니다. 예를 들어 子-午 卯-酉 등이 충 관계입니다.
4) "형(刑)"과 해(害): 특정 지지가 서로 상처를 주거나 방해하는 관계입니다.
   가) 삼합 구성
      ⑴ 해-묘-미는 목(木) 기운을 형성합니다.
      ⑵ 인-오-술는 화(火) 기운을 형성합니다.
      ⑶ 사-유-축는 금(金) 기운을 형성합니다.
      ⑷ 신-자-진는 수(水) 기운을 형성합니다.
   나) 순환적관계: 이 모든 조합을 합치면 목-화-토-금-수의 오행 순환이 나타나므로 특정 상황에서 조화를 이루거나 균형을 잡는 데 도움을 줄 수 있습니다.
   다) 오주(사주)학적 활용: 이 조합은 큰 운세의 흐름을 이해하거나 오주(사주)의 오행 균형을 판단하는 데 유용합니다. 예를 들어 부족한 오행이 무엇인지 해당 오행을 채워줄 방법을 생각해볼 수 있습니다.

4. 오주학의 방합(方合)

방합(方合)은 오주학(사주) 명리학에서 특정 지지(地支)들이 만나 조화를 이루고 힘을 강화하는 관계를 뜻합니다. 이 중에서도 "형제합(兄弟合)"은 방합의 한 유형으로 두 지지가 서로 형제와 같은 관계를 맺으며 협력하고 조화를 이루는 특징이 있습니다.

가. 형제합(兄弟合)의 구성

형제합은 서로 상생하고 보완하는 두 가지가 만나 조화를 이루는 관계입니다. 이는 주로 특정한 방향을 기준으로 구성되며 다음과 같이 정의됩니다.

1) 인오술(寅午戌): 남방합(화의 기운 강화)

인(寅): 목, 오(午): 화, 술(戌): 토

2) 사유축(巳酉丑): 서방합(금의 기운 강화)

사(巳): 화, 유(酉): 금, 축(丑): 토

3) 신자진(申子辰): 북방합(수의 기운 강화)

신(申): 금, 자(子): 수, 진(辰): 토

4) 해묘미(亥卯未): 목방합(목의 기운 강화)

해(亥): 수, 묘(卯): 목, 미(未): 토

나. 형제합의 의미와 역할

1) 조화와 협력: 형제합은 지지 간의 갈등을 완화하고 서로의 기운을 상승시키는 역할을 합니다.
2) 균형과 발전: 오주(사주)에 형제합이 이루어지면 해당 오행이 강화되며 균형과 조화를 돕습니다.
3) 운명적 의미: 형제합이 이루어지면 개인의 삶에서 형제 동료 협력자와의 관계가 중요하게 작용하며 조화로운 환경에서 발전할 가능성이 높습니다.

다. 형제합이 오주(사주)에 미치는 영향

1) 긍정적 영향

가) 특정 방향성(예: 재물 직업)이 강화되고 순조로운 흐름을 유도합니다.

나) 인간관계에서 신뢰와 협력이 잘 이루어집니다.

2) 부정적 영향(충. 형 등의 다른 관계가 섞일 경우)을 줍니다.

형제합이 완전하지 못하면 불완전한 조화로 인해 오히려 갈등이나 기운의 왜곡이 발생할 수 있습니다.

라. 형제합 활용법

오주(사주)에 형제합이 있을 경우 이를 강화하거나 활용하기 위해 다음과 같은 전략을 사용할 수 있습니다.

1) 방향 활용: 합이 이루어지는 방향(동, 서, 남, 북)을 적절히 활용해 활동 및 거주 방향을 선택해야 합니다.
2) 협력 관계 강화: 형제합의 기운을 타고 인간관계를 돈독히 하며 팀워크를 강조합니다.
3) 활성화 방안: 부족한 오행을 보완하거나 형제합의 에너지를 더욱 강화하는 색상 숫자 풍

수 등을 적용하는 것이 좋습니다.

5. 오주학과 동합(同合)

오주(사주)에서 "동합(同合)"은 서로 간의 관계가 화합하고 조화를 이루는 것을 의미하며 이는 특히 "친우합(親友合)"이라는 개념에서 더욱 구체적으로 나타납니다. 친우합은 말 그대로 친구 같은 관계에서 화합을 뜻하며 오주(사주)에서 특징 천간이나 지지가 서로 영향을 주고받아 조화를 이루는 것을 설명합니다.

가. 친우합의 의미

1) 친우합은 인간관계에서의 신뢰와 협력을 상징합니다. 이는 서로의 성격이나 에너지의 조화로 인해 협력적이고 상생적인 관계를 만들어내는 것을 말한다.
2) 오주(사주)에서는 특징 천간이나 지지의 동 합을 이루면서 개인 간에 우호적인 관계나 상생적인 결과를 만들어내는 작용으로 해석합니다.

나. 친우합의 특징

1) 상생(相生)에너지 강화

동합이 이루어질 때 양쪽 에너지가 서로 돕는 관계를 만들어내기 때문에 결과적으로 서로에게 긍정적인 영향을 미칩니다.

2) 협력과 조화

친우합은 개인 간에 협력적인 관계를 만들어냅니다. 이는 특히 사회적 관계나 비즈니스 파트너십 혹은 친밀한 친구 관계에서 중요한 역할을 합니다.

3) 성장의 기회

동합을 통해 서로의 부족한 부분을 보완하고 함께 성장하는 관계로 이어질 수 있습니다.

다. 오주(사주)에서 친우합 확인 방법

친우합은 천간이나 지지의 조합에서 발생할 수 있습니다. 예를 들어 천간의 합이나 지지합을 통해 이러한 조화로운 관계를 찾아볼 수 있습니다(예: 천간의 "갑(甲)"과 "기(己)"의 합, 지지의 "자(子)"과 "축(丑)"의 합).

라. 친우합의 활용

1) 인간관계에서의 활용

친우합의 관계를 활용하면 중요한 파트너를 선택하거나 협력 관계를 강화하는 데 도움을 됩니다.

2) 비즈니스에서의 응용

동합의 에너지를 이해하고 서로 상생할 수 있는 관계를 유지하면 장기적으로 더 큰 재물운과 성위를 기대할 수 있습니다.

3) 자기 계발과 성장

동합의 에너지는 서로에게 긍정적인 영향을 미칠 수 있기 때문에 자기 계발의 동반자로 삼기에 적합한 인연을 찾는 데도 유용합니다.

6. 오주학과 득령(得令)

득령은 오주(사주)학에서 사용되는 중요한 개념 중 하나로 특정한 시간이나 계절의 기운을 잘 타서 그 힘을 얻는 것을 의미합니다. 아는 오주십자(五柱十字, 四柱八字)에서 월령(月令)을 중심으로 판단되며 오주 내의 오행(五行)과 월령의 관계가 어떻게 조화를 이루는지가 중요하게 다루어집니다.

가. 득령의 의미

1) 월령의 중요성

가) 오주(사주)에서 월주는 태어난 달을 나타내며 그달의 기운이 사람의 전체적인 기운에 큰 영향을 미칩니다.

나) 월령을 잘 타는 것을 "득령"이라고 하며 이는 그 사람의 오주(사주)가 기본적으로 안정적이고 강한 힘을 발휘할 가능성이 높다는 것을 의미합니다.

2) 득령의 조건

가) 오주십자(사주팔자)의 일주 월령의 기운을 잘 흡수하거나 월령의 기운이 일주를 돕는 경우입니다.

나) 예를 들어 월령이 화(火)의 기운을 띠고 있고 일주가 화(火)나 이를 생조(生助)하는 목(木)

이라면 득령했다고 볼 수 있습니다.

나. 득령의 효과

1) 강한 근원지: 월령의 기운을 득하면 그 사람은 기본적으로 자기만의 힘(근원지)이 강합니다. 이는 현실에서 능력을 발휘하거나 삶에서 주도적인 삶에서 주도적인 역할을 하는 데 도움을 줍니다.
2) 안정성과 발전: 득령은 오주가 조화를 이루는 중요한 요소로 작용하며 인생에서 큰 안정성과 발전 가능성을 가져옵니다.

다. 득령하지 못한 경우

득령하지 못한 오주는 월령의 기운을 제대로 흡수하지 못하기 때문에 스스로 힘이 약하거나 외부 환경의 영향을 크게 받을 가능성이 높습니다.

7. 오주학 왕(旺), 상(相), 휴(休), 수(囚), 사(死)의 관계

구분 \ 계절	춘(春)	하(夏)	추(秋)	동(冬)
왕(旺)	甲乙 寅卯	丙丁 巳午	庚辛 申酉	壬癸 亥子
상(相)	丙丁 戊己	戊己 辰戌 丑未	壬癸 亥子	甲乙 寅卯
휴(休)	壬癸 亥子	甲乙 寅卯	戊己 辰戌 丑未	庚辛 申酉
수(囚)	庚辛 申酉	壬癸 亥子	丙丁 巳午	戊己 辰戌 丑未
(사(死)	戊己 辰戌 丑未	庚辛 申酉	甲乙 寅卯	丙丁 巳午

왕, 상, 휴, 수, 사는 오주(사주)학에서 사용되는 십신(十神) 또는 "육친(六親)"의 상태를 나타내는 오행(五行)의 생(生)과 극(剋)에 따른 다섯 가지 상태를 뜻합니다. 이는 오주의 기운이 얼마

나 강하고 약한지 그리고 현재의 운세 흐름이 어떻게 작용하는지를 분석할 때 유용합니다.

가. 왕(旺)

1) 뜻: 기운이 가장 강하고 왕성한 상태를 나타냅니다.
2) 설명: 오행이 가장 강한 시기 또는 위치에 있을 때를 뜻합니다.
3) 특징
   가) 주체적이고 활발하며 능동적인 상태입니다.
   나) 에너지가 넘쳐 목표 달성이나 성취 가능성이 큽니다.

나. 상(相)

1) 뜻: 왕성한 기운을 돕는 보조적 상태를 나타냅니다.
2) 설명: 왕(旺)을 보좌하여 그 힘을 지원하거나 강화하는 역할을 합니다. 이는 조화를 이루는 시기로 볼 수 있습니다.
3) 특징
   가) 조화롭고 안정적인 상태로 균형을 유지하며 성장의 가능성을 나타냅니다.

다. 휴(休)

1) 뜻: 기운이 쉬고 약화되는 상태를 나타냅니다.
2) 설명: 기운이 활동을 멈추고 잠시 쉬는 단계로 왕성했던 에너지가 가라앉는 상태입니다.
3) 특징
   가) 소극적이고 내면적인 시기입니다.
   나) 회복과 준비의 시간으로 다음 단계의 성장을 위해 필요합니다.

라. 수(囚)

1) 뜻: 기운이 억압되고 갇힌 상태를 나타냅니다.
2) 설명: 왕성했던 기운이 제어되고 외부적 환경에 의해 억압받는 상황입니다.
3) 특징
   가) 정체와 답답함의 시기를 겪으며 극복이 필요합니다.
   나) 조화가 깨지고 갈등이 발생할 가능성이 큽니다.

마. 사(死)

1) 뜻: 기운이 완전히 소멸하거나 끝나는 상태를 나타냅니다.
2) 설명: 왕성했던 기운이 완전히 약해져 더 이상 힘을 발휘하지 못하는 상태입니다.
3) 특징
   가) 새로운 시작을 준비해야 하는 전환점입니다.
   나) 에너지가 바닥나기 때문에 주의 와 성찰이 필요합니다.

바. 활용

오주(사주)의 네 기둥과 십간(十干) 및 지지(地支)의 오행 상태를 분석할 때 이 다섯 가지 기운의 상태를 활용합니다. 예를 들어 특정 오행이 왕(旺) 상태에 있을 때는 그 기운이 지배적이고 반대로 사(死) 상태에 있으면 해당 오행이 거의 작용하지 않는다고 봅니다.

8. 오주학의 득지(得地)

"득지(得地)"는 주로 오주학, 사주학 풍수, 한자 문화권의 전통적인 철학에서 사용되는 용어로 좋은 땅이나 유리한 입지를 얻는 것을 의미합니다. 이는 개인의 운세나 환경에서 유리한 조건을 확보하거나 그 기반을 다지는 것을 상징적으로 표현하는 말이기도 합니다.

가. 오주(사주)학에서의 득지

오주(사주)학에서 득지는 개인의 오주십자(五柱十字, 四柱八字)에서 "지지(地支)"와 조화를 통해 좋은 에너지를 얻는 것을 의미합니다. 이는 다음과 같은 상황에서 중요한 개념으로 작용합니다.

1) 환경적 유리함

사람이 태어난 시간 장소 계절에 따른 자연적 조화가 이루어질 때 이를 득지로 봅니다(예: 겨울에 태어난 사람이 따뜻한 요소(火)나 토(土)를 얻어 균형을 맞추는 경우가 좋습니다).

2) 기운의 조화

지지가 본인에 오주(오주)에 잘 어울리거나 대운이나 세운에서 지지가 도움이 되는 기운을 제공할 때 득지가 이루어집니다. 이는 오주(사주)의 흐름을 원활히 만들어 재물 성공 건강 등 다양한 이로움을 가져다줄 수 있습니다.

나. 풍수에서의 득지

풍수에서는 좋은 땅을 확보하고 그곳에서 기(氣)를 얻는 것을 득지로 설명합니다. 이는 좋은 터전에 집을 짓거나 사업의 터전을 잡는 것과 같은 물리적/환경적 요인을 포함합니다. 득지는 풍수적으로 다음과 같은 요건을 충족해야 가능합니다.

1) 지세(地勢)가 안정적이고 조화로운 위치
2) 자연의 흐름과 에너지(물과 산)가 균형을 이루는 곳
3) 양택풍수(집터)나 음택풍수(묘터)에서 기운이 강한 위치

다. 득지의 활용

1) 사업 및 재물운

사업지 입지를 잡거나 중요한 결정을 내릴 때 득지의 개념을 활용하면 운세를 강화할 수 있습니다. 예를 들어 상권이 좋은 위치를 선택하거나 사업에 유리한 시기와 장소를 고려하는 것이 해당합니다.

2) 삶의 안정감과 성장

득지는 단순히 물리적인 공간뿐만 아니라 인간관계와 환경 등 전반적인 "자기 자리"를 잘 잡는 것에도 적용됩니다. 안정된 기반을 만들면 재물이나 성공과 같은 목표를 이루기 쉬워집니다.

라. 마무리

"득지(得地)"는 단순한 환경적 조건을 넘어 삶의 기반과 조화로운 운세를 이루는 중요한 개념입니다. 오주(사주)를 분석하거나 풍수를 활용할 때 자신의 위치를 재정 비하고 최적의 조건을 마련하는 과정에서 득지를 고려하면 큰 둡이 될 것입니다.

9. 오주학의 득세(得勢)

"득세(得勢)"는 말 그대로 "세력을 얻는다"라는 뜻으로 특정한 상황이나 환경에서 유리한 서거나 강한 힘을 가지게 되는 것을 의미합니다. 이 단어는 다양한 맥락에서 사용되며 정치 경제 비즈니스 인간관계 등에서 두드러지는 영향력 설명하는 데 적합합니다.

가. 득세의 의미

1) 사전적 의미

가) 세력을 얻고 강해집니다.

나) 어떤 집단이나 사람이 힘을 갖고 상황을 주도적으로 이끌게 되는 상태입니다.

2) 한자적 해석

가) 得(얻을득): 얻다 획득하다

나) 勢(형세세): 세력 기세 형세(상황이나 환경 속에서 지배적인 힘이나 지위를 얻는 것을 표현합니다).

나. 득세의 사용(예)

1) 정치적 맥락

"신당이 최근 국민들의 지지를 얻으며 빠르게 득세하고 있다."(새로운 정치 세력이 빠르게 힘을 얻고 주목받는 상황을 생각하시면 됩니다.)

2) 경제적 맥락

"기술 주식이 경제 회복세에 따라 다시 득세하고 있다."(특정 산업이나 주식이 경제적 우위를 점하며 주목받는 상황을 말합니다.)

3) 일반적 맥락

새로운 문화 트렌드가 젊은 세대 사이에서 득세하고 있다.(특정 흐름이 대중적인 인기를 얻고 지배적인 자리를 차지는 형태입니다.)

다. 득세를 위한 전략

득세는 단순히 힘을 얻는 것을 넘어 이를 지속적으로 유지하고 발전시키는 능력이 중요합니다. 아래는 득세를 효과적으로 이루기 위한 몇 가지 전략입니다.

1) 상황분석: 현재의 환경과 흐름을 정확히 읽어내고 자신의 위치를 전략적으로 설정해야 합니다.

2) 강점강화: 자신의 장점을 더욱 부각시키 고 이를 통해 영향력을 확장합니다.

3) 연대와 협력: 득세는 혼자 이루어지지 않습니다. 신뢰할 수 있는 사람들과 협력 관계를 구축하세요.

4) 지속 가능한 계획: 단기적인 득세에 그치지 않고 장기적으로 안정적인 세력을 유지하기 위한 기반을 다져야 합니다.

라. 오주(사주)학과 득세의 연관성

오주(사주)학에서도 득세는 특정한 시기와 운(運)의 흐름에서 자신에게 유리한 환경을 최대한 활용하는 것을 뜻할 수 있습니다.

1) 득세 시기의 활용: 오주(사주)의 대운(大運)에서 자신이 "세운(歲運)"을 얻는 시기에 과감히 행동하고 중요한 결정을 내리는 것이 득세의 기회가 될 수 있습니다.
2) 조화를 중시: 오주(사주)에서 자신의 오행(五行)이 조화를 이루면서도 강한 위치를 차지하는 상태가 득세를 이루는 기본 조건이 될 수 있습니다.

제10편
일주론

1. 오주학(五柱學)과 일주론(日柱論)

오주학과 일주론은 동양의 오주학(사주)에서 중요한 개념입니다. 이 둘은 서로 밀접하게 연결되어 있으며 인간의 운명과 성격 그리고 삶의 다양한 측면을 분석하는 데 사용됩니다.

가. 오주학(五柱學)

오주학은 전통적인 사주명리학의 확장판으로 사주의 네 기둥(四柱)에 시주(時柱)를 넘어서 추가적인 개념을 더해 운명을 더욱 상세히 분석하는 학문입니다. 전통적으로 사주는 년(柱), 월(柱), 일(柱), 시(柱)로 이루어져 있지만, 오주학은 분주(分柱), 운주(運柱), 공간주(空間柱) 이를 기반으로 새로운 해석과 층위를 더하여 심화된 접근을 제공합니다.

1) 오주학의 특징

가) 전통 사주의 심화: 사주는 기존 네 기둥 외에 더 넓은 시간적 공간적 개념을 포함해 인간에, 삶의 복잡성을 풀어냅니다.

나) 정확한 운세 분석: 개인의 인생 경로뿐만 아니라 사회적 환경적 용인과의 상호작용을 분석합니다.

다) 다양한 활용: 인생 설계 재물운 건강운 인간관계 등의 폭넓은 분야에서 적용됩니다.

나. 일주론(日柱論)

일주론 오주(사주)의 핵심 중 하나인 일간(日干)과 인지(日支)를 중심으로 한 분석 체계입니다. 한 개인의 본질적인 성격과 삶의 근본적인 태도를 파악하는 데 가장 중요한 역할을 합니다.

1) 일주(日柱)의 구성

가) 일간(日干): 개인의 자아를 나타내는 요소로 하늘의 오행(甲, 乙, 丙, 丁, 戊, 己, 庚, 辛, 壬, 癸) 중 하나입니다.

나) 일지: 지지를 통해 일간의 작용을 보완하며 주로 환경적 요인과의 상호작용을 나타냅니다.

2) 일주의 중요성

가) 운명의 중심축: 일주는 개인의 타고난 본성을 분석하고 삶에서 어떻게 에너지를 활용해야 하는지에 대한 힌트를 제공합니다.

나) 배우자와의 관계: 일지는 배우자궁으로 불리며 결혼운이나 부부 관계를 분석하는 중요한 기준이 됩니다.

다) 삶의 방향성: 오주(사주)에서 나머지 기둥들과의 상호작용을 통해 개인의 삶이 어떠한 방향으로 흘러가는지를 보여줍니다.

3) 예시

가) 인간이 갑목(甲木)인 경우: 갑목은 큰 나무에 비유되며 성장과 확장에 대한 의지가 강하고 정의롭고 리더십이 있는 성격을 나타냅니다.

나) 일지가 자수(子水)인 경우: 물의 에너지가 강해 갑목의 성장을 돕는 환경이 조성되며 지혜롭고 직관력이 높은 특징을 가질 수 있습니다.

다. 오주학과 일주론의 연결

1) 오주학은 일주를 포함한 다섯 개의 축을 통해 더 깊이 있는 분석을 시도하며 특히 일주를 기반으로 한 삶의 근본적인 태도를 다양한 방식으로 확장시킵니다.

2) 일주는 오주학에서의 중심 역할을 하며 이로부터 파생된 운세 해석과 응용 방법이 정교해집니다.

2. 오주학과 일주론의 적용 방법

갑자(甲子)일주(日主)

갑자일주는 천간 갑목(甲木)과 지지 자수(子水)의 조합으로 이루어진 오주(사주)에서의 일주 중 하나입니다. 갑목은 나무를 자수는 물을 상징하며 이 두 가지가 결합되어 갑자를 만들어 낸 것입니다.

1) 성정(性情)

가) 갑목(甲木): 크고 곧은 나무를 상징하므로 의지가 강하고 곧은 성격을 지닙니다.

나) 자수(子水): 물은 유동적이고 부드러운 속성을 가지며 갑목을 지원하여 갑자의 사람들은 부드럽고 포용력 있는 면모도 겸비합니다.

다) 특징

(1) 이상적이고 높은 목표를 추구하는 리더형

(2) 초심이 강하며 신뢰받는 성향

(3) 하지만 융통성이 부족하거나 완고한 면이 있을 수 있습니다.

2) 물상

갑목은 큰 나무로서 자수가 그 뿌리를 적셔주는 형상입니다.

가) 키가 크고 우뚝 솟은 나무와 같은 이미지에 해당합니다.

나) 자수는 바다나 강처럼 풍부한 물줄기에 갑자는 큰 숲이 강가에서 있는 듯한 물상을 나타냅니다.

다) 이는 보호자적 이미지와 안정감을 주는 역할로 이어질 수 있습니다.

3) 형상(形像)

가) 갑목은 키가 크고 곧은 체형 팔다리가 길며 얼굴이 갸름한 경우가 많습니다.

나) 피부는 맑고 건강한 편이지만 목의 영향으로 인해 종종 뻣뻣한 인상을 줄 수 있습니다.

4) 신체 건강

가) 간과 신장의 건강을 중요시해야 합니다. 갑목은 간을 자수는 신장을 관장하므로 이 두 기관이 약할 수 있습니다.

나) 피로와 스트레스로 인한 체력 저하를 주의해야 합니다.

다) 계절 변화에 민감하므로 춥거나 습한 환경에서 건강관리가 필요합니다.

5) 사회적 역할

가) 갑자는 천간의 리더격인 갑목과 지지의 근본인 자수의 결합으로 리더십을 발휘하며 많은 사람들을 이끄는 역할을 맡기 쉽습니다.

나) 갑목의 추진력과 자수의 포용력이 조화를 이루어 협력의 중심 역할을 합니다.

다) 조직 내에서 강한 원칙을 고수하면서도 사람들을 잘 아우르는 관리자의 모습으로 나타납니다.

6) 계절적 특징

가) 갑자는 겨울의 시작을 의미하는 자수가 강하게 작용하여 물, 기운이 풍부합니다.

나) 겨울철(子월)에는 차가운 기운을 받지만, 갑목의 기운이 이를 뚫고 성장하려는 생명력을 보여줍니다.

다) 이는 갑자의 사람들에게 시련 속에서도 끈기 있게 목표를 이루려는 특성을 부여합니다.

7) 장점

가) 강한 의지력과 신뢰감 있는 성품입니다.

나) 포용력과 협력의 리더십이 필요합니다.
다) 목표를 향한 끈기와 열정을 발휘합니다.
라) 큰일을 이루고자 하는 이상과 비전을 지닙니다.

8) 단점

가) 융통성 부족 및 고집스러움이 있습니다.
나) 자신이 옳다고 믿는 것을 지나치게 고수할 가능성이 있습니다.
다) 감정표현이 부족하거나 차갑게 보일 수 있습니다.
라) 건강 면에서 간과 신장 문제에 취약합니다.

을축(乙丑)일주(日主)

을축 일주는 오주(사주)명리학에서 을목(乙木)과 축토(丑土)가 만나는 날주로 각 요소의 특성을 종합적으로 분석해 특징 건강 사회적 역할 등을 성명할 수 있습니다.

1) 성정(性情) 성격적 특징

가) 온화하고 유순함: 을목은 유연하고 부드러운 성직을 가지고 있습니다. 을축일주는 기본적으로 온화하고 타인과 잘 어울리며 겸손한 성격을 보입니다.
나) 끈기와 인내심: 축토는 겨울의 땅으로 묵직하고 안정적인 기운을 가집니다. 이를 통해 을축일주는 꾸준히 노력하며 목표를 이루려는 성향이 강합니다.
다) 내향적 성향: 을목과 축토의 조합은 외부보다는 내부로 에너지를 집중시키는 성향이 있어 내향적이고 신중한 면이 있습니다.
라) 조심성과 현실성: 지나치게 조심스러운 경향이 있어 결단력이 부족할 수 있으나 현실을 잘 판단하고 신중하게 행동합니다.

2) 물상(物象) 이미지와 상징적 표현

가) 작은 나무와 대지: 을목은 작은 나무와 덩굴을 축토는 겨울의 냉랭한 대지를 상징합니다. 을축일주는 차가운 겨울 땅에 뿌리를 내린 식물로 표현할 수 있으며 경고하지만, 성장의 속도가 더딘 느낌입니다.
나) 차분한 외관: 물상적으로 차분하고 단정한 이미지를 풍깁니다. 무리하게 화려함을 추구하기보다는 안정적 균형을 선호합니다.

3) 형상(形象) 외모적 특징

가) 부드럽고 단정한 모습: 을목의 영향으로 신체가 날렵하거나 선이 부드러운 경우가 많으며 축토의 영향으로 피부나 체험이 단단하고 균형이 잡혀 있습니다.

나) 키와 체형: 과하게 크거나 작기보다는 중간 정도의 키와 단정한 체형을 보일 가능성이 높습니다.

4) 신체와 건강

가) 위장과 소화기 건강: 축토가 위장을 관장하므로 소화기 계통의 건강에 신경 써야 합니다. 냉한 기운이 강하므로 체온 유지도 중요합니다.

나) 관절과 뼈 문제: 축토는 뼈와 관절과도 관련이 있습니다. 특히 겨울철에 관절이 굳거나 통증을 느낄 수 있으니 주의해야 합니다.

다) 스트레스 관리 필요: 을목의 민감성과 축토의 무거움을 결합되어 스트레스를 잘 받는 경향이 있습니다. 이를 적절히 해소하지 못하면 건강에 영향을 미칠 수 있습니다.

5) 사회적 역할

가) 조력자와 조정자: 을축일주는 타인을 보조하거나 조정하거나 조정하는 역할에 강점이 있습니다.

나) 꾸준한 성실함: 조직에서 성실하게 일하며 신뢰를 쌓는 스타일입니다. 급진적인 변화를 추구하기보다는 안정적인 환경에서 차근차근 성과를 만들어냅니다.

다) 중재자가 역할: 을목의 유연함과 축토의 안정성이 조화를 이루어 갈등 상황에서 조정자 역할을 잘 수행합니다.

6) 계절적 특징

가) 겨울의 땅: 축토는 한겨울의 땅으로 차갑고 단단합니다. 겨울의 차가운 기운이 을목의 생명력을 약화시킬 수 있지만, 고난 속에서도 성장하려는 강한 의지가 있습니다.

나) 비옥한 토양: 축토는 차갑지만, 내적으로 영양분이 풍부한 토양입니다. 적절한 환경만 주어진다면 을목이 안정적으로 뿌리내릴 수 있습니다.

7) 장점

가) 끈기와 성실함: 끝까지 책임을 다하려는 자세가 강합니다.

나) 유연한 사고: 을목의 부드러움으로 타인과의 관계를 잘 맺습니다.

다) 신중함: 현실감각이 뛰어나고 조심스럽게 행동합니다.

8) 단점

가) 결단력 부족: 지나치게 신중한 태도가 결단력 부족으로 이어질 수 있습니다.

나) 내면의 갈등: 을목의 유연함과 축토의 무거운 에너지가 충돌하며 스트레스를 유발할 수 있습니다.

다) 냉철함 과다: 차가운 성향이 강해 현실적이고 감정을 억누르는 경우가 있습니다.

병인(丙寅)일주(日主)

병인일주는 오주학(사주)에서 중요한 의미를 가지는 구성입니다. 병일일주를 알아보겠습니다.

1) 병인의 성정(性情)

병(丙)은 태양에 비유되며 따뜻하고 밝은 에너지를 발산하는 성질을 가지고 있습니다. 인(寅)은 봄의 시작을 의미하며 생동감과 활력이 넘치는 기운을 나타냅니다. 병인 일주는 본질적으로 열정적이고 강인하며 자신의 신념을 실현하려는 의지가 강합니다.

가) 긍정적이고 활발한 성격입니다.

나) 목표지향적이며 추진력이 강합니다.

다) 따뜻한 마음을 가지고 있으나 다소 직선적입니다.

2) 병인(丙寅)의 물상

병인은 "해가 뜨는 새벽 숲"에 비유됩니다. 병(丙)은 태양인(寅)은 나무와 숲을 상징합니다. 이는 태양이 숲을 비추며 새 생명을 돋우는 모습을 연상케 합니다.

가) 태양 빛이 비치는 숲처럼 따뜻하고 생기 있는 존재입니다.

나) 사람에게 활력을 주는 리더형 인물에 해당합니다.

3) 병인의 형상

병인의 형상은 건강하고 강인한 체질을 가진 모습으로 나타날 가능성이 큽니다. 특히 병(丙)의 태양 에너지가 인(寅)의 봄의 생명력은 건강하고 에너지가 넘치는 외형과 연결됩니다.

가) 밝고 생기 있는 외모의 소유자입니다.

나) 체격이 탄탄하고 활동적인 모습입니다.

4) 병인(丙寅)의 신체 건강

병인일주는 건강면에서 강인한 체질을 가진 경우가 많습니다. 다만 병(丙)의 화(火)는 과도한 열로 인한 스트레스 피로 염증 관련 질환에 취약할 수 있습니다.

가) 강한 체력과 활력이 좋습니다.

나) 스트레스 과다 간 건강이나 눈 관련 문제가 발생할 수 있습니다.

다) 화(火) 기운이 강하므로 심혈관 질환 주의해야 합니다.

5) 병인의 사회적 역할

병인은 타고난 리더십과 추진력을 바탕으로 조직에서 중요한 역할을 맡는 경우가 많습니다. 타인의 이끄는 능력과 열 정으로 인해 사람들에게 열정으로 영감을 줄 수 있는 인물입니다.

6) 병인의 계절적 특징

인(寅)은 봄의 기운이 시작되는 시점으로 생동감 넘치는 에너지가 발현됩니다. 병인 일주는 초봄의 따뜻한 태양처럼 희망적이고 낙관적인 성격을 가질 가능성이 큽니다.

가) 병인의 장점

(1) 따뜻하고 긍정적인 에너지로 타인을 돕고 영감을 주는 능력이 있습니다.

(2) 열정적이고 강한 추진력이 있습니다.

(3) 밝고 강인한 체력과 정신력이 탁월합니다.

(4) 새로운 아이디어로 실현하는 창의력이 강합니다.

나) 병인의 단점

(1) 지나치게 직선적이고 다소 독단적인 성향이 있습니다.

(2) 화(火) 기운의 과다로 인한 스트레스와 건강 문제가 염려됩니다.

(3) 계획을 세부적으로 세우지 않아 시행착오가 발생할 가능성이 있습니다.

(4) 타인의 의견을 경청하는 태도가 부족할 수 있습니다.

정묘(丁卯)일주(日主)

정묘일주는 음화(陰火)인 정화(丁火)와 음목(陰木)인 묘목(卯木)이 조합된 오주(사주)입니다.

1) 성정(性情)

가) 섬세함과 따뜻함: 정화는 촛불이나 별빛처럼 부드럽고 은은한 에너지를 상징합니다. 정묘 일주는 타인을 배려하고 따뜻한 마음씨를 가진 경우가 많습니다.

나) 창의성과 감수성: 묘목은 새싹처럼 성장과 발달의 에너지를 지닌 목(木)으로 정화의 섬세함과 어우러져 창의력이고 예술적인 성향을 나타냅니다.

다) 조금 예민함: 섬세한 성정 때문에 작은 자극에도 민감하게 반응하며 스트레스에 약할 수 있습니다.

2) 물상(物象)

가) 촛불 위에 자리 잡은 새싹: 정화(촛불)의 불빛이 묘목(새싹)을 따뜻하게 비추는 이미지입니다. 정묘는 작은 불빛과 생명의 조화로 세밀하고 온화한 에너지를 상징합니다.

나) 봄날의 꽃밭: 묘목은 봄의 기운과 관련이 있는 생명력이 넘치는 아름다운 꽃이나 새싹과 같은 이미지를 형성합니다.

3) 형상(形象)

가) 온화한 얼굴 섬세한 체형: 정묘 일주는 외적으로 부드러운 인상을 주는 경우가 많으며 신체적으로도 날씬하거나 균형 체형을 가진 경우가 많습니다.

나) 밝은 눈빛: 정화의 특징으로 인해 눈빛이 맑고 따뜻하며 표정에서도 섬세함이 드러날 수 있습니다.

4) 신체 건강

가) 소화기 계통: 정화는 불의 기운과 관련이 있어 소화기 계통(위장, 간)에 민감할 수 있습니다. 스트레스가 쌓이며 소화 기능이 약해질 가능성이 있습니다.

나) 혈액순환 문제: 정묘 일주는 불과 목의 상호작용으로 혈액순환에 영향을 받을 수 있으므로 꾸준한 운동이 필요합니다.

다) 계절성 질환: 봄철(묘월)에 태어난 사람은 꽃가루 알레르기 등 계절성 질환에 취약할 수 있습니다.

5) 사회적 역할

가) 조정자와 중재자: 부드럽고 온화한 성격 덕분에 사람들 사이에서 조정자의 역할을 잘 수행합니다.

나) 창의력 리더: 창의성과 예술적 감각이 뛰어나 예술 디자인 문학 등의 분야에서 능력을 발휘할 수 있습니다.

다) 섬세한 관리 능력: 작은 디테일을 놓치지 않는 능력을 활용하여 세밀한 계획이나 관리가 필요한 직업군에서도 인정받을 수 있습니다.

6) 계절적 특징

가) 묘월(음력 2월)의 기운: 묘월은 봄의 초입으로 만물이 행동하는 계절입니다. 정묘 일주는 이러한 생명력과 성장 에너지를 내재하고 있습니다.

나) 기운의 균형: 봄의 기운이 강한 오주(사주)에서는 화(火)와 목(木)의 기운이 과할 경우 물(水)과 금(金)의 기운을 보완하여 균형을 맞춰야 합니다.

7) 장점

가) 배려심과 따뜻함: 타인을 잘 이해하고 도울 수 있는 마음을 가집니다.

나) 창의성과 예술적 감각: 미적 감각이 뛰어나며 혁신적 아이디어를 내놓는 능력이 있습니다.

다) 유연성: 갈등 상황에서도 유연하게 대처하며 주변과 조화를 이루는 능력이 뛰어납니다.

8) 단점

가) 예민함: 작은 일에도 상처받기 쉬워 심리적 스트레스가 쌓일 수 있습니다.

나) 결단력 부족: 너무 조심스러운 성향으로 인해 결정해야 할 상황에서 망설임이 있을 수 있습니다.

다) 지속성 부족: 감정 기복이 심하거나 환경에 따라 쉽게 흔들릴 가능성이 있습니다.

무진(戊辰)일주(日柱)

무진일주는 오주(사주)학에서 중요한 일간(日干)과 지지(地支)의 조합으로 이를 통해 개인의 성향 등을 구체적으로 알아보겠습니다.

1) 성정(性情)

가) 성격적 특징

(1) 무(戊)는 큰 산이나 대지를 상징하며 안정적이고 묵직한 성품을 가지고 있습니다.

(2) 진(辰)은 습토(濕土)로 봄비가 내린 뒤의 촉촉한 땅과 같아 유연성과 포용력을 지닙니다.

(3) 온화한 성품 속에 강한 책임감이 깔려 있으며 꾸준하고 인내심이 강합니다.

나) 행동 및 사고방식

(1) 안정성과 실리적 사고를 중시하며 신중하게 계획하고 움직이는 경향이 있습니다.

(2) 큰 틀에서 사고하며 세세한 디테일보다는 전체적인 방향을 잡는 데 능숙합니다.

2) 물상(物象)

가) 무진은 산(戊)과 촉촉한 땅(辰)이 만나 풍요로운 자연환경을 상징합니다.

나) 수원(水原)을 머금은 땅으로 생산성과 생명력이 풍부합니다.

3) 형상

가) 외형적으로는 체격이 크고 단단한 인상을 주며 안정감 있는 몸집을 가진 경우가 많습니다.

나) 차분하고 묵직한 이미지를 주며 무게감 있는 분위기를 발산합니다.

4) 신체와 건강

가) 강점

(1) 기본적으로 체력이 좋고 내구성이 강합니다.

(2) 신체가 튼튼하며 병이 있어도 쉽게 회복하는 경향이 있습니다.

나) 약점

(1) 진(辰)이 습토(濕土)라 과습(過濕)으로 인해 비장과 위장 등 소화기관에 약점이 생기기 쉽습니다.

(2) 체내의 수분 밸런스가 깨지면 관절 통증이나 신경계 관련 질환으로 이어질 수 있습니다.

5) 사회적 역할

가) 리더십과 책임감

(1) 무진 일주는 조직이나 단체에서 안정감을 주는 존재로 리더십을 발휘하기에 적합합니다.

(2) 구성원들은 하나로 묶는 포용력과 신뢰감을 주는 인물이 됩니다.

나) 현실적 조언자: 상황을 잘 파악하고 현실적이고 실행 가능한 조언을 해주는 조력자로서 인정받습니다.

다) 직업적 특징: 대지와 관련된 분야(건축 부동산 농업)나 조직을 안정적으로 운영하는 역할(관리자 공무원)에 적합합니다.

6) 계절적 특징

가) 진월(辰月)과의 관계

(1) 진월은 봄의 끝자락으로 습기가 많고 따뜻합니다.

(2) 이 시기의 무진은 새로운 시작을 준비하며 풍요로움과 생산성을 발휘하는 시기입니다.

나) 기후적 영향: 무진은 오주(사주)내 계절적 균형이 중요하며 너무 건조하거나 습하면 균형이 깨지기 쉽습니다.

7) 장점

가) 강한 책임감과 신뢰감을 기반으로 한 안정적인 성격입니다.
나) 끈기와 인내심으로 꾸준히 목표를 이루는 성향이 있습니다.
다) 포용력과 현실감각이 뛰어나며 주변 사람들에게 의지가 되는 존재입니다.

8) 단점

가) 과도한 고집과 우직함으로 인해 융통성이 부족할 수 있습니다.
나) 현실적 사고에 치우쳐 때로는 창의성이 부족해 보일 수 있습니다.
다) 과한 책임감으로 인해 스스로 부담을 크게 느낄 수 있습니다.

기사(己巳)일주(日主)

기사 일주는 십간의 기토(己)와 지지의 사화(巳)가 결합된 일주 우주(사주)명리학에서 독특한 성격적 환경적 특징을 가지고 있습니다.

1) 성정(性情)

기본 성격: 기사일주는 기토(己)의 안정적이고 다정다감한 성격과 사화(巳)의 열정적이고 강력한 에너지가 결합된 조화로운 특성을 가지고 있습니다.
가) 기토(己): 부드럽고 양육적인 대지의 에너지 감싸주는 성질이 강하며 현실적이고 실용적입니다.
나) 사화(巳): 태양처럼 밝고 열정적인 성향 화려하고 외향적이며 창의적이고 추진력이 강합니다.

2) 물상(物象)

가) 기사일주는 농토와 같은 이미지를 가지며 생명력을 키우는 대지와 강력한 태양의 상징이 함께 어우러집니다.
(1) 기토의 물상: 양육과 수확의 상징 안정적이고 믿음직한 모습의 소유자입니다.
(2) 사화의 물상: 따스한 햇볕과 불꽃 에너지와 생동감 넘치는 모습입니다.
나) 사람으로 비유하면 부드럽지만, 강단 있는 모습으로 주변 사람들에게 안정감을 주면서도 리더십을 발휘할 수 있는 인상을 남깁니다.

3) 형상(形象)

기사일주는 부드럽고 온화한 인상을 주는 외모를 가진 경우가 많습니다. 눈빛은 따뜻하고 온화하며 얼굴형은 둥글거나 부드러운 곡선이 강조되는 경우가 많습니다. 사화의 영향으로 인해 밝고 건강한 피부를 가지는 경우도 많습니다.

4) 신체적 건강

가) 기토(己)의 건강특징: 비장과 소화기 계통이 민감할 수 있습니다.

나) 사화(巳)의 건강특징: 심혈관계와 혈액순환에 주의가 필요합니다. 열이 많거나 스트레스가 쌓일 경우 체력 저하나 과로로 인해 건강이 나빠질 수 있습니다.

5) 사회적 역할

가) 기사일주는 현실감각이 뛰어나면서도 창의적인 아이디어를 실현할 수 있는 능력이 강합니다.

나) 리더십과 조직력: 조직 내에서 사람들을 안정적으로 이끌며 따뜻한 카리스마를 발휘합니다.

다) 직업적 특성: 농업 건축 디자인 예술 리더십이 필요한 분야에서 강점이 있습니다.

6) 계절적 특징

가) 기사일주는 사화(巳)가 주관하는 여름철의 특징을 가집니다.

나) 계절적 특성상 에너지가 넘치며 따뜻하고 화사한 분위기를 가진 사람으로 보입니다.

7) 장점

가) 안정적이고 신뢰감 있는 성격: 주변 사람들에게 믿음을 주며 조화로운 대인관계를 형성합니다.

나) 창의력이고 추진력 강함: 현실적이면서도 이상을 실현할 수 있는 강력한 실행력을 가집니다.

다) 따뜻하고 다정함: 주변 사람들에게 편안함을 주며 리더십을 발휘합니다.

8) 단점

가) 과도한 책임감: 자신이 맡는 일을 끝까지 책임지려는 성격 때문에 스트레스를 많이 받을 수 있습니다.

나) 감정적 불안정: 사화의 강렬한 에너지가 지나칠 경우 감정의 기복이 심해질 수 있습니다.

다) 고집스러움: 기토는 고정적 성향 때문에 융통성이 부족하다는 평가를 받을 수 있습니다.

경오(庚午)일주(日主)

경오 일주는 오주십자, 사주팔자에서 일간(日干)이 경금(庚金)이고 일지가 오화(午火)로 구성된 조합을 의미합니다.

1) 성정(性情)

가) 강한 의지력: 경금은 강하고 단단한 금속을 상징하며 오화는 뜨거운 불을 상징합니다. 이 조합은 강한 의지와 추진력을 가진 성격을 나타냅니다.

나) 리더십: 강한 경금은 정의감이 높고 주변 사람들을 이끄는 리더십을 발휘하는 경우가 많습니다.

다) 열정과 충동: 오화의 강렬한 에너지가 더해져 열정적이지만 때로는 다소 충동적이고 감정적으로 변할 수 있습니다.

2) 물상

가) 단단한 금속이 뜨거운 불로 단련되는 모습: 경금은 가공되지 않은 금속을 의미하고 오화는 그 금속을 정련하는 불입니다. 이는 고난과 역경을 통해 자신을 연마하고 성장하는 과정을 상징합니다.

나) 이중적 성향: 금과 불의 대립적인 속성으로 인해 냉정함과 열정이 공존하는 모습으로 나타날 수 있습니다.

3) 형상(形象)

가) 외형적 인상: 경금은 날카롭고 단단한 느낌을 주고 오화는 밝고 강렬한 에너지를 상징합니다. 따라서 얼굴이나 체격에서 강인하고 정돈된 인상을 주는 경우가 많습니다.

나) 도전적 분위기: 외형에서 의지와 결단력이 느껴지며 카리스마를 가진 사람이 많습니다.

4) 신체와 건강

가) 강인한 체질: 경금은 강인함을 오화는 활력을 상징하므로 기본적으로 체력이 좋고 활동적인 면이 있습니다.

나) 주의할 건강 문제

(1) 심혈관계 질환: 오화는 심장과 혈액순환을 상징하므로 혈압 문제나 심장 건강에 주의가 필요합니다.

(2) 간과 폐: 경금은 폐와 관련되므로 호흡기 질환에도 주의해야 합니다.

(3) 과로: 지나친 열정과 에너지 소모로 인해 과로하거나 스트레스를 받을 가능성이 있습니다.

5) 사회적 역할

가) 리더와 개척자: 경금의 강인함과 오화의 추진력이 결합되어 새로운 일을 개척하거나 조직을 이끄는 리더 역할에 적합하다.

나) 정의감 있는 활동: 사회 정의나 질서를 지키는 일을 선호하며 공공기관 군인 경찰 법조계 등에서 두각을 나타낼 수 있습니다.

6) 계절적 특징

가) 여름의 불기운: 오화는 여름의 왕성한 불기운을 나타내며 계절적으로 뜨거운 에너지가 강한 시기를 의미합니다.

나) 경금의 안정성: 금속은 가을에 강한 에너지를 가지므로 여름에서 가을로 넘어가는 시기에 강한 변화를 겪는 특성이 있습니다.

다) 조후(調候)의 중요성: 오주(사주)의 다른 요소를 통해 지나치게 강한 화(불) 기운을 억제하고 적절한 수(水) 기운으로 균형을 맞춰야 합니다.

7) 장점

가) 강한 책임감과 결단력: 어려운 상황에서도 포기하지 않고 끝까지 책임을 다하려는 성격입니다.

나) 열정과 카리스마: 주변 사람들에게 영감을 주고 열정적인 태도로 목표를 이루어냅니다.

다) 변화와 성장을 추구: 스스로를 단련하고 역경 속에서 성장하려는 의지가 강합니다.

8) 단점

가) 완고함과 독단적 태도: 경금의 고집과 오화의 강렬함이 결합되어 유연함이 부족할 수 있습니다.

나) 충동적이고 감정적 폭발: 오화의 에너지가 지나칠 경우 감정을 제어하기 어려울 수 있습니다.

다) 스트레스와 과로: 지나치게 높은 목표를 추구하거나 일에 몰두하다가 지치기 쉽습니다.

신미(辛未)일주(日主)

신미 일주는 천간에 신(辛) 지지에 미토(未)로 구성된 일주입니다.

1) 성정(性情)

가) 신금(辛): 신금은 보석과 같은 성질로 섬세하고 세련된 성격을 지닙니다. 싱미일두는 내면적으로 깊고 감수성이 풍부하며 타인에 대한 배려심이 강합니다.

나) 미토(未): 미토는 완성의 기운을 가지며 유순하고 협력적인 태도를 나타냅니다. 이러한 특성으로 신미일주는 온화하면서도 책임감 있는 성품을 보입니다.

다) 특징: 겉보기에는 부드럽고 친근한 인상을 주지만 내면에는 결단력과 고집이 숨어있어 중요한 순간에는 자기 주관을 분명히 드러냅니다.

2) 물상(物象)

가) 신미일주는 정교하고 세련된 물건으로 비유됩니다. 보석이 가공된 상태처럼 섬세함과 내적 품격을 상징합니다.

나) 미토는 농작물의 마지막 결실을 상징하므로 신미일주는 성과를 만들어내는 능력이 뛰어난 것으로 묘사됩니다.

3) 형상(形象)

가) 외모와 이미지: 신미일주는 날카로운 듯 세련된 외모와 지적인 이미지를 자주 가지고 있습니다. 깔끔하고 정돈된 스타일을 선호하며 품위 있는 모습을 유지하려는 경향이 있습니다.

나) 태도: 겸손하면서도 당당한 자세를 가지며 상대방에게 신뢰감을 주는 인상을 남깁니다.

4) 신체와 건강

가) 강점: 신금은 금의 기운으로 뼈와 치아를 상징하며 미토는 토(土)의 기운으로 소화기관을 나타냅니다.

나) 약점: 그러나 토의 기운이 과하거나 금의 기운이 약해질 경우 소화기 계통(위장 비장)과 피부 관련 질환에 취약할 수 있습니다.

다) 건강 관리: 적절한 휴식과 균형 잡힌 식단을 유지하는 것이 중요하며 감정적으로 스트레스를 받지 않도록 유의해야 합니다.

5) 사회적 역할

가) 신미일주는 협력자와 조정자의 역할을 잘 수행합니다. 조직 내에서 갈등을 조율하고 균형을 맞추는 능력이 뛰어납니다.

나) 섬세한 성향과 사려 깊은 태도로 신뢰를 얻으며 타인의 장점을 잘 끌어내어 팀을 성공으로 이끄는 리더십을 발휘할 수 있습니다.

6) 계절적 특징

가) 여름(未월): 미토는 여름의 끝자락(7월)을 나타내며 태양의 에너지가 정점을 지나 안정되는 시기입니다. 이는 신미일주가 열정과 노력으로 성과를 이룬 후 결실을 맺고 유지하려는 성향을 의미합니다.

나) 계절의 영향: 여름철 태어난 신미일주는 활동적이고 추진력이 강한 반면 겨울철 태어난 신미일주는 내면의 안정과 균형을 중시합니다.

7) 장점

가) 섬세함과 품위: 세심하고 품격 있는 태도로 타인의 신뢰를 얻습니다.

나) 책임감: 맡은 일들 끝까지 완수하려는 책임감이 강합니다.

다) 조화로움: 갈등을 중재하고 관계를 조화롭게 유지하는 능력이 뛰어납니다.

8) 단점

가) 결단력 부족: 지나치게 신중한 성향이 결정을 미루게 할 수 있습니다.

나) 민감성: 작은 일에도 쉽게 스트레스를 받을 수 있으며 감정적으로 흔들릴 가능성이 있습니다.

다) 고립감: 자신의 내면에 지나치게 몰두하면 외부와 단절되는 경향이 있습니다.

임신(壬申)일주(日主)

임신 일주는 천간의 임(壬)과 지지의 신(申)으로 이루어진 구조를 말합니다.

1) 임신(壬申) 성정(性情)

가) 지혜롭고 분석적

⑴ 임(壬)은 큰 강물이나 바다를 상징하며 신(申)은 변화와 지혜를 의미합니다.

⑵ 임신 일주는 유연하고 넓은 사고를 가지고 문제를 분석하고 해결하는 데 뛰어난 능력

을 발휘합니다.

나) 독립적이며 진취적

(1) 임신 일주는 변화를 좋아하고 독립성이 강합니다. 자기만의 목표를 설정하고 그것을 이루기 위해 적극적으로 움직이는 성격입니다.

(2) 도전정신의 강하며 실패를 두려워하지 않고 다시 시도하는 끈기가 돋보입니다.

(3) 복잡하고 다면적인 성격: 물처럼 유동적이고 상황에 따라 적응력이 뛰어납니다. 그러나 때로는 마음이 복잡하고 우유부단한 면도 나타날 수 있습니다.

2) 물상적 특성

가) 임(壬, 큰 강물 바다): 임수는 큰물을 상징하며 모든 것을 품는 포용력을 의미합니다. 동시에 예측 불가능한 성질을 내포하고 있어 때로는 급작스러운 변화를 일으킬 수도 있습니다.

나) 신(申, 늦여름, 과일이 무르익는 시기): 신(申)은 금(金)의 기운으로 변화와 성숙을 상징합니다. 늦여름에서 초가을로 넘어가는 시기로 열매가 익어가며 완성을 향해 가는 시기를 표현합니다.

다) 임신(壬申, 바다와 금속의 결합): 임수(壬)가 금(金)의 기운을 포함한 신(申)을 만나면 큰 강물에 튼튼한 배를 띄우는 것과 같습니다. 이는 강한 추진력과 실행력을 상징합니다.

3) 신체적 특징과 건강

가) 체질적 특징

(1) 임신(壬申) 일주는 대체로 균형 잡힌 체형과 빠른 움직임을 보일 수 있습니다.

(2) 금(金)의 기운이 강하므로 뼈 관절 치아 등이 건강의 핵심 부위로 작용합니다.

나) 건강 관리

(1) 과도한 스트레스와 지나친 활동으로 인한 탈진에 주의해야 합니다.

(2) 특히 신장(腎臟)과 폐(肺) 건강을 유의하며 충분히 수면과 적절한 수분 섭취가 중요합니다.

4) 사회적 역할

가) 리더와 개척자

(1) 임신일주는 대범하고 진취적인 기질로 인해 새로운 영역을 개척하거나 조직의 리더로서 활약할 가능성이 큽니다.

(2) 자신이 속한 사회나 조직에서 변화를 주도하며 창의적인 아이디어를 실현합니다.

나) 다양한 분야에서의 활동성

(1) 적응력이 뛰어나며 변화가 많은 환경에서 두각을 나타냅니다.

(2) 특히 학문 기술 무역 사업 분야에서 성과를 거둘 가능성이 높습니다.

5) 계절적 특징

가) 신월(음력 7월) 태성은 금(金)의 기운이 강한 초가을입니다. 이 시기는 여름의 기운이 점차 약해지고 가을의 성숙한 기운이 자리 잡는 시기로 임신 일주는 이런 계절적 기운을 반영해 완숙미를 추구합니다.

나) 계절에 따른 변동

(1) 여름에 태어난 임신(壬申)은 임수의 강한 물기운이 더욱 활성화되어 활력이 넘칩니다.

(2) 반면 겨울에 태어난 임수는 수(水)의 기운이 지나치게 강할 수 있어 균형을 맞추는 노력이 필요합니다.

6) 장점

가) 도전정신: 끊임없이 새로운 것을 추구하고 발전하려는 의지가 강합니다.

나) 분석력: 문제를 논리적으로 해결하며 창의적인 아이디어를 제시할 수 있습니다.

다) 적응력: 다양한 환경에서 자신의 능력을 발휘하며 위기 상황에서도 유연하게 대처합니다.

7) 단점

가) 우유부단함: 지나치게 많은 선택지를 고민하다가 결정을 미루는 경우가 있습니다.

나) 과도한 변화 추구: 안정보다는 변화를 선호해 때로는 불안정한 상황을 자초할 수 있습니다.

다) 내면의 갈등: 자신의 이상과 현실 사이에서 갈등을 겪기 쉽습니다.

계유(癸酉)일주(日主)

계유일주는 간지(干支)중 하나로 천간 계(癸)는 천간으로 물(水)을 유(酉)는 지지로 금(金)을 나타냅니다.

1) 성정(性情)

가) 지혜로움과 신중함: 계수(水)는 맑고 부드러운 물을 상징하며 유(酉)는 단단한 금(金)을 나타냅니다. 계유일주는 차분하면서도 이성적이고 논리적인 사고를 가진 성격으로 깊이 사고하고 신중하게 행동하는 경향이 있습니다.

나) 냉철함과 독립성: 계수는 차가운 속성을 가지고 있어 종종 냉정하게 보일 수 있습니다. 그러나 이는 독립적이며 자기의 판단을 신뢰하는 태도로 연결됩니다.

다) 대인관계에서 신중함: 타인과의 관계에서 섣불리 감정을 드러내지 않고 조심스러우며 자신만의 기준과 원칙을 중시합니다.

2) 물상(物象)

가) 맑은 물 위에 서 있는 금속: 계유일주는 차가운 물(癸)과 금(金)을 나타냅니다. 계유일주는 차분하면서도 이성적이고 논리적인 사고를 가진 성격으로 깊이 사고하고 신중하게 행동하는 경향이 있습니다.

나) 강한 내면의 힘: 금(金)이 물과 만나면 윤이 나는 금속처럼 내면적 단단함과 외형적 부드러움을 모두 겸비한 모습으로 표시됩니다.

3) 형상(形象)

가) 신체적 특징: 계수는 부드럽고 섬세한 물의 속성을 가지며 유금(酉金)은 단단함과 날카로움을 상징합니다. 따라서 계유일주는 대체로 균형 잡힌 몸매와 단정한 외모를 가질 가능성이 높습니다.

나) 눈빛이 맑음: 말고 차분한 눈빛을 가지며 상대에게 지적인 인상을 남길 가능성이 높습니다.

다) 피부가 하얗고 투명함: 계수의 수(水)는 투명함과 깨끗함을 상징하여 피부가 하얗고 깨끗한 사람들이 많습니다.

4) 신체 건강

가) 허약한 체질 가능성: 계수(癸)의 차가운 기운과 유금(酉)의 금속성 기운이 결합하여 몸이 차가운 성향을 가질 수 있습니다. 이로 인해 순환기 질환(특히 혈액과 관련된 문제)이나 냉증에 주의해야 합니다.

나) 폐와 호흡기 건강: 유금(酉金)은 폐를 상징하므로 호흡기 질환에 취약할 수 있습니다. 공기 오염이나 감기에 민감할 수 있습니다.

다) 스트레스 관리 필요: 내면적으로 많은 것을 고민하고 생각하는 성향이 있어 스트레스성 질환이나 불면증에 주의해야 합니다.

5) 사회적 역할

가) 지혜로운 전략가: 계유일주는 신중함과 분석력을 바탕으로 계획을 세우고 실행하는 능력이 뛰어납니다. 따라서 경영 기획 연구 등의 분야에서 두각을 나타낼 수 있습니다.

나) 조직 내 핵심적인 역할: 유금(酉金)의 속성은 규율과 체계를 상징하므로 조직 내에서 질서를 유지하고 관리하는 역할을 잘 수행합니다.
다) 책임감 있는 리더십: 외유내강형으로 보이지 않는 곳에서 묵묵히 자신의 책임을 다하는 스타일입니다.

6) 계절적 특징

가) 가을의 기운: 유(酉)는 가을을 상징하며 수확의 시기를 나타냅니다. 이는 계유일주가 인생에서 결과를 중시하며 구체적이고 현실적인 성과를 추구하는 성격으로 나타날 수 있습니다.
나) 차가운 기운이 강함: 가을의 금(金)과 물(水)의 기운이 합쳐져 차가운 에너지가 강하기 때문에 따뜻함과 균형을 맞추는 것이 중요합니다.

7) 장점

가) 지적이고 논리적: 분석력과 통찰력이 뛰어나며 타인의 신뢰를 받습니다.
나) 책임감과 실천력: 맡은 일을 끝까지 해내는 책임감이 강하며 꾸준히 목표를 이루려는 실천력이 있습니다.
다) 세련된 감각: 깔끔하고 정리된 사고방식을 바탕으로 아름다움과 품격을 추구합니다.

8) 단점

가) 냉정함과 고립감: 지나치게 신중하다 보니 감정을 드러내는데, 어려움을 겪을 수 있으며 대인관계에서 거리감을 느끼게 할 수 있습니다.
나) 완벽주의 성향: 모든 것을 완벽하게 하려는 경향으로 인해 스트레스를 받을 수 있습니다.
다) 융통성 부족: 자신의 원칙을 지나치게 고수하면 융통성이 부족하다는 평을 들을 수 있습니다.

갑술(甲戌)일주(日主)

갑술 일주는 천간(天干) 갑목(甲木)과 지지(地支) 술토(戌土)의 조합으로 이들의 특성을 종합적으로 해석해야 그 의미를 파악할 수 있습니다.

1) 성정(性情)

가) 갑목의 성정: 갑목은 큰 나무로 비유되며 올곧고 강직한 성품을 가집니다. 정의롭고 타인

을 도우려는 의지가 강하며 목표를 향해 꾸준히 나아가는 추진력이 있습니다.

나) 술토(戌土)의 성정

(1) 술토는 무덤의 기운이 깃든 대지로 내면적으로 깊고 안정감을 추구합니다. 또한 술토는 화(火)의 기운을 품고 있어 열정적으로만 과도하게 강하면 고집으로 이어질 수 있습니다.

(2) 갑술일주는 이러한 두 에너지가 조화를 이루어 강직하면서도 자기 원칙을 중시하며 타인에게 신뢰감을 주는 성품을 지닙니다.

2) 물상(物象)

갑술일주는 큰 나무(甲木)가 흙(戌土) 위에서 있는 모습으로 해석됩니다.

가) 나무와 땅의 조화: 갑목은 땅에서 자라야 생명력을 유지할 수 있지만, 술토는 메마르고 단단한 대지이므로 갑목이 자라기에 약간에 제약이 따릅니다. 이는 갑술일주가 현실적 제약 속에서도 꾸준히 노력하며 자신의 가치를 발휘하려는 모습을 상징합니다.

3) 형상(形象)

갑술일주의 형상은 다음과 같은 특징을 가질 수 있습니다.

가) 외모: 이목구비가 선명하고 뚜렷하며 대체로 키가 크고 체격이 균형 잡힌 경우가 많습니다.

나) 인상: 첫인상이 강렬하며 올곧고 정직한 느낌을 줍니다. 눈빛이 진중하고 책임감 있는 분위기를 풍깁니다.

4) 신체 건강

갑술일주는 목(木)과 토(土)의 기운이 조화와 균형을 이루는 것이 중요합니다. 특히 술토의 건조한 기운이 갑목의 생명력을 약화시킬 수 있으므로 신체적으로는 다음과 같은 건강 문제가 나타날 수 있습니다.

가) 간(肝) 건강: 갑목은 간을 상징하므로 지나친 스트레스나 음주로 인해 간에 부담이 가기 쉽습니다.

나) 소화기계: 술토(土)기운이 지나치면 위장 및 소화기관에 부담이 갈 수 있습니다.

다) 건조한 환경: 피부나 호흡기가 건조한 환경에서 민감하게 반응할 수 있습니다.

5) 사회적 역할

가) 리더십: 갑목은 강직한 성품과 술토의 안정감 있는 기운 덕분에 사회적으로 신뢰 받는 리더의 역할을 맡기 쉽습니다.

나) 정의감: 불의에 굴하지 않는 태도 덕분에 법조계나 공공 서비스 분야에 두각을 나타낼 수 있습니다.
다) 창의적이고 구조적인 사고: 갑목의 성장 에너지와 술토의 안정감이 결합되어 계획적이면서도 창의적인 직업적인 직업에서 성공하기 쉽습니다.

6) 계절적 특징

가) 갑목은 봄에 생명력이 강해지고 술토는 가을의 문턱에서 에너지가 활발합니다.
나) 갑술일주는 계절적으로는 늦가을에 해당하는 기운이 강하기 때문에 내면적으로 성찰과 안정감을 추구하는 경향이 강합니다.

7) 장점

가) 정직하고 책임감 있음: 타인에게 신뢰를 주는 성품으로 주변 사람들에게 든든한 존재가 됩니다.
나) 끈기와 열정: 어려운 상황에서도 쉽게 포기하지 않고 끝까지 노력하는 추진력을 가집니다.
다) 리더십과 전략적 사고: 큰 그림을 보는 능력이 뛰어나며 현실적인 판단을 잘 내립니다.

8) 단점

가) 완고함: 갑목의 강직함과 술토의 고집스러운 면이 합쳐지면 융통성이 부족해질 수 있습니다.
나) 내적 갈등: 술토의 억제력 특성이 갑목의 생장 에너지를 제한하여 자신의 이상과 현실 사이에서 갈등을 겪을 수 있습니다.
다) 감정표현의 어려움: 내면적으로는 깊은 감정을 가지지만 그것을 표현하는데 서툴 수 있습니다.

을해(乙亥)일주(日主)

을해일주는 천간의 을목(乙)과 지지의 해수(亥)가 결합한 날주로 이 조합은 매우 독특한 특징을 지니고 있습니다.

1) 성정(性情)

가) 부드럽고 유연함: 을목은 풀이나 덩굴처럼 유연한 성질을 가지고 있어 온순하고 상냥한 성격을 나타냅니다.

나) 포용력과 융통성: 해수(亥)는 큰물을 상징하며 을목과 결합하면 포용력이 강하고 감정을 잘 조절하는 성향을 보입니다.
다) 이해심과 배려심: 을해일주는 남의 감정을 잘 읽고 배려하는 마음이 강하며 타인의 어려움을 공감하는 능력이 뛰어납니다.
라) 우유부단함: 하지만 유연한 성격이 때로는 결단력 부족으로 비칠 수 있습니다.

2) 물상(物象)

가) 을목의 형상: 을목은 덩굴풀 나무의 가지 연약하지만 끈질긴 생명력을 지닌 식물을 상징합니다.
나) 해수의 형상: 해수는 깊고 큰 바다 혹은 넓은 강물로 상징됩니다. 이는 넓고 깊은 마음으로 의미하며 을목의 유연함을 지탱해주는 힘으로 작용합니다.
다) 조합의 이미지: 을해일주는 바닷가에 자라는 덩굴 식물이나 해안선에서 유연하게 자라는 나무를 연상시킵니다. 이는 외적으로는 연약해 보이지만 내적으로 강인한 생명력을 가진 모습을 상징합니다.

3) 형상(形象)

가) 외형적 특징: 을해일주의 사람들의 대개 얼굴선이 부드럽고 인상이 차분하며 온화한 느낌을 줍니다. 눈빛이 맑고 조용한 분위기를 풍기며 다른 사람에게 신뢰감을 주는 인상을 자주 받습니다.
나) 몸의 선형적 특질: 키가 크거나 늘씬한 체형을 가질 가능성이 높으며 전체적으로 우아한 이미지를 주는 경우가 많습니다.

4) 신체 건강

가) 해수의 영향: 해수는 신장과 비뇨기계를 관장하므로 이와 관련된 건강 문제에 주의가 필요합니다.
나) 을목의 영향: 을목은 간과 손발을 주관하므로 간 기능이 약화되거나 손발이 차가운 증상을 겪을 수 있습니다.
다) 건강 유지 방법: 따뜻한 성질의 음식을 섭취하고 몸을 따뜻하게 유지하는 것이 건강에 유리합니다. 특히 혈액순환에 신경 쓰는 것이 중요합니다.

5) 사회적 역할

가) 조화와 중재자: 을해일주는 부드럽고 친화적인 성격으로 대인관계에서 중재자의 역할을

잘합니다. 사람들 사이의 갈등을 조율하거나 평화로운 분위이기를 만들어내는 능력이 뛰어납니다.

나) 창의적이고 예술적인 감각: 을목의 섬세한 해수의 깊은 통찰력이 결합되어 예술 문학 창작 분야에서 두각을 나타낼 가능성이 높습니다.

다) 강한 학습 능력: 해수의 탐구적인 성질 덕분에 학문이나 새로운 지식 습득에 열정적입니다.

6) 계절적 특징

가) 봄의 성질: 을목은 봄을 상징하며 만물이 새롭게 피어나는 생명의 기운을 의미합니다. 이를 통해 생동감 있고 긍정적인 기질이 드러납니다.

나) 겨울의 성질: 해수는 겨울을 상징하며 을목의 성질을 차분하게 보완해 줍니다. 이는 을해일주가 지나치게 활동적이거나 급하지 않고 침착함을 유지하도록 돕습니다.

7) 장점

가) 섬세한 성격: 작은 일에도 세심하게 신경 쓰며 다른 사람의 감정을 잘 이해합니다.

나) 포용력: 넓은 마음으로 사람을 대하고 쉽게 타인의 입장을 배척하지 않습니다.

다) 끈질긴 생명력: 어려운 상황에서도 적응하고 꾸준히 나아가는 힘이 있습니다.

라) 창의력: 예술적 감각과 창의적인 사고가 뛰어나며 독창적인 아이디어를 잘 내는 편입니다.

8) 단점

가) 우유부단함: 결정이 필요한 상황에서 쉽게 망설이며 타인의 의견에 지나치게 영향을 받을 수 있습니다.

나) 감정 기복: 겉으로는 차분해 보이지만 내면적으로 감정의 기복이 심할 수 있습니다.

다) 체력부족: 지나치게 섬세한 성격 탓에 몸과 마음이 쉽게 지치는 경우가 많습니다.

병자(丙子)일주(日主)

병자일주는 병(丙)은 태양 빛 밝음을 상징하며 자(子)는 물과 겨울 그리고 지혜를 의미합니다.

1) 성정(性情)

가) 적극적이고 열정적: 병(丙火)은 태양처럼 밝고 따뜻하며 자신만의 이상과 목표를 향해 열정적으로 나아가는 경향이 있습니다.

나) 지혜와 감수성: 자수(子水)의 영향으로 내면적으로는 신중하며 주변 상황을 통찰하고 분석하는 지혜로운 면모를 가집니다.

다) 이중적 성향: 병화의 외향성과 자수의 내향성이 조화를 이루면서 상황에 따라 유연하게 대처할 수 있지만 때로는 스스로 갈등을 겪을 수도 있습니다.

2) 물상(物象)

가) 병화와 자수의 조화: 병화는 태양 자수는 물을 상징하므로 병자일주는 태양이 얼음 위를 비추는 모습처럼 극적인 대비 속에서 조화를 이루려는 에너지를 지닙니다.

나) 빛과 어둠의 상생: 병화의 따뜻함과 자수의 차가움이 균형을 이루며 이러한 상징성은 병자일주가 다양한 환경 속에서 조화를 이루며 살아가는 모습을 나타냅니다.

3) 형상

병자일주는 병화의 따뜻함과 자수의 차가움이 결합된 형상으로 일반적으로 균형 잡힌 체형을 보이는 경우가 많습니다.

4) 신체 건강

가) 소화기와 심장: 병화의 영향을 받아 심장과 소화기 계통이 강점이나 과도한 스트레스는 이 부위에 영향을 줄 수 있습니다.

나) 신장과 방광: 자수의 영향을 받아 신장과 방과 건강이 중요한 관리 포인트가 될 수 있습니다.

5) 사회적 역할

가) 리더십과 창의성: 병화의 태양 같은 에너지는 주변 사람들에게 따뜻함과 영감을 주며 리더 역할을 잘 수행합니다.

나) 조정자 역할: 자수의 지혜로운 에너지는 문제를 해결하거나 중재자로 나서는 능력을 제공합니다.

다) 도전과 현실의 균형: 이상적인 목표를 추구하면서도 현실적인 접근방식을 취해 다양한 상황에서 인정받는 경향이 있습니다.

6) 계절적 특징

가) 겨울(子月): 병자일주는 자수가 겨울의 차가운 물기운을 가지므로 겨울철 태어난 사람의 병화가 활용해 균형을 유지해야 합니다.

나) 계절의 균형: 병화의 따뜻한 에너지가 지나치게 강하면 물이 마르거나 증발할 수 있으므로 적절한 수분과 냉정을 유지하는 것이 중요합니다.

7) 장점

가) 열정과 포용력: 병화의 따뜻한 기운은 주변 사람들에게 활력을 주고 자수의 지혜는 이를 균형 잡아줍니다.

나) 창의성과 통찰력: 이상적인 목표를 향해 나아가며 현실적인 판단력을 겸비하고 있습니다.

다) 융통성: 병화가 자수의 조화는 상황에 맞는 유연한 대처 능력을 제공합니다.

8) 단점

가) 내외부의 갈등: 병화의 외향성과 자수의 내향성이 충돌하면서 자신만의 방향성을 정하기 어려울 때가 있습니다.

나) 감정 기복: 병화의 급한 성향과 자수의 차분함이 충돌하면서 자신만의 방향성을 정하기 어려울 때가 있습니다.

다) 에너지 소진: 병화의 지나친 열정은 자수의 차분함을 압도하여 쉽게 지칠 가능성이 있습니다.

정축(丁丑)일주(日主)

정축일주는 정화(丁)와 축토(丑)로 구성된 간지 조합입니다.

1) 성정(性情)

가) 정화(丁): 작은 촛불이나 은은한 불빛과 같은 성질로 부드럽고 섬세하며 따뜻한 감성을 가지고 있습니다. 정화는 배려심이 많고 다른 사람에게 온정을 베푸는 성향이 강합니다.

나) 축토(丑): 축토는 겨울의 차가운 대지로서 내면적으로는 안정적이고 차분한 성향을 나타냅니다. 인내심과 끈기가 뛰어나며 깊은 내면의 지혜를 가지고 있습니다.

다) 성격 요약: 정축일주는 따뜻한 마음씨와 인내심을 겸비했으며 조용하지만, 내면적으로 단단한 의지를 지닌 사람이 많습니다.

2) 물상(物象)

가) 정화는 밤하늘의 별빛 촛불 은은한 전등 불빛과 같은 이미지를 떠올릴 수 있습니다.

나) 축토는 겨울철의 차가운 땅 혹은 눈 덮은 들판과 같은 이미지를 표현합니다.

다) 정축조합: 차가운 겨울 속에서도 따뜻한 불빛이 비치는 모습으로 차분하면서도 지속적인 온기를 상징합니다. 고난 속에서도 희망의 불빛을 유지하는 강한 생명력을 연상하게 합니다.

3) 형상(形象)

가) 외모: 보통 온화한 표정을 가지며 부드럽고 조화로운 인상을 줍니다. 날카롭기보다는 둥글고 유연한 느낌을 주는 사람이 많습니다.

나) 체형: 정화는 크고 강렬한 불이 아니기 때문에 대체로 몸집이 크기보다는 작거나 균형 잡힌 체형인 경우가 많습니다. 축토의 영향으로 안정감 있는 자세와 단단한 체형을 보이기도 합니다.

4) 신체 건강

가) 강점: 축토는 튼튼한 기초를 의미하며 대체로 체력이 좋고 건강 유지 능력이 뛰어납니다.

나) 취약점: 정화는 심장 혈액순환과 관련된 부분에 영향을 미칩니다. 추운 겨울(축토)의 영향으로 몸이 쉽게 차가워질 수 있어 냉증이나 관절 관련 질환에 주의해야 합니다.

다) 건강 관리 팁: 규칙적인 운동과 체온 유지를 혈액순환을 촉진하고 몸을 따뜻하게 하는 음식 섭취가 좋습니다.

5) 사회적 역할

가) 정화: 정화는 다른 사람들에게 온기를 전하는 역할을 합니다. 정축일주는 직장이나 사회에서 다른 사람들에게 안정감과 희망을 주는 존재로 평가받습니다.

나) 축토: 축토는 기초와 기반을 의미하며 사람들에게 신뢰를 주는 역할을 합니다. 책임감이 강하고 성실하기 때문에 관리직이나 조직의 중요한 기둥 역할을 맡는 경우가 많습니다.

다) 조화: 정화와 축토의 결합은 인간관계와 조직 내에서 중심이 되어 주는 조력자적 역할을 잘 수행하게 합니다.

6) 계절적 특징

가) 겨울의 정화: 정축일주는 겨울의 차가운 기운 속에서 따뜻함을 유지하려는 성향을 가집니다. 그러나 겨울철 태어난 정화는 강한 에너지를 얻기 어려운 상황이므로 외부 자극과 지원이 필요할 수 있습니다.

나) 축토의 계절적 역할: 축토는 겨울의 땅으로서 모든 것을 축적하고 잠재력을 키우는 시기입니다. 이로 인해 정축일주는 내면의 잠재된 능력을 발휘하기 위해 준비와 노력이 필요합니다.

7) 장점

가) 따뜻하고 섬세한 성품으로 주변 사람들에게 안정감을 줍니다.

나) 인내심이 강하고 꾸준히 노력하는 성향입니다.

다) 책임감이 뛰어나고 신뢰받는 리더십 발휘합니다.

8) 단점

가) 겨울의 차가운 기운으로 인해 내적 에너지가 약해질 가능성이 있습니다.
나) 지나치게 조심스럽거나 소극적인 태도로 기회를 놓칠 수 있습니다.
다) 내면의 따뜻함이 외적으로 잘 드러나지 않아 오해받을 가능성이 있습니다.

무인(戊寅)일주(日主)

무인일주는 일간(日干)이 무장(戊)이고 일지(日支)가 인목인 조합입니다.

1) 성정(性情)

가) 무토의 본질: 인목은 넓고 견고한 대지를 특성을 상징합니다. 무인일주는 강한 책임감 안정감 그리고 성실함이 특징입니다.
나) 인목의 성질: 인목은 봄의 기운을 품고 있으며 성장 창의성 활력을 나타냅니다.
다) 조합적 성격: 무토와 인목의 결합은 강한 의지와 성장 욕구를 지닌 사람을 형성합니다. 대체로 온화하면서도 목표를 위해 꾸준히 나아가는 추진력을 가지고 있습니다. 하지만 고집스럽거나 융통성이 부족한 면도 나타날 수 있습니다.

2) 물상(物象)과 형상(形象)

가) 물상적 이미지: 무토는 크고 단단한 산 또는 넓은 대지를 상징하며 인목은 그 위에 자라는 나무를 상징합니다. 이는 산에 자라는 큰 나무의 이미지로 의연하고 독립적인 느낌을 줍니다.
나) 형상적 특징: 무인일주인 사람은 대체로 당당한 체결과 우직한 분위기를 가지고 있습니다. 강한 인상과 무게감 있는 태도로 신뢰를 주는 외형을 가지기 쉽습니다.

3) 신체와 건강

체력이 좋고 신체적으로 강건한 편입니다. 특히 면역력이나 기본적인 신체 에너지가 풍부합니다.
가) 취약점
(1) 무토의 체내에 습기를 잘 저장하기 때문에 소화기 계통(특히 위장)이 약해질 수 있습니다.
(2) 인목의 영향으로 간 건강이나 근육 관절 문제에 주의가 필요합니다.
(3) 지나친 일 중독이나 책임감으로 스트레스를 많이 받을 가능성이 있습니다.

4) 사회적 역할

가) 리더십: 무인일주는 강한 책임감과 추진력으로 사회적 지도자 관리자의 역할을 잘 수행합니다.

나) 조력자 역할: 동시에 대지처럼 다른 사람의 성장을 돕고 안정적인 기반을 제공하는 조력자적 역할도 탁월합니다.

다) 직업적 성향

(1) 건설 토지 관련분야 환경 사업 등 무토와 관련된 분야에서 두각을 나타낼 수 있습니다.

(2) 인목의 특성을 반영해 교육 연구 창업 창작 등 성장과 발전이 중심이 되는 분야도 적합합니다.

5) 계절적 특징

가) 봄(인목의 계절): 인목은 봄의 기운을 대표하며 성장과 생동감의 에너지를 상징합니다. 무인일주인 사람은 계절적으로 봄에 해당하는 기운에 운세적으로 강한 기운을 받습니다.

나) 계절적 균형: 오주(사주)내에서 불(火)의 기운이 너무 약하면 성장이 더딜 수 있고 금(金)이 강하면 억제되는 문제가 발생할 수 있습니다.

6) 장점

가) 책임감: 신뢰받는 사람으로 큰 프로젝트나 조직을 안정적으로 이끄는 능력이 뛰어납니다.

나) 끈기와 성실함: 한번 시작한 일을 끝까지 해내는 추진력을 가집니다.

다) 포용력: 대지처럼 다른 사람을 품는 포용력이 있습니다.

7) 단점

가) 고집: 유연하지 못하고 자신의 방식만을 고수하는 경향이 있습니다.

나) 스트레스: 지나치게 책임감을 느끼거나 일을 완벽히 해내려는 태도로 인해 스트레스를 받을 가능성이 큽니다.

다) 느린 변화: 새로운 상황에 적응하거나 변화를 받아들이는 속도가 느립니다.

기묘(己卯)일주(日主)

기묘일주는 천간(天干) 기토(己)와 지지 묘목(卯)으로 구성되어 있습니다.

1) 성정(性情)

가) 기묘일주의 기본 성향: 기(己)는 음토(陰土)로서 안정적이고 포근하며 부드러운 성품을 상

징합니다. 반면 묘(卯)는 음 목(陰木)으로 생명력과 성장을 나타냅니다. 이 조합은 온화하고 조화로운 성품을 가진 사람을 형성합니다.

나) 내면의 특징

(1) 세심하고 신중하며 사람들과 잘 어울리는 조화를 중시합니다.

(2) 자존심이 강한 편이지만 외부적으로는 겸손하게 행동하려고 노력합니다.

(3) 정서적으로 예민한 면이 있어 감정 기복이 심할 수 있습니다.

2) 물상(物象)

가) 기묘일주는 대지에 자라는 풀과 꽃으로 비유됩니다. 기(己)는 대지를 묘(卯)는 그 위에 자라는 생명력을 상징하므로 아름다운 자연의 조화를 연상케 합니다.

나) 이들은 보기에 평온하고 안정적이지만 속으로는 끊임없이 성장하려는 욕구가 있습니다.

3) 형상(形象)과 신체 건강

가) 신체적 특징: 기묘일주는 대체로 균형 잡힌 외모를 가지며 신체적으로도 큰 결점 없이 건강하게 태어나는 경우가 많습니다. 하지만 묘(卯)의 영향을 받아 신체가 비교적 가늘거나 섬세한 인상을 주는 경우가 많습니다.

나) 건강 상태

(1) 소화기와 위장 관련 문제가 있을 수 있습니다(기(己)는 위와 관련 있음).

(2) 묘(卯)가 간(肝)을 상징하므로 간 건강에 유의해야 합니다.

(3) 예민한 성격으로 인해 스트레스성 질환에 노출될 가능성이 있습니다.

4) 사회적 역할

가) 기묘일주는 부드럽고 유연한 성격 덕분에 사회에서 조정자 중재자 역할을 잘 수행합니다.

나) 사람들과의 관계를 중요시하며 갈등을 최소화하려는 성향이 강해 협력과 조화를 중시하는 리더로 인정받을 수 있습니다.

다) 다만 과도한 타협으로 인해 자신의 입장을 강하게 어필하지 못하는 경우도 있습니다.

5) 계절적 특징

가) 묘(卯)는 봄의 기운을 나타내며 특히 초봄에 해당합니다. 이는 새로운 시작 생명력 성장의 에너지를 상징합니다.

나) 기(己)는 촉촉한 대지를 상징하므로 기묘 일주는 마치 봄비로 인해 새로운 생명이 피어나는 장면을 떠올리게 합니다

다) 이 조합은 봄처럼 유연하고 적응력이 뛰어난 성격을 나타냅니다.

6) 장점

가) 조화로운 성격: 온화하고 남을 배려하는 태도로 주변 사람들과 잘 어울립니다.
나) 성실함: 기(己)의 토기운 덕분에 책임감이 강하고 꾸준히 노력하는 자세를 가집니다.
다) 창의력: 묘(卯)의 성장 에너지가 창의적이고 새로운 아이디어를 만들어냅니다.
라) 대인관계 능력: 사람들과 원만한 관계를 유지하며 신뢰를 얻는 성격입니다.

7) 단점

가) 우유부단함: 기묘일주는 남을 배려하려는 성향이 강해 결정을 내릴 때 망설이는 경우가 많습니다.
나) 감정 기복: 묘(卯)의 예민한 성향이 지나치게 작용하면 작은 일에도 크게 동요할 수 있습니다.
다) 스트레스: 내면의 완벽함을 추구하려다 보니 본인이 과도한 스트레스를 받을 가능성이 큽니다.
라) 자기주장 부족: 조화를 중시하다 보니 자신의 의견을 강하게 주장하지 못해 손해를 보는 경우가 있을 수 있습니다.

경진(庚辰)일주(日主)

경진일주는 매우 독특한 에너지를 가진 일부 중 하나로 각 요소가 조화롭게 작용하거나 충돌할 수 있는 복잡한 특징을 지닙니다.

1) 성정(性情)

가) 주체적이고 강인함: 경(庚)은 금(金)의 속성을 지닌 천간으로 단단하고 강한 성격을 나타냅니다. 결단력이 뛰어나며 논리적이고 이성적입니다.
나) 끈기와 의지력: 진(辰)은 습한 토(土)의 기운을 가진 지지로 성실함과 내구성을 부여합니다. 어려운 상황에서도 쉽게 포기하지 않고 버텨내는 성향이 있습니다.
다) 융통성과 조화: 진(辰)이 오주(사주)내에서 조화로운 역할을 하면 경(庚)의 강한 면이 부드러워지며 사회적 관계에서도 유연함을 발휘합니다.

2) 물상(物象)

가) 경(庚)은 쇠붙이 날카로운 도구 무기 등을 상징하며 진(辰)은 습기를 머금은 땅이라서 나

는 용(辰) 깊은 산속 계곡 같은 이미지를 떠올리게 합니다.

나) 경진의 조합은 단단한 광석이 깊은 산에서 캐내지는 모습으로 비유할 수 있습니다. 이는 경진 일주가 가진 잠재력을 발휘하기 위해 시단 이 필요하며 꾸준한 노력이 요구된다는 것을 의미합니다.

3) 형상(形象)

경(庚)의 금(金) 기운은 단단하고 건장한 체격을 나타냅니다. 진(辰)의 영향으로 체형이 둥글면서도 균형 잡힌 편일 수 있습니다.

4) 신체 건강

가) 금(金)은 폐와 호흡기 계통을 주관하므로 폐 질환 감기 등에 주의가 필요합니다.

나) 진(辰)은 습기를 머금은 토(土)이기 때문에 소화기 계통과 관절 건강에 신경 써야 합니다.

다) 습한 기운으로 인해 몸이 무거워지거나 피로를 쉽게 느낄 수 있으므로 꾸준한 운동과 균형 잡힌 식단이 중요합니다.

5) 사회적 역할

가) 지도자적 기질: 경(庚)의 강한 금(金)기운은 결단력과 추진력을 부여하여 지도자로서 해야 할 역할을 잘 수행합니다.

나) 문제 해결 능력: 현실적인 문제를 직시하고 해결할 수 있는 실질적인 사고방식을 갖고 있어 조직 내에서 중요한 문제를 책임지고 처리하는 역할에 적합합니다.

다) 변화 관리: 진(辰)의 유연한 속성은 변화와 조화를 다루는 능력을 강화시켜 경직된 사고를 보완합니다.

6) 계절적 특징

경진 일주는 봄(진월)의 기운과 연관이 깊습니다.

가) 진(辰)은 음과 양의 기운이 전환되는 시점에 해당하며 생명력이 왕성하게 시작되는 시기입니다.

나) 경(庚)의 금(金) 기운은 봄의 나무(木) 기운과 상충할 수 있지만, 적절히 조율되면 생산성과 창의력을 발휘하게 됩니다.

7) 장점

가) 강한 책임감과 목표 달성 의지가 강합니다.

나) 논리적 사고와 현실감각이 뛰어납니다.
다) 조직력과 문제 해결 능력이 탁월합니다.
라) 포기하지 않는 끈기와 근성이 있습니다.

8) 단점

가) 지나치게 이성적이고 강경한 태도로 인해 인간관계에서 오해를 받을 수 있습니다.
나) 금(金)의 강한 기운이 과도하면 타협과 융통성이 부족해질 수 있습니다.
다) 진(辰)의 습기와 연관된 무기력감이나 체력 저하가 발생할 가능성이 있습니다.

신사(辛巳)일주(日主)

신사일주는 천간의 신(辛)과 지지의 사(巳)로 이루어진 일주로 독특한 성격과 특징을 가지는 조합으로 여겨집니다.

1) 성정(性情)

가) 신금(辛)의 성정: 신금은 작은 금속 보석을 상징하며 섬세하고 예민하며 완벽주의적인 성향을 지닙니다. 외형은 차분하고 우아해 보이지만 내면적으로는 자신만의 기준이 뚜렷하고 고집스러운 면이 있습니다.
나) 사화(巳)의 성정: 사화는 강한 불의 에너지와 활기를 상징합니다. 열정적이고 진취적이며 활동성이 뛰어나고 주변에 열정을 불어넣는 역할을 합니다.
다) 조합성정: 신금의 섬세함과 사화의 열정이 결합되어 신사일주는 매사에 신중하면서도 목표 달성을 위해 적극적으로 움직이는 성격을 지닙니다. 그러나 예민함과 강한 자기주장이 갈등의 요인이 되기도 합니다.

2) 물상(物象)

가) 신금은 작은 보석처럼 아름답고 세련된 이미지를 가지며 사화는 태양과 같은 활기를 상징합니다. 이 조합은 신사일주가 외적으로 단정하고 매력적인 인상을 주며 품위 있는 태도를 유지하려는 경향이 있음을 나타냅니다.
나) 물상으로는 불 속에 단련된 보석으로 비유할 수 있습니다. 이는 자신의 가치를 끊임없이 연마하고 발전시키려는 노력을 상징합니다.

3) 형상(形象)과 사회적 역할

가) 신사일주는 섬세하고 세련된 감각을 통해 사회적으로 독특한 존재감을 발휘합니다. 뛰어난 관찰력과 분석력을 기반으로 예술 디자인 상담 등 창의적이거나 세밀함을 요구하는 분야에서 두각을 나타냅니다.

나) 동시에 사화의 진취성과 열정으로 인해 리더십을 발휘할 수 있지만, 자신의 원칙을 고수하는 강한 성향으로 타인과 갈등을 겪을 수도 있습니다.

4) 신체 및 건강

가) 장점: 신금의 섬세함은 신체적으로 피부가 곱고 세련된 이미지를 가지는 경우가 많습니다. 사화가 열기는 체력이 좋고 활력이 넘치는 특징을 더합니다.

나) 단점: 과도한 긴장감과 예민함으로 인해 스트레스성 질환 소화기 계통의 질환(특히 위장)이 발생하기 쉽습니다. 사화의 뜨거운 기운으로 인해 염증성 질환에도 유의해야 합니다.

5) 계절적 특징

가) 봄: 신금과 사화의 조합은 봄의 시작에서 차갑고 섬세한 느낌을 유지하며 활기를 더하는 시기와 유사합니다.

나) 여름: 여름철에는 사화의 뜨거운 에너지가 강하게 발휘되며 활동성이 극대화됩니다.

다) 가을: 가을은 신금의 에너지가 강해지는 시기로 차분함과 내면의 고요함이 돋보입니다.

라) 겨울: 겨울에는 사화의 에너지가 약해져 내 면적으로 고립되거나 냉철함이 지나치게 부각될 수 있습니다.

6) 장점

가) 섬세하고 세련된 감각을 지닙니다.

나) 목표를 향해 끈기 있게 나아가는 추진력이 있습니다.

다) 창의력이고 독창적인 사고를 발휘합니다.

라) 정직하며 신뢰감을 주는 성품을 가집니다.

7) 단점

가) 지나치게 완벽주의적인 성향으로 스트레스 유발합니다.

나) 예민하고 강박적인 면으로 갈등을 겪을 수 있습니다.

다) 감정 조절이 부족해 주변과 마찰이 잦을 가능성이 높습니다.

라) 사화의 과도한 열기로 인해 조급함을 드러낸 때가 있습니다.

임오(壬午)일주(日主)

임오일주는 간지학(干支學)에서 임수(壬水, 큰 바다)와 오화(午火, 불과 태양)의 조합으로 이루어진 일주입니다.

1) 성정(性情)

임수는 크고 깊은 바다를 상징하며 오화(午火)는 강렬한 태양과 뜨거움을 의미합니다.

가) 깊이 있는 사고와 창의적인 아이디어를 가지고 있습니다.

나) 개방적이고 유연하며 적응력이 강한 편입니다.

다) 내면적으로는 불과 물의 충돌로 인해 정서적으로 불안정하거나 갈등을 겪을 수 있습니다.

2) 물상(物象)

가) 임수는 넓고 깊은 물(바다나 강)을 오화는 강렬한 태양과 뜨거운 열기를 상징합니다.

나) 이 조합은 시원함과 뜨거움이 공존하는 모습으로 강렬한 에너지와 생명력을 드러냅니다.

다) 사회적으로는 다재다능하고 다방면에서 두각을 나타낼 가능성이 큽니다.

3) 형상(形象)

가) 임수의 영향을 받아 신체적으로 유연하고 부드러운 움직임을 보입니다.

나) 오화의 영향으로 인해 따뜻하고 활발한 에너지가 외향적으로 드러날 수 있습니다.

다) 대체로 길쭉한 체형이나 균형 잡힌 몸매를 가진 경우가 많습니다.

4) 신체 건강

가) 장점: 에너지가 풍요하며 활동적인 생활을 즐길 가능성이 큽니다.

나) 취약점

(1) 불과 물의 상충으로 인해 소화기 계통(위장)과 순환기(심장 혈액)관련 질환에 주의가 필요합니다.

(2) 또한 감정 기복이 건강에 영향을 미칠 수 있으므로 스트레스 관리가 중요합니다.

5) 사회적 역할

가) 타고난 유연성과 적응력을 바탕으로 다양한 사람들과 소통하고 협력하는 능력이 뛰어납니다.

나) 독창적인 사고와 문제 해결 능력을 통해 리더십을 발휘하거나 창조적인 역할을 맡을 수 있습니다.

다) 그러나 내면적인 갈등으로 인해 지나치게 자신을 몰아붙이는 경향이 있어 균형 잡힌 삶을 추구해야 합니다.

6) 계절적 특징

가) 적합한 계절

(1) 임수(壬水)는 겨울을 오화(午火)는 여름을 상징합니다.

(2) 이 조합은 특히 늦봄에서 여름 초입의 시기(수와 화의 균형이 맞춰지는 시기)에 활발한 에너지를 발산합니다.

나) 기후적 영향: 물과 불의 조화로 인해 온화하거나 때로는 극단적으로 덥거나 차가운 환경에서도 적응할 수 있는 강한 생명력을 보입니다.

7) 장점

가) 창의력이고 독창적인 사고 능력이 강합니다.

나) 적응력이 뛰어나며 유연한 사고와 행동력이 있습니다.

다) 강한 생명력과 활동력이 있습니다.

라) 다방면에 재능을 발휘할 수 있는 능력을 펼칩니다.

8) 단점

가) 내면적인 갈등으로 인해 스트레스에 민감합니다.

나) 감정 기복이 심하여 지속적인 안정감 유지가 어려울 수 있습니다.

다) 때로는 지나친 자신감이나 열정으로 인해 과로하거나 자신을 몰아붙일 가능성이 높습니다.

계미(癸未)일주(日主)

계미일주는 천간의 계수(癸 물의 기운)와 지지의 미토(未 땅의 기운)가 결합된 형태입니다.

1) 성정(性情)

가) 계수(癸)의 성향: 계수는 작은 물방울이나 이슬 안개처럼 부드럽고 섬세하며 유연한 성격을 나타냅니다. 내적으로는 감정이 풍부하고 지혜로우며 외적으로는 온화하고 포용력이 있습니다.

나) 미토(未)의 성향: 미토는 여름의 마지막 달로 초목이 번성하고 생명이 무르익은 시기입니다. 안정과 배려 타인과의 조화를 중시하는 성격이 강합니다.

다) 종합적 성격: 계미일주는 온화하면서도 겸손하고 타인의 마음을 잘 헤아리는 사람이 많습니다. 다만 자신의 의견을 강하게 드러내지 않아 때로는 우유부단하게 보일 수 있습니다.

2) 물상(物象)

가) 계수(癸): 맑은 샘물 비 안개 이슬 등 유연하고 투명한 물의 이미지입니다.

나) 미토(未): 여름 초목이 자라는 넓은 들판 생명력이 풍부한 자연의 모습입니다.

다) 계미의 물상: 계미일주는 작고 투명한 물이 넓은 초목을 적시며 성장시키는 형상으로 사람들과의 관계 속에서 조화롭고 생명을 불어넣는 역할을 합니다.

3) 형상(形象)

가) 외모: 부드럽고 온화한 인상을 주며 다소 차분하고 정돈된 느낌을 줍니다. 눈빛 이 맑고 사려 깊은 경우가 많습니다.

나) 신체적 특징: 전체적으로 균형 잡힌 체형이나 허리와 복부가 약할 가능성이 있습니다.

4) 건강

가) 관련 신체 부위: 비장 위장 소화기 계통 미토는 흙의 기운과 관련되므로 위장 건강에 신경 써야 합니다.

나) 취약점: 소화기 계통의 약화 습열(濕熱)로 인한 질병 특히 습기가 많은 환경에서 건강 이 악화될 수 있습니다.

다) 건강 관리: 섬유질이 풍부한 음식을 섭취하고 과도한 습기를 피하며 규칙적인 운동으로 소화를 돕는 것이 중요합니다.

5) 사회적 역할

가) 계미일주는 부드러운 리더십을 발휘하며 타인을 보살피는 역할에 적합합니다. 사람들과의 협력과 조화를 중시하며 공동체의 화합을 위해 노력합니다.

나) 다만 지나치게 타인의 의견에 의존하거나 주저하는 모습을 보일 경우 주체성을 잃을 수 있으므로 스스로 주심을 잡는 연습이 필요합니다.

6) 계절적 특징

가) 계수의 물의 기운: 계수는 차가운 물로 여름철 미토의 열기를 적절히 식혀줍니다.

나) 미토의 땅의 기운: 미토는 초목이 무성한 시기로 생명력이 강하며 번영과 풍요로움을 상징합니다.

다) 결정적 특징: 계미일주는 여름철 열기와 습기를 적절히 조화시키며 안정적이고 풍요로운 분위기를 형성합니다.

7) 장점

가) 유연함: 환경에 쉽게 적응하고 변화에 잘 대처합니다.

나) 사려 깊음: 타인과 감정을 잘 이해하며 공감 능력이 뛰어납니다.

다) 조화로움: 협력을 중시하며 주변 사람들과 좋은 관계를 유지합니다.

8) 단점

가) 우유부단함: 결정을 내리는 데 시간이 걸리고 때로는 지나치게 신중합니다.

나) 내면의 갈등: 외유내강의 성향으로 겉으로는 부드러워 보이지만 내면적으로는 고민이 많을 수 있습니다.

갑신(甲申)일주(日主)

갑신일주는 천간의 가목(甲)과 지지의 신금(申)으로 이루어진 조합으로 갑목은 양의 목(木)신금은 양의 금(金)으로 서로 상극의 관계를 이룹니다.

1) 성정(性情)

가) 특징: 갑신일주는 갑목의 강직하고 진취적인 성향과 신금의 냉철하고 현실적인 성격이 함께 나타납니다. 이러한 조합은 성정에서 열정과 냉정을 동시에 지니게 하며 이상과 현실 사이에서 균형을 찾으려는 경향이 강합니다.

나) 장점

(1) 정직하고 원칙을 중시하는 성격입니다.

(2) 강한 추진력과 현실적인 판단력의 소화능력이 탁월합니다.

(3) 새로운 도전을 즐기며 성장하려는 의지가 강합니다.

다) 단점

(1) 고집스러움과 융통성 부족합니다.

(2) 이상과 현실 사이에 갈등이 심합니다.

(3) 지나치게 현실적인 판단으로 인해 창의성 억제되니 아쉬운 일입니다.

2) 물상(物象)

갑목은 나무를 신금은 쇠를 상징하므로 갑신일주는 강한 나무와 그것을 다듬는 날카로운 금속의 이미지를 연상케 합니다.

가) 성장과 개혁의 에너지를 가진 나무가 강풍에 흔들리거나 날카로운 도구에 의해 다듬어지는 모습입니다.

나) 불안전한 것을 완성으로 이끄는 강인한 개척자 정신으로 성공을 유도합니다.

3) 형상(形象)

갑목은 신체적으로 길고 뻗어나가는 이미지를 가지며 신음은 단단하고 견고한 이미지를 부여합니다.

가) 신체 부위

⑴ 갑목: 간 손발 신경계에 해당합니다.

⑵ 신금: 폐 호흡기 피부에 해당합니다.

나) 건강상 주의점

⑴ 간 건강에 유의하며 스트레스를 관리해야 합니다.

⑵ 호흡기와 피부 질환에 취약할 수 있으니 계절 변화에 신경 써야 합니다.

4) 사회적 역할

갑신일주는 자신의 원칙과 현실적인 판단력을 바탕으로 사회에서 개척자적 역할을 맡는 경우가 많습니다.

가) 특징

⑴ 리더십을 발휘하며 새로운 길을 여는 개척자입니다.

⑵ 문제를 해결하고 체계를 잡아가는 중재자입니다.

나) 장점

⑴ 명확한 목표설정과 강한 추진력이 있습니다.

⑵ 현실적인 전략과 조직 운영 능력이 탁월합니다.

다) 단점

⑴ 지나치게 독선적이거나 고집스럽게 비칠 가능성이 있습니다.

⑵ 지나친 현실 추구로 이상적인 가치 소홀히 합니다.

5) 계절적 특징

갑신일주의 에너지는 계절에 따라 다르게 작용합니다.

가) 봄(목왕지): 갑목의 에너지가 강해지는 시기 성장이 두드러지지만, 과도한 확장으로 탈진할 수 있습니다.
나) 여름(화왕지): 갑목이 화(火)와 어우러져 더욱 활발하나 신금의 조화를 잃기 쉬운 면이 있습니다.
다) 가을(금왕지): 신금의 에너지가 강해져 갑목의 기운을 억누르며 균형을 잡음
라) 겨울(수왕지): 수(水)의 기운으로 갑목의 에너지가 약해지며 신금의 차가운 기운이 강화됩니다.

6) 장점

가) 진취적인 성격과 강한 추진력이 있습니다.
나) 현실을 직시하는 냉철함과 결단력이 있습니다.
다) 새로운 도전을 두려워하지 않는 개척자적 기질이 강합니다.

7) 단점

가) 고집스러움과 융통성 부족합니다.
나) 이상과 현실의 균형을 찾는 데 어려움을 겪습니다.
다) 감정표현이 부속하거나 냉정해 보일 수 있습니다.

을유(乙酉)일주(日主)

을유일주는 천간(天干)을(乙)과 지지(地支) 유(酉)의 기운이 결합된 일주입니다.

1) 성정(性情)

가) 을(乙)의 성정: 을은 작은 풀이나 덩굴 식물을 상징하며 유연하고 부드러운 성격을 가집니다. 타인의 마음을 잘 헤아리며 온화하고 친절한 면이 돋보입니다.
나) 유(酉)의 성정: 유는 금(金) 기운에 해당하며 정리 정돈과 조직력이 강한 성격을 나타냅니다. 깔끔하고 세밀하며 자신의 일에 책임감이 강합니다.
다) 을유일주의 성격: 부드러움 속에 단단한 의지가 숨어있는 유형입니다. 사교적이며 타인과 조화를 잘 이루지만 섬세하고 때로는 소심하거나 지나치게 예민한 면도 있을 수 있습니다.

2) 물상(物象)

가) 을유는 작은 덩굴 식물이 가을철 황금빛 금속에 붙어 있는 모습으로 비유됩니다.

나) 부드러운 을(乙)나무가 유(酉)의 금(金)기운을 만나며 조화를 이루거나 충돌을 겪는 상징적 이미지를 가집니다.
다) 이는 연약해 보이지만 강인한 생명력을 지닌 식물이 어려운 환경에서도 적응하며 자라는 모습과 같습니다.

3) 형상(形象)

가) 을(乙)의 형상: 얼굴이 갸름하고 눈매가 부드러운 경우가 많으며 섬세하고 정돈된 외형을 가집니다.
나) 유(酉)의 형상: 피부가 맑고 깨끗하며 정리된 인상을 줍니다. 외모가 단정하고 깔끔하며 전 체적으로 균형 잡힌 몸매를 보일 수 있습니다.
다) 을유일주의 외형: 섬세함과 단정함이 조화를 이루는 유형으로 세련된 이미지를 주기 쉽습니다.

4) 신체 부위

가) 을(乙): 머리카락 손가락 관절 등 가늘고 섬세한 부위를 나타냅니다.
나) 유(酉): 폐 호흡기 가슴부위와 관련이 깊습니다.

5) 건강

가) 폐와 호흡기 질환(특히 감기 천식)에 주의가 필요합니다.
나) 을의 기운의 약해질 경우 소화기 문제나 신경 예민함으로 인한 스트레스성 질환이 올 수 있습니다.

6) 사회적 역할

가) 을유 일주는 사람들과의 관계를 중요시하며 타인을 돌보고 조직을 조율하는 역할에 강점이 있습니다.
나) 직업적으로는 상담사 기획자 디자이너 관리자 등 섬세함과 창의성이 요구되는 분야에서 두각을 나타낼 수 있습니다.

7) 계절적 특징

가) 을유는 가을의 중반 8월(酉)에 해당하며 수확과 결실을 상징합니다.
나) 이 시기를 에너지는 결실과 마무리의 기운이 강하며 현실적이고 실용적인 면이 강조됩니다.

8) 장점

가) 섬세하고 부드러운 성격으로 인간관계에서 신뢰를 얻습니다.
나) 적응력이 뛰어나며 어려운 상황에서도 해결방안을 찾는 능력이 있습니다.
다) 성실하고 책임감이 강해 주어진 일을 끝까지 완수합니다.

9) 단점

가) 지나치게 신중하거나 소극적일 수 있습니다.
나) 예민함으로 인해 스트레스를 쉽게 받으며 타인의 의견에 지나치게 민감하게 반응할 수 있습니다.
다) 스스로의 한계를 과소평가하며 기회를 놓칠 우려가 있습니다.

병술(丙戌)일주(日主)

병술일주는 천간의 병화(丙火)와 지지의 술토(戌土)로 이루어진 조합입니다. 태양(병화)이 가을 땅(술토) 위에 자리 잡은 형상으로 해석됩니다.

1) 성정(性情)

병술일주의 사람들은 따뜻한 성품과 강한 책임감을 지니며 내면에 열정을 품고 있습니다.
가) 장점: 성실하고 정의로우며 타인을 돕고자 하는 이타심이 강합니다.
나) 단점: 때로는 고집이 강하거나 지나치게 이상주 의적인 면을 보이기도 합니다.

2) 물상(物象)

병술은 태양(병화)이 가을의 대지(술토)에 비치는 모습으로 태양이 대지를 비추며 생명을 북돋아 주는 역할을 상징합니다.
가) 의미: 병화의 밝음과 술토의 안정이 조화를 이루는 구조합니다.
나) 비유적 해석: 이들은 주변에 따뜻한 에너지를 나누는 역할을 하며 이를 통해 삶의 활력을 제공합니다.

3) 형상(形象)

가) 병화는 둥근 태양을 술토는 가을 대지의 단단함을 나타냅니다. 따라서 이들은 강인하면서나) 도 따뜻한 이미지를 형성합니다.
다) 외형: 자신감 있고 당당한 모습으로 비춰지는 경우가 많습니다.

4) 신체 부위와 건강

가) 신체 부위: 병화는 심장과 혈액을 술토는 비장과 위장을 관장합니다.

나) 건강

(1) 심혈관 질환 예방에 주의해야 합니다.

(2) 비장 및 소화기계 문제를 조심해야 하며 균형 잡힌 식생활이 중요합니다.

5) 사회적 역할

병술 일주는 타인을 위한 헌신과 봉사를 통해 자신을 빛내는 사람들입니다.

가) 리더십: 밝은 태양처럼 조직 내에서 중심이 되어 타인에게 방향성을 제시합니다.

나) 직업적 특징: 교육자 상담사 정치가 등 타인을 돕거나 이끄는 역할에 적합합니다.

6) 계절적 특징

가) 병화는 여름의 에너지가 강하지만 술토는 가을의 기운을 품고 있어 조화로운 에너지를 형성합니다.

나) 가을에 해당하는 술토는 수확의 계절로 노력의 결실을 맺는 시기와 연결됩니다.

7) 장점

가) 강한 책임감과 정의감이 있습니다.

나) 타인을 돕고자 하는 따뜻한 마음이 있습니다.

다) 안정성과 성실함이 귀감이 됩니다.

8) 단점

가) 지나치게 고지식하거나 융통성이 부족할 수 있습니다.

나) 고집이 세거나 자기주장이 강해 갈등을 초래할 가능성이 큽니다.

정해(丁亥)일주(日主)

정해일주는 정화(丁火)와 해수(亥水)의 조합으로 이루어진 일주로 이 조합은 불(火)과 물(水)의 만남으로 상징적이고 독특한 특성을 나타냅니다.

1) 성정(性情)

가) 정해일주는 따뜻함 불(丁)과 깊고 포용력 있는 물(亥)이 결합한 생활한 성향을 가집니다.

나) 성격이 온화하고 섬세하며 감수성이 풍부하지만, 내면적으로는 고집이 강하고 자신만의 기준을 고수하려는 경향이 있습니다.

다) 타인의 감정을 잘 이해하고 배려하려는 모습이 돋보이고 주변 사람들에게 따뜻한 영향을 줍니다.

2) 물상(物象)

가) 정(丁)은 등잔불이나 촛불처럼 부드럽고 은은한 불을 상징하며 해(亥)는 큰 강 바다 깊은 물을 나타냅니다.

나) 정해일주는 작지만 빛나는 불이 넓은 물 위에 떠 있는 모습처럼 고요하면서도 은은한 빛을 발하는 이미지입니다.

다) 내면적으로 강한 의지와 깊이를 가지며 겉으로는 온화하고 차분한 인상을 줍니다.

3) 형상(形象)

가) 외모에서 부드럽고 친근한 느낌을 주며 눈빛 이 따뜻한 감정을 표현하는 데 능숙한 사람이 많습니다.

나) 신체적으로는 크지 않고 아담한 체형이나 조화롭고 균형감 있는 몸을 가진 경우가 많습니다.

4) 신체 부위와 건강

가) 丁은 심장과 혈액 순환계를 亥는 신장과 생식기 계통을 상징합니다.

나) 정해일주는 심혈관계와 신장 건강에 유의해야 하며 혈압 문제나 감정적인 스트레스로 인한 질환에 취약할 수 있습니다.

다) 따뜻한 음식을 섭취하고 몸을 과도하게 차게 하지 않도록 관리하는 것이 중요합니다.

5) 사회적 역할

가) 따뜻한 포용력 있는 성향으로 인해 타인을 돕거나 가르치는 일에 적합합니다.

나) 예술적 재능이나 창의성이 독보여 예술 교육 상담 디자인 등 감성과 관련된 직업에서 두각을 나타냅니다.

다) 협력과 조화를 중요하게 생각하기 때문에 팀워크를 요하는 직업에서도 인정받을 수 있습니다.

6) 계절적 특징

가) 정(丁)은 여름의 불을 해(亥)는 겨울의 물을 상징합니다.

나) 정해일주는 불(火)과 물(水)의 대비가 극명한 조합으로 계절적으로 초봄 또는 초겨울에 강한 특성을 보입니다.
다) 환경적 영향을 많이 받는 편이라 온도가 너무 높거나 낮은 상황을 피하는 것이 좋습니다.

7) 장점

가) 따뜻한 성품: 정해일주는 타인에게 감동을 줄 정도로 따뜻하고 섬세합니다.
나) 포용력: 넓은 마음과 이해심으로 사람들을 끌어모으는 능력이 뛰어납니다.
다) 창의성: 예술적 감각과 창조적 사고력이 우수합니다.
라) 인내심: 어려운 상황에서도 차분하게 문제를 해결하려는 성향이 있습니다.

8) 단점

가) 우유부단함: 물(水)의 특성 때문에 결정을 내리는 데 시간이 걸릴 수 있습니다.
나) 내적 고립감: 외적으로 따뜻하지만, 내면적으로는 고독감을 느끼기 쉽습니다.
다) 과민함: 감수성이 풍부해 작은 일에도 쉽게 상처를 받을 수 있습니다.
라) 건강: 관리 소홀로 체온 조절이나 스트레스 관리가 부족하면 쉽게 건강에 영향을 받을 수 있습니다.

무자(戊子)일주(日主)

무자일주는 간지(干支)조합 중 하나로 천간(天干)인 무토(戊土)와 지지(地支)인 자수(子水)가 결합된 형태입니다.

1) 성정(性情)

가) 특징: 무토는 안정적이고 중심을 잡으려는 특성을 가지며 자수는 지혜가 변화의 상징입니다. 따라서 무자일주는 내면적으로는 단단하지만, 외적으로 유연함을 추구하려는 경향이 있습니다.
나) 성격
 ⑴ 책임감이 강하고 자신의 역할을 중요하게 여깁니다.
 ⑵ 감정표현은 드러내지 않으려 하지만 내면적으로는 감정의 깊이가 있습니다.
 ⑶ 계획적이고 신중하지만 때로는 유동성 부족으로 인해 답답하게 느껴질 수 있습니다.

2) 물상(物象)

가) 무토(戊土): 높은 산 단단한 성벽 넓은 대지와 같은 상징입니다.

나) 자수(子水): 강한 물의 흐름 깊은 강물 또는 밤하늘의 빛나는 별처럼 투명하고 맑은 이미지를 상징합니다.

다) 무자일주 물상: 산에서 강물이 흘러내려 대지를 적시는 모습으로 안정감과 유연함을 공존하는 조화를 상징합니다.

3) 형상(形象)

가) 무자일주의 사람들은 대체로 단단하고 중심이 잡힌 체격을 가지는 경우가 많습니다.

나) 얼굴형은 둥글거나 네모난 경우가 많으며 이목구비는 또렷하면서도 부드러운 인상을 줍니다.

4) 신체 부위와 건강

가) 신체 부위

(1) 무토: 비장 위장 등 소화기 기관과 관련이 있습니다.

(2) 자수: 신장 방광 생식기 등 물과 관련된 장기와 관련이 깊습니다.

나) 건강 주의 사항

(1) 소화기 계통의 질환(위염 소화불량 등) 취약할 수 있습니다.

(2) 수기(水氣)와 관련된 신장 방광 쪽 건강을 주의해야 합니다. 특히 체내 수분 순환을 원활하게 유지하는 것이 중요합니다.

(3) 스트레스 관리가 필요하며 심리적 안정 이 건강 유지의 핵심입니다.

5) 사회적 역할

가) 무토의 특성: 안정적이고 신뢰를 주는 존재로 조직에서 중심을 잡아주는 역할을 합니다.

나) 자수의 특성: 정보와 네트워크를 연결하며 지혜로운 결정을 내리는 조언자 역할을 합니다.

다) 무자일주의 역할: 협력과 균형을 중시하며 팀워크를 강화하는 데 중요한 기여를 합니다.

6) 계절적 특징

가) 무자일주는 겨울의 기운을 내포합니다. 자수(子水)가 겨울철의 물기를 상징하기 때문입니다.

나) 겨울의 속성: 내적 성찰과 준비의 시간으로 무자일주는 계획적이고 신중한 성향이 강합니다.

다) 특징: 외부 환경의 변화를 잘 받아들이는 유연성과 동시에 내면적 안정감을 추구합니다.

7) 장점

가) 책임감과 신뢰성: 맡은 바를 끝까지 완수하려는 성향이 강합니다.

나) 지혜와 판단력: 자수의 영향으로 상황을 분석하고 통찰하는 능력이 뛰어납니다.

다) 균형감각: 무토의 안정성과 자수의 유연성이 결합되어 조화를 이루는 특징이 있습니다.

8) 단점

가) 완고함: 무토의 단단함이 지나치게 발현되면 고집스러운 면으로 비춰질 수 있습니다.

나) 결정의 유보: 자수의 특성으로 인해 결정을 미루거나 망설이는 경향이 있습니다.

다) 정서적 불안정: 내면적으로 감정을 억누르는 경향이 있어 감정적 스트레스를 받을 가능성이 있습니다.

기축(己丑)일주(日主)

기축일주는 천간(天干) 기토(己土)와 지지(地支)인 축토(丑土)의 결합을 상징합니다.

1) 성정(性情)

성격: 기토(己)는 부드럽고 포용력이 있는 대지의 속성을 가지며 축토(丑)는 차가운 겨울의 에너지를 나타냅니다. 따라서 기축일주는 신중하고 차분하며 실용적이고 현실적인 성격을 가지고 있습니다.

가) 세심하고 계획적인 면모를 보이며 큰 위험을 감수하기보다는 안정적이고 확실한 선택을 선호합니다.

나) 하지만 가끔 고집이 강하거나 변화를 두려워하는 보수적인 성향을 보일 수 있습니다.

2) 물상(物象)

가) 기축은 늦겨울의 땅을 상징하며 농작물이 수확 후 쉬고 있는 논밭을 비유할 수 있습니다.

나) 이는 잠재력이 크고 축적의 의미가 강하다는 점에서 씨앗을 품은 땅으로 해석됩니다.

3) 형상(形象)

가) 외형: 기토의 속성상 얼굴이나 체형이 단정하고 안정감을 주는 모습으로 나타날 수 있습

니다.

나) 축토는 차가운 기운이 있어 색이 약간 창백하거나 차분한 이미지를 연상케 합니다.

4) 신체 부위

가) 기토는 위장 소화기 계통과 관련이 있습니다.

나) 축토는 관절 특히 무릎과 발목 부위를 담당합니다.

5) 건강

가) 기축일주는 건강 면에서 소화기 질환(예: 위염 소화불량)과 관절 질환(특히 무릎 관절염)에 주의해야 합니다.

나) 축토의 차가운 속성으로 인해 혈액순환 문제 특히 손발이 차거나 겨울철에 면역력이 떨어지는 경향이 있습니다.

6) 사회적 역할

기축일주는 근면성과 책임감이 강하여 관리자나 안정적인 역할을 요구하는 직업에서 두각을 나타냅니다.

7) 계절적 특징

가) 기축은 음지지(陰地支)로 겨울(1월 축월)에 속합니다.

나) 겨울의 대지는 얼어 있지만, 내부적으로 다음 계절(봄)을 준비하는 에너지를 내포하고 있습니다.

다) 이는 내면적으로 강한 에너지와 인내심을 나타냅니다.

8) 장점

가) 실용적이고 계획적: 무리하지 않고 현실에 기반한 선택을 잘합니다.

나) 책임감과 근면성: 맡은 일을 성실히 해내는 신뢰감이 강합니다.

다) 축적의 에너지: 자산을 모으거나 미래를 준비하는 데 유리한 성향입니다.

9) 단점

가) 보수적이고 고집이 셈: 변화를 두려워하며 새로운 시도의 소극적일 수 있습니다.

나) 냉정한 이미지: 주변에서 감정표현이 부족하다고 느낄 수 있습니다.

다) 건강 취약성: 위장과 관절 건강을 유의해야 합니다.

경인(庚寅)일주(日主)

경인일주는 일간(천간(天干) 庚金과 지지(地支) 인목(寅木))의 조합입니다.

1) 성정(性情)

가) 강인하고 결단력 있는 성격: 경금(庚)은 단단한 쇠처럼 강하고 의지가 굳은 성질을 나타냅니다. 인목(寅木)은 생명의 시작과 활기를 상징하므로 경인일주는 강한 추진력과 도전 정신을 지닌 사람으로 볼 수 있습니다.

나) 정의감과 강직함: 경금의 의롭고 정직한 성향이 인목의 강인한 기운과 어우러져 불의를 참지 못하며 자신의 신념을 굽히지 않는 강한 성격을 보입니다.

다) 때로는 고집스러움: 자신의 생각을 강하게 밀어붙이는 경향이 있어 타인과의 의견 조율이 어려울 수 있습니다.

2) 물상(物象)

가) 단단한 도구나 무기: 경금은 연마되지 않은 큰 쇠나 도구를 나타냅니다. 인목은 커다란 나무나 숲을 상징하므로 경인 일주는 개척자처럼 어려움 환경에서도 스스로를 연마하며 발전하려는 모습을 보입니다.

나) 산을 뚫고 나가는 도끼: 경금이 인목과 만나 나무를 다스리는 도끼처럼 경인일주는 어려운 문제를 해결하거나 새로운 결정 개척하는 강력한 에너지를 가집니다.

3) 형상(形象) 및 신체 부위

가) 신체적 특징: 경금은 뼈 치아 관절을 상징하고 인목은 사지(특히 팔다리)를 의미합니다. 따라서 경인일주는 튼튼한 체격과 강인한 신체를 가지는 경우가 많습니다.

나) 취약한 부위: 이목의 기운이 너무 강하면 간 기능에 무리가 갈 수 있고 경금의 강함이 지나치면 관절이나 뼈에 문제가 생길 수 있습니다.

4) 건강

가) 장점: 체력이 좋고 면역력이 강한 편입니다. 강한 생명력을 바탕으로 웬만한 병을 잘 이겨냅니다.

나) 단점: 스트레스를 과도하게 받거나 무리하게 몸을 움직이면 간 건강과 관절에 문제가 생길 수 있습니다. 체력 과신으로 누적 시키지 않도록 주의가 필요합니다.

다) 추천 건강 관리법: 적절한 휴식과 함께 간을 보호하는 음식 섭취가 중요합니다. 몸이 경

직되지 않도록 유연성을 기르는 운동(요가, 스트레칭 등)을 병행하면 좋습니다.

5) 사회적 역할

가) 리더쉽과 개척자 역할: 경금의 강인한 기질과 인목의 생동감이 어우러져 조직에서 리더 역할을 맡거나 새로운 분야를 개척하는 데 뛰어난 역량을 발휘합니다.

나) 정의로운 조언자: 올곧고 정직한 성격 덕분에 타인에게 신뢰받으며 사회적으로 조언자나 멘토로서의 역할을 수행할 가능성이 높습니다.

다) 주의점: 타인가 협력할 때 지나치게 자신의 의견을 고집하거나 완벽주의 성향으로 인해 스트레스를 받을 수 있습니다.

6) 계절적 특징

가) 봄(寅月): 인목은 봄을 상징하므로 경인일 주는 봄철과 같은 생동감과 활력을 지니고 있습니다. 새로운 시작을 변화와 성장을 추구하는 데 강점이 있습니다.

나) 조화로운 계절: 봄의 기운과 경금의 단단함이 조화를 이루면 큰 성과를 이룰 수 있지만, 만약 조화가 부족하다면 고집스러운 성격이나 지나친 완고함으로 인해 문제가 발생할 수 있습니다.

7) 장점

가) 강한 의지력: 목표를 세우면 끝까지 해내는 끈기가 있습니다.

나) 리더십: 주도적으로 문제를 해결하며 조직을 이끌어가는 능력이 뛰어납니다.

다) 정직함과 책임감: 신뢰를 바탕으로 한 인간관계에서 강점을 보입니다.

라) 도전정신: 어려운 상황에서도 포기하지 않고 새로운 기회를 만들어내는 성향이 있습니다.

8) 단점

가) 완고함: 자신의 생각을 고집하여 타인의 의견을 수용하지 못하는 경우가 있습니다.

나) 감정표현 부족: 경금의 차가운 성질로 인해 감정을 잘 드러내지 않아 인간관계에서 갈등이 생길 수 있습니다.

다) 스트레스 누적: 책임감이 강해 무리하게 일을 진행하다가 번 아웃에 이를 수 있습니다.

신묘(辛卯)일주(日主)

신묘일주는 간지(천간과 지지)의 조합 중 하나로 천간의 신(辛)과 지지의 묘(卯)가 결합된 형태입니다.

1) 성정(性情)

가) 천간 신(辛)은 금(金)의 에너지로 섬세하고 정교하며 아름다움을 추구하는 성격을 나타냅니다.

나) 지지 묘(卯)는 목(木)의 기운으로 부드럽고 온화하며 성장하며 성장과 발달의 특징을 지닙니다.

다) 신묘일주는 대체로 섬세함과 우아함이 조화를 이루며 타인에게 예의 바르고 친절한 인상을 줍니다. 그러나 내적으로는 자신만의 세계를 중시하며 예민한 면도 있습니다.

2) 물상(物象)

가) 신(辛)은 금속 중에서도 가공된 보석이나 칼을 상징합니다. 작고 세밀하며 빛나는 것으로 표현됩니다.

나) 묘(卯)는 새싹이 돋아나는 나무로 생명력과 생동감을 상징합니다.

다) 신묘일주는 강인하면서도 부드러운 아름다움과 조화를 중시하는 이미지를 가집니다.

3) 형상(形象)

가) 신묘일주 사람의 일반적으로 단정하고 세련된 외모를 가지며 섬세하고 우아한 분위기를 풍깁니다.

나) 행동과 말투는 조화롭고 정제된 느낌을 주며 상대에게 신뢰를 주는 경우가 많습니다.

4) 신체 부위

가) 신(辛)은 금(金)의 기운으로 폐 피부 코와 관련이 있습니다.

나) 묘(卯)는 목(木)의 기운으로 간 손발 눈과 연관됩니다.

다) 따라서 피부 눈 손발 건강이 중요하며 특히 과로나 스트레스가 쌓이면 폐나 간에 부담이 올 수 있습니다.

5) 건강

가) 장점: 기본적으로 신묘일주는 섬세하고 체질적으로 균형이 잘 잡힌 경우가 많습니다.

다) 주의할 점

(1) 스트레스에 예민하여 신경성 질환이 생길 가능성이 있습니다.

(2) 폐와 피부 질환 간 건강을 항상 점검해야 하며 규칙적인 생활과 스트레스 관리가 중요합니다.

6) 사회적 역할

가) 신묘일주는 타고난 외교적 감각과 조화로 움으로 조직이나 사회에서 중재자 역할을 잘 수행합니다.

나) 예술 디자인 상담 외교 분야에서 두각을 나타낼 수 있으며 창의적이고 섬세한 아이디어로 주목받습니다.

다) 다만 결단력이 부족하거나 지나치게 신중한 태도로 기회를 놓칠 수 있으니 주의가 필요합니다.

7) 계절적 특징

가) 묘(卯)는 봄에 해당하며 새싹이 돋아나는 시기를 상징합니다.

나) 신묘일주는 대체로 봄처럼 부드럽고 생동감 있는 기질을 가지며 새로운 시작과 성장을 중시합니다.

8) 장점

가) 섬세하고 조화로운 성격입니다.

나) 예술적 감각과 창의성이 있습니다.

다) 사람들과 잘 어울리고 배려심이 많습니다.

9) 단점

가) 결단력 부족 우유부단합니다.

나) 예민하고 신경을 소모합니다.

다) 완벽주의적 성향으로 스트레스를 받을 가능성이 높습니다.

임진(壬辰)일주(日主)

임진일주는 천간의 임수(壬)와 지지의 진토(辰)가 조화를 이루며 강한 수(水)의 기운과 토의 특성을 포함하고 있습니다.

1) 성정(性情)

가) 긍정적 성향: 임진일주는 유연하고 지혜로우며 상황에 적응하는 능력이 뛰어납니다. 임수는 넓고 깊은 바다와 같아 포용력과 인내심이 강하며 진토(土)의 안정감을 제공하여 내면에 강한 추진력과 집중력을 갖춥니다.

(1) 주도적 사고: 스스로 길을 개척하려는 도전정신이 강합니다.

(2) 지혜로움: 깊이 있는 사과와 창의력 아이디어를 잘 활용합니다.

나) 부정적 성향: 강한 수(水)의 기운은 가끔 과도한 방향과 우유부단함을 초래할 수 있으며 진토의 복잡성은 내적 갈등과 정서적 혼란으로 이어질 가능성이 있습니다.

(1) 변덕스러움: 마음이 쉽게 흔들릴 수 있습니다.

(2) 내적 갈등: 감정적 불안정성이 있습니다.

2) 물상(物象)

임수는 바다 강 호수 등의 이미지를 상징하며 진토는 산과 습지가 결합된 형상으로 볼 수 있습니다.

가) 큰 강물이 흙과 흘러가는 모습입니다.

나) 창의적 에너지와 현실적 기반이 결합된 조화로운 형상입니다.

다) 물과 흙의 조화로 다재다능하며 융통성이 강한 이미지를 형성합니다.

3) 형상 및 신체 부위와 건강

가) 신체 부위: 임진일주는 수(水)와 토(土)의 영향을 받기 때문에 신장 방광 생식기 비장 위장 등과 연관됩니다.

나) 건강 상태

(1) 강한 임수는 신장 기능이 왕성하나 과도 한 수의 기운으로 한랭성 질환(감기 관절통 등)에 노출될 가능성이 있습니다.

(2) 진토의 특성으로 인해 소화기관과 비장 건강에 주의가 필요합니다. 위장병이나 소화불량이 발생할 수 있습니다.

4) 사회적 역할

임진일주는 지혜롭고 전략적인 지도자의 역할을 수행하기에 적합합니다.

가) 협력적 리더십: 다른 사람의 의견을 수렴하고 조율하는 데 뛰어납니다.

나) 문제 해결 능력: 복잡한 상황에서도 해결책을 찾아내는 능력이 탁월합니다.

다) 창의적 직업군 학문 연구 문학 예술 등 창의력을 발휘할 수 있는 분야에서 빛을 발합니다.

5) 계절적 특징

가) 봄(목): 진토가 수(水)와 함께 새싹을 돕는 계절로 임진(壬辰)일주에게 강력한 생명력을 부여합니다.

나) 여름(화): 임수의 기운이 약해져 건강 관리에 주의가 필요합니다.

다) 가을(금): 금생수(金生水)로 임수의 기운이 다시 왕성해져 유리합니다.

라) 겨울(水): 임수의 힘이 가장 강하나 과다 한 수(水)로 인해 균형이 깨질 수 있습니다.

6) 장점

가) 뛰어난 적응력과 포용력이 있습니다.

나) 강한 직관력과 지혜가 출중합니다.

다) 다른 사람과 조화를 이루는 능력이 탁월합니다.

7) 단점

가) 지나친 신중함으로 기회를 놓칠 가능성이 있습니다.

나) 내적 불안정성으로 인해 의욕 상실이 발생합니다.

다) 주변 환경에 따라 쉽게 흔들릴 수 있는 정서적 취약점이 있습니다.

계사(癸巳)일주(日主)

계사일주는 계수(癸水)는 음수(陰水)로 부드럽고 세밀하며 사화(巳火)는 음화(陰火)로 따뜻하고 활동적입니다.

1) 성정(性情)

가) 조화와 균형의 추구: 계수의 부드럽고 순응적인 성향과 사화의 열정적이고 창조적인 성격이 혼합되어 있습니다.

나) 분석적 사고와 직관: 계수의 섬세함과 사화의 직관력이 조화를 이루어 분석과 직감을 함께 활용할 줄 압니다.

다) 융통성 있는 성격: 사람들과 잘 어울리며 상황에 맞게 적응하는 유연함이 있습니다.
라) 감정의 민감함: 계수가 기본적으로 감정적이고 예민한데 사화의 열정이 더해지면 감정을 강하게 표현하거나 쉽게 영향을 받을 수 있습니다.

2) 물상(物象)

가) 계수는 밤하늘의 이슬이나 안개 흐르는 조용한 물과 같으며 사화는 따뜻하게 타오르는 작은 불꽃을 상징합니다.
나) 물이 불을 적시는 이미지로 계수의 부드러움이 사화의 지나친 열기를 다스리는 형상입니다.
다) 이는 차분하면서도 적극적인 에너지를 표현하며 균형과 조화를 추구하는 상징적 모습으로 풀이됩니다.

3) 형상(形象)

가) 부드러운 외모: 계수의 영향으로 피부가 부드럽고 윤기가 나는 경우가 많습니다.
나) 눈빛이 맑고 차분함: 계수는 물처럼 맑은 성질 이 강한 눈빛에 반영됩니다.
다) 사화의 생동감: 사화의 기운으로 얼굴에 생기가 돌며 웃음이 따뜻하고 사람을 끌어당기는 매력이 있습니다.

4) 신체 부위와 건강

가) 계수: 신장 방광 혈액순환과 관련이 깊어 이 부분에 민감할 수 있습니다.
나) 사화: 심장혈관 소화기관과 연관이 있어 스트레스로 인해 소화기나 심장 관련 질환이 발생할 가능성이 있습니다.

5) 건강 관리

가) 과도한 긴장과 감정 기복을 줄이는 것이 중요합니다.
나) 따뜻한 환경에서 몸을 보호하고 찬 음식을 과도하게 섭취하지 않도록 주의해야 합니다.

6) 사회적 역할

가) 리더십과 협력의 조화: 사화의 적극성과 계수의 부드러움이 융합되어 조직 내에서 팀워크와 조화를 이루는 중요한 역할을 합니다.
나) 중재자 역할: 민감한 상황에서 갈등을 완화시키고 사람들 사이의 다리를 놓는 역할을 잘 수행합니다.
다) 창의적 직업: 예술 디자인 글쓰기와 같은 분야에서 두각을 나타낼 가능성이 높습니다.

7) 계절적 특징

계절적 에너지: 계수는 겨울의 기운을 사화는 여음의 기운을 상징합니다. 이는 온도 차가 극명하게 드러나는 조합으로 계절 변화에 민감한 체질로 볼 수 있습니다.

8) 장점

가) 감수성과 창의력: 계수가 세심함과 사화의 에너지가 결합되어 독창적이고 새로운 아이디어를 창출합니다.

나) 대인관계의 능숙함: 사람들과 소통하고 조화를 이루는 데 능합니다.

다) 유연한 사고: 변화하는 상황에서도 유연하게 대처하며 문제 해결 능력이 뛰어납니다.

9) 단점

가) 감정적 불안정: 계수와 사화 모두 감정적으로 예민할 수 있어 때때로 과도한 감정 기복을 보일 수 있습니다.

나) 우유부단함: 상황에 따라 지나치게 신중하거나 결정을 미루는 경향이 있을 수 있습니다.

다) 스트레스에 취약:심리적 압박을 느끼기 쉬우며 건강에 영향을 미칠 수 있습니다.

갑오(甲午)일주(日主)

갑오일주는 갑목(甲木)과 오화(午火)의 상호작용을 통해 알 수 있습니다.

1) 성정(性情)

가) 활발하고 독립적: 갑목은 천간에서 가장 큰 나무를 상징하며 강한 자립심과 성장 욕구를 나타냅니다. 오화는 강력한 태양과 열정을 의미해 갑목의 성장과 활력을 돕습니다. 이로 인해 갑오일주 는 독립적이며 주도적인 성격을 가집니다.

나) 의협심과 강직함: 강한 정의감과 책임감을 가지고 있으며 주변의 약자를 돕는 성향이 있습니다.

다) 급한 성격: 오화의 영향으로 성격이 급해질 수 있으며 주변의 약자를 돕는 성향이 있습니다.

2) 물상(物象)

갑목은 하늘을 향해 뻗어가는 큰 나무 오화는 태양을 상징합니다.

가) 갑오일주는 뜨거운 태양 아래 힘차게 자라는 나무의 모습으로 볼 수 있습니다.

나) 하지만 오화가 너무 강하면 갑목이 타버릴 수도 있으니 적절한 수(水)가 필요한 구조입니다.

3) 형상(形象)과 신체 부위

가) 갑목: 목(木)은 신체적으로 간 근육 손발을 상징합니다.

나) 오화: 화(火)는 심장 혈액 순환계 눈과 관련이 깊습니다.

다) 갑오일주 특징:신체적으로 큰 키와 단단한 체격을 가진 경우가 많으며 피부가 햇볕에 약하거나 심장과 관련된 건강 관리에 유의해야 합니다.

4) 건강

가) 강점: 에너지가 강하고 활발한 체질을 가질 가능성이 높습니다.

나) 약점

(1) 오화가 과다하면 심장질환 고혈압 등의 문제가 생길 수 있습니다.

(2) 갑목이 과도하게 강하면 스트레스에 민감하고 간이나 근육 관련 질환에 취약할 수 있습니다.

(3) 수(水)가 부족할 경우 몸이 쉽게 열에 지치고 피로감을 느낄 가능성이 있습니다.

5) 사회적 역할

가) 리더십: 갑목의 강한 자립성과 오화의 에너지 덕분에 리더로서의 역할에 적합합니다.

나) 창의성과 열정: 오화의 영향으로 창의성과 열 정이 넘치며 예술 교육 리더십 분야에서 두 각을 나타낼 수 있습니다.

다) 단점: 지나친 자기주장으로 인해 독단적으로 보일 수 있으므로 균형 있는 태도가 필요합니다.

6) 계절적 특징

봄과 여름의 에너지: 갑오일주는 봄과 여름의 기운을 가장 잘 활용할 수 있는 구조입니다.

가) 봄(목의 기운이 왕성): 갑목이 힘차게 자랄 수 있는 시기로 성취욕구가 강해집니다.

나) 여름(화의 기운이 왕성): 오화가 갑목의 성장을 돕는 에너지로 작용하며 활발하고 역 동적인 시기입니다.

7) 장점

가) 강한 의지와 추진력: 큰 목표를 향해 끊임없이 나아가는 힘이 됩니다.

나) 따뜻한 인간미: 주변 사람들을 밝게하고 도움을 주는 성격입니다.

다) 창의성과 열정: 새로운 아이디어와 열정을 바탕으로 혁신적인 성과를 이룰 수 있습니다.

8) 단점

가) 과도한 열정: 오화의 기운이 지나치면 조급하고 성급한 판단을 내릴 수 있습니다.
나) 고집과 독단적 성향: 자신의 의견을 고수하며 타인의 의견 쉽게 받아들이지 않는 경우가 있습니다.
다) 균형 부족: 오화와 갑목 간의 조화가 깨질 경우 피로와 스트레스가 누적될 수 있습니다.

을미(乙未)일주(日主)

을미일주는 을간(乙)과 미지(未)가 만난 일주로 천간의 을목(乙木)과 지지 미토(未土)가 조화를 이루며 특정한 성격과 특징을 드러냅니다.

1) 성정(性情)

가) 성격: 을미일주는 부드럽고 온화한 성품을 가진 사람이 많습니다. 을목(乙木)은 작은 풀이나 덩굴과 같은 유연하며 남을 배려하고 협력하려는 마음이 강합니다. 동시에 미토(未土)의 안정적인 성향이 더해져 신중하고 차분한 성격을 갖습니다.
나) 감수성: 감정적이며 섬세한 면모를 지니고 있습니다. 자신의 감정에 민감하며 타인의 마음을 잘 읽는 공감 능력이 뛰어납니다.
다) 끈기: 을목의 특성상 꾸준히 노력하며 미토의 내구성과 합쳐져 큰일도 포기하지 않고 완수하려는 의지가 강합니다.

2) 물상(物象)

가) 형상: 을목은 덩굴이나 작은 나무로 표현되고 미토의 숲이 우거진 들판에 해당합니다. 을미일주는 푸른 풀밭 위에 뿌리를 내린 식물처럼 성장 가능성이 크고 풍요로운 이미지를 가집니다.
나) 이미지: 자연스럽고 우아한 분위기를 풍기며 다른 사람들에게 부드럽고 따뜻한 인상을 줍니다.

3) 신체 부위와 건강

가) 신체 부위: 을목은 간(肝)과 연관되고 미토는 비장(脾臟)과 관련이 있습니다. 따라서 간 기능과 소화기 계통이 중요한 건강 요소로 작용합니다.

나) 건강 문제

(1) 간과 소화기의 문제(예: 소화불량 간 피로)가 있을 수 있습니다.

(2) 을목이나 유연한 성질이 과도하면 스트레스를 잘 받는 성향으로 인해 신경과민이나 불면증이 나타날 수 있습니다.

(3) 건강 관리: 규칙적인 생활 습관과 적절한 스트레스 해소가 필요하며 간 기능과 소화기에 좋은 음식을 섭취하는 것이 좋습니다.

4) 사회적 역할

가) 대인관계: 부드럽고 협력적인 태도로 주위 사람들에게 신뢰를 얻습니다. 중재자나 조언자의 역할을 맡는 경우가 많습니다.

나) 직업: 예술 상담 교육 의료 또는 서비스업처럼 사람들과의 소통이 중요한 분야에서 두각을 나타낼 가능성이 큽니다.

다) 리더십: 강압적이지 않고 자연스럽게 사람들을 이끄는 소프트 리더십을 보이며 주위 환경을 조화롭게 만드는 역할을 잘합니다.

5) 계절적 역할

가) 여름(未): 미토는 여름의 마지막 시기(未月)에 해당하므로 을미일주는 여름철의 따뜻한 에너지와 관련이 깊습니다. 여름의 끝자락에 풍요를 누리면서도 다음 계절을 준비하는 모습과 닮았습니다.

나) 기운의 특징: 따뜻하고 풍요로운 에너지를 발산하지만 지나치게 더운 여름처럼 열기가 과하면 스트레스를 받을 수 있습니다. 이때는 조화와 균형이 필요합니다.

6) 장점

가) 배려심: 남을 배려하고 조화롭게 관계를 유지하려는 성향이 강합니다.

나) 끈기와 노력: 을목의 유연성과 미토의 안정감이 결합해 꾸준히 노력하는 태도를 보입니다.

다) 공감 능력: 섬세한 감각으로 다른 사람의 마음을 잘 이해하고 위로합니다.

라) 창의성: 을목의 독창성과 미토의 풍요로운 에너지가 만나 창의적인 아이디어를 잘 발현합니다.

7) 단점

가) 결단력 부족: 을목의 부드러움이 지나치면 우유부단한 면모로 나타날 수 있습니다.

나) 의존적 성향: 너무 남을 의식하거나 자기 의견을 강하게 내세우지 못해 주변의 영향을 과도하게 받을 수 있습니다.

다) 감정 기복: 섬세한 성격 때문에 감정 변화 가 심할 수 있습니다.

라) 스트레스 민감성: 스트레스 관리가 어려운 경우 몸과 마음이 쉽게 피로해질 수 있습니다.

병신(丙申)일주(日主)

병신일주는 일간(日干)인 병화(丙火)와 일지(日支)인 신금(申金)이 결합된 형식입니다.

1) 성정(性情)

가) 병화(丙火): 태양과 같은 성격으로 따뜻하고 밝으며 적극적입니다. 에너지가 넘치고 낙관적인 성향을 가지며 다른 사람들에게 영감을 주는 리더십이 있습니다.

나) 신금(申金):신중하면서도 강인한 특성을 가지며 치밀하고 계획적인 성향이 강합니다.

다) 조합 성향:병화의 따뜻함과 신금의 냉철함이 공존하여 균형 잡힌 사고를 하며 강한 의지와 추진력을 갖춘 사람이 많습니다. 다만 이 둘이 상반된 에너지로 인해 갈등을 느낄 가능성 있습니다.

2) 물상(物象)

가) 병화: 태양 불꽃 빛과 열을 상징합니다.

나) 신금: 날카로운 금속 무기 기계 정밀한 도구를 상징합니다.

다) 조합물상: 태양이 금속에 빛을 반사시키는 모습으로 병신일주는 화려하고 눈에 띄는 인상을 줄 수 있습니다. 또한 이 조합은 혁신적이고 창의적인 물상으로 해석될 수 있습니다.

3) 형상(形象)

가) 날카롭고 단정한 외모를 가진 경우가 많습니다.

나) 병화의 따뜻함이 얼굴에 드러나 환한 표정을 가지며 신금의 날카로움은 세련되고 깔끔한 이미지를 형성합니다.

4) 신체 부위

가) 병화: 심장 눈 혈액순환과 관련이 있습니다.

나) 신금: 폐 기관지 피부 손발톱 뼈와 관련 있습니다.

다) 병신조합: 심장과 폐 건강을 주의해야 하며 특히 환절기나 계절 변화에 민감할 수 있

습니다.

5) 건강

가) 병화는 과도한 열과 관련된 건강 문제가 나타날 수 있으며 고혈압이나 심장 관련 질환을 조심해야 합니다.

나) 신금은 폐와 피부 문제 특히 호흡기 질환에 취약할 수 있습니다.

다) 건강 관리 팁: 균형 잡힌 생활 습관과 적절한 휴식이 중요합니다. 스트레스를 줄이고 체온 관리를 철저히 하는 것이 좋습니다.

6) 사회적 역할

가) 병신일주는 밝고 활동적인 성격과 강한 추진력을 통해 리더 역할을 자주 맡습니다.

나) 병화는 주로 창의적인 리더십을 발휘하며 신금은 실질적이고 구체적인 결과를 추구합니다.

다) 사회적으로 인정받는 위치에서 활동할 가능성을 높으며 창의성과 분석력을 요하는 직업에서 강점을 발휘합니다.

7) 계절적 특징

가) 병화는 여름의 에너지이며 신금은 가을을 상징합니다.

나) 여름이나 가을에 태어난 병신일주는 에너지의 균형이 잘 맞을 수 있으나 다른 계절에 태어났으면 조후(調候)가 필요할 수 있습니다. 특히 병화의 과열을 조절하거나 신금의 냉기를 보완하는 요소가 중요합니다.

8) 장점

가) 열정적이고 추진력 있는 성향으로 목표를 향해 꾸준히 나아갑니다.

나) 창의성과 냉철한 분석력이 균형을 이루며 문제 해결 능력이 뛰어납니다.

다) 다른 사람들에게 영감을 주며 긍정적인 에너지로 주위를 밝게 만듭니다.

9) 단점

가) 병화와 신금의 상반된 에너지로 인해 내적 갈등이나 스트레스를 경험할 수 있습니다.

나) 지나친 자신감으로 인해 오판하거나 과도한 신중함으로 기회를 놓치는 경우가 있습니다.

다) 건강 면에서 심장과 폐, 호흡기 질환에 취약할 수 있습니다.

정유(丁酉)일주(日主)

정유일주는 일간에 천간 정화(丁)와 지지 유금(酉)으로 형성되는 것입니다.

1) 성정(性情)

가) 따뜻한 성품: 정화(丁火)는 따뜻한 불빛을 상징하며 부드럽고 온화한 성격을 나타냅니다. 상대방에게 따뜻함과 배려를 주는 사람이 많습니다.

나) 예리한 판단력: 유금(酉金)은 금속을 상징하며 날카로운 직관력과 논리적 사고를 보여줍니다. 이로 인해 중요한 순간에 상황을 꿰뚫어 보는 능력을 발휘합니다.

다) 섬세함과 민감함: 정유일주는 작은 변화에도 민감하게 반응하며 주변 환경에 섬세한 주의를 기울이는 성향을 가집니다.

2) 물상(物象)

가) 촛불과 은색 금속: 정화(丁火)는 부드럽게 타오르는 촛불 유금(酉金)은 은색의 금속이나 보석을 상징합니다. 이는 정유일주가 따뜻하면서도 세련된 이미지를 가진 것을 보여줍니다.

나) 밤하늘의 등불: 정유일주는 어두운 곳을 밝히는 등불처럼 다른 사람들에게 희망과 방향을 제시하는 역할을 자주 합니다.

3) 형상(形象)

가) 정화(丁火)의 특징: 크고 화려하지만 않지만 정갈하고 깔끔한 모습을 지닙니다.

나) 유금(酉金)의 특징: 다듬어진 보석처럼 세련되고 정돈된 외모를 가진 경우가 많습니다.

4) 신체 부위

가) 정화(丁火)는 심장 혈액 순환계를 주관합니다.

나) 유금(酉金)은 폐와 호흡기관 피부와 관련이 있습니다.

5) 건강

가) 장점: 적당히 따뜻한 성질로 체온을 조절하는 능력이 우수합니다.

나) 주의점: 호흡기 질환 심장 관련 질병에 취약할 수 있습니다. 특히 스트레스로 인한 과로를 조심해야 합니다.

다) 계절적 영향(가을 금의 기운)으로 건조한 환경에서 피부 트러블이 생기기 쉬우니 보습 관리에 신경 써야 합니다.

6) 사회적 역할

가) 조화로운 중재다: 정유일주는 타인과의 관계에서 중재와 협력을 이끌어 내는 역할을 합니다.

나) 창의적 리더: 정화는 따뜻한 리더십을 유금을 정교하고 체계적인 사고를 상징하므로 팀에서 창의적이고 계획적인 리더로 인정받습니다.

다) 예술과 감각의 조화: 세련된 감각과 미적 기준이 뛰어난 예술 디자인 문학 등 창조적인 분야에서 두각을 나타냅니다.

7) 계절적 특징

가) 가을의 정취: 유금이 가을을 대표하기 때문에 이 계절의 맑고 깨끗한 기운이 정유일주의 기질에 영향을 미칩니다. 이는 정유일주가 깔끔함과 완벽함을 추구하는 성격과 연결됩니다.

나) 불과 금의 조화: 정화의 따뜻함과 유금의 차가움이 조화를 이루어 계절의 극단적인 영향을 덜 받는 편입니다.

8) 장점

가) 따뜻한 배려심: 타인을 이해하고 도와주려는 마음이 강합니다.

나) 섬세함과 창의력: 세부적인 부분을 잘 챙기며 감각적이고 예술적인 재능이 뛰어납니다.

다) 조화와 협력: 갈등 상황에서 해결책을 제시하며 균형을 맞추는 능력이 있습니다.

9) 단점

가) 과도한 민감성: 작은 일에도 크게 반응하거나 상처받는 경향이 있습니다.

나) 우유부단함: 여러 가능성을 고려하다 보니 결단력이 부족해질 수 있습니다.

다) 완벽주의: 지나치게 완벽함을 추구하여 스스로 피로를 유발하거나 타인과의 갈등을 초래할 수 있습니다.

무술(戊戌)일주(日主)

무술일주는 오행과 십간십이지의 조화 속에서 다양한 상징과 의미를 담고 있습니다.

1) 성정(性情)

무술일주는 戊(土)와 戌(土)가 모두 강한 토(土)의 기운을 기반으로 하며 성격적으로 안정적이고 단단한 기질을 나타냅니다.

가) 안정감: 흔들리지 않는 내면의 강인함을 가지며 신뢰감과 무게감 있는 성정을 보입니다.

나) 책임감: 맡은 일을 끝까지 해내는 성실함이 두드러집니다.
다) 보수적: 새로운 변화를 쉽게 받아들이기보다는 기존의 질서를 유지하려는 경향이 있습니다.
라) 완고함: 때로는 고집이 강해 유연성이 부족하게 보일 수 있습니다.

2) 물상(物象)과 형상(形象)

무술일주는 대체로 높고 큰 산 견고한 성곽 드넓은 대지와 같은 이미지를 나타냅니다.
가) 안정적 기반: 보호하고 수용하는 큰 대지처럼 포용력 있는 물상을 띕니다.
나) 단단함: 흙과 바위처럼 쉽게 흔들리지 않는 모습을 연상시킵니다.
다) 보호자적 역할: 물리적 정신적으로 타인을 지탱해주는 든든한 배경이 됩니다.

3) 신체 부위와 건강

무술일주의 신체적 상징은 소화기 계통 비장 위장에 해당합니다.
가) 건강상의 특징
(1) 소화 기능이 약해질 수 있으니 과식이나 자극적인 음식 섭취를 피하는 것이 좋습니다.
(2) 스트레스가 위장으로 직결되기 쉬운 체질입니다.
(3) 체중 증가에 유의해야 하며 규칙적인 식습관이 중요합니다.
나) 신체적 외형: 비교적 체격이 튼튼하며 신체가 크고 둥근 인상을 줄 수 있습니다.

4) 사회적 역할

무술일주는 안정과 보호를 상징하므로 주로 책임감이 필요한 분야에서 빛을 발합니다.
가) 리더 역할: 조직에서 중심을 잡아주는 역할을 잘 수행합니다.
나) 관리자적 기질: 체계적이고 계획적인 관리 능력이 뛰어나며 조직을 효율적으로 운영할 수 있습니다.
다) 보호자적 역할: 가족 조직 공동체를 지키고 보호하는 데 헌신적입니다.

5) 계절적 특징

무술일주는 가을 끝자락에서 겨울 초입에 해 당하는 기운으로 계절적으로 늦가을의 건조 한 대지를 떠올리게 합니다.
가) 늦가을의 풍요로움과 마무리 기운을 함께 가집니다.
나) 지나치게 메마른 경우 유연성을 잃고 경직되기 쉬운 면도 있습니다.

6) 장점

가) 책임감: 맡은 바를 끝까지 수행하는 신뢰감을 줍니다.
나) 안정성: 심리적으로 안정감이 강해 흔들림 없는 모습을 보여줍니다.
다) 포용력: 넓은 마음으로 사람들을 수용하며 문제를 해결하려는 의지가 강합니다.
라) 신중함: 빠른 결정보다 깊이 생각한 뒤 행동합니다.

7) 단점

가) 완고함: 유연성 부족으로 인해 변화에 적응하는 데 시간이 걸릴 수 있습니다.
나) 지나친 책임감: 타인의 부담까지 짊어지려는 경향으로 스스로를 소진시킬 위험이 있습니다.
다) 내부갈등: 겉으로는 강해 보이지만 내면에서는 불안과 스트레스를 경험하기도 합니다.
라) 융통성 부족: 새로운 환경이나 아이디어를 받아들이는 데 어려움을 겪는 경우가 있습니다.

기해(己亥)일주(日主)

기해 일주는 천간의 기토(己)와 지지의 해수(亥)가 결정된 일주로 이 조합은 흙(土)과 물(水)의 상생 또는 조화 관계를 이루는 것이 특징입니다.

1) 성정(性情)

가) 기토는 부드럽고 세심하며 포용력이 강한 성격을 나타냅니다.
나) 해수는 지혜롭고 자유로운 본성을 가지고 있으며 직관적이고 깊은 내면세계를 상징합니다.
다) 기해일주는 대체로 온화하면서도 내면에 깊은 지혜와 통찰력을 가진 사람들입니다. 세상과 타협하며 유연하게 살아가는 경향이 강합니다.
라) 하지만 내면에 숨겨진 갈등과 두려움으로 인해 때때로 소극적이고 우유부단한 면이 나타날 수 있습니다.

2) 물상(物象)

가) 기토는 밭이나 정원 같은 부드러운 흙을 의미하며 해수는 강물이나 호수를 상징합니다.
나) 기해일주는 안정된 대지 위에 맑은 물이 흐르는 모습으로 비유되며 이는 조화와 풍요로움을 상징합니다.
다) 외형적으로는 겸손하면서도 내면적으로는 넉넉한 품성을 가진 이들의 모습을 보여줍니다.

3) 형상(形象)

가) 기토의 특성으로 인해 얼굴형이 부드럽고 둥글며 차분한 인상을 줍니다.

나) 해수의 영향으로 눈빛이 맑고 투명하며 표정에서 깊은 내면의 정서가 드러납니다.

다) 전체적으로 우아하고 온화한 이미지를 가지며 강한 카리스마보다는 친근함과 포용력을 발산합니다.

4) 신체 부위

가) 기토는 비장과 위장과 관련이 있고 해수는 신장과 방광 생식기를 상징합니다.

나) 따라서 기해일주는 소화기 계통과 신장 생식기 건강에 신경을 써야 합니다.

5) 건강

가) 위장장애: 기토가 약하거나 지나치게 강하면 소화불량이나 위염 같은 문제가 생길 수 있습니다.

나) 신장과 방광 질환: 해수의 영향으로 신장 기능 저하나 요로 문제에 취약할 수 있습니다.

다) 스트레스 관련 문제: 기토의 해수의 상층으로 내면의 스트레스 신체적 증상으로 이어질 가능성이 있습니다.

6) 사회적 역할

가) 기해일주는 조화를 이루는 성향과 부드러운 대인관계를 바탕으로 중재자나 조율자 역할을 잘 수행합니다.

나) 세심한 성격과 타인의 감정을 잘 이해하는 능력을 바탕으로 상담 교육 예술 분야에서 두각을 나타낼 수 있습니다.

다) 단 지나치게 소극적이나 자기 의견을 분명히 드러내지 못하면 리더십이 약해질 수 있으므로 자기 표현력을 키우는 것이 필요합니다.

7) 계절적 특징

가) 기토(己)는 늦여름(습기가 많은 계절)을 상징하며 해수(亥)는 초겨울(물이 풍부한 계절)을 나타냅니다.

나) 기해일주는 여름의 온화함과 겨울의 깊이를 동시에 가진 사람으로 온화하면서도 내면적으로 깊은 성찰과 조화를 이룹니다.

다) 만약 기운의 균형이 깨진다면 계절적으로는 여름과 겨울에 특히 건강 관리를 유의해야 합니다.

8) 장점

가) 포용력: 타인의 약점을 감싸주고 조화를 이루는 데 능숙합니다.
나) 창의성: 내면의 풍부한 상상력과 통찰력을 발휘해 창의적인 활동에 적합합니다.
다) 지혜: 어려운 상황에서도 침착하게 해결책을 모색하는 능력을 갖추고 있습니다.
라) 유연성: 변화에 잘 적응하며 대인관계에서 원만함을 유지합니다.

9) 단점

가) 소극성: 지나치게 조화를 중시하다 보면 자 기주장을 명확히 하지 못하는 경우가 많습니다.
나) 우유부단함: 선택의 순간에 망설이거나 결단력이 부족할 수 있습니다.
다) 스트레스: 내면의 갈등이 쌓이면서 스트레스가 건강에 영향을 미칠 수 있습니다.
라) 의존성: 외부 환경에 과도하게 의존하거나 스스로 주도적으로 나아가기를 두려워할 수 있습니다.

경자(庚子)일주(日主)

경자일주는 천간(天干) 경(庚)과 지지(地支) 자(子)가 결합된 일주로 경은 금(金)이고 자(子)는 수(水)로 구성됩니다.

1) 성정(性情)

가) 냉철함과 따뜻함과 균형: 경자일주는 겉으로는 차가워 보이지만 내면에는 따뜻한 인간미가 숨어있습니다. 이는 자신이 소중히 여기는 사람이나 상황에 대해서는 헌신적인 모습을 보이기 때문입니다.
나) 독립심과 책임감: 경자일주는 자립성이 강하고 자신의 책임을 끝까지 다하려는 경향이 있습니다. 어려운 상황에서도 스스로 돌파구를 찾아내는 힘이 있으며 남에게 의지하기보다 스스로 해결하려는 의지가 강합니다.
다) 변화와 성장: 경금이 다듬어지며 성장하고 자수의 흐름이 환경을 변화시키듯 경자일주는 인생에서 여러 번의 중요한 변화를 겪으며 성장합니다. 이러한 과정에서 자기 계발과 학습에 열정을 쏟는 모습이 두드러집니다.

2) 물상(物象)

가) 경금은 강한 금속으로 도구나 무기를 상징합니다. 이는 실용성과 기능성을 강조하는 성격과 연결됩니다.

나) 자수는 차갑고 깊은 물을 나타냅니다. 깊은 사과와 성찰을 의미하며 지혜와 연관됩니다.

다) 물상의 조화: 금(庚)이 물(子)을 낳아주는 상생 관계로 경자일주는 지혜를 바탕으로 강한 실행력을 발휘합니다.

3) 형상(形象)

가) 금의 강직한 성질과 수의 유연함이 결합되어 균형 잡힌 형태를 띱니다.

나) 얼굴형은 대체로 뚜렷하고 정돈된 인상을 주며 냉철하고 단단한 느낌을 줍니다.

4) 신체 부위

가) 경금(庚): 신체에서는 뼈와 치아를 의미합니다. 특히 단단한 구조를 형성하는 부분에 해당합니다.

나) 자수(子): 신장 방광 혈액순환과 관련이 깊습니다. 물의 흐름처럼 몸속 순환을 상징합니다.

5) 건강

가) 신장 및 비뇨기 계통의 건강을 잘 관리해야 합니다. 자수의 기운이 약해지면 체내 수분대사나 혈액순환 문제가 생길 수 있습니다.

나) 경금의 영향으로 관절과 뼈 건강에 유의해야 하며 칼슘 부족이나 골다공증 예방이 중요합니다.

6) 사회적 역할

가) 리더십: 강한 추진력과 냉철한 판단력으로 조직을 이끄는 리더로 적합합니다.

나) 전문가적 기질: 분석적 사고와 논리적 판단을 통해 전문성을 요구하는 직업에 강점을 보입니다.

다) 의사소통 능력: 자수의 유연함 덕분에 논리적이면서도 설득력 있는 의사소통 능력을 발휘합니다.

7) 계절적 특징

가) 경자일주는 차가운 기운을 띠는 금수(金水)로 겨울철 기운이 강하게 나타납니다.

나) 겨울철(자월)에 태어난 경우 에너지가 더욱 강하지만 차가운 기운을 보완하기 위해 화(火)나 토(土)의 따뜻한 기운이 필요할 수 있습니다.

8) 장점

가) 결단력: 빠른 판단과 실행력으로 어려운 상황을 돌파하는 능력이 좋습니다.
나) 지혜로움: 자수의 깊이 있는 사고로 인한 창의력 해결 능력이 있습니다.
다) 책임감: 강한 책임 의식과 실천력으로 신뢰를 얻습니다.

9) 단점

가) 냉정함: 지나치게 현실적이거나 감정표현이 부족하여 인간관계에서 차갑게 보일 수 있습니다.
나) 완고함: 경금의 특성상 자신의 주관을 너무 강하여 융통성이 부족할 수 있습니다.
다) 과도한 분석: 지나치게 논리적 사고에 집착하여 행동이 느려질 가능성 있습니다.

신축(辛丑)일주(日主)

신축일주는 천간(天干) 신금(辛)과 지지(地支) 축토(丑)가 조화를 이루는 관계입니다.

1) 성정(性情)

신축일주는 천간의 신(辛)이 음의 금(金)을 나타내고 지지의 축(丑)이 음의 토(土)로 구성되어 있습니다.

가) 성격 특징
  (1) 섬세하고 신중하며 세밀한 성향을 지닙니다.
  (2) 책임감이 강하고 현실적인 판단력이 뛰어납니다.
  (3) 자기중심적이면서도 상황에 따라 적응력이 좋습니다.
  (4) 고지식하거나 부수적인 면이 있어 변화를 꺼리기도 합니다.
나) 감정표현: 겉으로는 단정하고 조용하지만, 내면의 강한 자존심과 의지가 있습니다.

2) 물상(物象)

신축일주는 금(金)과 토(土)의 조합으로 상징적 이미지가 나타납니다.
가) 신(辛): 날카롭고 세련된 금속(칼 보석)에 해당합니다.
나) 축(丑): 농경지 기름진 흙 묵직하고 안정된 기반에 해당합니다.
다) 종합 물상
  (1) 정교하게 다듬어진 귀금속 장신구에도 해당합니다.
  (2) 단단하지만 내면에 따뜻함이 있는 모습이 있습니다.

(3) 안정된 대지 위에 뿌리 내린 나무와 같은 기질이 있습니다.

3) 형상(形象)

신축일주를 가진 사람의 외모적 특징은 대체로 단정하고 차분한 인상을 줍니다.

가) 얼굴형: 갸름하거나 둥근 얼굴형 날카로운 눈매의 소유자입니다.

나) 체형: 중간 키에서 약간 작거나 마른 체형이거나 예민할 수 있습니다.

다) 인상: 차갑거나 냉정해 보이는 첫인상 하지만 따뜻한 내면이 느껴집니다.

4) 신체 부위 및 건강

신축일주는 오행 중 금(金)과 토(土)가 주축이 되므로 아래와 같은 신체 부위와 건강 상태가 연관됩니다.

가) 관련 신체 부위

(1) 금(金): 폐 대장 피부 코

(2) 토(土): 비위(소화기 계통)근육 인대

나) 건강 상태

(1) 소화기 계통의 악화(위장 장애 소화불량)

(2) 호흡기 질환(폐렴 전식 등)

(3) 피부 관련 문제(건조증 민감성 피부)

다) 건강관리법

(1) 폐와 위장 건강을 위해 따뜻한 음식을 섭취해야 합니다.

(2) 지나친 스트레스와 과도한 자기 억제를 피하는 것이 좋습니다.

5) 사회적 역할

신축일주는 현실감각이 뛰어나고 세부적인 업무에 강합니다.

가) 금융 보석 디자인 기술 분야 등 세밀함과 창의력을 요하는 직업에 적합합니다.

나) 안정적인 리더십을 발휘하며 타인의 신뢰를 얻는 역할을 합니다.

다) 조직의 중간관리자로서 균형을 유지하는 데 능숙합니다.

6) 계절적 특징

가) 계절적 의미

(1) 신(辛)은 가을 수확의 시기를 의미합니다.

(2) 축(丑)은 겨울 대지가 얼어붙는 시기를 상징합니다.

나) 계절적 특징

(1) 가을에서 겨울로 넘어가는 시기의 단단한 땅처럼 삶에서 안정과 내실을 추구합니다.

(2) 새로운 시작보다는 결과를 정리하고 다지는 선호합니다.

7) 장점

가) 신중하고 치밀하며 실수를 줄이는 성향이 있습니다.

나) 현실적이고 책임감이 강합니다.

다) 어려움 속에서도 묵묵히 문제를 해결하는 인내력이 대단합니다.

8) 단점

가) 지나치게 보수적이고 변화에 대한 두려움이 있습니다.

나) 세부 사항에 집착해 큰 그림을 놓칠 수 있습니다.

다) 내면의 불안감을 타인에게 감추려는 경향이 있습니다.

임인(壬寅)일주(日主)

임인일주는 매우 독특하고 흥미로운 조합으로 그 특징과 해석은 다각도로 나눌 수 있습니다.

1) 성정(性情)

가) 성격: 임인일주는 천간의 임수(壬水)와 지지의 인목(寅木)의 조합으로 생명력이 강하며 활동적이고 진취적인 성격을 가집니다.

(1) 임수는 대양(大洋)과 같은 넓은 물로 표현되며 개방적이고 포용력 있는 성격을 나타냅니다.

(2) 인목을 싹트는 생명의 기운으로 강한 의지력과 성장 욕구를 상징합니다.

나) 특징: 직관적이며 분석력이 뛰어난 동시에 추진력이 강합니다. 하지만 때로는 감정적으로 변하거나 지나치게 독립적인 모습을 보일 수 있습니다.

2) 물상(物象)과 형상(形象)

가) 물상: 임수는 거대한 바다나 강을 상징하며 인목은 싹트는 나무와 숲을 상징합니다.

(1) 이러한 조합은 폭넓은 포용력을 지닌 사람의 모습을 연상시킵니다.

(2) 또한 강물이 나무를 적셔 생명력을 불어넣는 관계처럼 임인일주는 주변 사람들에게 영향을 미치고 도움을 주며 함께 성장할 수 있는 특성을 갖습니다.

나) 형상: 얼굴은 부드러운 곡선을 띠면서도 이목 고비가 분명하고 눈빛이 맑고 강렬한 편입니다.

다) 체형은 균형 잡히고 활동적인 모습이 두드러지며 대체로 손발이 길거나 탄력 이 있는 신체를 가질 가능성이 큽니다.

3) 신체 부위와 건강

가) 관련 신체 부위

(1) 임수는 신장 방광 생식기와 관련 있습니다.

(2) 인목은 간 근육 신경계를 상징합니다.

나) 건강특징

(1) 과로하거나 스트레스를 받으면 신장과 간 기능에 문제가 생길 수 있습니다.

(2) 특히 음주 피로 누적 스트레스 관리를 잘해야 건강을 유지할 수 있습니다.

(3) 근육통 관절염 또는 면역력 저하와 같은 문제를 겪을 수 있으니 균형 잡힌 생활이 필요합니다.

4) 사회적 역할

가) 임인일주는 타고난 리더십과 결단력을 바탕으로 조직 내에서 중요한 역할을 맡는 경우가 많습니다.

나) 창의적이며 문제 해결 능력이 뛰어나 기획 교육 관리직 등에서 두각을 나타낼 수 있습니다.

다) 사회적 이미지: 신뢰할 수 있는 동시에 독창적인 아이디어를 제시하는 사람으로 주변 사람들에게 영감을 주는 존재입니다.

5) 계절적 특징

가) 계절과의 관계

(1) 임인일주는 특히 봄(寅월)과 잘 어울리며 성장과 새로운 시작의 에너지를 상징합니다.

(2) 겨울(子, 丑월)에도 수(水)의 기운이 강하기 때문에 비교적 강하지만 여름(巳, 午월)에는 열기가 강해 조화로운 에너지를 잃기 쉽습니다.

나) 계절별 강약

(1) 봄: 성장의 에너지가 강하며 활동성과 추진력이 상승합니다.

(2) 여름: 기운이 소진되기 쉬워 건강관리가 필요합니다.

(3) 가을: 냉철한 판단력이 두드러지며 생산성이 높아집니다.

(4) 겨울: 내면의 성찰과 계획을 세우기에 적합한 시기입니다.

6) 장점

가) 넓고 포용력과 유연한 사고를 가집니다.
나) 상황에 빠르게 적응하고 문제를 해결하는 능력이 있습니다.
다) 진취적이며 도전정신이 강합니다.
라) 주변 사린들과 조화를 이루며 성장과 발전을 추구합니다.

7) 단점

가) 때로는 감정적으로 치우치거나 고집이 세질 수 있음
나) 지나치게 독립적이어서 타인과 거리감이 생길 수 있습니다.
다) 계획을 너무 크게 세우다가 실행력을 잃을 가능성이 있습니다.
라) 스트레스에 약해 건강이 나빠질 위험이 있습니다.

계묘(癸卯)일주(日主)

계묘일주는 계수(癸)와 묘목(卯)의 조합으로 형성된 일주의 조합입니다.

1) 성정(性情)

가) 계수(癸): 부드럽고 유연하며 사려 깊고 겸손한 성향을 가집니다. 내면은 차분하지만, 상황에 따라 매우 민첩하고 변화무쌍한 면도 있습니다.
나) 묘목(卯): 성장과 생명력을 상징하며 순수하고 활동적입니다. 따뜻한 성품과 배려심이 돋보이는 동시에 자유를 중요하게 여깁니다.
다) 조합: 계수는 묘목에 적당한 습기를 공급하며 묘목이 잘 자라도록 돕는 역할을 합니다. 이로 인해 계묘일주는 사려 깊고 배려심이 깊으면서도 사회적 조화를 중요시하는 성정이 강합니다.

2) 물상(物象)

가) 계수는 차분히 흐르는 맑은 물 묘목은 새싹이 돋아나는 나무를 의미합니다.
나) 계묘일주는 봄의 연못 옆에 피어난 어린나무를 떠올릴 수 있습니다. 이는 생명력이 넘치고 희망적인 에너지를 가진 조합으로 새로운 시작을 의미합니다.

3) 형상(形象)

가) 계수: 외향적으로는 섬세하며 다소 중성적인 분위기를 줄 수 있습니다.

나) 묘목: 가늘고 길쭉한 체형 혹은 잡힌 몸매를 연상시킵니다.
다) 조합: 날씬하면서도 부드러운 인상이 강하며 자연스러운 외모를 가질 가능성이 큽니다.

4) 신체 부위

가) 계수는 신장 혈액 순환계를 상징합니다.
나) 묘목은 손과 발 근육 신경계를 의미합니다.

5) 건강

가) 신장이나 방광 관련 질환 순환계 문제에 주의해야 합니다.
나) 묘목의 특성상 스트레스성 질환이나 신경계 피로가 있을 수 있습니다.
다) 체내 습기가 지나치거나 부족하면 건강에 문제가 발생할 가능성이 높습니다.

6) 사회적 역할

가) 계수: 연구자 상담가 전략가 물류나 관리 분야에서 두각을 나타낼 수 있습니다.
나) 묘목: 교육자 창의적인 직업(디자이너 작가 등) 사회봉사와 관련된 직업에 어울립니다.
다) 조합: 계묘일주는 부드러우면서도 사람들과 조화로운 관계를 잘 이끌어가는 사회적 역할을 수행합니다. 특히 새로운 아이디어를 제안하거나 조직의 성장을 돕는 역할에 적합합니다.

7) 계절적 특징

가) 봄의 기운: 묘목은 봄에 해당하며 계수는 봄철의 이슬이나 비와 같은 역할을 합니다. 이는 성장과 시작의 에너지가 강한 조합으로 무언가를 새롭게 시작하기에 유리합니다.
나) 기후적 영향: 계수가 지나치게 많으면 나무가 과습으로 썩을 수 있으므로 균형이 중요합니다.

8) 장점

가) 유연한 사고와 사려 깊은 성품으로 사람들에게 신뢰를 얻습니다.
나) 성장 가능성이 높으며 꾸준히 발전하는 성향이 강합니다.
다) 대인관계에서 배려심이 돋보이며 협력적인 태도를 보입니다.

9) 단점

가) 지나치게 조심스럽거나 소극적으로 행동할 수 있습니다.

나) 내면적으로 갈등이 많아 쉽게 스트레스를 받을 수 있습니다.
다) 과도한 배려와 인해 자신의 이익을 놓치는 경우가 있을 수 있습니다.

갑진(甲辰)일주(日主)

갑진년일주는 일간(甲)과 일주(辰)의 조합입니다.

1) 성정(性情)

가) 특징: 갑진일주는 기본적으로 갑목(甲木)의 기운을 바탕으로 하여 성장과 발전 창조적인 에너지가 강합니다. 진(辰土)가 갑목을 품어주고 보호하는 역할을 하기 때문에 갑목의 추진력과 진토의 안정감이 조화를 이루게 됩니다.
나) 성격
(1) 성실하고 책임감이 강하며 주변 사람들에게 신뢰를 주는 성격입니다.
(2) 대인관계에서 신중하며 생각이 깊고 지혜로움을 발휘합니다.
(3) 때로는 고집스럽고 자신의 원칙을 지나치게 고수하는 면도 있습니다.

2) 물상(物象)

가) 갑목(큰나무)이 진토(대지) 위에 뿌리를 내리고 성장하는 모습으로 비유됩니다.
나) 안정적이고 단단한 땅에서 나무가 자라는 형상은 강인함과 동시에 유연성을 상징합니다.
다) 갑진은 나무와 땅이 서로 조화를 이루며 성장하는 모습으로 해석됩니다.

3) 형상(形象)

가) 갑목은 큰 나무 특히 높은 산의 나무를 상징합니다.
나) 진토는 바다로 나가기 전에 강이나 호수의 모양새를 띤 대지를 의미합니다.

4) 신체 부위

가) 갑목은 간(肝)과 손 근육을 주관합니다.
나) 진토는 소화기관과 비장 위를 관장합니다.

5) 건강

가) 간 기능과 소화기 관련 건강에 주의가 필요합니다.
나) 갑목의 기운이 지나치면 스트레스로 인해 간 기능이 저하될 수 있습니다.

다) 진토가 강한 경우에는 소화불량이나 위 관련 질환이 발생할 수 있으므로 식습관 관리 가 중요합니다.

5) 사회적 역할

가) 갑진일주는 리더십이 뛰어나며 안정적이고 신뢰감을 주는 존재로 인정받습니다.

나) 사회적 환경에서 중재자나 협력자로서 역할을 잘 수행하며 조직 내에서 중요한 위치를 차지하기도 합니다.

다) 책임감과 추진력을 겸비하며 사업 교육 또는 법률과 관련된 직업에서 두각을 나타낼 가능성이 높습니다.

6) 계절적 특징

가) 진토는 4월(봄과 여름 사이의 계절)과 연관이 깊으며 전환기의 에너지를 가지고 있습니다.

나) 갑목은 봄의 생명력을 상징하므로 갑진일주는 대체로 강한 생명력과 성장력을 보여줍니다.

다) 오주(사주) 네에서 계절의 조화가 부족하다면 계절의 기운을 보완할 수 있는 방법(예: 계절 음식 섭취 주변 환경의 변화)을 통해 균형을 맞추는 것이 중요합니다.

7) 장점

가) 성실하고 책임감이 강하며 타인의 신뢰를 받는 성격입니다.

나) 내면적으로 단단한 심지와 외적으로 온화한 태도가 있습니다.

다) 창의적이면서도 현실적인 사고를 바탕으로 실질적인 결과를 도출해 냅니다.

8) 단점

가) 고집이 세고 유연성이 부족할 수 있으며 자신의 원칙을 지나치게 고수하는 경향이 있습니다.

나) 감정표현이 다소 서툴러 주변 사람들과 오해를 살 가능성이 있습니다.

다) 스트레스나 과도한 책임감으로 인해 간 건강과 소화기 건강이 약화될 가능성이 있습니다.

라) 지나치게 현실적 사고에만 치우칠 경우 창의성을 발휘하지 못할 수도 있습니다.

을사(乙巳)일주(日主)

을사일주는 천간 을목(乙)과 지지 사화(巳)로 조합되어 을사일주가 되는 것입니다.

1) 성정(性情)

을사일주는 온화하지만, 열정적인 성격을 가집니다.

가) 을목은 부드럽고 유연한 성질을 지니며 사화(巳火)는 열정과 추진력을 상징합니다.

나) 외유내강형으로 겉으로는 부드럽고 온순해 보이지만 내적으로는 강한 끈기와 열정을 지니고 있습니다.

다) 상황에 따라 유연하게 대처할 줄 알며 친화력이 좋습니다. 하지만 과도한 욕심이나 고집으로 인해 갈등이 생길 수 있습니다.

2) 물상(物象)

가) 을목은 작은 풀 나무 덩굴 혹은 부드러운 새싹을 상징합니다.

나) 사화는 태양 혹은 불꽃으로 을목을 따뜻하게 감싸주는 역할을 합니다.

다) 을사일주는 온화한 자연 풍경과 같은 조화를 이룹니다.

3) 형상(形象)

가) 을목: 길고 가늘며 부드러운 선이 강조된 형상

나) 사화: 얼굴이 붉거나 느낌을 줄 수 있으며 눈빛에 생기가 도는 모습입니다.

다) 전체적으로 우아하고 단정한 외모를 지니는 경우가 많습니다.

4) 신체적 부위

가) 을목(乙木)은 머리카락 손톱 피부를 담당합니다.

나) 사화(巳火)는 심장 혈액 순환계와 연관이 있습니다.

다) 신체적으로는 피부가 부드럽고 손과 발톱이 예쁜 사람이 많습니다.

5) 건강

가) 을목과 사화(巳火)의 조화로 대체로 건강한 편이지만 과도한 스트레스로 인해 몸이 약해질 가능성이 있습니다.

나) 사화가 강할 경우 심장 및 순환계 질환에 유의해야 합니다.

다) 을목은 간 건강과 연관이 있어 음주나 피로 누적으로 간이 약해질 수 있으니 관리가 필

요합니다.

6) 사회적 역할

가) 을사일주는 부드러운 리더십과 협상력을 바탕으로 조화로운 관계를 이끄는 역할을 잘합니다.

나) 타인의 감정을 잘 읽어내고 배려하는 능력이 뛰어나며 외교나 상담 예술 분야에서 두각을 나타낼 수 있습니다.

7) 계절적 특징

가) 을목은 봄(木氣)의 기운이 강하며 사화는 여름(火氣)의 기운이 강합니다.

나) 따라서 봄과 여름에 에너지가 상승하며 이 시기에 새로운 계획을 세우거나 실행하면 성과를 보기 좋습니다.

다) 반대로 겨울에는 기운이 약해질 수 있으므로 휴식을 통해 재충전이 필요합니다.

8) 장점

가) 부드러운 소통 능력: 타인과 관계에서 조화를 이끌어 내는 능력이 탁월합니다.

나) 끈기와 열성: 목표를 끝까지 밀고 나가는 의지와 추진력이 강합니다.

다) 창의력: 을목의 유연함과 사화의 활발함이 결합되어 창의적인 아이디어가 풍부합니다.

라) 배려심: 타인의 입장을 잘 이해하며 신뢰받는 사람으로 평가받습니다.

9) 단점

가) 과도한 고집: 자신의 의견에 집착하거나 완벽주의 성향이 나타날 수 있습니다.

나) 스트레스 취약: 민감한 성격으로 인해 작은 문제에도 쉽게 스트레스를 받을 수 있습니다.

다) 감정적 소모: 타인을 지나치게 배려하다가 스스로 지치는 경우가 많습니다.

라) 균형의 중요성: 화(사화)가 과도하거나 부족할 경우 에너지 불균형이 생길 수 있습니다.

병오(丙午)일주(日主)

병오일주는 십간(十干)중에서 병(丙)이 일간이고 지지(地支)로는 오(午)를 가진 일주를 말합니다.

1) 성정(性情)

가) 활발하고 낙천적: 병오일주는 강렬한 태양과 같은 성격으로 자신감이 넘치고 적극적인

성향을 보입니다.

나) 대범하고 직선적: 자신의 감정을 숨기지 않고 솔직하게 표현하며 주위 사람들에게 긍정적인 영향을 미치는 경우가 많습니다.

다) 강한 주도성: 자신의 주도적인 역할을 하기를 원하며 책임감과 리더십을 발휘하려는 경향이 있습니다.

라) 다혈질적: 화(火)의 기운이 강하여 쉽게 흥분하거나 화를 낼 수 있으나 금방 식는 경향도 있습니다.

2) 물상(物象)

가) 병오일주는 태양이 중천에 떠 있는 형상과 유사합니다. 모든 것을 밝히는 역할을 하며 에너지가 넘치고 강렬한 존재감을 드러냅니다.

나) 여름 한낮의 뜨거운 태양과 같아 어디를 가도 주목받는 스타일입니다.

3) 형상(形象)

가) 병오일주는 눈에 띄는 외형을 가진 경우가 많으며 체격이 당당하거나 기운 자체가 카리스마 있게 느껴집니다.

나) 외모에서 밝고 열정적인 이미지를 전달하며 깔끔한 옷차림이나 화려한 스타일을 선호할 가능성이 높습니다.

4) 신체 부위

심장과 순환계와 관련이 깊습니다. 태양과 불의 속성이 심장을 상징하므로 심혈관 건강을 주의해야 합니다.

5) 건강

건강 문제: 과도한 열로 인해 고혈압 심장질환 또는 스트레스로 인한 피로를 겪을 수 있습니다. 더운 날씨에 특히 체력이 떨어질 수 있으므로 적절한 휴식과 수분 보충이 필요합니다.

6) 사회적 역할

가) 병오일주는 태양처럼 주목받고 리더 역할을 맡는 경우가 많습니다.

⑴ 직업적 성향: 연예인 강사 리더십을 발휘하는 직업 사업가 등에 좋습니다.

⑵ 사람들에게 영감을 주고 활력을 불어넣는 능력이 있어 조직의 중심에 서는 경우가 많습니다.

나) 도전정신: 어려운 일도 스스로 해결하려고 하며 어려움에 굴하지 않고 끊임없이 전진하는 모습을 보입니다.

7) 계절적 특징

병오일주는 여름의 장점에 해당하는 일주로 태양의 기운이 가장 강렬한 시기입니다.

가) 이러한 계절적 특성 때문에 여름과 같은 열 정적이고 에너지 넘치는 성격이 두드러지며 활동적인 삶을 선호합니다.

나) 하지만 지나친 열기로 인해 안정감 부족이나 감정이 기복을 겪을 수 있습니다.

8) 장점

가) 리더십과 카리스마: 사람들을 이끌고 감동을 주는 능력이 탁월합니다.

나) 에너지와 추진력: 끊임없이 노력하며 목표를 이루려는 강한 의지가 있습니다.

다) 긍정적인 사고방식: 낙천적이고 밝은 태도로 어려움을 극복하려 합니다.

라) 대인관계: 주변 사람들과 활력을 주고 신뢰를 얻는 경우가 많습니다.

9) 단점

가) 과도한 자신감: 지나친 자기중심적 사고로 인해 주위와 충돌을 일으킬 수 있습니다.

나) 감정 기복: 화(火)의 기운이 지나치게 강할 경우 다혈질적 성향이 드러나 감정 조절이 어려울 수 있습니다.

다) 성급함: 결과를 서둘러 기대하는 성향으로 장기적인 계획이나 세부적인 조율이 부족할 수 있습니다.

라) 소진위험: 항상 에너지를 발산하다가 과로로 인해 체력이 급격히 떨어질 위험이 있습니다.

정미(丁未)일주(日主)

정미일주는 정화(丁火)와 미토(未土)의 결합으로 이루어져 있습니다.

1) 성정(性情)

가) 온화함과 유순함: 정화는 부드럽고 은은한 촛불과 같은 성질을 지녔으며 미토는 온화하고 차분한 에너지를 품습니다. 따라서 정미일주는 대체로 온화하고 친절하며 배려심이 많습니다.

나) 사색적 성향: 내면적으로 깊이 고민하고 생각이 많으며 철학적이고 명상적인 면모를 보이기도 합니다.

다) 완벽주의적 기질: 세밀하고 꼼꼼한 성격으로 주어진 일에 최선을 다하려는 경향이 있습니다.

2) 물상(物象)

가) 촛불과 대지: 정미일주는 마치 어두운 공간을 밝히는 작은 촛불이 넓은 들판 위에 놓인 것과 같은 이미지를 떠올리게 합니다. 이는 주변을 따뜻하게 비추며 안정감을 주는 존재로 비유됩니다.

나) 안정과 따뜻함: 미토는 여름철의 더운 대지를 의미하며 이 속에 정화의 에너지가 자리해 사람들에게 안정과 따스함을 제공합니다.

3) 형상(形象)

가) 체격과 인상

(1) 대체로 몸의 선이 부드럽고 둥글며 눈빛이 온화합니다.

(2) 얼굴이 갸름하고 균형 잡힌 경우가 많으며 고상한 이미지를 줍니다.

나) 전체적인 분위기: 따뜻하고 친근한 이미지를 풍겨 사람들에게 신뢰감을 줍니다.

4) 신체적 부위

정화는 심장 혈액순환을 미토는 위장 비장 등을 주관합니다.

5) 건강

가) 소화기관 약화: 위장 장애 소화불량 등이 발생할 가능성이 있습니다.

나) 혈액순환 문제: 정화가 약하거나 과하면 혈압 문제나 순환계 질환이 나타날 수 있습니다.

다) 여름철 건강 유의: 정미일주는 더운 에너지가 강하므로 여름철 탈수 더위에 특히 주의가 필요합니다.

6) 사회적 역할

가) 조화로운 조력자: 팀 내에서 조화와 균형을 맞추는 역할을 잘 수행하며 주변 사람들과의 관계를 원만히 이끄는 데 능숙합니다.

나) 창의적 지도자: 정화의 창의력과 미토의 안정감이 결합되어 조직 내에서 실용적이면서도 창의적인 해결책을 제시할 수 있습니다.

다) 예술적 감각: 정화는 예술적이고 섬세한 에너지를 지니므로 미적 감각이 뛰어난 경우가 많습니다.

7) 계절적 특징

가) 정미일주는 대체로 여름철의 기운을 품고 있습니다. 이는 강한 열기와 생명력이 특징이며 생산적인 활동에 적합한 에너지를 나타냅니다.
나) 하지만 여름철의 기운이 과할 경우 내면적으로 번 아웃이나 스트레스를 느낄 수 있으므로 적절한 균형이 필요합니다.

8) 장점

가) 온화하고 배려심 깊음: 사람들에게 따뜻한 에너지를 전달하며 신뢰와 호감을 얻는 능력이 뛰어납니다.
나) 창의력과 조화로움: 정화의 밝고 창의적인 에너지가 미토의 안정적 기운과 결합되어 예술적 감각과 균형 잡힌 사고를 발휘합니다.
다) 책임감과 성실함: 미토는 묵직함이 정화의 부드러운 열정과 함께 어우러져 책임감 있는 태도로 자신의 일을 성실히 수행합니다.

9) 단점

가) 지나친 걱정과 사색: 생각이 많고 고민을 깊이 하다 보니 때로는 결단력이 부족하거나 불안함을 느낄 수 있습니다.
나) 열정의 소진: 정화의 에너지가 과하거나 부족할 경우 쉽게 지치거나 동력을 잃는 상황이 발생할 수 있습니다.
다) 민감함과 예민함: 정화는 작은 바람에도 흔들리는 촛불과 같아 외부 변화에 민감한 모습을 보이기도 합니다.

무신(戊申)일주(日主)

무신일주는 천간 무토(戊土)와 지지 신금(申金)이 결합된 일주를 말합니다.

1) 성정(性情)

가) 현실적이고 실용적: 무토는 안정과 균형을 추구하며 신금은 세밀하고 냉철한 특징이 있어 현실적인 사고방식을 가집니다.

나) 책임감이 강함: 무토의 대지와 같은 성향으로 듬직하며 신뢰를 줄 수 있는 성격입니다.
다) 분석적 사고: 신금의 예리함 덕분에 문제를 논리적 분석하고 결론을 도출하는 데 능숙합니다.
라) 감정표현이 제한적: 다소 냉정하게 보일 수 있으나 내면적으로는 강한 의지를 지닌 사람입니다.

2) 물상(物象)

가) 무토(土): 넓은 대지 산맥 평원처럼 안정되고 묵직한 대지의 모습
나) 신금(申): 날카로운 도구 광물 정밀한 금속기계
다) 무신일주는 대지 속에 감춰진 보석처럼 겉으로는 단단하고 안정적이나 내면에는 날카롭고 예리한 면을 지닌 이미지로 볼 수 있습니다.

3) 형상(形象)

가) 무토의 영향: 체격이 든든하며 피부톤이 건강한 색조를 띠는 경우가 많다.
나) 신금의 영향: 눈빛이 예리하고 세부적인 부분을 잘 관찰하는 섬세한 인상이 강하다.
다) 전체적으로 강건하면서도 지적인 분위기를 풍길 가능성이 높다.

4) 신체 부위와 건강

가) 무토의 관련 부위: 비위계(소화기 계통)에 해당합니다.
나) 신금의 관련 부위: 폐와 호흡기 피부에 해당합니다.
다) 건강적으로 위장과 폐의 약점을 가질 수 있으며 소화 문제나 감기 알레르기 등에 주의가 필요합니다.
라) 또한 무토의 정체적 특성으로 인해 몸이 무겁거나 순환이 잘되지 않는 경우도 발생할 수 있습니다.

5) 사회적 역할

가) 안정감과 신뢰를 주는 리더: 현실적이고 실용적인 관점으로 팀을 이끄는데 능합니다.
나) 분야: 건축 토지 관련 사업 공학 금속 관련 산업 회계 및 분석적인 직무에서 두각을 나타낼 수 있습니다.
다) 주변 사람들에게 안정감을 주며 위기를 순간에 침착한 역할을 하는 경우가 많습니다.

6) 계절적 특징

무신일주는 가을(신금의 계절)의 특징을 강하게 지닙니다.

가) 가을의 풍성한 결실과 같이 성과를 중시하고 계획적이며 목표지향적입니다.

나) 그러나 가을의 냉랭함처럼 감정적으로 차가워 보일 수 있는 면도 있습니다.

7) 장점

가) 책임감과 안정감: 어떤 일이든 묵묵히 책임지고 끝까지 해내는 능력이 있습니다.

나) 분석적 사고: 신금의 예리한 판단력으로 현실적인 문제를 해결하는 데 뛰어납니다.

다) 신뢰를 주는 성격: 무토는 든든함으로 인해 주변 사람들이 의지하게 됩니다.

8) 단점

가) 유연성 부족: 지나치게 현실적이고 보수적인 성향으로 인해 융통성이 부족할 수 있습니다.

나) 냉정함: 신금의 차가운 에너지로 인해 감정표현이 적어 인간관계에서 거리감이 느껴질 수 있습니다.

다) 스트레스 순환 문제: 무토의 정체적 성격과 신금의 예민함이 합체적 스트레스 관리와 건강 유지의 주의가 필요합니다.

기유(己酉)일주(日主)

기유일주는 기토(己)와 유금(酉)의 조합으로 이루어진 일주입니다.

1) 성정(性情)

가) 기토(己): 기토는 부드럽고 포용적인 성격을 지닌 논밭의 흙을 상징합니다.

나) 유금(酉): 유금은 깨끗하고 세밀하며 완벽을 추구하는 성향을 보이는 정제된 금속입니다. 이를 통해 기유일주는 섬세함과 계획성을 동시에 가집니다.

다) 조합: 기토의 포용력과 유금의 날카로운 지성이 결합되어 기유일주는 겉으로는 온화하지만, 내면적으로는 철저하고 계획적인 성격을 띱니다.

2) 물상(物象)

가) 기토는 농경지나 정원의 흙과 같아 안정적이고 실용적인 느낌을 줍니다.

나) 유금은 보석 칼 도구로 비유되며 세련되고 다듬어진 이미지입니다.

다) 기유조합: 잘 가꾸어진 정원 보석함 세밀하게 정리된 공간 같은 이미지를 떠올릴 수 있습니다.

3) 형상(形象)

가) 기토의 부드러움과 유금의 정제된 이미지가 합쳐져 단정하고 깔끔한 외모를 형성합니다.

나) 세부적인 부분까지 신경 쓰는 경향이 있어 옷차림이나 외모를 깔끔하게 유지하려는 경우가 많습니다.

4) 신체 부위와 건강

가) 기토는 비장과 위장을 주관하며 소화기 계통과 관련이 깊습니다.

나) 유금은 폐 기관지 피부와 연관되어 있으며 호흡기 건강에 주의가 필요합니다.

다) 건강 주의점

(1) 스트레스로 인한 소화불량이 있을 수 있습니다.

(2) 건조한 계절에 피부 트러블이 생깁니다.

(3) 환절기에 폐와 기관지 질환으로 고생합니다.

5) 사회적 역할

가) 기유일주는 조정자와 관리자의 역할에 뛰어납니다.

나) 타인의 감정을 잘 읽고 이를 조율하는 능력이 탁월하며 섬세한 계획 능력으로 행정 재무 미적 분야에서 두각을 나타낼 수 있습니다.

다) 직장에서의 역할 꼼꼼한 서포터 실질적인 기여를 통해 신뢰를 얻는 위치입니다.

6) 계절적 특징

가) 기토는 여름과 관련이 있지만, 유금은 가을의 성질을 띱니다.

나) 계절적으로는 여름에서 가을로 넘어가는 늦여름 초가을의 특징을 가지고 있습니다.

다) 늦여름의 따스함과 가을의 성숙함이 결합된 분위기를 띠며 수확의 시기를 상징합니다.

7) 장점

가) 조화로움: 사람 간의 관계에서 융통성과 조화를 이루는 능력이 뛰어납니다.

나) 세심함: 작은 디테일까지 놓치지 않는 철저한 성격입니다.

다) 안정감: 신중하고 계획적인 행동으로 신뢰를 쌓습니다.

라) 미적 감각: 세련되고 정리된 환경을 좋아하며 미적 안목이 뛰어납니다.

8) 단점

가) 소극성: 지나치게 신중하다 보니 기회를 놓치는 경우가 있습니다.
나) 완벽주의: 작은 실수에도 지나치게 스트레스를 받을 수 있습니다.
다) 우유부단함: 다른 사람을 배려하려다 보니 스스로의 결정을 미루거나 주저할 때가 있습니다.
라) 고립감: 내면적으로 혼자 모든 것을 해결하려는 경향이 있어 타인과의 소통이 단절될 위험이 있습니다.

경술(庚戌)일주(日主)

경술일주는 천간에 경금(庚), 지지에 술토(戌)로 구성된 일주로 이를 기반으로 구성되어 있습니다.

1) 성정(性情)

가) 경금(庚):단단하고 강한 금속에 비유되며 의지력과 결단력이 뛰어남 정의롭고, 강직하며 원칙과 규율을 중요시합니다.
나) 술토(戌):성실하고 책임감 있는 성향을 가지며 희생정신이 강한 하지만 완고함과 고집이 단점으로 작용할 수 있습니다.
다) 전체적 성정: 경술일주는 강한 의지와 추진력을 가지고 있으며 목표를 이루기 위해 끊임없이 노력하는 타입입니다. 다만 자기중심적 성향과 융통성 부족이 문제로 나타날 수 있습니다.

2) 물상(物象)

가) 경금은 날카롭고 강인한 금속으로 전투에서 사용죄는 칼이나 도구로 비유됩니다.
나) 술토는 단단하고 메마른 땅으로 금속을 갈고 토대 역할을 합니다.
다) 물상적 의미: 경술일주는 스스로를 갈고닦아 강한 무기가 되는 존재를 상징합니다. 이를 통해 남을 보호하거나 자신의 목표를 이루는 데 사용됩니다.

3) 형상(形象)

가) 경금 (庚, 경): 단단하고 날카로운 이미지 뚜렷하고 대담한 외형입니다.
나) 술토(戌): 안정적이고 묵직한 기운 차분하고 든든한 인상에 해당합니다.
다) 결합적 형상: 경술일주는 강렬하면서도 믿음직한 분위기를 풍기며 상대방에게 신뢰감을

주는 외형을 가질 가능성이 큽니다.

4) 신체 부위

가) 경금은 뼈 치아 피부를 상징합니다.
나) 술토의 위장 소화기 관절 부위와 관련이 있습니다.

5) 건강

가) 뼈나 관절 질환(관절염 골다공증) 주의해야 합니다.
나) 소화기 질환(위염 소화불량)에 민감합니다.
다) 과도한 스트레스가 몸의 긴장을 유발하여 근육통으로 이어질 수 있습니다.

6) 사회적 역할

가) 경술일주는 정의감과 책임감이 강해 리더 관리자 군인 경찰 변호사 같은 역할에 적합합니다.
나) 한편 현실감각과 실용적 사고를 기반으로 실물 경제 건축 금속 가공 분야에서도 능력을 발휘할 수 있습니다.

7) 계절적 특징

가) 술월(戌月: 음력 9월)은 가을의 끝자락에 해당하며 계절적으로는 금(金)이 강해지고 토(土)가 단단해지는 시기입니다.
나) 경술일주는 추수의 시기를 상징하므로 자신의 노력으로 성과를 거두는 것을 중시합니다.
다) 계절적으로 건조한 기운의 강하므로 수(水) 기운이 부족하다면 유연함이 떨어질 수 있습니다.

8) 장점

가) 강한 의지와 결단력으로 목표를 달성하는 힘이 있습니다.
나) 정의롭고 책임감이 강해 신뢰받는 사람입니다.
다) 노력과 성실함으로 자신을 끊임없이 발전시킵니다.
라) 어려움 속에서도 중심을 잡고 흔들리지 않는 안정감을 보여줍니다.

9) 단점

가) 지나치게 강직하고 융통성이 부족할 수 있습니다.

나) 자기중심적 사고로 인해 인간관계에서 갈등이 생길 가능성이 있습니다.
다) 고집과 완고함이 판단력을 흐리게 만들 수 있습니다.
라) 내면의 스트레스를 해소하지 못하면 건강에 부정적인 영향을 미칩니다.

신해(辛亥)일주(日主)

신해일주는 신(辛)과 해(亥)의 조합은 금(金)과 수(水)의 관계로 각 속성과 조합이 나타내는 다양한 특징을 정리하면 아래와 같습니다.

1) 성정(性情)

가) 신(辛): 신금은 작은 금이나 귀금속에 비유되며 섬세하고 고급스러운 성향을 가지고 있습니다. 신 금은 완벽을 추구하고 감각적이며 정리 정돈을 중시합니다.
나) 해(亥): 해수는 큰 바다나 강처럼 무한한 가능성과 포용력을 가진 물입니다. 감성적이고 직관적이며 유연하면서도 깊은 사고력을 나타냅니다.
다) 신해일주
(1) 신금(辛)의 섬세함과 해수(亥)의 깊이 있는 사고가 결합되어 세련된 감각과 풍부한 상상력을 지닙니다.
(2) 다소 내향적일 수 있지만 본질적으로는 성실하고 책임감이 강하며 정서적으로 온화합니다.

2) 물상(物象)

가) 신금은 보석 칼 귀금속처럼 반짝이고 소중한 것들을 상징합니다.
나) 해수는 넓고 깊은 바다로서 보석이 물에 씻겨 깨끗해지는 모습을 떠올릴 수 있습니다.
다) 종합적으로 신해일주는 귀중한 자질을 가진 사람이나 내면적으로 길고 닦는 이미지를 상징합니다.

3) 형상(形象)

가) 세련되고 깔끔한 외모를 지닌 경우가 많으며 고급스러운 분위기를 풍깁니다.
나) 종종 단아하고 정돈된 이미지를 줍니다.

4) 신체 부위와 건강

가) 관련 신체 부위

(1) 신금은 폐 대장 피부를 주관합니다.

(2) 해수는 신장 방광 생식기와 관련이 깊습니다.

나) 건강이슈

(1) 폐와 기관지가 약해질 수 있으며 피부염이나 알레르기에 주의가 필요합니다.

(2) 해수의 영향으로 신장이나 요로계 질환 면 역력 저하에 취약할 수 있습니다.

(3) 따뜻한 음식 섭취와 규칙적인 운동으로 체온을 유지하는 것이 중요합니다.

5) 사회적 역할

가) 신해일주는 사회에서 조언자 창의적 설계자 중재자로 활동하기 적합합니다.

나) 섬세한 관찰력과 창의력을 바탕으로 디자인 기획 예술 상담 심리학 분야에서 두각을 나타낼 수 있습니다.

다) 정직하고 책임감 있는 태도로 타인의 신뢰를 얻기 쉽습니다.

6) 계절적 특징

가) 신금: 가을의 금속을 상징하며 수확과 완성을 의미합니다.

나) 해수: 겨울의 초입인 10~11월(음력)을 나타내며 차분하고 깊은 에너지가 강합니다.

다) 신해일주: 계절적으로 가을과 겨울의 연결점에 해당하며 완성하여 완성과 시작 마무리와 준비의 에너지를 동시에 지닙니다.

7) 장점

가) 세련된 감각과 고급스러운 태도를 유지합니다.

나) 책임감과 성실함이 최대무기입니다.

다) 깊이 있는 사고와 창의력이 있습니다.

라) 타인의 배려하는 유연한 성향을 띱니다.

8) 단점

가) 지나치게 세밀함을 추구하여 완벽주의에 빠질 가능성이 있습니다.

나) 내향적인 성격으로 인해 자신을 과도하게 억제할 수 있습니다.

다) 결정력이 부족하거나 우유부단해질 위험이 있습니다.

라) 건강면에서 차가운 기운에 취약합니다.

임자(壬子)일주(日主)

임자일주는 천간에 위치한 임수(壬水)와 지지에 위치한 자수(子水)로 이루어진 일주로 물의 기운이 강하게 나타나는 특징을 가지고 있습니다.

1) 성정(性情)

가) 유연함과 지혜: 물처럼 유연하고 융통성이 뛰어나며 주변 환경에 쉽게 적응합니다.

나) 탐구심: 새로운 지식과 경험에 대한 호기심이 많아 학문적이거나 창의적인 성향을 띕니다.

다) 감정의 기복: 물의 성질로 인해 감정 변화가 심할 수 있으며 내면의 안정감을 찾기 위해 노력해야 합니다.

라) 독립적: 스스로 생각하고 판단하려는 경향이 강하며 독립적인 삶을 선호합니다.

2) 물상(物象)

가) 바다와 같은 큰물: 임수는 넓고 깊은 바다를 상징하며 자수는 밤의 고요하고 찬 기운을 가진 물을 의미합니다.

나) 무한한 가능성: 한계를 두지 않는 임수와 자수의 조합으로 무한한 가능성을 품고 있는 형상입니다.

다) 신비로움: 깊이를 가늠하기 어려운 바다처럼 다소 신비로운 이미지와 숨겨진 능력을 지닙니다.

3) 형상(形象)

가) 신체적 특징: 임수의 유연함과 자수의 고요함 이 더해져 날씬하거나 균형 잡힌 체형을 가질 가능성이 큽니다.

나) 차분한 인상: 얼굴에서 느껴지는 이미지가 온화하고 침착하며 신뢰감을 줄 수 있습니다.

다) 차가운 기운: 대체로 피부가 차갑거나 몸에서 냉기를 느끼기 쉬운 체질일 수 있습니다.

4) 신체 부위

관련 부위: 신장 방광 생식기 등 수(水)와 관련된 부위가 해당합니다.

5) 건강

가) 강점: 수기(水氣)가 왕성하므로 몸의 순환력이 뛰어나고 회복력도 좋은 편입니다.

나) 약점: 냉기가 강해지면 신장 방광 허리 등에 문제가 생길 수 있습니다. 특히 겨울철 감기에 취약할 수 있습니다.
다) 건강 관리: 따뜻한 음식 섭취와 체온 유지가 중요하며 스트레스로 인한 감정 기복 관리도 필요합니다.

6) 사회적 역할

가) 조정자: 임수의 유연성과 자수의 침착성으로 갈등 상황에서 조정자 역할을 잘 수행 합니다.
나) 지혜로운 리더: 남을 가르치거나 새로운 방향을 제시하는 리더십이 있으며 타인의 신뢰를 얻는 능력이 뛰어납니다.
다) 창의적 기획자: 독창적인 아이디어를 통해 새로운 길을 개척하거나 창의적인 프로젝트를 주도하는데 능합니다.

7) 계절적 특징

겨울의 물: 임자일주는 겨울의 차가운 물을 상징하며 이 시기의 특징인 냉철함과 깊이를 내포합니다.
가) 장점: 겨울의 기운으로 인해 생각이 깊고 판단력이 뛰어납니다.
나) 단점: 지나치게 냉정하거나 결단력이 부족해 보일 수 있습니다.

8) 장점

가) 융통성과 적응력: 어떤 환경에서도 유연하게 대처하며 타인과 원만한 관계를 유지합니다.
나) 지혜로움: 깊은 사고와 논리적인 판단으로 문제를 해결하는 능력이 뛰어납니다.
다) 창의성과 직관: 감각적이고 창의적인 면 이 돋보이며 새로운 아이디어를 제시하는 데 탁월합니다.

9) 단점

가) 우유부단함: 너무 많은 가능성을 고려하다 보니 결정을 내리는 데 시간이 걸릴 수 있습니다.
나) 냉정함: 때로는 감정표현이 부족하여 인간관계에서 거리감을 줄 수 있습니다.
다) 내적 불안: 지나치게 많은 생각이 감정적 안정감을 방해할 가능성이 있습니다.

계축(癸丑)일주(日主)

계축일주는 천간 계수(癸)와 지지 축토(丑)의 구성 요소로 조합으로 구성된 일주입니다.

1) 성정(性情)

가) 성격과 본질: 계수는 깊고 고요한 물 즉 지하수나 작은 샘물처럼 은밀하고 부드러운 성질을 가지고 있습니다. 여기에 축토(丑)의 차가운 대지가 결합되면서 신중하고 내성적인 면이 두드러집니다.

나) 특징: 말수가 적고 조용하며 주변 상황을 세밀하게 관찰하는 성격입니다. 대인관계에서는 겸손하면서도 솔직한 태도를 보이며 내면적으로는 현실적이고 신중하게 계획을 세우는 경향이 강합니다.

2) 물상(物象)

가) 이미지와 상징

(1) 계수(癸)는 조용히 흐르는 물 혹은 안개나 이슬을 상징합니다.

(2) 축토(丑)는 겨울의 차가운 대지로 응축과 저 장을 상징합니다.

(3) 따라서 계축은 작은 샘물이 겨울 땅속에 갇혀 있는 형상으로 무언가를 꾸준히 준비하고 축적하는 이미지를 나타냅니다.

나) 상징적 의미: 내면에 풍부한 에너지를 가지고 있으며 이를 활용하기 위해 오랜 시간 준비하고 기다리는 유형입니다.

3) 형상(形象)

얼굴형이 갸름하거나 단정하며 신체적으로는 키가 크지 않는 경우가 많고 균형 잡힌 체형을 가집니다.

4) 신체 부위

계수는 신장(腎臟)과 생식기를 축 토는 뼈와 관절을 관장합니다.

5) 건강

가) 장점: 기본적으로 내구력이 강하고 체질적으로 에너지를 잘 비축합니다.

나) 주의할 점: 신장과 비뇨기계 질환 관절염이나 뼈와 관련된 문제에 주의가 필요합니다. 특히 차가운 성질로 인해 몸이 냉철해질 가능성이 있으니 온열 관리가 중요합니다.

6) 사회적 역할

가) 직업적 특징

(1) 계축은 신중하고 체계적인 성향을 발휘할 수 있는 직업에서 두각을 나타냅니다.

(2) 연구 학문 데이터 분석 금융 부동산 농업 등 안정적이고 세부적인 작업을 요구하는 분야에서 강점이 있습니다.

(3) 조직 내에서는 겸손하지만, 실질적인 성과를 내는 사람으로 평가받습니다.

나) 사회적 이미지: 조용하지만, 신뢰감을 주는 존재로 중요한 순간에 실력을 발휘하는 유형입니다.

7) 계절적 특징

겨울의 특성: 축월(丑月)은 음기가 강하고 물질이 응축되는 시기입니다.

가) 이 시기의 계축은 에너지가 내적으로 응축되어 있으며 겉으로는 차분하지만, 내적으로 강한 생명력을 가지고 있습니다.

나) 따라서 겨울철에는 집중력과 생산성이 극대화되며 반대로 에너지를 분산되는 여름철에는 다소 피로감을 느낄 수 있습니다.

8) 장점

가) 성실함: 한번 시작한 일에 대한 책임감과 끈기가 뛰어납니다.

나) 지혜로움: 주변 상황을 분석하고 합리적으로 행동하며 실수를 줄이는 능력을 가집니다.

다) 신뢰감: 내면의 깊이와 안정된 태도로 인해 주변 사람들에게 믿음을 줍니다.

9) 단점

가) 우유부단함: 신중함이 지나칠 경우 결정을 내리는 데 시간이 걸릴 수 있습니다.

나) 소극성: 내성적인 성향으로 인해 기회를 놓치거나 적극적으로 나서지 못하는 경우가 있습니다.

다) 냉정함: 겉으로 드러나는 차가운 태도가 때로는 인간관계에서 거리감을 줄 수 있습니다.

갑인(甲寅)일주(日主)

갑인 일주는 천간의 갑목(甲)과 지지의 인지(寅支)로 이루어진 일주입니다. 이는 강하고 생명력이 넘치는 큰 나무가 보의 기운을 뻗어나가는 형상으로 해석됩니다.

1) 성정(性情)

가) 특징: 갑인은 자신감 있고 진취적인 성향을 가진 사람으로 강한 리더십과 의지가 돋보입니다. 자존심이 강하고 정의감을 중시하며 신념을 지키기 위해 노력하는 성격을 가집니다.

나) 장점: 선명한 목표와 큰 비전을 가지며 타인에게 영감을 주는 능력이 있습니다. 결단력과 추진력이 강합니다.

다) 단점: 고집이 세고 유연성이 부족할 수 있으며 자신의 의견을 고수하려는 경향이 강합니다.

2) 물상(物象)

가) 갑목은 높은 산이나 우뚝 솟은 큰 나무가 비유되며 寅은 봄에 새싹이 돋아나는 모습을 상징합니다.

나) 이는 생명력과 성장의 상징으로 커다란 나무가 봄에 성장하는 모습으로 형상화됩니다. 이를 통해 갑인은 자신만을 영역을 개척하고 확장하려 는 성향을 드러냅니다.

3) 형상(形象)

가) 키가 크고 당당한 모습을 가진 사람들이 많습니다.

나) 외형적으로 정직하고 뚜렷한 인상을 주며 주변 사람들에게 믿음을 주는 형태입니다.

4) 신체 부위

간(肝)과 손 발 등이 갑목과 관련이 깊습니다. 갑목은 신체의 근육과 연관되며 특히 팔과 다리의 힘과 유연성을 상징합니다.

5) 건강

간 기능을 특히 주의해야 하며 스트레스 관리가 중요합니다. 너무 과로하거나 자신의 감정을 억누를 경우 간과 관련된 질병이 나타날 수 있습니다.

6) 사회적 역할

가) 사회에서 갑인은 지도자 개척자 선구자의 역할을 맡는 경우가 많습니다.

나) 조직 내에서 중요한 결정을 내리거나 새로운 프로젝트를 이끌어나가는 역할에 적합합니다.

다) 정의롭고 신뢰감을 주기 때문에 타인의 존경을 얻는 경향이 있습니다.

7) 계절적 특징

가) 봄의 기운을 대표하는 갑인은 생명력과 희망 그리고 성장을 상징합니다. 이는 갑인의 에너지가 가장 활발하게 작용하는 시기와 관련이 있습니다.

나) 계절적으로 따뜻하고 양기가 상승하는 시기에 갑인은 큰 잠재력을 발휘합니다.

8) 장점

가) 성장력과 추진력: 무엇이든 빠르게 배우고 성장하며 큰 목표를 달성하려는 의지가 강합니다.

나) 리더십: 타인을 이끄는 능력이 뛰어나며 강한 책임감을 발휘합니다.

다) 정의감: 불의를 보면 참지 못하고 공정함을 지향합니다.

9) 단점

가) 고집과 융통성 부족: 지나치게 자신의 신념에 집착하여 타인의 의견을 수용하지 못할 때가 있습니다.

나) 완벽주의: 너무 큰 목표를 세우고 모든 일을 완벽하게 하려는 경향으로 인해 스스로 압박감을 느낄 수 있습니다.

다) 감정 기복: 내면의 긴장과 불안으로 인해 감정적으로 예민해질 때가 있습니다.

을묘(乙卯)일주(日主)

을묘일주는 천간 을목(乙)과 지지 묘목(卯)으로 구성된 일주로 구성되는 것입니다.

1) 성정(性情)

가) 을목은 유연하고 섬세한 초목(풀 덩굴)을 상징합니다. 이로 인해 을묘 일주는 온화하고 부드러운 성품을 가지며 타인과 잘 어울리는 협력적인 성격을 보입니다.

나) 타인의 감정을 잘 이해하고 배려심이 강한 편입니다. 그러나 지나치게 유약하거나 결단력이 부족하다는 평가를 받을 수도 있습니다.

다) 신중하고 계획적인 면모를 보여주며 무리한 도전보다는 현실적인 방법으로 일을 처리하려는 경향이 있습니다.

2) 물상(物象)

가) 을묘는 봄의 푸른 풀밭이나 나무 덩굴로 비유됩니다. 이는 을목(乙木)의 유연함과 묘목(卯木)의 생동감을 보여줍니다.

나) 바람에 흔들리는 얇은 가지처럼 환경에 따라 적응력이 뛰어나며 때로는 유약하게 보일 수 있지만, 기본적으로 생명력이 강합니다.

다) 을묘의 물상적 특징은 부드럽고 조화로운 이미지로 타인에게 신뢰를 주는 사람으로 비추어질 때가 많습니다.

3) 형상(形象)

을묘 일주는 슬림하고 날씬한 체형을 가진 경우가 많으며 외적으로는 단정하고 우아한 느낌을 줍니다.

4) 신체 부위

가) 목(木)의 기운에 해당하는 손과 발 손톱 머리카락이 중요합니다.

나) 을목의 섬세함 때문에 손이 예쁘거나 손끝이 길고 가늘며 부드러운 특징을 보일 수 있습니다.

다) 간(肝)과 연관되므로 간 기능과 관련된 건강을 특히 주의해야 합니다.

5) 건강

가) 장점: 을묘 일주는 기본적으로 생명력이 강하고 자연스러운 회복력을 가집니다.

나) 단점: 스트레스에 민감하고 간과 신경계에 문제가 발생하기 쉬운 편입니다. 특히 눈과 관련된 건강(간과 연결)이 중요하니 피로를 줄이고 적절한 휴식을 취해야 합니다.

다) 신체적으로 허리 통증이나 근육 경직 스트레스성 소화 문제에 노출될 가능성이 있으니 규칙적인 생활과 운동이 필요합니다.

6) 사회적 역할

가) 을묘 일주는 조화와 협력을 중시하는 성격 덕분에 중재자나 조정자의 역할을 잘 수행합니다.

나) 섬세함과 예술적 감각이 뛰어나 디자인 예술 상담 교육 봉사와 같은 분야에서 잘 수행합

니다.

다) 사람들과의 관계에서 신뢰를 주기 때문에 조직 내에서 분위기를 화합시키는 역할을 맡는 경우가 많습니다.

7) 계절적 특징

가) 을묘는 봄(춘분 전후)에 해당하는 일주로 새로운 시작과 성장의 기운을 품고 있습니다.

나) 봄처럼 부드럽고 온화하지만 때로는 감정의 기복이 심하거나 외부 환경에 따라 의지가 흔들릴 수 있습니다.

다) 계절적으로 봄이 강한 시기(2~4월)에는 강점이 극대화되지만, 겨울이나 늦가을처럼 추운 계절에는 상대적으로 에너지가 약해질 수 있습니다.

8) 장점

가) 부드럽고 온화하며 타인의 의견을 존중하는 조화로운 성격입니다.

나) 창의적이고 예술적 감각이 뛰어나며 섬세한 관찰력이 좋습니다.

다) 대인관계에서 신뢰감을 주는 중재자 역할을 잘합니다.

9) 단점

가) 우유부단하거나 결단력이 부족하다는 평가를 받을 수 있습니다.

나) 외부 환경에 따라 흔들리기 쉬워 스트레스 관리가 필요합니다.

다) 지나치게 섬세한 탓에 타인의 의견에 너무 신경을 쓰거나 주체성을 잃을 가능성이 있습니다.

병진(丙辰)일주(日主)

병진일주는 천간의 병화(丙火)와 지지의 진토(辰 土)로 구성된 일주입니다.

1) 성정(性情)

가) 병화(丙火): 태양을 상징하며 따뜻하고 밝은 성질을 가지고 있습니다. 병화는 자신감 긍정적 에너지 강한 추진력을 나타냅니다.

나) 진토(辰土): 축축한 땅(습토)으로 생명력을 품는 포용력과 창조력을 지닌 성질을 가집니다. 하지만 내면적으로는 복잡한 생각과 갈등이 있을 수 있습니다.

다) 병진 일주는 이성적 판단력과 감성적 열정이 공존하는 특징이 있습니다. 다만 내면의 갈

등으로 인해 방향성을 잃을 때도 있습니다.

2) 물상(物象)

가) 병화는 태양 진토는 새싹이 돋아나는 대지와 같으므로 병진 일주는 새 생명을 키우는 따뜻한 태양 아래의 대지를 연상시킵니다.

나) 이런 조합은 포용력과 생명력을 상징하며 새로운 변화를 만들어낼 수 있는 강한 동력과 창의성을 뜻합니다.

3) 형상과 신체 부위

가) 병화는 심장 혈액 눈과 관련되며 진토는 비위(脾胃)와 소화기계를 관장합니다.

나) 병진일주는 심장이 강하게 뛰며 적극적이고 활달한 움직임을 보이지만 스트레스가 많거나 환경 변화에 민감하면 소화기와 심혈관계에 문제가 생길 수 있습니다.

4) 건강특징

가) 장점: 병화의 따뜻한 기운으로 혈액순환이 잘 되고 체내 에너지가 풍부합니다.

나) 단점: 진토의 습한 기운이 과도하면 소화기 장애 위장병 체액 불균형 등이 생길 가능성이 있습니다. 또한 병화의 과도한 에너지가 심장에 무리를 줄 수 있습니다.

다) 건강 관리 팁: 습한 기운을 해소하고 심혈관계와 소화기 건강을 유지하기 위해 꾸준히 운동하고 스트레스를 관리하는 것이 중요합니다.

5) 사회적 역할

가) 병진 일주는 따뜻함과 포용력을 바탕으로 리더십을 발휘할 수 있는 능력을 가지고 있습니다.

나) 사회적으로는 조화로운 환경을 조성하거나 창조적인 변화를 이끄는 지도자 교사 상담사 역할에 적합합니다.

다) 다만 진토의 복잡한 면 때문에 의사소통에서 오해가 생길 수 있어 명확한 표현이 필요합니다.

6) 계절적 특징

가) 봄(춘월): 진토는 새싹이 돋아나는 봄과 연결되며 병화의 태양을 이를 돕습니다. 창조와 발전의 기운이 강합니다.

나) 여름(하월): 병화가 왕성해지는 시기 에너지가 넘치지만 지나친 열기로 인해 균형이 필요

합니다.

다) 가을, 겨울(추동월): 병화가 약해지고 진토의 습기가 강해집니다. 내적 성찰이 필요한 시기입니다.

7) 장점

가) 긍정적이고 따뜻한 성격: 사람들에게 신뢰와 안정을 줍니다.
나) 창조적이고 추진력이 강함: 새로운 아이디어를 실행하는 데 능숙합니다.
다) 조화로운 성격: 주변을 돌보고 배려하는 포용력이 있습니다.

8) 단점

가) 과도한 열정으로 소진되기 쉬움: 에너지 조절이 필요합니다.
나) 내적 갈등: 진토의 복잡한 면 때문에 스스로 방향성을 잃는 경우가 있습니다.
다) 환경 변화에 민감함: 안정적인 환경에서 더 큰 성과를 냅니다.

정사(丁巳)일주(日主)

정사일주는 천간 정화(丁火)와 지지(巳火)로 구성된 요소입니다.

1) 성정(性情)

가) 따뜻하고 섬세한 성격: 정화는 촛불이나 작은 불길에 비유되며 부드럽고 온화한 에너지를 지닙니다. 타인을 배려하고 조화로운 관계를 중시합니다.

나) 끈기가 열정: 사(巳)지지의 병화(丙火)와 병존하면서 정사 일주는 강렬한 열정을 가지며 목표를 이루기 위해 꾸준히 노력합니다.

다) 내면의 강함: 겉으로는 부드럽지만, 내면에는 강한 의지와 신념을 지니고 있어 어려움에도 쉽게 포기하지 않습니다.

2) 물상(物象)

가) 촛불, 램프: 정화는 어두운 곳을 밝히는 작은 불길로 은은하지만, 지속적인 에너지를 상징합니다.

나) 뱀: 사화(巳)는 뱀의 형상을 나타내며 지혜롭고 날카로운 통찰력을 가진 존재를 의미합니다.

다) 작은 등불과 따뜻한 공간: 사람들에게 빛과 온기를 제공하는 물상으로 해석됩니다.

3) 형상(形象)

가) 정화는 가늘고 섬세한 불길처럼 우아하고 날렵한 이미지를 형성합니다.

나) 사(巳)는 뱀처럼 유연하고 민첩한 몸놀림을 암시하며 이러한 조합은 세련되고 정교한 이미지를 제공합니다.

4) 신체 부위

가) 정화는 눈과 관련이 깊으며 눈이 맑고 빛나는 특징이 나타날 수 있습니다.

나) 사(巳)는 근육과 혈관 소화기계를 관장하므로 이러한 부위의 건강과 밀접한 관련이 있습니다.

5) 건강

가) 눈의 피로와 관련된 문제를 주의해야 합니다. 특히 장시간 사용하는 직업에서는 더욱 신경 써야 합니다.

나) 소화기계 문제나 신경계 관련 질환에 취약할 수 있습니다.

다) 정신적 스트레스: 섬세하고 예민한 성격으로 인해 심리적 스트레스를 느끼기 쉽습니다.

6) 사회적 역할

가) 조화와 화합의 중심: 정화의 따뜻함으로 주변 사람들에게 희망과 격려를 주는 존재입니다.

나) 창의적인 리더: 사(巳)의 지혜와 통찰력으로 새로운 아이디어를 만들어내며 이를 실현할 수 있는 능력을 가집니다.

다) 예술가 상담가 교육자로서 두각을 나타내는 경우가 많습니다.

7) 계절적 특징

가) 巳월은 여름의 초입으로 온도가 올라가는 시기입니다. 정화는 이 시기의 강렬한 열기를 배경으로 더 활발하게 작용합니다.

나) 이로 인해 정사 일주는 강한 추진력과 생명력을 가지지만 과열되지 않도록 균형이 중요합니다.

8) 장점

가) 섬세함과 감수성: 타인의 감정을 잘 이해하며 주변과 조화로운 관계를 유지합니다.

나) 창의력: 예술적 감각과 통찰력이 뛰어납니다.

다) 끈기와 노력: 목표를 이루기 위해 열정적으로 노력합니다.
라) 리더심: 따뜻하고 배려 깊은 리더로서 신뢰를 얻습니다.

9) 단점

가) 과도한 예민함: 작은 일에도 쉽게 스트레스를 받을 수 있습니다.
나) 불안정한 에너지: 정화의 작은 불길은 외부 환경에서 쉽게 영향을 받아 균형을 잃을 위험이 있습니다.
다) 과열된 열정: 때로는 지나친 열정으로 인해 소진되거나 주변과 갈등이 생길 수 있습니다.

무오(戊午)일주(日主)

무오일주는 무(戊)는 큰 산 오(午)는 말을 의미하는 조합으로 이는 매우 강한 에너지를 내포하고 있습니다.

1) 성정(性情)

가) 강한 의지와 결단력: 무오일주는 목표를 향해 나아가는 강한 추진력과 강한 추진력과 결단력을 가집니다. 자존심이 강하고 자신의 신념에 대해 확고한 자세를 유지합니다.
나) 리더십: 큰 산과 말의 결합은 자연스럽게 지도자 역할을 합니다. 주도적인 성향이 있어 많은 사람들을 이끌고 앞서 나가는 경향이 있습니다.
다) 자기표현: 자신을 자유롭게 표현하고 독립적이며 때로는 고집스러울 수 있습니다.

2) 물상(物象)과 형상(形象)

가) 산과 말의 조화: 무오 일주는 큰 산처럼 웅장하고 안정적이며 말처럼 활동적이고 열정적입니다. 이 두 가지 특성이 결합되어 매우 역동적이고 힘찬 에너지를 나타냅니다.
나) 강한 열정:불의 성격인 오(午)가 일주에 포함되기 때문에 열정적이고 다이내믹한 성격을 보이며 타인의 관심을 끄는 매력을 지닙니다.

3) 신체 부위

가) 소화기관: 특히 위장과 소화기 계통에 강한 영향을 미칩니다. 무오일주는 신체적으로 강하지만 과도한 활동이나 스트레스가 소화불량이나 관련 질환을 일으킬 수 있습니다.
나) 근육: 활동적이고 체력이 좋은 사람이라 근육 발달이 두드러질 수 있습니다.

4) 건강

가) 강한 체력: 무오일주는 체력이 강하고 열정적인 성향 덕분에 전반적으로 건강한 신체를 가지고 있을 가능성 큽니다. 다만 에너지를 과다하게 소모할 경우 소화기 문제나 스트레스 관련 질환에 유의해야 합니다.

나) 스트레스 관리: 과도한 정신적 압박을 받으면 신체적인 불균형이 발생할 수 있어 스트레스 관리가 중요합니다.

5) 사회적 역할

가) 리더십: 무오일주는 사회적으로 중요한 맡는 경우가 맡는 경우가 많습니다. 특히 지도자 역할이나 책임감이 큰 직업적에서 두각을 나타냅니다.

나) 창의적이고 혁신적인 분야: 스스로의 주도적인 태도 덕분에 창의적이고 혁신적인 프로젝트나 새로운 사업을 이끌어 가는 능력을 가집니다.

6) 계절적 특징

가) 여름: 오(午)가 여름의 상징인 불을 의미하기 때문에 무오일주는 여름에 태어난 사람으로 여름의 뜨거운 성질을 가집니다. 이는 열정적이고 활동적인 성향과 잘 맞아떨어집니다.

나) 활동적이고 에너지를 넘치는 계절: 여름의 뜨거움처럼 무오일주는 특히 에너지가 넘치고 활동적인 더욱 강력한 성격을 드러냅니다.

7) 장점

가) 강한 의지력: 목표를 향해 끝까지 밀고 나가는 의지가 강합니다.

나) 리더십: 남들을 이끄는 데 있어 뛰어난 능력을 발휘합니다.

다) 열정과 에너지: 에너지가 넘쳐서 주변을 활기차게 만듭니다.

8) 단점

가) 고집이 셈: 자신의 의견을 고수하는 경향이 강해 타인과의 갈등이 생길 수 있습니다.

나) 과도한 에너지 소비: 에너지를 지나치게 소비하다 보면 건강에 부담을 줄 수 있습니다.

다) 스트레스에 취약: 지나치게 일을 밀어붙이거나 감정적으로 압박을 받으면 신체적 정신적 문제가 발생할 수 있습니다.

기미(己未)일주(日主)

기미일주는 천간 기토(己)와 지지 미토(未)의 요소로 구성된 일주입니다.

1) 성정(性情)

가) 성격적 특징: 기미 일주는 기토와 미토의 조합으로 부드럽고 온화한 성격을 가집니다.
나) 기토는 부드러운 흙으로 주변을 감싸고 조화롭게 만드는 에너지를 의미합니다.
다) 미토는 사계절 중 여름과 가을 사이의 전환점인 늦여름의 에너지로 안정적이고 신중한 성향을 가집니다.
라) 결론: 세심하고 배려심이 깊으며 내면의 깊은 사유를 즐기는 성격이 강합니다.

2) 물상(物象)

기미의 이미지: 기미일주는 비옥한 들판이나 푸르른 숲과 같은 이미지를 떠올리게 합니다.
가) 기토는 다양한 생명체를 키우는 땅으로 사람들에게 유용한 자원을 제공합니다.
나) 미토는 풍성한 결실을 맺는 시기로 풍요로움을 상징합니다.
다) 결론: 기미일주는 생산적이고 유익한 환경을 상징하며 사회적으로도 안정적인 자리를 마련하려는 경향이 있습니다.

3) 형상(形象)

얼굴과 신체에서 기미 일주가 나타내는 형상은 대체로 둥글고 부드러운 느낌을 줍니다.
가) 피부가 건강하고 따뜻한 기운을 풍깁니다.
나) 외모는 신뢰감을 주며 다정하고 포근한 인상을 줄 가능성이 높습니다.

4) 신체 부위

기토와 미토는 소화기관 및 비장과 연관됩니다.

5) 건강

가) 소화 기능이 위장 장애가 있을 가능성이 있으니 식습관에 신경 써야 합니다.
나) 마토의 기운으로 인해 몸이 쉽게 무거워질 수 있으므로 운동을 통한 균형잡기가 중요합니다.
다) 건강 유지법: 규칙적인 식사와 충분한 휴식이 필수입니다.

6) 사회적 역할

가) 기미일주는 조화와 균형을 중시하므로 중재자 조언자 또는 협력자의 역할을 자주 맡습니다.
나) 조직 내에서 신뢰받는 위치에 오르며 대체로 사람들을 편안하게 만드는 능력이 있습니다.
다) 또한 실용적이고 현실적인 시각을 바탕으로 안정성을 추구하는 직업에서 두각을 나타냅니다.

7) 계절적 특징

기미는 여름의 끝자락 즉 7월 중하순에 해당합니다.
가) 이 시기는 열기가 남아 있지만, 서서히 안정감을 찾아가는 시기로 기미일주도 비슷한 특성을 가집니다.
나) 즉 급변하는 상황에서도 안정적이고 꾸준한 힘을 발휘합니다.

8) 장점

가) 세심하고 배려심이 강함: 사람들을 이해하고 조화롭게 어울립니다.
나) 책임감: 맡은 일을 끝까지 해내는 성격입니다.
다) 현실적: 감정보다 실리를 추구하는 경향이 있어 판단력이 뛰어납니다.
라) 안정성: 주변 사람들에게 든든한 존재로 여겨집니다.

9) 단점

가) 소극적: 지나치게 신중해 기회를 놓칠 때가 있습니다.
나) 완벽주의: 스스로에게 엄격하고 작은 실수도 용납하지 않으려는 경향이 있습니다.
다) 당당함: 주변 사람들에게 속도가 느리거나 단조로운 사람으로 비춰질 수 있습니다.

경신(庚申)일주(日主)

경신일주는 천간(天干)이 경금(庚)이고 지지(地支)가 신금(申)으로 구성된 일주입니다. 경금은 강하고 단단한 금(金)을 상징하며 신금은 원숭이(申)에 해당하는 지지로 금의 기운이 매우 왕성한 상태를 나타냅니다.

1) 성정(性情)

경신 일주는 강인한 성격과 명석한 사고력을 가진 사람입니다.
가) 성격적 특징
(1) 강한 책임감과 추진력 강합니다.

(2) 직관적이고 신중한 성향이 있습니다.

(3) 자존심이 강하고 자립적인 면이 있습니다.

(4) 다소 냉철하고 계산적인 면모도 있습니다.

나) 행동 패턴

(1) 조직적이고 체계적인 일을 선호합니다.

(2) 논리적인 판단력으로 효율적인 행동을 추구합니다.

(3) 다소 독단적이거나 고집스러운 모습도 보일 수 있습니다.

2) 물상(物象)

경신 일주의 물상은 단단한 금속이나 기계 광물 무기를 등을 상징합니다.

가) 금속이 강한 충격을 받아 날카롭게 갈리는 이미지의 형상입니다.

나) 강인하지만 다듬어져야 빛을 발하는 원석 같은 존재입니다.

다) 현대적으로는 기술 혁신 금속 관련 산업을 연상할 수 있습니다.

3) 형상(形象)

경신 일주가 나타내는 형상은 세련되고 날카로운 이미지를 가진 외형입니다.

가) 외적 이미지

(1) 날렵하고 선이 뚜렷한 외모입니다.

(2) 깔끔하고 정돈된 스타일을 선호합니다.

나) 신체적 특징

(1) 뼈대가 단단하고 균형 잡힌 체격입니다.

(2) 날렵하거나 강건한 이미지를 주는 외모입니다.

4) 신체 부위

경금(庚)은 신체적으로 폐와 대장 그리고 피부와 관련이 깊습니다.

가) 강점: 기본적으로 체질이 튼튼하고 저항력이 강한 편입니다.

나) 취약점

(1) 과로한 스트레스로 인해 폐 기능 약화 기능이 약합니다.

(2) 대장 관련 질환이나 변비 등 소화기계 문제 가 있을 수 있습니다.

(3) 건조한 기후에서 피부 트러블 가능성이 있습니다.

5) 건강

가) 신선한 공기와 적절한 운동으로 폐 건강 관리가 중요합니다.

나) 수분 섭취를 늘려 체내 순환을 원활히 유지하는 것이 매우 중요합니다.

6) 사회적 역할

경신일주는 조직 내에서 리더십을 발휘하며 실질적인 결과물을 만드는 데 집중합니다.

가) 직업적 특징

(1) 기술자 관리자 공학 분야 전문가에 해당합니다.

(2) 법률 군사 금융 등 강한 통제력과 논리를 요구하는 직업에 좋습니다.

나) 사회적 이미지

(1) 신뢰받는 해결사입니다.

(2) 체계적이고 논리적인 리더형입니다.

(3) 때로는 다소 냉정하고 엄격하다는 평가를 받을 수도 있습니다.

7) 계절적 특징

가) 계절적 특성: 결실을 맺는 시기 수확의 이미지입니다. 금의 왕성한 기운으로 활동적이고 생산적인 시기입니다.

나) 에너지 상태: 강한 추진력과 결단력을 발휘하기 적합합니다. 성취를 목표로 빠르게 움직이는 시기입니다.

8) 장점

가) 뛰어난 판단력과 추진력이 대단히 강합니다.

나) 책임감도 있고 조직적인 성향에 해당합니다.

다) 신뢰감을 주는 안정적인 성격입니다.

라) 강한 의지와 도전정신이 강합니다.

9) 단점

가) 지나치게 계산적이거나 냉정한 면이 있습니다.

나) 완벽주의 성향으로 스트레스를 받을 수 있습니다.

다) 대인관계에서 유연성 부족합니다.

라) 자기중심적인 태도로 오해를 살 가능성이 있습니다.

신유(辛酉)일주(日主)

신유일주는 천간 신금(辛)과 지지 유금(酉)의 일간과 일지의 조합으로 된 일주입니다.

1) 성정(性情)

가) 신유는 신금(辛金)과 유금(酉金)이 모두 음(陰)의 금(金)으로 이루어진 조합입니다. 이로 인해 섬세하고 예민하며 품위와 절제를 중시하는 성격이 강합니다. 겉으로는 차분하고 점잖지만, 내면에는 자신만의 고집과 기준이 있습니다.

(1) 긍정적 성정: 정교함, 책임감 신중합니다.

(2) 부정적 성정: 과도한 경계심 완벽주의 외부 비판에 민감합니다.

나) 대인관계: 타인과의 관계에서 공정함을 중시하며 때로는 냉정하다는 인상을 줄 수 있습니다. 하지만 진로로 의도로 다가오는 사람들에게는 충실합니다.

2) 물상(物象)

가) 신금(辛金)은 연마된 보석이나 칼처럼 정교하고 세련된 금속을 상징합니다.

나) 유금(酉金)은 금속의 근본 에너지와 결합한 모습으로 가을의 단단하고 차가운 금속성을 나타냅니다.

다) 종합적 물상: 고급스러운 장신구로 날카롭지만 세련된 도구나 칼 귀한 광물 등에 해당합니다.

3) 형상(形象)

가) 신유일주 사람은 대체로 단정하고 깔끔한 인상을 줍니다. 세심한 스타일링이나 패션 감각을 지니고 있으며 외모를 통해 자신을 드러내는 것을 중요시합니다.

나) 얼굴은 뚜렷하고 정교한 이목구비를 가진 경우가 많으며 피부는 맑고 깨끗한 편입니다.

4) 신체 부위와 건강

금(金)오행은 폐 대장 피부 치아 머리와 연관됩니다.

5) 건강

가) 폐와 호흡기 관련 질환: 신유일주는 가을의 금 기운을 가지므로 건조함과 차가움을 피해야 합니다.

나) 피부 관련 문제: 피부가 예민하거나 건조함을 약할 수 있습니다.

다) 스트레스성 질환: 신중함과 예민함이 스트레스로 이어져 소화불량 신경과민 등이 나타날 수 있습니다.

6) 사회적 역할

신유 일주는 자신의 정교함과 완벽주의 성향을 사회적 역할에서 잘 활용합니다.

가) 적합한 직업: 디자이너 연구원 세밀한 기술이 필요한 직종 법조계 회계사 컨설턴트 등

나) 역할 특성: 책임감이 강하고 섬세하게 업무를 처리하며 리더보다는 조언자나 전문가로 활동하기 적합합니다.

7) 계절적 특징

가) 가을의 기운: 유금은 가을을 상징하며 열매가 무르익는 시기를 나타냅니다. 따라서 결실과 수확의 의미를 가지며 인생에서 중요한 성취를 이룰 가능성이 높습니다.

나) 하지만 가을 특유의 건조함과 쓸쓸함도 내재 되어 정서적으로 안정감을 유지하려는 노력이 필요합니다.

8) 장점

가) 섬세함과 정밀함이 특징입니다.

나) 강한 책임감과 윤리 의식이 강합니다.

다) 품격있고 차분한 태도로 사물을 분별합니다.

라) 꾸준한 노력과 자기 발전을 향상시킵니다.

9) 단점

가) 지나친 완벽주의로 인해 스스로를 압박합니다.

나) 대인관계에서 다소 차가운 인상이 있습니다.

다) 유연성 부족과 고집이 강합니다.

라) 감정표현의 억제를 지나치게 합니다.

임술(壬戌)일주(日主)

임술일주는 천간의 임수(壬水)와 지지의 술토(戌土)가 결합한 형태로 다양한 특징과 상징을 가지고 있습니다.

1) 성정(性情)

가) 임수(壬水): 큰 강이나 바다처럼 유연하면서도 깊고 포용력이 강한 성격을 상징합니다. 창의적이고 사색적이며 동시에 역동적이고 추진력이 있는 면도 가지고 있습니다.

나) 술토(戌土): 단단하고 충실한 땅을 나타내며 현실적이고 책임감이 강하며 신의와 충성심이 두드러지는 성향을 가지고 있습니다.

다) 임술일주는 포용력 있는 성품과 책임감이 조화를 이루며 때로는 내면적으로 갈등이 생기기도 합니다. 물 흐르듯 유연하게 행동하면서도 원칙과 기준을 지키려는 모습이 보입니다.

2) 물상(物象)

가) 임수는 바다 큰강 폭포 비를 상징하며 역동적이고 변화무쌍한 이미지를 줍니다.

나) 술토는 대지 언덕 그리고 견고한 땅을 상징합니다.

다) 임술 일주는 큰물과 안정된 대지가 조화를 이루는 형상으로 겉으로 유연하지만, 내면의 단단한 특성이 있습니다.

3) 형상(形象)

가) 임수의 영향: 키가 크거나 늘씬한 체형 이목구비가 선명한 경우가 많습니다. 물의 흐름처럼 유연한 움직임이 특징입니다.

나) 술토의 영향: 안정적이고 견고한 느낌을 주며 얼굴형은 둥글거나 각진 형태로 신뢰감을 주는 외모가 많습니다.

4) 신체 부위

신장(腎臟) 방광 생식기 등 물과 관련된 기관이 임수와 관련됩니다. 또한 술토는 소화기관과 관련이 있어 위장 비장 간이 영향을 받을 수 있습니다.

5) 건강

가) 장점: 임수의 생명력과 술토의 안정감이 결합되어 기본적인 체력과 면역력이 좋은 편입니다.

나) 단점: 스트레스를 물속에 가두듯 내면에 쌓아두는 경향이 있어 정신적 부담이 클 경우

신장질환이나 소화기 질환이 생길 수 있습니다.

6) 사회적 역할

가) 임술 일주는 협력과 조화를 중요시하며 포용력과 책임감을 바탕으로 팀에서 신뢰받는 리더나 조언자로 활동할 수 있습니다.

나) 창의적인 사고와 현실적인 판단력이 결합되어 예술 기획 교육 상담 경영 등 다양한 분야에서 두각을 나타냅니다.

7) 계절적 특징

가) 임수는 겨울을 상징하며 술토는 가을의 끝자락을 나타냅니다. 따라서 임술일주는 늦가을부터 초겨울의 특징을 가지고 있습니다.

나) 이 시기는 변화와 준비의 계절로 임술일주는 변화에 잘 적응하고 새로운 시작을 준비하는 에너지가 강합니다.

8) 장점

가) 포용력과 깊이 있는 사고로 타인의 마음을 잘 이해하고 조율합니다.

나) 책임감이 강하고 목표를 이루기 위한 꾸준한 노력을 기울입니다.

다) 창의력이면서도 현실적인 판단을 통해 균형 잡힌 결정을 내립니다.

9) 단점

가) 내면의 갈등이나 스트레스를 겉으로 드러내지 않고 쌓아두는 경향이 있습니다.

나) 유연함과 원칙주의 사이에서 혼란을 겪을 수 있으며 때로는 우유부단하게 보일 수 있습니다.

다) 지나치게 신중하거나 걱정을 많이 하는 성향이 있어 실행력이 저하될 때가 있습니다.

계해(癸亥)일주(日主)

계해일주는 천간의 계수(癸)와 지지의 해수(亥)가 조합된 일주로 물의 기운이 강하게 작용합니다.

1) 성정(性情)

가) 성격적 특징: 계해일 주는 온화하고 부드러운 성정을 지니며 내면적으로 깊고 신비로운 면모를 가지고 있습니다. 생각이 많고 사색적이며 예술적이거나 철학적인 성향을 보이기도 합니다.

(1) 계수(癸)는 작은 물방울처럼 섬세하고 유연한 성격을 상징하며 타인에게 신뢰를 주는 조용한 리더십이 있습니다.

(2) 해수(亥)는 큰물의 기운으로 대범함과 개방적 태도를 나타내며 자유롭고 진취적인 성향을 띕니다.

나) 감정 기복: 물의 기운이 강하기 때문에 감정적으로 유동적이며 환경의 영향을 많이 받습니다. 내면의 불안감이 있을 수 있으나 이를 겉으로 드러내지 않는 경우가 많습니다.

2) 물상(物象)

가) 계수는 이슬비 샘물 등 작고 맑은 물을 의미하며 생명을 유지하는 순환적 에너지를 나타냅니다.

나) 해수는 대양(大洋) 큰강을 상징하며 넓고 무한한 가능성을 품고 있는 에너지를 뜻합니다.

다) 계해 일주는 작은 물방울과 큰물이 어우러져 세밀함과 포괄성을 동시에 지닌 존재로 비유됩니다.

3) 형상(形象)

계해 일주에 해당하는 사람들은 신체적으로 비교적 날씬하거나 유연한 체형을 가지는 경우가 많습니다. 물의 기운이 강하기 때문에 체형이 흐르는 듯 부드럽고 마른 체질이나 물살이 적당히 있는 체형으로 나타날 수 있습니다.

4) 신체 부위

가) 물(水)의 기운은 신장 방광 생식기와 연관됩니다.

나) 해수는 특히 생명력을 관장하는 부분과 관련이 깊어 생식능력 호르몬 조절 등과 연결됩니다.

5) 건강

가) 물의 과잉으로 인해 신장 기능 약화나 요로계 질환(방광염 신우신염) 등이 발생할 수 가능성이 있습니다.

나) 또한 수(水)와 연관된 냉증 혈액순환 문제 수분 정체 등의 질환도 주의가 필요합니다.

다) 해수는 면역력과도 관련이 있으므로 몸을 따뜻하게 유지하는 것이 중요합니다.

6) 사회적 역할

가) 계해 일주는 타고난 부드러운 리더십과 신뢰감으로 중재자나 조율자 역할을 잘 수행 합

니다.

나) 창의성과 사색적인 면모를 살려 예술 철학 학문 상담 등의 분야에서 두각을 나타낼 수 있습니다.

다) 사람들과의 협력과 소통을 중요시하며 조직에서 유연하고 실용적인 리더로 인정받을 가능성이 높습니다.

7) 계절적 특징

가) 겨울(해월)에 해당하므로 냉철함과 인내심이 강합니다.

나) 겨울에 물은 생명을 품고 있지만, 성장보다는 축적과 휴식의 시기를 의미합니다. 따라서 계해 일주는 조용히 에너지를 축적하고 필요할 때 힘을 발휘하는 특성이 있습니다.

8) 장점

가) 유연함과 순응력: 어떤 환경에서도 조화를 이루고 상황에 따라 적응하는 능력이 뛰어납니다.

나) 깊이 있는 통찰력: 사물과 사람의 본질을 파악하는 능력이 탁월합니다.

다) 포용력: 주변 사람을 감싸는 부드러움과 포용력을 지닙니다.

9) 단점

가) 우유부단함: 지나치게 조심스러워 결정을 내리는 데 시간이 걸릴 수 있습니다.

나) 불안정함: 환경의 영향을 많이 받아 감정적 기복이 심할 가능성이 있습니다.

다) 냉소적 태도: 내면의 불안감이나 지나친 현실주의로 인해 부정적인 면을 강조할 수 있습니다.

제11편

생극제화의 희기(격국)

1. 오주학과 생극제화(生剋制化)의 희기(喜忌)와 격국용신(格局用神)

오주(사주)학에서 격국용신(格局用神)을 판단할 때 생극제화의 희기를 명확히 이해하는 것은 매우 중요합니다. 이는 오주(사주) 구조의 균형을 분석하고 용 신(用神)을 선택하여 삶의 방향성을 제시하는 데 핵 심적인 역할을 합니다.

가. 생극제화의 기본 개념

1) 생(生)

가) 의미: 오행이 서로 도움을 주는 관계로 한 기운이 다른 기운을 생성하고 성장하게 합니다(예: 목생화(木生火), 화생토(火生土)).

나) 용도: 오주(사주)의 에너지가 부족한 경우 이를 보완하거나 강화하는 역할을 합니다.

2) 극(剋)

가) 의미: 오행이 서로 억제하거나 제어하는 관계입니다(예: 금극목(金克木), 수극화(水剋火)).

나) 용도: 과도하거나 지나치게 강한 에너지를 조절하여 균형을 맞추는 것입니다.

3) 제(制)

가) 의미: 지나치게 강한 오행의 힘을 제어함 주로 극(剋)의 원리를 활용합니다(예: 강화 화(火)를 수(水)로 제어).

나) 용도: 특정 오행의 편중을 완화시켜 안정적인 흐름을 유지합니다.

4) 화(化)

가) 의미: 특정 오행 간의 생극관계를 통해 조화를 이루는 과정에 해당합니다(예: 목(木)과 토(土)의 극(剋)관계를 화(火)로 중화)

나) 용도: 서로 상충되는 기운을 완화하여 조화로운 흐름을 형성합니다.

나. 생극제화의 희(喜)와 기(忌)

1) 희신(喜神)

가) 정의: 오주(사주)의 균형을 맞추는 데 유익한 오행이 필요합니다.

나) 특징: 약하거나 부족한 에너지를 보강하여 오주(사주)의 조화를 이루도록 도움을 줍니다.

다) 예시

⑴ 신강(身强)한 오주(사주)에서는 재(財)이나 관성(官)이 희신이 될 수 있습니다.

⑵ 신약(身弱)한 오주(사주)에서는 인성(印)이나 비겁(比劫)이 희신으로 작용을 살펴야 합니다.

2) 기신(忌神)

가) 정의: 오주(사주)의 균형을 깨뜨리는 데 영향을 미치는 오행을 살펴야 합니다.

나) 특징: 과도하거나 편중된 에너지를 더욱 불안정하게 만드는 요소를 알아야 합니다.

다) 예시

⑴ 신약한 오주(사주)에서 관살(官殺)이 과도하면 기신이 됩니다.

⑵ 신강한 오주(사주)에서 비겁(比劫)이 강하면 기신으로 작용합니다.

다. 격국용신(格局用神)의 판단 과정

격국용신은 오주(사주)에서 격국의 본질을 이해하고 이를 통해 조화를 이루는 핵심적인 오행을 선택하는 과정입니다.

1) 격국 파악

격국 정의: 일간(日干)과 월지(月支)를 중심으로 구조를 파악하는 것입니다(예: 정관격(正官格), 편재격(偏財格), 인수격(印綬格) 등).

2) 신강, 신약 판단

가) 신강(身强): 일간(日干)이 강하고 스스로 힘을 충분히 발휘할 수 있는 경우가 있습니다.

나) 신약(身弱): 일간이 약하고 외부의 도움이 필요한 경우가 있습니다.

3) 생극제화 분석

가) 격국의 기운이 균형을 이루기 위해 어떤 오행의 조절이 필요한지 판단을 정확히 해야 합니다.

나) 부족한 오행의 보완하고 지나치게 강한 오행을 제어해야 합니다.

4) 희신과 기신 도출

가) 희신(용신): 오주(사주)의 균형을 맞추는 데 필요한 주요 오행의 도움이 필요합니다.

나) 기신: 오주(사주)에 불리하게 작용하는 오행이 기신이 되는 것입니다.

5) 용신의 선택

격국을 중심으로 오주(사주)가 이루는 흐름(생극제화)을 고려하여 용신을 선택해야 합니다.

가) 신약한 오주(사주): 생조(生助)하는 인성(印)이나 비겁(比劫)을 용신으로 삼습니다.

나) 신강한 오주(사주): 억제(尅制)하는 재성(財)이나 관살(官殺)을 용신으로 삼습니다.

6) 실전 예시

가) 사례1: 신약한 정관격

(1) 사주 구조: 일간이 약하고 정관(正官)이 강한 경우를 말합니다.

(2) 분석: 관이 강해 일간이 부담을 느끼므로 인성(印) 이나 비겁(比劫)을 통해 일간을 보조해주는 오행이 필요합니다.

(3) 용신: 인성(印)

나) 사례2: 신강한 재성격

(1) 사주 구조: 일간이 강하고 재성(財)이 적절한 경우를 말합니다.

(2) 재성을 유지하기 위해 관성(官)을 도입하거나 비겁을 억제하는 것입니다.

(3) 용신: 관성(官)

7) 생극제화와 격국용신의 활용

생극제화의 원리를 기반으로 격국용신을 판단하면 개인의 오주(사주)를 기반으로 적절한 조언을 제공할 수 있습니다. 이는 다음과 같은 영역에서 활용될 수 있습니다.

가) 재물운 분석: 재성의 강약과 균형을 통해 재물의 흐름을 판단하여야 합니다.

나) 관계운 조언: 관성과 인성을 분석하여 인간관계와 직업적 성공 가능성을 제시하는 것이 중요합니다.

다) 건강운 조율: 오주(사주)의 기운을 통해 신체적 약점과 강점을 파악해야 합니다.

2. 인수과다해(印綬過多害)

인수과다해는 오주(五柱, 사주(四柱))에서 인성(印綬)의 기운이 지나치게 강할 때 발생하는 부정적인 영향에 대해 설명하는 개념입니다. 이는 오주 (사주)의 균형을 무너뜨려 개인의 삶에 여러 가지 문제를 가져올 수 있습니다.

가. 인수(印綬)의 의미

1) 인수는 오주(사주)에서 자신에게 지식을 주거나 보호하는 역할을 합니다.
2) 기본적으로 긍정적인 역할로서 학문 지혜 보호명예 생존 능력 등을 상징합니다.
3) 그러나 과유불급(過猶不及)이라는 말처럼 인수의 기운이 과다하면 부작용이 나타납니다.

나. 인수과다의 영향

인수가 과다할 경우 나타날 수 있는 부정적인 현상은 다음과 같습니다.

1) 우유부단함과 의존성

가) 인수는 보호와 지원의 에너지를 가지고 있지만 과도하게 많으면 자기주도적인 행동보다 타인에게 의존하려는 경향이 강해질 수 있습니다.
나) 결단력이 부족해지고 주어진 환경에서 변화하려는 의지가 약화됩니다.

2) 현실도피와 게으름

가) 인수가 지나치면 자기 자신을 지나치게 합리화하거나 현실의 문제를 회피하려는 성향이 나타날 수 있습니다.
나) 목표를 이루기 위한 실질적인 행동 대신 생각이나 계획 단계에서만 머무는 경우가 많습니다.

3) 건강 문제

가) 인수가 지나치게 강하면 몸의 균형이 무너지면서 소화기 위장병 신경계통 등의 건강 문제를 초래할 수 있습니다.
나) 특히 토(土)와 관련된 기운이 강할 경우 비만이나 과도한 스트레스와 연결되기도 합니다.

4) 관계의 어려움

가) 인수가 과다한 사람은 종종 타인에게 지나치게 의존하거나 반대로 너무 감정적으로 방어적이 되어 관계가 어려워질 수 있습니다.
나) 주변 사람들로부터 너무 소극적이다라는 평가를 받을 가능성도 있습니다.

다. 인수과다해의 해결방안

오주(사주)의 균형을 맞추기 위해 다음과 같은 방법을 고려할 수 있습니다.

1) 식상(食傷)의 활용

가) 인수는 식상(食神 傷官)으로 해소됩니다. 창조적이고 표현적인 에너지를 의미하므로 자신의 재능을 발휘하거나 창조적인 활동에 몰두하는 것이 좋습니다.

나) 예를 들어 예술 글쓰기 운동 요리 등 자신을 표현할 수 있는 활동이 추천됩니다.

2) 행동과 실천 강조

가) 지나치게 생각만 하고 행동하지 않는 경우가 많기 때문에 구체적인 목표를 세우고 실행에 옮기는 습관을 기르는 것이 중요합니다.

나) 작은 목표라도 매일 꾸준히 실천하면서 자신감을 회복해야 합니다.

3) 재성(財星)기운 보강

재성은 인수를 제어하는 에너지를 가집니다. 따라서 재물과 관련된 현 실적인 목표를 세우고 이를 위해 노력하는 것이 인수과다의 균형을 맞추는 데 도움을 줄 수 있습니다.

4) 신체와 마음의 균형 유지

건강한 신체를 유지하기 위해 명상 요가 운동 등을 통해 정신적 육체적 균형을 강화해야 합니다.

라. 오주(사주)를 기반으로 한 조언

1) 인수과다는 흔히 학문적 재능이 내면적 깊이를 갖춘 사람들에게 나타날 수 있지만 이를 적절히 활용하지 못하면 무력감에 빠질 위험이 있습니다.

2) 오주(사주)는 균형이 중요하므로 전문가의 도움을 받는 운에 맞는 방안을 찾는 것이 중요합니다.

3. 식상과다해(食傷過多害)

식상과다해라는 표현은 식상이 과도하게 많아질 경우 발생하는 부정적인 영향을 의미합니다.

가. 식상(食傷)의 의미

1) 식상은 오주(사주)에서 식신(食神)과 상관(傷官)을 합쳐 부르는 말로 자신(일간 日干)이 생해주는 오행을 뜻합니다.

2) 식상은 창의력 표현력 재능 성취욕구를 나타내며 식상이 적절하면 활발하고 독창적인 성격을 보여줍니다.
3) 재물을 끌어오거나 능력을 발휘하는 데 있어 중요한 역할을 하지만 과도하면 문제를 초래합니다.

나. 식상과다의 부작용

1) 과도한 자기표현

가) 식상이 많으면 자아 표현이 강해져 타인의 의견을 무시하거나 고집이 강해질 수 있습니다.
나) 특히 상관이 강한 경우 권위를 도전하거나 규범을 무시하는 태도가 드러날 수 있습니다.

2) 재물의 흩어짐

가) 오주(사주)학적으로 식상은 재물을 낳는 역할을 하지만 지나치면 재물이 안정되지 못하고 흩어지는 경향이 있습니다.
나) 재물을 모으기보다는 쓰거나 소비하는 데 초점이 맞춰지는 경우가 많습니다.

3) 과한 욕심과 스트레스

자신의 욕망을 실현하려는 강한 추진력이 오히려 실패를 초래하거나 과욕으로 인해 스트레스를 받을 가능성이 높습니다.

다. 대인관계 문제

식상이 과도하면 타인의 의견과 조화를 이루기보다 자신의 생각을 우선시하는 성향이 강해져 갈등이 발생할 수 있습니다.

라. 해결방안

1) 균형잡기

가) 식상이 과다하다면 이를 제어할 수 있는 관성(官星)과 재성(財星)의 에너지를 활용해야 합니다.
나) 관성은 규율과 절제를 재성은 식상의 산출물인 재물을 안정적으로 관리하는 역할을 합니다.

2) 자기 절제와 훈련

가) 과도한 자기표현 욕구를 억제하고 타인의 의견을 경청하는 훈련이 필요합니다.
나) 자신의 능력을 과시하기보다는 실질적 성과를 쌓는 데 초점을 맞추세요.

3) 재물 관리 강화

소비 패턴을 점검하고 저축이나 투자로 재물을 흩어지지 않도록 하는 습관을 기르는 것이 중요합니다.

4) 심리적 안정

명상 운동 등으로 욕망과 에너지를 조절하며 자기성찰의 시간을 가져야 합니다.

4. 재성과다해(財星過多害)

재성과다해는 재성이 지나치게 많은 경우를 뜻하며 이는 긍정적 측면과 부정적 측면 모두를 가질 수 있습니다.

가. 재성이란

오주(사주)에서 재성은 재물 금전 자산 그리고 소유와 관련된 요소를 나타냅니다. 재성은 자신이 생하는 오행(일간)에 의해 극제(克制)되는 오행으로 정의됩니다.
1) 정재(正財): 정직하고 안정적인 재물 노력으로 얻는 소득이 되는 것을 말합니다.
2) 편재(偏財): 투기적이나 일시적인 재물 빠르게 얻고 빠르게 잃을 가능성이 있습니다.

나. 재성이 과다한 경우의 특징

1) 긍정적인 면

가) 재물에 대한 욕구와 동기가 강하며 경제적인 성공을 위해 노력합니다.
나) 현실적이고 실리적인 사고방식을 가지며 자산관리를 잘하는 경우도 있습니다.
다) 풍요롭고 물질적인 성취를 이루기 쉬운 오주(사주) 구조를 가집니다.

2) 부정적인 면

가) 과한 재성은 오히려 탐욕 욕심 또는 지나친 물질 집착으로 이어질 수 있습니다.
나) 자신의 진정한 가치보다는 재물만을 좇다가 인간관계나 내면의 균형을 잃을 수 있습니다.

다) 다른 오행(관성, 인성)의 균형이 부족해 전체적인 조화를 해칠 수 있습니다.
라) 지나친 재성으로 인해 책임과 부담이 과도하게 늘어나 심리적 압박을 받을 수 있습니다.

다. 재성과다를 조화롭게 다루는 방법

1) 균형잡기: 재성이 과다하면 다른 오행이 약화되는 경우가 많습니다. 이를 보완하기 위해 부족한 오행을 강화하거나 과다한 재성을 적절히 억제할 필요가 있습니다.
2) 욕심 절제: 물질적 욕망을 절제하고 자신의 내면적인 가치를 발견하려는 노력이 필요합니다. 예를 들어 명상을 통해 욕심을 다스리거나 사회 공헌 활동에 참여하는 것이 좋습니다.
3) 인성과 관성 강화: 재성을 조절하려면 지혜와 판단력을 키우는 인성(印星)과 규율과 질서를 주는 관성(官星)을 강화하는 것이 중요합니다.
4) 올바른 재물 관리: 단기적인 재물 증가보다는 지속 가능한 재정 관리와 자산운용을 통해 안정감을 찾는 것입니다.

5. 신약관살해(身弱官殺害)

신약관살해는 신약한 사람(즉 사주의 기운이 약한 사람)이 관성(官星)과 살성(殺星)에 의해 해(害)을 입는 상황을 나타냅니다.

가. 신약의 의미

신약은 일주(日主, 자신을 대표하는 천간의 기운)가 다른 오행(五行)의 기운에 비해 약한 상태를 말합니다. 신약한 사람은 외부로부터의 영향을 많이 받으며 자신의 의지나 능력보다는 주변 환경이나 타인의 지원에 의존해야 하는 경우가 많습니다.

나. 관살의 의미

1) 관성(官星): 관성은 규율과 책임을 상징하며 직장 사회적 지위 권력 등을 나타냅니다. 신약한 사람들에게는 부담이 될 수 있는 요소로 작용할 수 있습니다.
2) 살성(殺星, 편관): 살성은 강한 통제와 압력을 상징하며 도전과 경쟁 또는 강한 외부의 억압을 의미합니다. 신약한 사람에게는 위협적으로 느껴질 수 있습니다.

다. 관살해(官殺害)의 의미와 영향

신약한 사람이 관성이나 살성의 압박을 받으면 다음과 같은 문제를 겪을 수 있습니다.

1) 심리적 스트레스 증가합니다.
2) 과중한 책임이나 압박으로 인한 건강 문제가 생길 수 있습니다.
3) 외부상황에 대한 대응 부족이 생길 수 있습니다.

라. 해결방안과 조화방법

오주(사주)학에서 이러한 불균형을 보완하기 위해 용신(用神)을 활용합니다. 용신은 균형을 맞추기 위해 필요한 기운으로 신약관살해의 경우 다음과 같은 방법으로 조화할 수 있습니다.

1) 인성(印星)을 강화: 신약한 기운을 보완하기 위해 인성을 통해 자신을 보호하거나 지원받는 환경을 만드는 것이 중요합니다.
2) 재성(財星)의 통제: 관살은 과도한 영향을 줄이고 조화롭게 만들기 위해 재성을 활용할 수도 있습니다.
3) 주변 환경 조정: 자신의 약점을 보완할 수 있는 긍정적인 사람들과의 교류를 늘리고 스트레스가 적은 환경을 선택하는 것이 좋습니다.

마. 사례분석

만약 오주(사주)에서 신약관살해가 드러난다면 그 사람은 규율과 압박에서 쉽게 지치고 건강이나 심리적 균형이 깨질 가능성이 높습니다. 이럴 경우 삶에서의 선택(직업 인간관계 등)을 신중히 하고 균형을 맞추는 방안을 꾸준히 실천하는 것이 필요합니다.

6. 신왕관살반희(身旺官殺反喜)

신왕관살반희라는 표현은 신강(身强)한 특성과 관살의 역할에 대한 특정한 의미를 담고 있습니다.

가. 신왕(身旺)의 의미

1) 신왕은 일간(日干, 본인)을 중심으로 자신을 돕는 기운(비견, 겁재, 인성)이 강할 때를 의미합니다.
2) 신왕한 사람의 에너지가 강하고 자기주장이 강하며 삶에서 주도적으로 행동할 가능성이 큽니다.
3) 이러한 오주(사주)에서는 지나치게 강한 자신의 기운을 조절하고 균형을 맞추는 것이 중요합니다.

나. 관살(官殺)의 역할

1) 관(官)은 운을 다스리고 통제하는 역할을 합니다. 이는 사회적 규범 명예 직위와 관련됩니다.
2) 살(殺)은 관보다 강하고 날카로운 기운으로 도전과 압박 경쟁과 같은 요소를 상징합니다.
3) 일반적으로 신왕한 오주(사주)에서는 관과 살이 균형을 이루는 것이 필요합니다. 신강한 기운이 과도하면 다스리기가 어려울 수 있기 때문입니다.

다. 관살반희(官殺反喜)의 해석

1) 반희(反喜)는 일반적으로 오주(사주)원리와 다르게 관과 살을 기쁘게 맞이한다는 뜻으로 해석됩니다.
2) 신왕한 사람에게 관과 살은 자신을 제어하고 정제하여 균형을 잡아주는 중요한 요소로 작용합니다.
   가) 관(官)은 신왕한 기운을 부드럽게 통제하며 사회적 역할과 책임감을 부여합니다.
   나) 살(殺)은 날카로운 기운으로 신왕한 에너지를 적절히 소모시키고 도전 의식을 불러일으킵니다.
3) 따라서 신왕한 오주(사주)에서는 관과 살이 강해도 좋게 작용할 수 있는 경우가 많습니다.

라. 활용법

1) 직업적인 선택: 관과 살은 통제와 도전의 상징이므로 공직 리더십을 요구하는 자리 법률 군인 경영 등의 분야에서 성공 가능성이 높습니다.
2) 삶의 태도: 자신의 강한 에너지를 사회적 규범이나 목표 달성을 위해 잘 활용하는 것이 중요합니다.
3) 관살 균형: 관과 살의 조화가 이루어지려면 재성과 인성의 도움을 받거나 오주(사주)에서 조후(調候, 기후적 조화)를 고려하여 보완해야 합니다.

마. 주의점

1) 관살이 과도하거나 상충하면 압박감 이 심해지고 스트레스가 쌓일 수 있습니다.
2) 신왕한 기운이 균형을 잃을 경우 자칫 독단적이거나 과도한 자기주장으로 문제를 일으킬 수 있으니 조화로운 환경이 중요합니다.

7. 신왕식상반희(身旺食傷反喜)

신왕식상반희는 신강한(즉 자기 자신이 강한) 오주(사주)를 가진 사람이 식상(食傷)을 사용할 때 일반적인 경우와 다른 결과를 가져온다는 흥미로운 원리를 설명하는 개념입니다.

가. 신왕(身旺)의 의미

1) 신왕이란 일간(日干)즉 자신을 나타내는 오행의 기운이 강한 상태를 뜻합니다.
2) 신왕 판단기준: 신왕은 생월, 생지 또는 천간/지지에서 일간을 도와주는 기운이 많을 때 나타납니다. 이를테면 봄이나 여름에 태어난 목(木)일간이 가을에 태어난 금(金)일간은 대체로 신왕으로 간주됩니다(예: 목(木)일간이 봄(목왕지)에 태어났거나 천간에 목(木)과 수(水)가 많을 때).

나. 식상(食傷)의 역할

1) 식상은 일간(日干)의 기운이 밖으로 발산되는 것을 나타내며 창의성 표현력 그리고 재능과 밀접한 관계가 있습니다.
2) 식상은 기운의 배출구: 신왕한 사람은 자신의 기운이 넘치기 때문에 이를 식상(食傷)으로 적절히 설기 배출해줘야 건강한 흐름을 형성합니다(예: 나무(木)는 과도하게 자라면 가지치기를 해야 하고 물(水)은 넘치면 배출구를 만들어야 하듯이 말이죠).

다. 식상이 반희(反喜)가 되는 경우

1) 신왕한 오주(사주)에서는 오히려 식상이 구성을 하고 있다면 더 불안정하게 만들 수 있는 경우가 있습니다.
2) 기운 과잉: 신왕한 상태에서 식상이 지나치게 강하면 자신의 에너지를 과도하게 배출하여 주변 환경과 충돌하거나 재물 인간관계에서 어려움을 겪는 경우가 많습니다.
3) 재성 약화: 식상이 지나치게 강하면 재성을 소모하거나 상극을 일으켜 재물운을 약화시키는 경우가 있습니다. 특히 재성을 활용해야 할 상황에서 식상이 재성을 공격하게 되면 문제가 됩니다.
4) 조화부족: 기운의 균형이 중요한데 신왕 상태에서 식상이 더해지면 균형이 깨지고 전체적인 흐름이 깨질 수 있습니다.

라. 오주(사주) 해석의 응용

1) 식상의 활용 여부 판단: 식상을 반희로 볼지 아니면 희용신으로 볼지는 전체적인 구조를

보아야 합니다.

가) 식상이 너무 강한 경우: 억제해야 합니다.

나) 식상이 약하거나 적당한 경우: 활용 가능합니다.

2) 대운과의 관계: 식상이 반희가 되는 대운(大運)에서 재성을 보완하거나 관성을 통해 기운의 흐름을 조정해야 하는 경우가 많습니다.

마. 실생활에서의 의미

1) 신왕한 사람이 식상을 잘못 활용하면 자신만의 독선적 태도 과잉 경쟁 또는 재물과 인간관계에서의 문제를 초래할 수 있습니다. 따라서 이런 오주(사주)는 다음과 같은 점의 주의해야 합니다.
2) 균형유지: 자기 기운을 조화롭게 유지하려는 노력이 필요합니다.
3) 겸손과 협력: 강한 식상을 조절하고 다른 사람들과 조화를 이루는 방법을 배워야 합니다.
4) 재물 관리: 재성을 보호하고 소비를 줄 이며 저축과 투자의 균형을 잡는 것이 중요합니다.

제12편
격국분류

1. 오주학(五柱學)의 격국(格局)과 분류(分類)

격국은 가장 중요한 요소 중 하나로 오주(사주)의 중 심이 되는 기운과 그 기운이 어떤 역할을 하는지를 분석하는 체계를 말합니다. 격국을 분류하고 해석하는 기본 틀로 사용되며 사람의 성격 재능 운명 재물운 등을 파악하는 데 중요한 단서를 제공합니다.

가. 격국의 정의

격국은 일간(日干, 중심이 되는 천간)과 오주(사주) 전체의 조화로운 관계를 기준으로 정해집니다. 이를 통해 어떤 성향을 가지는지 분류하고 그 기운을 조화롭게 유지하거나 강화하는 방향으로 활용법을 제시합니다.

나. 격국의 분류

1) 오행기반 격국

정격(正格):오주(사주)의 기본 틀에 맞춰 이상적으로 조화를 이루는 상태를 말합니다.

가) 재격(財格): 재물을 중심으로 한 오주(사주) 재성이 두드러지는 구조로 물질적 성공과 관리 능력을 나타냅니다.

나) 관격(官格): 관성을 중심으로 한 명예와 직업 권위와 관련이 있습니다.

다) 인격(印格): 인성을 중심으로 한 학문 지혜 보호받는 기운을 상징합니다.

라) 식신격(食神格): 식신을 중심으로 창의력 여유 풍요로움을 나타냅니다.

마) 상관격(傷官格): 상관을 중심으로 한 독창성 개혁적인 성향을 보입니다.

2) 변격(變格, 기이한 격국)

일반적인 정격의 틀에서 벗어난 특별한 구조를 말하며 극단적인 특성을 보입니다.

가) 종격(從格): 특정한 오행이나 기운에 완전히 따라가는 구조 종재격 종관격에 해당합니다.

나) 파격(破格) 기본적인 격이 무너진 경우를 말하며 강한 기운이 서로 충돌합니다.

다. 격국 분석의 중요성

격국을 제대로 파악하면 오주(사주)의 강약 조화 조후 균형을 볼 수 있으며 아래와 같은 해석에 도움을 줍니다.

가) 성격 및 기질 파악: 일간 주인의 본성 및 대인관계 성향이 있습니다.

나) 직업적 성향: 어떤 분야에 재능이 발휘되는지 확인해야 합니다.

다) 운세 및 재물: 특정 시기에 운이 상승하거나 하락하는 이유 파악해야 합니다.

2. 격국(格局)

가. 원류(源流)

격국의 원류는 말 그대로 근본적인 흐름과 원천을 의미합니다.

1) 오주(사주)의 기초적 배경

가) 격국은 일간(日干)을 중심으로 가장 강한 시 운(세력)을 결정한 후 그 기운이 어떻게 흘러가는지 파악합니다.

나) 원류는 격국의 뿌리가 되는 오행의 중심원리와 해당 격국의 성립조건에서 시작됩니다.

2) 흐름과 조화

가) 원류는 격국이 가진 본질적인 역할과 방향성을 의미합니다.

나) 예를 들어 정관격의 원류는 올바르고 바른 통제를 통해 균형과 안정성을 추구하는 것이고 편인격의 원류는 창의성과 독특함을 통해 변화와 혁신을 추구하는 것처럼 해석됩니다.

3) 응용과 해석의 기초

가) 원류를 이해하면 해당 격국의 운과 대운에서 어떻게 작용할지를 파악할 수 있습니다.

나) 이 흐름이 다른 오행과 만나 조화를 이루거나 극복되는 과정을 읽어내는 것이 중요합니다.

나. 통근(通根)

격국은 기운을 체계적으로 분석하는 핵심 요소로 통근은 그 격국의 강약을 판단하는 중요한 개념 중 하나입니다.

1) 통근의 의미

천간의 기운이 지지에 뿌리를 두고 연결되어 있는 상태를 의미합니다. 즉 천간(하늘의 글자)이 지지(땅의 글자)를 통해 자신의 에너지를 받거나 지지를 얻는 것을 말합니다.

가) 예1: 만약에 천간에 갑목(甲木)이 있다면 지지에 인목(寅木), 묘목(卯木) 또는 해수(亥)가 있으면 통근했다고 봅니다. 이는 갑목이 지지를 에너지의 지원을 받아 강해진 상태로 해석됩니다.

나) 예2: 통근이 되면 해당 천간의 기운이 더욱 안정적이고 강력하게 작용하며 그렇지 않으면 상적으로 약하다고 평가됩니다.

2) 통근에 중요성

가) 격국의 성립 여부 확인: 격국이 제대로 성립되려면 해당 천간이 지지와 연결되어야 하며 통근 여부는 이 성립의 중요한 기준이 됩니다.

나) 강약 판단: 통근된 천간은 그 기운이 강해져 오주(사주)의 전체적인 기운의 흐름과 조화를 분석할 때 결정적인 역할을 합니다.

3. 통관(通關)

가) 격국에서 통관은 오행 간의 조화를 의미합니다. 특정 오행이 과도하게 강하거나 약한 경우 이로 인해 기운이 막히거나 불균형이 생길 수 있습니다. 통관은 이 막힌 기운을 풀어주고 조화를 이루기 위해 다른 오행을 활용하는 것을 말합니다.

예1: 화(火)가 강하고 금(金)이 약한 경우: 화가 과도하게 극하므로 이를 조정하기 위해 화(火)와 금(金) 사이를 연결하는 토(土)의 기운을 활용합니다.

예2: 목(木)과 금(金)이 충돌: 이 경우 목과 금이 사이를 매개하는 수(水)를 사용해 완화시킵니다.

나) 즉 통관은 오행의 불균형을 해소하고 기운을 부드럽게 만들어주는 중요한 기법입니다.

4. 통변(通變)

격국에서 통변은 가장 중요한 단계 중 하나로 오주 (사주)의 기본 구조와 특징을 파악한 뒤 그 의미를 구체적으로 풀어내는 과정입니다.

가. 격국의 의미

격국은 오주(사주)의 중심이 되는 구조를 말합니다. 일간(日干, 나 자신)을 기준으로 전체적인 조화를 판단하며 오주(사주)에서 어떤 에너지가 강하게 작용하는지 보여줍니다. 주요 격국으로는 정재격, 편재격, 정관격, 편관격, 식신격, 상관격, 정인격, 편인격 등이 있습니다(예: 정재격〉〉 재물을 안정적으로 모으는 성향, 상관격〉〉창의력과 표현력 강조합니다).

나. 통변의 의미

통변은 격국의 기본 틀을 바탕으로 오주(사주)가 실제로 어떻게 작용하는지를 해석하는 과정입니다. 단순히 격국만 보는 것이 아니라 오행의 조화 대운의 흐름 십신 간의 상호작용 등을 함께 고려합니다.

1) 통변에서 고려해야 할 요소

가) 일간의 강약

(1) 일간이 강하면 설기(洩氣)나 억제를 고려해야 합니다.

(2) 일간이 약하면 생조(生助)하는 기운을 필요로 합니다.

나) 용신과 희신: 오주(사주)의 균형을 맞추기 위해 부족한 기운을 보완하는 용신(用 神)을 찾고 이를 통해 좋은 흐름(희신)을 판단해야 합니다.

다) 조화와 갈등: 천간과 지지의 충, 형, 합 작용을 분석해 오주(사주)가 어떻게 흘러가는지 보는 것이 중요합니다.

라) 대운 및 세운의 흐름

(1) 격국은 큰 틀에서 방향성을 보여줍니다.

(2) 통변은 이를 바탕으로 실질적인 삶의 흐름(재물 직업 인간관계 등)을 해석합니다.

5. 조후(調候)

격국에서 조후는 기운을 조절하는 중요한 개념으로 계절적 환경과 오행의 균형을 맞추는 역할을 합니다. 이는 특히 격국이 강하거나 약할 때 오주(사주)의 전체적인 조화를 이루기 위해 필수적으로 고려됩니다.

가. 조후의 의미

조후는 말 그대로 계절의 기후를 조절한다는 뜻입니다. 월령(月令)의 계절적 속성과 해당 오주(사주)가 편한 환경(더위, 추위, 습기, 건조 등)을 살펴보고 기운이 너무 극단적이지 않도록 균형을 맞추는 것입니다.

나. 조후가 필요한 이유

각 계절의 기후는 특정 오행의 기운이 강합니다. 이로 인해 특정 오주(사주)는 한기(寒 氣)나 열기(熱氣)로 치우칠 수 있는데 이를 조정하지 않으면 균형을 잃어 좋은 결과를 내기 어렵습니다.

예1: 한겨울에 태어난 사람은 차가운 기운(수기 한기)이 강하므로 따뜻함(火)이 필요합니다.

예2: 한여름에 태어난 사람은 뜨거운 기운(화기 열기)이 강하므로 서늘함(水)이 필요합니다.

다. 조후의 방식

1) 한기(寒氣)가 강할 때: 따뜻한 기운(火)을 통해 조화롭게 만들어 줍니다(예: 겨울철 생의 경우 화(火)가 필요).
2) 열기(熱氣)가 강할 때: 차가운 기운(水)을 통해 균형을 맞춥니다(예: 여름철 생의 경우 수(水)가 필요).
3) 습기(濕氣)가 강할 때: 목(木)이나 화(火)로 습기로 조절하는 것이 중요합니다(예: 장마철 같은 경우).
4) 조기(燥氣)가 강할 때: 수(水)나 금(金)으로 건조함을 완화해야 합니다(예: 가을철처럼 건조한 환경).

라. 조후의 핵심

조후는 격국의 완성을 위해 반드시 고려 되어야 하는 요소로 용신(用神)을 정할 때 큰 영향을 미칩니다. 기후적 환경을 기반으로 부족한 요소를 보완하여 격국을 더욱 견고하고 균형 있게 만드는 것이 조후의 핵심입니다.

6. 청탁(淸濁)

격국에서 기운이 맑고 깨끗한지(淸) 아니면 혼탁하고 어지러운지(濁)를 판단하는 개념입니다. 격을 논할 때 매우 중요한 요소로 격국이 온전히 성립되고 힘을 발휘하기 위해 청한 상태가 이상적이라고 봅니다. 반대로 격국이 탁하면 그 본래의 기운이 약화되면 좋은 결과를 내기 어려운 것으로 봅니다.

가. 청(淸): 맑고 깨끗함

1) 의미: 오주(사주)에 주된 기운(격국의 성격)이 잘 드러나고 격을 방해하는 간섭이 적은 상태를 말합니다.
2) 특징
   가) 격국이 단순하고 명확해야 합니다.
   나) 불필요한 간섭이 없고 조화로운 기운이 흐름이 좋습니다.
   다) 예를 들어 재격(財格)이라면 재성이 두드러지고 관성이 간섭하지 않는 상태를 말합니다.
3) 장점
   가) 격국의 본래 기운이 잘 발휘되어 운이 좋을 가능성이 큽니다.

나) 실현 가능한 목표를 이룰 수 있는 기반이 튼튼합니다.

나. 탁(濁): 혼탁하고 어지러움

1) 의미: 격국이 방해받아 본래의 성격이 흐려지거나 어지럽게 되는 상태를 말합니다.
2) 특징
   가) 여러 기운이 뒤섞여 격국의 주된 특징이 명확하지 않습니다.
   나) 충(沖) 형(刑) 극(剋) 등이 심하거나 필요 없는 기운이 많습니다.
   다) 예를 들어 관격(官格)이라면 식신(食神) 이나 상관(傷官)이 관을 제압하는 경우를 말합니다.
3) 문제점
   가) 격국이 제 역할을 하지 못하고 운이 약해집니다.
   나) 삶에서 혼란이 생기거나 목표를 이루는 데 장애가 많습니다.

다. 청탁을 활용

1) 청한격국: 기운을 유지하고 강화하는 방향으로 운을 설계해야 합니다.
2) 탁한격국: 필요 없는 기운을 약화하거나 조화를 이루는 방법을 모색 예를 들어 억부용 신(抑扶用神)을 활용해 균형을 맞추는 것이 매우 중요합니다.

라. 간단한 예시

1) 청한오주(사주): 재격에서 재성이 명확하고 인성(印星)과 식신(食神)이 과도하게 간섭하지 않습니다.
2) 탁한오주(사주): 재격인데 관성이 과도하거나 인성이 너무 강해 재성을 제압하는 경우가 많습니다.

7. 병약(病藥)

격국에서 병약은 기운이 조화를 이루지 못하고 약하거나 손상된 상태를 말합니다. 이를 해결하기 위해 필요한 보완책을 약(藥)이라고 표현합니다. 간단히 말해 병은 문제가 되는 기운 약은 그 문제를 해결해 조화를 이루게 하는 기운입니다.

가. 병(病)

1) 병은 오주(사주)의 용신(用神)이나 격국의 조화가 깨져 부족하거나 과도한 상태를 의미합니다.

2) 예를 들어

가) 오행의 불균형: 특정 오행이 과다하거나 부족한 경우에 해당합니다.

나) 격국의 파손: 격국을 유지하는 기운이 상하거나 작용하지 않는 경우를 말합니다.

나. 약(藥)

1) 약은 병을 치료하고 오주(사주)의 균형을 회복하는 데 필요한 기운을 뜻합니다.
2) 주로 희신(喜神)으로 작용하며 부족한 오행을 보강하거나 과다한 오행을 제어하는 역할을 합니다.

다. 병약을 이해하는 핵심

1) 오주(사주)의 흐름: 어떤 기운이 과하거나 부족한지를 분석해 병을 진단을 진단합니다.
2) 균형의 원칙: 병을 해결할 수 있는 기운(藥)을 찾아 조화를 이루게 해야 합니다.
3) 활용: 병약 분석은 오주(사주) 감명이나 운세 분석에서 중요한 기초로 특히 대운(大運)과 세운(歲運)의 흐름에 따라 약이 어떻게 작용하는지 확인하는 데 쓰입니다.
4) 예를 들어 목(木)이 과다하여 병(病)이 된다면 금(金)이 되어 목을 제어합니다. 반대로 목(木)이 너무 약하면 수(水)가 약이 되어 목을 생조할 수 있습니다.

8. 진가(眞假)

격국에서 진가는 격국의 성립 여부와 완성도를 판별할 때 사용하는 개념입니다. 격국은 그 사람의 운명적 특성과 방향성을 분석하는 데 매우 중요합니다. 그러나 어떤 격국이 진짜로 성립하는지 아니면 겉보기만 그런지를 구분하는 것이 필요합니다.

가. 진격(眞格)

1) 정의: 격국이 온전히 성립하며 그 격국의 본래 역할과 특성을 온전히 발휘할 수 있는 상태를 의미합니다.
2) 조건

가) 격을 성립시키는 오행이 조후(調候)와 용신(用神)에 맞아야 합니다.

나) 격국을 보좌하는 기운(용신, 희신 등)이 충분히 강하거나 조화를 이루어야 합니다.

다) 격국의 파괴요소(충, 극, 해, 합 등)가 최소화 되어야 합니다.

3) 예를 들어 재격(財格)의 경우 재성이 왕성하고 이를 극복할 수 있는 관성(官星)이 적절히

배치되어 있어야 진격으로 볼 수 있습니다.

나. 가격(假格)

1) 정의: 격국의 형식을 갖춘 듯 보이지만 실제로는 완전히 성립하지 못해 본래 역할을 다하지 못하는 상태를 의미합니다.
2) 조건
   가) 격국의 핵심 오행이 약하거나 제대로 작용하지 못합니다.
   나) 용신이나 조후가 불완전하거나 방해를 받습니다.
   다) 격국이 충(沖) 극(剋) 해(害) 등으로 깨지거나 약화됩니다.
3) 예를 들어 관격(官格)인데 관성이 너무 약하거나 인성이 부족해 관성을 생하지 못하는 경우 가격이 됩니다.

다. 진가를 판별하는 방법

1) 격국의 성립조건 확인: 일간(日干)과 격국의 관계를 살펴보고 그 격국을 완성하는데 필요한 요소가 제대로 조화를 이루는지 검토합니다.
2) 용신과 조후 분석: 격국의 운용에 필요한 용신이 제 기능을 할 수 있는 환경인지 확인합니다.
3) 오주(사주)의 전체적 균형 파악: 충 극형 등으로 인해 격국이 훼손되지 않았는지 혹은 특정 요소가 과하거나 부족하지 않은지 살핍니다.

라. 결론

1) 진격은 오주(사주)가 온전한 격국으로서의 힘을 발휘하는 상태이며 이는 그 사람의 운명을 강력히 뒷받침합니다.
2) 가격은 형식만 격국처럼 보이지만 실제로는 부족하거나 문제가 있어 그 격국의 진정한 힘을 발휘하지 못합니다.
3) 진가의 구분은 격국 해석의 깊이를 더해주며 오주(사주)의 정확한 판단을 가능하게 합니다.

9. 허실(虛實)

격국에서 허실은 매우 중요한 개념으로 오주십자(五柱十字), 사주팔자(四柱八字)에서 특정한 오행이 강한지 약한지를 판단하고 이를 통해 오주(사주)의 균형을 이해하는 데 사용됩니다.

가. 허(虛)

1) 허는 해당 오행이 약하거나 부족한 상태를 뜻합니다.
2) 오행이 적게 포함되어 있거나 포함되었더라도 힘이 약한 경우를 말합니다.
3) 예를 들어 목(木)이 허하다면 목이 적거나 약하고 이를 보완해 줄 기운(생도, 통근 등)이 부족하다는 뜻입니다.

나. 허의 영향과 보완법

1) 허한 오행은 오주(사주)에서 균형을 깨뜨릴 수 있으므로 보완이 필요합니다.
2) 이를 보완하기 위해 대운 세운 혹은 환경적인 요소를 통해 부족한 기운을 채우는 방법을 사용합니다.
3) 예: 목(木)이 허하다면 목을 강화하는 행동(동쪽 방향, 나무 관련 환경 등)이나 대운에 서 목운이 오는 시기가 필요합니다.

다. 실(實)

1) 실은 해당 오행이 강하거나 넘치는 상태를 의미합니다.
2) 그 오행이 과다하게 포함되어 있거나 너무 강해 균형을 잃는 경우를 말합니다.
3) 예를 들어 화(火)가 실하다면 화가 과도하여 다른 오행을 억제하거나 상극의 작용이 심해지는 경우입니다.

라. 허실과 판단기준

허실은 단순히 숫자로만 판단하지 않고 다음 요소들을 종합적으로 분석합니다.

1) 오행의 분포: 각 오행이 얼마나 고르게 분포되어 있는가?
2) 강약의 상태:해당 오행이 생조(생해 주는 힘을 받는지) 또는 설기(힘이 빠지는지)등으로 얼마나 강해지는가?
3) 대운과 세운의 보조:대운이나 세운에서 해당 오행이 보완되는가 혹은 더 강해지는가?

마. 예시를 통한 이해

오주(사주)에서 화(火)가 많고 목(木)과 토(土)가 약한 경우

1) 화(火)가 실하고 목(木)과 토(土)가 허한 상태입니다.
2) 화를 억제하고 목과 토를 보완하는 방향으로 접근합니다.

10. 희기(喜忌)

격국에서 희기는 중심인 주제와 구조를 파악하는 핵심 요소로 해석할 때 매우 중요한 기준입니다. 격국은 일간(日干)을 기준으로 월지(月支)의 기운에 따라 성립하며 이를 통해 특성을 판단합니다. 희(喜)와 기(忌)는 격국의 운용에서 핵심적인 개념으로 오주(사주)의 조화와 흐름을 판단하는 데 도움을 줍니다.

가. 희(喜): 유익한 기운

1) 의미: 오주(사주)에 긍정적으로 작용하는 오행의 기운입니다. 격국을 보완하고 조화를 이루는 역할을 하며 인생의 도움을 주는 요소로 해석됩니다.
2) 판단기준
   가) 격국이 부족하거나 약한 부분을 보완하는 오행이 희신(喜神)이 됩니다.
   나) 예를 들어 목(木)의 기운이 부족하여 균형이 깨진다면 목을 희신으로 봅니다.
   다) 격국이 과도하게 강할 때는 이를 조절 해주는 억제 요소도 희신이 될 수 있습니다.

나. 기(忌): 해로운 기운

1) 의미: 부정적으로 작용하거나 조화를 깨뜨리는 오행의 기운입니다. 과하거나 부족한 에너지를 더 악화시켜 방해 요소로 작용합니다.
2) 판단기준
   가) 격국을 약화시키거나 과도하게 만드는 기운이 기신(忌神)으로 작용합니다.
   나) 예를 들어 화(火)가 과다하여 오주(사주)가 뜨겁고 건조하다면 화는 기신으로 봅니다.
   다) 특정 오행이 오주(사주)의 흐름을 막거나 지나치게 강화할 때도 기신이 됩니다.

다. 희기 운용의 핵심

1) 격국의 조화와 균형이 가장 중요합니다.
   가) 희신은 오주(사주)의 균형을 돕고 발전 방향과 기회를 제공하는 요소로 강조됩니다.
   나) 기신은 오주(사주)의 흐름을 방해하며 인생의 도전과 어려움으로 작용합니다.
2) 오주(사주) 해석 시 대운(大運)과 세운(歲運)에서 희신을 기운이 오는 시기를 행운의 시기로 보고 기신의 기운이 오는 시기를 조심해야 할 시기로 봅니다.

라. 예시로 보는 희기

1) 월령(月令)이 인목(寅木)으로 성립된 격국

가) 목(木)이 왕한 상태라면 이를 조화롭게 하는 물(水)과 불(火)은 희신이 될 수 있습니다.

나) 반대로 목의 기운을 지나치게 증가시키는 목(木)이나 이를 약화시키는 금(金)은 기신으로 봅니다.

2) 일간(日干)이 병화(丙火)이고 월령이 오화(午火)인 경우

가) 화(火)가 매우 강한 구조라면 이를 완화시키는 토(土)나 금(金)이 희신이 됩니다.

나) 반대로 더 많은 화(火)이나 이를 약화시키는 물(水)을 기신이 될 수 있습니다.

11. 은원(恩怨)

격국에서 은원은 관계 속에서 형성되는 감정적 흐름이나 원한과 은혜를 말합니다. 이는 특정 천간이나 지지의 합(合) 형(刑) 충(沖) 파(破) 해(害) 등의 관계를 통해 파악할 수 있습니다. 간단히 말해 천간과 지지가 서로 화합하거나 갈등하면서 나타나는 작용을 통해 개인의 인간관계나 감정적 상황을 해석할 수 있는 요소입니다.

가. 주요 개념

1) 은(恩): 화합하거나 조화를 이루는 관계를 의미하며 긍정적이고 협력적인 감정이 형성됩니다.
   가) 삼합이나 합의 작용을 통해 발생합니다.
   나) 인간관계에서 도움을 주고받는 상황으로 나타날 수 있습니다.
2) 원(怨): 충돌하거나 상극 관계에서 나타나는 갈등적 부정적 감정입니다.
   가) 형충파해 등으로 인해 생기는 갈등이 생깁니다.
   나) 관계에서 원망 반목 또는 부정적 감정으로 표현될 수 있습니다.

나. 예시로 이해하기

1) 합(合): 갑목과 기토가 합을 이루면 서로 돕고 화합하는 은(恩)의 작용이 강해집니다.
2) 충(沖): 자수(子)와 오화(午)가 충하면 서로 부딪혀 원한(怨)이나 갈등이 발생하는 상황이 됩니다.

12. 종(從)

격국에서 종(從)은 전체적인 구조와 조화를 분석하는 데 사용되는 중요한 개념입니다. 격국은 일간(日干, 나를 나타내는 천간)이 주변에 있는 다른 간지와 어떤 관계를 이루고 있는지를 통해 그 사람의 삶의 전반적인 성향 운세 강약 등을 판단하는 기준이 됩니다.

가. 종(從)격의 기본 개념

1) "종"이라는 것은 "따른다"라는 뜻으로 일간이 자신의 힘이 매우 약하고 주변의 기운에 완전히 동화되어야 할 때 형성됩니다.
2) 일반적인 일간이 강하거나 적당히 조화를 이루는 경우가 많지만 종격에서는 일간이 너무 약하여 자신의 주도성을 유지하기 어려운 경우로 타요소(성분)의 기운에 완전히 순응하게 됩니다.
3) 종격은 크게 종왕(從旺)과 종약(從藥)으로 나뉩니다.

나. 종왕격(從旺格)

1) 일간이 주변 환경(왕성한 오행)에 완전히 동화되고 따라가는 경우입니다.
2) 예를 들면, 주변이 재성(財)으로 가득하거나 관성(官)으로 가득한 경우 그 기운이 너무 강하여 일간이 이를 억제하거나 조절할 수 없는 상황을 발생할 수 있습니다.
3) 특징
   가) 주변의 왕성한 기운을 받아들이면서 성공 가능성이 높아집니다.
   나) 강한 환경이나 외부 영향에 따라 운이 좌우되는 경우가 많습니다.
4) 종왕격의 조건
   가) 일간이 약하고 주변 오행이 한쪽으로 치우쳐 강해야 합니다.
   나) 극단적인 조화로 오행의 힘을 그대로 따른다는 판단이 내려질 때 성립합니다.

다. 종약격(從藥格)

1) 일간이 너무 약해서 주변의 기운에 순응하고 자신을 주장하지 못하는 경우를 말합니다.
2) 예: 주변에 인성(印)이나 비견(比) 겁재(劫)가 없어서 자신을 돕는 힘이 전혀 없고 재성이나 관성이 강하여 일간이 스스로의 힘을 완전히 잃은 상황을 설명합니다.
3) 특징
   가) 본인의 의지나 힘보다는 주변 환경에 따라 좌우되기 쉽습니다.
   나) 재물 사회적 관계 등을 통해 운명을 개척하는 방향이 좋습니다.

4) 종약격의 조건

가) 일간이 매우 약하고 스스로를 도울 만한 요소가 거의 없습니다.

나) 주변의 일간과 상극 관계로 강하게 작용합니다.

라. 종격의 주요 판단기준

1) 일간의 힘: 일간이 지나치게 약한가? 스스로 주도할 수 있는 힘이 전혀 없는가?
2) 주변 기운의 치우침: 주변 오행이 한쪽으로 쏠려 있는가 또는 특정 오행이 강한가?
3) 스스로 돕는 오행: 인성(印)이나 비견/겁재 같은 힘이 전혀 없는가?

마. 오주(사주)해석 시 종격의 응용

1) 종격으로 판단되는 경우 오주(사주)의 주인공은 스스로를 내세우기보다는 환경이나 외부조건을 잘 활용하는 것이 유리합니다.
2) 종왕격이라면 강한 외부 지원이나 단체 속에서 활동이 성공적이고 종약격이라면 다른 사람을 따라가거나 협력하는 태도가 유리합니다.
3) 종격 오주(사주)는 기본적인 흐름을 파악한 뒤 대운(大運)과 세운(歲運)에서 조화를 분석하는 것이 중요합니다.

13. 변(變)

격국에서 변(變)은 격국을 해석할 때 등장한 개념 중 하나입니다. 특정 조건에 의해 변화하거나 전환되는 상황을 의미합니다.

가. 변의 기본 의미

1) 격국은 오주(사주)의 전체적인 틀이나 기초를 나타내며 그 사람이 살아가는 방식 성향 운명 등을 파악하는 데 도움이 됩니다.
2) 그러나 특정 요소(대운 세운 원국 내 상호작용 등)가 격국을 변하게 하는 경우가 있는데 이를 "변"이라고 합니다.

나. 변의 유형

1) 격의 변동: 특정한 조건이 충족되었을 때 원래의 격국이 다른 격국으로 전환되는 경우입니다. 예를 들어 재격이 식신이 영향을 강하게 받아 식신격으로 변화하는 경우가 있을 수

있습니다.

2) 상황적 변화: 원국의 격국이 대운이나 세운의 영향을 받아 일시적으로 그 작용이 약화되거나 다른 요소가 두드러지게 되는 경우입니다.

다. 변이 발생하는 조건

변은 보통 아래와 같은 경우가 발생합니다.

1) 충: 천간이나 지지에서 강한 충돌(형, 해, 파 등)이 발생했을 때를 말합니다.
2) 합: 특정한 합으로 인해 격국이 성립되지 않거나 새로운 기운이 강하게 들어올 때를 말합니다.
3) 용신의 변화: 용신(격국에서 필요한 기운) 이 약화되거나 다른 기운이 더 강해질 때를 말합니다.

라. 예시

1) 정재격에서 변화: 정재격 오주(사주)에서 재성(돈과 관련된 기운)이 강해졌는데 식신이 과도하게 작용하여 재를 생하게 되면 식신격으로 변화할 가능성이 있습니다.
2) 관살혼잡에서 변화: 관성과 살이 혼재된 경우 대운이나 세운에 따라 살이 제어되거나 관성이 정관격으로 변화할 수 있습니다.

14. 기반(羈絆)

격국에서 기반은 격을 유지하거나 격을 깨는 요인으로 작용하는 요소를 의미합니다. 쉽게 말해 격국이 조화를 이루는 데 방해가 되는 것이나 특정한 조건에서 격국의 힘을 강화하거나 약화시키는 작용을 설명하는 개념입니다.

가. 기본 개념

1) 기(羈)는 얽매이거나 제약을 뜻하며 반(絆)은 얽히고 묶이는 것을 의미합니다.
2) 따라서 기반은 격국이 자신의 성격을 온전히 발휘하지 못하도록 얽어매거나 흐름을 방해하는 요소입니다.

나. 기반의 역할

1) 긍정적 역할: 기반이 격국의 조화를 맞추고 힘을 도와주는 경우 격국의 강점을 극대화할 수 있습니다.

2) 부정적 역할: 기반이나 지나치게 작용하여 격국의 흐름을 깨뜨리거나 균형을 무너뜨리면 격국이 제대로 작동하지 않을 수 있습니다.

다. 예시

1) 재격에서 기반: 재격(財格)은 재성(財星)의 강약이 중요한데 관성(官星)이 과도하게 강하면 재성을 통제하려고 합니다. 이 경우 관성 재격을 기반으로 얽어매는 작용을 할 수 있습니다.
2) 하지만 관성이 적당히 작용하여 재성을 다스리는 정도라면 이를 긍정적인 기반으로 볼 수 있습니다.
3) 인격에서 기반: 인성이 강해야 하는 인격에서 식신(食神)이 강하게 작용하면 인성을 소모하여 기반 역할을 부정적으로 할 수 있습니다.

라. 기반 해소 방법

1) 기반이 격국의 흐름을 방해한다면 이를 완화 하거나 중재할 수 있는 용신(用神)을 통해 조정을 시도합니다.
2) 예를 들어 기반이 지나치게 강한 경우 이를 견제할 수 있는 희신(喜神)의 요소를 추가하여 격국의 조화를 맞춥니다.

15. 화기(化氣)

격국에서 화기란 천간(天干)과 지지(地支) 간의 특정한 조화로 인해 다른 성질을 변하는 기운을 말합니다. 화기 격국은 특정한 조합과 상생(相生) 관계를 통해 형성되며 이 과정에서 원래의 기운이 변화하여 새로운 속성을 갖게 됩니다.

가. 화기의 기본 개념

화기는 기본적으로 다음의 세 가지 핵심 원리를 포함합니다.

1) 천간 간의 합: 두 천간이 만나서 특정 기운으로 변하는 것을 의미합니다(예: 갑(甲)과 기(己)가 만나면 토(土)로 변함).
2) 지지 간의 삼합(三合) 또는 방합(方合): 지지가 특정한 방향으로 모여 새로운 기운을 형성합니다(예: 해(亥), 묘(卯), 미(未)는 목(木)으로 화기됨).
3) 상생(相生)과 상극(相剋):각 오행이 상생하여 원래의 기운에서 변형될 수 있습니다.

나. 화기의 구체적 사례

1) 천간의 화기 예시

가) 甲+己=土

나) 乙+庚=金

다) 丙+辛=水

라) 丁+壬=木

마) 戊+癸=火

2) 지지의 삼합 예시

가) 亥+卯+未=木

나) 寅+午+戌=火

다) 巳+酉+丑=金

라) 申+子+辰=水

다. 화기의 의미와 활용

1) 화기의 형성 여부는 오주십자(五柱十字), 사주팔자(四柱八字)의 전체적인 흐름과 기운을 파악하는 데 매우 중요합니다.
2) 화기가 성립되면 새로운 기운이 오주(사주)의 중심에 자리 잡으며 이를 기반으로 격국이 성립되거나 전체적 방향성이 변할 수 있습니다.
3) 재물 관직 건강과 같은 주요 운의 해석에 화기를 적용하여 좀 더 정교하게 풀이할 수 있습니다.

라. 주의할 점

1) 화기가 성립하려면 조건이 명확하게 충족되어야 하며 단순히 조합만으로는 성립되지 않는 경우도 있습니다.
2) 원국(原局)에서 화기를 억제하거나 방해하는 요소(충이나 형)가 있다면 화기의 효력이 약화됩니다.

16. 오주학(五柱學)의 격(格)을 정(定)하는 법(法)

격(格)을 정하는 법은 기초이면서도 핵심적인 부분으로 특히 월지(月支)의 장간(藏干)을 분석하는 것이 매우 중요합니다. 월지는 오주(사주)의 중심 역할을 하며 장간(藏干)은 월지에 내재된 천간(天干)들을 의미합니다. 이를 통해 격국을 파악하고 그 사람의 기본적인 성향 재물운 직업운 등을 예측할 수 있습니다.

가. 월지 장간(月支藏干)의 구성 요소

1) 본기(本氣)

가) 월지에서 가장 강하게 작용하는 천간입니다.

나) 예를 들어 인월(寅月)이라면 본기는 갑(甲)이 됩니다. 이는 인월이 목(木)의 기운은 가장 강하게 내포하고 있음을 의미합니다.

2) 중기(中氣)

가) 본기 다음으로 강한 영향을 미치는 천간입니다.

나) 인월의 중기는 병(丙)으로 이는 인월에 화(火)의 기운이 함께 존재함을 나타냅니다.

3) 여기(餘氣)

가) 가장 약하게 작용하는 천간입니다.

나) 인월의 여기로는 무(戊)가 있으며 인월에 토(土)의 기운도 약간 포함되어 있음을 보여줍니다.

나. 월지 장간의 활용

월지 지장간의 본기 중기 여기를 분석하여 다음과 같은 방법으로 활용할 수 있습니다.

1) 격국(格局)의 판별

가) 격국을 월지 본기를 중심으로 정해집니다.

나) 예를 들어 월지 본기가 갑(甲)이라면 정관격(正官格) 편관격(偏官格) 등으로 세분화될 수 있습니다.

2) 오행의 강약 분석

가) 본기 중기 여기의 구성 비율을 통해 특정 오행이 강한지 약한지를 판단합니다.

나) 이는 오행의 균형 상태를 확인하고 필요한 용신(用神)을 정하는 데 도움을 줍니다.

3) 운세 분석

월지가 지닌 본기 중기 여기가 어떤 대운(大運)이나 세운(歲運)과 충돌하거나 합을 이루는지를 분석하여 운세를 예측합니다.

다. 예시로 보는 월지 장간 분석

예시: 인월(寅月)의 장간 분석

1) 본기(本氣):갑목(甲木)
2) 중기(中氣):병화(丙火)
3) 여기(餘氣):무토(戊土)

이 경우 목(木)의 기운이 가장 강하며 화(火)와 토(土)도 약하게 작용합니다. 만약 오주(사주)에서 금(金)이 지나치게 강하다면 인월의 목(木) 기운이 이를 견제하거나 균형을 맞추는 역할을 할 수 있습니다.

17. 오주학(五柱學)의 내격(內格)과 외격(外格)

내격과 외격은 오주(사주)에서 명리학의 구조를 분석할 때 사용하는 중요한 개념입니다. 이 두 용어는 조화를 평가하고 사람의 성향과 운명적 흐름을 이해하는 데 도움을 줍니다.

가. 내격(內格)

1) 내격은 오주(사주)의 기본 틀에서 일간(日干) 즉 자신(본인)을 중심으로 조화를 이루고 있는 구조를 뜻합니다.
2) 특징
   가) 일간(日干)이 왕성하고 오주(사주) 내의 오행이 적절히 조화를 이룰 때 내격으로 판단합니다.
   나) 내격은 일반적으로 오주(사주)가 자신의 본성을 유지하며 자연스러운 흐름으로 살아갈 수 있음을 의미합니다.
3) 대표적인 사례
   가) 정격(正格): 평범한 오주(사주) 틀 안에서 오행이 조화를 이루는 경우
   나) 내격의 경우 대체로 큰 변동 없이 안정된 인생을 살아가는 경우가 많습니다.

4) 해석 포인트

가) 내격 오주(사주)는 자신의 타고난 능력과 성향을 발전시켜 운명을 개척해 나가는 데 유리합니다.

나) 격국(格局)의 흐름과 조화를 깨뜨리지 않는 것이 중요합니다.

나. 외격(外格)

1) 외격은 일반적인 내격의 틀에서 벗어난 특수한 오주(사주) 구조를 뜻합니다.

2) 특징

가) 내격처럼 오행이 균형을 이루지 못하거나 특정 오행이 극도로 강하거나 약한 경우 외격으로 분류됩니다.

나) 외격 오주(사주)는 보통 독특한 운명적 흐름을 가지며 평범한 인생과는 다른 기복이 특징입니다.

다) 외격의 구조를 이해하고 운에 따라 행동해야 운명을 잘 활용할 수 있습니다.

3) 대표적인 외격 사례

가) 종격(從格): 특정 오행이 강해서 나머지 오행을 완전히 따르는 경우 예를 들어 재다신약(財多身弱)으로 인해 재성을 따르는 종재격(從財格) 등이 해당합니다.

나) 기타 특수격: 격국이 특정한 조합에 의해 독특한 성질을 가지는 경우 예를 들어 화개격 양인격 등이 있습니다.

4) 내격과 외격의 차이

구분	내격(內格)	외격(外格)
구조	일반적인 격국의 범위에 속함	격국의 범위를 벗어난 특수한 구조
운명의 흐름	안정적이고 균형을 이루는 삶	극적인 변화와 기복이 있는 삶
중요한 요소	일간의 강약과 오행의 조화	특정 오행의 강세 또는 약세 특수한 조건
활용 방법	자연스러운 흐름을 유지하고 본래의 기질을 발전시킴	극단적 상황에 적응하고 특수한 격국의 성질을 활용함

5) 활용 예시

가) 내격 활용법: 내격 오주(사주)를 가진 사람은 자신의 타고난 장점을 강화하고 약점을 보완해 나가는 전략이 중요합니다. 균형 있는 삶의 태도가 운의 흐름에 긍정적으로 작용합니다.

나) 외격 활용법: 외격 오주(사주)를 가진 사람은 자신의 특수한 기질을 활용해 기회를 포착해야 합니다. 사회적 통념보다는 자신의 강점에 맞는 독특한 길을 개척하는 것이 유리합니다.

다. 내격(內格)

오주(사주)학은 오주십자(五柱十字), 사주팔자(四柱八字)에 나타난 간지(干支)의 배치를 바탕으로 인격(格)을 나누며 이를 팔정격(八正格)이라 부릅니다. 여기에 건록격(建綠格)과 양인격(羊刃格)을 포함하여 총 10개로 나눈 것을 십정격(十正格)이라고 합니다.

1) 팔정격(八正格)

가) 정인격(正印格): 편안하고 안정적인 성격을 나타냄. 귀인의 도움을 받는 격

나) 편인격(偏印格): 창의적이고 독특한 성향 연구와 독창성에 강점

다) 정재격(正財格): 안정적인 재물운 부지런하며 실질적인 재물을 중시

라) 편재격(偏財格): 대범하고 외향적이며 한꺼번에 큰 재물을 모으는 스타일

마) 식신격(食神格): 여유로움과 풍요로움을 상징 타인을 돕는 성향

바) 상관격(傷官格): 자유롭고 혁신적인 성향 예술적 재능과 감성

사) 정관격(正官格): 안정적이고 규율을 지키는 성격 명예와 책임을 중시

아) 편관격(偏官格): 강한 추진력과 대담한 성향 도전과 경쟁에 능함

2) 십정격(十正格)에 포함되는 추가 격국

가) 건록격(建綠格): 자기주도적이고 부지런함 스스로 운명을 개척하는 성향

나) 양인격(羊刃格): 강력한 추진력과 도전정신 위험도 감수하며 목표를 관철

라. 외격(外格)

외격은 오주(사주)의 전형적인 구성에서 벗어난 특이한 구조를 말하며 특정 조건에 부합될 때 해당 외격의 특성을 가지게 됩니다. 이 외격들은 보통 일반적인 논리로는 설명하기 어려운 독특한 운명을 가지고 있다 여겨지며 성공이나 실패의 양상이 극단적일 수 있습니다.

1) 외격 종격(從格)

가) 종격의 정의

(1) 종격은 오주(사주)에서 특정 오행이 매우 강하거나 반대로 매우 약해 그 흐름에 순응해야 할 때 성립합니다.

(2) 종격에 해당하면 자신의 강점이나 환경에 철저히 순응하며 살아가는 것이 길(吉)한 삶으로 이어진다고 봅니다.

(3) 정격(正格)과는 달리 특정 오행에 대한 균형을 잡는 대신 그 오행에 전적으로 의지하거나 따르는 구조입니다.

나) 종격의 세부 유형

(1) 종인격(從印格)

㈎ 특징: 인성이 오주(사주)의 중심이 되어 모든 힘이 인성을 돕는 구조입니다.

㈏ 성립조건: 비겁과 재성이 약하고 인성이 왕성한 경우입니다.

㈐ 특성: 학문 정신적 가치 안정적인 삶을 추구 하며 보호받고 싶어 하는 성향이 강합니다.

㈑ 인성은 보호와 학문의 상징이므로 이런 사람들은 지적 능력이 뛰어나거나 후원자와의 연 이 깊을 가능성이 큽니다.

(2) 종왕격(從旺格)

㈎ 특징: 특정 오행이 매우 왕성하여 그 힘을 따르는 구조 합니다.

㈏ 성립조건: 오주(사주) 내 한 오행이 극도로 강하고 이를 억제하거나 견제하는 힘이 부족한 경우입니다.

㈐ 특성: 강력한 추진력과 권력을 가지며 환경을 지배하거나 주도하는 리더십을 발휘합니다.

㈑ 왕성한 기운을 따라가는 것이 길하며 자신의 강점을 극대화할 때 성공 가능성이 높습니다.

(3) 종강격(從强格)

㈎ 특징: 비겁(比劫.劫財)이 강력한 구조로 자신의 힘으로 모든 것을 이루려는 성향이 강합니다.

㈏ 성립조건: 오주(사주)의 비겁이 강하고 이를 억제하거나 제어할 재성과 관성이 약한 경우입니다.

㈐ 특성: 독립적이고 자립심이 강하며 자기 주 도적인 삶을 추구합니다.

㈑ 강력한 의지와 노력으로 큰 서위를 이룰 가능성이 높지만 고집이나 독단으로 인한 갈등을 주의해야 합니다.

(4) 종재격(從財格)

㈎ 특징: 재성이 주도적인 힘이 되어 오주(사주)의 흐름이 재성을 따르는 주조입니다.

㈏ 성립조건: 비겁과 인성이 약하고 재성이 왕성한 경우입니다.

㈐ 특성: 재물 비즈니스 물질적 성취를 중시하며 경제적 성공을 이루는 데 탁월한 능력을 발휘합니다.

㈑ 자신만의 독창적인 방식으로 삶을 꾸려가는 것이 성공의 열쇠가 됩니다.

(5) 종아격(從兒格)

㈎ 특징: 식신과 상관(兒星)이 주가 되는 구조로 창의성과 뛰어나며 자율성을 중요시합니다.

㈏ 성립조건: 인성과 비겁이 약하고 식상(食神, 傷官)이 강한 경우입니다.

㈐ 특성: 예술적 재능 표현력 창의성이 뛰어나며 자율성을 중요시합니다.

㈑ 자신만의 독창적인 방식으로 삶을 꾸려가는 것이 성공의 열쇠가 됩니다.

(6) 종살격(從殺格)

㈎ 특징: 칠살(七殺, 편관)이 강한 오주(사주)에서 그 기운에 순응하는 구조입니다.

㈏ 성립조건: 정관이 약하고 칠살이 강한 경우입니다.

㈐ 특성: 강한 도전정신 경쟁심 그리고 비범한 카리스마를 가집니다.

㈑ 살성의 강렬한 기운을 제대로 순응하거나 다스리면 큰 성공을 거둘 수 있지만 이를 제어하지 못하면 위험한 상황에 처할 수도 있습니다.

2) 외격 일행득기(一行得氣)격

가) 의미: 특정한 오행이 강하게 자리 잡고 다른 오행의 영향을 상대적으로 덜 받는 경우를 말합니다.

나) 특징: 한 가지 기운이 주도적으로 작용하며 이런 경우 그 오행과 관련된 분야에서 강한 운명을 발휘하게 됩니다.

(1) 곡직격(曲直格)

㈎ 의미: 목(木) 기운이 매우 강하고 다른 오행의 간섭을 받지 않는 구조입니다.

㈏ 특징: 성장과 발전 자립적인 힘을 발휘하며 학문이나 창의적 분야에 강점을 보이는 경우가 많습니다.

(2) 염상격(炎上格)

㈎ 의미: 화(火)의 기운이 강하여 스스로 타오르고 상승하는 에너지가 특징인 격입니다.

㈏ 특징: 강력한 추진력과 리더십이 나타나며 열정적이고 대담한 성격이 강합니다.

(3) 가색격(稼穡格)

㈎ 의미: 土(土)의 기운이 중심을 이루며 안정 성과 결실을 중시하는 구조입니다.

㈏ 특징: 성실함과 꾸준함으로 물질적 안정과 번영을 이끌어가는 힘을 가집니다.

(4) 종혁격(從革格)

㈎ 의미: 금(金)의 기운이 강하게 작용하며 변화와 혁신의 에너지가 주도적인 구조입니다.

㈏ 특징: 유연성과 결단력을 바탕으로 어려운 환경에서도 자신만의 길을 개척합니다.

(5) 윤하격(潤下格)

㈎ 의미: 수(水)의 기운이 강하며 유연함과 포용력을 중심으로 한격입니다.

㈏ 특징: 자원과 에너지를 활용해 균형을 잡고 조화를 이루는 데 탁월한 능력을 보입니다.

3) 외격 암합(暗合)격

가) 정의:오주(사주) 내에서 겉으로 드러나지 않는 숨겨진 합(합화나 합의 결합)을 뜻합니다.

나) 예를 들어 특정 간지(干支)끼리 서로 합을 이루지만 이를 쉽게 드러내지 않는 경우를 말합니다.

다) 특징: 주로 사람의 내면적인 관계나 운세에서의 은밀한 조화를 뜻합니다. 암합은 표면적으로 드러나지 않는 도움이나 기회를 나타낼 때 해석됩니다(예: 천간 합(갑기합, 을경합 등) 또는 지지 합이 숨겨져 있는 형태로 작용).

⑴ 자요사격(子遙巳格)

㈎ 정의: 오주(사주)내에서 자수(子)와 사와(巳)가 특정한 각도로 만나 독특한 에너지를 형성하는 특수격입니다.

㈏ 특징: 자수는 음수(陰水)의 기운 사화는 양화(陽火)의 기운으로 서로 상극 관계를 이루지만 특정 조건하에서 조화롭게 작용할 수 있습니다. 이 격국을 가진 사람은 종종 강한 직감력과 이질적인 에너지의 활용 능력을 가졌다고 해석됩니다. 다만 자수와 사화가 조화를 이루지 못하면 극단적인 성격이 나타날 수 있습니다.

⑵ 육음조양격(六陰朝陽格)

㈎ 정의: 육음(六陰, 여섯 개의 음 기운)이 태양(陽)에 조응하며 균형을 이루는 오주(사주) 격국입니다.

㈏ 특징: 육음은 오주십자(五柱十字), 사주팔자(四柱八字)의 음 기운(陰氣)을 뜻하며 음이 과다하더라도 이를 양 기운이 보완해 주는 독특한 구조를 나타냅니다. 음과 양의 조화로운 균형이 중요하며 이를 통해 부드럽고 차분한 성격이 형성된다고 봅니다. 만약 조화가 무너지면 음 과다로 인해 지나치게 소극적이거나 내향적인 성격으로 기울 수 있습니다.

라) 활용법: 이러한 특수격을 활용하려면 우주(사주) 전체를 종합적으로 분석해야 합니다. 각각의 격국은 기본적으로 타고난 운명과 성격적 특징을 보여주지만 이를 성공적인 재물운이나 대인관계로 연결하기 위해서는 아래 상항을 고려하는 것이 좋습니다.

⑴ 격국의 조화 여부 확인

㈎ 격국이 조화롭고 안정적으로 작용하는지 분석합니다.

㈏ 천간 지지의 상극 여부 합화 여부 등을 따져야 합니다.

⑵ 운의 흐름과 조화로운 시기 파악: 대운과 세운에서 해당 격국을 강화하거나 약화시키는 흐름을 분석하여 어떤 시기에 재물운이 상승하는지를 알아냅니다.

⑶ 실제 행동에 적용

㈎ 암합의 경우 겉으로 드러나지 않는 인간관계나 기회를 포착하는 데 활용합니다.

㈏ 육음조양격이라면 내면의 안정과 조화를 통해 외부적으로 강한 영향력을 발휘할 수 있는 시기를 찾습니다.

4) 외격 암충(暗沖)

외격 암충으로 겉으로는 드러나지 않는 충(沖)이 작용하는 경우를 의미합니다. 이는 오주(사주)원 국 내에서의 은밀한 갈등이나 내적 모순으로 인해 인생에서 반복적인 어려움을 겪을 수 있음을 시사합니다. 하지만 이를 잘 활용하면 내면적인 성찰과 변화의 기회를 제공받을 수 있습니다.

가) 특징: 갈등이 내부적이거나 환경적인 요소에서 발생합니다.

나) 활용법: 내적인 갈등을 해결하고 적응력을 키우는 데 초점을 둡니다.

⑴ 비천록마격(飛天綠馬格): 비천록마격은 오주(사주)내에서 녹(綠)과 마(馬)가 조화를 이루며 움직임과 번영을 뜻합니다. 이는 활동적이고 부지런한 삶의 태도를 바탕으로 재물과 명예를 추구하는 것을 나타냅니다.

㈎ 특징:활발한 사회적 활동 이동수 많습니다.

㈏ 활용법:변화와 이동을 두려워하지 않고 새로운 기회를 적극적으로 잡아야 합니다.

⑵ 잡기재관격(雜氣財官格): 잡기재관격은 재성과 관성이 혼잡한 상태를 말합니다. 이는 재물과 명예를 모두 추구하는 성격이 강하나 균형 잡히지 않으면 혼란스러울 수 있습니다.

㈎ 특징: 다방면에 재능 재물과 관직 간의 상충 가능성이 있습니다.

㈏ 활용법: 욕심을 조율하며 명확한 우선순위를 세우는 것이 중요합니다.

⑶ 일록귀시격(日綠歸時格): 일록귀시격은 일간(日干)의 녹(綠)이 시주(時住)에 위치한 경우를 말합니다. 이는 개인의 노력과 의지를 말년운으로 귀결되어 성과를 의미합니다.

㈎ 특징: 말년에 운이 크게 발휘됨. 계획적인 삶 강조됩니다.

㈏ 활용법: 장기적인 관점에서 꾸준히 노력이 중요합니다.

⑷ 정관차격(井關叉格)

㈎ 정관차격은 드물게 언급되는 격중 하나로 한자의 뜻을 직역하면 우물 관문 갈림길로 풀이될 수 있습니다.

㈏ 이격은 주로 오주(사주)의 조화나 흐름이 끊기는 지점을 의미하며 어떤 장애물이나 선택의 기로에 놓일 수 있는 운명을 시사합니다.

㈐ 정관차격은 해당 요소가 기대와 다른 방향으로 전개되는 상황을 암시합니다.

18. 오주학(五柱學)과 용신(用神)

용신은 오주(사주)학에서 매우 중요한 개념으로 오주십자(五柱十字), 사주팔자(四柱八字)의 균형을 맞추고 조화를 이루기 위해 가장 중요한 역할을 하는 오행(五行)이나 기운을 뜻합니다. 용신은 오주(사주)에서 부족하거나 약한 부분을 보완하여 조화를 이루게 하며 이를 통해 삶의 방향성을 찾고 운명을 개척하는 데 도움을 줍니다.

가. 용신(用神)

1) 용신의 역할

가) 규형과 조화: 오주십자(五柱十字, 四柱八字)에서 특정 오행이 과다하거나 부족한 경우 용신은 부족한 부분을 보완하거나 과다한 부분을 조절하는 역할을 합니다.

나) 운명 개선: 용신을 활용하면 개인의 강점과 약점을 파악해 더 나은 삶을 계획할 수 있습니다.

다) 행운 유도: 용신을 중심으로 행동이나 환경 개선은 재물운 직업운 등 다양한 면에서 긍정적인 영향을 줄 수 있습니다.

2) 용신을 찾는 방법

용신을 찾으려면 오주십자, 사주팔자의 전체 구조와 조화를 분석해야 합니다. 일반적으로 다음 단계를 거칩니다.

가) 오주(사주)의 기운 분석

⑴ 강약 판단: 어떤 기운이 강한지 또는 약한지를 파악합니다. 이를 통해 기본적인 성향을 이해합니다.

⑵ 오행 분포 확인: 목>화>토>금>수의 분포를 분석하여 어느 오행이 부족하거나 과다한지를 봅니다.

나) 희신(喜神)과의 관계: 희신은 오주(사주)의 조화를 돕는 부차적인 기운입니다. 용신과 함께 부족한 부분을 보완하는 역할을 합니다.

다) 대운과의 연결: 용신은 대운(大運)과의 조화를 따라 그 효과가 강화되거나 약화될 수 있습니다. 따라서 장기적인 흐름을 파악하는 것도 중요합니다.

3) 용신 활용법

용신은 단순히 오주(사주) 분석에서 끝나는 것이 아니라 일상생활과 운명 개선에 직접적으로 활용될 수 있습니다.

가) 환경 변화: 용신의 속성에 맞는 색상 방향 소재를 활용해 집이나 사무실의 환경을 조성합니다(예: 용신이 목(木)일 경우 나무 소재 가구나 초록색을 활용).
나) 직업 선택: 용신의 기운에 맞는 직업을 선택하면 성공 가능성이 높아집니다(예: 용신이 금(金)일 경우 금융업 기술직 금속 관련 직업).
다) 행동 지침: 일상적인 의사결정에서 용신의 기운을 의식적으로 적용합니다(예: 용신이 수(水)일 경우 물과 관련된 활동이나 여행 북쪽 방향 활용).
라) 행운 아이템: 용신의 기운을 강화하는 액세서리나 소품을 활용합니다(예: 용신이 화(火)일 경우 붉은색 계열의 물건 불꽃 무늬 장식).

4) 재물운과 용신

재물운을 강화하려면 자신의 용신이 재물과 어떻게 연결되는지를 살펴봐야 합니다.
가) 재성이 용신일 경우: 재물을 얻을 기회가 많으며 이를 잘 활용하면 부를 축적하기 쉽습니다.
나) 비견/겁재가 용신일 경우: 동업이나 협력을 통해 재물을 늘릴 수 있습니다.
다) 편인/정인이 용신일 경우: 지식과 학문을 통해 재물운이 상승합니다.

5) 용신 판단에 주의할 점

가) 용신은 단독으로 작용하지 않으며 오주(사주)의 전체 맥락 속에서 희신(喜神), 기신(忌神)과 함께 분석해야 합니다.
나) 전문가의 도움을 받거나 지속적인 공부를 통해 자신의 용신을 정확히 이해하고 활용하는 것이 중요합니다.

나. 용신(用神)의 의의

오주학(五柱學), 사주학(四柱學)에서 용신(用神)은 전체적인 균형을 잡고 조화를 이루는 데 중요한 역할을 하는 핵심적인 개념입니다. 용신은 오주(사주)에 부족하거나 과다한 오행(五行)의 균형을 맞추기 위해 선택되는 요소로 운명 해석과 개운(開運)의 방향성을 결정짓는 중요한 기준이 됩니다.

1) 용신의 정의

용신의 오주십자(五柱十字), 사주팔자(四柱八字)에서 개인의 삶을 활발하게 하고 운명을 돕는 조력자 역할을 합니다. 이를 통해 오주(사주)의 흐름을 이해하고 조화로운 상태로 만드는 것이 용신의 주된 목표입니다. 즉 오주(사주)속 오행의 불균형을 보완하거나 과다한 기운을 억제하기 위해 필요한 요소를 의미합니다.

2) 용신의 역할

용신의 오주(사주)의 흐름을 파악하고 그에 맞는 해결책을 제시하는 데 활용됩니다.

가) 오주(사주)의 기운이 지나치게 강하거나 약할 때: 용신을 이를 조율합니다.

나) 부족한 오행을 채우고 과다한 기운을 제어하여 삶의 조화를 이루게 합니다.

다) 개인의 성향 직업 건강 인간관계 등 구체적인 삶의 영역에서 도움을 줄 수 있습니다.

3) 용신 선택의 원리

용신을 선택하기 위해서는 아래 요소들을 종합적으로 고려해야 합니다.

가) 오주(사주)의 강약: 강하면 억제할 용신을 약하면 보완할 용신을 선택합니다.

나) 월령(月令): 태어난 달의 계절적 특성이 용신 선택에 큰 영향을 미칩니다.

다) 격국(格局): 오주(사주)의 구조와 성격에 따라 용신을 설정합니다.

라) 대운(大運)과 세운(歲運): 오주(사주)의 흐름을 읽고 앞으로의 운세를 보완할 요소를 파악합니다.

4) 용신 선택의 원리

용신을 선택하기 위해서는 아래 요소 들을 종합적으로 고려해야 합니다.

가) 직업 선택: 용신의 기운에 부합하는 직업을 선택하면 더 큰 성공 가능성을 얻을 수 있습니다.

나) 풍수와 환경 조성: 생활공간에 용신에 해당하는 색상 소재 방향 등을 활용하여 긍정적인 에너지를 유도합니다.

다) 이름짓기: 이름에 용신의 오행을 담아 부족한 기운을 보완합니다.

라) 의복과 액세서리: 용신의 속성을 반영한 스타일로 개인 에너지를 강화합니다.

5) 용신의 한계와 주의점

가) 단일한 요소로 모든 문제를 해결할 수는 없습니다. 전체적인 맥락 속에서 해석되어야 하며 용신은 그중 일부일 뿐입니다.

나) 정확한 분석이 필요합니다. 잘못된 용신 설정은 오히려 혼란을 초래할 수 있으므로 전문가의 조언이 중요합니다.

다. 용신정법(用神定法)

용신정법은 오주(사주)학에서 균형과 조화를 찾기 위해 가장 중요한 역할을 하는 오행(五行)이나 십신(十神)을 선정하는 방법을 말합니다. 오주(사주)에 부족하거나 과도한 요소를 보완함으로써 인생의 흐름을 조화롭게 만드는 데 중점을 둡니다.

1) 용신정법의 기본 원리

가) 오주(사주) 분석

(1) 일간을 중심으로 오행의 구성과 강약을 분석합니다.

(2) 각 오행이 오주(주주) 내에서 어떤 역할을 하는지(생조 극제 조후 등)를 파악합니다.

나) 격국(格局) 파악: 격국을 확인하여 오주(사주)의 기본 틀과 방향을 설정합니다(예: 재격(財格), 관격(官格), 인격(印格), 식상격(食傷格) 등).

다) 조후(調候)와 균형 판단: 계절적 특성과 온, 냉 조화를 고려합니다(예: 여름에 태어난 사람은 냉한 기운이 필요할 수 있고 겨울에 태어난 사람은 따뜻한 기운이 필요할 수 있습니다).

라) 용신(用神) 선정: 오주(사주)의 균형을 잡고 부족한 부분을 보완해 줄 오행이나 십신을 선택합니다(예: 오주(사주)가 너무 건조하다면 수(水)를 용신으로 너무 습하다면 화(火)를 용신으로 삼습니다).

마) 희신(喜神)과 기신(忌神) 설정: 용신으로 돕는 오행은 희신(喜神) 용신을 방해하거나 과도한 부분은 기신(忌神)으로 봅니다.

2) 용신 선정의 예시

예: 여름철(午月) 태어난 사람의 오주(사주)

가) 여름철은 화(火)가 왕성한 계절이므로 오주(사주)에 수(水)가 부족하다면 이를 보완해야 합니다.

나) 이 경우 수(水)를 용신으로 설정하고 이를 돕는 금(金)을 희신으로 활용할 수 있습니다.

다) 반면 이미 화(火)가 강하다면 더 강한 화(火)를 조장하는 요소를 기신으로 봅니다.

3) 실생활 활용

가) 개운법 적용

(1) 용신이 목(木)이라면 나무로 된 가구를 사용하거나 녹색 계열을 활용합니다.

(2) 용신이 수(水)라면 물과 관련된 활동(수영, 여행)이나 검정 계열의 옷을 추천합니다.

나) 사업 방향성

(1) 용신이 금(金)이라면 금융 금속 기술 관련분야에 종사하는 것이 유리합니다.

(2) 용신이 화(火)라면 에너지를 열과 관련된 사업이 적합합니다.

다) 인맥 관리: 희신에 해당하는 오행의 성향을 가진 사람들과 친분을 쌓는 것도 유익합니다.

라. 격국용신(格局用神)

격국용신은 매우 중요한 개념 중 하나로 격국을 통해 용신(用神)을 선정하여 운명을 분석하고 개선 방안을 도출하는 데 사용됩니다. 이를 개인의 타고난 기질과 운세 흐름을 이해하고 부족한 요소를 보완하여 조화를 이루는 방법을 찾을 수 있습니다.

1) 격국(格局)의 이해

가) 격국은 오주십자(五柱十字), 사주팔자(四柱八字)에서 특정한 조합에 따라 성립되는 운명의 큰 틀을 의미합니다. 이는 일간(日干)을 중심으로 월지(月支)와의 관계 그리고 오주(사주) 전체의 조화를 바탕으로 결정됩니다.

나) 대표적인 격국의 유형

⑴ 정관격(正官格): 규칙적이고 책임감 있는 성향입니다.

⑵ 편관격(偏官格): 강한 추진력과 도전정신이 잠점입니다.

⑶ 정재격(正財格): 현실적이고 실리적인 성향입니다.

⑷ 편재격(偏財格): 활동적이고 기회를 중시하는 성향입니다.

⑸ 식신격(食神格): 창의적이고 온화한 성향입니다.

⑹ 상관격(傷官格): 독창적이고 개성이 강한 성향입니다.

⑺ 인성격(印星格): 학문적이고 사려 깊은 성향입니다.

2) 용신의 의미

가) 용신은 균형을 잡아줄 수 있는 것이 중요한 오행(五行)을 뜻합니다. 오주(사주)의 흐름과 조화를 파악하여 용신을 선정하는 것은 운세 개선의 핵심 요소입니다.

나) 용신 선정의 기준

⑴ 균형을 위한 보완: 오주(사주)에서 과다하거나 부족한 오행을 보완하기 위해 용 신을 설정합니다.

⑵ 격국을 돕는 역할: 격국이 안정적으로 발휘될 수 있도록 지원하는 오행을 용신으로 삼습니다.

⑶ 대운(大運)과의 조화: 앞으로의 운세 흐름을 예측하여 부족한 부분을 메울 수 있는 오행을 고려합니다.

3) 격국용신의 실질적 활용

가) 격국용신은 운명 분석뿐만 아니라 일상생활에서의 의사결정과 목표설정에도 실질적으로 적용할 수 있습니다.

나) 실생활 활용 방안

(1) 직업 선택: 격국과 용신을 기반으로 적합한 직업군을 찾습니다. 예를 들어 정재격은 사업이나 금융 관련분야에 적합하고 인성격은 교육이나 연구 분야에 유리합니다.

(2) 운세 관리: 대운과 세운(歲運)의 흐름에 따라 용신이 필요한 시기를 대 비하여 적절한 선택을 합니다.

(3) 환경 조성: 부족한 오행을 보완하기 위해 인테리어 색상 패션 음식 등을 조율합니다.

(4) 개인 성장: 자신의 강점과 약점을 명확히 이해하고 용신을 통해 조화로운 방향으로 발전을 도모합니다.

4) 격국용신의 한계와 주의점

가) 복잡한 분석: 격국과 용신의 선정은 단순한 공식에 의존하기 어렵고 숙련된 분석이 필요합니다.

나) 정확한 데이터 필요: 정확한 생년월일 시와 분주를 기반으로 해야 분석의 신뢰도를 높일 수 있습니다.

다) 편향된 해석 주의: 특정 격국이나 용신에만 집착하지 말고 전체적인 조화를 중시해야 합니다.

마. 억부용신(抑扶用神)

억부용신은 중요한 개념 중 하나로 오주(사주)의 힘의 균형과 조화를 분석하여 특정한 방향성을 설정하는 방법론입니다. 억부용신은 오주(사주)에 나타난 일간(日干)의 강약을 판단하고 이를 기반으로 균형을 맞추기 위해 필요한 용신을 선정하는 데 중점을 둡니다.

1) 억부용신의 기본 원리

가) 억(抑): 일간(日干)이 지나치게 강할 경우 이를 억제하거나 약화시키는 방향으로 용신을 선택합니다(예: 목(木)이 강하면 금(金)으로 억제).

나) 부(扶): 일간이 지나치게 약할 경우 이를 보완하거나 강화하는 방향으로 용신을 선택합니다(예: 목(木)이 약하면 수(水)로 보강).

2) 억부용신의 판단기준

가) 일간(日干)의 강약 분석

(1) 일간은 오주(사주)에서 중심이 되는 기둥으로 해당 사람이 태어난 날의 천간(天干)을 의미합니다.

(2) 강한 일간은 억(抑)이 필요하며 약한 일간은 부(扶)가 필요합니다.

나) 오주(사주)의 구조와 기운 분석

(1) 오행의 분포(목〉화〉토〉금〉수)가 균형 잡혀 있는지 확인합니다.

(2) 특정 오행이 과다하거나 부족한 경우 이를 보완하기 위해 용신을 설정합니다.

다) 용신(用神)과 희신(喜神)

(1) 용신(用神): 오주(사주)의 균형을 맞추기 위해 가장 필요한 요소입니다.

(2) 희신(喜神): 용신을 보조하며 삶에 긍정적인 영향을 주는 기운입니다.

라) 격국(格局)과 변용: 오주(사주)가 특정한 격국(정관 격, 편재격 등)을 갖는 경우 격국의 성립 여부에 따라 억부용신의 적용 방식이 달라질 수 있습니다.

3) 억부용신의 활용 사례

가) 재물운 분석: 재물운을 강화하려면 일간이 약한 경우 부(扶)를 통해 재성을 지원하거나 강한 경우 억(抑)을 통해 재성을 활성화합니다.

나) 동일한 오주(사주)라도 해석 차이 가능: 개인과 학자마다 용신을 선정하는 기준이 조금씩 다를 수 있습니다.

바. 통관용신(通關用神)

통관용신은 중요한 개념 중 하나로 내 오행(五行)의 균형을 맞추기 위해 사용하는 특정한 오행을 말합니다. 이 개념은 오주(사주)에 나타내는 지나치게 강하거나 약한 기운을 조절하고 충돌하는 기운(沖克)을 조화롭게 만들어 원활한 에너지를 흐르게 하는 역할을 합니다.

1) 통관용신과 기본 개념

가) 오주(사주)의 불균형: 음양오행으로 구성되며 각각의 기운이 조화를 이룰 때 개인의 운세가 원활히 흘러갑니다. 그러나 한쪽으로 치우치거나 기운이 상충할 경우 어려움이 발생합니다. 예를 들어 금(金)과 목(木)이 충돌하거나 화(火)가 지나치게 강해지는 경우입니다.

나) 통관의 역할: 통관용신은 이러한 불균형을 완화하고 균형을 맞추기 위해 오주(사주)에 투입하는 조정자 역할을 합니다. 예를 들어 금(金)과 목(木)이 충돌하는 경우 화(火)를 통관용신으로 사용하여 금을 녹이고 목의 성장을 도와 조화를 이룰 수 있습니다.

2) 통관용신의 선정 방법

가) 통관용신은 오주(사주)를 분석한 후 선정됩니다. 이는 반드시 전문가의 깊은 분석과 경험이 요구되는 부분입니다.

(1) 사주의 기운 파악

㈎ 각 오행의 분포와 강약을 분석합니다.

㈏ 충동(沖克)이나 지나친 편중을 확인합니다.

나) 용신(用神)과 조후용신(調候用神) 선정

(1) 용신은 오주(사주) 전체적인 흐름을 조정하기 위해 필요한 핵심 오행입니다.

(2) 조후용신은 계절적 영향(조후 調候)을 조절하기 위한 오행입니다.

다) 통관용신 선정

(1) 용신과 조후용신을 보조하거나 두 기운 간의 조화를 돕기 위해 오행을 통관용신으로 정합니다.

(2) 예를 들어 화(火)와 수(水)가 대립하는 경우 토(土)를 통관용신으로 활용해 대립을 완화할 수 있습니다.

3) 통관용신의 예시

가) 금(金)과 목(木)의 충돌

(1) 금(金)과 목(木)을 억제하고 목(木)은 금(金)을 상하게 합니다.

(2) 화(火)를 통관용신으로 사용해 금을 녹이고 목의 생장을 돕습니다.

나) 화(火)와 수(水)의 대립

(1) 화(火)는 수(水)를 증발시키고 수(水)는 화(火)를 꺼트립니다.

(2) 토(土)를 통관용신으로 사용해 두 기운이 충돌을 완화합니다.

다) 토(土)의 과다: 토(土)가 지나치게 강할 경우 목(木)을 통관용신으로 활용해 토(土)를 약화시키고 생명의 순환을 활성화합니다.

4) 통관용신 활용법

가) 개인운에 조율: 통관용신에 해당하는 오행을 일상생활에 의도적으로 배치함으로써 기운을 조정할 수 있습니다(예: 통관용신이 수(水)라면 물과 관련된 장소(강 바다)나 색상 (파랑, 검정)을 활용합니다).

나) 사업과 재물 관리: 사업 분야 로고 색상 사업 방향 등을 통관용신의 기운에 맞추어 설정할 수 있습니다.

다) 세 개선: 통관용신을 기반으로 특정 시기에 적합한 행동(예:여행 투자)을 계획합니다.

사. 조후용신(調候用神)

조후용신은 매우 중요한 개념으로 기후와 환경적 균형을 맞추기 위해 선택하는 용신을 말합니다. 조후는 말 그대로 기후를 조절한다는 뜻이며 이는 오행과 음양(陰陽)의 균형을 유지하고자 하는 접근법입니다. 조후용신은 주로 월령(月令)을 중심으로 판단하며 계절의 영향을 보완하거나 강화는 오주(사주)의 조화를 이루는 데 사용됩니다.

1) 조후용신의 필요성

오주(사주)의 기본 구조에서 오행의 불균형은 계절적 요인(月令)에 의해 심화될 수 있습니다. 예를 들어 겨울에 태어난 사주는 수(水)의 기운이 강한 경우가 많아 지나치게 차가워질 수 있고 반대로 여름에 태어난 오주(사주)는 화(火)의 기운이 강해 지나치게 뜨거워질 수 있습니다. 이런 상황에서 조후용신은 오주(사주)의 불균형을 완화하고 전체적인 조화를 이루도록 돕습니다.

2) 계절적 조후용신

월령은 태어난 달의 계절적 특성을 나타내며 이에 따라 필요한 조후용신이 다릅니다.

가) 봄(인월 묘월 진월)

(1) 특징: 목(木)이 왕성하며 따뜻함이 증가합니다.

(2) 필요한 조화: 화(火)로 따뜻함을 돕거나 금(金)으로 목(木)을 절제합니다.

(3) 대표적인 조후용신: 화(火), 금(金)이 유력합니다.

나) 여름(사월 오월 미월)

(1) 특징: 화(火)가 왕성하며 매우 뜨거움 성향입니다.

(2) 필요한 조화: 수(水)로 열을 식히거나 토(土)로 화(火)를 안정화가 중요합니다.

(3) 대표적인 조후용신: 수(水), 토(土)이 유력합니다.

다) 가을(신월 유월 술월)

(1) 특징: 금(金)이 왕성하며 서늘함이 증가합니다.

(2) 필요한 조화: 목(木)으로 금(金)을 제어하거나 화(火)로 따뜻함을 더합니다.

(3) 대표적인 조후용신: 목(木), 화(火)이 유력합니다.

라) 겨울(해월 자월 축월)

(1) 특징: 수(水)가 왕성하며 매우 차가움 기운입니다.

(2) 필요한 조화: 화(火)로 온기를 더하거나 토(土)로 수(水)를 안정화가 중요합니다.

(3) 대표적인 조후용신: 화(火), 토(土)이 유력합니다.

3) 조후용신의 선택 원칙

가) 월령중심 판단: 월령의 기운이 강하므로 이를 보완하거나 억제할 수 있는 오행을 선택합니다.

나) 일간의 필요 고려: 조후용신은 단순히 월령만을 보는 것이 아니라 일간(日干)의 필요와 전체적인 오주(사주)의 균형을 함께 고려해야 합니다.

4) 조후용신의 활용

조후용신은 개인의 성격과 운명을 분석할 때뿐만 아니라 적절한 환경(거주지 직업)이나 색상 행동 방향 등을 추천할 때도 활용됩니다. 예를 들어 겨울에 태어난 사람은 따뜻한 기운을 보완하기 위해 밝은 색상(빨강, 주황)이나 남쪽 방향이 유리하다고 판단 할 수 있습니다.

5) 조후용신과 재물운

조후용신을 적절히 활용하면 개인의 재물운에도 긍정적인 영향을 미칠 수 있습니다. 예를 들어 여름에 태어난 사람이라면 조후용신인 수(水) 기운을 강화하는 직업(물 관련 산업 무역 등)을 선택함으로써 재물이 흐름을 원활하게 만들 수 있습니다.

아. 병약용신(病藥用神)

병약용신은 중요한 개념으로 오주(사주)의 원국(구성)에서 특정한 불균형 즉 병(病)을 나타내는 요소를 분석하고 이를 조정하거나 보완하기 위해 약(藥)이 되는 요소를 찾는 것을 의미합니다.

1) 병(病)의 개념

가) 오주(사주)에서 병은 오행의 과다하거나 부족한 상태 또는 억제와 조화를 이루지 못하는 상태를 말합니다.

(1) 특정 오행(목>화>토>금>수)이 지나치게 강한 경우을 말합니다.

(2) 특정 오행이 전혀 없는 경우입니다.

(3) 오행 간 상생과 상극이 조화를 이루지 못하는 경우입니다.

나) 이런 상태는 오주(사주)의 주인공(일주)의 삶에 스트레스 장애 또는 불균형을 가져올 수 있습니다.

2) 약(藥)의 개념

약은 병을 고치거나 완화하기 위해 오주(사주)에 부족하거나 적절한 에너지를 보충하는 요소를 말합니다. 이는 보통 용신(用神)으로 표현됩니다. 용신은 병을 치료하고 조화를 이루게 만드는 가장 핵심적인 오행 요소입니다.

3) 병약용신의 분석 방법

가) 오주(사주)의 병진단

(1) 일간(본인)과 전체적인 오행 분포를 분석하여 병의 원인을 파악합니다.

(2) 과다하거나 부족한 오행을 찾아내고 일간의 강약과 월령(태어난 달의 기운)을 기준으로 병의 정도를 진단합니다.

나) 약의 선택

(1) 병을 완화하거나 조화를 이루게 할 수 있는 오행을 선정합니다.

(2) 이때 단순히 부족한 오행을 보충하는 것이 아니라 오주(사주) 전반의 상생(보호 보완관계)과 상극(억제관계)을 모두 고려해야 합니다.

다) 활용: 실생활에서는 용신의 속성을 가진 환경 직업 색상 방향 이름 등을 활용하여 조화를 이루는 것이 중요합니다.

4) 병약용신의 식생활 활용

병약용신은 오주(사주)학의 응용 이론으로 단순히 이론적 분석에 그치지 않고 실생활에서도 다양한 방식으로 활용됩니다.

가) 직업 선택: 자신의 용신과 관련된 분야를 선택하여 에너지 균형을 잡습니다.

나) 이름짓기: 이름에 용신의 기운을 담아 부족한 에너지를 보충합니다.

다) 풍수: 집 안이나 사무실의 환경에 용신의 기운을 적용하여 조화를 도모합니다.

5) 병약용신의 한계와 주의점

가) 오주(사주) 분석은 개인의 성격 환경 노력을 무시하지 않으며 이론적인 분석과 현실적인 상황을 종합적으로 고려해야 합니다.

나) 병약용신은 오주(사주) 내에서만 완전한 답을 찾으려 하기보다는 삶에서의 균형을 맞추기 위한 보조 도구로 활용하는 것이 바람직합니다.

제13편
육친활용편

1. 오주학 육친의 활용법

가. 견겁(肩劫)

육친은 개인의 오주십자(사주팔자)에서 특정 육친의 역할과 의미를 파악해 인생의 방향성을 제시합니다. 여기서 견겁(肩劫)은 비견(比肩)과 겁재(劫 財)를 통칭하는 용어로 자신의 주변 환경, 경쟁 관계, 협력 관계 등을 나타냅니다.

1) 비견(比肩)

가) 비견은 자신과 같은 오행이며 성별도 동일한 경우를 말합니다. 이를 통해 형제 동료 친구와의 관계를 읽을 수 있습니다.

(1) 긍정적인 작용: 협력 동료에 함께 목표를 달성하는 에너지를 말합니다.

(2) 부정적인 작용: 경쟁 지나친 자존심 의견 충돌을 발생합니다.

나) 활용 방법

(1) 비견이 강할 때: 자신감과 리더심을 활용해 독립적인 프로젝트를 추진하거나 협력파트너와 함께 성장할 수 있는 사업을 계획합니다.

(2) 비견이 약할 때: 주변인과의 협력을 우선시하고 독단적 결정보다는 조언을 구하며 신중히 행동합니다.

2) 겁재(劫財)

겁재는 자신과 같은 오행이지만 성별이 다른 경우를 말합니다. 이는 친구 경쟁자 그리고 재물의 손실과 이득에 영향을 미칩니다.

가) 긍정적인 작용:강한 추진력 위기 극복 능력 리스크를 감수하고 도전하는 태도를 취합니다.

나) 부정적인 작용:재물의 손실 과도한 경쟁 무리한 도전하여 실패로 이어집니다.

3) 견겁(肩劫)의 핵심 활용

가) 자기주도적 리더십과 협력의 균형: 비견과 겁재의 조화는 개인의 리더십과 타인과의 협력 능력에 큰 영향을 미칩니다.

나) 경쟁을 성장 동력으로 전환: 비견은 협력에서 겁재는 경쟁에서 힘을 발휘하므로 상황에 따라 적절히 대응해야 합니다.

다) 재물 관리: 겁재는 재물의 손실을 암시할 수 있으므로 견법이 강하면 재정 계획과 투자 전략을 세밀히 설계해야 합니다.

라) 견법은 사람과의 관계 속에서 자신의 위치를 재정립하고 재물을 포함한 삶의 자원을 어떻게 활용할지 방향성을 제시합니다.

나. 인수(印綬)

인수는 육친(六親)의 하나로 개인의 명식에서 정신적인 성장 학문 귀인의 도움 지혜 등을 상징합니다. 인수는 오주십자(사주팔자)에서 일간(日干)과 동일한 음양(陰陽)의 오행(五行)으로 나를 도와주는 기운이 강하다는 것을 나타냅니다. 이를 활용하여 재물을 만드는 방법을 이해하려면 인수(편인, 정인)가 주는 본질적인 특성과 오주(사주) 전반에 미치는 영향을 살펴볼 필요가 있습니다.

1) 인수의 기본적인 의미

가) 지혜와 학문: 인수는 공부 학문 전문지식을 상징하므로 지적인 능력을 키우는 것이 재물 창출의 중요한 기반이 됩니다.

나) 귀인의 도움: 인수가 강하면 귀인(도와 주는 사람)을 만나 성공할 가능성이 높아지며 네트워크와 관계를 활용하여 재물운을 높일 수 있습니다.

다) 보호와 안정: 인수는 보호와 안정감을 주는 기운으로 재물 운용에서 안정적인 길을 추구할 때 유리합니다.

2) 인수활용법으로 재물 만들기

가) 지식과 전문성 개발

(1) 인수는 학문과 지혜를 상징하므로 지식과 전문성을 쌓아 고수익을 얻는 직업이나 업계에서 성공 가능성이 큽니다.

(2) 활용법: 자격증 전문기술 학문적 연구 등을 통해 스스로의 가치를 높이는 것이 중요합니다.

(3) 예시: 금융 IT 의학 교육 등

나) 귀인의 도움 받기

(1) 인수가 강한 사람은 주변에서 자연스럽게 귀인의 도움을 받을 가능성이 큽니다. 이를 적극적으로 활용하기 위해서는 사람들과의 관계를 잘 유지하는 것이 필요합니다.

(2) 활용법: 조언을 주는 멘토 협력할 파트너 강력한 네트워크를 적극적으로 활용하여 재물적 기회를 넓히세요.

(3) 예시: 사회적 모임 비즈니스 네트워킹

다) 안정적인 투자와 재테크

(1) 인수는 안정성을 중시하기 때문에 모험적인 투자보다는 장기적이고 신뢰성 높은 투자 전략에 적합합니다.

(2) 활용법: 부동산 연금 안정적인 주식투자 등을 통해 재물의 기초를 다지세요.

(3) 예시: 부동산 임대업 공공기관 투자

라) 문서와 계약활용

(1) 인수는 문서와 관련이 깊어 계약서 법률적 문서 특허 등에서 이익을 얻을 가능성이 높습니다.

(2) 활용법: 법적인 보호를 받을 수 있는 사업 아이템이나 지적 재산권에 집중하세요.

(3) 예시: 브랜드 론칭 기술특허

3) 인수가 강할 때 주의점

가) 과도한 의존: 인수의 기운이 너무 강하면 귀인의 도움에 지나치게 의존하거나 독립성을 잃을 위험이 있습니다.

나) 행동력 부족: 생각만 하고 행동으로 옮기지 못하면 재물운이 약해질 수 있습니다.

다) 과도한 보수성: 안정만 추구하다 보면 큰 기회를 놓칠 수 있으므로 적절한 도전정신을 유지해야 합니다.

4) 오주(사주)에서 인수의 상태에 따른 해석

가) 인수가 왕(旺)할 때: 학문적 성취와 귀인의 도움을 적극 활용해야 합니다. 다만 지나치게 신중하면 기회를 놓칠 수 있으니 행동력을 키우세요.

나) 인수가 약(弱)할 때: 지혜와 도움을 얻기 위해 스스로 노력해야 하며 부족한 부분을 보완하는 것이 중요합니다.

다. 재성(財星)

육친에서 재성은 재물 소유 경제력 능력을 나타내는 중요한 요소입니다. 재성은 일간(日干)과 음양 관계를 고려하여 정재(正財)와 편재(偏財)로 나뉩니다.

1) 정재와 편재의 차이

가) 정재(正財)는 바른 재물이며 성실 근면 정직한 방식으로 재물 축척을 말합니다.

(1) 정기적인 소득 직업적 성공 안정된 자산을 말합니다.

(2) 가정적인 책임감 강합니다.

나) 편재(偏財)는 변동성이 큰 재물이며 한 번에 큰돈을 벌 수 있습니다(사업, 투자, 투기).

(1) 변화무쌍한 재물운 도전과 기회가 상존합니다.

(2) 대담하고 사교적인 성향 여성(남자의 경우)과 이성 인연이 깊습니다.

2) 재성이 강할 때와 약할 때

가) 재성이 강하면

⑴ 돈을 벌려는 욕심이 크고 경제적으로 적극적으로 임합니다.

⑵ 현실적이며 실리를 따지는 성향을 말합니다.

⑶ 과도하면 탐욕스러워질 수도 있습니다.

나) 재성이 약하면

⑴ 돈에 대한 관심이 적거나 경제적 감각이 둔합니다.

⑵ 재물 관리가 어려워 낭비 가능성이 큽니다.

⑶ 재물운이 약해지는 경향이 있습니다.

3) 재성을 활용한 돈 버는 방법

가) 정재가 강한 경우

⑴ 안정적인 직업 공무원 금융법 부동산 전통적인 사업이 좋습니다.

⑵ 성실함과 신뢰를 바탕으로 장기적인 자산 형성이 좋습니다.

⑶ 투자보다는 꾸준한 저축과 관리가 중요합니다.

나) 편재가 강한 경우

⑴ 사업 주식 부동산 투자 프리댄스 네트워크 비즈니스 업종이 좋습니다.

⑵ 한 방의 기회를 잘 포착해야 하며 도전적 성향이 유리합니다.

⑶ 다만 위험관리를 철저히 해야 합니다.

다) 재성이 약한 경우

⑴ 돈을 버는 것보다 지키는 전략이 중요합니다.

⑵ 안정적인 직장과 재무 계획 필요합니다.

⑶ 투자보다는 절약과 효율적 자금 관리가 핵심입니다.

⑷ 재성은 돈과 직접적인 관련이 있는 중요한 요소이므로 자신의 오주(사주)에서 재성과 강약과 특징을 분석하여 올바른 재물 활용법을 찾는 것이 중요합니다.

라. 식상(食傷)

육친에서 식상은 식신(食神)과 상관(傷官)을 포함하는 개념으로 자기 자신(日干)에서 내가 생(生)하는 오행을 의미합니다. 쉽게 말해 내가 만들어내고 표현하는 모든 것이 관련이 있습니다.

1) 식상의 기본 의미

가) 식신(食神): 온순하고 자애로운 성향 안정적이고 지속적인 생산 능력 먹고 사는 능력 기

술 창작업이 좋습니다.

나) 상관(傷官): 개성이 강하고 독창적인 성향 기존 틀을 깨는 혁신 반항적 기질 예술성과 표현력이 좋습니다.

다) 식상은 재물과 직결되는 중요한 요소입니다. 왜냐하면 식상이 왕하면 재성을 생(生) 하여 재물을 창출하는 능력이 뛰어나기 때문입니다. 즉 식상의 활용법을 이해하면 돈을 버는 방식과 성공전략을 파악하는 데 도움이 됩니다.

2) 식상의 활용법(많은 재물을 만들기 위한 전략)

식상은 표현과 생산을 의미하므로 식상을 잘 활용하면 자신의 재능과 아이디어를 통해 부를 창출할 가능성이 높아집니다. 이를 바탕으로 재물을 만드는 방법을 정리하면 다음과 같습니다.

가) 식상이 강한 사람: 창의력과 표현력 활용

(1) 강한 식상을 가진 사람의 창의적인 아이디어 말 기술 콘텐츠 생산을 통해 돈을 벌어야 합니다.

(2) 직업예시: 사업가 예술가 작가 강연가 마케팅 전문가 인플루언서 콘텐츠 크리에이터 등에 적합합니다.

(3) 성공전략

㈎ 식신 위주라면: 꾸준한 생산과 정직한 태도로 장기적인 부를 창출하는 것이 합리적입니다.

㈏ 상관 위주라면: 파격적이고 차별화된 아이디어로 단기간에 큰돈을 버는 전략이 필요합니다.

나) 식상이 약한 사람: 협업과 투자 활용

(1) 스스로 창작하거나 표현하는 능력이 약하다면 식상을 보완할 수 있는 환경을 만들어야 합니다.

(2) 성공전략

㈎ 식상이 강한 사람과 협업하여 아이디어를 실행에 옮기는 구조 만들기가 중요합니다.

㈏ 식상적인 요소(예술 콘텐츠 마케팅) 분야에 투자하는 것도 한 방법입니다.

㈐ 교육을 통해 자신을 식상을 보완하여 활용도 높이기가 필요합니다.

다) 식상: 재성으로 연결하는 전략

(1) 식상이 강하지만 재성이 약하면: 아이디어와 표현력은 있지만, 돈이 되지 않을 가능성이 있습니다.

(2) 해결책

㈎ 재성을 보완하는 현실적 전략(비즈니스, 모델, 수익화 방법) 고민이 필요합니다.

(나) 투자 유통 경영적인 감각 기르는 것이 중요합니다.
(다) 단순히 아이디어만 내는 것이 아니라 이것을 어떻게 돈으로 연결할 것인가를 항상 고려해야 합니다.

3) 식상 활용을 통한 부(富)의 극대화

가) 자신을 식상이 강한지 약한지 파악해야 합니다.
나) 식상을 통해 재물을 창출할 수 있는 분야를 찾아서 활용해야 합니다.
다) 식상이 강한 경우: 창의력과 표현력을 극대화하여 부 창출해야 합니다.
라) 식상이 약한 경우: 협업과 투자를 통해 부족한 부분을 보완해야 합니다.
마) 식상이 재성 흐름을 원활하게 만들어 수익화 전략 강화를 세워야 합니다.
바) 식상을 제대로 활용하면 돈을 만드는 기계가 될 수 있습니다.

마. 관살(官殺)

육친에서 관살은 정관(正官)과 편관(偏官 즉 칠살, 七殺)을 아울러 이르는 말입니다. 이들은 사회적 역할 규율 명예 경쟁 압력 등을 상징하며 특히 성공과 권력 직업적 성취 대외적인 이미지와 밀접한 관련이 있습니다.

1) 정관과 편관의 차이

가) 정관(正官): 바른 규율 체계 명예 직업적 안정성 신뢰가 중요합니다.
나) 편관(七殺): 도전 경쟁 위험 감수 강한 추진력 돌파력이 필요합니다.
다) 관살을 어떻게 활용하느냐에 따라 재물운과 사회적 성공에 큰 영향을 미칠 수 있습니다.

2) 관살을 활용한 재물운 상승전략

가) 관살은 일반적으로 사회적인 성공과 명예를 상징하는데 이를 재물운과 연결하는 핵심 포인트는 다음과 같습니다.
(1) 정관이 강한 사람은 전문직 공직 직장인 조직 내 리더로서 안정적인 재물을 만들기 유리합니다.
(2) 성실함과 신뢰가 강점이므로 신용을 기반으로 한 사업 투자 금융업 등에 강한 운을 지닙니다.
(3) 직장 내 승진 공직자의 성공 장기적인 투자 등이 적합합니다.
(4) 관인상생(官印相生) 구조라면 학문 교육 공무원 금융 등에서 명성과 부를 얻을 가능성이 큽니다.

나) 활용법

(1) 장기적인 재테크 전략 수립(예: 주식, 부동산 연금)이 필요합니다.

(2) 신용 기반 사업 운영(브랜드 신뢰도 강화)이 필요합니다.

(3) 공직 금융 학문 등 공신력 있는 직업군 선택해야 합니다.

3) 편관(일명 七殺) 활용법(역동적)

가) 편관이 강한 사람은 사업 무역 스포츠 군인 정치 벤처창업 등에서 빠르게 성공할 수 있습니다.

나) 도전과 리스크를 감수해야 하는 분야에서 뛰어난 재능을 발휘합니다.

다) 강한 추진력과 승부욕이 있으므로 경쟁이 심한 업종에서 성공 가능성이 높습니다.

라) 관살제화(官殺制化) 구조라면 공격적인 투자, 스타트업, 글로벌 비즈니스에서 두각을 나타낼 수 있습니다.

마) 활용법

(1) 빠른 의사결정과 과감한 투자(예: 주식 단타, 해외투자, 스타트업)가 필요합니다.

(2) 경쟁이 치열한 분야(예: 무역, 정치, 스포츠)에서 리더십 발휘하는 것이 중요합니다.

(3) 벤처창업 혁신적인 사업 모델 적용이 필요합니다.

4) 관살과 재성의 관계

가) 정관+정재: 정직하고 성실한 방식으로 재물을 축적(예: 공무원, 금융법)이 좋습니다.

나) 정관+편재: 신뢰받는 사업가 투자자로 성공(예: 보험업, 투자업)이 적합합니다.

다) 편관+정재: 다소 약하지만, 조직력을 바탕으로 돈을 벌 수(예: 무역업, 리더십 기반산업) 있습니다.

라) 편관+편재: 과감한 도전과 모험을 통해 큰 재물을 만들 가능성이(예: 벤처사업, 해외사업) 큽니다.

5) 관살을 활용한 부자 되는 법

가) 정관이 강하면: 신뢰와 명성을 활용해 안정적인 재테크 및 공신력 있는 직업 선택도 중요합니다.

나) 편관이 강하면: 리스크를 감수하고 혁신적인 사업이나 투자를 통해 빠르게 재물 축적이 좋습니다.

다) 관살이 지나치면: 제어(制化제화) 하는 방법(예: 관살이 강하면 인성(印星)으로 균형잡기 필요)으로 설기하는 것이 좋습니다.

라) 재물운과 연결하려면: 관(官)이 안정적인 흐름을 가지도록 배치하고 재성과 조화를 고려해야 합니다.

6) 관살 핵심 요소

가) 관살은 사회적 성공과 명예 그리고 부(富)의 기초를 만드는 핵심 요소입니다.
나) 정관은 안정적인 직업과 신뢰 기반의 사업을 통해 재물을 축적합니다.
다) 편관은 도전과 혁신을 통해 빠른 부의 창출에 유리합니다.
라) 자신의 오주(사주)에서 관살의 특성을 파악하고 재성(財星)과의 조화를 고려해 활용하면 부자가 되는 길이 더욱 수월해집니다.

2. 오주학(五柱學)과 육친(六親)의 작용(作用)

가. 비견겁(比肩劫)이 다봉(多逢)인 경우

비견(比肩)과 겁재(劫財)가 주중(柱中)에 많이 포진되어 있을 경우의 통변(通變) 활용법을 살펴보겠습니다.

1) 비견 겁재의 의미

가) 비견과 겁재는 나와 같은 오행을 가진 십신(十神)으로 자아의식 경쟁심 독립성 사회적 관계 등을 상징합니다.
(1) 비견(比肩): 자존심이 강하고 독립적인 성향 형제 동료와 협력 관계가 필요합니다.
(2) 겁재(劫財): 경쟁과 대립 모험심 강하고 리더십 있으며 재물손실 우려가 있습니다.
나) 비견 겁재가 많으면 자기주장이 강하고 남과 경쟁하는 성향이 두드러집니다. 하지만 이를 어떻게 활용하느냐에 따라 긍정적으로 작용할 수 있습니다.

2) 주중(柱中)에 비견 겁재가 많을 때의 특징

비견과 겁재가 특정한 위치(연월일시 분주)에서 집중되었을 때의 통변은 다음과 같습니다.

가) 연주(年柱)에 많을 경우
(1) 가족 선대와 인연이 약할 수 있습니다.
(2) 어릴 때부터 독립심 강하고 부모 도움 없이 성장하는 경우가 있습니다.
(3) 인맥 사회적 네트워크보다는 개인 역량 중심으로 성장합니다.
(4) 격국에 따라 사업가적 기질이 강할 수 있습니다.

나) 월주(月柱)에 많을 경우

(1) 사회적 관계(직장 사업)에서 경쟁이 심합니다.

(2) 자신의 주장을 강하게 내세워 리더십이 강하지만 고집이 문제 될 수도 있습니다.

(3) 형제 동료와의 갈등이 잦을 수 있습니다.

(4) 사업가로서 독립적 운명이 적합(파트너십은 주의 필요)합니다.

다) 일주(日柱)에 많을 경우

(1) 자아 중심적 성향이 강하며 배우자와 관계가 원만하지 않을 수도 있습니다.

(2) 결혼 생활에서 주도권을 잡고 싶어 하는 경향이 있습니다.

(3) 배우자가 경제적으로 능력이 좋거나 본인의 결혼 후에도 독립적으로 활동하려는 성향이 있습니다.

라) 시주(時柱)에 많을 경우

(1) 말년운에 경쟁이 심하거나 독립적으로 재산을 일구려는 경향이 있습니다.

(2) 자식과의 관계에서 갈등 발생 가능성(자식에게 기대기보다는 독립적으로 살 가능성 높음)이 있습니다.

(3) 말년에도 왕성한 활동 사업 또는 자기 계발에 대한 집착이 강할 수 있습니다.

마) 분주(分柱)에 많을 경우

(1) 순간 결정의 중요성(금융, 주식정보) 합니다.

(2) 순간에 다른 사람으로 인한 판단(성공, 실패 여부)이 중요합니다.

(3) 대중에 휩쓸면 판단에 착오와 손해 발생(타인에게 재물 건강 판단이 중요)이 발생할 수 있습니다.

3) 통변 활용법

비견과 겁재가 많으면 자기주장이 강하고 경쟁적이며 재물을 모으는 과정에서 어려움이 있을 가능성이 높습니다. 하지만 이를 강점으로 전환하면 강한 추진력과 독립성을 활용할 수 있습니다.

가) 긍정적 활용

(1) 사업, 창업, 적성: 독립적인 분야에서 성공 가능합니다.

(2) 강한 추진력: 목표를 설정하면 끝까지 밀어붙이는 힘이 필요합니다.

(3) 도전정신: 어려움 속에서도 포기하지 않는 성향이 있습니다.

나) 주의할 점

(1) 재물손실 가능성: 투자나 재무 관리에서 신중해야 합니다.

(2) 협력의 어려움: 단독플레이가 유리하며 공동 투자 협업은 신중하게 고려해야 합니다.

(3) 고집과 대인관계 문제: 의견 충돌이 잦을 수 있어 유연한 태도 필요합니다.

(4) 특히 사업을 할 경우: 겁재의 기운이 강하면 공격적인 사업확장이 가능하지만, 동업은 피하는 것이 좋습니다. 혼자 하는 것이 더 유리하며 강한 추진력을 발휘할 수 있습니다.

4) 재물운과 관련된 조언

가) 비견 겁재가 많은 오주(사주)는 재물의 흐름을 안정적으로 관리하는 것이 핵심입니다.

(1) 정재(正財)가 강하게 배합되면 자수성가 가능합니다.

(2) 편재(偏財)와 함께하면 투자 사업으로 큰돈을 벌 수도 있지만 잃을 위험도 큽니다.

(3) 관성(官星)이 강하면 조직 내에서 인정받거나 지나친 독립심으로 인해 승진이 늦어질 수도 있습니다.

나) 재물운을 극대화하는 방법

(1) 공격적인 투자는 피하고 장기적 재무 계획을 세우기가 필요합니다.

(2) 독립적 사업에 집중하되 팀워크가 필요한 경우는 조력자를 신중히 선택이 필요합니다.

(3) 재물을 모을 때 충동적 지출을 경계하고 절제하는 습관 기르는 것 또한 중요합니다.

(4) 재성(財星, 정재, 편재)이 약하다면 재테크 교육이나 재무 관리에 대한 공부필요나 학습 성공 습관이 필요합니다.

5) 결론

비견 겁재가 다봉한 오주(사주)는 강한 추진력과 독립심을 무기로 사업이나 자수성가에 적합하지만 무리한 충동적 재무 관리는 경계해야 합니다. 재물운을 극대화하려면 협력보다는 독립적인 방식으로 재테크 전략을 세우는 것이 유리합니다.

가) 통변 요약

(1) 경쟁과 독립성이 강하지만 협업은 어려울 수 있습니다.

(2) 재물을 모으려면 계획적이고 신중한 접근이 필요합니다.

(3) 동업보다는 혼자 하는 것이 유리합니다(재성 운이 약할 때 동업 협업 필요).

(4) 과감한 도전이 가능하지만, 재정 관리는 철저히 해야 합니다.

나. 인수(正印 정인, 偏印 편인)가 다봉(多逢)인 경우

인수가 중중(柱中)에 다봉할 경우 즉 여러 개의 인수가 존재할 때의 통변 활용법을 살펴보겠습니다.

1) 인수(印星)의 기본 개념

인수는 오주(사주)에서 나를 생(生)해 주는 오행이며 문서 학문 보호 모친 신앙 직관 지혜 등을 상징합니다.

가) 편인(偏印): 창의력 직관 신비로운 능력 변덕 고독성이 있습니다.

나) 정인(正印): 학문 모친의 덕 보호 안정 배려로 친모 영향권을 말합니다.

2) 인수가 다봉(多逢)할 경우의 영향

인수가 많은 경우 다음과 같은 특징이 나타납니다.

가) 긍정적 작용

(1) 학문 철학 종교 예술 방면에서 두각을 나타낼 가능성이 높습니다.

(2) 문서운이 강해져 학위취득 자격증 취득 지식기반 직업에 유리합니다.

(3) 보호받는 기운이 강하여 어려운 환경에서도 버틸 힘이 있습니다.

(4) 직관력이 뛰어나고 타고난 지혜로 남다른 동찰력을 가십니다.

나) 부정적 작용

(1) 현실감각이 부족하고 실무보다는 이론에 치우칠 가능성이 있습니다.

(2) 너무 많은 보호 속에서 주체성이 부족할 수 있습니다.

(3) 편인이 많을 경우 편벽된 사고 예민하며 고독 변덕스러움이 강해질 가능성이 있습니다.

(4) 인성이 과다하면 관성(官星 직업 법칙 규율)과 재성(財星 현실적 성취 돈)을 극하게 되어 직업적 불안정 재물운 저하 가능성이 있습니다.

3) 인수가 다봉할 때의 통변 활용법

인수가 많을 때는 전체적인 오주(사주) 구조와 조화를 고려하여 활용해야 합니다.

가) 재성(財星)과의 관계

(1) 인수가 많고 재성이 부족하면 현실적인 돈벌이 능력이 약해질 가능성이 높습니다.

(2) 학문이나 연구직 종교 철학 예술 방면으로 진로를 잡는 것이 유리합니다.

(3) 재성이 강하게 작용하면 인수가 재성을 생해주는 역할을 하므로 문서 관련 사업(부동산 컨설팅 출판 교육)이 유망합니다.

나) 관성(官星)과의 관계

(1) 인수가 과다하면 관성을 극하여 규율을 따르기 어려워하거나 직장 생활이 불안정할 수 있습니다.

(2) 관성이 잘 배치되어 있으면 공무원 교사 연구직 행정직 등 안 정적인 직업에서 성공 가능성이 높습니다.

다) 식상(食傷)과의 관계

(1) 식상이 인수를 극하면 기존의 학문적 틀을 깨고 창조적인 영역으로 나아가는 힘이 강해집니다.

(2) 창의적인 직업(작가 예술가 연구개발 IT 디자인 등) 적합합니다.

(3) 식상이 지나치게 강하면 인수를 손상시켜 안정감 부족 학업 중단 방황의 가능성이 있습니다.

4) 인수 다봉 활용법

가) 문서와 지식 활용: 문서(부동산 출판 컨설팅)관련 사업이나 학문적 기반을 활용하는 직업 추천합니다.

나) 명예를 중시하는 직업 선택: 인수는 명예와 학문을 뜻하므로 교육 종교 법률 의료 연구 등에서 강점 발휘합니다.

다) 현실감각 강화: 재성이 부족하면 현실감각이 떨어질 수 있으므로 금융 경영 사업 감각을 기르는 것이 중요합니다.

라) 고독한 성향을 극복: 편인이 많으면 인간관계가 단절될 수 있어 사회적 활동 팀워크 강화 필요합니다.

5) 예시 통변

가) 사례:인수가 많고 관성이 있는 경우(교육 연구, 공무원, 의료 법률직 추천)

나) 사례:인가 많고 재성이 부족한 경우(현실적 돈 관리 필요 지식 사업이나 문서 관련 직업 추천)

다) 사례:편인이 많고 식상이 강한 경우(창조적 직업(예술 기획, IT, 작가)추천 변덕 조절 필요)

6) 결론

인수가 다봉하면 학문 문서 보호직 관의 힘이 강한 사주로 올바르게 활용하면 큰 성공을 거둘 수 있지만 현실감각을 길러야 한다는 점이 중요합니다.

다. 식상(食傷)이 다봉(多逢)일 경우

주중(柱中)에서 식신(食神)과 상관(傷官)이 반복적으로 나타날 때의 통변법을 정리해 보겠습니다.

1) 식상이란

식상(食傷)은 자기(일간)에서 생(生)하는 오행으로 표현력 창조성 개방성 실행력 재능 등을 의미합니다.

가) 식신(食神): 안정적이고 온화한 성향 꾸준한 노력 성실함 음식 교육 예술적 재능 등이 좋습니다.

나) 상관(傷官): 자유롭고 개방적인 성향 개혁적 독창적 논리적 반항적 기질이 있습니다.

2) 식상이 다봉된 경우의 방향

오주(사주)의 여러 기둥에서 식상이 반복될 경우 이는 일반적으로 자기표현이 강하고 활동적인 성향을 띠게 됩니다. 하지만 구조에 따라 긍정적 부정적 측면이 다르게 나타납니다.

가) 긍정적 영향

(1) 창조력 기획력 표현력이 뛰어납니다.

(2) 말재주 영업 마케팅 능력이 탁월합니다.

(3) 사업가적 기질이 강하여 새로운 아이디어를 실행하는 능력 우수합니다.

(4) 전문기술 예술 강연 교육 등에서 두 각을 나타냅니다.

(5) 정관 편관이 적절히 배합되면 체계적인 리더십과 실행력 강화합니다.

나) 부정적 영향

(1) 지나치게 자기주장이 강해 대인관계에서 갈등 유발합니다.

(2) 고집과 변덕이 심하여 직업적 안정성이 떨어질 수 있습니다.

(3) 상관(傷官)이 약하면 실행력은 강하나 금전적 결실이 부족합니다.

(4) 재성(財星)이 약하면 실행력은 강하나 금전적 결실이 부족합니다.

(5) 관성(官星)과 충돌하면 규율과 규칙을 따르기 어려워 조직 생활이 부적합합니다.

3) 오주(사주) 구조에 따른 통변 활용법

식상이 다봉된 경우 그 영향력을 조절하는 관성(官星)과 재성(財星)의 배합이 매우 중요합니다.

사주 구조	특징 및 활용법
재성(財星)이 강한 경우	식신생재(食神生財)로 재물을 만들어내는 능력이 뛰어남. 사업가 프리랜서 영업직에 유리함.
관성(官星)이 강한 경우	상관견관(傷官見官)의 구조라면 관성과 충돌하여 사회적 규율을 따르기 어려움. 정관(正官)이 약하면 권위와의 갈등이 심할 수 있음.
인성(印星)이 강한 경우	식상극인(食傷剋印)으로 학문적 이론적 접근보다 실전 경험을 중시하는 성향이 강함. 공부보다 실무에 강함
비겁(比劫)이 강한 경우	자신의 능력을 지나치게 과신하며 독단적으로 행동하는 경향이 있음. 협업보다는 단독 사업이 유리.

4) 활용법 및 개선 방향

가) 재성(財星)을 활용하라: 식상이 강하면 반드시 재성을 적절히 배치하여 생산적인 결과로 연결해야 한다(사업 영업 컨설팅 프리랜서 활동 유리).

나) 관성과 조화롭게 조절하라: 공무원 대기업 등 조직 생활을 하려면 관성과 조화시키는 노력이 필요합니다.

다) 비겁(比劫)과 균형을 맞춰라: 지나친 자기주장과 독단을 피하고 협력하는 태도를 기르면 더욱 큰 성위 가능합니다.

라) 분야 선택에 주의하라: 예술 마케팅, 창작 교육 컨설팅 등 자기표현이 중요한 직업에서 유리하며 지나치게 규율이 강한 직업(군인, 경찰, 공무원 등)은 피하는 것이 좋습니다.

5) 결론

주중에 식상이 다봉되면 창조성과 표현력이 뛰어나지만 구조에 따라 대인관계나 조직적응에 어려움이 있을 수 있습니다. 이를 활용하려면 재성을 강화하여 실질적인 부를 창출하거나 관성과 조화시켜 사회적 영향력을 극대화하는 전략이 필요합니다.

라. 재성(財星)이 다봉(多逢)인 경우

재성이 다봉한 경우 명식에서 재성(偏財, 正財)이 여러 개 등장하는 경우의 통변(通變)과 활용법을 설명하겠습니다.

1) 재성이 다봉한 경우의 기본 해석

재성은 재물 사업 자산 이성 현실적인 성취 등을 의미합니다. 따라서 오주(사주)에서 재성이 많으면 아래와 같은 특징이 나타날 가능성이 큽니다.

가) 장점

(1) 재물을 벌고자 하는 욕망이 강합니다.

(2) 현실감각이 뛰어나고 경제적 기회를 잘 포착합니다.

(3) 사업 투자 등에 관심이 많으며 이를 통해 성과를 낼 가능성이 큽니다.

(4) 현실적인 인간관계를 중시하고 사람을 다루는 능력이 뛰어날 수 있습니다.

나) 단점

(1) 재성이 과다하면 재물 관리가 어려울 수 있습니다.

(2) 재물에 대한 집착이 지나치면 도리어 돈이 모이지 않습니다.

(3) 주변에 재물과 관련된 유혹이 많아 실속이 없을 가능성이 있습니다

(4) 정재(正財)와 편재(偏財)의 성격이 혼재될 경우 돈 버는 방식에 대한 일관성이 부족할 수 있습니다.

2) 일간(본인)의 강약에 따른 재성 다봉의 의미

가) 일간이 강한 경우(身强, 재극인 구조)

(1) 재성이 많아도 이를 감당할 힘이 있기 때문에 큰 부를 형성할 가능성이 있습니다.

(2) 재물이 들어와도 관리할 능력이 있으며 특히 사업이나 투자가 유리합니다.

(3) 단 관성(官星)이나 식상(食傷)의 조율이 필요합니다. 그렇지 않으면 욕심이 과해져서 투자나 무리한 확장을 할 가능성이 있습니다.

(4) 대표적인 유형: 기업가 투자자 사업가

나) 일간이 약한 경우(身弱 재다신약 구조)

(1) 재성이 많으면 감당하기 어려워 돈을 벌어도 잃을 가능성이 큽니다

(2) 돈을 버는 능력은 있어도 지출이 많거나 주변 사람들에게 빼앗아 가는 경우가 많습니다.

(3) 이러한 경우 관성(官星)이나 비겁(比劫)이 도와주어야 합니다.

(4) 대표적인 유형 재물 운이 있지만 흐름을 타지 못하는 경우 돈을 벌어도 오래 가지 않는 사람입니다.

3) 정재(正財)와 편재(偏財)의 조합에 따른 해석

가) 정재 다(多): 정재가 여러 개일 경우

(1) 성실하고 꾸준한 방식으로 재물을 모으는 성향을 기르고 유지해야 합니다.

(2) 한 가지 일에 집중하며 안정적인 재물 형 성을 선호합니다.

(3) 지나친 안정 지향성이 기회를 놓칠 수도 있습니다.

(4) 정재가 많으면 책임감과 신뢰가 강하지만 인생이 너무 안정적이라 도약이 어려울 수도 있습니다.

나) 편재 다(多): 편재가 여러 개일 경우

(1) 다방면으로 돈을 벌 기회가 많으며 빠른 돈벌이를 선호합니다.

(2) 큰돈을 벌 가능성 있지만, 지출도 많고 돈이 쉽게 빠져나갈 수 있습니다.

(3) 도박, 주식, 부동산 투자 등 리스크 있는 재테크에 관심이 많습니다.

(4) 편재가 많으면 대인관계가 활발하고 사교성이 뛰어나지만 재물에 대한 유혹이 많아 도리어 실속이 없을 수도 있습니다.

다) 정재와 편재가 혼재한 경우

(1) 정재적 성향(안정 지향)과 편재적 성향(변동성 지향)이 혼재되어 재물 운영 방식에 대한 갈등이 많습니다.

(2) 돈을 버는 방법이 다각적이지만 체계적인 관리가 부족하면 돈을 모으기가 어렵습니다.

(3) 투자와 안정적인 사업을 병행하는 방식이 유리합니다.

4) 재성이 많을 때 활용법(재물을 늘리는 방법)

가) 일간이 강한 경우: 적극적인 재테크 활용

(1) 사업 투자, 주식, 부동산, 해외 거래 등 다양한 방식으로 재물을 불리는 것이 가능합니다.

(2) 편재의 성향을 활용하여 빠른 재물 증식을 고려해볼 수 있습니다.

(3) 정재의 성향이 강하다면 보수적이고 안 정적인 자산운용이 유리합니다.

나) 일간이 약한 경우: 적극적인 재테크 활용

(1) 재물이 들어와도 지키기 어려우므로 재테크보다는 안정적인 소득원을 확보하는 것이 중요합니다.

(2) 비겁(比劫)이나 관성(官星)의 도움을 받아야 하므로 파트너십이나 조직 생활을 고려할 것입니다.

5) 사례분석

가) 재성이 다봉하면서 일간이 강한 경우

(1) 경(庚日干)이 있고 오주(사주)에 무기(戊己)가 많아 편재가 다봉한 경을 말합니다.

(2) 부동산 투자 사업확장 다각적 투자 가능합니다.

(3) 재물을 모으기 위해서는 일정 부분 관성(官)의 통제가 필요합니다.

나) 재성이 다봉하면서 일간이 약한 경우

(1) 을(乙日干)인데 오주(사주)에 경신(庚辛) 금이 많아 관성이 과다 여을 말합니다.

(2) 돈을 벌 기회는 많지만 감당하기 어려워 흘러가는 경우가 많습니다.

(3) 비겁(比劫)이 보강되지 않으면 실속 없이 재물이 빠져나갈 가능성이 큽니다.

다. 정재와 편재가 섞여 있는 경우

(1) 임(壬日干)에 병정(丙丁)가 혼재와 편재가 모두 존재한 경우입니다.

(2) 돈을 벌려는 다양한 시도가 있지만, 체계적인 관리가 부족하면 돈이 잘 모이지 않습니다.

(3) 자산운용 계획을 명확히 세울 필요가 있습니다.

6) 결론: 재성이 많다고 부자가 되는 것은 아니다.

재성이 많다는 것은 재물 운이 강하다는 의미지만 반드시 부자가 되는 것은 아닙니다.

가) 일간이 강약을 판단하고 감당할 수 있는 재물의 크기를 조절해야 합니다.

나) 정재와 편재의 조화를 이루어 재물 관리 전략을 세워야 합니다.

마. 관살(官殺)이 다봉(多逢)인 경우

관살이 다봉한다는 것은 정관(正官)과 편관(偏官 즉 칠살)이 중첩되어 있는 경우를 의미합니다. 이는 관성이 과다하여 통제가 어려운 상황으로 볼 수 있으며 통변(通變, 즉 조절하고 활용하는 방법)을 잘 적용해야 합니다.

1) 관살 다봉의 특징

가) 강한 통제력과 규율성

(1) 정관은 정원칙과 규범을 중시하는 에너지입니다.

(2) 편관(七殺)은 강한 도전정신과 개혁적인 성향을 가집니다.

(3) 이 두가지가 함께 있으면 한편으로는 강한 권위와 지도력을 발휘할 수 있지만, 한편으로는 압박감과 갈등이 생길 수 있습니다.

나) 과도한 경쟁과 스트레스

(1) 편관이 지나치게 강하면 과격하고 충동적인 성향이 나타날 수 있습니다.

(2) 정관과 편관이 함께 있을 경우 직업적으로 는 높은 책임감과 경쟁이 따르지만, 정신적으로는 스트레스를 많이 받을 가능성이 큽니다.

다) 직업적 특징

(1) 법조계, 군인, 경찰, 관료, 경영자, 스포츠 선수 등 권력과 경쟁이 중요한 직업군에 적합합니다.

(2) 지나치게 관성이 강하면 부하 관리에 어려움을 겪거나 대인관계에서 갈등이 발생할 수 있습니다.

2) 통법(通變) 활용법

가) 식상으로 설기(洩氣)하기

(1) 관성이 강할 경우 이를 식상(食神, 傷官)으로 설(泄) (즉 흘려보내는 것)하면 부담이 줄어듭니다.

(2) 식상은 창의성과 표현력 그리고 기획력을 의미하므로 문필 활동, 예술, 교육, 컨설팅 강의 등으로 방향을 잡으면 좋습니다.

나) 인성(印星)으로 극복하기

(1) 정관과 편관이 혼잡할 경우 인성이 있으면 이를 조절할 수 있습니다.

(2) 인성은 학문 명예 내면의 안정 귀인의 도움을 의미하므로 공부, 명상, 종교적인 활동, 자기 계발 등을 통해 심신을 안정시키는 것이 중요합니다.

다) 재성(財星)으로 활용하기

(1) 관성이 많으면 이를 재성으로 활용하여 생산성 있는 방향으로 이끌어야 합니다.

(2) 재성은 사업 금전 조직 운영과 관련이 있으므로 사업, 투기, 금융업, 기획 전략 수립

등의 분야에서 능력을 발휘할 수 있습니다.

(3) 단, 관성이 과다하여 오히려 권위적인 태도가 되지 않도록 유의해야 합니다.

라) 비겁(比劫)으로 균형 맞추기

(1) 관성이 너무 강하면 나를 억누르는 기운이 강해질 수 있으므로 비견(比肩, 劫財)이 이를 조절하는 역할을 합니다.

(2) 비겁이 있으면 리더십을 발휘하여 강한 관살을 제어할 수 있으며 동업이나 협력 관계를 통해 과도한 책임을 분산시킬 수 있습니다.

3) 결론 및 조언

가) 관살이 혼잡할 경우 식상과 인성을 활용하여 스트레스를 줄이고 창조적인 방향으로 전환하는 것이 중요합니다.

나) 재성을 활용하여 경제적 가치를 창출하는 방향으로 나아가면 더욱 긍정적인 결과를 얻을 수 있습니다.

다) 과도한 스트레스를 받지 않도록 심신의 균형을 유지하는 것이 핵심이며 규율과 자유를 조화롭게 조절하는 것이 필요합니다.

3. 오주학(五柱學)적 육친간명법(六親看命法)

자신(自信, 干)

1) 육친간명법과 자신(自信)의 관계

육친(六親)은 명리학에서 자신을 오주(사주)를 중심으로 부모 형제 배우자 자식 등과의 관계를 분석하는 기법입니다.

가) 육친을 통해 개인의 성향 대인관계, 재물운, 직업운 등을 해석할 수 있습니다.

나) 육친 중에서 자신(自信)은 본인을 나타내는 오행(五行) 즉 일간(日干)을 의미합니다.

2) 자신(自信)해석 방법

가) 일간(日干)의 강약

(1) 자신을 나타내는 일간(日干)이 강하면 자기주장이 뚜렷하고 독립적인 성향이 강합니다.

(2) 반대로 일간이 약하면 외부 환경이나 타인의 영향을 쉽게 받는 경향이 있습니다.

나) 일간과 주변 육친의 관계

(1) 비견(比肩, 劫財): 나와 같은 오행 형제 동료와의 관계를 의미하며 협력 또는 경쟁 요

소가 강합니다.

(2) 식상(食神, 傷官): 창의성과 표현력 실행력을 나타냅니다.

(3) 관성(正官, 偏官): 사회적 책임 명예 권위를 의미합니다.

(4) 재성(正財, 偏財): 재물운 및 현실적인 능력을 나타냅니다.

다) 자신(自信)과 운세 흐름

(1) 자신을 나타내는 일간이 운에서 강해지는지 약해지는지를 분석하면 해당 시기에 자신감이 상승할지 하락할지를 예측할 수 있습니다.

(2) 특히 대운이나 세운에서 비겁이 강해지면 자기주장이 강해지고 인성이 강해지면 자기 확신이 커지지만, 의존성이 높아질 수도 있습니다.

3) 자신(自信)을 키우는 접근법

가) 일간이 약하다면: 비겁(比肩, 劫財)을 활용하여 자기 신념을 강화하거나 인성을 통해 공부와 내면의 성장을 도모하는 것이 좋습니다.

나) 일간이 강하다면: 재성(財星)과 관성(官星)을 활용하여 현실적인 성취와 사회적 신뢰를 구축하는 것이 중요합니다.

4) 결론

가) 육친간명법에서 자신(自信)은 결국 나 자신을 의미하는 일간(日干)의 강약과 그 흐름에 따라 해석할 수 있습니다.

나) 오주(사주)의 조화를 잘 맞추면 자신의 강점을 살리고 약점을 보완하며 진정한 자신감을 키울 수 있습니다.

선조(先祖)

1) 육친에서 선조(先祖)의 의미

가) 육친은 자신(일주 즉 일간)을 중심으로 부모 배우자를 자식 등 가족관계를 나타내는 요소입니다.

(1) 조상(선조, 先祖)은 보통 편재(偏財)나 정재(正財)로 해석되는 경우가 많습니다.

(2) 재성(財星)은 부모나 윗세대에서 물려받는 유산이나 가업 가풍을 의미하기 때문입니다.

(3) 편재(偏財)는 조상의 유산을 통해 한순간 큰 재물을 얻게 되는 경우를 나타낼 수 있습니다.

나) 조상을 직접적으로 나타내는 명확한 육친은 없으며 조상의 덕을 보는지는 전체적인 흐름을 통해 해석해야 합니다.

2) 친간명법(親看命法)에서의 선조

가) 선조(先祖)를 판단하는 법

(1) 천간을 중심으로 친족 관계를 분석하는 기법입니다.

(2) 년주(年柱, 특히 연간)는 조상과 관련이 깊습니다.

(3) 연간에 위치한 오행이 본인의 일간과 어떻게 작용하는지 분석하여 조상의 덕을 보는지 혹은 조상으로부터의 유산이나 가업이 도움이 되는지를 판단할 수 있습니다.

(4) 예를 들어 연간이 정재(正財)라면 안정적으로 조상 덕을 받을 가능성이 큽니다.

(5) 반면 연간이 편관(偏官, 七殺)이라면 조상의 영향력이 강압적이거나 유산을 두고 다툼이 있을 수도 있습니다.

3) 선조의 영향과 재물운

가) 조상의 음덕을 받을 경우

(1) 조상의 덕이 강하게 작용하면 어려움 속에서도 기회가 찾아오거나 주변에서 도움을 받는 일이 많습니다.

(2) 이는 년주의 십신(十星)이 재성(財星) 혹은 인성(印星)일 경우 긍정적인 영향을 줄 수 있습니다.

나) 조상의 영향력이 적거나 없는 경우

(1) 연주가 일간과 충(沖)을 이루거나 재성이 약한 경우 조상의 덕을 보지 못하고 스스로 개척해야 할 가능성이 큽니다.

4) 결론

가) 육친에서 선조는 보통 재성(財星)으로 해석하며 특히 연주의 천간을 통해 조상의 영향을 분석합니다.

나) 연주에 강한 재성이 있으면 조상의 덕이 크고 반대로 편관(偏官, 七殺)이나 충이 강하면 조상의 영향이 거칠거나 부족할 수 있습니다.

다) 조상의 덕과 재물운은 오주(사주)의 전체적인 흐름을 보며 해석해야 합니다.

부모(父母)

1) 부모와 육친 관계

가) 정인(正印): 어머니(母)

나) 편인(偏印): 어머니(母)(조금 더 특이한 환경을 반영함)

다) 정재(正財), 편재(偏財): 아버지(父)

2) 부모의 역할과 의미

부모는 한 사람의 기초를 이루는 존재이며 부모운이 좋으며 가정적 안정과 성장의 기반이 탄탄합니다. 반대로 부모운이 약하거나 충, 극이 심하면 갈등이나 부모와의 연이 약할 수 있습니다.

가) 정인(正印)이 강하면

(1) 부모의 보호와 사랑을 많이 받습니다.

(2) 교육과 학문적 성취가 뛰어납니다.

(3) 부모의 재력과 지원을 받기 쉬습니다.

(4) 지나치면 의존적이거나 부모덕을 보려는 성향이 있습니다.

나) 편인(偏印)이 강하면

(1) 부모와 인연이 약할 가능성이 입니다.

(2) 독립심이 강하고 학문적 철학적 사고가 깊습니다.

(3) 부모와의 갈등이나 유년기 불안정한 환경 가능성이 있습니다.

다) 비견, 겁재가 강한 경우

(1) 아버지의 영향력이 크며 경쟁적 관계일 수도 있습니다.

(2) 아버지와의 관계가 가까우나 갈등 가능성이 큽니다.

(3) 형제나 친구 관계를 통한 영향을 많이 받습니다.

3) 부모운과 재물운의 관계

가) 부모의 재력(정인, 편인)은 자식의 성장 기반이 되며 부모의 지원 여부가 사업이나 직업에 영향을 줍니다.

나) 편인이 강한 경우 부모의 재력이 불안정하거나 의존할 수 없는 경우가 많습니다.

다) 인성이 강하면 부모의 유산이나 도움을 받을 가능성이 큽니다.

4) 부모와의 관계해석

가) 일간이 강하고 정인이 많은 경우: 부모의 도움을 받거나 지나치면 의존적인 면도 있습니다.

나) 일간이 약하고 인성이 없는 경우: 부모와 인연이 약하거나 도움을 받기 어려움이 있습니다.

다) 인성이 충(沖) 극(剋)을 당하는 경우: 부모와 갈등 부모의 건강 문제 가능성이 있습니다.

라) 겁재가 강한 경우: 아버지와의 경쟁적 부모의 건강 문제 가능성도 있습니다.

5) 부모운을 활용하는 방법

가) 부모운이 좋은 경우 부모의 조언과 지원을 적극적으로 활용할 수 있습니다.

나) 부모운이 약한 경우 조기 독립을 준비하고 스스로 기반을 다지는 것이 중요합니다.

다) 부모의 오주(사주)와 자신의 오주 (사주)를 함께 분석하여 관계를 조율합니다.

부친(父親)

1) 육친에서 부친의 기본 개념

가) 부친(아버지)은 편재(偏財)와 정재(正財)로 해석합니다.

나) 정재(正財): 법적이고 정신적인 부친

다) 편재(偏財): 계부 또는 부친의 변동성 있는 기운

2) 부친을 보는 기본적인 방법

가) 일주와 재성(財星) 관계 확인

(1) 재성(財星)이 왕성하고 조화롭다면 부친과의 관계가 원만하고 재물운이 좋을 가능성이 높습니다.

(2) 반면 재성이 약하거나 극을 받으면 부친과의 관계가 소원하거나 아버지의 재물운이 불안정할 수 있습니다.

나) 부친운이 강한 경우

(1) 재성이 강하면 부친의 재력이 뛰어나거나 부친의 영향력이 큽니다.

(2) 재성이 정재로 안정되어 있다면 아버지의 역할이 확고하고 가정경제가 안정적인 경우가 많습니다.

다) 부친운이 약하거나 불리한 경우

(1) 재성이 약하거나 극을 받으면 부친과의 관계가 멀어질 수 있으며 경제적으로 어려움을 겪거나 부모의 도움을 받기 어려울 수 있습니다.

(2) 재성이 없는 경우 실제 부친의 부재(일찍 별거 또는 관계 단절) 가능성도 고려해야 합니다.

3) 부친운 해석

가) 일주가 갑목(甲木)인 경우

(1) 재성(己土=정재, 戊土=편재)을 분석하여 부친운을 판단합니다.

(2) 재성이 강하고 조화를 이루면 부친의 재력과 안정성이 좋으며 부친과의 관계도 원만할 가능성이 큽니다.

(3) 재성이 약하거나 다른 오행에 의해 극을 받으면 부친의 경제적 어려움이나 관계 단절 가능성을 고려합니다.

나) 일주가 임수(壬水)인 경우

⑴ 정재(丙火)와 편재(丁火)를 살펴봐야 합니다.
⑵ 만약 丙火(정재)가 월지에 뿌리를 내려 튼튼하면 부친의 재력과 가정 내 영향력이 크며 자녀에게 긍정적인 영향을 미칠 가능성이 큽니다.
⑶ 반면 정재(丙火)가 약하고 극을 받거나 없으면 부친과의 인연이 약할 수 있습니다.

4) 대운과 부친운 변화

가) 사람의 운세는 대운과 세운과 따라 변화하므로 특정한 시기에 부친과의 관계나 부친의 운세가 달라질 수 있습니다.
나) 재성이 강한 대운이 오면 부친의 재력이 증가하거나 도움을 받을 가능성이 있습니다.
다) 재성이 극을 받는 대운이 오면 부친이 건강 문제를 겪거나 경제적으로 어려워질 수도 있습니다.

5) 종합정리

가) 재성(正財, 偏財)이 강하고 조화로우면 부친의 재력이 뛰어나고 관계가 원만할 가능성이 큽니다.
나) 재성이 약하거나 극을 받으며 부친과의 관계가 소원하거나 부친의 경제적 상황이 불안정할 수 있습니다.
다) 재성이 없는 경우 부친과의 인연이 약하거나 일찍 생이별할 가능성도 있습니다.
라) 대운에 따라 부친운이 변화할 수 있으므로 유동적으로 해석 필요합니다.
마) 오주(사주)에서 부친운을 해석할 때는 전체적인 조화를 고려해야 하며 단순히 재성이 있다고 해서 반드시 부친과의 관계가 좋은 것은 아닙니다.

모친(母親)

1) 모친의 대표적인 상징(인성 印星)

가) 정인(正印): 온화하고 자애로운 어머니 교육과 보호의 역할을 강조합니다.
나) 편인(偏印): 예측하기 어려운 모친 독특한 사고방식 창의적이지만 변덕스러울 수 있습니다.

2) 일주(日主)와 인성(印星)의 관계

가) 인성이 강하면 모친의 영향력이 크고 보호를 많이 받습니다.
나) 인성이 약하거나 없으면 어머니와 인연이 약하거나 어머니가 일찍 돌아가셨을 가능성이 있습니다.

3) 육친 간명법에서 모친을 판단하는 추가 요소

가) 월주(月柱): 오주(사주)에서 부모궁(부모와의 관계)에 해당합니다.
나) 일지(日支): 배우자궁과 연관되지만, 모친과의 관계도 볼 수 있습니다.
다) 인성이 충극되면: 모친과 갈등이 있거나 건강이 약할 수 있습니다.

4) 모친의 영향

가) 정인이나 편인이 강하면 모친의 존재감이 크고 교육 보호를 받는 경향이 강합니다.
나) 반대로 정인 편인이 약하거나 극을 당하면 모친과 인연이 박하거나 갈등이 생길 수 있습니다.
다) 인성이 과하면 지나친 보호로 인해 독립심 이 약해질 가능성 있습니다.

5) 재물운과 모친의 관계

가) 정인이 강하면 안정적인 지원이 가능하지만, 의존성이 생길 수 있어 위험합니다.
나) 편인은 창의적이지만 실용성이 부족할 수 있어 경제적 지원이 변동될 가능성 있습니다.
다) 재성을 버면 모친과의 경제적 관계를 파악할 수(재성이 강하면 약하면 의존적) 있습니다.

형제덕(兄弟德) 있는 경우

1) 형제덕이 있는 경우

가) 비견과 겁재가 조화를 이룰 때
  (1) 비견(比肩)은 형제나 친구를 뜻하며 겁재(劫財) 역시 형제자매 또는 동업자를 의미합니다.
  (2) 비견과 겁재가 적절한 위치에 있으며 기신(忌神)이 아니라 용신(用神)으로 작용하면 형제덕이 있다고 볼 수 있습니다.
  (3) 비겁이 너무 강하면 경쟁이나 갈등이 생길 수 있지만 적절하면 협력과 지원을 받습니다.

나) 비겁이 용신일 때
  (1) 비겁(비견, 겁재)이 용신이면 형제나 친구의 도움이 재물이나 사회적 성공으로 연결될 가능성이 큽니다.
  (2) 특히 재성을 극하지 않고 관성(官星)과 조화를 이루면 형제나 친구 덕분에 안정적인 생활이 가능합니다.

다) 형제궁(시주, 월주)에 좋은 기운이 있을 때
  (1) 일반적으로 월주(月柱)는 부모와 형제의 영향을 많이 받는 자리입니다.
  (2) 월주에 비겁이 자리하면서 길신(吉神)과 함께하면 형제덕이 강한 오주(사주)로 봅니다.

(3) 시주(時柱)도 후반기 인생에서 형제나 가까운 친인척의 도움을 받을 가능성을 나타냅니다.

라) 비겁이 많아도 재성과 조화를 이루는 경우

(1) 비겁이 지나치게 강하면 형제간 재산 다툼이나 경쟁이 심할 수 있습니다.

(2) 재성(財星)이 적절히 배치되어 비겁이 이를 공유하는 구조라면 형제간 배물적인 도움도 받을 수 있습니다.

마) 형제덕을 나타내는 신살(神殺)이 있을 때

(1) 귀인성(貴人星): 천을귀인(天乙貴人), 문창귀인(文昌貴人) 등이 형제궁에 있으면 형제덕을 받을 가능성이 큽니다.

(2) 화개살(華蓋殺)이 없는 경우: 화개살이 강하면 고독한 기운이 있어 형제덕이 적어질 수 있습니다.

2) 형제덕이 부족한 특징

가) 비겁이 너무 강해 재성을 치는 경우: 형제와 재물로 갈등이 생길 가능성이 높습니다.

나) 비겁이 없는 경우: 형제와의 인연이 희박하거나 왕래가 적습니다.

다) 재성이 너무 강해 비검을 억제하는 경우: 형제와 경쟁보다는 독립적인 삶을 살아갈 가능성이 높습니다.

3) 형제덕을 키우는 방법

가) 비겁이 너무 강하면 재성을 보완하는 방향으로 재물 관리를 신경 쓰는 것이 좋습니다.

나) 형제운이 약한 사람은 관성(官星)이나 인성(印星)을 활용하여 윗사람의 도움을 받는 방향으로 가는 것이 좋습니다.

다) 형제덕이 적으면 현실적으로 좋은 인맥과 친구 관계를 형제처럼 만들어 가는 것도 한 방법입니다.

4) 결론

형제덕이 있는 경우는 비겁이 조화를 이루며 용신으로 작용할 때 나타납니다. 월주와 지주에 형제와 관련된 길신이 있거나 비겁과 재성이 균형을 이루는 경우 형제의 덕을 받을 가능성이 높습니다. 다만 오주(사주)는 단순히 공식이 아니라 전체적인 조화를 보는 것이 중요하므로 특정 요소 하나만으로 단정 짓기보다는 종합적인 분석이 필요합니다.

형제덕(兄弟德)이 없는 경우

1) 비견과 겁재가 약하거나 없는 경우

비견과 겁재는 형제 동료와의 관계를 나타내며 재물의 흐름과도 관련이 있습니다. 이 두 개의 글자가 희박하거나 아예 없을 경우 형제간의 도움을 받기 어려운 오주(사주)로 볼 수 있습니다.

가) 비겁(比劫)이 없으면 형제가 없거나 사이가 멀어질 가능성이 큽니다.

나) 비겁이 약하면 형제 관계가 있지만, 친밀도가 낮거나 도움이 부족할 수 있습니다.

2) 비견과 겁재가 득심하게 약한 경우

비겁이 약하면서 재성이 강할 경우 형제나 친구보다 본인이 자립하여 재물을 얻는 경우가 많습니다. 하지만 형제간의 인연이 약하거나 소원해질 수 있습니다.

3) 비겁이 극도로 강한 경우

비겁이 지나치게 강하면 형제간의 경쟁이 심해지고 오히려 재산을 놓고 다투거나 관계가 틀어질 수 있습니다. 하지만 형제간의 인연이 약하거나 소원해질 수 있습니다.

4) 형제궁(兄弟宮) 불길한 조짐이 보일 경우

가) 비겁이 충(沖)이나 형(刑)을 맞는 경우: 형제간 다툼 인연 단절 등의 가능성이 있습니다.

나) 형제궁에 공망(空亡)이 있으면: 형제 관계가 희박하거나 형제가 있어도 큰 도움을 받기 어려울 수 있습니다.

5) 대운(大運)과 세운(歲運)의 변화

가) 대운이나 세운에서 비겁이 강하게 작용하면 형제와의 관계가 개선될 수 있습니다.

나) 반대로 재성이 강하게 들어오는 운에서는 형제보다 독립적인 생활을 해야 할 가능성이 커집니다.

6) 결론

형제덕이 없다는 것은 단순히 형제가 없다는 뜻이 아니라 형제와의 인연이 약하거나 도움을 받기 어려운 상황을 의미합니다. 하지만 대운과 세운의 흐름의 따라 관계가 변화할 수도 있으므로 전체적인 운의 흐름을 함께 고려해야 합니다.

처덕(妻德)이 있는 경우

1) 처덕이 있는 대표적인 특징

가) 정재(正財)나 편재(偏財)가 좋은 경우

(1) 남자가 오주(사주)에서 정재(아내)나 편재(영성 일반)가 오주(사주)의 좋은 위치에 있고 희신(喜神)으로 작용하면 아내 덕이 크다고 볼 수 있습니다.

(2) 정재가 강하면서도 일간과 조화를 이루면 아내가 내조를 잘하고 가정적으로 안정될 가능성이 큽니다.

나) 관성(官星)과 인성(印星)이 적절히 조화를 이루는 경우

(1) 관성과 인성은 사회적 신분과 가정이 안정성을 의미합니다.

(2) 인성이 희신으로 작용하면서 강하게 자리하면 배우자가 지혜롭고 내조를 잘하는 경우가 많습니다.

다) 재성이 식상(食傷)과 조화를 이루는 경우

(1) 식상은 돈을 버는 능력 재성은 그 돈을 관리하는 능력과 관련이 있습니다.

(2) 남자의 오주(사주)에서 식상이 원활하게 재성을 생해주고 있으면 안내가 돈을 잘 불리거나 사업적인 감각이 뛰어난 경우가 많습니다.

라) 부부궁(일지 配偶宮)이 안정적인 경우

(1) 일지가 충극(沖剋) 없이 안정적이면 부부 관계가 원만하며 아내 덕을 복 가능성이 높습니다.

(2) 특히 일지가 정재(正財)나 합(合)하는 경우 아내 덕이 크다고 볼 수 있습니다.

마) 대운과 세운 배우자궁(일지)이 길운을 받는 경우: 오주(사주) 전체에 처덕이 부족하더라도 대운과 세운에서 배우자궁이 길운을 맞이하면 결혼 후 아내 덕을 볼 수 있습니다.

2) 처덕이 부족한 특징

가) 재성이 과다하거나 극히 약한 경우도 있습니다.

나) 일지 충극(沖剋)으로 부부운이 불안정한 경우도 있습니다.

다) 재성이 식상과 조화를 이루지 못하는 경우도 있습니다.

라) 대운과 세운에서 부부궁이 나쁜 영향을 받는 경우도 있습니다.

3) 결론

처덕이 있는 오주(사주)는 단순히 좋은 배우자를 만난다는 의미를 넘어 배우자로 인해 본인의 운이 상승하고 재물운이나 사회적 신분이 상승하는 경우를 뜻합니다. 본인의 오주(사주)에

서 배우자궁과 재성을 분석하고 대운과 세운의 흐름을 고려하여 처덕의 강약을 파악하는 것이 중요합니다.

처덕(妻德)이 없는 경우

1) 처덕이 부족한 주요 특징

가) 정재(正財) 또는 편재(偏財)의 약함 또는 손상

(1) 정재: 나마자의 오주(사주)에서 배우자를 의미하는데 정재가 없는 경우 결혼운이 약할 수 있습니다.

(2) 정재가 있어도 약하거나 극을 당하면 아내 덕이 부족하여 결혼 생활이 원만하지 않을 수 있습니다.

(3) 편재(偏財)가 강하면 바람기가 있거나 한 여성과 안정된 관계를 지속하기 어려운 성향이 나타날 수 있습니다.

나) 재성과 관성의 충극

(1) 재성과 관성이 서로 극하는 경우 배우자와의 갈등이 잦아질 수 있습니다.

(2) 재성과 인성이 충돌하는 경우 부모나 집안의 반대 또는 가치관 차이로 인해 결혼이 어려울 수도 있습니다.

다) 배우자궁(일지)의 손상

(1) 일지는 부부 관계를 나타내는 중요한 자리인데 충(沖), 형(刑), 파(破), 해(害)가 있는 경우 결혼 생활이 순탄하지 않을 가능성이 높습니다.

(2) 특히 일지 충(沖)은 이혼 또는 별거의 가능성을 높입니다.

(3) 일지가 공망이면 결혼 자체가 늦어지거나 배우자 인연이 박할 수 있습니다.

라) 관성(官星)이 남자를 의미하는데 관성이 과다하면 남자로 인한 문제가 많거나 결혼 생활이 불안정할 수 있습니다.

(1) 여성의 경우 관성이 남자를 의미하는데 관성이 과다하면 남자로 인한 문제가 많거나 결혼 생활이 불안정할 수 있습니다.

(2) 반대로 관성이 너무 없으면 결혼운이 약해지고 좋은 배우자를 만나기 어려운 경우가 많습니다.

2) 처덕 부족과 재물운과의 관계

처덕이 부족한 오주(사주)는 종종 재물운과 연결될 수 있습니다. 특히 편재가 강한 경우 사업이나 재물을 추구하는 과정에서 가정이 뒷전이 되기 쉽습니다.

가) 사업가 오주(사주): 편재가 강한 경우 재물 운이 좋지만 가정운이 약할 수 있습니다.

나) 공부나 연구가 중심인 오주(사주): 인성이 강한 사람은 학문적이거나 자기 계발에 집중하여 결혼하여 결혼이 늦어질 가능성이 높습니다.

3) 처덕이 부족시 해결 방법

가) 오주(사주) 조율: 재성과 관성의 균형을 맞추고 배우자궁의 충극을 완화하는 방법을 고려할 수 있습니다.

나) 택일(擇日) 활용: 결혼 날짜를 좋은 날로 정하여 배우자운을 보완할 수 있습니다.

다) 생활 습관 개선: 가정에 대한 책임감과 인내심을 기르는 것이 중요합니다.

처(妻)가 부정(不貞)한 경우

1) 처(妻)가 부정(不貞) 주요 특징

여러 요소가 강하게 작용할 경우 배우자의 정조 관념이 약해질 가능성이 있다고 봅니다.

가) 재성(財星)이 과다하거나 편재(偏財)가 강한 경우

(1) 남성의 오주(사주)에서 재성은 부인을 의미합니다.

(2) 재성이 과다하면 여러 이성을 의미하며 편재는 자유로운 연애 성향을 띠므로 정착이 어려운 성향이 나타납니다.

(3) 특히 재성이 많고 강하면 배우자가 외부활동이 많거나 주변에 이성이 많을 가능성이 큽니다.

나) 관성(官星)과다 편관(七殺)이 강한 경우

(1) 여성의 오주(사주)에서는 관성(官星)이 배우자를 뜻합니다.

(2) 관성이 많으면 다수의 이성과 관계를 맺을 가능성이 있습니다.

(3) 특히 편관(七殺)이 강할 경우 안정적인 관계보다는 강한 끌림을 느끼는 인연이 많아질 수 있습니다.

다) 부부궁(夫婦宮)이 손상된 경우

(1) 배우자를 상징하는 자리인 일지(日支)와 부부궁이 충(沖)이나 형(刑)을 받으면 배우자와의 인연이 불안정해질 수 있습니다.

라) 합(合)이 과다한 경우

(1) 합(合)이 많으면 이성 관계가 복잡해질 가능성이 있습니다.

(2) 특히 배우자궁(일지)이 다른 글자와 자주합을 하면 다른 이성과 엮일 여지가 커집니다.

(3) 남성의 경우 재성이 다른 글자와 합을 하면 외부의 이성 관계가 많아질 가능성이 있습니다.

(4) 여성의 경우 관성이 합을 하면 배우자가 외도할 가능성이 있습니다.

마) 도화살(桃花殺)과 홍염살(紅艶殺)이 강한 경우

(1) 도화살이 강한 경우 매력이 뛰어나 이성의 유혹이 많아집니다.

(2) 도화가 지나치게 강하면 정착이 어렵고 여러 사람과 관계를 맺을 가능성이 있습니다.

(3) 특히 홍염살이 동주(同柱)하면 이성과의 관계에서 충동적인 성향이 강해질 수 있습니다.

2) 예외적인 경우(환경과 가치관 영향)

오주(사주)가 그러하더라도 반드시 부정이 발생하는 것은 아닙니다.

가) 사회적 도덕성 가치관 종교적 신념 등이 강하면 부정적인 요소가 억제될 수 있습니다.

나) 반대로 좋은 오주(사주)라도 환경이 방탕하면 외도할 가능성이 커집니다.

다) 부부가 서로 신뢰와 노력을 기울이면 오주(사주)의 영향을 최소화할 수 있습니다.

3) 대운(大運)과 세운(歲運)의 영향

가) 특정한 시기에 배우자의 운이 흔들릴 수 있습니다.

나) 대운이나 세운에서 재성(남성) 또는 관성(여성)이 강하게 작용할 때 외부에서 유혹이 강해질 수 있습니다.

다) 예를 들어 남성의 대운에서 편재가 들어오면 새로운 여성과의 인연이 생길 가능성이 있습니다.

라) 여성의 경우 편관운이 강해질 때 다른 남성과의 인연이 생길 가능성이 있습니다.

4) 결론(오주, 사주만으로 단정할 수 없다)

가) 배우자의 부정을 나타낼 가능성이 있는 오주(사주)적 요소들은 있지만, 이는 환경 가치관 노력에 따라 얼마든지 바뀔 수 있습니다.

나) 오주(사주)를 보완하는 방법으로 부부간의 신뢰 형성 대화 가치관 공유 등을 추천합니다.

극처지명(剋妻之命)

1) 극처지명의 주요 특징

가) 관성(官星)의 과다 또는 불균형

(1) 남자의 오주(사주)에서 정재(正財)와 편재(偏 財)는 아내를 뜻합니다.

(2) 정재와 편재가 너무 낳거나 극한 기운(예: 비겁이 강하여 재성을 억압하는 구조)이 있으면 극처의 가능성이 큽니다.

나) 비겁(比劫)의 강세

(1) 비겁(비견 겁재)이 지나치게 강하면 재성을 극(剋)하여 배우자운이 약해질 수 있습니다.

(2) 이런 경우 결혼 생활에서 다툼이 많거나 경제적인 문제로 배우자와의 관계가 어려워질 가능성이 큽니다.

다) 재성이 약하거나 극을 당하는 경우

(1) 정재(안내)가 약한데 관성(官星)이나 인성(印星)이 강하여 정재를 극하는 구조라면 배우자가 건강이나 운세적으로 불리한 영향을 받을 가능성이 있습니다.

라) 재성과 일주(日柱)의 충(沖)

(1) 일주(본인의 일상과 부부궁)와 재성이 충(沖)하거나 형(刑), 파(破)가 있으면 배우자와 인연이 약하거나 결혼 생활이 불안정할 수 있습니다.

(2) 예를 들어 일지가 편재인데 충을 맞으면 배우자와의 갈능이 심해질 가능성이 큽니다.

마) 일지에 극처 기운이 있는 경우

(1) 일지(일간 아래의 지지)가 겁재(劫財)나 충, 형, 파가 있는 경우 특히 편재와 충하는 경우 배우자와의 관계가 불안정할 수 있습니다.

2) 극처지명의 해결법

가) 배우자의 기운을 보완하는 방향으로 생활해야 합니다.

나) 너무 강한 비겁을 줄이기 위해 재물을 쌓는 습관을 기르거나 배우자에게 재정적 부담을 주지 않는 것이 중요합니다.

다) 원국에서 문제가 있다면 대운이나 세운의 흐름을 잘 활용하여 극처의 영향을 줄이는 방법을 찾을 수 있습니다.

3) 극처지명이 있다고 반드시 배우자와 문제가 생기나?

아니요. 극처지명이 있더라도 대운의 흐름이나 본인의 노력에 따라 극복할 수 있습니다. 오주(사주)학은 운명적인 부분을 분석하는 도구이지만 이를 통해 현실적인 대안을 찾고 긍정적인 방향으로 활용하는 것이 중요합니다.

남편덕(夫德)

1) 관성(官星)의 존재와 균형

가) 관성은 여자의 오주(사주)에서 남편을 나타냅니다.

나) 정관(正官)이 한 개 깨끗하게 존재하면 남편운이 안정적이고 신뢰할 만한 배우자를 만날 가능성이 큽니다.

다) 편관(偏官)이 강하게 작용하면 남편복이 약하거나 기복이 심할 수 있지만 경우에 따라 강한 남편을 만나 보호받을 수도 있습니다.

2) 일주(日柱)와 배우자궁

가) 일주의지지(地支)는 배우자궁을 나타내므로 이곳에 좋은 글자가 오면 남편덕이 좋습니다.

나) 배우자궁이 정관 또는 재성(財星)과 조화를 이루면 남편이 성실하고 경제적으로도 안정적인 사람이 될 가능성이 큽니다.

다) 배우자궁이 형충(刑沖)을 받거나 흉한 기운이 강하면 결혼 생활에서 어려움이 따를 수도 있습니다.

(1) 남편덕이 좋은 대표적인 일주

㈎ 계유(癸酉日) 정유(丁酉日) 기유(己酉日): 정관이 깔끔하게 존재하는 경우가 많아 남편 덕이 강합니다.

㈏ 임오(壬午日)정묘(丁卯日): 원만한 결혼 생활을 할 가능성이 큽니다.

3) 재성(財星)과의 관계

가) 여성 오주(사주)에서 재성(財星)은 가정의 경제력을 뜻하기도 합니다.

나) 재성이 왕성하면서 관성과 조화를 이루면 남편이 능력 있고 가정을 잘 이끌 가능성이 큽니다.

다) 재성이 지나치게 강하거나 관성이 약하면 남편보다 본인이 더 강한 운세를 가지게 되어 남편덕이 약해질 수 있습니다.

4) 합(合)의 작용

배우자와의 인연이 강하면 남편덕이 있다고 볼 수 있습니다.

가) 일주(日柱)와 배우자궁이 천간, 지지 합을 이루는 경우에 해당합니다(예: 갑기합(甲己合), 을경합(乙庚合) 등을 결혼 생활이 원만해질 가능성이 높습니다).

나) 다른 사람과도 합이 강하게 형성되면 부부 사이에 제삼자가 개입할 가능성이 있어 조심해야 합니다.

5) 대운과 세운의 영향

원국이 마무리 좋더라도 대운과 세운에서 관성이 손상되면 남편덕이 약해질 수 있습니다. 반대로 원국에서 남편덕이 약하더라도 대운에서 관성이 안정되면 결혼 후 남편운이 좋아질 수도 있습니다.

6) 남편덕이 강한 특징

가) 정관이 한개만 존재하고 깨끗한 경우도 있습니다.

나) 배우자궁(일지)이 충(沖)을 받지 않고 안정적일 때가 좋습니다.

다) 관성과 재성이 조화를 이루며 균형 잡힌 오주(사주)학 필요합니다.

라) 일주에 배우자궁과 좋은 합을 이루는 경우가 좋습니다.

마) 대운에서 관성이 손상되지 않고 순조롭게 흐르는 경우가 되면 좋습니다.

바) 남편덕이 있는 오주(사주)라도 결국 현실적인 노력이 중요합니다. 오주(사주)를 참고하여 본인의 강점과 약점을 보완하면 더 좋은 결혼 생활을 만들 수 있습니다.

남편덕(夫德)없는 경우

1) 남편덕이 약한 특징

가) 관성(官星)이 약하거나 손상된 경우

(1) 여성 오주(사주)에서 정관(正官)과 편관(偏官)은 남편을 의미합니다.

(2) 정관이 없는 경우: 이상적인 배우자를 만나기 어려울 수 있습니다.

(3) 정관이 너무 많거나 혼잡한 경우: 배우자와의 관계가 불안정하거나 이혼 재혼 가능성 있습니다.

(4) 편관만 있는 경우: 남편과의 갈등이 잦거나 결혼이 안정적이지 않을 가능성이 있습니다.

나) 관성이 충(沖), 형(刑), 파(破) 되는 경우

(1) 정관이 다른 오행과 충돌하는 경우(예: 자오충, 묘유충 등) 남편운이 약하거나 이별수가 있을 가능성이 있습니다.

(2) 예를 들어 관성에 충(沖)되는 경우 배우자와 성격이 맞지 않거나 갈등이 지속될 가능성이 높습니다.

다) 인성(印星)이 너무 강한 경우

(1) 인성이 과도하게 강하면 관성을 극하게 되어 남편복이 약해질 수 있습니다.

(2) 특히 인성이 관성을 제압하는 조화(造化)가 형성되면 남편이 무기력하거나 결혼 생활이 원활하지 않을 수 있습니다.

라) 비겁(比劫)이 과다한 경우

(1) 비겁(비견 겁재)이 많으면 남편을 제압하는 기운이 강해질 수 있습니다.

(2) 결혼 후에도 독립적인 성향이 강하거나 남편과 경쟁하는 관계가 되기 쉬운 관계입니다.

2) 남편복 없는 경우 개선 방법

가) 적절한 운세 활용: 우주(사주)는 변하는 운이 흐름이 중요합니다. 결혼운이 좋은 시기를 활용하여 배우자를 만나는 것이 중요합니다.

나) 풍수 및 개운법 활용: 배우자(配偶者宮)에 해당하는 방향(주로 서쪽, 남서쪽)을 깨끗이 하고 좋은 기운을 유입하는 것도 방법이 될 수 있습니다.

다) 마음가짐 변화: 오주(사주)에서 부족한 부분을 인식하고 열린 마음으로 배우자를 대하면 운이 변화할 수도 있습니다.

라) 오주(사주)는 단순한 운명이 아니라 노력과 지혜로 충분히 개선할 수 있는 것입니다. 본인의 오주(사주)를 정확히 분석하고 적절한 대처법을 찾는 것이 중요합니다.

남편(夫)가 부정(不貞.외도)인 경우

1) 남편이 부정(不貞)할 가능성을 암시하는 요소

가) 비견(比肩)과 겁재(劫財)가 강한 경우

(1) 비견과 겁재가 자기주장과 독립성이 강한 성향을 의미합니다.

(2) 특히 겁재가 많으면 배우자의 재물(財物)을 뺏거나 경쟁자가 많아질 가능성이 있습니다.

(3) 겁재가 과하면 가정에 대한 책임감이 약하고 외부 인연이 많아질 수 있습니다.

나) 편재(偏財)가 강한 경우

(1) 편재는 원래 부와 사업성을 의미하지만 남성에게는 여자인연을 많아질 수 있습니다.

(2) 편재가 지나치게 많거나 일간(日干)과 너무 가까우면 바람기가 많을 수 있습니다.

(3) 편재가 좋은 작용을 하면 사업 수완이 뛰어나지만 좋지 않게 작용하면 여러 여성과 엮이는 경우가 있습니다.

다) 일지(日支)가 편재이거나 충(沖)을 받는 경우

(1) 일지는 배우자를 의미하는 자리로 여기서 충(沖)이나 형(刑), 파(破)를 받으면 가정이 불안 정해질 수 있습니다.

(2) 특히 일지가 편재이고 다른 충이 있으면 배우자 문제로 갈등이 생길 가능성이 있습니다.

라) 관살혼잡(官殺混雜)

(1) 여자의 경우 관성(官星)이 남편을 의미하는데 정관(正官)이 남편을 의미하는데 정관(正官)과 편관(偏官)이 섞이면 여러 남자와 엮일 가능성이 있습니다.

(2) 남자의 경우도 관성의 영향이 강하면 작용하면 도덕적 가치보다 감정적 충동이 강해질 수 있습니다.

마) 대운(大運)에서 편재가 강해지는 경우

(1) 원래 바람기가 없던 사람도 대운에서 편재가 강해지면 바람을 피울 가능성이 커질 수

있습니다.

(2) 특히 겁재와 편재가 함께 작용하면 도덕적 가치보다 감정적 충동이 강해질 수 있습니다.

2) 오주(사주)만으로 단정은 금물

가) 오주(사주)는 경향성을 볼 뿐이며 환경 가치관 의지에 따라 달라질 수 있습니다.

나) 동일한 오주(사주)라도 어떤 이는 신뢰를 중시하고 어떤 이는 유혹에 쉽게 빠질 수 있습니다.

다) 행동을 판단할 때는 오주(사주)뿐만 아니라 실제 관계와 상황을 종합적으로 고려하는 것이 중요합니다.

라) 오주(사주)를 통해 배우자의 성향을 잡고 하되 대화와 신뢰를 바탕으로 관계를 유지하는 것이 가장 중요합니다.

극부지명(剋夫之命)

1) 극부지명의 의미

가) 극(剋): 극은 상대를 제압하거나 상하게 하는 기운을 의미합니다.

나) 부(夫)는 남편을 뜻합니다.

다) 지명(之命): 한 운명이라는 뜻으로 해석할 수 있습니다.

라) 극부지명은 남편을 극하는(힘들게 하는) 운명을 의미하는데 이는 단순히 남편을 해치는 것이 아니라 남편과의 관계에서 갈등이 많거나 이별 이혼 사별 등의 일이 생길 가능성이 크다는 뜻으로 해석됩니다.

2) 극부지명의 특징

가) 관성(官星)이 손상된 경우

(1) 관성(정관, 편관)은 여명의 오주(사주)에서 남편을 뜻합니다.

(2) 관성이 충(沖), 극(剋), 형(刑), 파(破) 등을 심하게 받으면 남편과의 인연이 불안정해질 수 있습니다.

나) 관성이 너무 많은 경우

(1) 정관(正官)과 편관(偏官)이 혼잡하면 여러 남자와 인연이 얽힐 가능성이 있습니다.

(2) 정관과 편관이 약하면 남편이 기운이 약하거나 배우자 덕이 적을 수 있습니다.

다) 관성이 일간(日干)을 직접 극하는 경우

(1) 예를 들어 일간이 갑목(甲木)인데 관성(庚金, 辛金)이 너무 강하면 남편이 아내를 지나치게 통제하거나 억압하는 기운이 강해집니다.

(2) 지나치게 강한 관성은 극단적인 부부 관계를 만들 가능성이 있습니다.

라) 비겁(比劫, 劫財)이 강한 경우

(1) 비겁(비견 겁재)이 지나치게 강하면 남편과 대립하거나 주도권 싸움이 심해질 가능성이 있습니다.

(2) 비겁이 강한 여성은 독립심이 강하고 자 기주장 자기주장이 강해서 남편과 갈등을 빚을 수 있습니다.

3) 극부지명의 해결 방법

가) 대운(大運)과 세운(歲運)을 활용

(1) 관성이 손상된 경우 대운에서 관성이 보완되면 극부지명의 영향이 완화될 수 있습니다.

(2) 예를 들어 원국에서 정관(正官)이 약하지만, 대운에서 강한 정관운이 오면 배우자 운이 안정될 수 있습니다.

나) 배우자의 오주(사주)를 함께 분석

(1) 단순히 한 사람의 오주(사주)만 보고 결론을 내리기보다는 배우자의 궁합을 함께 봐야 합니다.

(2) 극부지명이라도 좋은 궁합을 만나면 부부 관계가 원만해질 수 있습니다.

다) 심리적 조화를 태도 변화

(1) 비겁이 강한 여성은 남편과 협력하는 태도를 기르는 것이 중요합니다.

(2) 지나치게 강한 관성을 가진 경우 부드러운 성향을 기르는 것이 부부 관계 개선에 도움이 됩니다.

라) 풍수 개운법 활용

(1) 배우자의 기운을 보강하는 방향으로 개운법을 활용하는 것도 한 방법입니다.

(2) 극부지명의 여성은 토(土) 기운을 보완하는 색상(황색 갈색 계열)이나 방향(중안 남서 방향)을 활용하면 부부운을 좋게 만들 수 있습니다.

4) 극부지명이라고 꼭 불행하지 않음

가) 많은 사람들이 극부지명을 부정적으로 생각하지만, 반드시 불행한 결혼 생활을 의미하는 것은 아닙니다.

나) 극부지명이라 해도 오주(사주) 전체적인 흐름과 대운이 조화를 이루며 협력 관계가 원만할 수 있습니다.

다) 사회적으로 성공하는 여성들은 비겁이 강하거나 관성이 손상된 경우가 많지만 이를 잘 활용하면 결혼 생활과 사회적 성공을 모두 이룰 수도 있습니다.

라) 자신의 오주(사주)적 특징을 이해하고 올바른 방법으로 조화를 이루려는 노력이 중요합니다.

자식덕(子息德) 있는 경우

1) 식상(食傷)의 강하고 조화로운 배치

가) 식신과 상관은 자식을 의미합니다.

나) 식상이 조후(調候)를 잘 맞추고 격국이 안정적이라면 자식덕이 강합니다.

다) 식신이 정재(正財)나 정관(正官)과 조화를 이루는 경우 자식이 부모에게 효도하며 명예를 드높일 가능성이 큽니다.

예시:

(1) 일주(日柱)가 강하고 식신이 용신이면 자식이 부모를 잘 돕습니다.

(2) 식신이 재성을 생하면 자식이 부모에게 경제적 도움을 줄 가능성이 큽니다.

2) 재성(財星)의 안정성

가) 정재는 배우자뿐만 아니라 자식의 복을 의미하기도 합니다.

나) 정제(正財)가 안정적으로 자리 잡고 있으면 부모가 자식에게 덕을 입을 가능성이 높습니다.

다) 편재(偏財)가 강하면 자식이 많을 가능성은 있지만, 인연이 약하거나 독립심이 강할 수도 있습니다.

예시:

(1) 오주(사주)에 정재가 적당히 위치하면 자식이 부모를 돕습니다.

(2) 편재가 너무 강하면 자식이 방황하거나 부모에게 의존하지 않을 수 있습니다.

3) 관성(官星)과 자싱의 성품

가) 관성은 자식의 성품과 사회적 성취도를 나타냅니다.

나) 정관(正官)이 강하면 자식이 성실하고 부모에게 효도할 가능성이 큽니다.

다) 편관(偏官)이 강하면 자식이 독립적이거나 반항적인 성향을 가질 수도 있습니다.

예시:

(1) 정관이 용신이거나 정관이 원국에서 조화를 이루면 자식이 훌륭하게 성장합니다.

(2) 편관이 너무 강하면 자식이 반항적이거나 독립적일 가능성이 높습니다.

4) 자식궁(時柱)의 중요성

가) 시주는 자식궁으로 자식과의 관계를 나타냅니다.

나) 십성이 좋은 기운을 띠면 자식덕이 크다고 볼 수 있습니다.

다) 식신, 상관, 정관, 정재가 안정적이면 자식이 부모에게 복을 줍니다.

예시:

(1) 정관이 위치하면 자식이 부모에게 효도하며 안정적인 삶을 삽니다.

(2) 식신이 있고 격이 안정적이면 자식이 효도하며 부유할 가능성이 높습니다.

5) 합(合)과 충(沖)의 영향

가) 일주와 시주가 조화를 이루는 경우 부모와 자식 간의 관계가 원만합니다.

나) 반대로 충(沖)이 심하면 자시과의 인연이 약하거나 갈등이 생길 수 있습니다.

예시:

(1) 일주와 오주(사주)가 삼합(三合) 또는 육합(六合)을 이루면 자식덕이 강합니다.

(2) 오주(사주)가 충을 받으면 자식과 인연이 약하거나 자식이 부모와 멀리 떨어져 살 가능성이 있습니다.

6) 결론

가) 자식덕이 강한 특징

(1) 식상이 용신이면서 원국에서 안정적입니다.

(2) 정재 정관이 조화를 이루며 안정적입니다.

(3) 시주의 십성이 조화롭고 충이 없습니다.

(4) 합이 적절하게 존재하여 부모와 자식 관계가 원만합니다.

나) 자식과의 인연이 약한 경우

(1) 식상이 지나치게 강하거나 약할 때 해당합니다.

(2) 오주(사주)가 충을 받을 때 해당합니다.

(3) 재성이 과하거나 극심하게 약할 때도 해당합니다.

(4) 자식덕이 있는 오주(사주)는 단순한 재물 운이 아니라 부모와 자식간의 정서적 경제적 조화가 중요합니다.

자식덕(子息德) 없는 경우

1) 자식궁과 식상(食傷)의 상태

가) 자식궁(時柱)이 충, 파, 해를 맞는 경우: 자식과의 관계가 불안정하거나 인연이 박할 가능성이 있습니다.

나) 식상(食傷)이 극심하게 손상된 경우: 자식의 복이 부족하거나 자식으로 인해 고민이 생길 수 있습니다.

다) 식상이 너무 강하거나 약한 경우도 해당됩니다.

(1) 너무 강하면 자식과의 관계에서 갈등이 많을 수 있습니다.

(2) 너무 약하면 자식의 존재가 희미할 가능성이 있습니다.

2) 육친 관계에서의 문제

가) 정관(正官)이나 편관(偏官)이 식상을 지나치게 극하는 경우도 문제: 자식과의 관계가 소원하거나 자식이 성장하는 과정에서 어려움을 겪을 수 있습니다.

나) 일지(배우자궁)와 시지(자식궁)의 충극: 자녀와 배우자 간의 갈등 혹은 부모와 자식 간의 인연 부족할 수 있습니다.

다) 편재가 강한 경우: 자식보다는 재물에 관심이 많아 자연스럽게 자식과의 정이 멀어질 수 있습니다.

3) 기타 고려해야 할 사항

가) 여명의 경우 관성이 약하거나 손상되었을 때: 남편과의 관계가 불안정하여 자식과의 관계도 좋지 않을 가능성이 있습니다.

나) 조후(調候)와 오행의 균형: 특정 오행이 과하거나 부족하면 자식과의 관계도 영향을 받을 수 있습니다.

4) 자식덕이 부족할 때의 해결 방법

가) 적절한 작명(作名)과 개명(改名)으로 운을 보완하는 것이 필요합니다.

나) 풍수나 명리학적 조언을 통해 자식과의 관계를 개선합니다.

다) 자식과의 소통을 의도적으로 늘리고 유대감을 형성합니다.

자식덕이 없다고 해서 반드시 자식과의 인연이 끊어지는 것은 아닙니다. 운의 흐름에 따라 변화할 수 있으며 후천적인 노력으로 얼마든지 관계를 개선할 수 있습니다.

부자운(富者運)인 경우

1) 부자의 기본 조건

가) 재성이 왕한 사주(재물운이 강함)

(1) 재성(財星, 돈을 의미하는 오행)이 강하고 조화를 이루는 경우가 좋습니다.

(2) 편재(偏財): 큰돈 투자 사업적인 수완과 관련이 있습니다.

(3) 정재(正財): 성실한 노력으로 얻는 돈 안정적인 재물운을 의미합니다.

나) 식상(食傷)이 원활하여 돈을 만들어 냄

(1) 식신과 상관은 자신의 재능과 아이디어를 활용하여 돈을 창출하는 능력을 뜻합니다.

(2) 식상이 왕성하면 창업 사업 전문직에서 성공할 가능성이 높습니다.

다) 관성(官星)과의 균형(사회적 지위와 인정)

(1) 관성이 안정적이면 법적 보호 명예 권력이 함께 따릅니다.

(2) 편관(偏官): 공격적인 사업 전략 도전정신이 강합니다.

(3) 정관(正官): 안정적인 직장이나 명예로운 자리에서 부를 창출하는 것이 최상입니다.

라) 비겁(比劫)의 조화(경쟁과 협력의 균형)

(1) 비견과 겁재가 적절히 배합되면 동업 인맥 협업을 통한 부(富) 창출이 가능합니다.

(2) 지나치면 경쟁이 심해지고 재물을 빼앗길 위험이 있습니다.

2) 부자의 기운(재물운)

가) 사업가형 부자(편재+식상강함)

(1) 편재가 강하고 식상(식신, 상관)이 잘 발달한 경우가 매우 좋습니다.

(2) 사업적 수완이 뛰어나며 다양한 투자와 도전에서 성공 가능성이 높습니다.

나) 성실한 부자(정재+정관조화)

(1) 정재가 강하고 정관이 조화를 이루는 경우가 있습니다.

(2) 안정적이고 꾸준한 직장 부동산 금융 등을 통해 부응하여 축적하는 기운입니다.

다) 투자형 부자(편재+겁재 적합)

(1) 편재가 강하고 겁재가 균형을 맞추는 경우입니다.

(2) 큰돈을 다루고 리스크를 감당하는 능력이 뛰어납니다.

라) 혁신가형 부자(상관+편관 강함)

(1) 상관(傷官)과 편관(偏官)이 상합니다.

(2) 기존 시스템을 깨고 새로운 길을 개척하여 부를 창출합니다.

3) 재물을 끌어당기는 운세

가) 대운에서 재성이 왕하면 부를 쌓을 기회가 많아집니다.

나) 비겁운이 강하면 돈을 벌긴 하지만 지출도 많아 조심해야 합니다.

다) 관성운이 들어오면 사회적으로 성공하여 돈이 따릅니다.

라) 식상운이 강할 때는 창업 아이디어 사업을 통한 재물 증가 가능케 합니다.

부자는 단순히 돈을 많은 오주(사주)가 아니라 재물을 다룰 수 있는 능력과 기회가 주어지는 것입니다. 따라서 재물운이 들어와도 이를 잘 활용할 수 있도록 재테크 투자와 인간관계를 조화롭게 운영하는 것이 중요합니다.

귀격(貴格)인 경우

1) 귀격의 기본 조건

가) 용신이 강하게 작용: 오주(사주)에서 용신(用神)이 조화를 이루고 힘을 받을 때 명예로운 길로 나아갈 가능성이 큽니다.

나) 귀성(貴星)의 존재: 귀성이라 불리는 특정한 신살(神殺)이 포함되어야 합니다. 대표적인 귀성이 다음과 같습니다.

⑴ 천을귀인(天乙貴人): 고귀한 인연을 만나 도움을 받을 수 있는 인연이 좋습니다.

⑵ 문창귀인(文昌貴人): 학문적 재능과 명성을 높이는 인연이 좋습니다.

⑶ 학당귀인(學堂貴人): 지식과 교육운을 강화하는 인연이 좋습니다.

⑷ 천덕귀인(天德貴人), 월덕귀인(月德貴人): 덕망을 쌓고 귀인의 도움을 받을 수 있는 인연입니다.

다) 신왕(身旺)하여 스스로 기운을 유지할 것

⑴ 일주가 너무 약하면 귀격을 갖추고 있어도 그것을 발휘하기 어려울 수 있습니다.

⑵ 반대로 과도하게 강하면 오히려 균형을 잃어 성공을 방해할 수도 있습니다.

라) 관성(官星)과 인성(印星)의 조화

⑴ 관성은 사회적 지위와 권위를 의미하며 인성은 학문적 능력과 명예를 뜻합니다.

⑵ 관성이 강하고 인성이 적절히 받쳐주면 관직이나 높은 사회적 위치를 차지할 가능성이 큽니다.

2) 귀격의 대표적인 유형

가) 천을귀인(天乙貴人)

⑴ 천을귀인이 오주(사주)에 자리 잡고 있을 때 성립하는 귀격입니다.

⑵ 높은 신분의 인물과 인연이 많아지고 사회적으로 존경받는 위치에 오를 가능성이 큽니다.

나) 학당귀인(學堂貴人)

⑴ 학문적 재능과 명성을 가지는 귀격으로 연구자, 교수, 학자, 문필가 등 지식기반 직업에서 성공할 가능성이 큽니다.

다) 문창귀인(文昌貴人)

⑴ 문창귀인이 포함된 오주(사주)는 지적 능력이 뛰어나고 명예로운 직업에서 두각을 나타냅니다.

⑵ 글쓰기 교육 행정 정치 등에서 활약할 수 있는 운을 지닙니다.

라) 백호대살귀격(白虎大煞貴格)

⑴ 백호대살이 강하게 작용하면서 귀격으로 성립되는 경우 용맹과 결단력이 뛰어나며 군

인 경찰 정치인 사업가로 크게 성공할 가능성이 높습니다.

마) 재귀격(財貴格)

(1) 재물과 명예가 동시에 따르는 귀격입니다.

(2) 재성이 강하면서도 관성과 조화를 이루면 큰 부와 함께 사회적 지위도 함께 얻게 됩니다.

3) 귀격을 활용법

가) 귀인의 도움을 활용하기

(1) 귀인을 가진 사람은 주변에 귀인이 많습니다.

(2) 사람들과의 관계를 원만히 하고 존경받을 수 있는 태도를 유지하면 더 큰 성공을 거둘 수 있습니다.

나) 자신의 기운을 약화시키지 않기

(1) 귀격을 가진 사람이라도 오주(사주)가 지나치게 약해지거나 좋지 않은 대운(大運)을 만나면 운이 꺾일 수 있습니다.

(2) 무리한 도전을 피하고 자신의 강점을 살릴 수 있는 환경을 만드는 것이 중요합니다.

4) 귀격의 실제 사례

역사적으로도 귀격을 지닌 인물들이 많습니다. 예를 들어 학당 귀격이나 문창귀격을 가진 사람은 성지가나 학자로 성장할 가능성이 높으며 재귀격을 가진 인물들은 대보호나 기업가가 될 가능성이 큽니다.

예시:

가) 조선의 정약용: 문창귀격과 학당귀격을 모두 지닌 오주(사주)가 좋습니다.

나) 이순신 장군: 백호대살격과 천을귀인이 강한 오주(사주)가 좋습니다.

다) 현대의 유명 CEO들: 재귀격과 관성이 강한 구조를 지닌 경우가 많습니다.

귀격(貴格)은 단순한 재물운을 넘어 사회적으로 존경받고 높은 지위를 차지할 가능성이 큽니다.

빈천(貧賤)인 경우

1) 빈천한 특징

가) 재물운이 약한 경우

(1) 재성이 극히 약하거나 없는 경우가 있습니다.

(2) 재성이 지나치게 당하여 극신(剋身, 몸을 극하는 현상)이 되는 경우가 되는 것입니다.

(3) 재성이 있지만, 겁재(劫財) 또는 비견(比肩)이 강해 재물을 빼앗기는 경우 더 많습니다.

(4) 식상(食傷)이 극히 약하여 돈을 버는 능력이 부족한 경우도 해당입니다.

나) 사회적 지위가 낮아지는 경우

(1) 관성이 약하거나 편관(偏官, 칠살)이 너무 강한 경우에 해당입니다.

(2) 인성이 부족하여 기초 실력이 부족한 경우도 해당합니다.

(3) 인성이 과다하여 현실성이 부족하고 이론적이기만 한 경우도 해당입니다.

(4) 용신(用神)이 강하게 손상된 경우도 해당합니다.

2) 빈천 오주(사주) 예시

가) 재성이 없거나 극히 약한 경우

(1) 재물이 들어오더라도 모으기 어렵고 쉽게 흩어집니다.

(2) 재성이 있어도 겁재나 비견이 강하면 빼앗깁니다.

(3) 사업보다는 월급 생활이 유리한 구조입니다.

나) 신강한데 재성이 없는 경우

(1) 열심히 일해도 돈이 모이지 않거나 돈을 버는 방법을 모릅니다.

(2) 소비 성향이 강해 재물을 흩어버리는 경우가 많습니다.

다) 신약한데 재성이 너무 강한 경우

(1) 돈은 들어오지만 지킬 힘이 없이 빚이 많거나 경제적으로 힘든 상황에 처하기 쉽습니다.

(2) 재물보다 자기 자신을 먼저 키우는 것이 중요합니다.

라) 관성이 없거나 약한 경우

(1) 사회적 신분이 낮거나 직업적으로 불안정합니다.

(2) 공무원 직장 생활이 불리하고 사업을 하더라도 자리가 쉽게 잡히지 않습니다.

3) 빈천 극복 방법

가) 재물을 키우는 방법

(1) 재성이 약하면 재물을 키우는 대운(大運)을 기다리면서 현실적인 경제 습관을 들입니다.

(2) 겁재 비변이 강하면 동업을 피하고 개인적인 경제관리 능력을 키웁니다.

(3) 식상이 약하면 전문기술을 배우거나 창의적인 직업을 선택하여 돈을 벌 수 있는 능력을 강화랍니다.

나) 사회적 지위를 높이는 방법

(1) 관성이 약하면 직장보다는 자영업 프리랜서 등의 길이 더 유리할 수 있습니다.

(2) 인성이 부족하면 책을 읽고 공부를 통해 자신의 내실을 다집니다.

(3) 인성이 너무 많으면 실행력을 키우고 현실적인 목표를 세웁니다.

다) 좋은 대운을 활용하는 방법

(1) 오주(사주)는 고정된 것이 아니라 대운에 따라 변합니다.

(2) 재물운이 강한 대운이 올 때 기회를 놓치지 않고 활용하는 것이 중요합니다.

(3) 관운이 오는 시기에 사회적으로 신분 상승을 위한 노력을 하면 좋은 결과를 얻을 수 있습니다.

4) 결론

빈천 오주(사주)는 타고난 요소가 있지만, 노력과 대운의 흐름에 따라 충분히 극복할 수 있습니다.

가) 자신의 운을 정확히 분석하고 부족한 부분을 보완하는 전략이 필요합니다.

나) 좋은 대운이 올 때를 대비하여 준비하는 사람이 되는 것이 가장 중요합니다.

오행(五行)에 의한 직업(職業) 분류(分類)

1) 목(木) 오행과 직업

가) 특징: 성장 창의성 개척 인내 자비심 있습니다.

나) 적합한 직업

(1) 교육 및 연구: 교사 교수 연구원 철학자

(2) 출판 및 문학: 작가 편집자 기자

(3) 예술 및 디자인: 건축가 가구 디자이너 화가

(4) 자연 및 환경: 조경사 농업 식물학자 한의사

(5) 공공 서비스: 공무원 상담가

다) 목(木) 오행의 사람은 창의적이고 계획적인 성향이 강해 새로운 것을 개척하는 일에 적합합니다.

2) 화(火)오행과 직업

가) 특징: 열정, 에너지, 리더십, 명예, 직관력이 있습니다.

나) 적합한 직업

(1) 예술 및 연예: 배우, 가수, 방송인

(2) 홍보 및 마케팅: 광고, 기획자, 홍보 전문가

(3) 정치 및 행정: 정치인, 외교관, 군인

(4) 기술 및 정보: IT 개발자, 군인

(5) 의료 및 건강: 의사, 약사, 한의사

다) 화(火) 오행의 사람은 에너지가 넘치고 리더십이 강하며 대중을 상대로 하는 직업에서 성공할 가능성이 높습니다.

3) 토(土) 오행과 직업

가) 특징: 신뢰, 안정, 균형, 현실적 포용력이 있습니다.

나) 적합한 직업

(1) 부동산 및 건축: 부동산, 개발, 건축업

(2) 농업 및 경제: 농부, 요식업, 식품 제조

(3) 금융 및 경제: 은행원, 회계사, 세무사

(4) 교육 및 복지: 상담사, 사회복지사

(5) 관리 및 운영: 경영인, 행정가

다) 토(土) 오행의 사람은 신중하고 현실감각이 뛰어나며 조직을 안정적으로 운영하는 데 강점을 보입니다.

4) 금(金) 오행과 직업

가) 특징: 결단력, 정의, 강인함, 조직력, 분석력이 뛰어납니다.

나) 적합한 직업

(1) 법률 및 군사: 변호사, 판·검사, 경찰, 군인

(2) 금융 및 투자: 증권, 은행, 애널리스트, 투자자

(3) 기계 및 기술: 엔지니어, 자동차, 정비사

(4) 상법 및 무역: 무역업, 사업가, 보석상

(5) 의료 및 건강: 외과, 의사, 치과의사, 정형외과

다) 금(金) 오행의 사람은 강한 추진력과 사고를 바탕으로 경쟁이 치열한 업종에서 두각을 나타냅니다.

5) 수(水) 오행과 직업

가) 특징: 유연성, 지혜, 직관력, 통찰, 순환 능력이 탁월합니다.

나) 적합한 직업

(1) 교육 및 철학: 학자, 종교인, 상담가

(2) 무역 및 금융: 외환, 딜러, 금융컨설턴트

(3) 예술 및 창작: 작곡가, 디자이너, 작가

(4) 여행 및 서비스: 관광업, 호텔업, 해운업

(5) 의료 및 치유: 심리, 치료사, 한의사

다) 수(水) 오행의 사람은 직관력이 뛰어나고 변화에 유연하게 대응하는 능력이 있어 사람들과 교류 분야에서 성공할 가능성이 큽니다.

용신(用神)에 의한 직업(職業) 분류(分類)

1) 목(木) 용신 창조, 성장, 확장

가) 특징: 성장과 확장을 의미하며 창의적이고 계획적인 성향이 강합니다.

나) 적합한 직업

(1) 교육 및 연구직, 교수, 학원 강사

(2) 문화 및 예술 분야: 작가, 디자이너, 음악가, 화가

(3) 자연 관련 직업: 조경사, 농업, 한의사, 약사

(4) 공공 및 행정: 공무원, NGO 활동가

2) 화(火)용신 열정, 에너지 직관

가) 특징: 에너지가 강하고 표현력이 풍부하며 대중적 영향력이 있습니다.

나) 적합한 직업

(1) 연예 및 대중문화: 배우, 가수, 유튜버, 인플루언서

(2) 언론 및 미디어: 기자, 아나운서, 방송작가

(3) 요식업: 요리사 바리스타, 음식업 운영

(4) 의료 및 상담: 심리상담사, 한의사, 성형외과 의사

3) 토(土)용신 안정, 신뢰 실용

가) 특징: 현실적이고 신뢰를 바탕으로 하는 분야에서 강점 발휘합니다.

나) 적합한 직업

(1) 부동산 및 건설업: 건축가, 부동산 개발, 인테리어 디자이너

(2) 금융 및 경영: 회계사, 보험업

(3) 식품 및 농업: 농업경영, 요식업, 식품연구원

(4) 행정 및 법률: 공무원, 변호사, 판사

4) 금(金)용신 구조 규율 관리

가) 특징: 논리적 사고와 강한 판단력 전문적인 기술을 요구하는 직업에 적합합니다.

나) 적합한 직업

(1) 법률 및 금융: 변호사, 판사, 금융, 컨설턴트

(2) IT 및 기술직: 프로그래머 데이터분석가, 엔지니어

(3) 의료 및 정밀분야: 외과 의사, 치과의사, 연구원

(4) 군경 및 공공기관: 경찰, 군인, 정보 분석가

5) 수(水)용신 지혜 유연성 소통

가) 특징: 유연한 사고와 빠른 적응력이 요구되는 직업에서 능력을 발휘합니다.

나) 적합한 직업

(1) 무역 및 물류: 수출업, 무역상, 국제비즈니스

(2) 커뮤니케이션 및 교육: 통역사, 외교관 작가

(3) 금융 및 투자: 증권업, 펀드매니저, 경제 분석가

(4) 예술 및 창작: 사진작가, 영화감독, 콘텐츠 제작자

다) 이처럼 용신을 기준으로 직업을 분류하면 개인의 타고난 기운과 조화를 이루는 분야에서 더욱 성공할 가능성이 높아집니다. 자신에게 맞는 용신을 찾고 그에 맞는 직업을 선택하는 것이 중요한 전략이 될 수 있습니다.

육친(六親)에 의한 직업(職業) 분류(分類)

1) 육친에 따른 직업분류

가) 비겁(比劫)=비견(比肩)&겁재(劫財)

(1) 특징: 자신과 같은 성향을 가진 경쟁자나 동료를 의미하며 독립적이고 도전적인 기질을 나타냅니다.

(2) 추천직업: 창업, 자영업, 영업, 마케팅, 스포츠 선수, 군인, 경찰, 스타트업, 모험적 사업가

나) 식상(食傷)=식신(食神)&상관(傷官)

(1) 특징: 창의적이고 표현력이 뛰어나며 자유로운 환경을 선호합니다.

(2) 추천직업: 예술, 음악, 디자인, 미디어, 작가, 연예인, 크리에이터, 요식업, 엔터테인먼트 산업, 컨설턴트, 강연자

다) 재성(財星)=정재(正財)&편재(偏財)

(1) 특징: 현실적이고 재물을 다루는 능력이 뛰어나며 비즈니스 감각이 발달되어 있습니다.

(2) 추천직업: 금융업, 투자, 주식, 부동산, 경영, 무역, 영업, 유통업, 쇼핑몰 운영, 고위관리직, CEO

라) 관성(官星)=정관(正官)&편관(偏官)

(1) 특징: 규칙과 책임감을 중시하며 조직 내에서 리더십을 발휘하는 성향.

(2) 추천직업: 공무원, 법조인, 행정직, 경찰, 군인, 보안직, 대기업관리자, 교수, 정치인, 법률 전문가

2) 인성(印星)=정인(正印)&편인(偏印)

가) 특징: 학문적이고 분석적인 성향이 강하며 깊이 있는 사고력을 바탕으로 한 직업에 적합합니다.

나) 추천직업: 학자, 연구원, 교수, 심리학자, 상담가, 의사, 한의사, 약사, 스피리추얼 관련 직업(역학, 종교, 철학)

관록(官祿)이 있는 경우

1) 관록이 강한 특징

가) 정관(正官)이 강하면 원칙과 규율을 중시하며 공직, 대기업, 법조계, 군인, 경찰 등을 권위적인 직업에 적합합니다.

나) 편관(偏官, 七殺)이 강하면 도전적이고 경쟁적인 환경에서 성공하며 군인 경찰 사업가 스포츠 선수 전문직 등에 적합합니다.

다) 관성(官星)이 강하면 사회적으로 인정받거나 직장 내에서 승진이 빠를 가능성이 큽니다.

2) 관성(官星)이 용신(用神)일 때

가) 관성이 용신이면 관록이 더욱 빛나며 직업적 성공과 사회적 지위를 높이는 요소로 작용합니다.

나) 용신이 관성일 경우 정관이라면 안정적인 직업과 명예가 편관이라면 강한 리더십과 도전정신 강조됩니다.

3) 관성과 재성이 조화를 이루는 경우

가) 재성은 부(富)를 나타내고 관성은 직업적 성공을 의미합니다.

나) 관성이 재성을 생해주면 구조(재생관 財生官)는 돈을 잘 벌면서도 사회적으로 인정받는 구조입니다.

4) 관성이 희신(喜神)일 경우

가) 희신은 오주(사주)의 균형을 맞추는 긍정적인 요소입니다.

나) 관성이 희신으로 작용하면 직업적 성공이 원활하며 사회적으로 인정받는 위치에 오르기 쉽습니다.

5) 관록운(官祿運)이 강하게 들어올 때

가) 대운이나 세운에서 관성(官星)이 들어오거나 관록운이 강해질 때 승진 명예 직업적 안정

이 높아집니다.

나) 예를 들어 정관운이 들어오면 직업적으로 안정되고 편관운이 오면 도전과 경쟁을 통해 크게 도약할 기회가 생깁니다.

6) 관록이 강한 사람의 직업군

공무원, 법조인(판사, 검사, 변호사), 경찰, 군인, 대기업 임원, CEO, 정치인, 교수, 금융업, 엔지니어, 아이티 분야 관리자 등입니다.

7) 관록이 약할 경우 보완 방법

가) 관성이 약하다면: 직업적으로 도전적인 환경을 만들고 책임감 있는 역할을 맡아 스스로 관성을 키우는 것이 중요합니다.

나) 관성과 재성이 충돌한다면: 직업과 재물 사이의 균형을 맞추는 것이 필요합니다.

다) 관성이 시신(忌神)이라면: 직장 생활에서 지나치게 스트레스를 받을 수 있으므로 유연한 사고를 기르고 자기 계발을 통해 보완하는 것이 중요합니다.

8) 결론

가) 관록이 강한 오주(사주)는 사회적으로 성공할 가능성이 크며 직업적으로 안정적인 삶을 살 수 있습니다.

나) 특히 정관과 편관의 조화 관성과 재성의 균형 등이 중요한 요소입니다.

다) 자신 관록의 흐름을 분석하고 이를 기반으로 직업을 선택하거나 보완하는 전략을 세우는 것이 필요합니다.

종교인(宗教人)인 경우

1) 종교인의 특징

가) 인성(印星)의 강세

(1) 인성(정인, 편인)은 학문적 철학적 사유를 의미하며 인성이 강한 오주(사주)는 신앙심이 깊거나 학문적 타무극 중요시하는 경향이 있습니다.

(2) 특히 편인(편인은 신비주의 직관 영적 감각과 연결되며 무속인이나 영적 지도자들에게서 주주 나타납니다.

나) 관성(官星)과 도덕성

(1) 정관은 도덕성과 규범을 따르는 성향을 나타내며 종교계에서 사회적 역할을 수행하는 사람들에게 중요한 요소입니다.

(2) 편관이 강한 경우 기존 제도보다는 새로운 신앙적 길을 개척하는 선지자적 역할을 할 가능성이 큽니다.

다) 비겁(比劫)의 조화

(1) 비견(比肩)과 겁재(劫財)는 협력과 경쟁을 나타내며 공동체 생활이 중요한 종교인에게 필수적인 요소입니다.

(2) 비겁이 과하면 독립적인 수행자가 될 수도 있습니다.

라) 식상(食傷)과 전파력

(1) 식신과 상관은 사상과 교리를 전달하는 능력과 창조적 표현을 의미합니다.

(2) 설득력 있는 종교 지도자는 식상이 원활하게 작용하는 경우가 많습니다.

2) 종교인의 유형별 분석

가) 전통적인 종교 지도자(목사, 신부, 스님 등)

(1) 정인+정관과 조화: 학문적 연구 교리준수

(2) 비겁이 강하지 않음: 협력적인 성향

나) 영적 수행자(선인, 도사, 명상가 등)

(1) 편인+편관: 신비주의적 성향 직관력 발달

(2) 비겁이 강함: 독립적인 수행

다) 무속인 점술가

(1) 편인+상관: 신비한 능력과 영감

(2) 신강(身强)한 경우: 강한 에너지 발생

라) 종교 혁신가 개척자

(1) 상관+편관: 기존 제도를 탈피하고 새로운 종교적 흐름을 만듦.

(2) 정인이 약하고 편인이 강함: 전통보다는 직관과 창조성 강조.

3) 결론

종교인의 오주(사주)는 단순히 특정한 오행의 조합만으로 결정되는 것이 아니라 개인의 오주(사주) 흐름과 대운에 따라 변화할 수 있습니다. 인성과 관성이 강하게 작용하면 기존의 종교적 틀을 따르는 지도자가 될 가능성이 높고 편인과 상관이 강하면 새로운 종교적 흐름을 개척하는 사람이 될 확률이 높습니다.

예술가(藝術家)인 경우

1) 예술적 재능이 강한 특징

가) 식신(食神)과 상관(傷官)의 강세

(1) 식신과 상관은 창의성과 표현력을 상징합니다.

(2) 이 두 개의 신살(神殺)이 강하면 예술적 감각이 뛰어나고 독창적인 아이디어를 만들어 낼 능력이 커집니다.

(3) 특히 상관은 기존의 틀을 깨고 새로운 것을 창조하는 힘을 가지므로 예술가들에게 중요한 요소입니다.

나) 재성(財星)과의 균형

(1) 재성이 강하면 예술을 통해 재물을 얻을 가능성이 커집니다.

(2) 특히 식신생재(食神生財) 구조가 되면 창작 활동을 통해 금전적 성공을 거둘 수 있습니다.

다) 인성(印星)의 영향

(1) 인성은 학문과 영감을 상징하며 오주(사주)에서 인성이 적절히 배합되면 깊이 있는 예술 철학과 감성을 갖춘 예술가가 됩니다.

(2) 반면 인성이 너무 강하면 현실성이 부족하여 상업적인 성공이 어려울 수도 있습니다.

라) 편관(偏官)과의 관계

(1) 편관은 도전적이고 개성이 강한 성향을 의미하며 강한 카리스마를 발휘하는 예술가에게 나타납니다.

(2) 특히 영화감독, 연출가, 무대예술가 등 강한 개성이 필요한 분야에서 두각을 나타낼 가능성이 큽니다.

2) 예술가의 오행별 특징

특정 오행이 강할 때 나타나는 예술적 성향을 분석하면 다음과 같습니다.

가) 목(木이 강한 경우): 창의력과 상상력이 풍부하며 자연과 감성을 기반으로 한 예술 활동에 (화가, 신인, 작가) 강합니다.

나) 화(火가 강한 경우): 열정과 표현력이 강하며 무대예술, 연극, 음악, 패션 등 감각적인 분야에 적합(배우, 가수, 디자이너)합니다.

다) 토(土가 강한 경우): 안정적인 형태미와 균형을 중요시하며 조각, 건축, 도예 등의 분야에 적합합니다.

라) 금(金이 강한 경우): 정교한 기술과 섬세한 표현력이 뛰어나며 공예, 조각, 디자인 등에서 강점이 있습니다.

마) 수(水가 강한 경우): 감수성과 직관력이 뛰어나며 문학, 시, 철학적인 예술 작업에 능숙하고 소질이 있습니다.

3) 유명 예술가의 경향

가) 레오나르도 다빈치: 식신과 상관이 발달하고 금(金)의 기운이 강해 정밀한 예술과 과학적 접근이 조화를 이룹니다.

나) 모차르트: 상관이 발달하여 천재적인 음악 감각과 창조성을 발휘합니다.

다) 반고흐: 편관과 상관이 강해 강한 개성과 불안정한 감수성이 예술로 표출됩니다.

4. 오주학(五柱學)과 수요(壽夭)와 질병(疾病)

가. 수요(壽夭)와 질병(疾病)

1) 수명(壽命)과 단명(短命)의 판단

수명을 길게 유지할 수 있는지 아니면 단명할 가능성이 있는지는 신강(身强), 신약(身弱) 원국 조화 운의 흐름 등을 종합적으로 분석합니다.

가) 신강(身强)과 신약(身弱)

⑴ 신강은 기본적으로 건강한 체질을 가질 가능성이 높습니다. 그러나 너무 강하면 오히려 기운이 과하여 건강 문제를 일으킬 수 있습니다.

⑵ 신약은 체력이 약하고 질병에 걸릴 가능성이 높습니다. 그러나 적절한 기운이 보완되면 건강하게 살 수 있습니다.

나) 오행의 균형과 불균형: 특정 오행이 지나치게 강하거나 약하면 특정 장기나 건강 문제를 유발할 수 있습니다.

⑴ 목(木)과다: 간, 담낭 문제

⑵ 화(火)과다: 심장, 혈압 문제

⑶ 토(土)과다: 소화기 질환

⑷ 금(金)과다: 폐, 호흡기 질환

⑸ 수(水)과다: 신장, 방광 문제

다) 특정 오행이 지나치게 부족하면 해당 장기가 약해질 가능성이 있습니다.

라) 원국(圓局)에서 조화로운데 대운이 흉하게 흐르면 건강이 약화될 수 있습니다.

2) 질병을 예측하는 방법

질병의 가능성을 분석할 때는 오행의 상극 관계 육신(六神), 신살(神煞) 등을 활용합니다.

가) 오행의 불균형과 건강 문제

⑴ 비겁(比劫)과다: 면역력 저하, 염증성 질환, 혈압 문제.

⑵ 재성(財星)과다: 소화기 계통 약화, 당뇨

⑶ 관성(官星)과다: 심장병, 스트레스성 질환

⑷ 인성(印星)과다: 호흡기 질환, 면역 관련 질환

⑸ 식상(食傷)과다: 신장, 생식기 인후염 질환

나) 특정 신살(神煞)과 질병

⑴ 백호대살(白虎大殺): 사고 급성 질병 혈액 관련 문제가 생깁니다.

⑵ 고신(孤辰), 과숙(寡宿): 정신적 질환, 우울증 증상 발생할 수 있습니다.

⑶ 겁살(劫殺): 사고수 큰 병이 발명할 수도 있습니다.

⑷ 천라지망(天羅地網): 만성 질병 오래 가는 병입니다.

다) 십이운성(十二運星)과 건강

⑴ 절(絶), 병(病), 사(死) 등의 운성이 강하면 신체적 건강이 약할 가능성이 큽니다.

⑵ 왕(旺), 건록(建祿) 등의 운성이 강하면 기본 체력이 튼튼한 경우가 많습니다.

3) 건강을 위한 보완법

건강이 약한 경우 이를 보완하는 방법도 고려해야 합니다.

가) 오행 보완을 통한 건강 유지

⑴ 부족한 오행을 보완하는 식습관 운동 환경 개선 등을 활용할 수 있습니다.

⑵ 예를 들어 목(木)이 부족하면 채소와 나무와 관련된 환경(공원, 산책)을 이용하는 것이 도움이 될 수 있습니다.

나) 운의 흐름을 고려한 예방책

⑴ 흉운(凶運)이 올 때 건강 관리를 더욱 철저히 해야 합니다.

⑵ 원국에 기운에 따랄 적절한 건강 관리법을 찾는 것이 중요합니다.

다) 개운법 활용

⑴ 명상 기공 침술 등의 동양적 방법을 통해 기운을 보완할 수 있습니다.

⑵ 건강운이 약할 경우 해당하는 오행을 강화하는 색상 방향 숫자 등을 활용할 수 있습니다.

4) 수명과 질병을 분석하는 것은 체질적 특성과 운의 흐름을 종합적으로 고려

단순히 특정 신살이나 오행 하나만 보고 판단하기보다는 전체적인 균형과 흐름을 이해하는 것이 중요합니다.

나. 장수(長壽)하는 운

1) 신강(身强)한 경우

신강은 기본적으로 체력이 좋고 건강을 유지할 힘이 강합니다. 이를 결정하는 요소는 다음과 같습니다.

가) 일간(日干)이 왕성한 기운을 받음: 태어난 달(月支)의 기운과 일간의 관계를 봅니다.

나) 비겁(比劫)이 적절히 존재: 자기 자신을 돕는 기운이 적당히 있으면 건강을 유지하는 힘이 강합니다.

다) 식상(食傷)이 원활: 식상은 에너지를 발산하는 기운으로 건강한 활동성을 의미합니다.

2) 오행의 균형이 잘 잡힌 경우

가) 한가지 오행이 과하거나 부족하면 건강이 나빠질 가능성이 높습니다.

나) 특히 목(木) 기운이 성장과 회복력 토(土) 기운은 면역력과 장수 금(金) 기운은 폐와 호흡기와 관련이 깊습니다.

다) 오행이 균형 잡혀 있으면 신체의 균형도 잘 맞아 건강을 유지할 확률이 높습니다.

3) 식상(食傷)이 원활하게 흐르는 운

가) 식상(食神 傷官)은 소화기관 체력 회복력 에너지 발산과 관련됩니다.

나) 식상이 잘 발달하면 스트레스 해소 능력과 건강한 생활 습관을 유지하는 힘이 강합니다.

4) 재성이 과하지 않은 경우

가) 재성이 지나치게 강하면 재물에 대한 욕심이 커지고 과로할 가능성이 높아 건강을 해칠 수 있습니다.

나) 적절한 재성이 있고 이를 조절하는 관성(官星)이나 인성(印星)이 균형 있게 배치되면 건강한 삶을 유지할 가능성이 커집니다.

5) 인성(印星)이 적당히 배치된 경우

가) 인성이 보호와 회복력 휴식과 관련된 요소입니다.

나) 적당히 인성이 있으면 면역력이 강하고 회복력이 좋아 장수할 확률이 높습니다.

6) 대운과 세운의 흐름이 원활한 경우

가) 기본적으로 좋은 대운이나 세운에서 큰 충격이 오면 건강에 문제가 생길 수 있습니다.

나) 자신의 원국이 안정적이고 대운의 흐름이 조화로우며 비교적 장수할 가능성이 높습니다.

7) 십신 조합 중 장수형 구조

가) 비겁(比肩, 劫財)이 적당히 하면서 식상(食傷)이 잘 발달한 경우: 체력이 좋고 활력이 넘칩니다.

나) 재성(財星)이 과하지 않으며 인성과 관성이 균형을 이룬 경우: 무리하지 않고 안정적인 삶을 살 가능성이 큽니다.

다) 건록(建祿)과 양인(羊刃)이 적절한 경우: 생명력이 강하고 신체가 튼튼합니다.

8) 결론

장수는 아무리 좋아도 건강을 유지하는 생활 습관이 중요합니다. 부족한 오행을 보완하는 습관을 들이면 더욱 장수할 수 있습니다.

다. 단명(短命)할 경우

1) 단명의 가능성이 있는 특징

가) 신약(身弱)하고 식상(食傷)이 과도한 경우

⑴ 신약한 식상(食神, 傷官)이 과다하면 에너지를 빠르게 소모하여 건강이 약해질 가능성이 있습니다.

⑵ 식상은 발산하는 기운이므로 이를 제대로 제어하지 못하면 기력이 쇠약해질 수 있습니다.

나) 관살(官殺)이 강하고 제어할 힘이 없는 경우

⑴ 편관(七殺, 칠살)이 강한데 이를 극제(剋制)할 수 있는 인성(印星)이나 식상이 부족하면 위험 요소가 됩니다.

⑵ 편관은 사고 질병 등의 위험성을 상징하기도 합니다.

다) 인성(印星)이 극도로 부족한 경우

⑴ 인성은 생명력을 보강해 주는 역할을 합니다.

⑵ 특히 신약한 인성이 전혀 없거나 극히 미약하면 보호받는 힘이 약해질 수 있습니다.

라) 일주(日柱)가 충(沖)을 받는 경우

⑴ 일주(특히 일간과 일지가 충을 이루는 경우)는 본인의 신체적 건강과 직접적인 관련이 있습니다.

⑵ 자오충(子午沖), 묘유충(卯酉沖) 등의 강한 충이 있으면 몸이 약하거나 큰 변동이 있을 수 있습니다.

마) 운세에서 극단적인 충과형이 반복되는 경우

자체가 안정적인 구조를 가지고 있다면 대운이나 세운에서 극단적인 충(沖), 형(刑), 파

(破)가 지속적으로 발생하며 건강에 문제를 겪을 가능성이 큽니다.

2) 중요한 점

가) 고정된 운명이 아니다: 기본적인 구조가 다소 불리하게 태어났다 하더라도 후천적인 노력과 조치(운조절 건강 관리 생활)로 개선할 수 있습니다.

나) 적절한 개운법이 필요하다: 예를 들어 건강이 약한 규칙적인 생활 올바른 식습관 명상 기공 등으로 기운을 보강할 수 있습니다.

다) 하나의 참고자료일 뿐이다: 단순히 단명할 오주(사주)라고 단정을 짓기보다 어떻게 하면 건강하고 장수할 수 있는지를 연구하는 것이 더 바람직합니다.

라. 흉사(凶死)인 경우

1) 흉한 오주(사주)의 대표적인 특징

가) 형(刑), 충(沖), 파(破), 해(害)가 강한 경우

(1) 일주나 주요 지지에서 강한 충돌이 발생하면 삶에서 갈등 사고 건강 문제 등이 발생할 가능성이 있습니다.

(2) 예: 인오술(寅午戌) 화국(火局)인데 자수(子水)가 들어와 강한 충이 발생하는 경우

나) 기운이 너무 강하거나 약한 경우

(1) 극단적으로 강한 오행이 있거나 특정 오행이 거의 없는 경우 균형이 깨져 문제가 생길 수 있습니다.

(2) 예: 목(木)이 과다하여 기운이 너무 강하면 대인관계에서 충돌이 많아지고 반대로 너무 약하면 추진력이 부족할 수 있습니다.

다) 신약(身弱)하고 극을 받을 경우

(1) 자신의 기운(일주)이 약한데 주변에서 극(剋)을 강하게 받으면 어려움을 겪기 쉽습니다.

(2) 예: 일간이 계수(癸水)인데 화(火)가 강하여 수(水)를 극하는 경우에 해당합니다.

라) 재다신약(財多身弱), 관살혼잡(官殺混雜) 등 전통적으로 불리한 구조입니다.

2) 흉한 오주(사주)의 극복 방법

가) 대운과 세운 활용

(1) 불리한 기운이 강한 대운(大運)이나 세운(歲運)을 통해 이를 보완하는 시기를 활용해야 합니다.

(2) 예: 목(木)이 너무 많다면 금(金)이 오는 시기를 활용하여 균형을 맞출 수 있습니다.

나) 직업과 환경 조절

⑴ 직업을 선택하고 좋은 환경을 조성하면 운을 개선할 수 있습니다.

⑵ 예:물(水)이 강한 사람은 유통업 해운업이 유리할 수 있고 불(火)이 강한 사람은 IT 전자 업계가 적합할 수 있습니다.

다) 이름 개명 풍수 활용: 부족한 오행을 보완하는 이름을 사용하거나 생활환경을 조정하여 기운을 좋게 만들 수 있습니다.

라) 마음가짐과 행동 변화: 흉한 요소가 많아도 긍정적인 태도와 꾸준한 노력이 결국 운을 변화시킬 수 있습니다.

마) 흉한 오주(사주)가 있더라도 이를 어떻게 활용하고 조절하느냐에 따라 인생의 방향이 바뀔 수 있습니다. 운명을 받아들이기보다 활용하는 지혜가 중요합니다.

마. 사운(死運)인 경우

1) 사운(死運)의 의미

가) 운세의 쇠퇴기

⑴ 개인의 기운이 가장 약해지는 시기입니다.

⑵ 육친(부모 배우자 자식 등)과의 인연이 멀어질 수 있습니다.

⑶ 사업 건강 인간관계 등에서 큰 변화가 발생할 가능성이 큽니다.

나) 인생의 중요한 변곡점

⑴ 사업 실패 이전 건강 약화 등 큰 위기가 올 수 있습니다.

⑵ 이 시기를 잘 넘기면 새로운 시작을 할 수 있는 계기가 됩니다.

다) 육십갑자에서의 해석

⑴ 가운은 대운(10년 단위의 운)이나 세운(1년 단위의 운)에서 특정한 조합이 나타날 때 발생합니다.

⑵ 개인의 운에 따라 사운이 언제나 오는지 다릅니다.

2) 사운(死運)을 극복하는 방법

가) 오주(사주) 분석을 통한 대비

⑴ 자신의 운을 정확히 분석하고 사운이 오는 시기를 미리 파악합니다.

⑵ 그 시기에는 무리한 도전보다는 내실을 다지는 것이 중요합니다.

나) 운을 보완하는 방법 활용

⑴ 명리학적으로 도움이 되는 색상 방향 숫자 활용하는 것이 좋습니다.

⑵ 좋은 기운을 주는 사람들과의 교류 증가하는 것이 좋습니다.

다) 조심해야 할 행동

(1) 큰 투자나 결정을 미루는 것이 좋습니다.

(2) 건강을 최우선으로 관리를 해야 합니다.

라) 사운은 피할 수 없는 인생의 한 과정이지만 이를 극복하면 더 나은 운세를 맞이할 수 있습니다. 오주(사주)를 기반으로 미리 대비하고 긍정적인 방향으로 변화의 계기로 삼는 것이 중요합니다.

바. 오행에 의한 갑(甲), 을(乙)의 병(病)과 질병(疾病)

1) 목(木)의 속성과 건강

오행에서 목(木)은 성장 생명력 확장 유연함을 의미합니다. 이는 인체에서 간(肝)과 담(膽)에 해당하며 근육 힘줄 신경계와도 관련이 있습니다. 목이 강하거나 약할 때 나타나는 건강 문제를 정리하면 다음과 같습니다.

2) 갑목(甲木)에 의한 병

가) 갑목은 큰 마무(양목, 陽木)로 곧게 뻗는 거목과 같습니다.

나) 강인한 기운을 가지며 추진력과 리더심을 상징하지만 지나치면 경직될 수 있습니다.

(1) 갑목이 과하면 생기는 문제

(가) 간(肝)의 기능이 지나치게 활발하여 간울(肝鬱)이 생길 수 있습니다.

(나) 강인한 기운을 가지며 추진력과 리더십을 상징하지만 지나치면 경직될 수 있습니다.

(다) 근육 경직 관절통 인대 손상이 발생합니다.

(라) 고혈압 두통 편두통이 심합니다.

(2) 갑목이 약하면 생기는 문제

(가) 간 기능 저하: 해독 능력 약화 피로감 증가합니다.

(나) 근력저하 허약 체질입니다.

(다) 혈압이 낮아지고 기력이 떨어집니다.

(라) 성장 장애 근육 발달 부족합니다.

3) 을목(乙木)에 의한 병

가) 을목(乙木)은 작은 풀이나 덩굴(음목 陰木)과 같습니다.

나) 부드럽고 유연하지만 약하고 쉽게 휘어질 수 있는 특성을 가집니다.

(1) 을목이 과하면 생기는 문제

(가) 지나치게 유약하여 소화 기능 장애 발생(특히 비위 기능이 약해짐)합니다.

㈏ 체력이 약하고 쉽게 피로를 느낍니다.

㈐ 신경이 예민하고 불안장애가 있을 수 있습니다.

㈑ 저혈압, 빈혈 등의 순환 문제가 생깁니다.

㈒ 간이 예민하여 알코올이나 독소에 민감한 반응이 있습니다.

⑵ 을목이 약하면 생기는 문제

㈎ 면역력이 낮고 감염에 쉽게 걸리기 쉽습니다.

㈏ 신체가 허약하여 기운이 부족합니다.

㈐ 관절이 약해 자주 삐고 골절이 잘 됩니다.

㈑ 스트레스에 취약하고 우울감이 생길 가능성이 높습니다.

4) 목(木) 기운 조절법

가) 갑목이 강한 경우

⑴ 유연성을 기르기 위해 요가 스트레칭 명상 추천합니다.

⑵ 스트레스 조절이 중요하며 차분한 생활 습관 필요합니다.

⑶ 지나친 경쟁과 강한 리더십을 완화할 필요가 있습니다.

나) 갑목이 약한 경우

⑴ 근육 운동과 체력 단련을 통해 목기운을 보강해야 합니다.

⑵ 단백질 섭취를 늘리고 체력강화 식품(예: 견과류, 녹색 채소) 섭취하면 좋습니다.

다) 을목이 강할 경우

⑴ 정신적인 안정이 필요하며 호흡 명상 심리적 안정 활동이 도움이 됩니다.

⑵ 속이 더부룩하거나 소화 장애가 있을 수 있으므로 따뜻한 음식 섭취가 좋습니다.

라) 을목이 약한 경우

⑴ 면역력 강화를 위해 따뜻한 음식 기혈 순환을 돕는 한방차(대추차, 생강차 등) 섭취에 도움이 됩니다.

⑵ 체력이 부족하므로 무리한 활동보다는 점진적인 운동이 중요합니다.

5) 마무리

갑목과 을목은 같은 목(木) 기운이지만 강한 거목(甲木)과 부드러운 덩굴(乙木)처럼 성질이 다릅니다. 따라서 자신의 오주(사주)에서 목의 강약을 피하고 적절한 건강 관리법을 적용하는 것이 중요합니다.

사. 오행에 의한 병(丙), 정(丁)의 병(病)과 질병(疾病)

1) 병화(丙火)와 건강

가) 병화의 특성: 태양처럼 밝고 강렬하며 열정적이고 활발한 에너지를 가집니다.

나) 주요 관련 기관: 심장 소장 혈관 신경계를 조심해야 합니다.

다) 가능한 질병

(1) 심혈관 질환: 고혈압, 심근경색, 부정맥이 발생할 소지가 있습니다.

(2) 소화기 질환: 소화불량, 위염, 장염에 조심해야 합니다.

(3) 정신적 질환: 불안, 초조, 신경과민, 분노조절 장애 조절이 필요합니다.

(4) 열성질환: 염증, 열사병, 발진 등도 일어날 수 있습니다.

라) 병화가 너무 강하면

(1) 심장이 과도하게 활동하여 고혈압 심장병 발생 가능합니다.

(2) 화(火)가 극심하면 수(水)를 극하므로 신장 방광에 부담이 됩니다.

(3) 쉽게 흥분하고 신경이 예민해져 불면증이나 두통 발생합니다.

마) 병화가 너무 약하면

(1) 혈액순환이 원활하지 않아 수족냉증 저혈압 발생합니다.

(2) 에너지 부족으로 무기력감 소화 기능 저하가 일어납니다.

2) 정화(丁火)와 건강

가) 정화의 특성: 촛불이나 등불처럼 지속적이지만 섬세하고 유동적인 불의 에너지를 가집니다.

나) 주요 관련 기관:심장 혈액 눈 신경계 조심해야 합니다.

다) 가능한 질병

(1) 눈 질환: 안구건조증 시력 저하 백내장이 생길 수 있습니다.

(2) 심장 및 혈액 문제: 빈혈, 저혈압, 심장 기능 저하가 발생합니다.

(3) 정신적 문제: 우울증, 감정 기복, 신경쇠약이 발생합니다.

(4) 호흡기 질환: 기관지염, 천식, 인후염을 생깁니다.

라) 정화가 너무 강하면

(1) 감정 기복이 심하고 예민하여 불안장애 발생 가능합니다.

(2) 신경이 과민해져 스트레스성 질환 증가합니다.

(3) 심장이 부담이 커져 불면증, 두근거림 발생합니다.

마) 정화가 너무 약하면

(1) 면역력이 저하되어 쉽게 감기에 잘 걸립니다.

(2) 몸이 차고 혈액순환이 원활하지 않습니다.

⑶ 우울감과 무기력함이 증가합니다.

3) 병화, 정화 건강 관리 방법

가) 병화가 강한 사람: 몸을 차게 하는 음식(수박, 오이, 미역, 녹두 등) 섭취 규칙적인 운동으로 열기 발산합니다.

나) 병화가 약한 사람: 따뜻한 음식(생강차, 계피차 등) 섭취 심장과 혈액순환 강화 운동이 좋은 작용을 합니다.

다) 정화가 강한 사람: 스트레스 관리 차가운 성질의 음식 섭취(배, 보리차 등) 과한 감정 기복 조절이 필요합니다.

마) 정화가 약한 사람: 따뜻한 차(대추차, 홍삼차 등) 섭취 심장 강화 운동 긍정적인 마인드 유지합니다.

아. 오행에 의한 무(戊), 기(己)의 병(病)과 질병(疾病)

1) 무토(戊土)와 질병

가) 무토의 성질

⑴ 강한 산, 무거운 흙이 안정적이지만 단단한 기운입니다.

⑵ 보수적이며 고집이 강하고 완고한 성향을 띕니다.

⑶ 습기를 머금고 있으면 건강에 해롭습니다.

나) 무토가 강할 때의 질병

⑴ 비장 위장 기능 이상(소화불량, 위궤양, 위염)이 발생합니다.

⑵ 변비 위산 과다 장내 가스증가 합니다.

⑶ 체내 수분 부족으로 인한 건조증(피부 건조, 탈수, 갈등)이 증가합니다.

⑷ 관절 및 근육경직(특히 허리와 무릎)도 발생합니다.

다) 무토가 약할 때의 질병

⑴ 위장 허약(소화불량 식욕부진)합니다.

⑵ 설사 만성 위장병이 있습니다.

⑶ 체력이 떨어지고 쉽게 피로성을 느낍니다.

⑷ 골밀도 저하(골다공증)가 발생합니다.

라) 건강관리법

⑴ 습기를 제거하는 것이 중요: 지나치게 습한 환경 피하기가 최선책입니다.

⑵ 위장을 보호하는 식습관 유지: 너무 기름지거나 맵고 자극적인 음식 피하는 것이 좋습니다.

(3) 몸을 적당히 움직여 순환 촉진: 너무 가만히 있으면 기운이 정체됩니다.

2) 기토(己土)와 질병

가) 기토의 성질

(1) 부드럽고 비옥한 흙 자양분을 품는 성질을 가집니다.

(2) 유연하고 포용력이 있지만, 습기 영향을 쉽게 받습니다.

(3) 변덕스럽고 감정 기복이 있습니다.

나) 기토가 강할 때의 질병

(1) 습기가 많아져 비장과 위장(소화 장애, 위염, 과민성 대장 증후군)이 약해집니다.

(2) 체내 노폐물 축척으로 인한 부종이 생깁니다.

(3) 당뇨병(특히 비만형 당뇨)에 노출됩니다.

(4) 면역력 저하 알레르기 피부 이상이 생깁니다.

다) 기토가 약할 때의 질병

(1) 영양 부족으로 인해 기력이 약해(빈혈 저혈압)집니다.

(2) 근육량 부족 근력 약화가 생깁니다.

(3) 피로감이 심하고 면역력이 떨어집니다.

(4) 피부 탄력 저하, 잦은 소화불량이 일어납니다.

라) 건강 관리법

(1) 건조한 환경 유지: 너무 습한 기운을 제거하는 것이 중요합니다.

(2) 위장 강화: 따뜻한 음식을 섭취하고 지나치게 찬 음식은 피하기를 해야 합니다.

(3) 스트레스 관리: 감정 기복이 심할 경우 위장기능이 쉽게 약해집니다.

(4) 운동을 통한 순환 촉진: 기혈 순환이 막히지 않도록 가벼운 운동 유지하는 것이 중요합니다.

3) 결론

무토와 기토는 공통적으로 비위(脾胃)와 관련된 질병에 취약하므로 소화기 건강을 지키는 것이 핵심입니다. 무토는 건조한 환경에서 위장 보호가 중요하고 기토는 습기 조절과 면역력 유지에 신경 써야 합니다.

자. 오행에 의한 경(庚), 신(辛)의 병(病)과 질병(疾病)

1) 경금(庚金)의 특징과 관련 질병

가) 경금은 강하고 단단한 금속을 의미하며 검(劍)이나 큰 바위처럼 강한 기운을 가집니다.

나) 원래 강하고 거친 성질이지만 너무 강하면 단단함이 지나쳐 경직 압박 냉정함이 극대화 됩니다.

다) 폐와 대장 계통과 관련이 깊으며 관련된 질병으로 는 다음이 있습니다.

(1) 경금의 불균형으로 나타나는 질병

(가) 폐 관련 질환: 기관지염, 천식, 폐렴, 폐섬유화

(나) 대장질환: 변비, 대장염, 장염

(다) 골격 관련: 관절염, 골다공증

(라) 피부 질환: 건선, 아토피, 건조증

(마) 기타: 신경성 긴장, 근육 경직, 피로 누적

(2) 경금이 과할 때

(가) 신체가 너무 경직되거나 조직이 딱딱해지는 문제가 생깁니다.

(나) 폐 기능이 약해지고 호흡이 힘들어질 수 있습니다.

(다) 대장 활동이 저하되어 변비나 장 트러블이 발생합니다.

(3) 경금을 조절하는 방법

(가) 수(水)의 기운을 활용하여 부드럽게 만들기(예: 따뜻한 차, 유연한 운동)를 해야 합니다.

(나) 화(火)의 기운으로 경금을 녹여 유연성을 높이기(예: 따뜻한 음식, 사우나, 명상, 소금물)를 권장합니다.

2) 신금(辛金)의 특징과 관련 질병

가) 신금은 귀금속과 같은 성향으로 경금보다 정밀하고 세밀한 특징을 가집니다.

나) 예리하고 날카로운 성질이 있으며 감각이 예민하고 분석적인 기질이 강합니다.

다) 이는 피부 폐 신경계와 연관이 있으며 아래와 같은 질병을 유발할 수 있습니다.

(1) 신금의 불균형으로 나타나는 질병

(가) 폐와 기관지 질환: 감기 알레르기성 비염, 기관지염, 천식

(나) 피부 질환: 피부염, 건선, 아토피, 습진

(다) 신경성 질환: 불면증, 우울증, 신경과민

(라) 혈액 관련 질환: 빈혈, 혈액순환 장애

(마) 기타: 소화불량, 입안 염증

(2) 신금이 과할 때

(가) 감각이 과도하게 예민해져서 스트레스가 증가합니다.

(나) 피부가 건조해지거나 예민해져서 가려움증 염증이 발생합니다.

㈐ 신경성이 예민해져서 불면증이나 우울감이 심해질 수 있습니다.

(3) 신금을 조절하는 방법

㈎ 목(木)의 기운을 활용하여 신금을 조절(예: 신선한 채소 산책 자연과의 접촉)하는 것이 필수입니다.

㈏ 화(火)의 기운을 통해 지나친 냉기를 없애기(예: 따뜻한 차, 긍정적 사고)가 중요합니다.

3) 경금과 신금의 균형 유지 방법

가) 금(金)의 기운이 너무 강하면 차가운 기운이 증가하여 폐와 대장이 약해집니다.

나) 지나치게 강한 금은 몸을 경직시키고 약한 금은 기력저하로 이어집니다.

다) 수(水)와 화(火)를 적절히 활용하여 균형을 잡는 것이 중요합니다.

라) 운동 따뜻한 음식 규칙적인 생활 습관이 금의 기운을 조절하는 데 도움이 됩니다.

마) 금이 부족할 때: 근골격이 약해지고 기운이 빠지며 의욕이 저하될 수 있습니다.

바) 금이 과할 때: 몸이 경직되고 차가워지며 감정이 냉소적이거나 예민해질 수 있습니다.

4) 결론

경금은 강직하고 단단한 특성이 있어 폐와 대장에 영향을 미치며 신금은 예민하고 정밀한 성질로 피부와 신경계에 영향을 줍니다. 각자의 균형을 유지하는 것이 건강 유지의 핵심이며 음식과 생활 습관을 통해 오행을 조화롭게 다스리는 것이 중요합니다.

차. 오행에 의한 임, 계(壬, 癸)의 병(病)과 질병(疾病)

1) 임수(壬水)의 특성과 관련 질병

가) 특성

(1) 강한 대양(大洋)과 같은 물의 기운이 강합니다.

(2) 유연하지만 거침없고 때로는 과격합니다.

(3) 깊고 넓으며 추진력이 강합니다.

(4) 차가운 속성을 가집니다.

나) 관련 질병

(1) 신장(腎臟), 방광(膀胱), 생식기 관련 질환

(2) 신부전, 방광염, 요로결석, 전립선 문제

(3) 순환기 계통 질환

(4) 혈압 이상(고혈압, 저혈압)

(5) 혈액순환 장애

다) 호흡기 계통 질환: 폐렴, 기관지염, 천식

라) 정신적 문제: 우울증, 스트레스 과다, 불안장애

마) 냉증(冷症) 관련 질환

2) 계수(癸水)의 특성과 관련 질병

가) 특성

(1) 이슬이나 빗물처럼 조용하고 섬세한 물입니다.

(2) 촉촉한 기운을 가집니다.

(3) 임수보다 부드럽고 유순한 성향이 있습니다.

(4) 지혜롭고 세밀하지만 우울해지기 쉬습니다.

나) 관련 질병

(1) 신장(腎臟)과 내분비 계통 질환이 있습니다.

(2) 신장 기능 저하 요실금 호르몬 불균형으로 병이 발생합니다.

다) 위장 및 소화기 문제: 설사 위산 과다 소화불량이 발생합니다.

라) 피부 질환: 습진 피부 트러블 여드름 건선이 생길 수 있습니다

마) 신경 및 정신 질환: 신경쇠약 불안 과도한 공포증이 생깁니다.

바) 냉증과 저체온 관련 문제: 쉽게 피로함, 기력 저하되고 체력이 약합니다.

3) 임수, 계수 불균형 시 건강 관리법

가) 과다할 때(忌水太過)

(1) 몸이 차가워지고 순환이 원활하지 않음: 따뜻한 성질의 음식(생강 계피 인삼) 섭취가 필수입니다.

(2) 신장 기능 약화: 적절한 운동과 따뜻한 찜질을 추천합니다.

나) 부족할 때(忌水不足)

(1) 체액이 부족으로 신장 방광 기능 저하: 수분 섭취 증가(따뜻한 물 권장)가 필수입니다.

(2) 정신적으로 불안정해짐: 명상 음악 감상 물가 산책 추천합니다.

카. 오주학(五柱學) 지지(地支)와 오행(五行) 병(病)과 질병疾病)

1) 해(亥), 자(子), 축(丑)

가) 오행적 관점에서 본 건강특징

(1) 해(亥), 자(子), 축(丑) 세 지지는 모두 수(水) 기운이 강하거나 수(水)와 관련이 있습니

다.

㈎ 해(亥):오행에서 양의 수(水)로 신장(腎), 방광(膀胱), 생식기와 관련이 있습니다.

㈏ 자(子):오행에서 음의 수(水)로 혈액(血) 뇌(腦), 신경계와 관련이 있습니다.

㈐ 축(丑):오행에서 습토(濕土)로 비장(脾), 위장(胃腸), 소화기와 관련이 있습니다.

⑵ 수(水)가 너무 강하면 냉증(冷症), 혈액순환 장애 신장 기능 약화 등의 문제가 생길 수 있으며 반대로 너무 약하면 진액 부족 피부 건조 탈수 등의 증상이 나타날 수 있습니다.

나) 해자축과 질병

⑴ 신장과 방광 질환

㈎ 해자축은 수(水)의 영향이 강하기 때문에 신장과 방광에 부담이 될 가능성이 큽니다.

㈏ 신장 기능 저하: 만성 피로 용통 부종 혈압이 상이 생길 수 있습니다.

㈐ 방광 문제: 빈뇨(頻尿) 신장결석 방광염 등 하 초 이상이 발병합니다.

⑵ 혈액순환 및 냉증

㈎ 수(水)는 차가운 기운이므로 혈액순환이 원활하지 않으면 손발이 차가워지고 어지러움, 저혈압 등의 문제가 생길 수 있습니다.

㈏ 특히 여성의 경우 생리 불순 자궁 건강 문제 등이 발생할 가능성이 있습니다.

⑶ 정신 건강 및 신경계

㈎ 자(子)는 뇌(腦)와 관련이 있어 스트레스 불안 우울감이 심해질 수 있습니다.

㈏ 수(水) 기운이 과하면 우울증 무기력증이 발생하고 부족하면 신경쇠약 불안장애가 나타날 수 있습니다.

⑷ 소화기 질환(특히 축(丑)과 관련)이 냉해서 일어납니다.

다) 건강 관리법(해자축이 강한 경우)

⑴ 신장 보호: 따뜻한 차(생강차, 계피차) 신장에 좋은 음식(검은콩 다시마, 미역) 섭취가 중요합니다.

⑵ 혈액순환 개선: 운동(특히 하체 운동), 반신욕 지압 마사지도 도움이 됩니다.

⑶ 스트레스 관리: 명상 요가 충분한 숙면이 좋습니다.

⑷ 소화기 관리: 과식 피하기 따뜻한 음식 섭취 습기 조절이 필요합니다.

2) 인(寅), 묘(卯), 진(辰)

가) 인묘진(寅卯辰)의 특징

⑴ 인(寅): 양목(陽木): 큰 나무 발산하는 에너지입니다.

(2) 묘(卯): 음목(陰木): 작은 나무 조화를 이루는 에너지입니다.

(3) 진(辰): 습토(濕土): 목(木)의 뿌리가 내리는 역할

(4) 이 조합은 목(木)이 매우 강한 구조를 형성합니다. 오주(사주)에서 목(木)이 지나치게 강하면 기운이 한쪽으로 치우쳐 균형이 깨지므로 건강상의 문제가 발생할 가능성이 있습니다.

나) 건강에 미치는 영향

(1) 간(肝) 기능 관련 문제

(가) 목(木)은 오행에서 간(肝)과 담(膽)을 주관합니다.

(나) 인묘진(寅卯辰)이 강하면 간의 기운이 과도해져 간 기능 과부하 간염 지방간 피로 등의 문제가 생길 수 있습니다.

(다) 특히 스트레스를 받으면 간의 기운이 더욱 왕성해지므로 감정 조절이 필요합니다.

(2) 신경계 및 혈압 문제

(가) 목(木)은 기혈(氣血)의 순환과 관련이 있어 인 묘진 구조가 강하면 혈압상승, 두통, 눈의 피로 등의 증상이 나타날 수 있습니다.

(나) 감정 기복이 심해질 가능성이 있으며 특히 분노와 짜증을 조절하는 것이 중요합니다.

(3) 근육과 관련 문제

(가) 목(木)은 근육과 인대를 담당하므로 목(木)이 지나치게 강하면 관절통 허리 디스크 손목터널증후군 등이 생길 수 있습니다.

(나) 반대로 목(木)이 약하면 근육이 약해지고 쉽게 피로해지는 문제가 나타납니다.

(4) 소화기 문제(비장, 위장약화)

(가) 목극토(木剋土)의 원리로 인해(土) 기운이 약해지면 위장장애, 소화불량, 설사 등이 나타날 수 있습니다.

(나) 특히 습한 환경에서 문제가 심해질 수 있으므로 음식 조절과 습기 제거가 필요합니다.

다) 건강 관리 방법

(1) 간 건강 유지

(가) 알코올 기름진 음식 가공식품 섭취를 줄이고 녹색 채소, 해독 음식(레몬, 미나리, 브로콜리) 등을 섭취하면 좋습니다.

(나) 명상 호흡운동 등을 통해 스트레스를 관리하는 것이 중요합니다.

(2) 혈액순환 촉진

(가) 가벼운 유산소 운동(걷기, 조깅, 요가 등)으로 기혈 순환을 원활하게 합니다.

(나) 혈압이 높아질 가능성이 있으므로 칼륨이나 풍부한 음식(바나나, 고구마, 아보카

도)을 섭취하는 것이 좋습니다.

(3) 관절과 근육 관리

㈎ 스트레칭 마사지 따뜻한 찜질 등을 근육과 관절을 보호해야 합니다.

㈏ 오랜 시간 앉아 있는 자세를 피하고 규칙적으로 자세를 바꿔주는 것이 중요합니다.

(4) 소화 기능 개선

㈎ 소화기 부담을 줄이기 위해 따뜻한 음식을 먹고 찬 음식과 기름진 음식을 피하는 것이 좋습니다.

㈏ 습기가 많은 환경에서는 제습기 사용 따뜻한 차(생강차, 대추차) 섭취가 도움이 됩니다.

라) 결론

인묘진은 강한 목의 기운을 형성하여 간, 신경계 혈액순환 근육과 관절 소화기 등에 영향을 줄 수 있습니다. 따라서 간 건강 관리, 혈액순환 촉진, 관절보호, 소화기 강화 등의 생활 습관을 실천하는 것이 중요합니다.

3) 사(巳), 오(午), 미(未)

가) 사오미(巳午未)의 오행적 특징

(1) 사(巳)-음화(陰火)

㈎ 뱀(蛇)의 기운 지혜로움과 계산적인 성향입니다.

㈏ 열이 많고 신경계통과 순환기 계통에 영향이 있습니다.

㈐ 위장 건강에 신경을 써야 합니다.

(2) 오(午)-양화(陽火)

㈎ 말(馬)의 기운 역동적이고 강한 에너지입니다.

㈏ 심장 혈압 혈액순환과 연관이 있습니다.

㈐ 혈관 건강과 고혈압 주의가 필요합니다.

(3) 미(未)-음토(陰土), 화생토(火生土)의 특성

㈎ 양(羊)의 기운 화(火)에서 생기는 토(土)의 성질에 합니다.

㈏ 위장과 소화기관과 관련이 있습니다.

㈐ 습담(濕痰) 문제 및 위장 질환에 주의가 필요합니다.

나) 건강과 질병 관련 해석

(1) 강화 화(火)의 영향

㈎ 사오미가 강하게 작용하면 열이 많아지고 과열로 인해 심장 순환기 계통의 질병이 발생할 수 가능성이 큽니다.

(나) 급하고 성격이 불같다면 스트레스 관리 필요합니다.

(2) 화극금(火克金)의 작용

(가) 금(金)은 폐와 관련 있으므로 화(火)가 가하면 폐 기능 약화 가능성이 있습니다.

(나) 폐렴 기관지염 등의 호흡기 질환 조심해야 합니다.

(3) 화생토(火生土)의 영향

(가) 화(火)는 토(土)를 생성하므로 소화기 계통 (위장, 비장)에 영향을 줍니다.

(나) 소화불량 위염 위궤양 장트러블 등이 나타날 가능성이 높습니다.

(4) 습열(濕熱) 조심

(가) 사오미의 조합은 습열(濕熱, 습하고 뜨거운 기운)의 작용이 강하므로 피부병 염증성 질환 류머티즘 등에 취약합니다.

(나) 몸에 열이 많다면 신장과 간 건강 관리 필요합니다.

다) 건강관리법

(1) 심장과 혈액순환 관리: 혈압조절 과도한 스트레스 피하기가 상책입니다.

(2) 소화기 건강 유지: 자극적인 음식 피하고 따뜻한 음식 섭취해야 합니다.

(3) 호흡기 보호: 건조한 환경 피하고 충분한 수분 섭취가 필요합니다.

(4) 운동으로 기운 조절: 가벼운 유산소 운동으로 순환을 원활하게 유지가 좋습니다.

(5) 사오미가 강하게 작용하는 경우 열을 내리는 음식과 생활 습관을 유지하는 것이 건강에 중요합니다.

4) 신(申), 유(酉), 술(戌)

가) 신유술(申酉戌)의 오행 해석

(1) 신(申)-양금(陽金): 폐 기관지 대장과 관련

(2) 유(酉)-유금(陰金): 폐 기관지 피부와 관련

(3) 술(戌)-양토(陽土): 소화기(특히 위, 비장) 면역력과 관련

(4) 이 조합은 금(金)의 기운이 강하고 토(土)의 기운이 이를 뒷받침하는 형국입니다. 금과 토의 관계를 중심으로 건강 문제를 살펴볼 수 있습니다.

나) 신유술(신유술)의 건강특징 및 질병

(1) 호흡기 및 폐 기능 문제

(가) 금(金)이 강한 구조이므로 폐 기관지 대장과 연관된 질환이 나타날 수 있습니다.

(나) 폐렴 기관지염 천식 알레르기성 비염 등에 취약합니다.

(다) 건조한 환경에서 건강이 악화될 가능성이 높습니다.

(2) 피부 질환 및 면역력 저하

(가) 금(金)은 피부와 관련 있으며 금 기운이 너무 강하면 피부 건조 아토피 습진 피부 트러블 등이 생기기 쉬습니다.

(나) 면역력이 저하되면 알레르기 반응이 심해질 가능성이 큽니다.

(3) 소화기 문제

(가) 토(土)의 기운을 가진 술(戌)이 포함되어 있어 위장과 비장 기능에 영향을 줍니다.

(나) 위염 소화불량 역류성 식도염 등의 소화기 질환 발생 가능합니다.

(다) 신유술 구조는 토극수(土克水) 작용이 강하므로 신장 방광 기능이 약해질 수도 있습니다.

(4) 골격 및 신경계 문제

(가) 금(金)이 뼈와 치아와도 있어 골밀도 저하 관절 문제가 있을 가능성이 있습니다.

(나) 만약 금 기운이 과하면 경직 근육통 신경성 질환이 생길 수 있습니다.

다) 건강 관리법 및 예방책

(1) 호흡기 보호

(가) 건조한 환경을 피하고 수분 섭취를 충분히 할 것입니다.

(나) 감기 기관지 질환 예방을 위해 따뜻한 차(도라지, 생강차) 섭취해야 합니다.

(다) 미세먼지와 찬바람을 주의하여 마스크 착용도 좋은 예방책입니다.

(2) 위장 건강 관리

(가) 자극적인 음식(특히 기름진 음식 찬음식) 피하기입니다.

(나) 규칙적인 식사와 충분히 수면으로 소화 기능 강화를 해야 합니다.

(3) 면역력 강화

(가) 금(金)이 너무 강하면 면역계 혼란이 올 수 있으므로 수(水)의 기운(예: 충분한 휴식 명상)을 보충하여 균형유지가 중요합니다.

(나) 비타민씨 유산균 섭취로 면역력을 보강합니다.

(4) 골격 건강 유지가 필수입니다.

(가) 뼈 건강을 위해 칼슘과 마그네슘이 풍부한 음식 섭취(견과류, 멸치, 우유)가 중요합니다.

(나) 무리한 운동보다는 스트레칭 요가 가벼운 근력 운동을 추천합니다.

(5) 피부관리

(가) 피부 건조를 방지하기 위해 보습제 사용을 권장합니다.

(나) 스트레스 관리를 통해 신경성 피부 질환 예방이 중요합니다.

라) 결론

신유술은 금(金)의 기운이 강하고 토(土)의 기운이 이를 보완하는 구조입니다. 이는 호흡기 피부 위장 골격과 관련된 건강 문제를 유발할 가능성이 큽니다. 따라서 수분 보충 면역력 강화 위장 건강 관리 피부보호 등을 통해 건강을 유지하는 것이 중요합니다.

(1) 추천 식품: 도라지 생강 유산균 따뜻한 음식 섭취를 권장합니다.

(2) 주의할 점: 찬 음식 기름진 음식 건조한 환경 과도한 스트레스를 피해야 합니다.

5. 오주학(五柱學)의 실명감정(實命鑑定) 요령(要領)

가. 오주(五柱)란

1) 사주(四柱)는 일반적으로 년주, 월주, 일주, 시주의 네 개 기둥으로 구성됩니다. 그러나 이를 더욱 정밀하게 분석하기 위해 분주(分柱)까지 포함하여 다섯 개의 기둥을 고려하는 것이 오주(五柱) 감정법입니다.

가) 년주(年柱): 조상운 환경 초기 운세

나) 월주(月柱): 부모운 성장 과정, 사회적 기반

다) 일주(日柱): 본인의 성격 배우자운

라) 시주(時柱): 후반기 운세, 자식운, 노후

마) 분주(分柱): 특정 시기의 운세 흐름을 세밀하게 분석

2) 실명감정(實命鑑定)의 핵심 요령

가) 원국(原局) 분석

(1) 오행(五行)의 균형과 상생, 상극 관계을 파악합니다.

(2) 용신(用神)과 희신(喜神)을 찾아 부족한 기운을 보완합니다.

나) 대운(大運) 및 세운(歲運) 해석

(1) 인생의 흐름을 대운과 세운을 통해 예측합니다.

(2) 특정 시기에 좋은 운과 나쁜 운을 분석하여 대비책 마련해야 합니다.

다) 십신(十神) 활용

(1) 재성(財星): 재물운 사업운

(2) 관성(官星): 직업운 명예운

(3) 인성(印星): 학문운 정신적 안정

(4) 식상(食傷): 창의성 자식운

(5) 비겁(比劫): 경쟁 협력 관계

라) 특수 격국(格局) 검토

(1) 종격(從格), 특수격(專旺格) 여부을 판단합니다.

(2) 희신이 강하게 작용하는 시기을 분석합니다.

마) 시대적 흐름 반영

(1) 전통적인 분석요법을 유지하면서 현대 사회에서의 적용법 고려해야 합니다.

(2) 재물, 직업, 건강 등 실생활에 맞게 해석해야 합니다.

바) 실제 상담 적용

(1) 감정 결과를 실제 삶에 적용할 수 있도록 실질적 조언 제공해야 합니다.

(2) 과거 경험과 미래 예측을 조화롭게 설명을 진행해야 합니다.

3) 오주(五柱) 감정은 기존 사주보다 더 정밀한 해석 이 가능하며 실명감정(實命鑑定)을 통해 구체적이고 현실적인 조언이 가능합니다.

나. 오주(년주, 월주, 일주, 시주, 분주)

1) 오주(五柱) 정확히 정하는 요령

가) 년주(年柱)-태어난 해의 간지

(1) 출생한 양력 또는 음력의 연도를 간지(干支)로 변환합니다.

(2) 입춘(立春, 2월 3~5일경)을 기준으로 연도를 판단해야 합니다.

(3) 입춘 이전 출생:전년도 간지를 적용합니다.

(4) 입춘 이후 출생:해당 연도를 간지를 적용합니다.

나) 월주(月柱)-태어난 달의 간지

(1) 출생한 달의 음력 기준 월간(月干)과 월지(月支)를 찾습니다.

(2) 월주는 24절기 기준으로 설정해야 하며 해당 달의 절입(節入, 월이 바뀌는 시점)을 정확하게 확인해야 합니다.

다) 일주(日柱)-태어난 날의 간지

(1) 출생한 날의 간지를 찾습니다.

(2) 일주는 하루의 주기이므로 변수가 적지만 윤달 등 음력 보정을 고려해야 합니다.

라) 시주(時柱)-태어난 시간의 간지

(1) 하루를 12지(子時~亥時)로 나누어 출생 시간을 확인합니다.

(2) 정확한 태어난 시각이 필요하며 해당 시각 이 어느 시지(時支)에 속하는지 판별합니다.

(3) 모호한 경우 조정법(예:자시의 전반, 후반 구분 등)을 활용할 수 있습니다.

마) 분주(分柱)-태어난 분의 간지(세운용)

(1) 실명 감정에서는 일반적으로 분주(分柱)를 포함하지 않는 경우가 많지만 세밀한 감정을 위해 분주를 고려할 수 있습니다.

(2) 분주는 120분을 나누어 설정하며 고급 감정에 활용되며 추후 뒤편에 분주 설명을 하겠습니다.

2) 실명감정 시 주의할 점

가) 출생 시간이 정확한지 확인(특히 자시에서 야, 지, 시, 경, 제)을 확실하게 구분하여야 함

니다.

나) 음력/양력 변환 정확하게 확인합니다.

다) 절기 기운 월주 판별(음력 날짜만으로 월간 판단하지 않기)이 중요합니다.

라) 분주 적용 여부를 감정에 목적에 맞게 결정하고 판단해야 합니다.

다. 대운(大運)과 세운(歲運)

1) 실명감정(實命鑑定)

가) 실명을 기준으로 오주(사주)를 감정하는 것을 의미합니다.

나) 보통은 태어난 연, 월, 일, 시, 분를 중심으로 분석하지만, 실명을 통한 한자 뜻풀이와 음양오행의 영향을 추가로 고려하는 경우도 있습니다.

2) 대운(大運)

가) 10년 단위로 변화하는 운세를 의미합니다.

나) 대운이 개인의 인생 흐름에 미치는 영향을 중요하게 보며 출생 시 기운(원국)과의 상호작용을 분석합니다.

다) 대운은 보통 출생연도를 기준으로 특정한 법칙에 따라 정해지며 인생의 중요한 흐름을 나타냅니다.

3) 세운(歲運)

가) 한 해 단위로 변화하는 운세입니다.

나) 매년의 간지(예: 甲辰, 乙巳 등)에 띠일 개인의 오주(사주)와 충돌하거나 조화를 이루면서 영향을 미칩니다.

다) 세운을 분석하면 해당 연도의 길흉화복을 예측할 수 있습니다.

4) 행운(幸運)

가) 일반적인 의미의 행운(좋은 운)을 뜻할 수도 있고 특정 시기에 따라 다가오는 운(대운, 세운 포함)을 지칭하기도 합니다.

나) 좋은 기운이 작용하는 시기를 의미하는 경우가 많습니다.

5) 세수(歲數)

가) 나이(나이)를 뜻하는 한자어입니다.

나) 한국식 나이(세는 나이) 또는 만 나이를 기준으로 대운이 적용되는 방식을 결정하기도 합

니다.

다) 대운이 몇 세부터 적용되는지 등을 파악할 때 중요한 요소가 됩니다.

라. 오행의 상생(相生)과 상극(相剋) 및 왕쇠(旺衰)

1) 오행의 상생과 상극

가) 상생(相生): 서로 돕고 기운을 보강해 주는 관계입니다.

나) 목생화(木生火): 화생토(火生土)〉〉토생금(土生 金)〉〉금생수(金生水)〉〉수생목(水生木)

다) 상극(相剋): 서로 제어하고 기운을 약하게 하는 관계를 살펴야 합니다.

라) 목극토(木剋土): 토극수(土剋水)〉〉수극화(水剋火)〉〉화극금(火剋金)〉〉금극목(金剋木)

마) 오행의 기운이 상생 관계로 흘러가면 원활하고 유리한 흐름을 형성하지만, 상극이 심하면 갈등과 장애가 발생할 수 있습니다.

2) 왕쇠(旺衰)와 월령(月令)의 관계

가) 태어난 기운인 월(月)의 영향을 가장 많이 받습니다. 월령(月令)은 해당 월의 기운을 나타내며 이를 기준으로 일간(日干)이 강한지(신강) 약한지(신약)를 판단할 수 있습니다.

나) 왕(旺): 해당 오행이 월령과 조화를 이루며 강한 상태에 해당합니다.

다) 쇠(衰): 월령의 기운과 맞지 않아 약해지는 상태에 해당합니다.

(1) 월령에 따른 오행의 강약 예시(양력 기준, 월령은 태양력을 따르지만, 음력을 따름)

(가) 봄(인월, 묘월, 진월): 목(木)이 왕하고 금(金)이 쇠합니다.

(나) 여름(사월, 오월, 미월): 화(火)가 왕하고 수(水)가 쇠합니다.

(다) 가을(신월, 유월, 술월): 금(金)이 왕하고 목(木)이 쇠합니다.

(라) 겨울(해월, 자월, 축월): 수(水)가 왕하고 화(火)가 쇠합니다.

3) 신강(身强)과 신약(身弱) 구분법

가) 신강(身强)과 신약(身弱)은 일간(日干)의 강약을 판단하는 중요한 기준입니다.

나) 신강(身强)의 조건

(1) 일간이 월령과 동일한 기운을 가질 때입니다.

(2) 일간을 도와주는 오행(생조, 비겁)이 많을 때입니다.

(3) 일간을 극하는 오행(관살, 재성)이 적을 때입니다.

다) 신약(身弱)의 조건

(1) 일간이 월령과 반대되는 기운을 가질 때입니다.

(2) 일간이 도와주는 오행이 적고 극하는 오행이 많을 때입니다.

4) 실전 적용 예시

가) 예를 들어 경금(庚金) 일간이 신월(申月, 가을)에 태어났다면

⑴ 금(金)이 왕한 계절(가을)이므로 경금은 월령의 힘을 받아 강합니다.

⑵ 따라서 신강(身强)으로 판단할 가능성이 높습니다.

⑶ 신강이면 재성(木)과 관성(火)을 잘 활용하는 것이 유리합니다.

나) 반대로 경금(庚金) 일간이 오월(午月, 여름)에 태어났다면

⑴ 오월은 화(火)가 강한 계절이라 금(金)이 쇠합니다.

⑵ 신약(身弱)으로 판단할 가능성이 높습니다.

⑶ 신약하면 비겁(金)이나 인성(土)으로 보완해야 합니다.

5) 신강 신약에 따른 대운(大運) 활용

가) 신강한 경우: 재성(財)과 관성(官)이 필요한 경우가 많습니다.

나) 신약한 경우: 비겁(比肩, 劫財)과 인성(印綬, 偏印)이 보완 역할을 합니다.

6) 결론

가) 오행의 상생, 상극 관계를 기본적으로 이해해야 합니다.

나) 월령(月令)을 중심으로 일간이 왕쇠(旺衰)를 판단해야 합니다.

다) 신강, 신약을 정확히 구분하여 적절한 용신(用神)과 희신(喜神)을 찾아내야 합니다.

라) 대운과 세운의 흐름을 고려하여 보완점을 찾는 것이 중요합니다.

마. 월령(月令)과 내격(內格) 외격(外格)

1) 월령(月令)의 중요성

가) 월령이란 태어난 달의 지지(地支)를 의미하며 오주(사주)에서 가장 강한 기운을 지닌 요소입니다. 월령은 명주의 기질을 결정짓고 내격과 외격을 나누는 핵심 기준이 됩니다.

나) 판별 기준

⑴ 월령이 일간을 생조(生助)하거나 동조(同助)하는 경우를 살펴야 합니다.

예1: 갑일간이 인월(寅月)에 태어남: 인목(寅)은 갑목(甲)의 비견이므로 내격에 해당합니다.

예2: 경일간이 신월(申月)에 태어남: 신금(申)은 경금(庚)과 같은 금기운이므로 내격입니다.

⑵ 월령이 일간을 직접 극하지 않고 자연스럽게 조화를 이루는 경우

예: 임일간이 자월(子月)에 태어남〉〉자수(子)는 임수(壬水)와 같은 수 기운〉〉내격에 해당합니다.

⑶ 대표적인 내격 유형

㈎ 비겁격(比肩格, 劫財格)

(나) 식상격(食神格, 傷官格)

(다) 재성격(財星格, 偏財格)

(라) 관성격(正官格, 七殺格)

(마) 인성격(正印格, 偏印格)

2) 외격(外格)의 판별법

가) 외격(변격 變格)은 일반적으로 생극제화 원리를 따르지 않는 독특한 구조를 갖고 있으며 특수한 용신법이 필요합니다.

나) 판별 기준

(1) 월령이 일간이 심하게 극하거나 반대되는 기운을 지닌 경우입니다.

예1: 갑일간이 유월(酉月)에 태어남〉〉유금(酉)은 갑목(甲)을 극함〉〉외격입니다.

예2: 정일간이 해월(亥月)에 태어남〉〉해수(亥)는 정화(丁)를 생조하지 않음〉〉외격입니다.

(2) 일반적인 생극제화 원리로 해석할 수 없는 경우입니다.

예1: 월령이 일간이 지나치게 극하거나 약화시키는 경우입니다.

예2: 월령의 힘이 너무 강하여 일간의 존재감을 잃은 경우입니다.

다) 대표적인 외격 유형

(1) 종격(從格)〉〉종왕격(從旺格)〉〉종강격(從强格)〉〉종아격(從兒格)

(2) 가종격(假從格)〉〉종관격(從官格)〉〉종인격(從印格)

(3) 특수격〉〉건록격(建綠格)〉〉양인격(羊刃 格)〉〉도식격(倒食格)

3) 내격과 외격의 활용법

가) 내격은 전통적인 오주(사주) 분석법을 따르며 용신(用神)을 통해 운의 흐름을 판단합니다.

나) 외격은 일반적인 용신법이 통하지 않으며 격국(格局)을 우선으로 하여 오주(사주)의 강약을 조절하는 방향으로 분석합니다.

4) 내격 vs 외격 간단 비교

기준	내격	외격
월령과 일간 관계	생조(生助) 또는 동기(同氣)	극하거나 반대되는 기운
구조	일반적인 생극제화 원칙 적용	특수한 격국 적용
대표 격국	비겁격 식상격 재성격 관성격 인성격	종격 가종격 특수격
용신 판단	일반적인 용신법 적용	격국 중심으로 용신 설정

5) 결론

가) 감정에서 월령을 기준으로 내격과 외격을 정확히 구분하는 것은 매우 중요한 과정입니다. 이를 통해 오주(사주)의 흐름과 용신을 올바르게 설정할 수 있으며 운세를 해석하는데, 있어 더욱 정확한 감정을 할 수 있습니다.

나) 월령이 일간을 돕는다면 내격입니다.

다) 월령이 일간을 극하거나 반대되면 외격입니다.

라) 내격은 전통적인 생극제화 원리를 따르고 외격은 특수 격국으로 해석합니다.

마) 정확한 구분을 통해 올바른 용신과 대운 해석 가능합니다.

바. 용신(用神), 희신(喜神), 흉살(凶殺), 한신(閑神)

1) 용신(用神)과 희신(喜神)의 판별

가) 오주(사주)에서 용신의 균형을 맞추고 운명을 조절하는 가장 중요한 요소이며 희신(喜神)은 용신을 돕는 역할을 합니다.

나) 용신 찾는 요령

(1) 신강(身强) vs 신약(身弱) 판단: 일주의 강약을 먼저 판단합니다.

(2) 극기(尅己)여부 판단: 신강하면 설기(洩氣) 하거나 극제(尅制)하는 오행이 용신이 되고 신약하면 생조(生助)하는 오행이 용신이 됩니다.

(3) 격국과 조후(調候) 고려: 전체적인 조화를 고려하여 가장 필요한 기운을 찾습니다.

(4) 대운과의 조화 검토: 용신이 대운에서 도움을 받을 경우 길운이 되고 반대로 충격을 받으면 흉운이 될 수 있습니다.

다) 희신(喜神)의 역할

(1) 용신을 보좌하여 오주(사주)의 균형을 더 잘 맞추는 역할을 합니다.

(2) 용신이 너무 강하거나 약할 경우 희신이 이를 조절하는 역할을 합니다.

예1: 신강한 경우: 설기 또는 극제가 필요하므로 식상이나 재성이 용신이 될 수 있습니다.

예2: 신약한 경우: 생조가 필요하므로 비견이나 인성이 용신이 될 가능성이 높습니다.

2) 흉살(凶殺)과 한신(閑神)의 영향

가) 흉살(凶殺)

(1) 흉살이 부정적인 작용을 하는 신살을 의미하며 일반적으로 길운을 방해하거나 흉운을 강화하는 요소로 작용합니다.

(2) 대표적인 흉살 백호대살(白虎大殺), 도화살(桃花殺), 천라지망(天羅地網), 지라지망(地羅地網), 고신살(孤神殺)

나) 한신(閑神)

⑴ 한신은 크게 영향을 미치지 않는 요소로 어떤 경우에는 유리하게 작용할 수도 있고 불필요한 기운으로 작용할 수도 있습니다.

⑵ 대표적인 한신: 역마(驛馬), 학당(學堂), 문창(文昌), 천덕귀인(天德貴人) 등에 해당합니다.

예1: 흉살이 강한 오주(사주)에서 이를 제어하는 기운이 올 때 운세가 좋아질 수 있습니다.

예2: 한신이 적절하게 배치된 경우라면 학문적 재능이 뛰어나거나 이동과 변화가 많은 삶을 살 가능성이 있습니다.

3) 청탁(淸濁)의 판단

가) 청명한 오주(사주)

⑴ 격국이 올바르고 용신과 희신이 조화롭게 작용한 경우를 말합니다.

⑵ 상극이 강하지 않고 전체적으로 조화를 이루는 경우를 설명합니다.

⑶ 길신(吉神)이 강하고 흉신(凶神)이 약한 경우를 말합니다.

나) 탁한 오주(사주)

⑴ 용신이 손상되거나 희신이 약화된 경우입니다.

⑵ 흉살이 강하고 길신이 부족한 경우입니다.

⑶ 재성과 관성이 혼잡하여 조화롭지 못한 경우입니다.

예1: 청한 오주(사주): 정관격(正官格) 관성이 깨끗하고 혼잡하지 않으며 인성이 조화롭게 작용하는 경우입니다.

예2: 탁한 오주(사주): 편관과 칠살이 혼잡하여 극단적인 성격을 가지거나 재성이 지나쳐 탐욕스러운 성향을 보이는 경우입니다.

4) 부귀빈천(富貴貧賤)과 고저(高低) 판별

가) 부귀한 특징

⑴ 격국이 올바르고 용신과 희신이 적절하게 배치됩니다.

⑵ 재성과 관성이 적절한 조화를 이루고(특히 재성이 왕하면 재물운이 좋고 관성이 왕하면 명예운이 강함) 있습니다.

⑶ 길신이 강하고 흉살이 영향이 적습니다.

나) 빈천한 특징

⑴ 격국이 깨어지고 용신이 손상됩니다.

⑵ 흉살이 강하게 작용하여 인생에 장애가 많습니다.

⑶ 재성과 관성이 약하여 현실적인 성취가 어렵습니다.

다) 고저(高低) 판별

(1) 높은 직위(高位): 정관격, 정재격, 인수격 등에서 용신이 조화롭게 작용하는 경우입니다.

(2) 낮은 직위(低位): 칠살격 편재격 신약(사주) 등에서 균형이 무너진 경우입니다.

예1: 재성이 강하고 관성이 조화를 이루면 부유한 삶을 살 가능성이 높습니다.

예2: 관성이 과하거나 약하면 직업적 성취가 어려울 수 있습니다.

5) 마무리 정리

가) 실명감정에서 가장 중요한 것은 용신(用神)과 희신(喜神)을 정확히 파악하는 것입니다.

나) 흉살(凶殺)과 한신(閑神)을 정확히 파악하는 것입니다.

다) 청탁(淸濁)을 판단하여 오주(사주)의 전반적인 구조를 분석하는 것이 중요합니다.

라) 부귀빈천(富貴貧賤)과 고저(高低)를 통해 현실적인 성취 가능성을 예측할 수 있습니다.

사. 육친(六親)의 표출(表出)

1) 육친(六親)의 기본 개념

육친은 오주(사주)의 기본 오행을 기준으로 정해지며 다음과 같이 정의됩니다.

가) 지겁(比劫): 자기 자신(형제, 자매)

나) 식상(食傷): 자식 표현, 창의성

다) 재성(財星): 재물, 배우자

라) 관성(官星): 직업 명예 남편(여성 기준), 자식(남자 기준)

마) 인성(印星): 학문 부모 보호

2) 주중(柱中)오행을 기준으로 육친 정하기

가) 일간(日干)설정

(1) 일간을 기준으로 나머지 천간과 지지를 분석해야 합니다.

(2) 예를 들어 일간이 갑(甲)이라면 다른 오행과의 관계는 다음과 같습니다.

나) 갑목(甲木)기준

(1) 목(木): 비겁(형제, 자매)

(2) 화(火): 식상(자식, 창의력)

(3) 토(土): 재성(재물, 배우자)

(4) 금(金): 관성(직업, 규율, 남편)

(5) 수(水): 인성(부모, 지혜)

다) 년주(年柱)의 육친 분석

(1) 년주는 조상, 가문, 부모와 관련된 의미를 가집니다.

(2) 예를 들어 년간에 무토(戊土)가 있다면 일간이 갑목(甲木)일 때 재성(財)이 됩니다.

(3) 이는 가정에서 재물을 중요하게 여기는 환경일 가능성이 큽니다.

라) 월주(月柱)의 육친 분석

(1) 월주는 부모 사회적 환경 직업과 관련이 깊습니다.

(2) 예를 들어 월간이 경금(庚金)이면 일간이 갑목(甲木)일 때 관성(官星)이 됩니다.

(3) 이는 부모가 엄격하고 규율을 중요시할 가능성을 나타냅니다.

마) 일주(日柱)의 육친 분석

(1) 일주는 본인의 성격과 배우자를 나타냅니다.

(2) 일지에 축토(丑土)가 있으면 갑목(甲木) 기준으로 재성(財)이 됩니다.

(3) 이는 배우자가 재물 관리에 능할 가능성이 있습니다.

바) 시주(時柱)의 육친 분석

(1) 시주는 자식 노후 운과 관련이 있습니다.

(2) 시지에 오화(午火)가 있다면 갑(甲木) 기준으로 식상(食傷)이 됩니다.

(3) 이는 자녀가 창의적이고 독립적인 성향을 가질 가능성을 시사합니다.

3) 실전 적용 방법

가) 일간을 중심으로 오행을 분류합니다.

나) 각 기둥(년주, 월주, 일주, 시주, 분주)의 천간과 지지를 분석합니다.

다) 각 오행이 일간과 어떤 관계인지 파악하여 육친을 정합니다.

라) 육친의 분포를 통해 인생의 흐름을 예측합니다.

아. 십이운성(十二運星)과 십이신살(十二神殺)

1) 십이운성의 의미

십이운성은 명주의 성장 과정과 운세를 흐름을 나타내며 육친과 결합하여 해석할 수 있습니다.

가) 절(絶): 기운이 끊어지는 단계로 새로운 시작을 준비하는 시기입니다. 과거를 정리하고 새롭게 태어날 준비를 합니다.

나) 태(胎): 태아 상태로 새로운 기운이 생성되는 시기입니다. 아직 미약하지만 앞으로 성장할 가능성을 내포합니다.

다) 양(養): 양육 단계로 기운이 점차 자라며 보호받고 길러지는 시기입니다. 아직 스스로 힘을 발휘하기는 어렵습니다.

라) 생(生): 본격적으로 탄생하는 단계로 기운이 점점 강해지기 시기입니다. 새로운 기회를

맞이하는 시기입니다.

마) 욕(浴): 성장하며 세상과 접촉하는 단계로 시행착오를 겪을 가능성이 있습니다. 감정의 기복이 클 수 있습니다.

바) 대(帶): 기운이 점점 무르익으며 사회적으로 발현되기 시작하는 시기입니다. 책임감의 기복이 클 수 있습니다.

사) 관(冠): 성숙하여 안정감을 가지는 시기로 사회적 입지를 다질 수 있는 단계입니다. 출세와 성취를 기대할 수 있습니다.

아) 왕(旺): 기운이 절정에 달하는 시기로 자신의 역량을 최대한 발휘하는 시기입니다. 성공과 번영이 이루어질 가능성이 높습니다.

자) 쇠(衰): 절기를 지닌 점차 기운이 약해지는 단계입니다. 아직 힘이 있지만, 유지와 관리가 필요합니다.

차) 병(病): 쇠퇴가 본격화되며 기운이 약해지는 시기입니다. 건강과 안정에 신경 써야 합니다.

카) 사(死): 기존의 기운이 소멸하는 단계로 정리와 마무리가 필요한 시기입니다. 새로운 시작을 준비해야 합니다.

타) 장(藏): 기운이 땅속에 묻혀 잠재된 상태로 다음 순환을 기다리는 단계입니다. 재충전과 성찰이 필요한 시기입니다.

2) 십이신살의 의미

가) 십이신살의 의미와 특징: 십이신살은 길흉을 판단하는 데 중요한 요소로 사람의 운세와 특정한 성향을 분석하는 데 활용됩니다.

(1) 겁살(劫殺): 손실 도난 경쟁 배신 등의 의미를 지니며 재물이나 기회가 빼앗기는 운으로 해석됩니다.

(2) 재살(災殺): 뜻하지 않은 재난 사고 질병을 뜻하며 조심성이 필요합니다.

(3) 천살(天殺): 하늘에서 내리는 재앙 천재지변과 관련이 있으며 가족이나 가까운 사람과의 이별 수를 암시합니다.

(4) 지살(地殺):지형적 문제 이사 이동이 많아지는 살로 정착이 어려운 특징이 있습니다.

(5) 년살(年殺): 외부 환경의 변화 이별 조직에서의 변동을 나타냅니다.

(6) 월살(月殺): 가정운, 부부운에 영향을 주며 가족과의 불화나 정서적 갈등을 의미할 수 있습니다.

(7) 망신살(亡身殺): 체면 손상 명예 실추 스캔들 등의 의미가 강하며 신중한 행동이 요구됩니다.

(8) 장성살(將星殺): 권위 명예 지도력과 관련된 살로 강한 추진력을 가지지만 독선적일

수 있습니다.

⑼ 반안살(攀鞍殺): 직업적 성공 승진 지위 상승과 관련이 있으며 명예를 높이는 좋은 신살입니다.

⑽ 역마살(驛馬殺): 이동 영행 직업변화 해외 진출 등과 관련이 있으며 변화가 잦은 특징을 가집니다.

⑾ 육해살(六害殺): 뜻밖의 배신 구설수 신뢰 문제를 일으킬 수 있는 살입니다.

⑿ 화개살(華蓋殺): 예술적 재능 철학적 사유가 깊어지는 살로 종교 예술 학문과 연관이 있습니다. 다만 고독한 면도 있습니다.

나) 십이신살은 단독으로 해석하기보다는 원국의 구성과 함께 분석해야 합니다. 특정 신살이 강하게 작용하면 개인의 운세에 중요한 영향을 미칠 수 있으며 이를 활용하여 재물운, 직업운, 인간관계 운을 조절할 수 있습니다.

자. 길신(吉神)과 흉신(凶神)

1) 길신(吉神) 살피기

길신은 좋은 작용을 하는 신(神)으로 개인의 운명을 돕고 발전을 가져오는 요소입니다. 주요 길신은 다음과 같습니다.

가) 용신(用神)

⑴ 원국에서 부족한 기운을 보완하고 균형을 맞추는 핵심 요소입니다.

⑵ 용신이 강하면 운이 상승하고 약하거나 충(沖), 극(剋)을 받으면 운이 저하됩니다.

나) 희신(喜神)

⑴ 용신을 도와 원국의 조화를 이루는 유익한 요소입니다.

⑵ 희신이 강하면 원국이 안정되며 부족하면 원하는 성취가 어려움이 있습니다.

다) 천을귀인(天乙貴人)

⑴ 귀인을 만나게 하는 기운으로 인복과 행운을 가져옵니다.

⑵ 원국에 있으면 인덕이 강하고 도움을 많이 받습니다.

라) 문창귀인(文昌貴人)

⑴ 학문과 지혜를 상징하는 길신으로 작용합니다.

⑵ 시험운, 학업운, 창의력 향상에 도움을 줍니다.

마) 복성(福星)과 재성(財星)

⑴ 복과 재물을 상징하는 길신입니다.

⑵ 재성이 강하고 조화를 이루면 재물운이 좋습니다.

2) 흉신(凶神) 살피기

흉신은 원국과 운에서 방해 요소가 되거나 장애가 되는 기운을 의미합니다. 주요 흉신은 다음과 같습니다.

가) 겁재(劫財)

(1) 재물을 빼앗기거나 손실을 의미합니다.

(2) 재성이 강하면 긍정적인 요소가 될 수 있으나 과하면 손재수가 많아집니다.

나) 상관(傷官)

(1) 직업적 사회적 관계에서 문제를 일으킬 가능성이 있습니다.

(2) 관성(官星)을 극하면 직업적 불안정성을 초래합니다.

다) 백호대살(白虎大殺): 사고나 손재수가 많고 건강 문제를 일으킬 가능성이 있습니다.

라) 양인(羊刃): 성격이 강하고 충돌이 잦으며 극단적인 변화를 초래할 수 있습니다.

마) 도화(桃花)(부정적으로 작용할 경우): 이성 문제 스캔들 유혹에 쉽게 빠질 가능성이 있습니다.

바) 육해(六害): 인간관계에서 배신이나 손해를 볼 가능성이 높습니다.

3) 실전 감정 요령

가) 원국과 운에서 균형 먼저 분석

(1) 오행의 조화와 강약 살펴 용신과 희신을 찾습니다.

(2) 특정 오행이 과하거나 부족한지 확인합니다.

나) 길신과 흉신의 작용 분석

(1) 길신이 강한지 흉신이 작용하는지 판단 여부 확인합니다.

(2) 길신이 흉신을 제어하면 긍정적인 작용을 확인합니다.

다) 대운과 세운의 흐름을 분석

(1) 현재 흐름에서 길신과 흉신이 어떻게 작용하는지 파악합니다.

(2) 흉신이 강해지는 시기에 대비책 마련합니다.

라) 실제 사례와 비교 검토: 동일하고 유사한 오주(사주)를 가진 유명인 사례 연구를 통해 실전 감각 익혀야 합니다.

제14편

분주, 운주, 공간주

1. 오주학(五柱學) 분주(分柱)=운주(運柱)=공간주(空間柱)

가. 오주학(五柱學)과 분주(分柱)

오주학에서 분주(分柱)의 개념은 현대 사회의 변화와 함께 더욱 중요해지고 있습니다. 전통적인 사주는 연주(年柱)를 중심으로 해석하는 경향이 강했으나 현대에는 개인의 운세를 보다 정밀하게 분석하고 빠르게 변화하는 환경에 적응하기 위해 분주(分柱) 기법이 강조되고 있습니다.

1) 전통적 연주(띠) 중심해석

과거 농경 사회에서는 한 사람의 운세가 대체로 일전한 환경 속에서 지속되었기 때문에 연주(年柱)를 중심으로 삶의 흐름을 해석하는 방식이 주를 이루었습니다. 같은 지역 같은 문화권에서 성장하고 살아가기 때문에 개인의 삶을 대체로 연주에 맞춰 해석해도 큰 무리가 없었습니다.

2) 현대 사회의 변화와 분주의 필요성

현대 사회는 빠르게 변화하고 있으며 다음과 같은 요인으로 인해 분주(分柱)의 적용이 더욱 중요해졌습니다.

가) 개인의 이동성 증가

⑴ 과거에는 한 지역에서 태어나고 성장하며 정착하는 경우가 많았지만, 현대에는 해외 이주 유학 출장 등으로 인해 개인이 다양한 환경에 놓이게 됩니다.

⑵ 이로 인해 단순히 연주 중심의 해석보다는 월주 일주 시주를 보다 세밀하게 분석하는 것이 필요합니다.

나) 사회적 변화 속도의 증가

⑴ 과거에는 한가지 직업을 평생 유지하는 경우가 많았지만, 현대에는 직업의 변화 창업 퇴직 이직 등이 빈번합니다.

⑵ 개인의 운세 변화도 연 단위가 아니라 월 일 시 단위로 세밀하게 파악해야 합니다.

다) 세계화와 글로벌 환경

⑴ 세계화로 인해 한 국가의 흐름이 아니라 글로벌 트렌드 속에서 개인의 운을 분석해야 하는 상황이 되었습니다.

⑵ 특정 연도에 대한 일반적인 해석이 아니라 특정 월과 일에 따라 영향을 받는 부분을 집중적으로 분석하는 것이 중요합니다.

나. 분주(分柱)의 개념

분주는 주(柱)를 세분화하여 더욱 정밀하게 음양오행의 흐름을 분석하는 방법입니다. 보통 년주(年柱), 월주(月柱), 일주(日柱), 시주(時柱)로 구성된 사주(四柱)에 추가 저한 기둥(분주, 分柱)을 포함하여 오주의 흐름을 해석합니다.

1) 분주의 유형

분주에는 여러 기준이 있으며 다음과 같은 방식으로 정리할 수 있습니다.

가) 대운(分柱): 대운이 흐르는 과정에서 천간, 지지의 영향을 3대7, 5대5, 2대8 보다 세밀하게 나누어 분석합니다.

나) 세운(分柱): 한 해의 흐름을 월, 일, 시 단 위와 상반기 하반기 또는 천간, 지지를 세분화하여 분석하는 방식입니다.

다) 월령(分柱): 월주(月柱)의 영향력을 10일, 20일, 30일 좀 더 구체적으로 나누어 해석하는 방법입니다.

라) 월. 시(分柱): 기존 사주(四柱)에서 또 하나의 기준점을 추가하여 분석하는 방식입니다. 일반적으로 생시(生時)와 생월(生月)의 오행 간 상호작용을 보다 면밀하게 검토합니다.

2) 현대적 활용

오주학에서 이러한 분주(分柱) 개념을 더욱 정밀하게 활용하여 개인의 운명을 보다 실용적으로 해석할 수 있습니다.

가) 대운(大運)과 세운(歲運)을 분석할 때 연주에서 시작해 월주, 일주, 시주로 좁혀가는 방식 사용합니다.

나) 사업이나 재물운을 분석할 때는 특정 시점이 흐름을 포착하여 의사 결정합니다.

다) 개인의 중요한 선택(결혼, 이사, 투자 등) 최적의 타이밍을 찾는 데 활용을 해야 합니다.

다. 오행의 강약 숫자(수리) 분석

오주학(五柱學)에서 분주(分柱) 구분 시 오행을 적용하는 방식은 오주(사주)의 해석에서 중요한 요소 중 하나입니다. 각 오행에 해당하는 수치를 보면 특정 기준에 따라 오행별 가중치를 부여한 오행의 수치 적용 방식은 다음과 같이 활용될 수 있습니다.

1) 오행의 수리

가) 목(木): = 3.8 목

나) 화(火): = 2.7 화

다) 토(土): = 5.0 토
라) 금(金): = 4.9 금
마) 수(水): = 1.6 수

2) 오주학 분주 적용 방법

분주를 적용할 때는 시간(時柱)의 지장간 및 오행 순환을 기반으로 분(分)에 해당하는 간지를 배정할 수도 있으면 내담자의 도착 상담 시작되는 분(分柱)으로 적용하는 방식을 사용합니다.
예: 乙巳년, 戊寅월, 庚戌일 壬午시 壬午분(2025년 02월 10일 12시 13분)
가) 13분: 임인(壬寅), 계묘(癸卯) 분주
나) 27분: 병오(丙午). 정사(丁巳) 분주
다) 31분: 을해(乙亥). 갑자(甲子) 분주
라) 29분: 정유(丁酉). 병신(丙申) 분주
마) 35분: 갑진(甲辰). 갑술(甲戌) 분주
바) 40분: 신축(辛丑). 경술(庚戌) 분주
사) 41분: 경자(庚子). 신해(辛亥) 분주
아) 52분: 기사(己巳). 무오(戊午) 분주
자) 59분: 무신(戊申). 기유(己酉) 분주
차) 15분: 계미(癸未). 임진(壬辰) 분주

3) 활용법

가) 분주를 적용하면 동일한 시(時)라도 태어난 분(分)에 따라 간지가 달라지므로 더욱 세밀한 운명 해석이 가능해집니다.
나) 남(陰), 여(陽)의 수리 적용하는데 이는 앞으로 많은 사용과 경험을 통해 적용하는 과정이 있어 더 연구가 필요합니다.
다) 오주(사주) 감정에서 정밀한 타이밍 분석이 필요한 경우 예를 들어 특정 사건이 일어난 순간의 기운을 분석할 때도 활용할 수 있습니다.

라. 사주팔자(四柱八字)와 오주십자(五柱十字)

1) 사주팔자(四柱八字)

가) 사주팔자는 인간이 태어난 운명을 분석하는 대표적인 방식입니다. 이는 출생 연월일시를 천간(天干)과 지지(地支)로 조합하여 총 8글자로 구성합니다.
나) 사주(四柱): 연(年), 월(月), 일(日), 시(時)

다) 팔자(八字): 각 기둥마다 두 글자(천간+지지)=총 8글자

라) 예시

출생일 1988년 02월 15일 정오 12시 58분

戊辰년, 乙卯월, 丙戌일, 甲午시 12시 58분

마) 8글자를 기반으로 음양오행의 조화를 분석하여 개인의 성격 운세 재물운 직업운 등을 예측합니다.

2) 오주십자(五柱十字)

가) 오주십자(五柱十字)는 일반적인 명리학에서 잘 사용하지 않는 개념이지만 신학문으로 연구되는 확장된 운명 방식일 수 있습니다.

나) 오주(五柱): 연월일시에 추가로 한 개의 기둥(분주, 分柱)을 포함한 10글자로 구성합니다.

다) 십자(十字): 각 기둥마다 두 글자(천간+지지)로 구성되므로 총 10글자

라) 예시

출생일 1988년 02월 15일 정오 12시 58분

戊辰년, 乙卯월, 丙戌일, 壬午시, 戊寅분

마) 추가되는 기둥(분주)은 명리학 연구에 따라 분주(分柱)로 확장될 수 있습니다.

바) 이러한 개념은 보다 정밀한 운명 분석 방식으로 특정 연구자 등에 의해 더 활성화하여 활용될 가능성을 열어 두는 학문입니다.

사) 사주팔자는 가장 대중적으로 사용되며 오주십자는 심화 연구를 통해 활용될 수 있는 개념으로 보입니다.

3) 분주 활용법

가) 학문적 특징

(1) 정밀한 시간 분석: 기존 사주팔자가 2시간 단위 시주(時柱)까지 분석하는 데 반해 오주십자(五柱十字)에서는 분주(分柱)인 분(分) 단위까지 분석하여 더욱 미세한 운세한 운세 흐름을 파악할 수 있습니다.

(2) 변화의 즉시성: 사주팔자가 비교적 큰 흐름을 보는 학문이라면 오주학 오주십자는 짧은 시간 내의 기운 변화를 더욱 민감하게 반영할 수 있습니다.

(3) 심화된 운명 해석: 세밀한 시간 분석을 통해 특정 순간에 일어나는 변화나 기회를 포착하는 데 유용합니다.

(4) 정확한 타이밍 분석: 주식투자 로또 계약체결 사업확장 등의 순간적인 선택에서 오주학을 활용하여 가장 적절한 시간을 찾아낼 수 있습니다.

(5) 빅데이터 및 AI 분석과 결합: 현대 기술과 접목하여 실시간 데이터 분석과 결합하면 더욱 강력한 미래 예측 활용될 가능성이 높습니다.

(6) 개인 맞춤형 운명 컨설팅: 단순히 성격분석을 넘어 최적의 순간을 포착하는 맞춤형 운세 해석이 가능합니다.

4) 분주(分柱)의 역할과 해석

분주는 특히 세밀한 운의 흐름과 개인의 숨겨진 성향을 분석하는 데 유용하며 다음과 같은 요소를 보완하여 판단할 수 있습니다.

가) 사업적 진로 & 적성

(1) 분주가 강한 오행을 통해 성공할 수 있는 업종을 예측합니다.

(2) 일간(日干)과 분주 간의 상호작용을 분석하여 사업 방식(단독=협력 공격적=보수적)을 판단합니다.

(3) 관성(官星)과 인성(印星)의 작용을 보완하여 성공 가능성이 높은 직업군을 도출합니다.

나) 배우자 인연

(1) 분주는 결혼 시기와 배우자의 특성을 더욱 세밀하게 분석하는 데 도움을 줍니다.

(2) 원국에서 배우자(配偶者)가 약하면 분주의 작용을 통해 배우자 운을 보완할 수 있습니다.

(3) 분주는 기운이 강한 특정 오행이 배우자의 성격 및 결혼 생활의 흐름에 영향을 줍니다.

다) 금융&재물운

(1) 재성(財星)의 흐름을 보완하여 재물의 유입 시기와 패턴을 더욱 정확하게 분석합니다.

(2) 월주와 분주의 관계를 통해 경제적 흐름(단기투자=장기축적)이 적합한지 판단합니다.

(3) 분주에서 편재(偏財)와 정재(正財)의 작용을 보고 재물 관리 방식을 결정합니다.

라) 인간관계&사회적 네트워크

(1) 분주에 인성과 관성 작용을 분석하여 대인관계에서의 강점과 약점을 파악합니다.

(2) 원국에서 인간관계와 육친이 약한 경우 분주를 활용하여 사회적 네트워크 확장 방법을 모색합니다.

(3) 격국의 균형을 맞추는 방향으로 행동 전략을 조정합니다.

2. 오주학(五柱學)과 운주(運柱)=인연주(因緣柱)

가. 운주(運柱)와 인연주(因緣柱)

오주학에서 운주(運柱)와 인연주(因緣柱)는 같은 개념으로 사용하는데 이는 시주(時柱)에 불러오고 끌어당기는 운과 인연을 말합니다. 기존에 이론은 주로 년주를 하였던 점과 차이점입니다.

1) 오주학과 운주(運柱)

가) 전통적인 사주명리학에서는 연주(年柱), 월주(月柱), 일주(日柱), 시주(時柱) 네 가지 기둥이 기본입니다.

나) 오주학에서는 여기에 한 기둥을 추가하여 다섯 번째 기둥 즉 운주(運柱)를 설정합니다.

다) 운주(運柱)는 개인의 삶에서 흐름과 전개 과정을 나타내며 대운과 운에서 흐름에 관련이 있습니다.

2) 운주와 인연주(因緣柱)

가) 인연(因緣)이란 불교적 개념에서 비롯된 것으로 모든 것은 원인과 조건(인과 법칙)에 의해 형성된다는 의미를 가집니다.

나) 운주를 인연주로 해석하면 이 기둥은 개인의 삶에서 누구를 만나고 어떤 환경과 연결되며 어떤 기회와 장애를 경험할지를 나타낸다고 볼 수 있습니다.

다) 즉 운명 속에서 맺어질 인연과 관계의 흐름을 결정하는 축이라고 할 수 있습니다.

3) 운주와 인연주 활용법

가) 배우자와의 관계: 결혼운 배우자와의 조화 여부를 확인합니다.

나) 사업 및 재물 인연: 금전적 기회와 귀인(貴人)과의 만남이 중요합니다.

다) 사회적 연결망: 좋은 인맥이 형성되는 시기 및 관계의 질 향상이 중요합니다.

라) 업(業)과의 연결: 전생과 현생의 업보가 어떻게 작용하는지를 확인합니다.

4) 운주를 해석할 때 고려할 점

가) 기존 오주(사주) 다섯 기둥과의 관계를 확인합니다.

나) 재운과 세운의 흐름을 알 수 있습니다.

다) 특정한 십간(十神)이나 오행(五行)이 운주에서 강하게 작용하는가.

라) 이 개념을 보다 심층적으로 연구하면 부와 인연이 연결되는 법칙을 찾는 데 유용할 수 있습니다. 운주(운명의 흐름)를 좋은 인연과 재물의 흐름을 극대화하는 방법을 연구해 보는 방법을 극대화하는 방법을 연구해 보는 것이 좋으면 앞으로 더 발전해 나가는 학문이 될 것입니다.

나. 운주(運柱)의 해석과 활용법

오주학에서 운주(運柱)는 단순한 대운이 아니라 인연을 불러들이는 기운을 뜻하며 이를 통해 배우자 자녀 동업자 고객 등과의 관계를 파악할 수 있습니다.

1) 운주의 구성 요소

가) 천간(天干): 외부로 드러나는 인연의 형태(예: 배우자 스승 귀인)를 살핍니다.

나) 지지(地支): 내면적인 인연의 흐름과 실질적인 작용(예: 가족 동업자 부하직원)을 확인합니다.

다) 오행(五行) 흐름: 재물 명예 관계의 조화 여부를 확인합니다.

2) 운주를 통해 확인할 수 있는 인연 유형

가) 배우자운: 배우자와의 인연이 강한지 결혼 운이 언제 들어오는지 분석합니다.

나) 자녀운: 자녀와 관계 출산 시기 자녀의 성공 가능성을 확인합니다.

다) 사업운: 동업자의 적합 여부 고객 유입 시기 귀인의 도움 여부를 살핍니다.

라) 사회적 인연: 친구 상사 멘토 스승과의 관계를 슬기롭게 유지합니다.

3) 운주의 활용법

가) 운주를 활용한 사업 전략

(1) 특정 운에서 귀인이 들어오는지 분석하여 중요한 계약 협업 시기 선정합니다.

(2) 고객 유입이 활발한 시기를 파악하여 마케팅 전략 수립합니다.

(3) 동업자와의 관계를 분석하여 성공적인 사업 운영을 영위합니다.

나) 운주를 활용한 인간관계 개선

(1) 배우자의 관계가 어려울 경우 해당 운에서 보완할 점을 찾습니다.

(2) 자녀와의 인연이 약한 경우 보강하는 방법(오행 조정)을 모색합니다.

(3) 좋은 귀인을 끌어들이는 데 필요한 행동 변화 작용을 살핍니다.

다) 운주의 오행 조정법

(1) 부족한 오행을 채우는 방법(풍수 활용, 색상조정, 직업 선택 등)을 활용합니다.

(2) 특정 시기에 맞춰 적절한 패턴 설정을 유지합니다.

다. 운주와 인연주(띠와 이미 들어온 띠 인연 활용)

운주는 우리가 살아가면서 특정 시기에 영향을 미치는 기운을 의미합니다. 특히 오주학에서는 인 연주(因緣柱)라는 개념을 통해 우리가 어떤 인연을 맺게 되는지를 분석합니다. 인연주는 주로 합(合)과 충(沖)의 작용을 통해 시기에 사람과의 관계가 형성되거나 변화하는 것을 설명하는 데 사용됩니다.

1) 삼합(三合)

가) 삼합은 세 가지 지지(地支)가 모여 강력한 기운을 형성하는 조합입니다.

나) 예를 들어 해(亥)-묘(卯)-미(未) 기운을 형 성하여 목의 특성을 강화합니다.

다) 삼합이 형성되는 시기에 해당 기운이 활성화되면서 인연이 들어오거나 강화될 수 있습니다.
라) 특정 인연이 삼합 구조를 통해 들어오는 경우 그 관계는 매우 깊고 강력한 영향을 미칠 가능성이 높습니다.

2) 방합(方合) 또는 계절합(季節合)

가) 병합은 삼합과 유사하지만 연속된 세 개의 지지가 동한 오행을 형성하는 계절합 방식입니다.
나) 예를 들어 신(申)-유(酉)-술(戌)은 서방(西 方) 금(金)의 가을 기운을 형성합니다.
다) 방합이 이루어지는 시기에는 금의 기운이 강해지며 금과 관련된 성향을 지닌 인연이 다가올 가능성이 높아집니다.
라) 예를 들어 인(寅)-묘(卯)-진(辰)은 목(木) 봄의 기운을 형성합니다.
마) 특정한 계절합이 완성되면 그 시기에는 해당 계절의 기운과 맞는 인연이 들어올 가능성이 높아집니다.

3) 기타 합의 영향

가) 육합(六合): 두 개의 지지가 서로 강하게 결합하여 특정한 인연을 만들어냅니다. 예를 들어 자(子)-축(丑)은 수(물, 水)기운을 강화하며 물의 성향을 지닌 사람과의 인연 이 강해질 수 있습니다.
나) 천간합(天干合): 예를 들어 갑(甲)과 기(己)가 합을 이루면 토(土) 기운이 형성되어 해당 시기에는 토의 기운이 강한 인연이 들어올 가능성이 있습니다.

4) 인연이 형성되는 방식

위의 다양한 합(合)방식이 적용되는 시기에 특정한 성향의 사람과 인연이 맺어질 가능성이 커집니다. 이를 활용하면 특정 시기에 들어올 수 있는 인연을 예측하고 원하는 방향으로 관계를 조정하는 데 도움을 받을 수 있습니다. 좋은 인연을 맺거나 비즈니스 파트너를 찾는데 유용하게 활용할 수 있습니다. 원하는 인연을 끌어들이는 전략을 구체적으로 알고 싶다면 추가적으로 심화 분석을 진행할 수도 있습니다.

라. 오주학(五柱學)과 운주(運柱), 인연주(因緣柱)

오주학에서 띠와 인연은 시주(時柱)를 기준으로 운주(運柱)와 인연주(因緣柱)로 운을 배우자운 사업운 재물운 인간관계 등을 끌어드리는 것입니다. 아래 각 띠별로 구분해서 설명하겠습니다.

1) 쥐(子)띠 - 시주기준

- 申(원숭이띠), 子(쥐띠), 辰(용띠)

- 亥(돼지띠), 丑(소띠)
- 寅(호랑이띠), 戌(개띠), 卯(토끼), 酉(닭띠)
- 그 외(뱀띠, 말띠, 양띠)용신이 필요한 인연이 들어 옵니다.

가) 운주와 인연주의 개념

(1) 운주(運柱): 특정 띠(生肖, 생초)가 운세적으로 함께 흐르는 기운을 의미하며 개인의 운세 변화에 영향을 미치는 요소 중 하나입니다.

(2) 인연주(因緣柱): 띠 간의 자연스러운 연결 조합 또는 상생(相生) 관계를 나타내며 인간 관계나 사업적 협력 등에 중요한 요소로 작용합니다.

나) 쥐띠(자)의 운주 및 인연주

(1) 신자신(申子辰): 삼합(三合)

(가) 특징: 쥐띠(子)는 원숭이(申), 용(辰)과 함께 삼합을 이루며 강한 수(水) 기운을 형성합니다.

(나) 영향: 지혜, 전략, 계산력이 뛰어나며 재물운이 강합니다.

(2) 해자축(해자축): 방합(方合) 계절합

(가) 특징: 돼지(亥), 쥐(子), 소(丑)가 함께 모여 북방의 수(水) 기운을 강화합니다.

(나) 끈기 있고 성실하며 사업적인 협력 관계에서 유리합니다.

(3) 인술(寅, 戌): 인연 관계

(가) 특징: 호랑이(寅)와 개(戌)와의 관계는 특정한 조화나 상생의 흐름을 만듭니다.

(나) 영향: 강한 리더십과 추진력이 나타나며 도전적인 성향이 강화됩니다.

(다) 묘유(卯, 酉): 삼합인연 방합인연 다음에 해당하는 운입니다.

다) 실생활 적용법: 사업이나 협력 관계에서 모든 인연의 힘이 작용하는 ① 신자진 ② 해자축 ③ 인술, 묘유의 조합을 적극 활용하면 인연운 재물운을 높이는 데 유리합니다.

2) 소(丑)띠 – 시주기준

- 巳(뱀띠), 酉(닭띠), 丑(소띠)
- 亥(돼지띠), 子(쥐띠)
- 寅(호랑이띠), 卯(토끼띠), 申(원숭이띠), 戌(개띠)
- 그 외(말띠, 양띠, 용띠) 용신이 필요한 인연이 불러오는 것입니다.

가) 사유축(巳酉丑) 삼합 = 강한 금(金) 기운

(1) 구성: 뱀+닭+소: 금의 기운 형성합니다.

(2) 특징: 강한 결단력 실행력 조직력: 사업운, 금융운, 재물운 상승을 모색합니다.

(3) 인연작용

㈎ 이 조합은 금융 무역 기술 기획 분야에서 강한 성공운을 가집니다.

㈏ 사(巳)나 유(酉)를 가진 사람과 협업하면 사업이 잘 풀릴 가능성이 큽니다.

㈐ 닭(酉)띠와는 돈과 관련된 강한 인연이 있어 같이 일하면 재물을 불릴 가능성이 높습니다.

⑷ 활용법

㈎ 투자 금융 주식 사업 관련 직업이 유리합니다.

㈏ 실행력이 뛰어난 사람들과 동업하면 시너지 효과를 볼 수 있습니다.

㈐ 금 기운이 너무 강하면 성급해질 수 있음으로 토(土) 기운을 활용해 균형을 잡는 것이 중요합니다.

나) 해자축(亥子丑) 방합 계절합 = 강한 수(水) 기운

⑴ 구성: 돼지띠+쥐띠+소띠: 수(水) 기운 형성합니다.

⑵ 지혜, 유연성 정보력: 전략적 사고 학문 연구 분석력 상승합니다.

⑶ 인연작용

㈎ 지혜롭고 계산이 빠른 사람들과의 인연이 강합니다.

㈏ 해(亥)나 자(子)를 가진 사람과 함께 하면 기획력 창조적 아이디어가 발휘됩니다.

㈐ 특히 학문 연구 아이티 컨설팅 관련 업종에서 성공하기 좋은 조합입니다.

⑷ 활용법

㈎ 정보를 활용한 사업(컨설팅 금융분석 데이터 관련 사업 등)에 강합니다.

㈏ 공부나 연구에 집중하면 크게 성공할 수 있습니다.

㈐ 지나치게 분석적이면 결단력이 부족해질 수 있으므로 실행력을 높이는 것이 필요합니다.

다) 인묘(寅卯) 조합 = 강한 목(木) 기운

⑴ 구성: 호랑이(寅)+토끼(卯)

⑵ 특징: 성장 개척 창의력: 예술 교육 개척사업 새로운 기획에서 유리합니다.

⑶ 인연작용

㈎ 인(寅)이나 묘(卯)를 가진 사람들과 함께하면 새로운 사업을 개척하는 능력이 상승합니다.

㈏ 예술 교육 컨설팅 콘텐츠 제작 창작 활동에 적합한 기운을 가집니다.

㈐ 목(木)기운은 끊임없이 변화하고 성장하는 기운이므로 정체되지 않고 계속 도전하는 것이 중요합니다.

⑷ 활용법

㈎ 창의적인 분야(예술 교육 미디어 디자인 컨설팅 등)에 적합합니다.

(나) 새로운 사업을 시작할 때 좋은 인연을 만날 가능성이 높습니다.

(다) 목(木) 기운이 너무 강하면 변덕스러울 수 있으므로 실용성을 고려해야 합니다.

라) 유(酉), 술(戌)과의 관계

(1) 구성: 닭(酉)+개(戌)

(2) 안정 현실성 부동산 금융 장기적 투자: 부동산 건설 토목 자산 형성에서 강한 기운이 작용합니다.

(3) 인연작용

(가) 유(酉)과 술(戌)을 가진 사람과 함께하면 부동산 석산 농업 장기적인 사업에서 유리하게 흐름 이 생깁니다.

(나) 부동산 투자 건설 토지 관련 사업에 강한 운을 가집니다.

(다) 사업적으로 신뢰할 수 있는 파트너와 협업하면 안정적으로 재물을 축적할 수 있습니다.

(4) 활용법

(가) 부동산 금융 농업 제조업 장기적인 투자 사업이 유리합니다.

(나) 단기적인 수익보다는 꾸준히 쌓아가는 재물 관리가 중요합니다.

(다) 금(金), 토(土)가 너무 강하면 변화에 둔감해질 수 있으므로 유동성을 고려하는 것이 필요합니다.

3) 범, 호랑이(寅)띠 - 시주기준

- 寅(호랑이띠), 午(말띠), 戌(개띠)
- 卯(토끼띠), 辰(용띠)
- 丑(소띠), 子(쥐띠), 巳(뱀띠), 亥(돼지띠)
- 그 외(원숭이, 닭띠, 양띠) 용신이 필요한 인연을 불러오는 것입니다.

가) 범(寅)띠의 작용

(1) 운주(運柱): 특정한 시기나 흐름에서 인(寅)과 조합되는 요소로 이뤄집니다.

(2) 인연주(因緣柱): 인간관계 협력 인연과 관련된 조합이 형성됩니다.

나) 범띠 분석

(1) 인오술(寅午戌) 삼합

(가) 화(火) 기운이 강한 조합으로 역동적이고 추진력이 강한 흐름을 형성합니다.

(나) 강한 리더십과 독립적인 성향을 보일 가능성이 큽니다.

(다) 재물운이 좋을 수도 있으나 성급한 결정으로 인해 손실이 발생할 가능성도 존재합니다.

(2) 인묘진(寅卯辰) 방합 계절합

(가) 목(木) 기운이 강한 조합으로 성장과 발전에 유리합니다.

㈏ 지혜롭고 창의적인 에너지가 작용하며 인연의 폭이 넓어질 가능성이 높습니다.
㈐ 학문 연구 창조적인 분야에서 두각을 나타낼 수 있습니다.

⑶ 소(丑) 및 쥐(子)띠와 관련

㈎ 소와 쥐는 호랑이(寅)와 직접적인 삼합 관계는 아니지만 특정한 운에서 조화를 이루거나 충돌할 가능성이 있습니다.
㈏ 소(丑)와의 조합 근면 성실한 기운과 현실적 감각이 결합을 형성합니다.
㈐ 쥐(子)와의 조합이 빠른 두뇌 회전과 기민한 움직임을 유도합니다.

⑷ 뱀(巳) 및 해(亥) 띠와의 관계

㈎ 뱀(巳)과의 조합 일부에서는 충(沖)으로 볼 수 있으나 특정한 구조에서는 역동적인 성장의 기회가 될 수도 있습니다.
㈏ 돼지(亥)와의 조합 호랑이(寅)와 충(沖)을 이루는 관계로 강한 충돌이나 변화를 의미할 가능성이 큽니다.

⑸ 인연이 강합의 의미

㈎ 인인(寅寅) 강합이란 범(寅) 기운이 반복적으로 강조되는 것을 의미합니다.
㈏ 보통 같은 기운이 반복되면 특정한 특성이 더욱 강하게 발현합니다.
㈐ 독립적 성향이 강하고 리더십이나 추진력이 강하나 균형이 깨질 경우 강한 고집이나 충돌이 발생할 수도 있습니다.

4) 토끼(卯)띠 – 시주기준

- 亥(돼지띠), 卯(토끼), 未(양띠)
- 寅(호랑이띠), 辰(용띠)
- 巳(뱀띠), 丑(소띠), 午(말띠), 子(쥐띠)
- 그 외(닭띠, 원숭이띠, 개띠) 용신이 필요한 인연을 찾습니다.

가) 해묘미(亥卯未) 삼합

⑴ 구성: 돼지(亥)+토끼(卯)+양(未)

⑵ 의미

㈎ 삼합(三合)은 서로 강한 조화를 이루는 관계로 같은 오행(五行)의 기운을 공유합니다.
㈏ 해묘미는 목(木)의 삼합으로 성장 발전 창조적인 에너지가 강합니다.
㈐ 재물운과 귀인의 도움을 받을 가능성이 높아 사업이나 투자에 유리한 조합입니다.
㈑ 인간관계도 원만해지고 협업이 잘 이루어지는 운입니다.

⑶ 활용법

㈎ 재물운을 키우려면 해(亥) 또는 미(未) 띠와 함께하는 것이 좋습니다.

㈏ 직업적으로는 창의력과 성장성이 중요한 분야(예술 연구 기획 컨설팅)에서 성공 가능성이 큽니다.

㈐ 인맥을 활용하면 좋은 기회를 얻을 가능성이 높습니다.

나) 인묘진(寅卯辰) = 방합(方合) 계절합

(1) 구성: 호랑이(寅)+토끼(卯)+용(辰)

(2) 의미

㈎ 방합(方合)은 세 개의 띠가 모여 특정한 방향(東方)의 기운을 형성하는 관계입니다.

㈏ 임묘진 목(木)의 방합으로 삼합보다는 약하지만 비슷한 성질을 가집니다.

㈐ 개척정신 도전정신 추진력이 강해지며 리더십을 발휘하기 좋은 운입니다.

㈑ 변화와 확장이 많은 시기로 새로운 사업을 시작하거나 중요한 결정을 내리는 데 적합합니다.

(3) 활용법

㈎ 호랑이(寅)띠 또는 용(辰)띠와 함께하면 강한 상승 작용이 일어날 수 있습니다.

㈏ 진취적인 활동(스타트업, 해외 진출, 창법)에 적합합니다.

㈐ 너무 무리하면 소진될 수 있으니 건강관리가 필요합니다.

다) 뱀(巳), 소(丑) - 부분적 인연

(1) 구성: 사(巳)+축(丑)

(2) 의미

㈎ 뱀(巳)과는 직접적인 연결이 약하지만 축(丑)을 반합(半合) 관계로 토끼(卯)에 일정 부분 긍정적인 영향을 줍니다.

㈏ 오행적으로 보면 巳(火)와 묘(木) 지장간의 합의 작용으로 가까워 때론 신중한 접근도 필요합니다.

㈐ 뱀(巳)은 전략적인 사고를 의미하고 소(丑)는 근면함과 끈기를 의미합니다.

㈑ 이 조합에서는 장기적인 계획과 안정적인 접근이 유리합니다.

(3) 활용법

㈎ 단기적인 성과보다는 장기적인 목표를 설정하는 것이 유리합니다.

㈏ 부동산 금융 제조업 등의 분야에서 성장 가능성이 큽니다.

㈐ 큰 변화를 시도하기보다는 꾸준함과 실용적인 접근이 필요합니다.

라) 오(午), 자(子)

(1) 구성: 말(午)+쥐(子)

(2) 의미

㈎ 토끼(卯)와 말(午)은 원진(怨嗔) 관계로 서로 마찰도 생길 수 있으나 화합이 되어

좋은 인연으로 이어집니다.

㈏ 토끼(卯)와 쥐(子)는 형(刑) 관계로 예기치 않은 결과도 있지만, 용신이 필요할 경우에는 조흥 결과로 이어집니다.

㈐ 인간관계에서 오해도 발생 될 수도 있으며 그래서 항상 감정적으로 흔들릴 가능성이 높습니다.

⑶ 활용법

㈎ 이 시기는 감정적 충동적인 면도 발생할 수 있으니 행동을 조심하는 것도 필요합니다.

㈏ 큰 거래나 협상은 신중하게 진행해야 하며 감정적인 결과를 피해야 합니다

㈐ 새로운 사업을 진행 시 내실을 다지는 데 집중하고 도움을 서로 보완하여 결과물을 취할 수 있습니다.

5) 용(辰)띠 - 시주기준

- 申(원숭이띠), 子(쥐띠), 辰(용띠)
- 寅(호랑이띠), 卯(토끼띠)
- 巳(뱀띠), 丑(소띠), 午(말띠), 未(양띠)
- 그 외(닭띠, 개띠, 돼지띠) 띠는 용신이 필요한 인연을 끌어오는 것입니다.

가) 용(진(辰))띠와 인연이 강한 운주(運柱)

⑴ 신자진(申子辰) = 삼합 = 수국(水局)

㈎ 특징: 수(水) 기운이 강하게 형성되며 지혜롭고 유연한 사고방식이 강조됩니다.

㈏ 인연: 지지에 신(申), 자(子), 진(辰)이 함께하면 원만한 협력관계를 맺고 도움을 주고받는 인연이 생깁니다.

㈐ 작용: 재물운과 지혜 학문적 성취에 유리합니다.

㈑ 특정 띠: 원숭이(申), 쥐(子)와 인연이 강합니다.

⑵ 인묘진(寅卯辰) = 방합, 계절하 = 목국(木局)

㈎ 특징: 목(木) 기운이 강하게 형성되며 성장과 확장 개척정신이 강조됩니다.

㈏ 인연: 호랑이(寅), 토끼(卯)와 강한 협력 관계 형성합니다.

㈐ 작용: 창의력과 진취적인 사업운이 강합니다.

㈑ 특정 띠: 범(寅) 토끼(卯)와 인연이 강합니다.

⑶ 사(巳), 축(丑)

㈎ 금(金), 토(土) 기운이 강화되며 안정성과 실리 추구 현실적 성향이 강조됩니다.

㈏ 인연: 뱀띠 소띠와 인연이 맺음을 기운이 강합니다.

㈐ 작용: 실질적인 성과와 부동산 운이 강합니다.

⑷ 오(午), 미(未) = 화(火) 기운 상승

㈎ 특징: 화(火) 기운이 강하게 형성되며 열정적이고 추진력이 강조됩니다.

㈏ 인연: 말띠, 양띠와 협력 관계가 형성됩니다.

㈐ 특정 띠: 말띠, 양띠와 인연이 강합니다.

나) 요약정리

운주(運柱)	삼합/방합	인연이 강한 띠	주요 작용
申子辰	삼합	원숭이 쥐	지혜, 재물운 학문운
寅卯辰	방합	호랑이 토끼	창의력 사업운
巳 .丑	반합	뱀 소	금융 부동산
午 .未	반합	말 양	명예 리더십

6) 뱀(巳)띠 - 시주기준

- 巳(뱀띠), 酉(닭띠), 丑(소띠)
- 午(말띠), 未(양띠)
- 辰(용띠), 卯(토끼띠), 寅(호랑이띠), 申(원숭이띠)
- 그 외(돼지띠, 쥐띠, 개띠) 띠는 용신 필요의 인연을 불러옵니다.

가) 운주(運柱)와 인연주의 개념

⑴ 운주(運柱): 개인이 살아가면서 특정 시기(대운, 세운 등)에 따라 영향을 받는 흐름을 의미합니다.

⑵ 인연주(因緣柱): 인간관계나 운명적인 만나에서 강하게 작용하는 기운을 나타냅니다.

나) 뱀(巳)띠와 주용 인연주 정리

⑴ 사(巳), 유(酉), 축(丑) = 금 삼합 인연

㈎ 특징: 금(金)의 기운이 강한 조합으로 재물 사 업적 성공 직업적 성취와 관련된 인연이 강하게 작용합니다.

㈏ 해석: 금생수(金生水) 작용으로 재물운이 강해지고 금극목(金克木)으로 리더십과 결단력이 생깁니다. 현실적인 목표를 중시하는 사람들과 인연이 깊으며 특히 사업 파트너나 금전적인 협력자와 연관됩니다.

⑵ 사(巳), 오(午), 미(未) = 화(火) 방합 계절합

㈎ 특징: 화(火)의 기운이 강해지며 명예 인기 창의력 열정적인 성격이 주목받습니다.

㈏ 해석: 강한 추진력과 카리스마를 갖춘 사람들과 인연이 많고 예술 공연 정치 마케팅과 같은 직종과 인연이 있습니다. 과욕과 급한 성향을 조절해야 조절해야 하는 부분이 필요합니다.

⑶ 진(辰), 묘(卯) = 토(土), 목(木)의 조합

㈎ 특징: 목(木)과 토(土)의 조합은 현실적인 성장과 개척정신을 의미합니다.

㈏ 해석: 묘목(卯木)의 창조성과 진토(辰土)의 안정성이 결합되어 새로운 기회를 창출하는 능력이 뛰어납니다. 사람들과 관계에서 융통성이 있으며 부동산 교육 연구 분야에 인연이 강하게 작용할 수 있습니다.

⑷ 신(申), 인(寅) = 금(金), 목(木)의 조합

㈎ 특징: 금(金)과 목(木)의 관계로 인해 충돌과 경쟁이 발생하기도 하지만 강한 성장 동력이 됩니다.

㈏ 해석: 신금(申金)은 체계적이고 계획적인 기운을 가지고 있고 인목(寅木)은 개척정신이 강하므로 서로 보완하는 관계입니다. 도전정신이 강한 인연이 많아 비즈니스 파트너 경쟁자 라이벌 관계에서도 중요한 영향을 줍니다.

㈐ 때로는 갈등이 생길 수 있으나 이를 극복하면 큰 성취를 이루는 경우가 많습니다.

다) 정리 및 활용법

⑴ 오주(사주)에서 뱀(巳)띠가 포함된 경우 위의 인연주에 해당하는 사람이 주변에 많거나 중요한 관계로 작용할 가능성이 큽니다.

⑵ 사업, 직업 인간관계에서 각 조합이 의미하는 바를 고려하여 인연을 활용하면 재물운과 성공운을 극대화할 수 있습니다.

7) 말(午)띠 - 시주기준

- 寅(호랑이띠), 午(말띠), 戌(개띠)
- 巳(뱀띠), 未(양띠)
- 申(원숭이띠), 辰(용띠), 卯(토끼띠), 酉(닭띠)
- 그 외(돼지띠, 쥐띠, 소띠) 띠는 용신이 필요한 인연을 불러옵니다.

가) 인오술(寅午戌) = 삼합(火局)

⑴ 구성: 인(寅)-오(午)-술(戌)

⑵ 특징: 불(火)기운이 강한 삼합조합으로 강한 추진력과 리더십을 상징합니다.

⑶ 운세 영향

㈎ 화(火)기운이 강해져 명예 권력 리더십과 연관된 운이 상승합니다.

㈏ 사업, 정치 리더십 역할에 유리합니다.

㈐ 지나치면 성격이 급하고 다혈질적인 성향이 강해질 수도 있습니다.

나) 사오미(巳午未) = 방합, 계절합

⑴ 구성: 사(巳)-오(午)-미(未)

⑵ 특징: 같은 방위(남방)의 화(火) 기운이 모여 강한 영향력을 가집니다.

(3) 운세 영향

(가) 예술 창의력 대인관계에서의 긍정적 영향을 줍니다.

(나) 강한 카리스마와 매력을 지닌 성향으로 나타납니다.

(다) 지나치면 성급하고 감정 기복이 심할 수도 있습니다.

다) 용(辰), 사(巳) = 조합

(1) 구성: 용(辰)-뱀(巳)

(2) 특징: 수(水)와 화(火)의 기운이 조화를 이루며 변화를 유도하는 조합을 형성합니다.

(3) 운세 영향

(가) 연구 학문 전략적 사고에 강한 영향을 줍니다.

(나) 변화를 주도하고 도전적인 사업에서 성취를 이끌 가능성이 높습니다.

(다) 지나치면 기복이 심하고 안정성이 부족할 수 있습니다.

라) 신유묘(申酉卯)의 조합

(1) 구성: 신(申)-유(酉)-묘(卯)

(2) 특징: 금(金)과 목(木) 기운이 혼합된 조합으로 재물과 인연이 강합니다.

(3) 운세 영향

(가) 특히 신(申), 유(酉)와의 조합은 말(午)과 천간 지지에서 충돌이 될 수도 있지만, 금(金) 기운이 강해지면서 재물운이 강해집니다.

(나) 묘(卯)는 말(午)과 인연이 강한 조합으로 창의력과 기획력이 뛰어납니다.

(다) 지나치면 경쟁이 심해지고 대인관계에서 갈등이 생길 가능성 있습니다.

8) 양(未)띠 - 시주기준

- 亥(돼지띠), 卯(토끼띠), 未(양띠)
- 巳(뱀띠), 午(말띠)
- 申(원숭이띠), 辰(용띠), 酉(닭띠), 子(쥐띠)
- 그 외(개띠, 범띠, 소띠) 띠는 용신이 필요한 인연을 끌어들입니다.

가) 해묘미(亥卯未) = 삼합 인연

(1) 특징: 목(木) 기운의 조화를 이루며 성장과 발전을 의미합니다.

(2) 작용

(가) 인관계에서 조력자를 만나기 쉽습니다.

(나) 명예, 학문 창의적 분야에서 유리합니다.

(다) 정신적인 만족을 중시하는 성향이 강합니다.

(3) 활용법

㈎ 교육 연구 예술 관련 업종에 강한 운 작용합니다.

㈏ 협업이 중요한 분야에서 인연을 활용 가능합니다.

나) 사오미(사오미) 방합, 계절합

(1) 특징: 화(火) 기운이 강하게 작용하며 열정과 추진력이 강조합니다.

(2) 작용

㈎ 목표를 향해 강력한 추진력 발휘합니다.

㈏ 명예와 권력을 추구하는 경향이 있습니다.

㈐ 강한 카리스마와 리더십 발현하는 기운입니다.

(3) 활용법

㈎ 사업 정치 리더십이 필요한 직종에 적합합니다.

㈏ 빠른 성과를 내야 하는 환경에서 유리합니다.

다) 신(申), 진(辰)의 조합

(1) 특징: 신(金)과 토(土) 기운이 작용하며 현실적인 성취와 안정감을 제공합니다.

(2) 작용

㈎ 조직 내에서 인정받기 쉽습니다.

㈏ 신뢰와 실질적인 이익을 중시합니다.

㈐ 장기적인 계획을 실행하는 능력 발휘합니다.

(3) 활용법

㈎ 부동산 금융 제조업 등 안정성이 필요한 직업군에 적합합니다.

㈏ 책임 있는 자리에서 영향력 발휘 가능이 있습니다.

라) 유(金), 술(戌), 묘(卯)의 특별 인연

(1) 특징: 금(金)과 목(木)과 술(戌)의 작용으로 조화와 갈등이 공존합니다.

(2) 작용

㈎ 혁신과 변화 속에서 기회를 찾습니다.

㈏ 논리적이고 분석적인 사고가 강합니다.

㈐ 경쟁 속에서도 강한 생존력 발휘합니다.

(3) 활용법

㈎ 변화가 많은 산업(기술, 트렌드산업, 금융)에서 강한 적응력이 있습니다.

㈏ 전략적 사고가 필요한 분야에서 유리합니다.

9) 원숭이(申)띠 - 시주기준

- 申(원숭이띠), 子(쥐띠), 辰(용띠)

- 酉(닭띠), 戌(개띠)
- 未(양띠), 亥(돼지띠), 午(말띠), 巳(뱀띠)
- 그 외(토끼띠, 용띠, 소띠) 띠는 용신이 필요한 인연을 불러옵니다.

가) 신자진(申子辰) = 삼합 = 수국(水局)

(1) 구성: 원숭이(申)+쥐(子)+용(辰)

(2) 수(水) 기운이 강해집니다.

(3) 특징

㈎ 지혜 유동성 기획력이 뛰어나며 재물운 상승합니다.

㈏ 학문적 연구 경영 전략 기획에 유리합니다.

㈐ 물(水)과 관련된 직업(무역, 금융, 컨설팅 등)에 강한 운입니다.

㈑ 재운(財運)을 불러일으키는 강력한 조합을 형성합니다.

나) 신유술(申酉戌) = 방합, 계절합

(1) 구성: 원숭이(申)+닭(酉)+개(戌)

(2) 오행: 금(金) 기운이 강해집니다.

(3) 특징

㈎ 결단력과 추진력이 강해지는 조합을 형성합니다.

㈏ 명예 권위 리더십을 중시하며 대기업 공직 군경 분야에 유리합니다.

㈐ 금(金)의 기운이 강해 금전적 이익과 직결됩니다.

㈑ 다만 지나친 금 기운이 고집과 강압적 성향을 유발할 수도 있습니다.

다) 해(亥), 양(未)의 조합

(1) 구성: 돼지(亥)+양(未)

(2) 오행: 수(水)와 토(土)의 기운의 조합

(3) 특징

㈎ 해(亥)는 신(申)과 식신 상관에 해당합니다.

㈏ 미(未)는 토(土)로서 금(金)을 생조하여 재물 운과 문서에 도움이 됩니다.

㈐ 상관(傷官)의 성격이 강해 창의적 분야나 자영업에 적합합니다.

㈑ 명예운과 동시에 기획력 설득력 증가합니다.

라) 사(巳), 오(午)의 조합

(1) 구성: 뱀(巳), 말(午)

(2) 오행 관계

㈎ 사(巳): 화(火) 기운으로 금(金) 기질이 있습니다.

㈏ 오(午): 화(火) 기운으로 금(金)을 녹이는 역할(상극, 관성)입니다.

(3) 특징

(가) 오(午)는 신(申)과 원진 관계로 불안정한 요소(긴장감 형성)입니다.

(나) 사(巳)는 사신(巳申, 합, 형) 관계로 일부 협력 가능합니다.

10) 닭(酉)띠 - 시주기준

- 巳(뱀띠), 酉(닭띠), 丑(소띠)
- 申(원숭이띠), 戌(개띠)
- 亥(돼지띠), 子(쥐띠), 午(말띠), 未(양띠)
- 그 외(닭띠, 토끼띠, 용띠) 띠는 용신이 필요한 인연이 들어옵니다.

가) 닭(酉)과 운주(運柱), 인연주(因緣柱)

(1) 사유축(巳酉丑) = 삼합 = 금국(金局)

(가) 닭(酉)은 사(巳)와 축(丑)과 함께 삼합(三合)을 이루어 강한 금(金)의 기운을 형성합니다.

(나) 사(巳)와는 생(生)의 관계로 서로 힘을 북돋우고 축(丑)과는 묘(墓)로서 안정된 기반을 제공합니다.

(다) 이 조합은 재물운과 강한 추진력을 의미하며 닭띠가 이 운을 지니면 부를 쌓을 가능성이 높습니다.

(2) 신유술(申酉戌) = 방합, 계절합

(가) 닭(酉)은 신(申)과 술(戌)과 함께 조화를 이루며 서방의 기운이 강해지는 구조입니다.

(나) 신(申)과는 인접하여 유사한 성질을 띠며 술(戌)과는 반합(半合) 관계를 형성합니다.

(다) 이 조합은 현실감각이 뛰어나고 전략적 사고가 돋보이는 특징을 부여합니다.

(3) 해(亥), 자(子)의 조합

(가) 해(亥), 자(子)는 식신 상관으로 출력 창의력으로 재능을 발휘합니다.

(나) 닭띠가 이 운주를 지닌다면 변화가 많고 유동적인 환경에서 적응력이 필요할 수 있습니다.

(다) 조후로 화(火)가 절대적으로 필요하여 일정한 인연이 유지됩니다.

(4) 오(午), 미(未)의 조합

(가) 닭(酉)은 오(午)와는 화극금(火克金)의 관계로 상극이지만 계절적 요인으로 오미와는 비교적 무난한 관계를 형성합니다.

(나) 이 조합은 닭띠에게 도전과 개혁의 기운을 부여하며 역동적인 삶을 살 가능성이 큽니다.

(다) 운세의 흐름에서 닭띠가 오미(午未) 운주를 갖는다면 적극적인 변화와 개혁적인 태도가 필요할 수 있습니다.

나) 결론

(1) 사유축(巳酉丑) 조합이 가장 강력한 금(金)의 운을 형성하며 재물운과 추진력을 높여줍니다.

(2) 신유술(申酉戌) 조합은 서방의 기운으로 현실적 감각과 전략적 사고가 뛰어나게 작용합니다.

(3) 해자(亥子) 조합에서는 약간의 변동성과 도전이 요구합니다.

(4) 오미(午未) 조합에서는 극적인 변화 속에서 성장할 가능성이 큽니다.

11) 개(戌)띠 - 시주기준

- 寅(호랑이띠), 午(말띠), 戌(개띠)
- 申(원숭이띠), 酉(닭띠)
- 亥(돼지띠), 未(양띠), 子(쥐띠), 午(말띠)
- 그 외(토끼띠, 용띠, 뱀띠) 띠는 용신이 필요한 인연이 들어 옵니다.

가) 운주(運柱)

운주는 오주(사주)에서 대운(大運)과 세운(歲運) 등을 포함하여 인생 전반의 흐름을 결정하는 기둥입니다. 이는 개인의 운명과 흐름을 결정하는 중요한 요소입니다.

나) 인연주(因緣柱)

인연주는 특정 띠(예: 개띠)와 강한 인연을 형성하는 천간, 지지 조합을 뜻하며 인간관계 사업 결혼 등에서 강한 영향을 미치는 요소입니다.

다) 인오술(寅午戌) = 삼합(三合)

(1) 특징: 화(火) 기운이 강하게 작용하는 조합입니다.

(2) 작용

㈎ 강한 리더십과 추진력을 제공합니다.

㈏ 사회적 성공과 명예운 상승합니다.

㈐ 좋은 인맥 형성 및 확장성이 있습니다.

(3) 해석

㈎ 개(戌)띠와 호랑이(寅), 말(午)이 조화를 이루며 강한 화(火) 기운을 형성합니다.

㈏ 특히 사업 정치 예술 분야에 크게 빛을 발합니다.

㈐ 도전정신이 강해지는 운세입니다.

라) 신유술(申酉戌) = 방합, 계절합

(1) 특징: 금(金) 기운이 강하게 작용하는 조합입니다.

(2) 작용

㈎ 재물운과 결단력이 상승합니다.

㈏ 현실적인 감각이 강해져 사업적 성공 가능합니다.

㈐ 경쟁력이 강해지고 목표 달성이 쉬워집니다.

(3) 해석

㈎ 원숭이(申), 닭(酉), 개(戌)가 만나 금(金) 기운을 형성합니다.

㈏ 강한 재물운이 작용하며 투자 무역 기획 등의 분야에서 유리합니다.

㈐ 분석력과 실행력이 뛰어난 인연을 형성합니다.

마) 해(亥), 묘(卯)의 조합

(1) 특징: 목(木) 기운과 토(土) 기운의 조화입니다.

(2) 작용

㈎ 안정적인 재물운을 형성합니다.

㈏ 가정 가족운이 상승합니다.

㈐ 심리적 균형을 이루는 조합입니다.

(3) 해석

㈎ 돼지(亥)와 양(未)은 개(戌)와 함께 부분적인 합을 이루어 토(土) 기운을 안정화됩니다.

㈏ 사업적으로 장기적인 안정성을 추구하는 경우 좋은 조합입니다.

㈐ 인맥을 넓히고 협력 관계를 돈독히 하는 것이 유리합니다.

바) 자(子), 오(午)의 조합

(1) 특징: 강한 변동성이 존재하는 조합입니다.

(2) 작용

㈎ 운세의 큰 변동이 예상됩니다.

㈏ 도전과 변화의 기회 제공합니다.

㈐ 극단적인 성공 또는 변화가 가능합니다.

12) 돼지(亥)띠 - 시주기준

- 亥(돼지띠), 卯(토끼띠), 未(양띠)
- 子(쥐띠), 丑(소띠)
- 申(원숭이띠), 戌(개띠), 寅(호랑이띠), 酉(닭띠)
- 그 외(용띠, 뱀띠, 말띠) 띠는 용신이 필요한 인연을 불러옵니다.

가) 오주학 돼지(亥)띠 운주(運柱)와 인연주(因緣柱)

(1) 해묘미(亥卯未) 삼합 조합

㈎ 오행: 목(木)기운이 강합니다.

㈏ 특징: 인연의 흐름이 원활하고 조화롭습니다.

⑵ 인연 영향

㈎ 귀인운(貴人運)이 강하여 도움을 받을 수 있습니다.

㈏ 동업 협력 관계에서 상승 작용을 합니다.

㈐ 창의적인 활동과 관련된 인연이 많아 예술 기획 문화 관련분야에서 좋은 기운입니다.

나) 해자축(亥子丑) 방법, 계절합

⑴ 오행: 수(水) 기운이 강합니다.

⑵ 심층적인 사과와 내면의 강한 직관력이 있습니다.

⑶ 인연 영향

㈎ 정신적 교류가 깊은 인연이 많습니다.

㈏ 학문, 연구, 철학 명리학 종교 등 정신적인 분야에서 인연을 형성합니다.

㈐ 사업적으로는 자금 운용과 투자 관련된 인연이 형성되며 신중한 계획이 필요합니다.

다) 신(申), 술(戌)의 조합

⑴ 오행: 금, 토(金土) 기운이 강합니다.

⑵ 특징: 현실적이고 강한 추진력이 있습니다.

⑶ 인연 영향

㈎ 조직 내에서 핵심적인 역할을 하는 인연이 많습니다.

㈏ 사업 부동산 금융 관련된 인연이 강하게 작용합니다.

㈐ 도전과 경쟁이 따를 수 있으나 이를 극복하면 강한 성취로 이어집니다.

라) 인(寅), 유(酉)의 조합

⑴ 오행: 목금(木金) 귀인과 식상의 오행입니다.

⑵ 특징: 빠른 변화와 도전의 흐름입니다.

⑶ 인연 영향

㈎ 강한 개성과 독립적인 인연이 많습니다.

㈏ 사업적으로는 경쟁자가 많지만, 그 속에서 기회를 잡을 가능성이 큽니다.

㈐ 유통 무역 마케팅 기술 혁신 등의 분야에서 인연이 형성됩니다.

마) 결론

⑴ 돼지(亥)띠의 운주와 인연주는 조합에 따라 다양한 성향을 띠며 재물과 사업운에 강한 영향을 미칩니다.

⑵ 해묘미(亥卯未)는 협력과 창의적인 인연이 강하고 해자축(亥子丑)은 학문과 투자 운이 두드러집니다.

(3) 신술(申戌)은 현실적이고 사업적인 인연이 강하고 인유(寅酉)는 변화와 도전 속에서 기회를 잡는 인연이 많습니다.

3. 오주학(五柱學)과 공간주(空間柱)

오주학에서는 년주(年柱), 월주(月柱), 일주(日柱), 시주(時柱), 공간주(空間柱)는 망자(亡者)가 생을 마감한 그 기준으로 판단하는 기법입니다.

가. 공간주(空間柱)란 무엇인가?

공간주는 문자 그대로 해석하면 돌아가신 시간(時間)과 분(分)의 개념으로 공간에 기둥이라는 뜻을 가지고 물리적인 공간뿐만 아니라 시간과 의식의 흐름 속에서 존재하는 축(基準)을 의미합니다. 여기서 육체를 벗고 혼(魂)은 공간주에 머물러 다음 조건에 합당하면 다시 또 다른 연결점의 생이 시작되는 것을 의미합니다.

1) 삶과 죽음의 연결점

삶과 죽음은 단절된 개념이 아니라 하나의 순환 과정으로 볼 수 있습니다. 공간주는 이 순환 과정에서 연결고리 역할을 하며 생이 끝이 단순한 소멸이 아니라 또 다른 차원의 시작일 수 있음을 시사합니다.

가) 윤회적 관점: 불교적 시각에서 죽음을 끝이 아닌 다음 생으로 가는 과정으로 봅니다. 공간주는 이를 나타내는 상징적인 축이 될 수 있습니다.

나) 오주(사주)학적 해석: 명리학에서는 인간의 삶이 오행(五行)과 천간지지(天干地支)의 흐름 속에서 순환한다고 봅니다. 이는 곧 시간과 공간이 연결되어 있다는 의미이며 죽음 이후에도 또 다른 흐름 이 이어진다는 것을 암시합니다.

다) 에너지 전이 이론: 현대 과학에서도 물질과 에너지는 사라지지 않고 형태만 변한다고 합니다. 인간의 의식도 같은 원리로 새로운 차원에서 다시 시작될 가능성을 고려해볼 수 있습니다.

라) 생의 끝을 새로운 시작점으로 바라보는 이유: 삶이 단절된 존재가 아니라 연속적인 흐름 속에서 본다면 죽음을 두려움의 대상으로 보기보다는 새로운 변화로 기회로 해석할 수 있습니다. 이는 곧 공간에 흩어진 영혼이 공간주에 머물다 유사한 환경을 만나면 접속에 형태로 죽음이 또 다른 공간으로의 이 동임을 인식하는 과정이 됩니다.

나. 공간주와 기산적 운명(起山的運命)

기산(起山)은 산을 일으킨다는 의미로 운명의 흐름을 새로운 국면으로 전환하는 중요한 핵심의 의미입니다. 이것은 단순히 개인의 삶에서 기회를 창출하는 것이 아니라 현세에서 사후세계로 이어지는 운명의 연결점을 분석하는 데 활용됩니다. 즉, 공간주는 인생의 흐름이 사후에도 지속된다는 개념을 내포하며 사후 운명에 영향을 두는 결정적인 지점(裂結點 열결점)을 찾아내는 것이 핵심입니다.

다. 공간주의 열결점(裂結點)이란

열결점은 운명의 단절과 연결이 교차하는 지점을 뜻합니다. 이는 단순히 개인의 생명선이 끝 나는 순간이 아니라 사후세계로 넘어가는 과정에서 운명이 변화하는 중요한 순간을 의미합니다.

1) 생년월일시분의 천간과 지지가 공간적으로 특정한 기운을 형성하는 경우: 예를 들어 신강한 기운이 특정한 공간 좌표에서 변화하거나 대운(大運)의 흐름 속에서 특정한 순간에 급격한 전환한 일어날 때 열결점이 생깁니다.
2) 조상운(祖上運)과 후손운(後孫運)이 맞물려 있는 경우
   가) 개인의 운명이 조상 또는 후손의 기운과 강하게 연결되어 있으면 사후에도 영향을 미치게 됩니다.
   나) 예를 들어 오주(사주)에서 자오묘유(子午卯酉)의 공간적 흐름이 강하게 나타날 경우 전생 혹은 조상의 운명과 현세가 연결되어 있을 가능성이 높습니다.
3) 명(命)과 운(運)의 충돌이 극심할 때: 개인의 오주(사주)에서 천간과 지지의 극심한 충돌(특히 원진 육해 등)이 발생하는 시점에 열결점이 생기면서 그 순간이 사후 운명을 결정하는 계기가 될 수 있습니다.
4) 음양의 균형이 깨질 때: 공간주는 시간적 흐름을 공간적 개념으로 확장하는 것인데 음양의 균형이 깨지는 순간이 연결점이 되기도 합니다.

라. 공간주의 실전 활용(사후 운명의 설계)

공간주를 활용하면 사후세계와 현세를 잇는 흐름을 이해하고 현세에서의 선택이 사후 운명에 어떻게 영향을 미칠지 예측할 수 있습니다.

1) 사후 운명을 개선하는 방법

가) 조상의 묘자리(풍수)나 후손의 오주(사주)와 연계하여 생전에 운명을 조정하면 사후의 흐름을 바꿀 수 있습니다.

나) 예를 들어 오주(사주)의 공간 좌표에서 음(陰)이 너무 강한 경우 생전에 양(陽)적인 활동

(예: 불교 수행, 기도, 명상, 양택, 풍수, 무속 등)을 늘리며 균형을 맞출 수 있습니다.

2) 생전의 업보(業報)와 사후 연결

가) 오주(사주)에서 특정한 공간적 핵심에서 업보의 열결점이 보이면 그것이 사후에도 영향을 미칠 가능성이 높습니다.

나) 겁재가 강하고 인성이 없는 경우 전생의 업이 강하게 남아 있으며 이를 해결하지 않으면 사후에도 영향을 끼칩니다.

다) 공간주를 활용한 운명 해석은 단순히 현세의 흐름을 보는 것에서 벗어나 사후의 운명까지도 예측하고 설계할 수 있는 방법론입니다. 열결점(裂結點)은 이러한 흐름에서 중요한 전환점이 되는 순간이며 이를 사전에 파악하면 사후에도 긍정적인 영향을 미치는 운명적 조정을 할 수 있습니다.

마. 내세와 인연의 연속성

1) 업보와 인연: 현재의 인연은 과거 생(前世)의 업보로 인해 형성되며 이는 내세(來世)에도 이어진다고 봅니다.
2) 기(氣)의 흔적: 특정한 장소에서 발생한 사건이나 감정은 공간에 기운으로 남아 다시 그 공간에 머무는 사람에게 영향을 미칠 가능성이 있습니다.
3) 오주(사주)와 공간의 조화: 어떤 공간에 서 태어나거나 머무르거나 특정한 시기에 특정 장소에서 만난 인연은 필연적인 요소를 지니며 이로 인해 사후에도 계속 연결될 수 있습니다.

바. 사후세계와 이어지는 인연

1) 동일한 공간에서의 반복된 만남: 어떤 장소에서 깊은 인연을 맺었던 사람들은 사후에도 그 공간을 매개로 다시 만날 가능성이 있습니다.
2) 가족과 혈연의 재회: 조상의 묘지나 가 문의 공간에서 강한 기운이 이어지는 경우 후손들이 비슷한 삶을 만족하거나 유사한 성향을 띠는 사례가 많습니다.
3) 특정 장소에서의 영적 연결: 수행자들이나 명상가나 기도와 제사 또는 무속인 영적인 공간은 사후에도 그들의 영혼이 머무르는 곳이 될 수 있다고 봅니다.

사. 윤회와 업

1) 윤회(輪廻)는 불교와 도교에서 강조하는 개념으로 인간이 끊임없이 생을 거듭하며 업(業)을 쌓고 그것을 소멸하거나 반복하는 과정입니다.

   가) 업(業): 과거의 행동과 생각이 현재의 삶에 영향을 미치는 원인과 결과의 법칙(因果法

則)입니다.

나) 윤회(輪廻): 업의 흐름의 따라 다른 생을 살아가며 미처 해결하지 못한 에너지가 새로운 삶에서 영향을 미치는 과정입니다.

2) 공간주(空間柱)와 윤회의 관계를 보면 특정한 공간에서 생성된 기운이 우리의 업을 활성화하거나 소멸시키는 역할을 할 수 있습니다. 이는 명리학에서 말하는 지리(地理)의 영향과도 연결되며 우리가 어떤 공간에서 태어났는지 어디서 생활하는지가 운명에 영향을 준다고 볼 수 있습니다.

아. 우주 공간에서 기운(현세, 내세)의 결정

우주는 끊임없이 변화하는 에너지(場)입니다. 태양계의 운행 별자리의 배치 지구 자 기장의 변화 등은 우리 삶의 흐름에 중요한 영향을 미칩니다.

1) 천체(天體)의 변화와 운명: 우주의 별자리와 행성의 배치는 우리가 태어난 시점에 따라 고유한 에너지 패턴을 형성합니다. 이는 개인의 공간주와 연관되며 운명적 흐름을 결정하는 요소로 작용합니다.

2) 지구의 기운과 윤회: 우리가 태어나서 살아가는 환경(환경, 기후, 지형, 조후 등) 또한 우리의 업장(業障)을 강화하거나 해소하는 데 기여할 수 있습니다.

자. 공간주(空間柱)와 종교적 가치

공간주는 시간과 공간을 지탱하는 기둥이라는 개념으로 해석될 수 있습니다. 이는 동양철학에서 천지인(天地人)의 조화와도 연결되며 불교나 도교 유교에서도 인간이 우주의 질서 안에서 어떻게 살아가야 하는지에 대한 기준에 제공하는 개념과 맞닿아 있습니다.

1) 시간과 공간의 흐름 속에서 삶을 바라보기

가) 공간주를 운명의 틀로 받아들이면 우리는 정해진 흐름 안에서 자신의 역할을 찾아야 합니다.

나) 이를 종교적으로 해석하면 수행이나 숙명론과 연결되며 우리가 어떻게 살아가야 하는지에 대한 지침이 될 수 있습니다.

2) 죽음과 새로운 삶의 순환

가) 불교에서는 윤회를 통해 죽음이 곧 새로운 삶의 시작임을 강조합니다.

나) 공간주의 관점에서 보면 한 공간에서 끝나는 것이 아니라 또 다른 공간에서 이어지는 연속성의 개념으로 해석하는 것입니다.

3) 공간주와 사후세계

가) 공간주는 일반적으로 공간을 주관하는 존재 또는 공간의 본질을 탐구하는 개념으로 볼 수 있습니다.

나) 사후세계는 인간의 죽음 이후에도 의식이 지속되는지 혹은 다른 형태로 전환되는지를 연구하는 분야입니다.

다) 공간주와 사후세계를 연결하면 사후에도 존재하는 공간이나 다차원의 공간적 이동을 설명하는 형이상학적 논의가 가능합니다.

4) 운명학과 사후세계

가) 동양 운명학에서는 사후세계와 윤회를 중요한 개념으로 다룹니다.

나) 명리학 주역 성명학 등에서 인간의 운명은 사전적으로 정해져 있지만 변화할 수도 있다고 봅니다.

다) 사후세계와 연결하면 전생과 현생 내세가 연속된 흐름 속에서 운명의 패턴이 작용한다는 시각이 가능합니다.

5) 종교적 통합적 접근

가) 기독교 불교 도교 힌두교 등 다양한 종교는 사후세계를 각각 다르게 설명하지만 공통된 부분도 많습니다.

나) 불교에서는 윤회와 해탈을 이야기하며 기독교에서는 천국과 지옥을 도교에서는 신선사상을 말합니다.

다) 종교적 통합적 접근이란 이러한 해석을 조화롭게 융합하여 공통적인 본질을 탐구하는 과정입니다.

6) 행동의 기준으로서의 공간주

가) 운명학적으로 공간주의 원리를 적용한다면 우리는 특정한 흐름 속에서 가장 조화로운 선택을 해야 합니다.

나) 종교적 가치를 추구하는 사람이라면 자신의 삶이 우주적 질서의 맞는 방향으로 진행되는 것입니다.

차. 종교에 죽음과 삶

1) 불교

가) 제행무상(諸行無常)〉〉모든 것은 변하며 영원한 것은 없다

나) 생자필멸(生者必滅)〉〉태어난 것은 반드시 사라진다

다) 일체개고(一切皆苦)〉〉모든 것은 고통이며 집착이 고통을 만든다

라) 나무아미타불(南無阿彌陀佛)〉〉아미타불에게 귀의하여 극락왕생을 기원한다

마) 삶과 죽음은 하나이다. 죽음은 끝이 아니라 다른 시작일 뿐이다

2) 기타 종교에서 죽음과 삶

가) 기독교

⑴ 나는 부활이요 생명이니 나를 믿는 자는 죽어도 살겠고(요한복음 11:25)

⑵ 사랑하는 자여 네 영혼이 잘됨 같이 네가 범사에 잘되고 강건하기를 내가 간구하노라 (요한삼서 1:2)

나) 힌두교

⑴ 죽음은 끝이 아니라 영혼의 또 다른 여행의 시작이다

⑵ 업(業)에 따라 삶과 죽음이 반복된다

다) 도교

⑴ 삶과 죽음은 자연의 이치이니 이를 거스르지 마라

⑵ 인생은 강물처럼 흐르며 죽음은 바다로 돌아가는 것이다

라) 이슬람교

⑴ 모든 영혼은 죽음을 맛보이나 그리고 그 후에 너희는 너희 행위에 따라 보상받으리라 (꾸란 2:185)

⑵ 죽음은 끝이 아니라 알라의 곁으로 돌아가는 여정일 뿐이다

⑶ 선한 삶을 살아라 죽음은 새로운 시작일 뿐이다

카. 영인체(靈人體)와 오행(五行)의 관계

1) 영인체(靈人體)와 오행(五行)

가) 혼(魂)과 백(魄)의 분리

⑴ 혼(魂): 양(陽)의 기운을 가지며 하늘(天)로 올라가 더 높은 차원의 기운과 합쳐집니다.

⑵ 백(魄): 음(陰)의 기운을 가지고 땅(地)에 남아 육체와 함께 소멸합니다.

나) 오행에 따른 분리 과정

⑴ 목(木): 성장과 생명의 기운: 살아있는 자들에게 영적인 영향을 줄 수도 있습니다.

⑵ 화(火): 열정과 정신의 기운: 하늘로 승화되어 영적 세계와 연결됩니다.

⑶ 토(土): 육체와 땅으로의 회귀: 무덤 유골 흙으로 돌아갑니다.

⑷ 금(金):정수와 기억의 보존: 사후에도 남아 있는 기운 유산(遺産), 명예 등을 말합니다.

⑸ 수(水): 흐름과 윤회의 원리: 다시 자연으로 돌아가거나 새로운 생명으로 이어집니다.

2) 영급(靈級)과 영인체

가) 영급이란 영적인 단계도는 등급을 의미하는 개념으로 볼 수 있습니다.

나) 사람이 수행이나 신념 체계를 통해 영적인 성장을 이루면 영인체가 강화되거나 진화하고 기운이 상승하는 것입니다.

다) 반대로 부정적인 기운에 영향을 받거나 악한 행위를 지속하면 영적인 쇠퇴가 일어나 영인체가 약화하는 기운이 작용하는 것입니다.

라) 살아있는 사람에게 영향을 주는 영인체

⑴ 어떤 경우에서는 살아있는 사람이 특정한 영적인 존재(선한 영, 악한 영)와 연결될 수 있으며 그 영향으로 영인체가 성장하거나 변형될 수 있습니다.

⑵ 신장(神將)이나 수호령 같은 존재들은 긍정적인 영향을 주는 경우이고 반대로 부정적인 영향을 주는 경우는 악령 또는 잡귀 등의 개념과 연관될 수 있습니다.

3) 영(靈)과 혼(魂)의 넋

가) 영(靈)

⑴ 영은 가장 근본적인 요소를 신성한 존재로 연결되거나 초월적인 힘을 가진 것으로 여겨집니다.

⑵ 종교나 철학에서 신성한 기운 생명의 근원 혹은 신과의 교감을 의미하기도 합니다.

⑶ 인간이 죽은 후에도 남아 있는 순수한 영적인 존재를 뜻하기도 합니다.

나) 혼(魂)

⑴ 혼은 개인의 정체성과 감정을 가진 정신적 요소를 뜻합니다.

⑵ 인간이 살아 있을 때 몸과 함께하며 죽으면 떠나게 된다고 여겨집니다.

⑶ 전통적 개념에서는 혼이 육신과 연결되어 있을 때 정신적 활동을 가능하게 한다고 봅니다.

다) 넋

⑴ 넋은 혼과 유사하지만 조금 더 인간적인 감성과 정서를 포함한 개념입니다.

⑵ 넋을 잃는다는 것처럼 정신이 흐려지거나 집중력이 사라지는 상태를 표현할 때도 사용됩니다.

⑶ 전통에서는 죽은 사람의 넋을 달래는 의식(제사, 굿 등)이 행해지기도 합니다.

4) 영인체의 작용

가) 관찰과 선택: 영적인 존재는 특정한 공간에 머물면서 사람들의 기도, 말, 행동을 주시합니다.

나) 영급(靈級) 성장: 자신의 영적인 성장을 도울 수 있는 적합한 인간을 찾고 그와 함께 협력하거나 영향을 줍니다.

다) 협조와 방해: 긍정적인 에너지를 가진 영인체는 인간을 돕고 보호하며 부정적인 영인체는 방해하거나 에너지를 소모하게 만듭니다.

5) 영인체가 인간에게 영향을 주는 방식

가) 기도나 수행을 통한 연결: 종교적 수행(기도 명상 제사 좋은 말, 행동 등)을 통해 연인체가 더 강한 연결을 맺을 수 있습니다.

나) 언행(言行)에 따른 반응: 긍정적인 말과 행동을 하면 좋은 영적인 존재가 영향을 주고 부정적인 말과 행동을 하면 저급한 영이 영향을 미칠 가능성이 높아집니다.

다) 영적인 교류와 선택: 인간이 특정한 가치관과 에너지를 가지면 그에 맞는 영인체가 가까워지고 협력하는 경우가 많습니다.

6) 영인체와 인간의 상호작용

가) 선한 영과의 연결: 깨끗한 마음과 올바른 행동을 지속하면 높은 영급의 영인체가 가까워져 인생의 흐름이 긍정적으로 바뀝니다.

나) 부정적인 영과의 연결: 부정적인 사고방식과 행동을 지속하면 저급한 영 인체가 영향을 미쳐 불운이 잦아질 수 있습니다.

다) 영적인 보호막: 정기적인 기도 수행 좋은 에너지를 유지하면 부정적인 영향을 차단하는 보호막이 형성될 수 있습니다.

7) 연인체와 후손의 연결

가) 연인체는 후손과 강한 인연을 맺고 있으며 후손이 기도하거나 간절한 소망을 빌 때 이를 듣고 반응할 가능성이 높습니다.

나) 조상신(祖上神) 개념과도 연결되며 후손의 삶을 보호하고 도와주는 역할을 할 수 있습니다.

다) 반대로 후손이 조상을 무시하거나 불경한 행동을 하면 영인체가 영향을 주지 않거나 부정적인 방식으로 작용할 수도 있습니다.

8) 기도와 소원의 전달

가) 인간이 간절히 기도하거나 소원을 빌 때 그 에너지를 특정한 영인체에게 전달됩니다.

나) 영인체는 이를 듣고 실현을 도울 수 있지만, 반드시 모든 소원이 이루어지는 것은 아닙니다.

다) 영적인 존재가 인간에게 영향을 미치는 방식은 영급(靈級)이나 해당 존재의 힘에 따라 다를 수 있습니다.

타. 공간주(空間柱)의 사망일(死亡日) 간명

오주(사주)학과 명리학에서는 인간에 운명과 생애를 천간 지지의 조합으로 해석합니다. 그러나 일반적인 오주(사주) 해석은 출 생일을 기준으로 하는 반면 오주학의 공간 주(空間柱)로 사망일을 기준으로 분석하는 것은 인간이 물리적인 생명을 마감한 이후의 기운을 어떤 영향을 미치는지를 탐구하는 신학문으로 독특한 접근법입니다. 이를 통해 사망 후 영적인 흐름이 어떻게 작용하는지 살펴볼 수 있습니다.

1) 사망일 오주(사주)의 개념

사망일을 기준으로 한 오주(사주)를 분석하는 것은 단순히 죽음을 의미하는 것이 아니라 인간의 육체와 영혼이 분리된 이후 주변 환경에 미치는 영향을 우리 삶의 도입하고 받아들여 운을 불러오는 이론입니다.

가) 사망일의 년주 월주 일주 시주 공간주 해석합니다.
나) 공간주의 개념과 사후 영인체의 작용합니다.
다) 선한 작용과 악한 작용의 구분합니다.
라) 사후세계의 기운과 인간에게 미치는 영향을 줍니다.

2) 사망일 오주(사주)의 해석 방법

가) 년주(年柱): 전체적 운명과 조상과 인연

(1) 년주는 한 사람의 인생을 결정짓는 근본적인 기운을 나타내며 조상과의 연결고리로 해석할 수 있습니다.
(2) 사망일의 년주를 보면 그 사람의 죽음 이후 조상의 기운을 따라갈 것인지 아니면 새로운 흐름을 형성할 것인지 파악할 수 있습니다.
(3) 만약에 년주가 강한 기운(甲, 丙, 戊, 庚, 壬)이라면 사후에도 강한 에너지를 유지하며 후손들에게 영향을 줄 가능성이 큽니다.
(4) 반대로 약한 기운(乙, 丁, 己, 辛, 癸)이면 조상의 흐름이 따르거나 영적인 영향이 소극적일 수도 있습니다.

나) 월주(月柱): 죽음의 원인과 시기

(1) 월주는 인간이 어떤 환경에서 성장했고 어떠한 흐름 속에서 사망했는지를 나타냅니다.
(2) 월시가 강하면 비교적 긴강한 삶을 유지했을 가능성이 크며 사후에도 명확한 영적인

방향성을 가집니다.

(3) 반면 월지가 약하거나 충(沖)을 맞는 경우 급작스러운 죽음이나 불안정한 사후세계로 이동 가능성을 의미합니다.

(4) 월주가 임인(壬寅)이나 경진(庚 辰)과 같은 강한 기운이면 죽음 이후에도 지속적으로 영향을 미칠 확률이 높습니다.

다) 일주(日柱): 본인의 영인체 기운과 사후 작용력

(1) 일주는 한 개인의 본질적인 에너지와 직접적인 관련이 있습니다.

(2) 사망일의 일주로 보면 그 사람의 영체가 사후 어떤 방식으로 작용하는지를 예측할 수 있습니다.

(3) 화(火)의 기운이 강한 일주(丙午, 戊辰 등)를 가진 경우 영인 체가 강하게 남아 인간세계에 영향을 미칠 확률이 높습니다.

(4) 반대로 수(水), 금(金)의 기운이 강한 일주(癸亥, 辛酉 등)라면 비교적 빠르게 우주적 흐름 속으로 흡수될 가능성이 큽니다.

라) 시주(時柱): 영인체 정착 및 활동 방식

(1) 시주는 인간이 죽은 이후 영혼이 어디로 향하는지 분석하는 중요한 요소입니다.

(2) 만약에 시주가 진술축미(辰戌丑未)와 같이 토(土)의 기운을 포함하고 있다면 영혼이 일정한 장소에 머물며 인간세계와의 교류가 활발할 가능성이 큽니다.

(3) 반대로 인신사해(寅申巳亥)와 같은 이동이 강한 기운이면 사후세계에서 새로운 형성할 가능성이 높습니다.

3) 공간주의 개념과 영체의 존재 방식

가) 공간주는 사망한 이후 영인체가 머무르는 영역을 설명하는 개념으로 다음과 같이 구분하는 예를 들어 보겠습니다.

나) 자연공간주: 산 강 바다 우주 공간 등 자연에 머무르며 영향을 주는 경우도 있습니다.

다) 건물 공간주: 사망자가 생전에 자주 머물던 공간에 남아 있는 경우가 대부분입니다.

라) 인연 공간주: 특정한 사람(가족, 친구, 영적인 관계인 등)과 연결되어 영적인 영향을 미치는 경우가 있습니다.

4) 사후 영체의 작용

가) 선한 영향

(1) 사망자의 영체가 긍정적인 방향으로 작용할 경우 다음과 같은 현상이 발생할 수 있습니다.

(2) 후손들에게 복을 주고 사업이나 재물운을 증가시키는 역할을 합니다.

(3) 보호령으로 작용하여 위험을 예방하고 건강을 유지하는 도움을 유도해야 합니다.

(4) 직관력을 증가시키고 중요한 선택에서 올바른 방향을 제시하는 영향이 있습니다.

(5) 특히 생전에 선행을 많이 한 사람일수록 사후에도 선한 작용으로 선한 영체가 함께하는 것입니다.

나) 악한 영향

(1) 사망자의 영체가 부정적인 영향을 미칠 경우 다음과 같은 현상이 나타날 수 있습니다.

(2) 가족 구성원에게 질병이나 불운을 초래합니다.

(3) 재물운이 막히고 사업이 연속적으로 실패하는 경우가 있습니다.

(4) 악몽, 정신 질환, 반복되는 불길한 사건 등이 발생합니다.

(5) 생전에 악한 행동과 말로써 업을 쌓으면 악한 영체가 늘 방해하니 일시적 성공한 듯하나 결과는 무지막지하게 하는 일마다 실패를 하는 것입니다.

5) 공간주의 영향과 영혼의 협조 원리

가) 영혼과 후손의 관계

(1) 공간주가 후손의 오주(사주)와 합(合) 또는 충(沖) 작용을 하면 강한 연결을 의미합니다.

(2) 특정 시기에 영혼의 영향력이 강해지는 시점이(대운, 세운, 인연의 변화 등) 있습니다.

나) 후손에게 미치는 영향

(1) 길한 경우: 후손이 운이 좋을 때 영혼이 보호하고 조력합니다.

(2) 흉한 경우: 충(沖)작용이 강하면 조상과의 화해 또는 제사와 의식이 필요합니다.

(3) 공망날에 빠진 경우: 영혼이 방황하며 후손에게 꿈이나 직관적인 메시지를 보낼 가능성이 큽니다.

6) 공간주 활용 방법

가) 후손의 오주(사주)와 조율

(1) 조상의 공간주와 후손의 오주(사주)를 비교하여 시너지를 극대화하는 방법 찾기입니다.

(2) 후손의 오주(사주)가 조상의 공간 주와 삼합(三合) 등 관계를 맺으면 강한 보호 작용 발생합니다.

나) 제사의 최적화

(1) 공간주를 고려하여 제사의 날짜와 방향을 조율이 필요합니다.

(2) 특정방향(공간주의 천간이 기운을 받는 방향)으로 제사를 지내면 효과 극대화됩니다.

(3) 조상, 형제, 친척, 지인이나 아랫사람이 먼저 공간주로 들어간다면 서로 얽힌 것이 있으면 화해하고 풀어야 합니다.

다) 영적 메시지 해석

(1) 꿈이나 직관적 신호를 해석할 때 조상이나 타인을 공간주를 활용하는 것입니다.

(2) 조상의 공간주가 수(水) 기운이 강하면 물과 관련된 메시지가 자주 나타납니다.

파. 오주학(五柱學)과 공간주(空間柱) 죽음과 사는 것은 없다.

오주학에서 공간주에 관한 개념을 설명하면 죽음과 삶을 물질적인 존재나 상태를 보지 않고 대우 주에서의 기운과 조건의 변화에 따른 현상으로 이해합니다. 이 이론은 자연의 변화와 존재를 기운의 흐름 조건 그리고 공간적인 상호작용에 따라 설명하는 방식입니다.

1) 기운의 변화로서의 삶과 죽음

살아남는 것은 대우주 공간에 특정한 기운이 나 조건이 형성될 때 그 기운에 의해 존재가 활성화되는 상태를 말합니다. 이때 기운이란 에너지나 물질적이고 추상적인 존재를 포함하는 모든 것들이 서로 상호작용하며 한 존재를 활성화시키는 원리로 볼 수 있습니다. 예를 들어 생명체가 살아있다고 할 때 생명체 내부의 기운이나 상태가 지속적으로 유지되며 환경과 상호작용하는 것과 비슷합니다.

반면 죽음은 그 기운과 조건이 소멸하거나 변형되었을 때 발생합니다. 대우주에서 기운이 소멸하면 존재는 더 이상 활성화되지 않으며 그 존재는 후퇴하거나 사라진다고 표현할 수 있습니다. 이 경우 죽음은 단순히 생리적인 종료가 아니라 우주적 관점에서 기운이나 조건의 변화로 이해할 수 있습니다.

2) 상호작용의 측면에서의 죽음과 삶

살아있는 것은 대우주와의 지속적인 상호작용을 의미하며 이러한 상호작용을 통해 존재 가 계속해서 에너지를 받고 변화합니다. 따라서 죽음은 대우주와의 상호작용이 끊어지거나 존재가 더 이상 기운을 받지 못하고 변화하지 않게 되는 상태로 설명됩니다. 즉 존재가 주고받는 에너지의 흐름이 멈추는 것 혹은 우주의 기운과 관계가 끊어지는 것이라고 볼 수 있습니다.

3) 공간적 관점에서의 죽음과 삶

공간주(柱)는 특정한 공간에서 기운이 형성되고 소멸하는 과정을 설명합니다. 기운이 특정 공간에 존재할 때 그 공간은 활성화되고 그곳에 있는 존재들이 살아있는 것처럼 느껴집니다. 그러나 기운이 그 공간에서 사라지면 그 존재는 그 공간을 떠나거나 그 존재의 형상은 더 이상 유지되지 않게 됩니다. 이처럼 죽음은 물리적인 종료를 의미하는 것이 아니라 그 존재를 지탱하는 기운이 소멸하거나 변화하는 것이라고 볼 수 있습니다.

4) 주기적인 생사 개념

대우주의 기운이 끊임없이 흐르고 변하기 때문에 사는 것과 죽는 것은 반복적인 주기의 일부로 볼 수 있습니다. 삶과 죽음은 각각의 조건이 맞춰졌을 때 새로운 상태로 바뀌는 과정이 지속됩니다. 즉 죽음이란 궁극적으로 새로운 생명의 조건을 만들어내는 하나의 전환점일 수 있으며 우주적 흐름 속에서 끊임없는 변화의 일부분이라고 할 수 있습니다.

하. 오주학에서 공간주 생(生)과 멸(滅)

오주학에서 말하는 공간주(空間柱)의 생과 멸은 불교의 근본적인 개념과 관련된 중요한 교리 중 하나입니다. 이 개념은 특히 공(空)과 생멸(生滅)에 대한 깊은 이해와 그 연관성에 대해 다루고 있으며 이러한 철학적 내용을 풀어 설명하기 위해서는 불교의 기본 교리와 그 배경에 대한 설명이 필요합니다.

먼저 공(空)에 대해 설명하겠습니다. 공이라는 개념은 불교에서 매우 중요한 철학적 원리입니다. 공은 단순히 비어 있다는 의미뿐만 아니라 모든 존재가 고정된 본질을 가지고 있지 않으며 인연에 따라 생성되고 소멸한다는 것을 뜻합니다.

이는 무상(無常)과도 깊은 연관이 있으며 모든 것은 끊임없이 변화하고 없어진다는 것을 나타냅니다.

이와 관련하여 생과 멸(生滅)은 생명과 존재의 생성과 소멸의 과정을 설명하는 개념입니다. 모든 존재는 어떤 원인과 조건에 의해 생겨나고 다시 다른 조건에 의해 소멸하는 법칙을 따릅니다. 생멸은 우리가 일상에서 경험하는 것처럼 계속되는 과정이며 이를 통해 우리는 변화와 무상의 본질을 깨닫게 됩니다.

공간주(空間柱)는 이런 공(空)의 개념을 통해 세계와 존재를 이해하려는 철학적 접근 방법입니다. 여기서 중요한 점은 모든 존재가 공간 내에서 생성되고 이 공간 내에서 존재의 변화가 일어나는 과정에 대한 인식을 말합니다. 즉 모든 존재는 그 자체로 독립적인 실체가 아니라 공간과 조건에 의해 상호작용하며 이 공간 속에서 생멸이 이루어지는 것입니다.

이러한 관점에서 생과 멸은 단순히 시간적인 차원에서의 생성과 소멸을 넘어서 공간적 차원에 서도 이루어진다고 볼 수 있습니다.

공간이란 무엇인가 바로 모든 존재가 존재할 수 있는 조건과 환경을 제공하는 배경으로 이 배경 안에서 생명과 모든 현상은 생성되고 소멸합니다.

오주학에서 이를 어떻게 이해하느냐에 따라 인간의 삶과 죽음 그리고 모든 존재의 탄생과 소멸이 단순히 시간적인 흐름에 의해 결정되는 것이 아니라 그 존재가 차지하는 공간 즉 우주적 인연과 조건에 의해 형성된다는 중요한 철학적 관점을 제공합니다. 이와 같은 이해는 결국 무상과 공의 깊은 깨달음을 통해 우리가 살아가는 세계의 본질을 더욱 명확히 볼 수 있도록 도와줍니다.
결국 공간주의 생과 멸의 개념은 존재의 근본적 인연 관성과 변화 그리고 우주의 법칙에 대한 철학적 해석을 다루는 중요한 불교적 교리로 볼 수 있습니다.
이 철학적 사고는 존재의 모든 것이 상호 의존적이며 결국 고정된 자아나 실체가 존재하지 않는다는 깨달음을 도출하게 합니다.

갸. 오주학 공간주(空間柱)의 결론

오주학도는 다른 정신적인 학문에서의 가르침을 바탕으로 한 내용이며 주로 인간의 영적인 성장을 다루며 마음과 영혼의 발전 그리고 기도와 행동의 중요성을 강조하는 내용으로 해석될 수 있습니다.
공간주: 공간주는 공간의 기둥이라는 의미로 해석될 수 있습니다. 이 문맥에서는 영적인 세계에서의 기둥 또는 중심이 되는 역할을 하는 존재 즉 마음과 영혼의 중심을 뜻할 수 있습니다. 공간은 우리가 사는 물리적 세계뿐만 아니라 정신적 세계를 포함하는 개념으로 해석됩니다.
福(복)은 스스로 짓는다: 복은 스스로 짓는다는 말은 우리가 어떻게 살아가느냐 어떤 마음을 가지고 행동하느냐에 따라 복을 짓거나 불행을 겪게 된다는 의미입니다. 즉 우리의 생각과 말 행동이 결국 우리의 운명을 결정짓는다는 의미입니다. 복은 타인이 주는 것이 아니라 자기 자신이 쌓아가는 것이라는 교훈을 담고 있습니다.
본인의 맞는 영인체의 협조로 영혼을 성장 시킨다: 영인체는 영적인 존재나 영혼을 뜻하며 여기서 협조는 그 영혼을 성장시키기 위한 협력적 노력을 말합니다.
즉 각자에게 맞는 방법과 과정에 따라 자신의 영혼을 성장시키고 발전시킬 수 있다는 의미입니다.
평소에 하는 말과 행동이 기도가 되어 성취하고 뜻을 이루고 복을 받는다: 우리가 일상에서 하는 말과 행동이 결국 우리의 기도가 되고 그 기도가 우리의 운명에 영향을 미친다는 것입니다. 즉 긍정적이고 올바른 말과 행동은 그 자체로 기도가 되어 우리의 뜻을 이루게 하고 복을 받는 결과로 이어진다는 가르침입니다.

더 자세한 내용은 복운경 오주교 공간주님편에서 수록해 놓겠습니다

제15편

36금수 12지의 배속

1. 자(子)

쥐(서 鼠), 제비(연 燕), 박쥐(복익 伏翼)

가. 자(子)의 개념

자(子)는 12지(十二支) 중 첫 번째에 해당하며 음양오행에서 양수(陽水)에 속합니다. 또한 육십갑자 기준으로 보면 천간의 계(癸)와 주로 결합하며 물(水)의 기운을 가장 순수하게 품고 있습니다. 물은 생명을 잉태하고 새로운 시작을 의미하므로 자(子)는 씨앗이 움트는 상태로 해석됩니다.

자(子)는 씨앗이 땅속에서 물을 머금고 발아를 준비하는 상태이므로 모든 시작을 의미하며 지혜와 번영 변화의 가능성을 담고 있습니다. 이와 관련하여 고서에서는 자(子)를 양(陽)이 싹트는 시작점으로 해석하며 이후 12지의 흐름이 여기서부터 전개됩니다.

나. 자(子)의 배속

1) 자(子)는 지혜, 총명함, 신속한 사교력, 정보전달 등의 특성을 가지며 학문적 탐구에 강한 기질을 보입니다.
2) 자(子)의 수(水)는 변화무쌍하며 유동성이 강한 기운을 가지므로 전략적 사고가 뛰어나고 미래를 대비하는 힘이 강합니다.

다. 자(子)와 연관된 동물=쥐(鼠), 제비(燕), 박쥐(伏翼, 복익)

자(子)에 속하는 동물로 가장 대표적인 덧은 쥐(鼠)입니다. 하지만 자(子)와 연결된 동물로 제비(燕)와 박쥐(伏翼 복익)도 함께 언급됩니다.

1) 쥐(鼠)

가) 쥐는 재물과 번영을 상징하는 동물로 빠른 움직임과 적응력을 지닌 존재입니다.
나) 밤에 활동하며 음(陰)적인 기운이 강하지만 새벽녘이 되면 가장 먼저 움직이는 동물이기도 합니다.
다) 주역(周易)에서는 자(子)는 지혜로운 존재이며 기회를 포착하는 능력이 뛰어나다고 해석됩니다.

2) 제비(燕)

가) 제비는 봄이 오면 가장 먼저 찾아오는 길조(吉鳥)이며 집을 짓고 자손이 번성시키는 상징적인 존재입니다.

나) 제비는 이동성과 순환적 성질이 자(子)의 유동적인 성격과 연결됩니다.
다) 중국의 고서에서는 제비를 성공을 불러오는 새로 해석하며 자(子)의 학문적 기운과 도연관이 있습니다.

3) 박쥐(伏翼 복익)

가) 박쥐는 복을 불러오는 동물로 여겨지며 특히 복(福)과 음이 같아 행운의 상징으로 쓰입니다.
나) 또한 어둠 속에서도 방향을 찾는 능력이 있어 자(子)의 어둠 속 지혜라는 의미와 연결됩니다.
다) 고대 중국에서는 박쥐를 재물과 장수를 가져오는 존재로 여겨 집의 문양에 박쥐 그림을 새겨넣기도 했습니다.

라. 고서속 자(子)의 해석(학문적 중심)

1) 주역(周易)

가) 자(子)는 물(水)이며 물은 지혜입니다.
나) 움직임이 빠르고 기회를 놓치지 않습니다.

2) 홍법구주(洪範九疇)

자(子)를 오행의 근본이 시작되는 곳으로 설명하며 학문의 씨앗이 싹트는 곳으로 해석됩니다.

3) 사주통해(四柱通解)

가) 자(子)는 생각을 깊게 하여 사색을 즐기며 총명하고 논리적이지만 때로는 고집이 강합니다.
나) 즉 자(子)는 학문과 전략적인 사고를 상징하며 깊은 통찰력을 가진 존재입니다.

4) 금낭경(錦囊經)

가) 자(子)는 수(水)이며 학문과 지혜를 의미합니다.
나) 자손이 번성하고 가업이 대대로 이어질 운입니다

자(子)는 12지의 시작으로서 지혜와 학문의 기운이 강하며 기회를 잡고 번영하는 힘을 가진다고 볼 수 있습니다. 또한 자(子)와 연결된 쥐(鼠) 제비(燕) 박쥐(伏翼)는 모두 총명합니다. 이동성 번영을 상징하며 재물과 학문적 성취의 가능성을 높이는 요소로 작용합니다. 고서를 통해 보면 자(子)는 학문의 씨앗이며 깊은 사색과 지혜를 기반으로 발전하는 기운을 가진다는 점이 핵심입니다.

2. 축(丑)

축(丑)은 12지지 중 두 번째에 해당하며 오행에서는 토(土)에 속하고 음(陰)의 기운을 지닙니다. 오주(사주) 명리학과 전통 철학에서는 다양한 관점에서 축(丑)을 분석할 수 있으며 특히 축에 배속된 동물과 그 의미에 대한 깊이 연구한 기록들이 있습니다.

가. 36금수와 축(丑)의 관계

36금수(禽獸)는 고대 중국에서 천문과 명리학을 기반으로 한 동물 배속 체계로 12지지와 오행을 포함하여 특정 동물의 속성과 결합한 개념입니다. 축(丑)은 금(金) 속성에 해당하는 수(水) 금수(禽獸)에 포함되며 이는 축의 성질이 수(水) 기운과도 연관될 수 있음을 의미합니다.

1) 축(丑)과 소(牛)

소는 축(丑)의 기본 상징 동물입니다. 소는 근면과 인내를 나타내며 농경 사회에서 중요한 역할을 담당했던 동물입니다. 오주(사주)학에서는 축(丑)이 포함된 사람은 성실하고 묵묵히 목표를 향해 나아가는 성향이 강하다고 해석된 입니다.

2) 축(丑)과 게(蟹해)

게는 물속에 사는 갑각류로 단단한 껍질과 집게발을 가지고 있습니다. 축(丑)의 성질 중 일부는 수(水) 기운을 띠며 차가운 기운과 연관이 있습니다. 게의 특징처럼 외적으로 단단하지만 속은 부드러울 수 있으며 자신의 영역을 중요하게 여기는 성향이 있을 수 있습니다.

3) 축(丑)과 자라(鼈별)

자라는 오래 사는 동물로 알려져 있으며 깊은 물 속에 잠겨 있는 시간이 많습니다. 이는 축(丑)의 저장과 응축의 속성을 반영합니다. 자라는 보호를 위해 단단한 등껍질을 가지고 있으며 이는 축(丑)의 신중하고 내면적으로 단단한 특성을 나타납니다. 오주(사주)적으로 보면 인내심과 생명력 장기적인 계획 수행 능력과도 연결될 수 있습니다.

나. 축(丑)의 기운을 활용하는 방법

1) 끈기를 활용하라: 축(丑)의 기운이 느리지만 강하다 조급함을 버리고 꾸준히 노력하는 것이 중요합니다.
2) 전략적 사고를 익혀라: 게(蟹)의 성향처럼 우회적인 해결 방식을 활용하면 유리합니다.
3) 지식과 학문을 쌓아라: 자라(鷹)의 특성처럼 깊이 있는 사고와 연구를 통해 성공을 이끌어

낼 수 있습니다.

4) 환경을 분석하라: 축(丑)은 변화를 천천히 받아들이지만 주변 상황을 냉철하게 분석하고 적절한 대응을 하는 능력이 뛰어납니다.

3. 인(寅)

인(寅)은 12지지(十二支) 중 하나로 양력 2월(입춘)을 중심으로 하며 오행에서는 목(木)에 해당합니다. 방위로는 동북동(東北東)에 위치하며 시간으로 새벽 3시 30분에서 5시 30분 인시(寅時)에 해당합니다. 고대 중국의 12지 동물(十二生育) 체계에서 인(寅)은 호랑이(虎)를 상징합니다. 그러나 36금수 체계에서는 이리(삵 狸리), 표범(豹표), 호랑이(虎호)가 배속되며 이는 오주학, 사주학, 술수학 병법 등에서 다양한 의미를 가집니다.

가. 인(寅)과 36금수

1) 이리, 삵(狸): 날렵하고 교활한 성질을 지닌 동물 영리하고 민첩하지만, 단독적인 행동을 신호힙니다.
2) 표범(豹): 강한 힘과 속도를 상징하며 용맹하고 사냥 기술이 뛰어납니다.
3) 호랑이, 범(虎): 왕의 기상을 가진 맹수로서 위엄과 권위를 나타냅니다.
4) 의미: 인(寅)의 기운은 강하고 직선적인 성향을 가지며 이는 호랑이의 성품과 일치합니다. 그러나 36금수에서는 이리(삵)와 표범도 포함되는데 이는 인(寅)이 단순히 힘만을 뜻하는 것이 아니라 영리함과 전략적 사고도 포함하고 있음을 시사합니다.

나. 인(寅)과 12지 배속

1) 인(寅)의 성질

가) 목(木)의 양(陽)적인 특성: 성장 개척 추진력 도전

나) 병화(丙火)와의 연결: 열정 카리스마 대담합니다.

다) 무토(戊土)와의 연결: 강인한 생명력 중심적 역할을 합니다.

2) 인(寅의 오주, 사주적 의미)

인(寅)은 갑목(甲木) 및 병화(丙火)와 깊은 관련이 있으며 목(木)의 기운이 강합니다. 인(寅)이 오주, 사주에 강하게 자리하면 개척정신과 리더십이 강하며 도 전적인 성격이 됩니다. 그러나 지나치면 독선적이거나 경쟁심이 과해질 수 있습니다.

다. 고서(古書)에서 본인(寅)의 의미

1) 삼명통회(三命通會)

가) 인(寅)은 동방의 목(木)이며 맹호(猛虎)의 형상입니다.
나) 성품이 곧고 강하며 용맹하며 두려움을 모릅니다.

2) 자평진전(子平眞詮)

가) 인(寅)은 양목(陽木)에 속하며 인의(仁義)를 주관하고 강직한 성질을 지닙니다.
나) 인(寅)이 사(巳)를 만나면 형살(刑殺)이 되어 스스로를 해치는 형국이 됩니다.

3) 도홍경(陶弘景)의 술수서(術數書)

가) 인(寅)에는 갑목(甲木), 병화(丙火), 무토(戊土)가 숨어있습니다. 이는 목화토(木火土)의 조합입니다.
나) 인(寅)은 호랑이의 형상이자 병법(兵法)의 신이며 전쟁의 상징입니다.

라. 인(寅)의 실제 활용

1) 오주, 사주명리학에서 인(寅)의 역할: 인(寅)이 강하게 작용하는 사람은 대담하고 리더십이 강하며 개척정신이 강합니다.
2) 인(寅)이 많으면: 고집이 세고 독립성이 강합니다.
3) 인(寅)이 약하면: 추진력이 부족하고 용기가 부족합니다.
4) 인(寅)이 병화(丙火)와 함께하면: 카리스마가 강하고 성공 가능성이 높습니다.
5) 인(寅) 신금(申金)과 충돌하면: 도전이 많고 시련을 겪을 가능성이 있습니다.

마. 병법(兵法)에서 인(寅)의 의미

1) 인(寅)은 호랑이의 형상을 가지므로 병법(전쟁전략)에서도 중요한 의미를 가집니다.
2) 손자병법(孫子兵法): 인(寅)과 묘(卯)는 전투와 개척을 담당하는 장군의 역할을 의미합니다.
3) 맹호가 산을 내려옴: 인(寅)이 강하게 작용하면 용맹한 장수와 같은 기운이 됩니다.
4) 인시출병 필득승(寅時出兵 必得勝): 전쟁에서 인시(寅時)에 출전하면 승리를 거둔다는 전통적 믿음이 있습니다.

바. 결론

1) 인(寅)은 단순히 호랑이만을 의미하는 것이 아닙니다.

가) 삵(리狸)의 영리합니다.

나) 표범(표豹)의 속도와 맹렬합니다.

다) 호랑이(호虎)의 위엄과 강인합니다.

2) 오주(사주)학에서 인(寅)의 기운을 가진 사람은 강한 추진력과 독립심을 가지며 리더십이 뛰어납니다. 하지만 너무 강하면 오만해질 수 있으므로 균형을 맞추는 것이 중요합니다. 고대 학문과 병법에서도 인(寅)은 전쟁 개척 용맹함을 의미하며 왕(王)의 기운을 가진 존재로 해석되었습니다.

4. 묘(卯)

묘(卯)는 12지지(十二地支) 중 네 번째에 해당하며 음양오행(陰陽五行)으로는 음목(陰木)에 속합니다. 방위는 동쪽(正東 90도)이며 시간으로 새벽 5시 30분~7시 30분(卯時)에 해당합니다. 묘(卯)는 흔히 토끼(兔)를 상징하는 것으로 알려져 있지만 고대 문헌에서는 여우(狐호), 담비(狢학 오소리), 고슴도치(蝟위 고슴도치)와 관련이 있습니다. 묘(卯)는 28수(二十八宿) 중 성수(星宿 별자리 체계에서 서방 백호에 속하는 성자리)와도 연결됩니다. 이는 묘(卯)의 기운이 단순히 나무(木) 성질뿐만 아니라 신비로운 변화 영적인 능력과도 연관이 있음을 시사합니다.

가. 묘(卯)의 고슴도치(蝟)

36금수 중 묘(卯)는 고슴도치(蝟)에 배속됩니다. 고슴도치는 작은 몸집을 가지고 있지만, 위협을 받으면 몸을 둥글게 말아 가시를 세우는 특징이 있습니다. 이는 묘(卯)가 겉으로는 온순하고 부드러워 보이지만 실제로는 자기방어 능력이 강하고 위기 상황에서는 재빠르게 대응하는 성향이 있음을 암시합니다. 고서에서는 고슴도치는 신중하고 방어적인 동물로 묘사됩니다. 본초강목(本草綱目)에서는 고슴도치 가죽이 잡귀를 쫓는 용도로 쓰였다고 기록되어 있으며 이는 묘(卯)의 방어적 성향과도 연결됩니다.

나. 묘(卯)의 토끼(兔토), 오소리(貒단), 담비(狢학), 여우(狐호)

1) 묘(卯)는 본래 토끼(兔)와 관련이 깊습니다. 토끼는 민첩하고 영리하며 생식력이 강한 동물로 묘(卯)의 생명력과 번영의 의미를 강조합니다. 특히 동양철학에서는 토끼가 장수와 지혜를 상징하기도 하며 산해경(山海經)에서는 월궁(月宮)의 토끼가 불사의 영약을 찧는 신령한 존재로 등장합니다.

2) 오소리(貒단)는 땅을 파고 숨는 습성이 있으며 이는 묘(卯)의 조용하고 내면적인 성향을

의미할 수 있습니다. 오소리는 매우 독립적인 동물로 외적으로는 유순해 보이지만 실제로는 자기만의 공 간과 영역을 중요시하는 특징이 있습니다.

3) 담비(貉학)는 날렵한 포식자로 순간적인 판단력과 빠른 움직임을 보입니다. 이는 묘(卯)의 기민 하고 즉각적인 대응 능력을 상징할 수 있습니다. 매우 영리하며 환경에 따라 유연하게 적응하는 동물로 묘(卯)의 적응력과 처세술을 상징합니다.

4) 여우(狐호)는 지혜롭고 신비로운 동물로 변화를 잘 감지하고 순발력이 뛰어납니다. 중국 신화에서는 여우가 도술(道術)과 변신술을 익힌 존재로 등장하는데 이는 묘(卯)의 기운이 변화를 추구하는 성질을 지녔음을 보여줍니다.

다. 묘(卯)의 해석

1) 설문해자(說文解字)

후한(後漢) 허신(許愼)의 설문해자에서는 묘(卯)를 다음과 같이 설명합니다.

가) 묘란 만물의 형상이 땅에서 나오는 모습입니다.

나) 즉 묘(卯)는 만물이 싹을 틔우고 땅 위로 솟아오르는 시기를 뜻합니다. 이처럼 묘(卯)의 핵심 개념은 성장과 시작이며 새로운 에너지가 활발히 움직이는 시점을 나타냅니다.

2) 사주추명학(四柱推命學)

가) 사주명리학에서는 묘(卯)를 음목(陰木)으로 보며 다음과 같은 특징이 강조됩니다.

(1) 연약한 듯하지만, 생명력이 강합니다.

(2) 변화에 능하고 융통성이 뛰어납니다.

(3) 신속한 결단력과 날카로운 통찰력을 지닙니다.

나) 이는 여우의 민첩함, 담비의 처세술과 연결되는 특징으로 오주(사주)에서 묘(卯)를 가진 사람은 대인관계 능력과 기민한 사고력이 뛰어난 경향이 있습니다.

3) 주역(周易)

주역에서 묘(卯)는 진괘(震卦)와 관련이 있습니다.

가) 진(震)은 움직임과 변화를 상징하는 괘입니다.

나) 이는 묘(卯)의 빠른 사고 신속한 행동 적응력과 연결됩니다.

다) 따라서 묘(卯)의 사람들은 주어진 상황에 빠르게 반응하며 기회를 잡는 능력이 뛰어나다고 해석할 수 있습니다.

5. 진(辰)

진(辰)은 12지지 중 다섯 번째 지지로 오행에서 토(土)에 속하며 음양에서는 양(陽)에 해당합니다. 하지만 단순한 토(土)로만 해석되지 않으며 하늘의 기운과 지상의 흐름에 따라 다양한 성격을 지니게 됩니다. 특히 12지지는 오행과 육십갑자 체계 속에서 각각 독특한 배속과 의미를 가지는데 진(辰)은 오행의 토(土)속에서도 습토(濕土)로 간주되며 물과 깊은 연관이 있는 지지입니다.

가. 진(辰)의 12지지 배속과 오행적 성질

1) 진(辰)은 습기를 머금은 토(土)로 물(水)의 영향을 받으면서도 토(土)의 안정성을 지닌 지지입니다. 하지만 단순한 토(土)로만 해석되지 않으면 하늘의 기운과 지상의 흐름에 따라 다양한 성격을 지니게 됩니다. 특히 12지지는 오행과 육십간자 체계 속에서 각각 독특한 배속과 의미를 가지는데 진(辰)은 오행의 토(土) 속에서도 습토(濕土)로 간주되며 깊은 연관이 있는 지지입니다.
   가) 오행 배속: 습토(濕土)
   나) 계절적 속성:봄의 마지막(음력 3월 곡우기간)
   다) 시간대: 오전 7시 30분~9시 30분(辰時)
   라) 방위: 동남(東南), 용궁(龍宮)과 관련
   마) 장생의 흐름: 건록(建祿)의 자리(에너지가 충만한 상태)입니다.
   바) 지장간(地藏干): 무토(戊土), 계수(癸水), 을목(乙木) 포함합니다.
2) 이러한 배속 통해 진(辰)은 단순한 토(土)로만 보는 것이 아니라 물(水)과 연관성이 깊고 생명의 싹이 자라는 환경을 제공하는 역할을 한다는 점이 중요합니다.

나. 진(辰)의 상징=용(龍), 교룡(蛟龍), 물고기(魚) 이무기

진(辰)은 신화와 고서에서 용(龍)과 관련이 깊으며 물과 대지의 기운을 아울러 조화로운 생명력을 창출하는 역할을 합니다.

1) 용(龍)과 진(辰)의 관계

가) 진(辰)의 대표적 상징은 용(龍)입니다. 동아시아 문화에서 용은 하늘과 땅 물과 구름을 다스리는 존재이며 비와 풍수를 관장하는 신성한 존재로 여겨집니다.
나) 춘추좌씨전(春秋左氏傳)에서는 진(辰)은 용의 시간으로 변화의 기운을 지닌다고 설명하며 진시(辰時)는 용이 하늘로 오르는 시간으로 해석됩니다.
다) 주역(周易)에서도 용(龍)은 변화를 상징하며 진(辰)은 천도(天道)의 운행 속에서 용이 모습

을 드러내는 시기로 풀이됩니다.

라) 삼재도회(三才圖會)에서는 진(辰)은 습토(濕土)로 하늘과 땅의 기운을 받아 용이 탄생하는 자리라고 합니다.

2) 교룡(蛟龍)=물속에서 변화를 기다리는 존재입니다.

가) 교룡(蛟龍)은 물속에 사는 신비로운 생물로 용이 되기 전의 모습으로 여겨집니다. 교룡은 물속에서 천 년을 기다리면 하늘로 승천하여 용이 될 수 있다고 합니다.

나) 산해경(山海經)에서는 교룡은 물에서 나와 구름을 만들고 용이 되기 위해 긴 시간을 기다린다고 기록하고 있습니다.

다) 이한(李翰)의 문헌에서의 진(辰) 속에는 교룡이 숨 쉬고 있으며 그것이 때를 만나면 용이 된다고 합니다.

라) 즉 진(辰)은 용이 되기 위해 준비하는 시기이며 물과 깊은 연관이 있습니다.

3) 물고기(魚)와의 관계

가) 진(辰)이 포함하는 지장간(地藏干) 중에는 계수(癸水)가 있습니다. 계수는 군수 한 물의 성질을 가지며 물고기와 같은 생명체와 관련이 깊습니다.

나) 본초강목(本草綱目)에서는 진(辰)의 습토는 물고기가 자라기 좋은 환경을 만든다고 설명합니다.

다) 물고기는 용으로 변하는 과정에서 중요한 상징적 역할을 합니다.

라) 잉어가 용문(龍門)을 넘으면 용이 된다는 등용문(登龍門)의 개념도 진(辰)의 변화를 나타내는 중요한 예시입니다.

4) 이무기=용이 되지 못한 교룡

가) 이무기는 한국 전통 신화에서 용이 되지 못한 존재로 물속에서 머물며 기회를 기다리는 신비로운 존재로 묘사됩니다.

나) 동국여지승람(東國輿地勝覽)에서는 이무기는 긴 세월을 살아도 하늘이 허락하지 않으면 용이 되지 못한다고 기록하고 있습니다.

다) 조선시대 민간 설화에서는 이무기가 하늘로 오르려 하면 천둥과 번개가 일어나 용의 자격을 시험받는다는 이야기가 많습니다.

라) 진(辰土)의 습토적 특성과 관련이 깊으며 물과 토의 조화 속에서 변화의 가능성을 내포하는 개념과 연결됩니다.

다. 학문적 해석과 활용

진(辰)의 본질은 변화와 생명력을 내포하고 있으며 이는 다양한 학문에서 중요하게 다루어집니다.

1) 오주학(명리학)에서의 진(辰) 해석

가) 진(辰)은 창고(倉庫) 역할을 하며 습기를 머금은 토(土)로서 안정성과 변화를 동시에 포함합니다.

나) 진(辰) 속 계수(癸水)는 용이 될 가능성을 의미하며 습토(濕土)의 특성은 물과의 조화 속에서 번영을 의미합니다.

다) 따라서 재물운이나 부의 축적과 관련하여 중요한 역할을 합니다.

2) 풍수지리에서의 진(辰) 활용

가) 진방(辰方)은 동남쪽(東南)에 해당하며 물과 토가 만나는 곳으로 재물의 흐름과 연결됩니다.

나) 용맥(龍脈)이 형성되는 지역에서 진(辰)의 역할이 중요하며 부와 명예를 상징합니다.

3) 철학적 관점=변화와 기다림

가) 진(辰)의 본질은 교룡(蛟龍)처럼 때를 기다리는 것과 관련이 있습니다.

나) 이는 인내와 준비가 있어야 변화가 가능하다는 철학적 개념으로 연결됩니다.

6. 사(巳)

사(巳)는 십이지 중 여섯 번째 지지(地支)로 일반적으로 뱀(蛇)과 관련이 깊습니다. 사(巳)의 본기(本氣)는 음화(陰火, 丁火)이며 중기(中氣)와 지장간(地藏干)에서 일부 경금(庚金)과 수(水)의 기운이 섞여 있습니다.

36금수 배속 관련: 36금수는 사(巳)가 포함된 지지의 기운을 분석할 때 특정한 개념을 지칭하는 것으로 보입니다. 일반적으로 사(巳)는 화(火) 기운이 강하지만 배속(配屬) 방식이며 사(巳)의 상징적 동물들은 다양한 의미를 지니고 이는 오주(사주)학이나 명리학뿐만 아니라 고서에서도 등장합니다.

가. 매미(蟬 선)

1) 상징과 학문적 의미

가) 매미는 여름과 성장을 의미하며 성충이 되기 전 땅속에서 오랜 기간을 보내다 나무 위로

올라가는 생체적 특징을 가집니다.

나) 중국 고대 문헌에서는 매미를 청렴(淸廉)과 변혁(變革)의 상징으로 보았습니다.

다) 주역(周易)에서 변화를 나타내는 상징으로 등장하며 지속적인 인내와 깨달음을 의미합니다.

라) 불교적 의미에서는 매미가 허물을 벗는 것과 같이 윤회와 해탈을 상징합니다.

2) 사(巳)와의 관계

가) 사(巳)는 변화의 기운을 가지고 있으며 매미의 성장 과정(허물 벗음)은 사(巳)의 변화 발전과도 연관됩니다.

나) 사(巳)의 화(火) 기운은 매미의 성장 과정에서 열기를 필요로 하는 특성과 닮아 있습니다.

나. 잉어(鯉 리)

1) 상징과 학문적 의미

가) 잉어는 동양철학에서 입신양명(立身揚名), 노력과 성공의 상징입니다.

나) 후안서(後漢書), 설문해자(說文解字) 등에서는 잉어가 용문(龍門)을 뛰어넘어 용이 된다는 등용문(登龍門) 설화를 언급합니다.

다) 물속에서 활용하는 특성상 수(水)의 기운이 강하며 이는 사(巳)의 경금(庚金)적 속성과 연결될 수 있습니다.

2) 사(巳)와의 관계

가) 사(巳)는 경금(庚金)을 포함하고 있으며 금(金)은 생합니다.

나) 즉 사(巳)의 특정한 기운이 있어 성장과 변화를 촉진하는 역할을 할 수 있습니다.

다) 또한 사(巳)는 성취와 변화의 기운을 내포하고 있어 잉어의 등용문 이야기와 부합하는 면이 있습니다.

다. 뱀(蛇 사)

1) 상징과 학문적 의미

가) 뱀은 변화, 지혜, 생명력의 상징으로 동서양을 막론하고 중요한 의미를 지닙니다.

나) 중국 도교에서는 신성한 존재로 여겨지며 산해경(山海經)에서는 신비한 능력을 가진 영물로 등장합니다.

다) 서양에서도 뱀은 지혜의 상징(예: 히브리 신화의 에덴동산)으로 해석되며 그리스 신화의 의술의 신 아스클레피오스의 지팡이(의료 상징)에도 나타납니다.

2) 사(巳)와의 관계

가) 사(巳)는 뱀과 직결되며 명리학으로는 화(火)의 기운을 강하게 품고 있습니다.

나) 뱀의 허물벗기와 같은 생명력과 개념 이사(巳)의 변화 속성과 닮아 있습니다.

라. 지렁이와 물벌레

1) 상징과 학문적 의미

가) 지렁이는 흙(土)과 깊은 관련이 있으며 생태적으로 토양을 정화하고 기운을 순환시키는 역할을 합니다.

나) 물벌레는 작은 생명체로 빠르게 번식하며 물속에서 살아가는 존재로 수(水)의 기운과 연결됩니다.

다) 지렁이는 본초강목(本草綱目)에서 약재로 사용되며 회복과 생명력의 기운을 가집니다.

2) 사(巳)와의 관계

가) 사(巳)는 무토(戊土)를 포함하기 때문에 지렁이와 같은 흙 속 생명체와도 연결됩니다.

나) 물벌레는 수(水)와 관련이 있으며 사(巳)의 금수지(庚水地) 배속에서 수(水)의 기운이 부각될 때 관련성이 커질 수 있습니다.

마. 거북이

1) 상징과 학문적 의미

가) 거북은 장수(長壽)와 인내의 상징이며 북방과 수(水)의 기운과 밀접한 관련이 있습니다.

나) 삼재도회(三才圖會)에서는 천지인(天地人)의 균형을 상징하는 동물로 여겨졌습니다.

다) 명리학에서 거북은 지속적인 노력과 생명력을 나타냅니다.

2) 사(巳)와의 관계

가) 사(巳)의 금수지(金水地) 배속은 거북이의 장수 및 수(水)적 특성과 연결됩니다.

나) 거북이의 둥근 등껍질은 천원지방(天圓地方)의 사상과도 부합합니다.

바. 결론

1) 사(巳)의 36금수지 배속에 따라 다양한 동물들이 학문적으로 연결되며 각각의 상징성과 명리적 해석이 가능합니다.

2) 매미(蟬선): 인내와 변혁 성장을 의미합니다.

3) 잉어(鯉리): 입신양명 성공합니다.

4) 뱀(蛇사): 지혜 변화 생명력이 강합니다.

5) 지렁이, 물벌레: 순환 생명력을 의미합니다.

6) 거북이: 장수 균형을 말합니다.

7. 오(午)

오(午)는 12지지 중 일곱 번째 지지이며 오행(五行)으로 화(火)에 속합니다. 또한 36금수(禽獸) 체계에서는 사슴(鹿녹), 말(馬마), 노루(獐장)과 연결됩니다. 이 개념은 동양의 천문학 철학 오주학 사주명리학 민속학 등에서 다양하게 해석됩니다.

가. 오(午)의 기본 속성

1) 음양과 오행

가) 오행: 火(불)

나) 음양: 陽(양)

다) 방위: 남쪽

라) 계절: 여름

마) 시간대: 오전 11시 30분~13시 30분

바) 십이신살: 양인(羊刃)과 관련

오(午)는 태양이 정점에 이르는 시각과 관련되어 있으며 극양(極陽)의 상태를 나타냅니다. 즉 강한 에너지와 왕성한 기운이 특징입니다.

나. 오(午)의 배속 동물

1) 말(馬)의 상징성

가) 말(馬)은 오(午)의 대표적인 동물이며 민속적으로 다음과 같은 의미를 가집니다.

(1) 강한 생명력과 활동성이 있습니다.

(2) 속도 전진 발전을 의미합니다.

(3) 유목 문화에서 중요한 가축이며 운반 교통 등 중요한 역할을 합니다.

(4) 전쟁과 교통 여행과 관련이 있습니다.

나) 오주(사주)학에서는 오(午)의 기운이 강한 사람을 화(火)의 기질이 강한 사람으로 보고 성격적으로는 열정적이고 다혈질이며 독립적인 성향을 띤다고 해석됩니다.

2) 사슴(鹿녹)의 상징성

가) 사슴(鹿)은 오래전부터 길상(吉祥)과 장수(長壽)의 상징으로 여겨졌습니다.

(1) 중국과 한국의 전통문화에서 사슴은 복(福)과 장수를 의미합니다.

(2) 불교에서는 신성한 동물로 여겨집니다.

(3) 노자가 타고 다녔다고 전해지는 동물입니다.

(4) 황제의 자리(천자의 권위)를 상징하는 동물입니다.

나) 사슴(鹿녹)의 한자 발음 록(鹿)이 부(福)와 발음이 비슷하여 재물과 행운을 상징하는 의미도 있습니다.

다. 노루(獐장) 상징성

1) 노루(獐)는 사슴과 유사한 동물로 고대 중국에서는 영민하고 재빠른 동물로 여겼습니다.

가) 재빠르고 예민하여 직관과 통찰력을 의미합니다.

나) 도망가는 특성 때문에 위험을 피하는 능력과 관련이 있습니다.

다) 야생성이 강하여 자유로운 영혼을 상징합니다.

2) 노루는 예민하고 신속한 동물이기 때문에 오주(사주)에서 오(午) 기운이 강한 사람이 이러한 특성을 가질 수 있다고 해석하기도 합니다.

라. 오(午)의 관련 내용

1) 주역(周易)에서의 오(午)해석

주역에서는 오(午)가 극양(極陽)의 기운을 가지며 뜨거운 태양과 같은 존재로 설명됩니다.

가) 태양의 기운이 절정에 도달한 상태입니다.

나) 지나치게 강하면 쇠퇴할 수도 있습니다.

다) 운세적으로는 번영과 성공의 시점이지만 겸손과 절제가 필요합니다.

2) 사기(史記)에서의 오(午)해석

사기에서는 12지지가 천문학적 개념과 연결되어 설명됩니다.

가) 오(午)는 태양이 정점에 이르는 시점(정오)에 해당합니다.

나) 하늘과 가장 가까운 상태이며 신성한 기운이 가득한 시간입니다.

다) 고대 중국에서는 이 시간을 천자(天子)의 시간으로 여깁니다.

3) 본초강목(本草綱目)에서의 오(午)관련 동물

이 책은 동물, 식물, 광물 등을 의학적 관점에서 정리한 책으로 사슴(鹿)과 말(馬)이 약재로 활용된다고 설명합니다.

가) 사슴 뿔(鹿茸, 녹용): 기혈을 보강하고 정력을 강화하는 약재로 활용합니다.

나) 말의 피: 활력을 증진시키는 효능이 있다고 전해집니다.

마. 오(午)의 실생활 적용

1) 오(午)는 불(火)의 기운으로 열정과 에너지를 의미합니다.
2) 36금수 체계에서 말(馬), 사슴(鹿), 노루(獐)과 연결합니다.
3) 고대 문헌에서는 태양이 정점에 오른 순간을 상징하며 번영과 성공의 기운을 가집니다.
4) 하지만 너무 강하면 쇠퇴할 수도 있어 절제와 균형이 중요합니다.
5) 오주(사주)에서는 활동적이고 독립적인 기질로 해석됩니다.

8. 미(未)

미(未)는 12지지 중 하나로 천간과 결합하여 육십갑자를 형성하는 중요한 요소입니다. 학문적으로 미(未)는 오행에서 토(土)에 속하며 음양으로는 음(陰)입니다. 또한 방위로는 남서(南西, 210도) 계절로는 여름의 끝(6월 하지 이후)을 담당합니다. 미(未)의 가장 핵심적인 특징은 지속과 마무리입니다. 오(午)가 왕성한 에너지를 뿜어내는 정점이라면 미(未)는 그 기운이 약간 꺾이며 안정되고 차분해지는 시기입니다. 이는 미(未)가 띠는 성질 중 완숙함(熱成 열성)과 차분한 기질을 설명해 줍니다.

가. 미(未)의 36금수 배속

36금수란 고대 중국의 성리학과 음양오행 학설에서 특정한 형상을 기반으로 한 배속 개념입니다. 미(未)는 이 36금수에서 양(羊), 기러기(雁), 매(鷹응)에 배속합니다.

1) 미(未)와 양(羊)

가) 미(未)는 양(羊)으로 배속되며 양은 온순하고 집단생활을 하며 초식을 하는 동물입니다.

나) 양은 부드러움과 순종적인 성향을 상징하는 동시에 토(土)의 안정적이고 따뜻한 기운을 담고 있습니다.

다) 미(未)가 가진 속성이 토(土)이므로 자연의 흐름에서 양(羊)은 풀을 뜯고 살아가는 대표적인 동물로 연결됩니다.

2) 미(未)와 기러기(雁)

가) 미(未)의 다른 배속 동물인 기러기는 철 따라 이동하는 철새입니다.

나) 기러기는 단체 생활을 하며 리더십과 유대감을 중요시하는 성질을 지니고 있습니다.

다) 미(未)는 본질적으로 집단적이고 유순한 특성이 있는데 이는 기러기의 특징과 연결됩니다.

라) 또한 기러기는 일정한 질서를 유지하며 군집 생활을 하는 것이 중요한데 미(未)도 조화를 이루고 안정감을 중시하는 성향을 보입니다.

3) 미(未)와 매(鷹응)

가) 미(未)와 관련된 동물로 매(鷹)가 등장하는 경우도 있습니다.

나) 매는 강한 포식자로 주도적인 특성과 집중력을 상징합니다.

다) 미(未)는 온화하고 부드러운 기운을 가지지만 때로는 전략적으로 움직이는 매와 같은 면모를 보이기도 합니다.

라) 특히 미(未)가 강한 경우는 내면적으로 강인함과 결단력을 갖춘 유형이 될 수 있습니다.

나. 미(未)와 관련된 학문적 해석

미(未)에 대한 학문적 해석은 오주(사주)학, 명리학, 역학, 성리학 등에서 다양하게 이루어졌습니다.

1) 주역(周易)에서의 미(未)

가) 주역에서는 미(未)가 완성되지 않는 상태 혹은 미래의 가능성이 있는 상태로 해석합니다.

나) 이는 미(未)가 여름의 끝을 담당하며 성숙해 지지만 완전히 끝나지 않는 상태를 나타내기 때문입니다.

다) 주역의 미제(未濟)괘는 아직 이루어지지 않은 상태를 의미하며 미(未)의 속성과 연결됩니다.

2) 홍범구주(洪範九疇)에서의 미(未)

가) 홍범구주에서는 미(未)를 토(土)의 기운과 연결하여 조화 완숙 마무리의 과정을 의미한다고 봅니다.

나) 이는 미(未)가 오(午)의 불(火) 에너지를 다 받아들이고 흙(土)으로 전환하는 과정과도 연관이 있습니다.

3) 삼명통회(三命通會)에서 미(未)의 역할

가) 미(未)는 오주(사주) 명리학에서 습토(濕土) 즉 습기를 품은 흙으로 간주됩니다.

나) 이는 미(未)가 습한 환경에서 뿌리를 내리며 생명을 기르는 역할을 한다는 의미입니다.

다) 또한 미(未)가 강하게 작용하면 차분하고 현실적이지만 때로는 우유부단할 수도 있음을 나타냅니다.

4) 미(未)의 핵심적 의미

가) 미(未)는 완숙과 마무리의 과정 집단적 질서 차분한 기운을 상징합니다.

나) 양(羊)은 순종적이고 집단적 성향을 나타냅니다.

다) 기러기(雁)는 규칙적인 삶과 협력의 정신을 의미합니다.

라) 매(鷹응)는 전략적이고 집중력 있는 기질을 상징합니다.

9. 신(申)

신(申)은 12지지(地支)에서 아홉 번째에 해당하며 오행으로는 금(金)에 속합니다. 또한 방위로는 서남(西南)이며 시간으로는 오후 15시 30분~17시 30분(申時) 계절로는 가을에 해당합니다. 신(申)은 36금수(禽獸) 중 원숭이(猿원)에 해당합니다. 원숭이는 민첩하고 영리하며 기회를 잡는 능력이 뛰어난 동물로 여겨집니다. 따라서 신(申)이라는 지지는 기민함과 변화를 뜻하며 실리를 중시하고 계산이 빠른 성질을 가집니다.

가. 신(申)과 동물 및 상징

1) 원숭이(猿원): 36금수 기준

가) 원숭이는 뛰어난 지혜와 변덕스러움을 상징합니다.

나) 빠른 적응력과 임기응변에 강하며 장사와 거래에 유리한 기질을 가집니다.

다) 그러나 너무 영리한 나머지 변덕이 심하고 신뢰를 잃을 수도 있습니다.

2) 고양이(猫묘) 상징적 해석

가) 고양이는 신중하면서도 직감이 강한 동물입니다.

나) 오주(사주)학적으로는 예리한 관찰력과 독립적인 성향을 나타냅니다.

다) 신(申)과 직접적인 연관은 없으나 같은 영리한 속성을 가진 동물로 함께 언급되기도 합니다

3) 원숭이(猴후) 중국 전통 해석 기준

가) 원숭이는 중국 문화에서 장수와 총명함을 상징합니다.

나) 원숭이(猴)의 발음이 후(侯과녁후 벼슬)와 비슷하여 출세와 귀한 신분을 나타내기도 합니다.
다) 그러나 변덕스러움과 방탕함이 강할 경우 기회를 놓치거나 신뢰를 얻기 어려울 수도 있습니다.

나. 신(申)과 옥(玉)과 돌(石)의 관계

1) 옥(玉)

신(申)은 오행상 금(金)에 속하며 금(金) 중에서도 귀한 옥(玉)과 같은 성질을 가질 수 있습니다.
가) 옥(玉)은 귀하고 깨끗한 성질을 나타내며 신(申)의 금 기운이 정화되면 귀한 인물이나 뛰어난 재능을 발휘될 수 있습니다.
나) 신금(辛金)이 함께 있으면 더욱 정제된 옥(玉)과 같은 인품을 지닌 인물로 발전할 수 있습니다.

2) 돌(石)

가) 돌(石)은 옥(玉)의 원석이자 다듬어지지 않은 거친 상태를 의미합니다.
나) 신(申)이 제대로 수련되지 않거나 도덕적 성숙을 이루지 못하면 값진 옥(玉)이 아니라 거친 돌(石)과 같은 성질로 남을 수 있습니다.
다) 이를 통해 신(申)의 성격이 연마되지 않으면 투박하고 거친 기질을 가질 수 있음을 알 수 있습니다.

다. 신(申)의 고서 의미

고전적인 해석에서 신(申)은 신(伸펼칠신)과 통하기도 합니다. 이는 변화를 유도하고 자신의 능력을 펼치는 힘을 뜻합니다. 특히 신(申)은 금(金)의 강한 성질을 지니므로 강한 결단력과 추진력을 갖고 있습니다.

1) 주역(周易)에서 신(申)은 금(金)의 기운이 응집된 형태로 해석되며 강한 힘과 판단력을 의미합니다.
2) 삼명통회(三命通會)에서는 신(申)이 지나치게 강하면 고립되거나 지나친 욕심으로 인해 실패할 수 있다고 경고합니다.
3) 자평진전(自評眞詮)에서는 신(申)을 정제되지 않은 옥(玉)에 비유하며 올바른 연마가 필요하다고 설명합니다.

라. 신(申)의 정리

1) 신(申)은 원숭이(猿)와 다니면 기민하고 영리한 성향을 지닙니다.

2) 신금(申金)이 옥(玉)이 되려면 수련과 정제가 필요합니다.
3) 연마되지 않은 신(申)은 단순한 돌(石)과 같을 수도 있습니다.
4) 지나친 영리함은 변덕과 신뢰 부족으로 이어질 위험이 있습니다.
5) 고서에서도 신(申)은 변화와 실리를 중시하는 존재로 설명됩니다.
6) 이러한 점을 고려하면 신(申)의 기운을 가진 사람은 총명함을 활용하되 신뢰와 도덕을 함께 갖출 필요가 있습니다. 특히 자신의 강한 추진력을 긍정적인 방향으로 활용하는 것이 중요합니다.

10. 유(酉)

유(酉)는 12지지(地支) 중 하나로 방위상 서쪽(西方) 시간으로는 오후 5시 30분~7시 30분 사이 유시(酉時) 오행으로는 금(金)에 속합니다. 일반적으로 닭(鷄계)을 상징하지만, 고서에는 까마귀(烏오)나 꿩(雉치)과도 연결됩니다. 또한 36금수(禽獸) 개념에서 다양한 동물과 연관되며 고서에 따라 해석이 다소 차이가 있습니다.

가. 유(酉)와 오행(五行) 및 천간(天干)

1) 오행(五行): 금(金)에 속하여 강하고 단단한 기운을 가집니다.
2) 방위(方位): 서방(西方) 즉 서쪽
3) 시간(時間): 오후 5시 30분~7시 30분
4) 음양(陰陽): 음(陰)의 성질
5) 천간(天干)과 관계
   가) 신금(辛金)과 강한 관련이 있습니다.
   나) 금의 기운이 강하며 단단하고 결단력이 있는 성질입니다.

나. 유(酉)와 36금수(禽獸)

고서에서 12지지를 특정 동물과 연결시키는 방식이 있으며 36금수(禽獸) 체계에서 유(酉)는 주로 조류(鳥類)와 관련이 됩니다.

1) 까마귀(烏오)

가) 유(酉)는 서방의 금(金) 기운을 가지며 까마귀는 고서에서 금(金) 기운과 관련된 신령한 새로 간주됩니다.

나) 까마귀는 태양과 관련되기도 하며 삼족오(三足烏)와 같은 신화적 존재로 등장합니다.
다) 유(酉)의 시간(오후 5시 30분~7시 30분)은 해가 지는 시각과 관련되며 이는 까마귀가 저녁에 움직이는 특징과 연관됩니다.

2) 닭(鷄)

가) 닭은 유(酉)의 대표적 동물로 아침을 알리는 존재이며 시간과 강하게 연결됩니다.
나) 상징적으로 신성한 동물로 여겨지며 잡귀를 쫓는 역할을 합니다.
다) 음양성에서 태양을 부르는 존재로 묘사됩니다.

3) 꿩(雉)

가) 꿩은 고대 문헌에 귀한 새로 여겨지며 군자의 품격을 상징합니다.
나) 유(酉)와 꿩의 관계는 조류 중에서도 아름다움과 품격을 갖춘 존재라는 의미에서 해석됩니다.

다. 유(酉)와 죽음(死)의 개념

고서에서는 유(酉)와 죽음(死)이 연결되기도 합니다.

1) 돌(石)과 죽음(死)

가) 유(酉)의 기운은 금(金)이며 이는 돌(石)과 연결됩니다.
나) 금(金)의 속성은 단단하고 냉철한데 이는 죽음과도 관련이 있습니다.
다) 조선시대 주역(周易)에서는 돌(石)처럼 변함없는 것이 죽음을 상징한다고 설명합니다.

2) 흙(土)과 죽음(死)

가) 유(酉)는 본래 금(金)이지만 오행상 금생수(金生水) 금극목(金克木)의 원리에 따라 흙(土)과도 밀접한 관계를 가집니다.
나) 흙(土)은 무덤을 의미하기도 하며 유(酉)와 결합하며 묘(墓)의 개념이 강해집니다.
다) 이러한 점에서 돌과 흙은 죽음을 상징한다는 해석이 가능합니다.

라. 유(酉)의 고서 해석

1) 주역(周易)

가) 유(酉)는 변화와 끝맺음을 의미하며 금(金)의 단단함이 속성과 연결됩니다.
나) 유유(酉酉)는 곧 닭이며 음이 싫어시는 시간이니 죽음을 뜻한다는 문구가 등장합니다.

2) 삼명통회(三命通會)

유(酉)의 기운이 강한 사람은 결단력이 뛰어나고 지혜롭지만 차가운 성격을 가질 수 있다고 서술됩니다.

3) 적천수(滴天髓)

가) 유(酉)는 금(金)의 정수로서 도검(刀劍) 과도 연결됩니다.

나) 지나치게 강한 유(酉)의 기운은 인연을 끊는 성향을 지니기도 합니다.

마. 유(酉)의 정리

1) 유(酉)는 금(金)의 기운을 지닌 서쪽의 지지이며 시간적으로 해가 지는 때를 뜻합니다.

2) 36금수 개념에서 유(酉)는 까마귀(烏), 닭(鷄), 꿩(雉)과 연결됩니다.

3) 돌(石)과 흙(土)은 죽음(死)과 연결되며 유(酉)의 성질과 상관성이 있습니다.

4) 고서에는 유(酉)를 결단력과 죽음 변화의 상징으로 보기도 합니다.

여기서 고서나 돌(石), 죽음(死)은 계절과 자연을 사색하고 있다는 점을 알고 해석해야 하며 이러한 요소를 종합하면 유(酉)는 단순한 닭(鷄)뿐만 아니라 다양한 조류 및 죽음과 변화의 의미를 내포하는 심오한 지지라고 할 수 있습니다.

11. 술(戌)

술(戌)은 12지지(十二地支) 중 하나로 시간으로 오후 7시 30분~9시 30분 사이 술시(戌時) 오행(五行)으로는 토(土) 술은 일반적으로 개(狗구), 이리(狼랑), 승냥이(豺시)과도 연결됩니다.

가. 술(戌)의 기본 개념

계절상으로는 가을에서 겨울로 넘어가는 음력 9월(양력 10월경)에 해당합니다. 천간의 결합하여 십이운성(十二運星)에서 양의 쇠퇴기(墓地묘지 墓庫묘고)를 나타내며 오행적으로 토(土)에 속하면서고 금(金)과 불(火)의 기운을 함께 내포하고 있습니다.

1) 방위: 서북(西北)

2) 오행: 토(土)

3) 속성: 건조하고 단단한 토(土)지만 내부적으로 금(金)과 화(火)의 기운이 잠재되어 있습니다.

4) 대표동물: 개(狗)

5) 기후적 특징: 가을 말기의 마른 기운과 초겨울의 냉한 기운이 혼재합니다.

나. 술(戌)의 36금수(禽獸)

고서에서는 술(戌)을 금수(禽獸)의 별로 분류하며 특정한 동물과 연결 짓기도 합니다. 36금수(禽獸)란 하늘과 땅에 존재하는 금기(金氣)와 수기(水氣)의 영향을 받는 짐승들의 상징적 체계입니다.

1) 개(狗 구)

가) 충직하고 신뢰성이 있지만, 특정 상황에서는 경계심이 강하고 사납습니다.

나) 보호본능이 강하며 주인을 위해 희생하는 면이 있습니다.

다) 술(戌)이 개(狗)로 표현되는 이유는 토(土)의 성질을 가지면서도 금(金)과 화(火)의 기운을 함께 지니고 있어 충성과 경계를 나타내기 때문입니다.

2) 이리(狼 랑)

가) 늑대(이리)는 단독으로 사냥할 수 있지만, 무리를 지어 다니는 습성이 강합니다.

나) 적응력이 뛰어나고 목적 달성을 위해 끝까지 인내하는 성질을 지닙니다.

다) 술(戌)이 금기(金氣)를 품고 있어 강한 생존력과 영리함을 상징하기도 합니다.

3) 승냥이(豺 시)

가) 술(戌)은 강한 공격성과 생존력을 내포하고 있으며 이는 승냥이와 같은 날렵하면서도 난폭한 성질과 연결됩니다.

나) 주로 무리를 이루어 움직이며 기회주의적인 면모가 있습니다.

다) 술(戌)의 변화무쌍한 성질을 보여주는 요소 중 하나입니다.

고서에서는 술(戌)을 이러한 동물들과 연결하여 경계심이 강하면서도 강인한 생존력을 지닌 존재로 해석합니다.

다. 사금(死金)과 사화(死火)

1) 사금(死金)

가) 술(戌)은 금(金)의 기운이 묻히는 곳입니다.

나) 금(金)은 가을의 기운을 상징하는데 술(戌)은 가을이 끝나는 시점이므로 금(金)이 죽는 자리로 표현됩니다.

다) 즉 날카로운 칼과 같은 금(金)이 땅속에 묻혀 그 힘을 잃은 상태를 의미합니다.

라) 무기, 보석 혹은 쓸모를 다한 금속 등을 상징할 수도 있습니다.

2) 사화(死火)

가) 술(戌)은 불(火)의 기운도 함께 내포하지만, 이 시점에서는 불(火)의 생명력이 약해지는 단계입니다.

나) 가을 말기의 불(火)은 더 이상 활활 타오르지 못하고 잔불처럼 남아 사그라지는 단계를 뜻합니다.

다) 따라서 술(戌)은 불(火)이 소멸하는 자리로 보며 불(火)이 죽은 자리라는 뜻의 사화(死火)로 해석됩니다.

즉 여기서는 가을 끝에 기운이며 술(戌)은 불(火)과 금(金)의 기운을 내포하지만 모두 약화되거나 모두 약화되거나 묻히는 단계이므로 사금(死金)과 사화(死火)로 해석됩니다.

라. 술(戌)의 고서 해석

1) 삼명통회(三命通會)

술(戌)은 건궁(乾宮)에 속하며 불(火)을 품고 있지만 결국 토(土)로 변하며 금(金)의 기운은 여기서 죽습니다.

2) 자평진전(自評眞詮)

가) 술(戌)은 신금(辛金), 정화(丁火), 무토(戊土)를 품고 있으며 금(金)과 화(火)와 토(土)가 서로 다투는 자리입니다.

나) 즉 술(戌)은 금(金)과 화(火)의 싸움이 일어나는 자리이며 금(金)은 죽고 불(火)은 꺼져가는 형상이라고 풀이됩니다.

마. 술(戌)의 본질적인 해석

1) 가을의 끝자락이자 겨울의 시작점: 변화의 시기 불(火)과 금(金)이 약해지는 자리입니다.
2) 사금(死金), 사화(死火)의 의미: 강했던 금(金)과 불(火)이 사라지는 곳에 해당합니다.
3) 금수(禽獸)와의 연관성: 개(狗), 이리(狼), 승냥이(豺) 등의 동물적 특성을 가집니다.
4) 고서의 해석: 금(金)과 화(火)의 싸움이 일어나며 결국 힘이 쇠퇴하는 자리입니다.

12. 해(亥)

해(亥)는 12지지(十二支) 중 마지막에 해당하며 음양오행에서 음수(陰水)로 분류됩니다. 이는 겨울의 초입을 의미하며 만물이 휴면 상태로 들어가 새로운 생명을 준비하는 시기입니다. 옛 고서에서는 해(亥)를 가리켜 금수(禽獸)라고 하였습니다. 이는 동물과 관련이 깊다는 뜻으로 특히 돼지(豕시)와 연관됩니다. 하지만 돼지뿐만 아니라 큰 개, 이리, 멧돼지 등의 짐승도 포함될 수 있습니다.

가. 해(亥)와 돼지(豕 시)

1) 해와 돼지(豚 돈)

가) 돼지는 다산의 풍요를 뜻하는 동물로 중국과 한국에서 재물운과 연결되었습니다.

나) 오주(사주)에서 해(亥)가 강하게 작용하면 재물이 모이는 기운이 강해지기도 합니다.

다) 한편 돼지는 욕심이 많고 먹는 것에 집중하는 습성이 있어 탐욕과도 연결됩니다.

라) 고서에서는 돼지를 복을 상징하는 동물로 보았으나 지나치게 게으름과 방탕함으로 이어질 수 있다고도 하였습니다.

2) 해(亥 암)와 돼지(猪)

가) 암돼지는 모성애와 보살핌의 의미를 가집니다.

나) 가정과 보호의 상징이며 따뜻한 기운을 지닌 존재로 해석됩니다.

다) 오주(사주)에서 해(亥)가 강한 여성은 자식을 잘 돌보고 재물을 모으는 능력이 뛰어나다고 합니다.

3) 해(亥)와 멧돼지(貛 환)

가) 멧돼지는 강한 생존력과 투쟁심을 상징합니다.

나) 과거 동양에서는 멧돼지를 용맹한 전사의 기운으로 보았습니다.

다) 오주(사주)에서 해(亥)가 강하면 개척정신과 끈기가 강하며 목표를 향해 돌진하는 기질이 나타납니다.

라) 하지만 지나치면 무모한 행동을 하거나 쉽게 분노할 수도 있습니다.

나. 해(亥)와 큰 개(貐 유), 이리(貙 추)

1) 큰 개(貐유)

가) 큰개는 충성과 보호의 상징으로 해석됩니다.

나) 오주(사주)에서 해(亥)가 강한 사람은 자신의 무리를 보호하려는 기질이 강할 수 있습니다.

2) 이리(貙 추)

가) 이리는 야성과 독립성을 뜻합니다.

나) 해(亥)가 강한 사람 중에는 야망이 크고 독립적인 삶을 추구하는 유형도 많습니다.

다) 이리는 강한 사냥 능력을 가졌으므로 사업적 감각이 뛰어난 경우가 많습니다.

다. 해(亥)의 의미

1) 설문해자(說文解字)

설문해자(說文解字)에서는 亥+核핵也야라 하여 씨앗(核)이 단단히 여문 상태를 뜻한다고 설명합니다.

가) 해(亥)는 씨앗이 완전히 성숙하여 더 이상 변하지 않는 상태를 의미하며 이는 종결(終結)의 개념과 연결됩니다.

나) 따라서 해(亥)는 끝맺음과 동시에 새로운 시작을 준비하는 시점이기도 합니다.

2) 사전(史傳)

사기(史記) 및 후한서(後漢書)에서는 해(亥)를 만물의 휴식기로 보았습니다.

가) 해(亥) 월(음력 10월)은 농경 사회에서 땅이 얼고 식물이 생장을 멈추며 모든 것이 저장되는 시기입니다.

나) 고대 중국에서는 이때를 음이 극에 달한 시점으로 보고 조용한 축적의 시간으로 해석했습니다.

3) 역경(易經)

周易 중 감위시(坎爲豕)라는 구절이 있습니다.

가) 감(坎)은 물(水)의 기운이며 돼지(豕시)를 의미합니다.

나) 이는 돼지가 물과 관련된 속성을 지닌 동물임을 나타냅니다.

다) 돼지는 먹이를 찾아 돌아다니는 습성이 있으며 이점이 해(亥)의 활동성과도 일맥상통합니다.

4) 산해경(山海經)

산해경(山海經)에서는 큰 개(貐유) 이리(貙추)와 연결 지었습니다.

가) 큰개는 주인을 보호하는 수호자의 역할을 하며 해(亥) 보호본능과 연관이 있습니다.

나) 이리는 강한 사냥 능력을 가진 동물로 독립적이고 자립심이 강한 해(亥)의 특성과 일치합니다.

라. 해(亥)의 마무리

1) 돼지(豕시): 다산, 재물, 욕심을 상징합니다.

2) 암퇘지(豬 저): 보호, 모성애가 있습니다.

3) 멧돼지(貛환): 투쟁, 용맹성이 있습니다.

4) 큰 개(貐유): 충성, 보호에 해당합니다.

5) 이리(貙추): 독립, 사냥 능력을 의미합니다.

입소문 난 사주 공부 책
읽기만 하면 초보에서 고수로

광암 선생의 오주학 오주십자

사주 풀이 통변 참고서

1판1쇄 2025년 7월 8일

저자 유종상
발행인 이경화

발행처 디자인21
주소 04560 서울특별시 중구 퇴계로 293-1 3층
전화 02-2269-6561(대)
팩스 02-2269-6568
이메일 21publish@naver.com
블로그 https://blog.naver.com/publish21
인스타 https://www.instagram.com/21publish.co.kr
홈페이지 https://21publish.co.kr

등록번호 제1-1128호
등록일자 1991.2.12

ISBN 978-89-6131-182-3 03180

정가 46,000원